Spiegelungen von Strafrecht und Gesellschaft

Frankfurter kriminalwissenschaftliche Studien

Bd./Vol. 147

Zu Qualitätssicherung und Peer Review der vorliegenden Publikation

Die Qualität der in dieser Reihe erscheinenden Arbeiten wird vor der Publikation durch Herausgeber der Reihe geprüft.

Notes on the quality assurance and peer review of this publication

Prior to publication, the quality of the work published in this series is reviewed by editors of the series.

Charlotte Schultz

Spiegelungen von Strafrecht und Gesellschaft

Eine systemtheoretische Kritik der Sicherungsverwahrung

PL ACADEMIC RESEARCH

Bibliografische Information der Deutschen Nationalbibliothek
Die Deutsche Nationalbibliothek verzeichnet diese Publikation in der Deutschen Nationalbibliografie; detaillierte bibliografische Daten sind im Internet über http://dnb.d-nb.de abrufbar.

Zugl.: Frankfurt (Main), Univ., Diss., 2014

D 30
ISSN 0170-6918
ISBN 978-3-631-65191-9 (Print)
E-ISBN 978-3-653-04613-7 (E-Book)
DOI 10.3726/978-3-653-04613-7

PL Academic Research ist ein Imprint der Peter Lang GmbH.

Peter Lang – Frankfurt am Main · Bern · Bruxelles · New York · Oxford · Warszawa · Wien

Diese Publikation wurde begutachtet.

www.peterlang.com

Meiner Familie, Johannes und meinen Freund_innen

Vorwort

Die Arbeit wurde vom Fachbereich Rechtswissenschaft der Johann Wolfgang Goethe-Universität in Frankfurt am Main im Wintersemester 2013/2014 als Dissertation angenommen. Sie ist beeinflusst von den Frankfurter Perspektiven auf das (Straf-)Recht als Teil der Gesellschaft, aus der Kritik am (Straf-)Recht und die Suche nach Unverfügbarkeiten erwächst.

Besonders herzlicher Dank gilt meinem wissenschaftlichen Lehrer *Peter-Alexis Albrecht.* Seine kritisch-kriminologische Perspektive auf das Strafrecht, die Praxis und Theorie in reflexiver Absicht verknüpft, hat in mir die Leidenschaft geweckt, mich an den Widersprüchen des Strafrechts abzuarbeiten. Ich danke ihm für seine Toleranz, Geduld und Unterstützung, die er mir während meiner Zeit des Nachdenkens und Forschens entgegengebracht hat. Die Zeit als wissenschaftliche Mitarbeiterin an seiner Professur hat meinen Horizont in vielerlei Hinsicht erweitert.

Ein ebenso herzlicher Dank gilt meinem Zweitgutachter *Wolfgang Naucke.* Es war mir eine große Freude und Unterstützung, mit ihm über den Fortgang der Arbeit im „Frankfurter Dienstagsseminar“ und im persönlichen Gespräch zu diskutieren. Seine Klarheit und Unbestechlichkeit in der Auseinandersetzung mit dem Strafrecht waren mir trotz unterschiedlicher theoretischer Ausgangspunkte Erkenntnisquelle und Vorbild zugleich.

Dem privatrechtstheoretischen Seminar unter der Leitung von *Rudolf Wiethölter, Malte Gruber* und *Isabell Hensel* verdanke ich meine rechtssoziologische und systemtheoretische Aufklärung über das Recht, für deren strafrechtliche Konkretisierung sie mir in persönlichen Gesprächen fachlich zur Seite standen. *Isabell Hensel* hat mich darüber hinaus bei der Bewältigung der systemtheoretischen Selbstverunsicherung jederzeit freundschaftlich unterstützt. *Andreas Fischer-Lescano* hat mir über die letzten systemtheoretischen Hürden hinweggeholfen und mir entscheidende Anregungen gegeben, die mich letztlich die Arbeit vollenden ließen.

An der Professur und im Institut für Kriminalwissenschaften und Rechtsphilosophie bin ich auf viele wunderbare Menschen getroffen, die mich in meinem Weg bestärkt und durch viele Gespräche bereichert haben. *Lisa Kathrin Sander* hat mich mit ihrer Freundschaft, Gesprächs-, Lese- und Kritikbereitschaft durch die Arbeit hindurch begleitet und ermutigt. Für wichtige Impulse und die unvergessliche gemeinsame Zeit bin ich meinen Kolleg_innen an der Professur und am Institut *Mareike Jeschke, Katharina Schermuly, Marc Fornauf, Moritz Bermel,*

Channah Trzebiner-Schmitt und *Frauke Drews* dankbar. Ebenso bin ich meinem Kommilitonen *Daniel Maier* für seine Begleitung durch das Studium und alles Nachfolgende dankbar. Nicht zuletzt danke ich *Ulrich Baltzer* für das fortwährende Interesse an meiner Arbeit und den Professoren des Instituts für Kriminalwissenschaften und Rechtsphilosophie für wichtige kritische Anmerkungen zu meiner Arbeit im Rahmen des „Frankfurter Dienstagsseminars“ und für die freundliche Aufnahme in die Schriftenreihe.

Ohne die Erwähnung meiner Freundinnen seit Kindertagen *Eva Bovet, Lisa Eilmes, Julia Kornmann* und *Mareike Tobisch* wäre die Danksagung lückenhaft. Sie hatten immer ein offenes Ohr für mein Langzeitprojekt oder haben für Ablenkung gesorgt.

Von Herzen sei schließlich meinen Eltern *Marie-Luise* und *Wolf-Stefan Schultz*, meiner Tante *Christiane Gassberger* und meiner Schwester *Franziska Weis* für ihre fortwährende Unterstützung und liebevolle Ermunterung gedankt. Mein größter und tief empfundener Dank gebührt *Johannes Fuchs,* dessen unermüdlicher und bedingungsloser Beistand mich jederzeit durch die unterschiedlichen Phasen der Arbeit begleitet und getragen hat. Meiner Schwester, *Johannes Fuchs* und *Ulrike Sander* bin ich überdies für die wertvolle Hilfe bei der Endkorrektur und der Formatierung zu großem Dank verpflichtet.

Frankfurt am Main im April 2014 Charlotte Schultz

„The killer in me is the killer in you“
Disarm, Smashing Pumpkins

Inhaltsübersicht

Inhaltsverzeichnis

Einleitung

Ausgangspunkt der Arbeit ist die Sicherungsverwahrung. Die Sicherungsverwahrung als Teil der „Maßregeln der Besserung und Sicherung" ist seit ihrem Auftauchen in der rechtspolitischen wie rechtswissenschaftlichen Diskussion höchst umstritten.[1] Die Einführung der „Maßregeln der Sicherung und Besserung" im Nationalsozialismus setzt insbesondere die Sicherungsverwahrung dem Verdacht aus, „ausschließlich nationalsozialistische Willkürmaßregel" zu sein,[2] wobei sie als Teil des Maßregelkonzepts ihre Wurzeln in der Strafrechtsreformbewegung hat, die durch *Franz v. Liszt* mit seinem „Marburger Programm" im Jahr 1882 eingeleitet wurde.[3] Nach dem demokratischen und rechtsstaatlichen Neustart durch die Verabschiedung des Grundgesetzes hatte das Bundesverfassungsgericht zur Sicherungsverwahrung schon 1953 in einem Beschluss Stellung genommen. Das Bundesverfassungsgericht äußerte dort weder grundsätzliche Bedenken gegen die Sicherungsverwahrung noch gegen die Angleichung des Vollzugs der Sicherungsverwahrung mit dem des Zuchthauses.[4] Spätestens durch die Strafrechtsreformgesetzgebung aus dem Jahr 1969 sind die Maßregeln in den demokratischen Verfassungsstaat überführt worden. Nachdem die Maßregeln der Besserung und Sicherung 30 Jahre lang unverändert blieben, setzte 1998 eine Entwicklung ein, die die Sicherungsverwahrung – trotz der seit den 1980er Jahren kontinuierlich rückläufigen Zahlen – zum Kristallisationspunkt der gesetzgeberischen Aktivitäten zur Verbrechensbekämpfung machte. Seit dem wurden die Anordnungsvoraussetzungen der Sicherungsverwahrung etliche Male erweitert und das Bundesverfassungsgericht billigte in zwei Grundsatzentscheidungen über die rückwirkende Entfristung der Sicherungsverwahrung und deren

---

1 Vgl. zum Streitstand vor dem Nationalsozialismus *Kohlrausch,* Sicherungshaft. Eine Besinnung auf den Streitstand, ZStW 44 (1924), S. 21 ff.; vgl. zum heutigen Streitstand *Kinzig,* Die Sicherungsverwahrung auf dem Prüfstand, 1996, S. 2 m.w.N.; *Mushoff,* Strafe – Maßregel – Sicherungsverwahrung, 2008, S. 3 ff.; s. auch *Alex,* Nachträgliche Sicherungsverwahrung – ein rechtsstaatliches und kriminalpolitisches Debakel, 2010.

2 *Krebs,* Zur Durchführung der Maßregel Sicherungsverwahrung nach den Bestimmungen des Entwurfs eines Strafvollzugsgesetzes 1973, in: Ehrhardt/Göppinger (Hg.), Straf- und Maßregelvollzug, 1974, S. 122.

3 *v. Liszt,* Der Zweckgedanke im Strafrecht [1883], 3. Aufl., 1968.

4 BVerfGE 2, 118 ff.

landesrechtlich erweiterten Pendant einer „nachträglichen Straftäterunterbringung" die Ausweitungen. Lediglich die Kompetenz für eine solche nachträgliche Unterbringung sah es beim Bundes- und nicht beim Landesgesetzgeber.

Erst durch den Europäischen Gerichtshof für Menschenrechte (EGMR) wurde die Harmonie zwischen Gesetzgeber und Bundesverfassungsgericht gestört. Am 17. Dezember 2009 erklärte der EGMR die rückwirkende Entfristung der Sicherungsverwahrung für menschenrechtswidrig.[5] Die nachträgliche Straftäterunterbringung nach Landesrecht bzw. die nachträgliche Sicherungsverwahrung nach Bundesrecht einschließlich der Sonderregelung des § 66b Abs. 3 StGB a.F. teilten vor dem EGMR das gleiche Schicksal.[6] Nach einer weiteren Gesetzesänderung durch das „Gesetz zur Neuordnung des Rechts der Sicherungsverwahrung und zu begleitenden Regelungen" vom 22. Dezember 2010,[7] das als gesetzgeberische Antwort auf die EGMR-Entscheidung vom 17. Dezember 2009 gelten kann und tendenziell eher wieder auf Restriktion setzte, hat das Bundesverfassungsgericht in seinem Urteil vom 4. Mai 2011 die Regelungen zur Sicherungsverwahrung in Gänze für verfassungswidrig erklärt und die Rechtsprechung in Folgeentscheidungen gefestigt.[8] Ohne den Impuls von einem nationalstaatlichen Außen, durch den EGMR, wäre diese Rechtsprechungsänderung nicht möglich gewesen. Der Gesetzgeber hat inzwischen die Vorgaben des Bundesverfassungsgerichts mit dem „Gesetz zur bundesrechtlichen Umsetzung des Abstandsgebotes im Recht der Sicherungsverwahrung" umgesetzt.[9]

Der Überblick über die Entwicklungsgeschichte der Sicherungsverwahrung weist nun ein *statisches* und ein *dynamisches* Element aus: Die Sicherungsverwahrung ist und war immer umstritten. Darin schwelt der (mittlerweile) ‚zeitlose' strafrechtswissenschaftliche Streit um die Zweispurigkeit des Sanktionensystems, der als Fortsetzung des so genannten ‚Schulenstreits'[10] die Grundlagen der Rechtfertigung von Strafe (und Strafrecht) berührt und der die Zweispurigkeit als

---

5 EGMR-Entscheidung v. 17. Dezember 2009, Individualbeschwerde Nr. 19359/04.

6 EGMR-Entscheidung v. 13. Januar 2011, Individualbeschwerde Nr. 6587/04.

7 BGBl. 2010 I, S. 2300 ff.

8 BVerfGE v. 4. Mai 2011, 2 BvR 2365/09 u.a., vgl. zu dieser Entscheidung und den Folgeentscheidungen: 1. Teil, 4. Kapitel, A., B., D. und E.

9 BT-Drs. 17/9874; BGBl. 2012 I, 2425 ff.

10 Vgl. zu den Positionen im Schulenstreit *Naucke*, „Schulenstreit"?, in: Herzog/Neumann (Hg.), Festschrift für Winfried Hassemer, 2010, S. 559, der den ‚wirklichen' strafrechtswissenschaftlichen Streit zwischen reinem und politischem Strafrecht verortet und im Schulenstreit die grundsätzliche Haltung eines reinen Strafrechts gerade auch bei den ‚Klassikern' vermisst.

Kompromisslösung ausweist.[11] Im Schulenstreit stehen sich idealtypisierend die Positionen des Präventionsstrafrechts und des Schuldstrafrechts gegenüber. Dieser Streit wurde im Kontext des sozialen Interventionsstaates durch den Vormarsch der Rechtsgutslehre im Bereich der Strafrechtstheorie[12] und des Resozialisierungsgedanken im Bereich des Strafvollzugs im Prinzip zugunsten des Präventionsstrafrechts entschieden. Nach *Roxin* ist der Unterschied von Strafe und Maßregel auf eine bei der Strafe geltende *gesetzliche Vermutung* zusammengeschrumpft, dass die ‚Schuldstrafe' die in der Tat zu Tage getretene Gefährlichkeit beseitigt hat bzw. beseitigen wird.[13] Die Sicherungsverwahrung im Speziellen und die Maßregeln der Besserung und Sicherung im Allgemeinen verdanken sich demnach grundsätzlich dem Siegeszug des Präventionsstrafrechts. Das *zwei*spurige Sanktionensystem und der Streit um die Sicherungsverwahrung zeigt jedoch eine Affinität des Strafrechts zum Schuldgedanken, der weiterhin die Rechtfertigungsstrukturen nachhaltig bestimmt. In der Konfrontation des Bundesverfassungsgerichts mit dem Europäischen Gerichtshof für Menschenrechte wird deutlich, dass die Zweispurigkeit des Strafrechts mit ihren unterschiedlichen Rechtfertigungsstrukturen für die Rechtsfolgen der Strafe und der Maßregel *auf der Seite der Maßregeln* auch als Instrument willkürlicher Befreiung von der strafrechtlichen Errungenschaft einer hohen Formalisierung fungieren kann. Dieser hohe Formalisierungsgrad findet gerade seine Wurzeln in der Idee eines vergangenheitsorientierten Schuldstrafrechts. Daher wird eine Nichterstreckung des Rückwirkungsverbots als „rein begriffliche, formalistische Argumentation" kritisiert und gefordert, dass sich das Rückwirkungsverbot auf „alle an eine mit Strafe bedrohte Handlung anknüpfende[n], in ihrer tatsächlichen Wirkung einer Strafe gleichkommende[n] Rechtsfolgen [beziehen muss], die im Rahmen der Strafrechtspflege angeordnet worden sind".[14] Die Konfrontation des Bundesverfassungsgerichts mit dem Europäischen Gerichtshof für Menschenrechte um die Frage der Menschenrechtswidrigkeit der Sicherungsverwahrung verweist dann auf das dynamische Element des Streits um die Sicherungsverwahrung. Dieses steckt im Prozess der Ausweitung und Restriktion der Sicherungsverwahrung zwischen Gesetzgebung und

---

11 Vgl. *Naucke,* Strafrecht, 10. Aufl., 2002, S. 106.

12 Zum Unterschied von Straftheorie und Strafrechtstheorie vgl. *Calliess,* Theorie der Strafe im demokratischen und sozialen Rechtsstaat, 1974, S. 27 ff.; *Bae,* Der Grundsatz der Verhältnismäßigkeit im Maßregelrecht des StGB, 1985, S. 73 f.

13 *Roxin,* Strafrecht. Allgemeiner Teil, 4. Aufl., 2006, S. 97.

14 *Ullenbruch,* Verschärfung der Sicherungsverwahrung auch rückwirkend – populär, aber verfassungswidrig, NStZ 1998, S. 329 f.; vgl. *Sander,* Grenzen instrumenteller Vernunft im Strafrecht, 2007, S. 216 f.

Rechtsprechung, in dem der strafrechtswissenschaftliche Streit vor dem Hintergrund der Bedingungen und Grenzen von Menschenrechten in der Gesellschaft neu verhandelt und entschieden wird. Die Bedingungen und Grenzen von Menschenrechten finden sich somit in den Spiegelungen von Strafrecht und Gesellschaft, die durch kritisch-systemtheoretische Verarbeitung den zeitlosen Streit um die Rechtfertigungszusammenhänge des Strafrechts verschieben.

Im *ersten* Teil wird zunächst das dynamische Element des Streits um die Sicherungsverwahrung durch die Analyse der Gesetzgebungs- und Rechtsprechungsdynamik aufgearbeitet. Der strafrechtswissenschaftliche Streit um das Maßregelsystem und die Zweispurigkeit im Allgemeinen sowie die Sicherungsverwahrung im Speziellen wird dadurch in der Wirklichkeit des Rechtssystems verankert und als Realkonflikt rekonstruiert. Indem die Dynamik zugleich in den dogmatischen Einzelheiten der Sicherungsverwahrung verfolgt wird, eröffnet sich eine dogmatisch-konkrete Perspektive auf die Sicherungsverwahrung, mit der zugleich die Forderung an die abstrakte, präventionsstrafrechtliche Rechtfertigung verbunden ist, sich in der konkreten Umsetzung in Gesetzestechnik zu bewähren. An dieser Stelle erfolgt daher auch ein Überblick über die Kritik an den formellen und insbesondere materiellen Voraussetzungen der Sicherungsverwahrung, die bereits in den einzelnen Gesetzgebungsakten anhand der im Verfahren ausgetauschten Argumente thematisiert wird.

Im *zweiten* Teil werden die abstrakten konfligierenden Rechtfertigungsmuster des Schuldstrafrechts und des Präventionsstrafrechts in ihren Grundlinien dargestellt, die in den Strafrechtswissenschaften zumeist als statische Rechtfertigungszusammenhänge gegeneinander in Stellung gebracht werden, um die Frage nach der Rechtfertigung der Sicherungsverwahrung und anderer Strafrechtsmaterien beantworten zu können.[15] Indem auch sie in die Zeit geworfen und anhand des gesellschaftlichen Wandel von Rechts- und Staatsverständnissen analysiert werden, wird die Kontingenz beider Rechtfertigungsentwürfe sichtbar. Hier werden die Rechtfertigungsbrüche der Konzeptionen herausgearbeitet, die die Suche nach einem Ersatz für die an der Gesellschaft gebrochenen Rechtfertigungszusammenhänge anstoßen und begleiten.

Im *dritten* Teil wird die kritische Systemtheorie als Gesellschaftstheorie zurate gezogen, um das Grenzverhältnis von (Straf-)Recht, Gesellschaft und

15 Vgl. z.B. *Mushoff,* Strafe – Maßregel – Sicherungsverwahrung, 2008, S. 99 ff., der das Schuldstrafrecht favorisiert und daher für die Sicherungsverwahrung auf einen polizeirechtlichen Rechtfertigungszusammenhang zurückgreifen will, S. 257 ff.

Mensch auszuleuchten und für das Strafrecht mithilfe des *normativ* gewendeten, systemtheoretischen Begriffs der Gerechtigkeit neu zu bestimmen.

Ziel der Arbeit ist es, den strafrechtswissenschaftlichen Streit über die Sicherungsverwahrung und die Zweispurigkeit durch Hinzunahme einer gesellschaftstheoretischen Dimension entscheidbar zu machen, die die Perspektive für ein anderes Rechtsverständnis öffnet. Dieses neue Rechtsverständnis entsteht aus der Reflexion auf die Rechtfertigungsbrüche des Schuld- und des Präventionsstrafrechts. In seinen Grundzügen kann es als sachbestimmtes Ordnungsmodell bezeichnet werden. Aus der kritisch-systemtheoretische Einfassung dieses neuen Rechtsverständnisses lassen sich normative Aussagen über die Entscheidung von Rechtskonflikten ableiten. Auf dieser Grundlage werden im dritten Teil die Grundzüge eines kritisch-systemtheoretischen Gegenmodells zur Sicherungsverwahrung formuliert, die die Zweispurigkeit des Rechtsfolgensystems in einem neuen Licht erscheinen lassen. Dieses Gegenmodell ist zwangsläufig selbst abhängig von den gesellschaftlichen Bedingungen und muss sich in der Gesellschaft bewähren. Die Fixierung eines Gegenmodells ist demnach dem Umstand geschuldet, dass Kritik ohne Gegenvorschlag nicht zählt.[16] Die Gerechtigkeit findet jedoch letztlich erst in der Kollision der Rechtsprechungsperspektiven von Bundesverfassungsgericht und EGMR ihr Verwirklichungsmoment, der in den Routinen der Gesetzgebungs- und Rechtsanwendungspraxis immer wieder der Gefahr ausgesetzt ist, in Vergessenheit zu geraten.

---

16 *Luhmann,* Die Gesellschaft der Gesellschaft, Bd. 2, 1998, S. 1133: „Der Sinn liegt darin, Kritik zu erleichtern und zu erschweren. Machen Sie es anders, ist die Aufforderung, aber mindestens ebenso gut." *Teubner,* Der Umgang mit Rechtsparadoxien: Derrida, Luhmann, Wiethölter, in: Joerges/ders. (Hg.), Rechtsverfassungsrecht, 2003, S. 42.

1. Teil: Die Sicherungsverwahrung – Eine Analyse ihrer (Nicht-)Rechtfertigungen im zeitlichen Verlauf

Im ersten Teil werden die Rechtfertigungen der Sicherungsverwahrung analysiert, um den Argumentationsverlauf und die unterschiedlichen Begründungsstrukturen in den Zentren der Rechtsproduktion herauszuarbeiten. Solche Rechtfertigungen finden sich in den Gesetzgebungsakten, der Rechtsprechung des Bundesverfassungsgerichts, des EGMR und in deren dogmatischer Manifestation in den einzelnen Regelungen der Sicherungsverwahrung, die auch durch den Bundesgerichtshof maßgeblich mit geprägt wird. Zugleich verfolgt der erste Teil der Arbeit das Ziel anhand dieser gesetzgeberischen, verfassungsgerichtlichen und menschenrechtlichen Verlaufslinien der Sicherungsverwahrung sowie der Bestandsaufnahme deren dogmatisch-gesetzestechnischer Manifestationen einen vom Ballast straf(rechts-) theoretischer Debatten befreiten Zugang zur Problematik der Sicherungsverwahrung im zweispurigen Rechtsfolgensystem zu gewinnen. Dadurch werden die in der Rechtspraxis favorisierten Argumentationszusammenhänge sichtbar gemacht – ohne dabei die Kritik aus den Augen zu verlieren.

Die Analyse der in diesem Teil aufgerufenen Verlaufslinien erfolgt chronologisch. Im zeitlichen Verlauf, insbesondere in der Auseinandersetzung zwischen Bundesverfassungsgericht und EGMR, wird deutlich, dass sich die Rechtfertigungen von Anordnung und Vollzug der Sicherungsverwahrung verschränken. In der dogmatischen Bestandsaufnahme wird trotzdem der Fokus auf die Anordnungsformen der Sicherungsverwahrung gelegt, weil letztlich die Ausgestaltung des Vollzugs keine fehlenden Rechtfertigungsgründe bei der Anordnung der Sicherungsverwahrung heilen kann. Die Vollzugsfragen der Sicherungsverwahrung ergeben sich hinreichend aus der Darstellung der Gesetzgebungsakte und der Rechtsprechung. Auch die dogmatische Bestandsaufnahme wird in den zeitlichen Ablauf eingefügt, d.h. sie wird nach den Entscheidungen des EGMR besprochen und dokumentiert zugleich die Änderungen des Gesetzes zur Neuregelung der Sicherungsverwahrung vom 22. Dezember 2010. Erst danach werden die Grundsatzentscheidungen des Bundesverfassungsgerichts vom 4. Mai 2011, vom 20. Juni 2012, vom 6. Februar 2013 und vom 11. Juli 2013[17] in Reaktion auf die

17 Der Beschluss des Bundesverfassungsgerichts vom 8. November 2012, 1 BvR 22/12 wird nicht besprochen, weil er sich mit der Dauerobservation eines entlassenen

EGMR-Rechtsprechung sowie das „Gesetz zur bundesrechtlichen Umsetzung des Abstandsgebotes im Recht der Sicherungsverwahrung“ besprochen, das die vom Bundesverfassungsgericht am 4. Mai 2011 festgestellte Verfassungswidrigkeit aller Regelungen zur Sicherungsverwahrung heilen soll. Soweit die Rechtsprechung des Bundesverfassungsgerichts und die letzte gesetzgeberische Aktivität bereits bei der dogmatischen Bestandsaufnahme relevant werden, wird darauf hingewiesen. Grundsätzlich betrifft das am 1. Juni 2013 in Kraft getretene „Gesetz zur bundesrechtlichen Umsetzung des Abstandsgebots“ jedoch nicht die im dritten Kapitel dogmatisch aufgefächerten Anordnungsformen der Sicherungsverwahrung. Das Gesetz bewegt sich im Schnittfeld von Vollstreckungs- und Vollzugsfragen und nimmt nur durch eine Übergangsregelung Einfluss auf die Anordnungsformen der Sicherungsverwahrung.

Sicherungsverwahrten auseinandersetzt und damit genuin polizeirechtliche Fragestellungen betroffen sind. Das Bundesverfassungsgericht betont auch in dieser Entscheidung, dass eine Dauerobservation nur bei Beachtung strenger Verhältnismäßigkeitsanforderungen verfassungsrechtlich nicht zu beanstanden ist, Rn. 25.

1. Kapitel: Die Sicherungsverwahrung zwischen Bundesverfassungsgericht und Gesetzgebung – Ein nationalstaatliches Rechtfertigungsmuster

Im ersten Kapitel werden die praktischen Rechtfertigungsmuster in ihrem zeitlichen Verlauf beleuchtet, die die Sicherungsverwahrung in ihrer Entwicklung im deutschen Nationalstaat getragen haben. Ohne auf die straf(rechts-)theoretischen Rechtfertigungszusammenhänge an dieser Stelle näher eingehen zu wollen, müssen dabei die strukturierenden Elemente der Rechtfertigungsmuster vorangestellt werden. Grundsätzlich stehen sich bei der Sicherungsverwahrung die Schutzinteressen der Allgemeinheit bzw. der Zweck effektiver Verbrechensbekämpfung und der Freiheitsanspruch bzw. die Grundrechte des Straftäters[18] gegenüber. Im Maßregelrecht finden sich diese Rechtspositionen in den Begriffen der *Gefährlichkeit* und der *Verhältnismäßigkeit* wieder. (Schuld-)strafrechtliche Rechtfertigungsstrukturen greifen nach der Idee der Zweispurigkeit für die Maßregeln nicht.

Der Gefährlichkeitsbegriff ist für die *Flexibilisierung* der Rechtsgrundlagen angesichts drohender Rechtsgüterverletzungen zuständig und nimmt daher das Schutzinteresse der Allgemeinheit in sich auf. Soll der Verhältnismäßigkeitsgrundsatz demgegenüber grundsätzlich auch die „*Formalisierung*saufgabe als eine Legitimationskomponente“ der Maßregeln benennen, steht er eher für den Freiheitsanspruchs des Straftäters ein und verwirklicht gleichzeitig die Kennzeichen eines Rechtstaats.[19] Der Grundsatz der Verhältnismäßigkeit ist das verfassungsrechtliche Mittel die reinen Utilitätserwägungen normativ an den Grundrechten auszurichten. Diese reinen Utilitätserwägungen sind in der Ausrichtung auf Gefährlichkeit angelegt und

18 Ich bin mir des Diskurses über *performing the gap* und der daraus resultierenden Aufspaltung in die dichotome Geschlechterverteilung bewusst. Dennoch verwende ich aus Gründen der besseren Lesbarkeit hier und im Folgenden ausschließlich die männliche Schreibweise. Gemeint sind mit dieser Schreibweise alle Geschlechter und Identitäten.

19 Vgl. *Bae,* Der Grundsatz der Verhältnismäßigkeit im Maßregelrecht des StGB, 1985, S. 84 f.; vgl. zum Verhältnismäßigkeitsprinzip im demokratischen Rechtsstaats: 2. Teil, 2. Kapitel A. und B, zur Kritik s. 2. Teil, 2. Kapitel, C.

standen auch am Anfang der Einführung des Zweckgedankens durch *v. Liszt.*[20] Die alleinige Orientierung der Maßregel-Entscheidung an der Gefährlichkeit des Täters würde jedoch zu verfassungswidrigen Ergebnissen führen.[21] Das versteht sich unter der verfassungsrechtlichen Herrschaft des Verhältnismäßigkeitsgrundsatzes von selbst, dem alle staatlichen Maßnahmen unterworfen werden.[22] In den Begriffen der Gefährlichkeit und der Verhältnismäßigkeit findet sich folglich die vom Rechtsgebiet vorgegebene grobe Argumentationslinie. Der Versuch, neben einer rechtlichen Beschränkung des Zweck-Mittel-Denkens durch den Verhältnismäßigkeitsgrundsatz, auch eine strafrechtliche Rechtfertigung der Maßregeln einem Schuldstrafrecht entsprechend herzuleiten, die sich nicht aus dem Zweckgedanken ableitet, ist nicht gelungen.[23] Um die Dynamik des Rechtfertigungsprozesses abzubilden, werden die Gesetzgebungsaktivitäten und die Bundesverfassungsgerichtsentscheidungen im Zusammenhang dargestellt. Gleichzeitig wird die Gewichtung der einzelnen Argumente im Gesetzgebungsverfahren und in den Entscheidungen des Bundesverfassungsgerichts rekonstruiert.

Da die Arbeit von einer Zäsur durch das Urteil des Europäischen Gerichtshofs für Menschenrechte ausgeht, werden das danach ergangene Gesetz zur Neuregelung der Sicherungsverwahrung und die danach erfolgten Bundesverfassungsgerichtsentscheidungen zur Sicherungsverwahrung sowie das Gesetz zur bundesrechtlichen Umsetzung des Abstandsgebots an dieser Stelle nicht berücksichtigt und nach der EGMR-Entscheidung gesondert dargestellt.[24] In dem Konflikt zwischen Bundesverfassungsgericht und EGMR ist ein zentraler Punkt, ob das (absolute) Rückwirkungsverbot für die Maßregeln anwendbar ist oder nicht. Als

---

20 S. zu *v. Liszt* im 2. Teil, 2. Kapitel, C. III. 1.; vgl. auch *Kinzig,* Die Sicherungsverwahrung auf dem Prüfstand, 1996, S. 29 ff.

21 *Müller-Dietz,* Grundfragen des strafrechtlichen Sanktionensystems, 1979, S. 23; ebenso *Kinzig,* Die Sicherungsverwahrung auf dem Prüfstand, 1996, S. 29 ff.; *Mushoff,* Strafe – Maßregeln – Sicherungsverwahrung, 2008, S. 68; vgl. auch *Naucke,* Strafrecht, 10. Aufl., 2002, S. 101; a.A. *Dessecker,* Gefährlichkeit und Verhältnismäßigkeit, 2004, S. 332, der auch aus dem Gefährlichkeitsprinzip eine Begrenzung der Sanktion ableitet.

22 Vgl. zum Verhältnismäßigkeitsgrundsatz ausführlicher im 2. Teil, 2. Kapitel, B.

23 Vgl. dazu die Auseinandersetzung mit den einschlägigen Rechtfertigungsversuchen bei *Kinzig,* Die Sicherungsverwahrung auf dem Prüfstand, 1996, S. 32 ff. und *Mushoff,* Strafe – Maßregeln – Sicherungsverwahrung, 2008, S. 249 ff.

24 Vgl. zum Gesetz zur Neuregelung der Sicherungsverwahrung ausführlich in diesem Teil, 3. Kapitel. Die nach der EGMR-Entscheidung vom 17. Dezember 2009 ergangenen Bundesverfassungsgerichtsentscheidungen und das Gesetz zur bundesrechtlichen Umsetzung des Abstandsgebots werden im 4. Kapitel des 1. Teils besprochen.

streng formales Prinzip dient es ausschließlich der Rechtssicherheit und damit der Freiheitssicherung. Daher wird im Folgenden auch die Entwicklung der Vorschriften zur zeitlichen Geltung von Maßregeln, speziell der Sicherungsverwahrung, dargestellt. Sie sind ein Gradmesser für die Ausprägung der Formalisierung gegenüber der Flexibilisierung der Regelungen zur Sicherungsverwahrung und können zur Interpretation der Gewichtung der Schutzinteressen der Allgemeinheit gegenüber dem Freiheitsanspruch des Straftäters herangezogen werden.

A. Zum gesetzgebungsgeschichtlichen Anfang: Die Maßlosigkeit der Nationalsozialisten[25]

Der gesetzgebungsgeschichtliche Anfang der Sicherungsverwahrung fällt in die Zeit des Nationalsozialismus. Die Sicherungsverwahrung wurde mit dem „Gesetz gegen gefährliche Gewohnheitsverbrecher und über Maßregeln der Sicherung und Besserung“[26] im Jahre 1933 nach der Machtergreifung durch die Nationalsozialisten in das Strafgesetzbuch eingefügt. Das Gesetz trat am 1. Januar 1934 in Kraft. Neben der Sicherungsverwahrung sah das Gesetz gegen gefährliche Gewohnheitsverbrecher noch folgende „Maßregeln der Sicherung und Besserung“ in § 42a RStGB[27] vor:

- die Unterbringung in einer Heil- oder Pflegeanstalt,
- die Unterbringung in einer Trinkerheilanstalt,
- die Unterbringung in einem Arbeitshaus,
- die Entmannung gefährlicher Sittlichkeitsverbrecher,
- die Untersagung der Berufsausübung und
- die Reichsverweisung.

Die „Maßregeln der Sicherung und Besserung“ sollten dem Zweck dienen, die „öffentliche Sicherheit“ durch Inhaftierung von „gefährlichen Gewohnheitsverbrechern“, „gefährlichen Sittlichkeitsverbrechern“ und solchen Personen zu bewahren, die – sei es durch Rauschmittelkonsum, „Arbeitsscheue“ oder „Liederlichkeit“ – an

---

25 Vgl. zur nationalsozialistischen Vereinnahmung der Maßregeln im 2. Teil, 2. Kapitel, C. III. 2.

26 Gesetz vom 24.11.1933, RGBl. 1933 I, S. 995 ff.

27 RGBl. 1933 I, S. 996.

„ein gesetzmäßiges und geordnetes Leben zu gewöhnen“ seien.[28] Weiterhin konnten präventiv ein Berufsverbot und die Reichsverweisung gegen Ausländer verhängt werden. Dadurch wurden das zweispurige System und die Gefährlichkeitsdoktrin im Strafgesetzbuch verankert. Erklärtes Ziel war es, die „Autorität des Staates gegenüber dem Rechtsbrecher zu steigern und der Strafrechtspflege stärkere und wirksamere Waffen als bisher gegen das gemeinschädliche Verbrechertum zur Verfügung zu stellen.“[29] Der Verhältnismäßigkeitsgrundsatz war in dem Maßregelkonzept der Nationalsozialisten selbstredend nicht vorgesehen.

Die Sicherungsverwahrung im Speziellen war von der Einordnung des Straftäters als „gefährlicher Gewohnheitsverbrecher“ abhängig.[30] Gleichzeitig war mit dieser ‚tätertypologischen‘ Einordnung auch eine Strafschärfung normiert worden,[31] die die formellen Voraussetzungen der Einordnung als „gefährlicher Gewohnheitsverbrecher“ enthielt. Formell wurde danach vorausgesetzt, dass der Täter bereits zweimal rechtskräftig verurteilt worden war und durch eine neue vorsätzliche Tat wiederum Freiheitsstrafe verwirkt hatte.[32] In § 20a RStGB fanden sich

---

28 RGBl. 1933 I, S. 996. Das Arbeitshaus gemäß § 42 d RStGB sollte durch den Verweis auf § 361 Nr. 3 bis 5 und 6a bis 8 RStGB gegen Landstreicher, Bettler, Müßiggänger, die ihrer Unterhaltsverpflichtung nicht nachkamen, Dirnen und Arbeitsscheue verhängt werden.

29 Amtliche Begründung des Gewohnheitsverbrechergesetzes, zitiert nach: *Gütt/Rüdin/ Ruttke,* Gesetz zur Verhütung erbkranken Nachwuchses vom 14. Juli 1933, mit Auszug aus dem Gesetz gegen gefährliche Gewohnheitsverbrecher und über Maßregeln der Sicherung und Besserung vom 24. Nov. 1933, 1934, S. 180.

30 Vgl. § 42e a.F. RStGB (RGBl. 1933 I, S. 996): „Wird jemand nach § 20a als ein gefährlicher Gewohnheitsverbrecher verurteilt, so ordnet das Gericht neben der Strafe die Sicherungsverwahrung an, wenn die öffentliche Sicherheit es erfordert.“

31 Vgl. § 20a RStGB (RGBl. 1933 I, S. 995): „[1] Hat jemand, der schon zweimal rechtskräftig verurteilt worden ist, durch eine neue vorsätzliche Tat eine Freiheitsstrafe verwirkt und ergibt die Gesamtwürdigung der Taten, daß er ein gefährlicher Gewohnheitsverbrecher ist, so ist, soweit die neue Tat nicht mit schwererer Strafe bedroht ist, auf Zuchthaus bis zu fünf Jahren und, wenn die neue Tat auch ohne diese Strafschärfung ein Verbrechen wäre, auf Zuchthaus bis zu fünfzehn Jahren zu erkennen. Die Strafschärfung setzt voraus, daß die beiden früheren Verurteilungen wegen eines Verbrechens oder vorsätzlichen Vergehens ergangen sind und in jeder von ihnen auf Todesstrafe, Zuchthaus oder Gefängnis von mindestens sechs Monaten erkannt worden ist. [2] Hat jemand mindestens drei vorsätzliche Taten begangen und ergibt die Gesamtwürdigung der Taten, daß er ein gefährlicher Gewohnheitsverbrecher ist, so kann das Gericht bei jeder abzuurteilenden Einzeltat die Strafe ebenso verschärfen, auch wenn die übrigen im Abs. 1 genannten Voraussetzungen nicht erfüllt sind [...]“.

32 RGBl. 1933 I, S. 995.

auch die Regelungen zur Verjährung und zur Heranziehung von Verurteilungen im Ausland. In den Übergangsvorschriften des Gesetzes (Art. 5 Abs. 2) befand sich eine Variante *nachträglicher* Sicherungsverwahrung. Sie ermöglichte die nachträgliche Verhängung, solange „die Strafe nicht verbüßt, bedingt ausgesetzt, verjährt oder erlassen" worden war.[33] Im Gegensatz zum 2004 erlassenen Institut der nachträglichen Sicherungsverwahrung handelte es sich dabei ‚lediglich' um eine Übergangsvorschrift und nicht um ein eigenständiges Rechtsinstitut.[34] 1941 wurde dann die Todesstrafe für „gefährliche Gewohnheitsverbrecher" und „Sittlichkeitsverbrecher" eingeführt.[35] Daneben wurde die Entscheidung über die Entlassung aus der Sicherungsverwahrung wie auch aus den anderen Verwahranstalten und der Widerruf derselben vom Gericht in die Hände der höheren Vollzugsbehörde gelegt.[36] Mit der Verordnung zum Schutz gegen jugendliche Schwerverbrecher vom 4. Oktober 1939[37], die durch die Verordnung über die Vereinfachung und Vereinheitlichung des Jugendstrafrechts vom 6. November 1943 abgelöst wurde und eine Neufassung des Reichsjugendgerichtsgesetzes beinhaltete,[38] wurde die Möglichkeit eröffnet, auch gegen „jugendliche Schwerverbrecher" das allgemeine Strafrecht anzuwenden und damit auch die Sicherungsverwahrung anzuordnen.

Mit der Positivierung von „Maßregeln der Sicherung und Besserung" wurde ebenfalls eine Norm in das RStGB eingefügt, die über die zeitliche Geltung dieser Maßregeln befand. § 2a RStGB lautete: „Über Maßregeln der Besserung und Sicherung ist nach dem Gesetz zu entscheiden, daß zur Zeit der Entscheidung gilt."[39] Dadurch wurde das in § 2 Abs. 1 RStGB statuierte Rückwirkungsverbot und das Meistbegünstigungsgebot (Abs. 2) für „Maßregeln der Sicherung und Besserung" außer Kraft gesetzt. 1935 wurde das Rückwirkungsverbot für das gesamte Strafrecht abgeschafft.[40] In § 2 Satz 1 RStGB wurde die rechtsschöpferische Bestrafung von Taten ermöglicht, die „nach gesundem Volksempfinden"

---

33 Vgl. Art. 14 des Ausführungsgesetzes, RGBl. 1933 I, S. 1008.

34 Siehe zum Vergleich der Vorschriften von 1933 und 2004: *Sander*, Grenzen instrumenteller Vernunft im Strafrecht, 2007, S. 200 ff.

35 Eingeführt durch das „Gesetz zur Änderung des Reichsstrafgesetzbuches" vom 4. September 1941, RGBl. 1941 I, S. 549, vgl. § 1.

36 RGBl. 1941 I, S. 550, vgl. § 8.

37 RGBl. 1939 I, S. 2000, vgl. zur Anwendbarkeit der Maßregeln der Sicherung und Besserung § 1 Abs. 2 der Verordnung.

38 RGBl. 1943 I, S. 635 ff., vgl. § 20 RJGG auf S. 641.

39 RGBl. 1933 I, S. 997.

40 RGBl. 1935 I, S. 839.

eine solche verdienen.[41] In Satz 2 wurde ein Analogie*gebot* statuiert. Im Zuge dieser Gesetzesänderung wurde § 2a a.F. RStGB umgestaltet. Dort befanden sich nun die fakultativ anzuwendenden Überbleibsel des Rückwirkungsverbots, des Meistbegünstigungsgebots und die Anwendbarkeit für zeitlich begrenzte Strafgesetze.[42] Die zeitliche Geltung der „Maßregeln der Sicherung und Besserung" wurde wortgleich in § 2a Abs. 4 a.F. RStGB verschoben.[43]

Auch wenn eine ausführliche Auseinandersetzung mit dem nationalsozialistischen Gehalt der Maßregeln der Sicherung und Besserung, insbesondere der Sicherungsverwahrung, im zweiten Teil erfolgt,[44] kann hier bereits festgestellt werden, dass die Maßregeln durch ihre Ausrichtung an der Gefährlichkeit eine Flexibilisierung des Strafrechts ermöglichten. Diese Flexibilisierung wurde vom nationalsozialistischen Gesetzgeber gerne aufgegriffen und auf das Strafrecht insgesamt ausgedehnt, um den Vorrang der Interessen der Volksgemeinschaft gegenüber Individualinteressen schonungslos durchzusetzen.[45] Die generelle Abschaffung des Rückwirkungsverbots durch die Nationalsozialisten ist ein weiteres Indiz für die Bedeutung des Rückwirkungsverbots bzw. einer hohen Formalisierung bei der Begrenzung staatlicher Macht im Strafrecht.[46] Inwiefern der Verhältnismäßigkeitsgrundsatz im Bereich der Maßregeln als Äquivalent für die Begrenzung staatlicher Macht ausreichend ist, ist deswegen noch nicht vorgezeichnet.

---

41 RGBl. 1935 I, S. 839.

42 § 2a StGB (RGBl. 1935 I, S. 839): „[1] Die Strafbarkeit einer Tat und die Strafe bestimmen sich nach dem Recht, das zur Zeit der Tat gilt. [2] Gilt zur Zeit der Entscheidung ein milderes Gesetz als zur Zeit der Tat, so kann das mildere Gesetz angewandt werden; ist die Tat zur Zeit der Entscheidung nicht mehr mit Strafe bedroht, so kann die Bestrafung unterbleiben. [3] Ein Gesetz, daß nur für eine bestimmte Zeit erlassen ist, ist auf die während seiner Geltung begangenen Straftaten auch dann anzuwenden, wenn es außer Kraft getreten ist. [4] Über Maßregeln der Sicherung und Besserung ist nach dem Gesetz zu entscheiden, daß zur Zeit der Entscheidung gilt."

43 RGBl. 1935 I, S. 839.

44 Vgl. dort 2. Kapitel, C. III. 2.

45 Vgl. dazu hier nur *Müller,* Das Gewohnheitsverbrechergesetz vom 24. November 1933, 1997, S. 28 f.

46 Vgl. unten im 3. Teil, 3. Kapitel, A. III. 2. d) und *Sander,* Grenzen instrumenteller Vernunft im Strafrecht, 2007, S. 217.

B. Nach 1945: Entnazifizierung durch den Allierten Kontrollrat oder was davon übrig blieb

Im Zuge der Entnazifizierung durch die Alliierten wurden 1946 die Maßregel der Entmannung und die Todesstrafe für „gefährliche Gewohnheitsverbrecher" und „Sittlichkeitsverbrecher" aus dem Gesetz gestrichen.[47] Auch § 2 RStGB wurde im Zuge dessen durch die Alliierten gestrichen, § 2a RStGB blieb dagegen weiterhin in Kraft. [48] 1947 wurde die Entscheidung über Entlassung und Widerruf der Entlassung wieder in die Hände der Gerichte gelegt.[49] Auch die Möglichkeit nachträglicher Verhängung der Sicherungsverwahrung war als rechtsstaatswidrig klassifiziert und aufgrund dieser verfassungsrechtlichen Bedenken gestrichen worden.[50] Die Alliierten planten eine Gesamtrevision des Strafrechts, bei der auch die Sicherungsverwahrung aufgehoben werden sollte.[51] Jedoch scheiterten die Reformvorhaben mit dem Kontrollrat in den sich verhärtenden Fronten des Kalten Krieges – ohne dass damit die Bereinigung in der Sache abgeschlossen worden wäre.[52] Die restlichen Maßregeln der Sicherung und Besserung blieben folglich erhalten und wurden in der Bundesrepublik Deutschland (BRD) zunächst durch das Dritte Strafrechtsänderungsgesetz vom 4. August 1953, das so genannte Strafrechtsbereinigungsgesetz, in der Version von 1933 bestätigt.[53] Durch dasselbe Gesetz wurde § 2a RStGB zu § 2 StGB und die Absätze 1 und 2 wurden rechtsstaatlichen Vorgaben wieder angepasst. Die unbeschränkte Anwendung des Rückwirkungsverbots im Bereich Strafe wurde mit der Formulierung „kann nur" wiederhergestellt. Die Meistbegünstigung, die durch die Nationalsozialisten fakultativ ausgestaltet worden war, wurde nun wieder obligatorisch. § 2 Abs. 4 StGB (a.F.), der die Maßregeln betraf, wurde durch das Dritte Strafrechtsänderungsgesetz nicht geändert.

---

47 Art. I und Art. II Nr. 2 des Kontrollratsgesetzes Nr. 11 vom 30. Januar 1946.

48 Art. I und Art. IV des Kontrollratsgesetzes Nr. 11 vom 30. Januar 1946.

49 Art. II Nr. 12 des Kontrollratsgesetzes Nr. 55 vom 20. Juni 1947.

50 *Rzepka,* Sicherheits- statt Rechtsstaat – Teil 2, Recht & Psychiatrie 2003, S. 192; *Laubenthal,* Die Renaissance der Sicherungsverwahrung, ZStW 116 (2004), S. 735.

51 *Etzel,* Die Aufhebung von nationalsozialistischen Gesetzen durch den Alliierten Kontrollrat (1945–1948), 1992, S. 168 ff., 177 ff.; *Sander,* Grenzen instrumenteller Vernunft im Strafrecht, 2007, S. 192 f.

52 *Sander,* Grenzen instrumenteller Vernunft im Strafrecht, 2007, S. 193; *Etzel,* Die Aufhebung von nationalsozialistischen Gesetzen durch den Alliierten Kontrollrat (1945–1948), 1992, S. 196 ff.; vgl. BVerfGE 6, 389 (415 ff.).

53 BGBl. 1953 I, S. 735 ff.; *Wolf,* Befreiung des Strafrechts vom nationalsozialistischen Denken?, JuS 1996, S. 189.

Ein halbes Jahr zuvor hatte das Bundesverfassungsgericht in einem Beschluss vom 30. Januar 1953 zur Sicherungsverwahrung Stellung genommen, in dem es weder grundsätzliche Bedenken gegen die Sicherungsverwahrung noch gegen die Angleichung des Vollzugs der Sicherungsverwahrung mit dem des Zuchthauses äußerte.[54] § 42e StGB (a.F.) stelle eine hinreichende, folglich verfassungsgemäße Grundlage für die Freiheitsentziehung dar.[55] Durch „eine Reihe von kleineren Erleichterungen" sei „im Rahmen des Möglichen" Art. 3 Abs. 1 GG Rechnung getragen worden.[56] Eine kritische Würdigung der Sicherungsverwahrung ist dem Beschluss nicht zu entnehmen. Ein weiterer Beschluss des Bundesverfassungsgerichts vom 15. Oktober 1963 erstreckt den Anspruch auf rechtliches Gehör auf das gerichtliche Verfahren zur bedingten Entlassung aus einer Maßregel nach § 42f StGB (a.F.).[57] In dem vorliegenden Fall entschied das Gericht, dass dem beschwerdeführenden Sicherungsverwahrten die in der Stellungnahme der Vollzugsanstalt enthaltene Würdigung der Persönlichkeit des Verwahrten und die Prognose über sein künftiges Verhalten mitzuteilen sei, damit er vor Gericht Gelegenheit habe, sich dazu zu äußern.[58] Verfassungsrechtliche Bedenken gegen die Sicherungsverwahrung fehlen auch hier. Des Weiteren wird im Beschluss darauf hingeweisen, dass über die *Einschränkung* des Anspruchs im Hinblick auf die Vereitelung des Maßregel*zwecks* oder einer daraus entstehenden Gefahr für Leib und Leben des Anstaltspersonals nicht entschieden werde, weil keine konkreten Anhaltspunkte für solche Gefahren vorlägen.[59] Im Umkehrschluss heißt das, dass nach dem Bundesverfassungsgericht bei Vorliegen konkreter Anhaltspunkte für eine solche Gefahr, der Anspruch auf rechtliches Gehör einschränkbar ist.[60] Demnach behält es sich in der Entscheidung vor, die Verteidigungsrechte des Sicherungsverwahrten zugunsten etwaiger Schutzinteressen im Einzelfall zu beschneiden. Demgegenüber wurde in der Deutschen Demokratischen Republik (DDR) die Sicherungsverwahrung

54 BVerfGE 2, 118 ff.
55 BVerfGE 2, 118 (119).
56 BVerfGE 2, 118 (120 f.).
57 BVerfGE 17, 139 ff.
58 BVerfGE 17, 139 (143 f.); vgl. auch BVerfGE 18, 419 ff. und BVerfGE 19, 198 ff., keine Verletzung wurde in BVerfGE 21, 191 ff. angenommen, weil der Sachvortrag aus rechtlichen Gründen nicht berücksichtigt wurde.
59 BVerfGE 17, 139 (144 f.).
60 BVerfGE 17, 139 (140 ff.).

durch höchstrichterliches Urteil unanwendbar, weil sie als Ausdruck der Lehre vom Tätertyp „faschistisch“ und eine Abkoppelung hiervon nicht möglich sei.[61]

C. Zu den Reformen des Strafrechts von 1969: Restriktion einer prinzipiell sinnvollen Maßregel?

Im Jahr 1969 wurde das Strafrecht und mit ihm die Sicherungsverwahrung tiefgreifend reformiert und sich einer Restriktion der nationalsozialistisch belasteten Sicherungsverwahrung zugewandt.[62] Dem waren ein Entwurf für eine Reform des Strafgesetzbuchs aus dem Jahr 1962 (E 1962) und ein Alternativ-Entwurf von 14 Strafrechtslehrern aus dem Jahr 1966 vorausgegangen. Beide Entwürfe waren Gegenstand der Beratungen des Sonderausschusses, auf die in den Begründungen immer wieder in Bezug auf die hier relevanten Passagen zur Sicherungsverwahrung rekurriert wurde.[63] Im Folgenden wird die Auseinandersetzung des Gesetzgebers mit der Sicherungsverwahrung und ihrer zeitlichen Geltung dargestellt. Im Anschluss erfolgt die Analyse der bundesverfassungsgerichtlichen Rechtsprechung zur Sicherungsverwahrung in den Jahren nach dieser tiefgreifenden Änderung.

I. Die Auseinandersetzung des Gesetzgebers mit der Sicherungsverwahrung und ihrer zeitlichen Geltung

1. Die Ausgestaltung der Sicherungsverwahrung

Durch das „Erste Gesetz zur Reform des Strafrechts“ wurde die Strafschärfung für „gefährliche Gewohnheitsverbrecher“ (§ 20a StGB) gestrichen.[64] Weiterhin wurde die Maßregel der Unterbringung in einem Arbeitshaus (§§ 42a Nr. 3 und 42d StGB) aus dem Gesetz gestrichen.[65] Explizit normiert wurde der Verhältnismäßigkeitsgrundsatz in § 42a Abs. 2 StGB (a.F.), der sich heute gleichlautend in

---

61 Entscheidung des Obersten Gerichts vom 23. Dezember 1952 (3 Ust III 28/52), Neue Justiz 1953, S. 55; vgl. zur Lehre vom Tätertyp: 2. Teil, 2. Kapitel, C. III. 2. b).

62 Vgl. Erstes und Zweites Gesetz zur Reform des Strafrechts vom 25. Juni und 4. Juli 1969: BGBl. 1969 I, S. 645 ff. und S. 717 ff.

63 Vgl. BT-Drs. V/4094, S. 1 und BT-Drs. V/4095, S. 1.

64 BGBl. 1969 I, S. 646.

65 BGBl. 1969 I, S. 649.

§ 62 StGB wiederfindet.[66] § 42e StGB (a.F.), der ursprünglich die Anordnung der Sicherungsverwahrung nur von einer Verurteilung des Straftäters als „gefährlicher Gewohnheitsverbrecher“ gemäß § 20a StGB (a.F.) abhängig machte,[67] wurde nun *im Vergleich* zur vorherigen Regelung erheblich beschränkt. Waren nach *§ 20a StGB (a.F.)* – wie oben dargestellt – lediglich.

- zwei vorherige rechtskräftige Verurteilungen und
- die Verwirkung von Freiheitsstrafe durch die neue Tat

Voraussetzungen der Anordnung der Sicherungsverwahrung, galten nunmehr gemäß § 42e StGB (a.F., nach dem 2. StrRG § 66) folgende Voraussetzungen:[68]

- die Verurteilung wegen vorsätzlicher Straftat zu zeitiger Freiheitsstrafe von mindestens zwei Jahren,
- zweimalige zeitlich davor liegende Verurteilung wegen vorsätzlicher Straftat zu zeitiger Freiheitsstrafe von mindestens einem Jahr,
- mindestens zweijährige Vollstreckung der Freiheitsstrafe aus früheren Verurteilungen oder Vollzug einer freiheitsentziehenden Maßregel der Sicherung und Besserung,
- Täter mit Hang zu „erheblichen Straftaten, […] durch welche die Opfer seelisch oder körperlich schwer geschädigt werden oder schwerer wirtschaftlicher Schaden angerichtet wird“, infolge dessen er für die Allgemeinheit gefährlich ist („Hangtäter“[69]).

Nach § 42e Abs. 2 StGB (a.F.) war die Anordnung der Sicherungsverwahrung bei drei vorsätzlich begangenen Straftaten auch ohne frühere Verurteilung möglich, wenn der Täter jeweils ein Jahr Freiheitsstrafe verwirkt hatte, er wegen einer oder mehrerer dieser Taten zu mindestens drei Jahren zeitiger Freiheitsstrafe verurteilt wurde und wenn es sich um einen gefährlichen Hangtäter i.S.d. Abs. 1 Nr. 3 StGB (a.F.) handelte. Der Sonderausschuss für die Strafrechtsreform hatte hier den „gefährlichen Serientäter“ vor Augen, dem es „immer wieder gelungen ist, sich der Verurteilung (Absatz 1 Nr. 1) oder der Verbüßung (Absatz 1 Nr. 2) zu entziehen.“[70]

---

66 BGBl. 1969 I, S. 649.

67 RGBl. 1933 I, S. 996.

68 BGBl. 1969 I, S. 649 f.

69 Der Klammerbegriff „Hangtäter“ wurde erst durch das 2. StrRG eingeführt, BGBl. 1969 I, S. 729.

70 BT-Drs. V/4094, S. 21.

Die Ersetzung des Gewohnheitsverbrecherbegriffs durch den des Hangtäters war schon im E 1962 erfolgt und sollte lediglich hervorheben, dass das Bestehen des Hanges ausschlaggebend ist und nicht wie er entstanden ist – durch Gewöhnung, Neigung oder Übung.[71] Eine nachhaltige Auseinandersetzung mit der Kritik an der Lehre des Tätertyps – wie sie in der DDR-Rechtsprechung zum Ausdruck kam – scheint daher nicht stattgefunden zu haben.

Das „Zweite Gesetz zur Reform des Strafrechts“ fügte eine Altersgrenze ein, nach der die Anlasstat nach Vollendung des 25. Lebensjahres begangen worden sein musste.[72] Für die jungen Straftäter war § 65 Abs. 2 StGB (a.F.) einschlägig, der die Unterbringung in einer sozialtherapeutischen Anstalt ermöglichte, die anstatt einer vorbeugenden Verwahrung eingeführt wurde.[73] Dabei stand der Besserungszweck gegenüber dem Sicherungszweck eindeutig im Vordergrund.[74] Das Inkrafttreten der Maßregel der sozialtherapeutischen Anstalt wurde jedoch durch mehrere „Verschiebegesetze“ erst von 1973 auf 1978, dann auf 1985 gelegt.[75] Letztlich wurde die lediglich in Modellanstalten praktizierte und mit der Vollzugslösung des § 9 StVollzG[76] konkurrierende Maßregel aus dem StGB gestrichen.[77] Der Vollzugslösung wurde als Minimalregelung der Vorzug gegeben und § 9 StVollzG marginal verändert.[78] Damit einher ging die Streichung der

---

71 BT-Drs. IV/650, S. 24.

72 BGBl. 1969 I, S. 729.

73 BT-Drs. V/4095, S. 29.

74 BT-Drs. V/4095, S. 29.

75 *Schüler-Springorum,* Sozialtherapeutische Anstalten, in: Hirsch/Kaiser/Marquardt (Hg.), Gedächtnisschrift für Hilde Kaufmann, 1986, S. 169.

76 Der Strafvollzug ist seit der Föderalismusreform Ländersache. Das Strafvollzugsgesetz gilt jedoch in den Bundesländern weiter, die von der Gesetzgebungskompetenz noch keinen Gebrauch gemacht haben. Vgl. zu den Strafvollzugsgesetzen der Länder nach der Föderalismusreform: *Albrecht,* Kriminologie. Eine Grundlegung zum Strafrecht, 4. Aufl., S. 298 f. Mittlerweile haben über die Hälfte der Bundesländer ein eigenes Strafvollzugsgesetz verabschiedet, vgl. GBl. Baden-Württemberg 2009, S. 545 ff.; BayGVBl. 2007, S. 866 ff.; GVBl. Brandenburg 2013 I, Nr. 14; HmbGVBl. 2009, S. 257 ff.; HessGVBl. 2010, S. 185 ff.; GVBl. Mecklenburg-Vorpommern 2013, S. 322 ff.; NdsGVBl. 2009, S. 720 ff.; GVBl. Rheinland-Pfalz 2013, S. 79 ff.; Amtsblatt des Saarlandes 2013 I, S. 116 ff.; SächsGVBl. 2013, S. 250 ff.; ThürGVBl. 2013, S. 121 ff.

77 BGBl. 1984 I, S. 1655.

78 BGBl. 1984 I, S. 1654, vgl. dazu BGBl. 1976 I, S. 582; vgl. auch *Schüler-Springorum,* Sozialtherapeutische Anstalten, in: Hirsch/Kaiser/Marquardt (Hg.), Gedächtnisschrift für Hilde Kaufmann, 1986, S. 170.

Altersuntergrenze bei der Sicherungsverwahrung.[79] Der Versuch, bei schwierigen Tätergruppen und insbesondere jungen Straftätern die Sicherungsverwahrung durch sozialtherapeutische, helfende Maßnahmen tatsächlich gar nicht erst zur Anwendung kommen zu lassen, wurde dadurch nachhaltig konterkariert. Es ist nicht auszuschließen, dass vor diesem Hintergrund eine andere Lösung angestrebt worden wäre, die den Verzicht auf das Institut der Sicherungsverwahrung bedeutet hätte.

Weiterhin wurde in § 67d StGB (a.F.) die Dauer der ersten Unterbringung in der Sicherungsverwahrung auf 10 Jahre beschränkt.[80] Bei *wiederholter* Anordnung wurde eine Höchstgrenze vom Sonderausschuss für die Strafrechtsreform abgelehnt, da „dem Schutz der Allgemeinheit der Vorrang vor der Berücksichtigung des Gesichtspunktes einzuräumen ist, daß der Sicherungsverwahrte durch den langen Vollzug möglicherweise lebensuntüchtig wird", wenn eine Erprobung auch nach zehnjährigem Vollzug nicht verantwortet werden kann.[81] Bereits die Zehn-Jahres-Höchstfrist bei erstmaliger Verhängung war umstritten.[82] Insbesondere die Landesjustizverwaltungen hatten um Prüfung gebeten, ob die Zehn-Jahres-Höchstfrist im Hinblick auf die Gefahren für den Schutz der Allgemeinheit – insbesondere solchen, die von Triebtätern mit ungünstiger Prognose ausgingen – nicht fallengelassen werden könnte.[83] Die Landesjustizverwaltungen hatten dabei acht *konkrete Fälle* im Blick, die vom Sonderausschuss daraufhin untersucht wurden, ob sich daraus eine andere Bewertung des Schutzbedürfnisses der Allgemeinheit – zu Lasten des Sicherungsverwahrten – ergeben würde. Der Bundesrat hatte schon in seiner Stellungnahme zum Entwurf eines Einführungsgesetzes zum Strafgesetzbuch darauf hingewiesen, dass zumindest die Führungsaufsicht auf diejenigen Sicherungsverwahrten angewandt werden sollte, die aufgrund der Zehn-Jahres-Frist entlassen werden.[84] Denn gerade diese Gruppe, deren Erprobung vor Ablauf des Entlassungszeitpunktes nicht verantwortet werden konnte, bedürfte nach ihrer Entlassung der Betreuung und Beaufsichtigung.[85] Diese Möglichkeit war im 2. StRG nicht vorgesehen worden, wurde jedoch vor Inkrafttreten nachvollziehbarerweise noch eingeführt.[86]

---

79 BGBl. 1984 I, S. 1655.

80 BGBl. 1969 I, S. 730.

81 BT-Drs. V/4095, S. 33.

82 BT-Drs. 7/2222; vgl. auch BT-Drs. 7/1261, S. 8; Stellungnahme des Bundesrates BT-Drs. 7/550, S. 469 f.

83 Vgl. den Hinweis in BT-Drs. 7/1261, S. 8.

84 BT-Drs. 7/550, S. 469.

85 BT-Drs. 7/550, S. 469.

86 BGBl. 1974 I, S. 476, vgl. BT-Drs. 7/1261, S. 8.

An der Einführung der Zehn-Jahres-Höchstfrist wurde aber dennoch in den Nachverhandlungen zu diesem Streitpunkt auch unter Berücksichtigung der acht von den Landesjustizverwaltungen genannten Fälle festgehalten. Ihre Begründung war jedoch ambivalent. Sie wurde auch mit Blick auf den Schutz der Allgemeinheit begründet, da „die Scheu des Richters vor der absolut unbestimmten Sanktion“ beseitigt werden sollte, die in der Praxis vor der Verhängung eines lebenslänglichen Freiheitsentzugs zurückschreckten.[87] In der Hauptsache wurde in der Begründung allerdings auf das *ultima-ratio*-Prinzip und das Bestimmtheitsgebot sowie die Unzulänglichkeit prognostischer Methoden verwiesen, die keine Sicherheit geben könnten, sondern nur Möglichkeiten aufzeigen würden.[88] Außerdem werde durch den automatischen Anschluss der Führungsaufsicht einem Rückfall vorgebeugt.[89] Die Aussicht auf einen unbefristeten Freiheitsentzug bei wiederholter Verhängung wirke bei Sicherungsverwahrten präventiv – wohl im Sinne einer Quasi-Abschreckung gemeint.[90] Im Ergebnis führe das dargetane Risiko nach den Grundsätzen der Verhältnismäßigkeit nicht dazu, die getroffene Regelung zurückzunehmen, ohne sie überhaupt erprobt (!) zu haben.[91] Hier tritt in der Diskussion der Unterschied zwischen einem tatsächlichen Rückfall und der bloß wissenschaftlich-statistisch konstatierten Gefahr eines Rückfalls deutlich hervor. Vor diesem Hintergrund schien der damalige Gesetzgeber bereit zu sein, die Wirksamkeit nicht-stationärer präventiver Maßnahmen als echte Alternative zu stationären Maßnahmen zu erproben.

Der Tenor der Begründungen zum Ersten und Zweiten Gesetz zur Reform des Strafrechts sowie in den Nachverhandlungen spiegelt das Bemühen um eine Ausbalancierung der Schutzinteressen der Allgemeinheit und des Freiheitsanspruchs des Straftäters wider. Die Sicherungsverwahrung habe den „Charakter [...] einer letzten Notmaßnahme der Kriminalpolitik“,[92] gleichwohl solle die „Unterbringung *wirklich* gefährlicher Täter erleichtert“ werden.[93] In der Begründung zum E 1962 wird noch stärker betont, dass „[d]ie erfolgreiche Bekämpfung der im

87 Zit. nach BVerfGE 109, 133 (136 f.); vgl. *Baltzer*, Die Sicherung des gefährlichen Gewalttäters, 2005, S. 273 f., der die geringe Akzeptanz der Sicherungsverwahrung bei der Justiz trotz der bis 1998 geltenden Zehn-Jahres-Höchstfrist jedenfalls bis dato bestätigt.

88 BT-Drs. 7/2222, S. 2 f.; vgl. dazu auch die Ausführungen in BVerfGE 106, 133 (137).

89 BT-Drs. 7/2222, S. 3.

90 BT-Drs. 7/2222, S. 3.

91 BT-Drs. 7/2222, S. 3.

92 BT-Drs. V/4094, S. 19; BT-Drs. V/4095, S. 31.

93 BT-Drs. V/4094, S. 21, Hervorhebung durch Verfasserin.

geltenden Recht als Gewohnheitsverbrecher bezeichneten Täter eines der wichtigsten kriminalpolitischen Anliegen" ist.[94] Dort heißt es weiter, dass die Änderungen „die Anordnung der Sicherungsverwahrung für den Richter [...] erleichtern und ihn in gewissem Umfang auch zur Durchführung der Maßregel [...] zwingen" solle.[95] Sie diene in der Hauptsache der *Sicherung* dieser gefährlichen Hangtäter und verfolge keinen gezielten Behandlungszweck.[96] Demnach sollte sie erst dann zur Anwendung bzw. zum Vollzug kommen, „wenn alle anderen Mittel der Einwirkung auf den Verurteilten, einschließlich der Strafe, ausgeschöpft sind."[97] Bei einer abschließenden Bewertung der Gesetzgebungsetappen muss aber die Vorschrift über die zeitliche Geltung der Maßregeln mit berücksichtigt werden, denn erst diese ermöglicht ein Urteil über den Stellenwert des Schutzes der Allgemeinheit gegenüber den Freiheitsrechten des Sicherungsverwahrten.

2. Die Auseinandersetzung um die zeitliche Geltung

Der Sonderausschuss für die Strafrechtsreform von 1969 wandte sich auch der zeitlichen Geltung der Maßregeln zu. Im Zweiten Gesetz zur Reform des Strafrechts sollten das Rückwirkungsverbot (§ 2 Abs. 1 StGB), die Regelung zu Dauer- und Fortsetzungsstrafen (§ 2 Abs. 2 StGB) und das Meistbegünstigungsgebot (§ 2 Abs. 3 StGB) auch für „die Anordnung und die Dauer der Unterbringung in der sozialtherapeutischen Anstalt in den Fällen des §§ 65 Abs. 1 und 2 und der Sicherungsverwahrung sowie der Führungsaufsicht [...] entsprechend" Anwendung finden. So wurde es im Bundesgesetzblatt vom 10. Juli 1969 zu § 2 Abs. 6 StGB veröffentlicht.[98] Unter Hinweis auf den Entwurf aus dem Jahr 1962 wurde das Erfordernis der Erstreckung des Rückwirkungsverbots damit begründet, dass die erwähnten Maßregeln einen „schweren Eingriff in die Freiheit des Betroffenen mit sich bringen und für ihn *strafähnliche* Wirkungen haben".[99] Im E 1962 wurde sich dafür ausgesprochen, diese Regelung lediglich in das Einführungsgesetz aufzunehmen, um den Gesetzgeber bei späteren Änderungen der Maßregel-Vorschriften nicht an einer *sachgerechten* Regelung im Hinblick auf die Besonderheiten der Maßregeln zu hindern.[100] Die kriminalpolitischen Ziele sollten

---

94 BT-Drs. IV/650, S. 213.
95 BT-Drs. IV/650, S. 214.
96 BT-Drs. V/4095, S. 31.
97 BT-Drs. V/4095, S. 31.
98 BGBl. 1969 I, S. 717.
99 BT-Drs. V/4095, S. 4, Hervorhebung durch Verfasserin; BT-Drs. IV/650, S. 108.
100 BT-Drs. IV/650, S. 108.

dadurch jedenfalls nicht an ihrer Umsetzung gehindert werden.[101] Bereits hier wurden Bedenken angesprochen (aber als unbegründet zurückgewiesen), die eine Unvereinbarkeit mit Art. 7 Abs. 1 Satz 2 EMRK[102] und auch Art. 103 Abs. 2 GG in Rede stellten.[103] Im Sonderausschuss für die Strafrechtsreform überwogen dann die Zweifel an einer generellen Rückwirkung.[104] Nur bei solchen Maßnahmen, die auch nach verwaltungsrechtlichen Vorschriften zulässig waren, schien es gerechtfertigt, das Rückwirkungsverbot zu beschränken.[105] Grundsätzlich ging der Sonderausschuss jedoch davon aus, dass sich das Strafrecht durch die Reform nicht zum Nachteil der Täter ändern werde.[106]

§ 2 Abs. 6 StGB des Zweiten Gesetzes zur Reform des Strafrechts sollte in der Fassung vom 4. Juli 1969 nicht in Kraft treten. Dessen Inkrafttreten war vom Inkrafttreten des Einführungsgesetzes zum Strafgesetzbuch abhängig, mit dem der Besondere Teil des Strafgesetzbuchs, verfahrensrechtliche Gesetze und strafrechtliche Nebengesetze an die im 2. StRG vorgenommenen Änderungen angeglichen werden sollten.[107] Das Einführungsgesetz zum Strafgesetzbuch hatte § 2 Abs. 6 Satz 2 StGB ersatzlos gestrichen.[108] In der dazugehörigen Bundestagsdrucksache fehlt eine Begründung zu dieser Streichung.[109] Dieser Umweg über das Einführungsgesetz, mit dem eine Abänderung von bereits parlamentarisch abgesegneten Reformen des Strafrechts einherging, ließ die Frage aufkommen, ob es sich hierbei um eine „Strafrechtsreform ohne Gesamtparlament" handelte.[110] Die Legitimationsdefizite wiegen in einem so sensiblen Bereich jedenfalls schwer. Übrig blieb nur die vom 2. StRG vorgenommene Ergänzung „wenn gesetzlich nichts anderes bestimmt ist".[111] Demnach sollte grundsätzlich die im Nationalsozialismus eingeführte Regelung gelten, dass über Maßregeln nach dem Gesetz zu entscheiden ist, das im Zeitpunkt der Entscheidung gilt. In der Gesamtschau wirft diese Gesetzesänderung einen Schatten auf die Reformbemühungen zur Sicherungsverwahrung, die grundsätzlich um Restriktion durch Formalisierung bemüht waren. An dieser

101 BT-Drs. IV/650, S. 108.
102 BGBl. 1952 II, S. 689.
103 BT-Drs. IV/650, S. 108.
104 BT-Drs. V/4095, S. 4.
105 BT-Drs. V/4095, S. 4.
106 BT-Drs. V/4095, S. 4.
107 BT-Drs. 7/550, S. 1 f.
108 BGBl. 1974 I, S. 473.
109 Vgl. BT-Drs. 7/550, S. 206.
110 *Baumann,* Strafrechtsreform ohne Gesamtparlament?, ZRP 1974, S. 77 ff.
111 BGBl. 1969 I, S. 717; vgl. auch BGBl. 1974 I, S. 473.

Stelle wird deutlich, dass schon der Reformgesetzgeber von 1969 bereit war, die Formalisierung einer ‚sachgerechten' Flexibilisierung unterzuordnen.

Von der Ausnahmeregelung in § 2 Abs. 6 StGB machte der Gesetzgeber auch die Sicherungsverwahrung betreffend nichtsdestotrotz Gebrauch. Die Beschränkungsmöglichkeit wurde erstmalig durch den Einigungsvertrag in Art. 1a EGStGB umgesetzt.[112] Die ehemalige DDR hatte sich gegen die Übernahme der Sicherungsverwahrung für das Gebiet der neuen Bundesländer gewehrt, weil „es sich dabei um ein auf nationalsozialistischem Gedankengut beruhendes, vom NS-Regime eingeführtes Rechtsinstitut handele".[113] Diese Beschränkung wurde jedoch schon fünf Jahre später durch das „Gesetz zur Rechtsvereinheitlichung der Sicherungsverwahrung" vom 16. Juni 1995 zurückgenommen.[114] Vorangegangen waren – wie auch in den folgenden Gesetzesänderungen – Berichte in den Medien über einschlägig vorbestrafte Sexual- und Gewalttäter, die das Vertrauen der Bevölkerung in die Wehrhaftigkeit des Rechtsstaats nachhaltig stören würden.[115] Die Bevölkerung sei „im gesamten Bundesgebiet schutzwürdig" und durch die Reformen aus dem Jahre 1969 sei sie an rechtsstaatliche Standards – insbesondere auch durch die Zehn-Jahres-Höchstfrist (!) – angepasst worden.[116] Folglich wurde ab 1. August 1995 die Möglichkeit geschaffen, die Vorschriften des Strafgesetzbuches zur Sicherungsverwahrung im gesamten Geltungsbereich anzuwenden bzw. bereits dann, wenn eine einschlägige Anlasstat nach dem Inkrafttreten der Rechtsvereinheitlichung begangen wurde.[117]

II. Das prinzipielle verfassungsgerichtliche Einverständnis mit den Regelungen zur Sicherungsverwahrung

In den Jahren nach der großen Strafrechtsreform ergingen kaum Entscheidungen des Bundesverfassungsgerichts zur Sicherungsverwahrung, was angesichts der beträchtlichen Restriktion im Vergleich zu vorher nicht verwunderlich ist. Erst in den 1990er erhöht sich die Frequenz an Entscheidungen zur Sicherungsverwahrung, die die grundsätzlich positive bzw. unkritische Haltung zur

---

112 BGBl. 1990 II, 957.
113 Zit. nach BT-Drs. 13/116, S. 4.
114 BGBl. 1995 I, S. 818.
115 BT-Drs. 13/116, S. 4.
116 BT-Drs. 13/116, S. 4, diese rechtsstaatlichen *Standards* sollten schon drei Jahre später entbehrlich sein.
117 BGBl. 1995 I, S. 818; vgl. auch die Begründungen in BT-Drs. 13/757, S. 6.

Sicherungsverwahrung bestätigen und die Einordnung der Sicherungsverwahrung in das System der Maßregeln aus der Perspektive des Bundesverfassungsgerichts verdeutlichen.

1. § 67c Abs. 1 StGB (a.F.) als rechtliche Grundlage für die Vollstreckung der Sicherungsverwahrung

1976 erging eine Entscheidung zur Auslegung der §§ 66, 67c Abs. 1 StGB (a.F.), die insbesondere in der Gegenüberstellung der Senatsmehrheit mit der abweichenden Meinung des Richters *Hirsch* den relativ unkritischen Umgang mit der Sicherungsverwahrung durch die Senatsmehrheit offenbart. Verfassungsrechtliche Bedenken gegen die Sicherungsverwahrung als solche wurden jedoch von keiner Seite erhoben. Vielmehr wurde geprüft, ob der Vollzug der im Strafurteil angeordneten Sicherungsverwahrung gemäß § 67c Abs. 1 StGB (a.F.) auch dann zulässig ist, wenn die Strafvollstreckungskammer über die Erforderlichkeit des Maßregelvollzuges bei Strafende noch nicht entschieden hat.[118] Die von § 67c Abs. 1 StGB (a.F.) normierte Prüfung, ob der Zweck der Maßregel die Unterbringung noch erfordert, wurde eingeführt, um den generellen Prognoseschwierigkeiten insoweit Rechnung zu tragen, dass das erkennende Gericht nicht mehr im Urteilszeitpunkt prognostizieren muss, ob am Ende eines womöglich langjährigen Strafvollzugs der Verurteilte für die Allgemeinheit noch gefährlich sein wird. Aus § 67c StGB (a.F.) ergibt sich vielmehr, dass sich die Prognose des Ausgangsurteils auf den Zeitpunkt der Urteilsfällung beziehen muss und bei Strafende eine nochmalige Prüfung gemäß § 67c Abs. 1 StGB (a.F.) eingreift, die die Gefährlichkeit bei Vollzugsende beurteilen muss.[119]

Die Mehrheit des Senats hatte keine verfassungsrechtlichen Probleme gesehen, wenn der Betroffene ohne eine Entscheidung nach § 67c Abs. 1 StGB (a.F.) bereits in den Vollzug der Sicherungsverwahrung überstellt, das Verfahren vor Strafende begonnen und ohne vermeidbare Verzögerungen binnen angemessener Frist zum Abschluss gebracht wurde.[120] In der Begründung der Senatsmehrheit heißt es, dass die dem Strafurteil zugrundeliegende Gefährlichkeitsprognose „gewissermaßen unter der ‚auflösenden Bedingung‘ einer abweichenden Beurteilung durch das Vollstreckungsgericht“ stehe und daher die Grundlage des Freiheitsentzugs im Ausgangsurteil zu sehen sei und eine Verfassungswidrigkeit gemäß Art. 2

118 BVerfGE 42, 1 ff.
119 BVerfGE 42, 1 (7).
120 BVerfGE 42, 1 (1, 11).

Abs. 2, 104 Abs. 1 Satz 1 GG und Art. 104 Abs. 2 Satz 1 GG nicht festgestellt werden könne.[121] Eine Freilassung des Betroffenen wäre daher nicht angezeigt. Dafür spreche, dass das Vollstreckungsgericht gemäß § 67c StGB (a.F.) lediglich die Maßregel zur Bewährung aussetzen, aber nicht für erledigt erklären kann.[122] Nach der Auslegung der Senatsmehrheit müsse das Verfahren vor Ende des Strafvollzugs nur begonnen worden sein.[123] Eine Freilassung des Verurteilten aufgrund verspäteter Prüfung widerspreche außerdem dem Sinn der Sicherungsverwahrung.[124] Schließlich müsste ein für die Allgemeinheit gefährlicher Hangtäter allein wegen einer nicht rechtzeitig stattfindenden gerichtlichen Prüfung zur Bewährungsaussetzung entlassen werden.[125] Ein *sach*gerechter Prüfungszeitpunkt für die Entscheidung nach § 67c StGB (a.F.) dürfe nicht durch einen *zeit*gerechten Prüfungszeitpunkt konterkariert werden, weil sich so das Gericht eventuell im Wettlauf mit der Zeit und einem womöglich verzögernd eingreifenden Verurteilten dazu verleiten ließe, sachliche Erwägungen hintanzustellen.[126]

Demgegenüber führt *Hirsch* in seiner abweichenden Meinung aus, dass eine verfassungskonforme Auslegung des § 67c Abs. 1 StGB (a.F.) nur zum Ergebnis kommen könne, dass das Prüfungsverfahren vor Beginn der Vollstreckung der freiheitsentziehenden Maßregel erfolgen und demnach auch abgeschlossen werden muss.[127] Das zweistufige Verfahren für die Anordnung und Vollstreckung der Sicherungsverwahrung werde der Sicherungsverwahrung als einschneidenster Maßregel nur gerecht, wenn für den Vollzug der Sicherungsverwahrung allein die Spezialbestimmung des § 67c StGB (a.F.) herangezogen werden dürfe.[128] Demnach sei nur die Entscheidung der Strafvollstreckungskammer gemäß § 67c Abs. 1 StGB (a.F.) die in Art. 104 Abs. 2 Satz 1 GG vorgesehene richterliche Entscheidung.[129] Sofern der Strafgefangene bei fehlender Entscheidung nach § 67c Abs. 1 StGB (a.F.) auf freien Fuß gesetzt werden müsse, sei damit auch keine stillschweigende Erledigungserklärung verbunden.[130] Daher könne das Argument der

121 BVerfGE 42, 1 (6, 8).
122 BVerfGE 42, 1 (8 f.).
123 BVerfGE 42, 1 (9).
124 BVerfGE 42, 1 (9).
125 BVerfGE 42, 1 (9).
126 BVerfGE 42, 1 (10).
127 BVerfGE 42, 1 (12, 15 ff.).
128 BVerfGE 42, 1 (13).
129 BVerfGE 42, 1 (13).
130 BVerfGE 42, 1 (14 f.).

Senatsmehrheit nicht überzeugen.[131] Außerdem unterlägen alle fristgebundenen Verfahren einem entsprechenden Zeitdruck und es gebe hierfür ausreichende Kriterien, wann eine solche Prüfung sachgerecht anzusetzen sei.[132] Falsche Planung dürfe sich nicht zulasten des Betroffenen auswirken.[133] Auch sei es unzutreffend, dass der zu entlassende Strafgefangene ein gefährlicher Hangtäter ist, da erst die gerichtliche Entscheidung nach § 67c StGB (a.F.) dies festzustellen vermag.[134]

Deutlich wird hier, dass nur die abweichende Meinung des Richters *Hirsch* die Regelung des § 67c StGB (a.F.) und den darin zum Ausdruck gekommenen Anspruch des Sicherungsverwahrten auf erneute Prüfung der Voraussetzungen der Sicherungsverwahrung ernst nimmt. Bei der Senatsmehrheit herrscht demgegenüber eine Auslegung vor, die durch die potentielle Gefährlichkeit des zu Entlassenden bestimmt wird und zum Schutz der Allgemeinheit eine restriktive Auslegung nicht verantworten kann. Die einmal festgestellte Gefährlichkeit hat offensichtlich eine extrem lange Halbwertzeit.

In einem Nichtannahmebeschluss aus dem Jahre 1993 setzt sich die Marginalisierung der Vorschrift des § 67c StGB (a.F.) fort.[135] Dort wird wiederum betont, dass maßgeblicher Zeitpunkt für die Gefährlichkeitsprognose die Aburteilung sei und sie solange aufrechterhalten wird, bis das Strafvollstreckungsgericht im Rahmen der Entscheidung nach § 67c Abs. 1 StGB etwas anderes entscheidet.[136] Daraus wird gefolgert, dass es für die Prüfung einer fortwirkenden Gefährlichkeit prinzipiell eine hinreichende Grundlage der gerichtlichen Sachaufklärung sei, wenn sich das Strafvollstreckungsgericht auf das vom erkennenden Gericht eingeholte Sachverständigengutachten bezieht.[137] Dabei muss es sich mit der Frage auseinandersetzen, „ob die Zeit im Vollzug der Freiheitsstrafe mit den beim Verurteilten eingetretenen Entwicklungen noch zum Vollzug der Sicherungsverwahrung zwingt, oder ob vor einer solchen Entscheidung die Einholung eines neuen Gutachtens erforderlich erscheint."[138] Ein Argument hierfür sei § 246a StPO, der nur für das erkennende Gericht eine Pflicht über die Hinzuziehung

131 BVerfGE 42, 1 (14 f.).
132 BVerfGE 42, 1 (19).
133 BVerfGE 42, 1 (19).
134 BVerfGE 42, 1 (19 f.).
135 BVerfGE v. 15. März 1993, 2 BvR 2062/92.
136 BVerfGE v. 15. März 1993, 2 BvR 2062/92, Rn. 3-juris.
137 BVerfGE v. 15. März 1993, 2 BvR 2062/92, Rn. 3-juris.
138 BVerfGE v. 15. März 1993, 2 BvR 2062/92, Rn. 3-juris.

eines Sachverständigen bestimmt.[139] Dadurch wird der einmal sachverständig festgestellten Gefährlichkeit über Jahre hinweg ein nochmals erhöhter Wert zugeschrieben.

In einem weiteren Nichtannahmebeschluss wird immerhin für die Fortdauerprüfung der Sicherungsverwahrung gemäß § 67e Abs. 2 StGB (a.F.) angemerkt, dass im vorliegenden Fall bei der nächsten Fortdauerprüfung erwogen werden sollte, ob „nunmehr nach vielen Jahren ein erneutes Prognosegutachten einzuholen ist".[140] Für die Sicherungsverwahrung hätten die gleichen strengen Anforderungen zu gelten, die an die Fortdauer einer Unterbringung nach § 63 StGB und die Entscheidung zur Strafrestaussetzung gemäß §§ 57, 57a StGB im Hinblick auf die dort zu treffende Kriminalprognose angelegt würden.[141] Die Rechtsprechung zu § 67c StGB (a.F.) wird in den Folgejahren immer wieder bestätigt.[142] Ein Sachverständigengutachten sei bei einer Prüfung gemäß § 67c StGB (a.F.) nur einzuholen, wenn eine Aussetzung der Unterbringung erwogen werde.[143] Eine versehentlich unterlassene Prüfung nach § 67c StGB (a.F.) könnte durch die gleichartige Prüfung gemäß §§ 67d, 67e StGB (a.F.) geheilt werden.[144]

Demgegenüber verfährt das Bundesverfassungsgericht bei der Einhaltung der zweijährigen Überprüfungsfristen weit restriktiver und lässt Einwände wie die einer Überlastung der Gerichte oder der Beiordnung eines neuen Pflichtverteidigers nicht gelten.[145] Eine Entlassung des in seinen Grundrechten Verletzten kommt trotzdem nicht in Betracht, weil das mit dem Maßregelvollzug verfolgte Sicherungsbedürfnis der Allgemeinheit vor zu erwartenden erheblichen Rechtsgutverletzungen noch nicht zurücktritt, wenn das grundrechtlich gebotene Verfahren erst um einige Monate verzögert wurde.[146] Auch hierin kommt im Verweis auf die Gefährlichkeit des Sicherungsverwahrten eine deutlich höhere Gewichtung des Schutzanspruchs der Allgemeinheit zum Ausdruck. Insgesamt

---

139 BVerfGE v. 15. März 1993, 2 BvR 2062/92, Rn. 3-juris, mittlerweile steht das in Abs. 1 Satz 1 des § 246a StPO, vgl. die Gesetzesänderung vom 26. Juni 2013, BGBl. 2013 I, S. 1805.

140 BVerfGE v. 7. Juni 1993, 2 BvR 1907/91, Rn. 4-juris.

141 BVerfGE v. 7. Juni 1993, 2 BvR 1907/91, Rn. 4-juris, vgl. BVerfG NStZ 1992, 405 ff.; BVerfGE 70, 297 ff.

142 BVerfGE v. 3. Februar 2003, 2 BvR 1512/02; BVerfGE v. 27. Januar 2005, 2 BvR 2311/04; BVerfGE v. 16. November 2004, 2 BvR 2004/04.

143 BVerfGE v. 3. Februar 2003, 2 BvR 1512/02, Rn. 5-juris.

144 BVerfGE v. 27. Januar 2005, 2 BvR 2311/04, Rn. 11 ff.-juris.

145 BVerfGE v. 16. November 2004, 2 BvR 2004/04, Rn. 23, 26-juris.

146 BVerfGE v. 16. November 2004, 2 BvR 2004/04, Rn. 28-juris.

zeichnet sich die Tendenz ab, formale Begrenzungen zugunsten materialer Erwägungen zur Gefährlichkeit im Hinblick auf die Schutzinteressen der Allgemeinheit aufzuweichen.

2. Zur Überweisungsmöglichkeit eines in einem psychiatrischen Krankenhaus Untergebrachten in den Vollzug der Sicherungsverwahrung

Im Kammerbeschluss vom 17. Mai 1994 ging es um eine Vorlage des Landgerichts Marburg gemäß Art. 100 GG mit der Frage, ob § 67a Abs. 1 StGB (a.F.) in Verbindung mit §§ 67a Abs. 2 und 3, 67 Abs. 1 bis 3 StGB (a.F.) mit dem Grundgesetz insoweit unvereinbar sei, als die Vorschrift nicht zulässt, „einen nach § 63 StGB in einem psychiatrischen Krankenhaus Untergebrachten in den Vollzug der Unterbringung in die Sicherungsverwahrung zu überweisen, wenn es seiner Resozialisierung dient.“[147] Der Beschluss ist interessant, da sich das Bundesverfassungsgericht zum Resozialisierungsgehalt der Sicherungsverwahrung in einer Auseinandersetzung mit den Reformen von 1969 äußert. Gegen die Einschätzung des Landgerichts Marburg weist es daraufhin, dass sich die Sicherungsverwahrung nach der Bewertung des Gesetzgebers „schwerlich jemals als überlegene Behandlungsmethode gegenüber anderen Maßregeln erweisen wird, da sie als *ultima ratio* gerade den Behandlungsresistenten treffe.“[148] Von ihr könne trotz § 129 Satz 2 StVollzG[149] nicht angenommen werden, dass ihr Vollzug die Resozialisierung befördert.[150]

Hier legt das Bundesverfassungsgericht die klare Sicherungsintention der Sicherungsverwahrung offen, die es offensichtlich nicht für unvereinbar mit dem Grundgesetz hält. Sie verhindert aber eindeutig, dass ein Maßregelpatient in die Sicherungsverwahrung überwiesen werden kann. Für den Freiheitsanspruch des Sicherungsverwahrten bedeutet das jedoch eine kaum zu unterschätzende Relativierung, weil die Gefährlichkeitsprognose mangels Behandlung schlecht revidierbar ist und nur durch einen vom Täter ausgehenden Gesinnungswandel relativiert

147 BVerfGE v. 17. Mai 1994, 2 BvL 12/94, Rn. 11-juris.

148 BVerfGE v. 17. Mai 1994, 2 BvL 12/94, Rn. 23, 31-juris, Hervorhebung durch Verfasserin.

149 Der Vollzug der Sicherungsverwahrung musste durch die Entscheidung des Bundesverfassungsgerichts vom 4. Mai 2011 in den Ländern neu geregelt werden, die nach der Föderalismusreform dafür zuständig sind. Dem sind alle Bundesländer nachgekommen, vgl. exemplarisch HessGVBl. 2013, S. 46 ff.

150 BVerfGE v. 17. Mai 1994, 2 BvL 12/94, Rn. 26-juris.

werden könnte, der aber schwerlich belegt werden kann. Implizit heißt das, dass laut Bundesverfassungsgericht die Gefährlichkeit eine lebenslange am Sicherungszweck ausgerichtete Verwahrung ermöglicht. Mittlerweile wurde die Möglichkeit der Überweisung von im psychiatrischen Krankenhaus Untergebrachten in die Sicherungsverwahrung in § 66b Abs. 3 StGB a.F./§ 66b StGB n.F. normiert, bei denen der Zustand im Sinne von §§ 20, 21 StGB nicht mehr vorliegt, die aber weiterhin gefährlich sind. Ob dies einem Bedeutungswandel der Sicherungsverwahrung geschuldet ist, der mit Tatsachen unterlegt ist, oder sich ein Bewertungswandel vollzogen hat, wird bei der Darstellung der Vorschrift und den dazu ergangenen Entscheidungen des Bundesverfassungsgerichts und des EGMR aufgegriffen.[151]

3. Zur Verfassungsmäßigkeit der Sicherungsverwahrung

Zur Verfassungsmäßigkeit der Sicherungsverwahrung, genauer zu § 66 Abs. 2 i.V.m. Abs. 1 Nr. 3 StGB (a.F.) äußerte sich das Gericht erstmalig im Jahr 1995. Sie sei im Hinblick auf Art. 104 Abs. 1 GG und das in Art. 103 Abs. 2 GG enthaltene Gebot der Gesetzesbestimmtheit nicht zu beanstanden.[152] Das Gericht verwies dabei auf den Verhältnismäßigkeitsgrundsatz in § 62 StGB und die Regel des § 72 Abs. 1 StGB, nach der zu prüfen sei, ob „anstelle der Sicherungsverwahrung eine andere Maßregel den Sicherungszweck gewährleisten würde."[153] Daraus lässt sich wiederum ableiten, dass das Bundesverfassungsgericht den Sicherungszweck gegenüber dem Resozialisierungszweck eindeutig bei der Sicherungsverwahrung in den Vordergrund stellt. Für die Gesetzesbestimmtheit spreche darüber hinaus die Zehn-Jahres-Höchstfrist in § 67d StGB (a.F.).[154] Ein Verstoß gegen den *ne bis in idem*-Grundsatz gemäß Art. 103 Abs. 3 GG wird mit dem Verweis auf das zweispurige Rechtsfolgensystem abgelehnt.[155] Wegen der Zweispurigkeit liege keine erneute Bestrafung, sondern eine präventive Maßregel vor.[156] Das strafrechtliche Argument der Zweispurigkeit trägt explizit die verfassungsgerichtliche Auslegung. Hier wird deutlich, wie der Grundrechtsschutz sich erst im Wechselspiel von Verfassungsrecht und Strafrechtssystem konkretisiert.[157]

---

151 Vgl. 1. Teil, 3. Kapitel, D. I. 2. und II.

152 BVerfG NStZ-RR 1996, S. 122.

153 BVerfG NStZ-RR 1996, S. 122.

154 BVerfG NStZ-RR 1996, S. 122.

155 BVerfG NStZ-RR 1996, S. 122.

156 BVerfG NStZ-RR 1996, S. 122.

157 So zu Art. 103 Abs. 2 GG: *Jung*, Rückwirkungsverbot und Maßregel, in: Broda u.a. (Hg.), Festschrift für Rudolf Wassermann, 1985, S. 884.

In seinem letzten Punkt führt das Gericht dann noch aus, dass die „in Fällen einer Verurteilung zu lebenslanger Freiheitsstrafe durch Art. 1 Abs. 1 GG verbürgte konkrete und grundsätzlich auch realisierbare Chance für den Verurteilten, zu einem späteren Zeitpunkt die Freiheit wiederzugewinnen“[158], auch durch die Sicherungsverwahrung nicht in Frage gestellt werde.[159] Bemerkenswerterweise stellt das Gericht auf die von ihm marginalisierte Vorschrift des § 67c StGB (a.F.) ab, nach der der Betroffene im Falle einer günstigen Prognose überhaupt nicht in der Sicherungsverwahrung untergebracht werde.[160] Weder die zweijährigen Überprüfungsfristen gemäß § 67e Abs. 2 StGB (a.F.) werden erwähnt, noch die Zehn-Jahres-Höchstfrist bei erstmaliger Verhängung der Sicherungsverwahrung. Auf letztere wird implizit verwiesen, weil das Gericht auch darauf abstellt, dass die Sicherungsverwahrung neben lebenslanger Freiheitsstrafe nicht angeordnet werden dürfe.[161] Wurde diese Ausnahme sowie die Zehn-Jahres-Höchstfrist mittlerweile abgeschafft, ist dennoch anzumerken, dass das Gericht schon hier die Problematik verkürzt, da trotzdem die Möglichkeit einer unbefristeten Sicherungsverwahrung bei einer zweiten Verhängung bestand. Inwiefern die in den vorherigen Entscheidungen konstatierte klare Sicherungsintention der Sicherungsverwahrung im Falle einer unbefristeten Verhängung nach den Grundsätzen der Entscheidung zur lebenslangen Freiheitsstrafe Bestand haben kann, hätte zumindest nach den dort entwickelten Maßstäben „einer besonders strengen Prüfung am Maßstabe des Verhältnismäßigkeitsgrundsatzes“ bedurft – auch wenn das Bundesverfassungsgericht dort ausdrücklich einen (lebenslangen) Freiheitsentzug zur Sicherung vor „gemeingefährlichen Straftätern“ zulässt und zwar unabhängig davon, ob er als Strafe oder Sicherungsmaßnahme vollzogen wird.[162] In diesem *Sicherungs*zusammenhang scheint auf einmal auch das Argument der Zweispurigkeit nicht mehr von entscheidender Bedeutung zu sein. Letztlich kann aus der Begründung des Bundesverfassungsgerichts zur Sicherungsverwahrung herausgelesen werden, dass die Befristung der Sicherungsverwahrung ein entscheidendes Argument für deren verfassungsrechtliche Akzeptanz war.

158 BVerfGE 45, 187 ff.
159 BVerfG NStZ-RR 1996, S. 122.
160 BVerfG NStZ-RR 1996, S. 122.
161 BVerfG NStZ-RR 1996, S. 122.
162 Vgl. BVerfGE 45, 187 (223, 242).

III. Zwischenfazit

Die große Strafrechtsreform hatte mit ihrem Zweiten Gesetz zur Reform des Strafrechts trotz der Beibehaltung der Sicherungsverwahrung durch die Anwendung des Rückwirkungsverbotes in § 2 Abs. 6 Satz 2 StGB und die Zehn-Jahres-Höchstfrist den größten Formalisierungsgrad dieses ausschließlichen Sicherungsinstrumentes erreicht und zumindest insoweit dem Freiheitsanspruch des Straftäters Rechnung getragen. Sowohl im Gesetzgebungsverfahren als auch in der Rechtsprechung des Bundesverfassungsgerichts ist deutlich geworden, dass es sich bei der Sicherungsverwahrung – jedenfalls nach damaligem Verständnis – um ein ausschließliches Sicherungsinstrument für Behandlungsresistente handelte. Als ein solches Mittel der Verbrechensbekämpfung wurde es auf der zweiten Spur auch akzeptiert. Das beim Gesetzgeber 1969 noch vorherrschende Bemühen um rechtsstaatliche Zurückhaltung bzw. Begrenzung der Sicherungsverwahrung wegen einer dort konstatierten Annäherung von Strafe und Maßregel ist in der kurzen Grundsatzentscheidung des Bundesverfassungsgerichts zur Verfassungsmäßigkeit der Sicherungsverwahrung nicht anzutreffen.

Die Faktizität der strafgesetzlichen Zweispurigkeit reichte als Argument für die Ablehnung einer Verletzung des *ne bis in idem*-Grundsatzes aus. Über eine Parallele zu den verfassungsgerichtlich konturierten Voraussetzungen eines menschenwürdigen Strafvollzugs wurde nicht nachgedacht. Danach muss grundsätzlich eine Chance verbleiben, je wieder der Freiheit teilhaftig zu werden. Das Bundesverfassungsgericht scheint die Sicherungsverwahrung grundsätzlich als ein befristetes Sicherungsinstrument gedeutet zu haben. Andernfalls würden die von der Sicherungsverwahrung betroffenen „Behandlungsresistenten" keine Aussicht auf Entlassung haben. Jedenfalls wäre diese Entlassungsperspektive erklärungsbedürftig gewesen. Folglich muss davon ausgegangen werden, dass erst die Befristung die verfassungsrechtliche Akzeptanz des eindeutig im Vordergrund stehenden Sicherungszwecks bei der Sicherungsverwahrung ermöglichte. Ansonsten hätte es sich mit seiner Rechtsprechung zu Art. 1 Abs. 1 GG eingehender auseinandersetzen müssen. Demnach ist zu unterstellen, dass in den Augen des Bundesverfassungsgerichts das formale Element der Zehn-Jahres-Höchstfrist die Flexibilisierung einrahmte und somit die für den Freiheitsanspruch des Sicherungsverwahrten notwendige Grenze zog. Die Errungenschaften der Formalisierung wurden von gesetzgeberischer Seite kurz danach noch einmal im Zuge der Rechtsangleichung in den ehemaligen Gebieten der DDR in die Diskussion eingebracht. Sich von einer Diktatur *in puncto* Rechtsstaatlichkeit belehren zu lassen, wäre wohl auch zu unangenehm.

D. Ab 1998: Beispiellose Entgrenzung durch den Gesetzgeber und das Bundesverfassungsgericht

Die Reformgesetzgebung von 1969 war – trotz teilweise ambivalenter, einer weiteren Flexibilisierung offen gegenüberstehenden Begründungen – grundsätzlich auch vom Bemühen um eine rechtsstaatliche Begrenzung der Sicherungsverwahrung und der „Maßregeln der Besserung und Sicherung" getragen. Im Jahr 1998 begann demgegenüber eine Gesetzgebungsentwicklung, die die kontinuierliche Entgrenzung der Sicherungsverwahrung zum Gegenstand hatte. Die noch 1995 bei der Rechtsangleichung vorgebrachten rechtsstaatlichen Standards, die die Übernahme der Sicherungsverwahrung auf dem Gebiet der ehemaligen DDR rechtfertigen sollten, wurden jetzt sukzessive abgebaut. Im Jahr 2004 wurde mit der Einführung der nachträglichen Sicherungsverwahrung jegliche zeitliche Geltungsbeschränkung für die Sicherungsverwahrung auch auf dem Gebiet der DDR aufgegeben, weil „sie im Lichte der Entscheidungen des Bundesverfassungsgerichts vom 5. Februar 2004 [...] und vom 10. Februar 2004 [...] verzichtbar [erschienen]".[163] In strafrechtswissenschaftlichen Stellungnahmen wird mit dem Jahr 1998 eine kriminalpolitische Trendwende verbunden, die von der Dominanz eines neuen Sicherheitsdenkens geprägt sei.[164] Diese kriminalpolitische Trendwende hin zur Akzentuierung der Sicherheit potentieller Opfer im Gegensatz zu strafrechtlicher Zurückhaltung und resozialisierender Behandlung des Täters[165] fand ihren prägnantesten Ausdruck in der Formulierung des damaligen Bundeskanzlers *Schröder*: „Wegschließen – und zwar für immer."[166] Anlass hatten „[f]urchtbare Verbrechen der jüngsten Vergangenheit [gegeben], die von einschlägig vorbestraften Personen begangen worden" waren.[167] Die angesprochenen Fälle

163 BT-Drs. 15/2887, S. 20.

164 Vgl. *Kammeier,* Maßregelvollzugsrecht: Kommentar, 3. Aufl., 2010, S. 17; *Kinzig,* Die Entwicklung der Gesetzgebung der Sicherungsverwahrung, Forensische Psychiatrie, Psychologie, Kriminologie 2010, S. 49 ff.; *Mushoff,* Strafe – Maßregel – Sicherungsverwahrung, 2008, S. 32 f.; *Sander,* Grenzen instrumenteller Vernunft im Strafrecht, 2007, S. 195 f.; *Alex,* Nachträgliche Sicherungsverwahrung – ein rechtsstaatliches und kriminalpolitisches Debakel, 2010, S. 56 ff.

165 Vgl. auch die Rede von *Norbert Geis* (CDU/CSU) vor dem Bundestag zum „Gesetz zur Bekämpfung von Sexualdelikten und anderen gefährlichen Straftaten", BT-PlPr 13/204, S. 18433.

166 Bild am Sonntag vom 8. Juli 2001.

167 Gesetzentwurf des Bundesrates BT-Drs. 13/7559, S. 1; ähnlich lautend der Gesetzentwurf der Bundesregierung BT-Drs. 13/8586.

hatten sich durch die Berichterstattung in den Massenmedien so in das kollektive Bewusstsein eingeschrieben, dass offensichtlich auch nicht der Verweis auf die Rückläufigkeit der Sexualmorde und den nicht zu verzeichnenden Anstieg der Straftaten gegen die sexuelle Selbstbestimmung in den vorherigen Jahren half.[168] Das Bundesverfassungsgericht nahm dazu in zwei Grundsatzentscheidungen aus dem Jahr 2004 Stellung und – so viel sei vorweggenommen – billigte bzw. förderte den gesetzgeberischen Trend, immer neu entdeckte oder von der BGH-Rechtsprechung aufgerissene Schutzlücken zu schließen. Die Schutzlücken waren vom BGH durch die mehr am Wortlaut und der Systematik, denn an der Teleologie orientierten Auslegung der Regelungen zur Sicherungsverwahrung verursacht worden.

I. „Gesetz zur Bekämpfung von Sexualdelikten und anderen gefährlichen Straftaten" vom 26. Januar 1998

Mit dem „Gesetz zur Bekämpfung von Sexualdelikten und anderen gefährlichen Straftaten" vom 26. Januar 1998[169] wurde die Sicherungsverwahrung dahingehend verschärft, dass sie bereits nach einem einschlägigen Rückfall verhängt werden konnte (§ 66 Abs. 3 StGB a.F.).[170] Weiterhin wurde die Zehn-Jahres-Höchstfrist in § 67d Abs. 3 StGB gestrichen. Im ‚Ausgleich' dafür wurde eine gesonderte Überprüfung der Gefährlichkeit normiert, die dazu führen sollte, dass zumindest solche Straftäter aus der Sicherungsverwahrung nach zehn Jahren auch bei fortbestehender Gefährlichkeit entlassen werden konnten, die wegen gewaltloser Delikte verurteilt worden waren.[171] Für diese Prüfung ist zwingend ein neues Sachverständigengutachten einzuholen und dem Betroffenen ist ein Verteidiger zu bestellen (§ 463 Abs. 3 StPO a.F.).[172] Des Weiteren wurde die Schwelle zur bedingten Aussetzung bei den Maßregeln wie auch bei der Strafe verändert.[173] Aus der Erprobungsklausel in § 67d Abs. 2 StGB wurde eine Erwartungsklausel.[174] Die

168 Vgl. auch zu den Zahlen *Mushoff,* Strafe – Maßregel – Sicherungsverwahrung, 2008, S. 29 f.; *Alex,* Nachträgliche Sicherungsverwahrung – ein rechtsstaatliches und kriminalpolitisches Debakel, 2010, S. 133.

169 BGBl. 1998 I, S. 160 ff.

170 BGBl. 1998 I, S. 160.

171 BGBl. 1998 I, S. 160.

172 Vgl. § 463 Abs. 3 StPO, BT-Drs. 13/9062, S. 10, 15.

173 BT-Drs. 13/9062, S. 9 f.

174 BGBl. 1998 I, S. 160.

Angleichung von § 57 StGB und § 67d Abs. 2 StGB sollte bestehende Irritationen der Öffentlichkeit über die Maßstäbe der Strafrestaussetzung beseitigen.[175] In der Begründung heißt es, dass die Erprobungsklausel „in der Öffentlichkeit den unzutreffenden Eindruck erweckt, als sei eine vorzeitige Entlassung von gefährlichen Straftätern, die z.B. gewaltsame Sexualstraftaten gegen Kinder begangen haben, auch ohne günstige Sozialprognose zu Lasten der Öffentlichkeit möglich."[176] Mit der Erwartungsklausel würde nur „eine seit langem bestehende Rechtsprechung im Gesetz festgeschrieben".[177] Schon vor der Verabschiedung hatten forensische Psychiater und Rechtswissenschaftler darauf hingewiesen, dass die Änderungen zu „einem einschneidenden Rückgang der bedingten Entlassungen" führen werden.[178] Bei Betrachtung der Belegungszahlen der Gefängnisse wird tatsächlich deutlich, dass es sich hierbei nicht lediglich um eine Festschreibung der Praxis, sondern um eine Verschärfung der Regeln zur Strafrestaussetzung handelte.[179] Dasselbe lässt sich über die Praxis der Maßregelaussetzung sagen.[180]

In den Begründungen zu den Gesetzesänderungen wird insgesamt auf die Beeinträchtigung des Sicherheitsempfindens bzw. die Bestürzung der Bevölkerung rekurriert, der mit flexibleren und besseren Möglichkeiten zum Schutz der Allgemeinheit Rechnung getragen werden soll.[181] Das – weniger durch Fakten

175 BT-Drs. 13/8586, S. 6 und 8.

176 BT-Drs. 13/8586, S. 8.

177 BT-Drs. 13/8586, S. 8.

178 *Müller-Isberner u.a.,* Entwurf eines Gesetzes zur Bekämpfung von Sexualdelikten – Offener Brief an den Vorsitzenden des Rechtsausschusses des Deutschen Bundestages, MSchrKrim 1998, S. 48; vgl. auch *Kammeier,* Maßregelvollzugsrecht: Kommentar, 3. Aufl., 2010, S. 17 und *Bartsch,* Sicherungsverwahrung, 2010, S. 117 f., s. zudem *Albrecht,* Die Funktionalisierung des Opfers im Kriminaljustizsystem, in: Schünemann/Dubber (Hg.), Die Stellung des Opfers im Strafrechtssystem, 2000, S. 48; *ders.,* Die Bedrohung der dritten Gewalt durch irrationale Sicherheitspolitik, DRiZ 1998, S. 332 f.

179 Vgl. zur restriktiven Lockerungspraxis bei lebenslanger Freiheitsstrafe: *Albrecht/Baltzer/Krehl,* Der schwierige Weg der Dritten Gewalt zwischen Freiheit und Sicherheit, Forensische Psychiatrie, Psychologie, Kriminologie, 2010, S. 15; s. auch *Albrecht,* Kriminologie. Eine Grundlegung zum Strafrecht, 4. Aufl., 2010, S. 291 ff., s. auch *Kröber,* Psychiatrische Aspekte der Sicherungsverwahrung, MschrKrim 2004, S. 261, der von einer Prisonierungswelle spricht.

180 Vgl. *Bartsch,* Sicherungsverwahrung, 2010, S. 117 f., 291 ff.; s. auch *Albrecht,* Kriminologie. Eine Grundlegung zum Strafrecht, 4. Aufl., 2010, S. 291 ff.

181 Gesetzentwurf des Bundesrates BT-Drs. 13/7558, S. 8 und Gesetzentwurf der Bundesregierung BT-Drs. 13/8586, S. 6.

beeinflusste, denn massenmedial ‚aufgeheizte' – Sicherheitsinteresse der Allgemeinheit durchzieht die Argumentation des Gesetzentwurfs, besonders die des ersten vom Bundesrat eingebrachten Gesetzentwurfs.[182] Zur Entfristung der Sicherungsverwahrung heißt es im Gesetzentwurf des Bundesrats, dass es „mit den berechtigten Sicherheitsinteressen der Bevölkerung nicht in Einklang zu bringen [ist], daß ein Straftäter zwingend nach Ablauf von zehn Jahren aus der Sicherungsverwahrung entlassen werden muß, auch wenn seine hochgradige Gefährlichkeit fortbesteht."[183] Dem wird noch in der Stellungnahme der Bundesregierung entgegengehalten, dass kein Bedürfnis für den Wegfall der Zehn-Jahres-Höchstfrist bestehe.[184] Einschlägige Fälle seien *nicht* bekannt und unter dem Gesichtspunkt des Verhältnismäßigkeitsgrundsatzes ließe sich diese Regelung daher nicht rechtfertigen.[185] Auch fand die vorgesehene rückwirkende Anwendung der Gesetzänderungen im Bereich der Maßregeln im Hinblick auf das Rückwirkungsverbot des Art. 103 Abs. 2 GG und das Rechtsstaatsprinzip keine Zustimmung.[186]

Im Gesetzentwurf der Bundesregierung findet sich daher keine Entfristung der Sicherungsverwahrung.[187] Dafür wird neben der Erweiterung der Sicherungsverwahrung auch eine Erweiterung der Therapiemöglichkeiten von Sexualstraftätern vorgesehen.[188] Bei Sexualstraftätern, die zu einer Freiheitsstrafe von mehr als zwei Jahren verurteilt worden sind und bei denen im Rahmen der Behandlungsuntersuchung oder der Vollzugsplanung eine *Behandlungsbedürftigkeit* festgestellt worden ist, sieht der Entwurf eine zwingende Verlegung in eine sozialtherapeutische Anstalt vor, damit möglichst frühzeitig Behandlungsmaßnahmen eingeleitet werden.[189] Die Möglichkeit der Rückverlegung wegen „(derzeitiger) Therapieunfähigkeit des Verurteilten oder seiner dauernden Behandlungsunwilligkeit" bleibt bestehen, da eine erfolgreiche Therapie unter diesen Umständen nicht möglich sei.[190] In die Begründung zur Änderung des § 66 StGB (a.F.) wird der *ultima ratio*-Charakter der Sicherungsverwahrung noch aufgenommen, der in den Anforderungen an die Anzahl der Verurteilungen zum Tragen komme.[191] Bedauernswerterweise waren die Bedenken

182 BT-Drs. 13/7559.
183 BT-Drs. 13/7559, S. 8.
184 BT-Drs. 13/7559, S. 18.
185 BT-Drs. 13/7559, S. 18.
186 BT-Drs. 13/7559, S. 20 f.
187 Vgl. BT-Drs. 13/8586, S. 4.
188 BT-Drs. 13/8586, S. 1.
189 BT-Drs. 13/8586, S. 9.
190 BT-Drs. 13/8586, S. 9.
191 BT-Drs. 13/8586, S. 8.

gegen eine Entfristung in den Beratungen des Rechtsausschusses nicht tragfähig. Letztlich sei die Zehn-Jahres-Höchstfrist „mit den berechtigen Sicherheitsinteressen der Bevölkerung nicht in Einklang zu bringen.“[192] Eine Auseinandersetzung mit den geäußerten Bedenken fehlt. Der wortgleiche Verweis auf den *ultima ratio*-Charakter bei der Änderung des § 66 StGB (a.F.) kann nach dieser umfassenden Entgrenzung der Sicherungsverwahrung – ausschließlich ausgerichtet auf das Sicherheitsinteresse der Bevölkerung – nur als folgenloses Lippenbekenntnis bewertet werden.[193]

Im Hinblick auf die zeitliche Geltung der Neuregelung differenziert das Gesetz. In Art. 1a Abs. 2 EGStGB (a.F.) wird für den neuen § 66 Abs. 3 StGB (a.F.) eine nur eingeschränkte Rückwirkung vorgesehen, wonach es genügt, wenn eine der in Satz 1 genannten Taten nach dem Inkrafttreten der Regelungen begangen wird.[194] Damit will der Gesetzgeber dem Grundsatz des Vertrauensschutzes Rechnung tragen und die Regelung stellt sicher, dass sich „der – regelmäßig voll schuldfähige – Täter mit seinem künftigen Verhalten noch auf die neue Rechtslage einstellen kann“.[195] Danach muss es sich bei dem Sicherungsverwahrten prinzipiell um einen normativ ansprechbaren Straftäter handeln. Die Streichung der Zehn-Jahres-Höchstfrist sollte gleichwohl uneingeschränkt rückwirkend angewandt werden, so sah es Art. 1a Abs. 3 EGStGB (a.F.) nun vor.[196] Das betreffe nur die Dauer der Sicherungsverwahrung und daher seien an den Vertrauensschutz von Verfassungs wegen nicht dieselben hohen Anforderungen zu stellen.[197] Die Aussicht auf eine unbefristete Freiheitsentziehung bei nochmaliger Verhängung der Sicherungsverwahrung scheint bei den einsitzenden Sicherungsverwahrten demnach nicht auf deren rationale Willensbildung genügend einzuwirken. Eine solche Differenzierung ist unter diesem Aspekt nicht ganz einsichtig.

II. Unterbringungsgesetze der Bundesländer als nachträgliche Sicherungsverwahrung

Einigen Bundesländern war das „Gesetz zur Bekämpfung von Sexualdelikten und anderen gefährlichen Straftaten“ offensichtlich noch nicht umfassend genug.

192 BT-Drs. 13/9062, S. 7.
193 S. BT-Drs. 13/9062, S. 9.
194 BT-Drs. 13/9062, S. 12.
195 BT-Drs. 13/9062, S. 12.
196 BGBl. 1998 I, S. 161, für den (zu diesem Zeitpunkt) neuen § 66 Abs. 3 StGB war eine eingeschränkte Rückwirkung vorgesehen.
197 BT-Drs. 13/9062, S. 12.

Bayern hatte bereits in einer Ergänzung zu diesem Gesetz[198] wegen der Lückenhaftigkeit der bestehenden Gesetzeslage im Bundesrat gefordert, eine Möglichkeit zur Unterbringung gefährlicher, voll schuldfähiger Straftäter in der Sicherungsverwahrung *nachträglich,* nach Rechtskraft des Strafurteils vorzusehen.[199] Eine Unterbringung nach Landesgesetzen würde am Nichtbestehen einer psychischen Erkrankung scheitern.[200] Unter Rekurs auf die Praxis, die *„immer wieder* gezwungen" sei, hochgefährliche Straftäter aus dem Strafvollzug zu entlassen, wurde zum wirksamen Schutz der Gesellschaft vor dieser Tätergruppe eine Rechtsänderung verlangt.[201] Es sei „nicht länger tragbar", „wertvolle Erkenntnisse aus dem Strafvollzug" unberücksichtigt lassen zu müssen.[202] In der Logik der umfassenden Schließung von Sicherheitslücken bleibend, sollte die Vorschrift uneingeschränkt Rückwirkung entfalten.[203] Der Bundesrat beschloss jedoch aufgrund „schwerwiegende[r] verfassungsrechtliche[r] und rechtssystematische[r] Einwände", den Gesetzentwurf beim Bundestag nicht einzubringen.[204] Insbesondere sei die Bezugnahme auf die Praxis falsch, da die relevanten Taten von Tätern begangen wurden, die gerade nicht im Vollzug aufgefallen wären.[205] Diese Bedenken blieben jedoch von einigen, CDU/CSU-geführten Bundesländern ungehört. Es folgten noch mehrere Gesetzentwürfe zur Regelung einer nachträglichen Sicherungsverwahrung auf Bundesebene,[206] obwohl in den Beratungen zum „Gesetz zur Bekämpfung von Sexualdelikten und anderen gefährlichen Straftaten" ausdrücklich eine Verschiebemöglichkeit des Prognosezeitpunkts durch eine vorbehaltene Sicherungsverwahrung aufgrund mangelnden Erkenntnisgewinns abgelehnt wurde.[207] Dies und die Tatsache, dass der oben genannte bayerische Gesetzentwurf bekannt war,[208] lassen es zu, von einer abschließenden Regelung durch das verabschiedete

---

198 BR-Drs. 699/97, S. 3.

199 BR-Drs. 699/97, S. 5, s. zur Darstellung der Normgenese auch BVerfGE 109, 190 (193 ff.).

200 BVerfGE 109, 190 (194).

201 BR-Drs. 699/97, S. 4 f., Hervorhebungen durch Verfasserin.

202 BR-Drs. 699/97, S. 6.

203 Vgl. BR-Drs. 699/97, S. 11 f., der die Streichung des Art. 1a EGStGB vorsah, nach dem eine beschränkte Rückwirkung für das Gebiet der ehemaligen DDR galt.

204 BR-Drs. 854/98, S. 1.

205 BR-Drs. 854/98, S. 2.

206 BR-Drs. 144/00, 159/00, 176/01, 48/02, 304/02, 507/02, 850/02, 860/02; BT-Drs. 14/6709, 15/29, vgl. auch *Mushoff,* Strafe – Maßregeln – Sicherungsverwahrung, 2008, S. 34 ff.

207 BT-Drs. 13/9062, S. 8.

208 S. hierzu die Ausführungen in BVerfGE 109, 190 (233).

„Gesetz zur Bekämpfung von Sexualdelikten und anderen gefährlichen Straftaten" auszugehen.[209]

Die gesetzgeberische Haltung sollte jedoch von Regierungsseite nunmehr konterkariert werden. Zwischenzeitlich hatte die damalige Bundesministerin der Justiz *Däubler-Gmelin* den Landesministerien gegenüber zum Ausdruck gebracht, dass ihr bzw. der Bundesregierung wegen der „verneinte[n] Notwendigkeit einer (bundes-)gesetzlichen Regelung" und angesichts der landesrechtlichen Gesetzgebungskompetenz für Gefahrenabwehr die Hände gebunden seien.[210] Was über den Bundesgesetzgeber nicht möglich war, sollte offensichtlich durch dessen Umgehung über die Länder möglich werden. Daraufhin erließen mehrere Länder Unterbringungsgesetze für besonders rückfallgefährdete Straftäter.[211] Nach dem baden-württembergischen Straftäter-Unterbringungsgesetz, welches den nachfolgenden Ländergesetzen im Wesentlichen als Vorlage diente, konnte bei einem Strafgefangenen der Landesvollzugsanstalt, bei dem die Voraussetzung des §§ 66 Abs. 1 Nr. 1 und 2, Abs. 2 bis 4 StGB (a.F.) vorlagen, die weitere Unterbringung in einer Landesjustizvollzugsanstalt angeordnet werden. Dies galt, wenn aufgrund von Tatsachen, die nach der Verurteilung eingetreten sind, davon auszugehen war, dass von dem Betroffenen eine erhebliche gegenwärtige Gefahr für das Leben, die körperliche Unversehrtheit, die persönliche Freiheit oder die sexuelle Selbstbestimmung anderer ausging, insbesondere weil er im Vollzug der Freiheitsstrafe beharrlich die Mitwirkung an der Erreichung des Vollzugsziels (§ 2 des Strafvollzugsgesetzes) verweigerte, namentlich eine rückfallvermeidende Psycho- oder Sozialtherapie ablehnte oder abbrach.[212] Die Unterbringung war unbefristet, die Überprüfungsfristen beliefen sich auf zwei Jahre.[213] Danach konnten im Strafvollzug erlangte Erkenntnisse zuungunsten des Straftäters verwertet werden und einen dauerhaften Freiheitsentzug begründen – ohne

---

209 *Rzepka,* Sicherheits- statt Rechtsstaat – Teil 2, Recht & Psychiatrie 2003, S. 194.

210 Schreiben vom 13. September 1999, zit. nach BVerfGE 109, 190 (195); vgl. dazu auch *Rzepka,* Sicherheits- statt Rechtsstaat – Teil 1, Recht & Psychiatrie 2003, S. 129.

211 Baden-Württemberg, GBl.BW 2001, S. 188 f.; Bayern, BayGVBl. 2001, S. 978 f.; Sachsen-Anhalt, GVBl. LSA 2002, S. 80 f; Thüringen, ThürGVBl. 2003, S. 195 ff.; Niedersachsen, NdsGVBl. 2003, S. 368 f.; vgl. dazu *Rzepka,* Sicherheits- statt Rechtsstaat – Teil 1, Recht & Psychiatrie 2003, S. 130 ff.

212 § 1 des Gesetzes über die Unterbringung besonders rückfallgefährdeter Straftäter v. 14. März 2001, BGl.BW 2001, S. 188, vgl. *Mushoff,* Strafe – Maßregel – Sicherungsverwahrung, 2008, S. 75.

213 Vgl. § 2 und § 5 des Gesetzes über die Unterbringung besonders rückfallgefährdeter Straftäter v. 14. März 2001, BGl.BW 2001, S. 188 f.

dass ein weiteres *Straf*urteil ergangen worden war. Dieses Gesetz eröffnete nie dagewesene Möglichkeiten der Freiheitsentziehung, da die Unterbringungsgesetze der Länder bis *dato* an das Vorliegen einer psychischen Krankheit von erheblichem Ausmaß anknüpften. Eine Freiheitsentziehung, d.h. eine stationäre Aufnahme gegen den Willen der psychisch kranken Person ist danach nur möglich, wenn „durch ihr krankheitsbedingtes Verhalten ihr Leben, ihre Gesundheit, bedeutende eigene oder bedeutende Rechtsgüter Dritter in erheblichem Maße gefährdet und diese Gefahr nicht anders als durch stationäre Aufnahme in einem Krankenhaus abgewendet werden kann."[214]

III. „Gesetz zur Einführung der vorbehaltenen Sicherungsverwahrung" vom 21. August 2002

Die durch das Bundesjustizministerium mit initiierten Gesetzgebungsverfahren auf Länderebene zur nachträglichen Sicherungsverwahrung waren jedoch nicht das Ende der Bemühungen in Sachen Sicherungsverwahrung auf Bundesebene. Auch Abgeordnete des Bundestages wollten der Besorgnis begegnen, dass in seltenen Ausnahmefällen die Entlassung eines hochgefährlichen Straftäters nach dem Vollzug der Freiheitsstrafe nicht ausgeschlossen werde könne.[215] Resultat war das „Gesetzes zur Einführung der vorbehaltenen Sicherungsverwahrung" vom 21. August 2002.[216] Hiermit wurden die Vorschriften zur Sicherungsverwahrung abermals verschärft und im Gesetzgebungsverfahren wurde ausdrücklich auf eine von den Ländern weiterhin geforderte nachträgliche Sicherungsverwahrung eingegangen. Die Verschärfung lag in einer zeitlichen Verschiebung der Anordnung der Sicherungsverwahrung. Das erkennende Gericht konnte sich nunmehr gemäß des neu eingefügten § 66a StGB (a.F.) die Anordnung der Sicherungsverwahrung im Urteil vorbehalten. Dadurch kann sich die nachträgliche Änderung der für die Gefahrenprognose relevanten Umstände bzw. Tatsachen zulasten des Verurteilten auswirken. Diese Möglichkeit wurde auf die in § 66 Abs. 3 Satz 1 StGB (a.F.) genannten Straftaten beschränkt.[217] Weiterhin wurde es durch die Gesetzesänderung möglich, die Sicherungsverwahrung auch neben lebenslanger Freiheitsstrafe

214 Exemplarisch § 1 und § 4 des Saarländischen Unterbringungsgesetzes.

215 BT-Drs. 14/8586, S. 5.

216 BGBl. 2002 I, S. 3344 ff.; vgl. dazu *Rzepka,* Sicherheits- statt Rechtsstaat – Teil 1, Recht & Psychiatrie 2003, S. 139 ff.

217 BGBl. 2002 I, S. 3344.

anzuordnen.[218] Ein *rein* symbolischer Akt, da eine Aussetzung der lebenslangen Freiheitsstrafe gemäß §§ 57, 57a StGB ohnehin nur in Betracht kommt, wenn sie unter Berücksichtigung des Sicherheitsinteresses der Allgemeinheit verantwortet werden kann.

Abgesehen von der klaren Ausweitungstendenz des Gesetzesvorhabens klangen in der Gesetzesbegründung auch verhaltene, um Begrenzung bemühte Zwischentöne an, die ebenso die Rechtfertigungsdefizite einer nachträglichen Sicherungsverwahrung deutlich machten. Durch die Lösung des Vorbehalts sollte gerade der Zusammenhang zwischen Tat und Sanktion gewahrt bleiben.[219] Denn im Vergleich zu Eingriffsbefugnissen im Polizei- und Unterbringungsrecht rechtfertigt der Tatbezug erst einen längerfristigen Freiheitsentzug.[220] Im Gegensatz dazu ist mit genuinem Gefahrenabwehrrecht nur hinreichend konkreten Gefahren zu begegnen. Es muss also „eine Sachlage bestehen, bei der im einzelnen Falle die hinreichende Wahrscheinlichkeit besteht, dass in absehbarer Zeit ein Schaden für die öffentliche Sicherheit [...] eintreten wird".[221] Es handelt sich demzufolge um einen zeitlich engen Gefahrbegriff, mit dem nur kurzfristige Freiheitsentziehungen gerechtfertigt werden können.[222] Immerhin wurde sich darauf verständigt, dass die Vorbehaltslösung nur für den beschränkten Straftatenkatalog des § 66 Abs. 3 StGB (a.F.) gelten sollte, weil nur dort aus dem erhöhten Sicherheitsbedürfnis ein praktischer Bedarf resultiert.[223] Angemerkt sei hier jedoch, dass § 66 Abs. 3 StGB (a.F.)[224] nicht nur Verbrechen, sondern auch Vergehen wie § 176 StGB umfasst, der keine Gewalt im strafrechtlichen Sinne voraussetzt.[225] Weiterhin wollte der Gesetzentwurf mit strikten Begründungspflichten einem „Net-Widening-Effekt" vorbeugen, „also der Tendenz, generell einen Vorbehalt zu treffen".[226]

---

218 BGBl. 2002 I, S. 3344, selbst im Rahmen der Logik der Schließung von Schutzlücken scheint diese Regelung widersinnig, weil die Aussetzung der lebenslangen Freiheitsstrafe auch an eine negative Gefährlichkeitsprognose gebunden ist, vgl. §§ 57, 57a StGB.

219 BT-Drs. 14/8586, S. 6.

220 *Mushoff,* Strafe – Maßregel – Sicherungsverwahrung, 2008, S. 206 ff.

221 *Hornmann,* HSOG-Kommentar, 2. Aufl., 2008, § 11 Rn. 23; zum Unterschied von strafrechtlichen Maßregeln und tatunabhängigen Eingriffsbefugnissen des Polizei- und Unterbringungsrechts vgl. *Mushoff,* Strafe – Maßregel – Sicherungsverwahrung, 2008, S. 206 ff.

222 *Mushoff,* Strafe – Maßregel – Sicherungsverwahrung, 2008, S. 207 f.

223 BT-Drs. 14/8586, S. 6.

224 Auch die Neufassung durch das Gesetz vom 22. Dezember 2010 umfasst dieses Vergehen.

225 Vgl. *Kinzig,* Schrankenlose Sicherheit?, StV 2000, S. 331.

226 BT-Drs. 14/8586, S. 6.

Die Entscheidung über die vorbehaltene Sicherungsverwahrung sollte sechs Monate vor dem Zeitpunkt der gerichtlichen Prüfung der Strafrestaussetzung erfolgen (§ 66a Abs. 2 StGB a.F.). Dem Verurteilten sollte sobald wie möglich Klarheit über den Entlassungszeitpunkt verschafft werden, um gleichzeitig etwaige Entlassungsvorbereitungen zu ermöglichen.[227] Auf den Nachweis einer ohnehin umstrittenen[228] Hangtäterschaft wurde aus tatsächlichen Gründen verzichtet,[229] weil dies unter „den künstlichen, nämlich stark kontrollierten und reglementierten, Bedingungen des Strafvollzugs" (!)[230] nicht feststellbar sei.[231] „[D]ie Gesamtwürdigung des Verurteilten, seiner Taten und seiner Entwicklung während des Strafvollzuges" musste ergeben, „dass von ihm erhebliche Straftaten zu erwarten sind, durch welche die Opfer seelisch oder körperlich schwer geschädigt werden."[232] An dieser Stelle zeigt sich die Fragwürdigkeit der Regelung: Der Zeitpunkt der endgültigen Gefährlichkeitsprognose sollte nach hinten verschoben werden, bei dem gleichzeitigen (Teil-)Eingeständnis, dass der Vollzug für die Gefährlichkeitsprognose nicht viel Neues zu bieten hat. Da das Gesetz keine Ausnahmeregelung im Sinne des § 2 Abs. 6 StGB umfasst, sind die Vorschriften zur vorbehaltenen Sicherungsverwahrung auch rückwirkend anwendbar.

Im Vergleich zu den Forderungen des Bundesrats[233] kann der Gesetzentwurf über die vorbehaltene Sicherungsverwahrung nichtsdestotrotz *fast* als moderat bezeichnet werden. In den Stellungnahmen des Bundesrats wird ein Drohpotenzial aufgebaut, das „ein unverzügliches Tätigwerden des Bundesgesetzgebers [gebietet]".[234] Da es sich nur um „eine Verschiebung des letztmöglichen Zeitpunktes der tatsächlichen Feststellung" handele, sei die Beschränkung auf Fälle des § 66 Abs. 3 Satz 1 StGB (a.F.) entbehrlich.[235] Außerdem sollte der prognoserelevante Zeitraum

---

227 BT-Drs. 14/8586, S. 6 f.

228 Zur Kritik des Hangbegriffs s. in diesem Teil, 3. Kapitel, B. I. 2. a) bb).

229 Vgl. die gegenläufige BGH-Rechtsprechung, die in diesem Teil, 3. Kapitel, C. I. 1. dargestellt wird.

230 Ob das einer Beurteilung der Gefährlichkeit aufgrund von Vollzugsverhalten generell entgegenstehe, wurde nicht erörtert.

231 BT-Drs. 14/8586, S. 7; s. zur Widersprüchlichkeit der Normierung des § 66a StGB, die aus seiner Verweisungstechnik auf § 66 Abs. 1 Nr. 3 und dem darin enthaltenen Hangerfordernis folgt: *Laubenthal,* Die Renaissance der Sicherungsverwahrung, ZStW 116 (2004), S. 737 f.

232 § 66a Abs. 2 Satz 2 StGB.

233 BT-Drs. 14/9530, S. 1 f.; BT-Drs. 14/9041, S. 6 f.

234 BT-Drs. 14/9041, S. 7.

235 BT-Drs. 14/9041, S. 7.

durch die Sechs-Monate-Regelung nicht „unnötig verkürzt“ werden.[236] Im weiteren Gesetzgebungsverfahren wurde in einem Schreiben des Bundesrates zur Anrufung des Vermittlungsausschusses die Haltung zur Vorbehaltslösung noch verschärft. Es wurde wieder auf die Normierung einer Möglichkeit nachträglicher Anordnung der Sicherungsverwahrung gedrungen, die auch noch gänzlich ohne die formellen Voraussetzungen des § 66 StGB (a.F.) „nach bestimmten schwerwiegenden Taten bei hoch rückfallgefährdeten Schwerverbrechern“ möglich sein sollte.[237] In der Begründung heißt es wiederum, dass die vom Deutschen Bundestag beschlossene Vorbehaltslösung „den Sicherheitsinteressen der Bevölkerung nicht gerecht“ werde.[238] Sie hinterließe für Jahre eine Sicherheitslücke und natürlich bleibe die Bevölkerung schutzlos in den Fällen, in denen sich die Gefährlichkeit erst nach dem Urteil ergebe.[239] Trotz dieser Einwände wurde auf einen Einspruch seitens des Bundesrats gegen das „Gesetz zur Einführung der vorbehaltenen Sicherungsverwahrung“ schließlich doch verzichtet.[240]

Ein weiteres Mal manifestiert sich hier die knappe und immer gleiche Rhetorik im Bundestag sowie im Bundesrat, die mit dem Verweis auf eine Gruppe gefährlicher Straftäter und diesbezüglich bestehenden gesetzlichen Schutzlücken die Sicherungsverwahrung sukzessive ausweitet. Der Freiheitsanspruch bzw. die Grundrechte des Sicherungsverwahrten verlieren vor dem Hintergrund der Betonung der Sicherheitslücken ihre Relevanz. Zudem hebelt das Argument der Schutzlücke zwangsläufig jegliche Formalisierung aus.

IV. „Gesetz zur Änderung der Vorschriften über die Straftaten gegen die sexuelle Selbstbestimmung und zur Änderung anderer Vorschriften“ vom 27. Dezember 2003

Mit dem „Gesetz zur Änderung der Vorschriften über die Straftaten gegen die sexuelle Selbstbestimmung und zur Änderung anderer Vorschriften“[241] wurde erstmalig auch im JGG eine Möglichkeit der Verhängung von Sicherungsverwahrung

236 BT-Drs. 14/9041, S. 7.
237 BT-Drs. 14/9530, S. 1.
238 BT-Drs. 14/9530, S. 1.
239 BT-Drs. 14/9530, S. 1.
240 BR-Drs. 615/02.
241 BGBl. 2003 I, S. 3007 ff.

normiert. Daneben sollte das Gesetz die Vorschriften über die Straftaten gegen die sexuelle Selbstbestimmung, insbesondere zum Schutz von Kindern, verschärfen.[242] Bei der Einführung der Sicherungsverwahrung in das JGG handelte es sich um ein Novum, da die wissenschaftlich und normativ fundierte Leitmaxime des Schutzes und der Toleranz für die Lebensphase ‚Jugend' im JGG nachhaltig konterkariert wurde.[243] § 106 JGG (a.F.) wurde dahingehend geändert, dass für jene Heranwachsenden, die nach allgemeinem Strafrecht abgeurteilt werden, die Anordnung der Sicherungsverwahrung unter den Voraussetzung des § 66 StGB (a.F.) *vorbehalten* werden konnte, wenn

- der Heranwachsende wegen einer Katalogtat gemäß § 66 Abs. 3 Satz 1 StGB (a.F.) zu mindestens fünf Jahren verurteilt wurde,
- es sich auch bei den maßgeblichen früheren Taten um solche Katalogtaten handelte und
- Gefährlichkeit infolge eines Hanges vorlag.

Der Gesetzgeber rechtfertigte dieses Vorgehen mit dem Argument, dass die Sicherungsverwahrung nur „bei einzelnen frühkriminellen Hangtätern, die sich nicht mehr wie Jugendliche in einem der positiven Beeinflussung leichter zugänglichen Entwicklungsstadium befinden und die deshalb auch im Übrigen strafrechtlich wie Erwachsene behandelt werden", angewendet werden soll.[244] Gesetzgebungsrhetorisch wurde wieder auf die „[f]urchtbaren Verbrechen aus jüngster Zeit" verwiesen, die deutlich gemacht hätten, dass der Schutz der Allgemeinheit „wieder [!] den hohen Rang einnehmen [muss], der ihm gebührt."[245] Durch die in Abs. 4 geschaffene Möglichkeit der Vollziehung der Strafe in einer sozialtherapeutischen Anstalt sollten die Resozialisierungsaussichten verbessert werden.[246] Damit wurde immerhin an die schon im Gesetz von 1998 enthaltene Idee angeknüpft, dass die Ausweitung der Sicherungsverwahrung zumindest durch die Verbesserung der Resozialisierungsbemühungen im Vorfeld ausgeglichen werden muss. Das Gesetz

---

242 BT-Drs. 15/1311, S. 1 ff.; 15/350, S. 1 ff.

243 Zur Bedeutung dieser Leitmaxime: *Albrecht,* Jugendstrafrecht, 3. Aufl., 2000, insbes. S. 20 f.; vgl. schon *Hellmer,* Der Gewohnheitsverbrecher und die Sicherungsverwahrung 1934–1945, 1961, S. 290.

244 BT-Drs. 15/1311, S. 25.

245 BT-Drs. 15/1311, S. 2, hier ist fraglich, auf welchen vorherigen Zustand mit dem Wort „wieder" rekurriert wird. Bei genauerer Betrachtung der Gesetzgebungsentwicklung kann damit nur die ursprüngliche Fassung von 1933 gemeint sein.

246 BT-Drs. 15/1311, S. 25.

sah auch eine differenzierte Lösung der Rückwirkungsproblematik vor, indem es Art. 1a EGStGB (a.F.) einen neuen Abs. 3 anfügte.[247] Dieser sah vor, dass eine der in § 106 Abs. 3 Satz 2 Nr. 1 JGG (a.F.) i.V.m. § 66 Abs. 3 StGB (a.F.) bezeichneten Taten nach Inkrafttreten des Gesetzes begangen worden sein musste.[248] In der Beschlussempfehlung des Rechtsausschusses wurde sich auch zum wiederholten Male gegen eine mitverhandelte nachträgliche Anordnung der Unterbringung in der Sicherungsverwahrung ausgesprochen.[249]

Gegen diesen Versuch der Zurückhaltung brachte der Bundesrat vor, dass die Vorbehaltslösung inkonsequent sei und insbesondere die Einschränkung auf die Katalogtaten in § 66 Abs. 3 Satz 1 StGB (a.F.) auch für die erforderlichen Vortaten, den „Anwendungsbereich so massiv" einschränke, dass „damit nahezu kein Sicherheitsgewinn" zu erzielen sei.[250] Weiterhin wurde dafür plädiert, dass die Verlegung in die sozialtherapeutische Anstalt nicht durch Gerichte, sondern durch die Justizvollzugsanstalt angeordnet werden soll, um teure Therapieplätze nicht durch ungeeignete Sexualstraftäter zu vergeuden.[251] Dass eine solche die Resozialisierung betreffende Entscheidung in die Hände der Exekutive gelegt werden sollte, ist ein weiteres Indiz für die angestrebte Flexibilisierung der Vorschriften, die noch durch ökonomische Effizienzüberlegungen angereichert wurde. Der Aspekt der Gewaltenteilung, der seiner Idee nach in so einem grundrechtssensiblen Bereich erst Recht Beachtung finden müsste, wurde ebenso ignoriert wie die Tatsache, dass ein Heranwachsender noch vor kurzem aus kriminologischen und entwicklungspsychologischen Erwägungen keine verfestigte Hangtätereigenschaft aufweisen konnte.

Auch in diesem Gesetzgebungsverfahren zeigt sich die sukzessive Rücknahme von Begrenzungen der Sicherungsverwahrung, die rhetorisch immer noch eine verfassungsrechtliche Sensibilität postuliert, obwohl diese in jedem neuen Gesetzentwurf weiter schrumpft. Befeuert wird der Abbau von Begrenzungen durch den oppositionellen Dauereinwand Schutzlücken nicht sach- bzw. schutzgerecht und vollständig zu schließen. Selbst die Resozialisierungsbemühungen im Angesicht von Behandlungsresistenz werden als unnötig angesehen. Unter diesen Umständen muss die Regelung des Art. 1a Abs. 3 EGStGB (a.F.) positiv hervorgehoben werden, die die Ausweitung der vorbehaltenen Sicherungsverwahrung auf Heranwachsende

247 BT-Drs. 15/1311, S. 27.
248 BT-Drs. 15/1311, S. 27.
249 BT-Drs. 15/1311, S. 20.
250 BR-Drs. 603/03, S. 13.
251 BR-Drs. 603/03, S. 13.

gemäß § 106 Abs. 3 JGG (a.F.) zumindest in ihrem zeitlichen Anwendungsbereich beschränkte.

V. Die Grundsatzentscheidungen des Bundesverfassungsgerichts aus dem Jahr 2004

Nach diesen erheblichen Ausweitungen der Sicherungsverwahrung folgten im Jahr 2004 kurz aufeinanderfolgend zwei Grundsatzentscheidungen des Bundesverfassungsgerichts zur Sicherungsverwahrung. Die erste Entscheidung vom 5. Februar 2004 setzte sich im Rahmen einer mittelbaren Normenkontrolle mit der konkreten Frage nach der Verfassungsmäßigkeit der rückwirkenden Entfristung der Sicherungsverwahrung und mit der allgemeinen Frage einer prinzipiellen verfassungsrechtlichen Rechtfertigung der Sicherungsverwahrung auseinander.[252] Die zweite Entscheidung vom 10. Februar 2004 nahm zu den Straftäterunterbringungsgesetzen der Länder Bayern und Sachsen Stellung.[253] Im Folgenden werden deren tragende Argumentationslinien herausgearbeitet, um sie später mit dem Rechtfertigungsmuster des Gesetzgebers sowie des EGMR ins Verhältnis setzen zu können.

1. Rückwirkende Entfristung der Sicherungsverwahrung

Das Ergebnis der Entscheidung vom 5. Februar 2004 sei vorweggenommen: Das Bundesverfassungsgericht stellte zu § 67d Abs. 3 StGB und Art. 1a Abs. 3 EGStGB in der Fassung des Gesetzes zur Bekämpfung von Sexualdelikten vom 26. Januar 1998 fest, dass diese mit dem Grundgesetz vereinbar sind.

a) Art. 1 Abs. 1 GG: Menschenwürde

Zunächst prüfte das Bundesverfassungsgericht, ob die Unterbringung in der Sicherungsverwahrung *ohne* gesetzlich geregelte zeitliche Obergrenze gegen die in Art. 1 Abs. 1 GG verankerte Garantie der Menschenwürde verstößt. Dafür zog es die Maßstäbe heran, die es in der Entscheidung zur lebenslangen Freiheitsstrafe[254] entwickelt hatte. Demgemäß müsse zumindest die Chance für den Betroffenen

252 BVerfGE 109, 133 (134, 149).
253 BVerfGE 109, 190 ff.
254 BVerfGE 45, 187 ff.

bestehen, je wieder der Freiheit teilhaftig zu werden.[255] Zum einen ist daher ein sinnvoller Behandlungsvollzug notwendig.[256] Zum anderen ist schädlichen Wirkungen für die körperliche und geistige Verfassung des Gefangenen im Rahmen des Möglichen entgegenzuwirken.[257] Auf die Sicherungsverwahrung angewendet bedeute das, dass auch hier auf eine Resozialisierung des Untergebrachten hinzuwirken ist.[258] Trotz der Schwierigkeit, verfestigte kriminelle Neigungen zu behandeln, fordere der Schutz der Menschenwürde, Gesetz und Vollzug so einzurichten, dass eine reelle Chance auf Wiedergewinnung der Freiheit eingeräumt wird.[259] Grundsätzlich verletze aber eine lang andauernde Unterbringung die Menschenwürde nicht, wenn diese wegen fortdauernder Gefährlichkeit des Untergebrachten notwendig sei.[260] Denn die „vom Grundgesetz vorgegebene Gemeinschaftsbezogenheit und Gemeinschaftsgebundenheit des Individuums" rechtfertige es, „unabdingbare Maßnahmen zu ergreifen, um wesentliche Gemeinschaftsgüter vor Schaden zu bewahren".[261]

Laut Bundesverfassungsgericht genügte die Sicherungsverwahrung in ihrer damaligen Ausgestaltung diesem aus Art. 1 Abs. 1 GG abgeleiteten Maßstab.[262] Das „Menschenbild" eines „gemeinschaftsgebundenen Individuums" stütze die Vereinbarkeit der Sicherungsverwahrung als Präventivmaßnahme mit dem Grundgesetz und habe keine Herabwürdigung des Betroffenen zum Objekt zur Folge.[263] Eine Höchstfrist für den Vollzug sei wegen der Zukunftsabhängigkeit der Maßnahme nicht erforderlich.[264] Eine Gefahrenprognose sei immer nur in der Gegenwart für die Zukunft möglich.[265] Das Fortbestehen der Gefahr sei somit von zukünftigen Entwicklungen abhängig, sodass „eine verbindliche Entscheidung über den voraussichtlichen Entlassungszeitpunkt nicht im Vorhinein getroffen werden könne".[266] Das System wiederkehrender Überprüfungen gemäß §§ 67c Abs. 1, 67e Abs. 2, 67d Abs. 3 StGB (a.F.) gewährleiste dem Betroffenen

255 BVerfGE 109, 133 (150).
256 BVerfGE 109, 133 (150 f.).
257 BVerfGE 109, 133 (150 f.).
258 BVerfGE 109, 133 (151).
259 BVerfGE 109, 133 (151).
260 BVerfGE 109, 133 (151).
261 BVerfGE 109, 133 (151).
262 BVerfGE 109, 133 (151).
263 BVerfGE 109, 133 (151 f.).
264 BVerfGE 109, 133 (152).
265 BVerfGE 109, 133 (152).
266 BVerfGE 109, 133 (152).

die „angemessene prozedurale Rechtssicherheit", weil der Gefangene die Überprüfungen als Realisierungschancen seiner Entlassung vorhersehen könne.[267] Außerdem sprächen die von den Landesregierungen benannten durchschnittlichen Verweildauern von zwei Jahren und drei Monaten (Schleswig-Holstein) bis zu 10,2 Jahren (Bayern) dafür, dass eine konkrete und realisierbare Chance bestehe, aus der Sicherungsverwahrung wieder entlassen zu werden.[268] Des Weiteren seien Haftschäden bei langjährigem Freiheitsentzug wissenschaftlich nicht belegt und Gesetz und Vollzugspraxis steuere dem ohnehin entgegen.[269] Ein weiteres wichtiges Argument des Bundesverfassungsgerichts war, dass die Sicherungsverwahrung „normativ wie tatsächlich am Resozialisierungsgedanken ausgerichtet" sei. Dafür wurde § 2 Satz 1 StVollzG und § 129 Satz 2 StVollzG herangezogen.[270] In diesem Zusammenhang wurde jedoch ausgeblendet, dass § 129 StVollzG schon systematisch das allgemeine Vollzugsziel der Resozialisierung (§ 2 Satz 1 StVollzG) in § 129 Satz 2 StVollzG der sicheren Unterbringung in § 129 Satz 1 StVollzG unterordnet. Gleichzeitig wurden auch die eigene Rechtsprechung sowie die gesetzgeberischen Vorstellungen zur Sicherungsverwahrung von 1969 nicht berücksichtigt, die trotz der Zehn-Jahres-Höchstfrist bei erstmaliger Verhängung eindeutig den Sicherungszweck im Vordergrund sahen. Dieser Sicherungszweck schlug sich auch gerade in der fehlenden Vikariierungsmöglichkeit und der fehlenden Überweisungsmöglichkeit von §§ 63, 64 StGB in die Sicherungsverwahrung nieder.

Das Bundesverfassungsgericht argumentierte dagegen weiter, dass auch die Privilegierungen in den §§ 131 ff. StVollzG dazu führten, dass der Anstaltsalltag sinnvoll gestaltet werden könne und der Betroffene vor den Schäden langfristiger Freiheitsentziehung möglichst bewahrt würde.[271] Weiterhin reichte für das Bundesverfassungsgericht im Hinblick auf eine Therapieorientierung des Vollzugs aus, dass § 9 Abs. 1 StVollzG eine Verlegung von Sexualstraftätern in eine sozialtherapeutische Anstalt vorsieht und gemäß § 67a Abs. 2 StGB (a.F.) eine Überweisung von Sicherungsverwahrten in die anderen stationären Maßregeln im Interesse einer besseren Resozialisierung möglich ist.[272] Gegen einen reinen Verwahrvollzug spreche auch die Anzahl der therapeutisch behandelten Sicherungsverwahrten,

267 BVerfGE 109, 133 (152 f.).
268 BVerfGE 109, 133 (147, 153).
269 BVerfGE 109, 133 (153).
270 BVerfGE 109, 133 (154).
271 BVerfGE 109, 133 (154).
272 BVerfGE 109, 133 (154).

die bei 28 % (Baden-Württemberg) bis 69 % (Nordrhein-Westfalen) liege, und die Anzahl der Sicherungsverwahrten, die eine Arbeit, arbeitstherapeutische Beschäftigung, Ausbildung oder Weiterbildung wahrnehmen, die häufig bei 60 % liege.[273] Nach der Nutzung des statistischen Materials der Länder für die Rechtfertigung der Sicherungsverwahrung folgte der Hinweis, dass sie nicht über einheitliches statistisches Material verfügten.[274] Daraus wurde allerdings lediglich für die Zukunft gefolgert, dass es regelmäßiger nachvollziehbarer Überprüfungen bedürfe, um zu gewährleisten, dass es sich bei der Sicherungsverwahrung nicht um einen reinen Verwahrvollzug handele.

b) Art. 2 Abs. 2 Satz 2 GG: Freiheitsgrundrecht

Nach der Prüfung von Art. 1 Abs. 1 GG folgte die Prüfung des Freiheitsgrundrechts aus Art. 2 Abs. 2 Satz 2 GG. Zunächst stellte das Bundesverfassungsgericht fest, dass selbst ein lebenslanger Freiheitsentzug den Wesensgehalt des Art. 2 Abs. 2 Satz 2 GG im Sinne von Art. 19 Abs. 2 GG nicht antaste, solange er durch gewichtige Schutzinteressen Dritter – hier die in § 67d Abs. 3 StGB in Bezug genommenen schweren Schäden an der seelischen und körperlichen Integrität potentieller Opfer – begründet werde.[275] Daraufhin prüfte das Gericht, ob der Grundsatz der Verhältnismäßigkeit gewahrt wurde, wobei das Sicherheitsbedürfnis der Allgemeinheit vor zu erwartenden erheblichen Rechtsgutsverletzungen mit dem Freiheitsanspruch des Untergebrachten im Einzelfall abzuwägen sei.[276]

aa) Eignung und Erforderlichkeit

Bei der Eignung und Erforderlichkeit der Sicherungsverwahrung für den Schutz der Allgemeinheit verwies das Bundesverfassungsgericht auf die Einschätzungsprärogative des Gesetzgebers.[277] Daher sei die auch vom Beschwerdeführer vorgebrachte und in den Gesetzesunterlagen dokumentierte empirisch nicht belegte Notwendigkeit der Entfristung der Sicherungsverwahrung vom Bundesverfassungsgericht nicht zu bewerten.[278] Auch wenn der Gesetzgeber mit der Entfristung nur einem gesteigerten Bedrohungsgefühl der Allgemeinheit Rechnung trage,

273 BVerfGE 109, 133 (155).
274 BVerfGE 109, 133 (155).
275 BVerfGE 109, 133 (156 f.).
276 BVerfGE 109, 133 (156 f.).
277 BVerfGE 109, 133 (157 f.).
278 BVerfGE 109, 133 (145, 157).

sei dies keine „offensichtlich fehlsame Entscheidung“.[279] Die Unsicherheiten der Prognose würden wegen ihrer Unverzichtbarkeit als Grundlage jeder Gefahrenabwehr nur Auswirkungen auf die Mindestanforderungen an Prognosegutachten und deren Bewertung im Zusammenhang mit dem Übermaßverbot, also im Rahmen der Abwägung, haben, aber weder Eignung noch Erforderlichkeit ausschließen.[280] Hier wurde auf die verbesserte Praxis der forensischen Psychiatrie Bezug genommen, deren Vertreter bei der mündlichen Anhörung übereinstimmend angegeben haben, dass „ein bestimmter und bestimmbarer Anteil der Probanden [...] eine derartige Häufung von Risikofaktoren auf sich [versammele], dass eine Gefahr *sicher* prognostiziert werden“ könne.[281] Schutzalternativen als relativ mildere Mittel gebe es nicht, da der Freiheitsentzug durch unbefristete Sicherungsverwahrung offensichtlich einen höheren Schutz als jede denkbare Behandlungsmaßnahme unter gelockerter Aufsicht biete.[282]

bb) Abwägung/Verhältnismäßigkeit i.e.S.

In der Abwägung ist das Spannungsverhältnis zwischen dem Freiheitsanspruch des betroffenen Einzelnen und dem Sicherungsbedürfnis der Allgemeinheit vor zu erwartenden erheblichen Rechtsgutsverletzungen in einen gerechten und vertretbaren Ausgleich zu bringen.[283] Hierfür gilt nach dem Bundesverfassungsgericht: „Je länger die Unterbringung in der Sicherungsverwahrung andauert, umso strenger sind die Voraussetzungen für die Verhältnismäßigkeit des Freiheitsentzugs.“[284] Dies müsse sich materiell und verfahrensrechtlich niederschlagen.[285] Materiell sei das zum einen durch die erhöhten Anforderungen an das bedrohte Rechtsgut und die drohenden Straftaten im Vergleich von § 66 Abs. 1 Nr. 3 StGB (a.F.) und § 67d Abs. 3 StGB gewährleistet.[286] Zum anderen statuiert § 67d Abs. 3 StGB im Gegensatz zu § 67d Abs. 2 StGB (a.F.) ein Regel-Ausnahme-Verhältnis. Demnach sei nicht mehr eine positive, im Sinne erwarteter künftiger Ungefährlichkeit, sondern eine negative Prognose Grundlage der Entscheidung.[287] Letzteres

279 BVerfGE 109, 133 (157 f.).
280 BVerfGE 109, 133 (158).
281 BVerfGE 109, 133 (158), Hervorhebung durch Verfasserin.
282 BVerfGE 109, 133 (158 f.).
283 BVerfGE 109, 133 (159).
284 BVerfGE 109, 133 (159).
285 BVerfGE 109, 133 (159).
286 BVerfGE 109, 133 (160).
287 BVerfGE 109, 133 (160 f.).

hieße, dass die nunmehr gesetzlich vermutete Ungefährlichkeit widerlegt werden müsse.[288] Somit verbiete sich die schlichte Fortschreibung unwiderlegter Gefährlichkeitshypothesen und die weitere Vollstreckung sei nur als *ultima ratio* nach Erledigung und Aussetzung zulässig.[289] Wenn sich dann – sozusagen faktisch – die Sicherungsverwahrung in einen reinen und lebenslänglichen Verwahrvollzug umwandelt, sei das verfassungsrechtlich unbedenklich, weil der „chronisch unverbesserliche Hangtäter" durch sein Verhalten eine erfolgreiche Resozialisierung auf Dauer ausschließe.[290]

Verfahrensrechtlich würde dem strengen Verhältnismäßigkeitsmaßstab dadurch genügt, dass regelmäßige Überprüfungen stattfänden.[291] Bei der Entscheidung nach § 67d Abs. 3 StGB sei ein Sachverständiger hinzuzuziehen.[292] Zudem müsse das Gericht einem nicht verteidigten Untergebrachten einen Pflichtverteidiger stellen und beiden komme bei der obligatorischen mündlichen Anhörung ein Frage- und Erklärungsrecht zu.[293] Für das Sachverständigengutachten konkretisierte das Bundesverfassungsgericht noch die Mindestanforderungen und präzisierte das Verhältnis von Gutachter und Vollstreckungsgericht.[294] Letzteres habe dem ärztlichen Gutachten richterliche Kontrolle entgegenzusetzen und die hohe Relevanz der Vollzugslockerungen für die Prognosebasis vollstreckungsrechtlich bei der Versagung von Lockerung zu berücksichtigen.[295] Als Letztes verwies das Bundesverfassungsgericht im Rahmen der Verhältnismäßigkeitsprüfung auf die Zweispurigkeit des Rechtsfolgensystems, aus der es das Abstandsgebot für den Vollzug der Sicherungsverwahrung ableitete.[296] Dabei sei eine partielle Übereinstimmung mit dem Strafvollzug unschädlich, weil Sicherung und Strafe „nur mit dem Mittel der Freiheitsentziehung durchgeführt werden" könnten.[297] In diesem Zusammenhang wurde nun doch der besondere Charakter der Sicherungsverwahrung

---

288 BVerfGE 109, 133 (161).
289 BVerfGE 109, 133 (161).
290 BVerfGE 109, 133 (161 f.).
291 BVerfGE 109, 133 (162 ff.), s. dazu die hier nicht beanstandete Rechtsprechung zu § 67c StGB, die diese Überprüfung im Ergebnis marginalisiert hat: in diesem Kapitel, C. II. 1.
292 BVerfGE 109, 133 (162 ff.).
293 BVerfGE 109, 133 (162 ff.).
294 BVerfGE 109, 133 (164 ff.).
295 BVerfGE 109, 133 (164 ff.).
296 BVerfGE 109, 133 (166 f.).
297 BVerfGE 109, 133 (166 f.).

angesprochen, bei der bekanntermaßen der Besserungszweck hinter den Sicherungszweck zurücktrete – zumindest bei dauerhafter Unterbringung.[298]

c) Art. 103 Abs. 2 GG: Rückwirkungsverbot

Als drittes prüfte das Bundesverfassungsgericht einen Verstoß gegen das absolute Rückwirkungsverbot aus Art. 103 Abs. 2 GG. Im Ergebnis verneinte es einen Verstoß gegen Art. 103 Abs. 2 GG.[299] Tragendes Argument war die Zweispurigkeit des Strafrechts, die maßgeblich auf der Orientierung der Strafe an der Schuld beruhe und aus deren Verknüpfung auf der ersten Spur das absolute Rückwirkungsverbot erst seinen Sinn und Zweck gewinne.[300] Dass eine Maßnahme an ein „rechtswidriges Verhalten" anknüpft, genüge zur Einstufung als Strafe nicht.[301] Die weitere Argumentation gliederte sich in zwei Teile: Im ersten Teil wurde begründet, warum das absolute Rückwirkungsverbot nur auf staatliche Maßnahmen, die dem Schuldausgleich dienen, beschränkt sei.[302] Im zweiten Teil wurde erörtert, warum die Maßregel der Sicherungsverwahrung nicht auf einen Schuldausgleich gerichtet sei und sich insofern von der Strafe abhebe.[303]

Im ersten Teil wurde zunächst konstatiert, dass der Wortlaut des Art. 103 Abs. 2 GG „Strafbarkeit" und „Bestrafen einer Tat" verschiedene Auslegungsmöglichkeiten zulasse.[304] Die Entstehungsgeschichte belege jedoch, dass die Maßregeln der Besserung und Sicherung wie auch andere vorbeugende und sichernde Maßnahmen nicht vom Schutzbereich des Art. 103 Abs. 2 GG umfasst seien.[305] Der Verfassungsgeber habe das dualistische Sanktionensystem einschließlich der Vorschrift des § 2a StGB (a.F.) vorgefunden.[306] Es ließen sich den Gesetzesmaterialen keine Hinweise zu einer Ausdehnung des Art. 103 Abs. 2 GG auf Maßregeln entnehmen.[307] Daher ging das Bundesverfassungsgericht davon aus, dass das Grundgesetz an der vorher bestehenden Gesetzeslage der Zweispurigkeit nichts ändern wollte. Dies stehe auch nicht im Widerspruch zur kompetenzrechtlichen

298 BVerfGE 109, 133 (166 f.).
299 BVerfGE 109, 133 (167).
300 BVerfGE 109, 133 (167 ff.).
301 BVerfGE 109, 133 (167).
302 BVerfGE 109, 133 (167 ff.).
303 BVerfGE 109, 133 (172 ff.).
304 BVerfGE 109, 133 (167).
305 BVerfGE 109, 133 (168 f.).
306 BVerfGE 109, 133 (169 f.).
307 BVerfGE 109, 133 (169 f.).

Bedeutung des Begriffs „Strafrecht“ in Art. 74 Abs. 1 Nr. 1 GG, da Kompetenzvorschriften lediglich Gesetzgebungsbefugnisse zwischen Bund und Ländern aufteilen, aber kein subjektives Recht des Einzelnen regeln würden.[308] Als Letztes wurde das Spezifikum staatlichen Strafens angeführt, dass die Absolutheit des Rückwirkungsverbots rechtfertige.[309] Staatliche Strafe sei eine missbilligende hoheitliche Reaktion auf ein rechtswidriges, schuldhaftes Verhalten, die ein Übel darstellen solle und dem Schuldausgleich diene.[310] Setze Strafe danach unweigerlich Schuld voraus, müsse die Strafe hinreichend gesetzlich bestimmt und für den Normadressaten vorhersehbar sein.[311] Ansonsten könne die Strafe nicht eigenverantwortlich vom Subjekt vermieden werden.[312] Demnach dürfe weder ein gesetzestreues Verhalten durch eine rückwirkende Rechtsnorm nachträglich zu Unrecht erklärt werden noch die Bewertung des Unrechtsgehalts dürfe sich nachträglich zum Nachteil des Täters ändern.[313]

Im zweiten Teil wurde dann argumentiert, dass dieses Spezifikum die Strafe im Vergleich zur Maßregel der Sicherungsverwahrung präge und bei der Sicherungsverwahrung nicht vorzufinden sei. Zwar folge das Strafgesetz der sogenannten Vereinigungstheorie, die neben dem Schuldausgleich auch präventive Strafzwecke betont.[314] Das Schuldprinzip kennzeichne jedoch nach wie vor die Strafe in besonderer Weise als repressive Übelzufügung.[315] Trotz der Aufnahme spezialpräventiver Strafzumessungsgründe in § 46 StGB gebe die Schuld nach wie vor den Rahmen für die Strafzumessung vor.[316] Die Maßregeln seien demgegenüber gerade unabhängig von der Schuld des Täters: sie sind zukunftsorientiert, knüpfen an seine Gefährlichkeit an und dienen der Verhütung künftiger Rechtsbrüche.[317] Es gebe zwar auch Parallelen zwischen Sicherungsverwahrung und Strafe.[318] Jedoch werde im Folgenden anhand mehrerer Punkte herausgearbeitet, dass diese

308 BVerfGE 109, 133 (170).
309 BVerfGE 109, 133 (170 ff.).
310 BVerfGE 109, 133 (168, 170).
311 BVerfGE 109, 133 (171).
312 BVerfGE 109, 133 (171).
313 BVerfGE 109, 133 (172).
314 BVerfGE 109, 133 (173).
315 BVerfGE 109, 133 (173).
316 BVerfGE 109, 133 (173).
317 BVerfGE 109, 133 (174).
318 BVerfGE 109, 133 (174).

Parallelen ausschließlich in der Überschneidung ihrer präventiven Zwecke lägen und eine repressive Funktion der Sicherungsverwahrung nicht zukomme.[319]

Erstens sei die Verknüpfung der Sicherungsverwahrung mit einer Anlasstat kein Indiz für den Strafcharakter, da deren Anordnung auch maßgeblich von zukunftsbezogenen Voraussetzungen, des „Hanges zu erheblichen Straftaten" und der Gefährlichkeit für die Allgemeinheit, abhingen.[320] Dementsprechend sei der Verhältnismäßigkeitsgrundsatz maßgeblich.[321] *Zweitens* sei auch die Schwere des Eingriffs kein geeignetes Kriterium, da dies die Strafe nicht in spezifischer Weise kennzeichne.[322] Als Vergleich wurden vom Bundesverfassungsgericht die Untersuchungshaft und die landesrechtliche Unterbringung psychisch Kranker wegen Selbst- oder Fremdgefährdung herangezogen.[323] *Drittens* seien die Ähnlichkeiten bei der Ausgestaltung des Vollzugs von Freiheitsstrafe und Sicherungsverwahrung nicht entscheidend. Schließlich richte sich der Vollzug der Freiheitsstrafe nicht nach repressiven Gesichtspunkten, sondern diene ausschließlich der Resozialisierung sowie dem Schutz vor weiteren Straftaten.[324] Der Unrechtsgehalt finde nur in der Dauer der Freiheitsstrafe seinen Ausdruck.[325] *Viertens* rechtfertigten auch Funktionsüberschneidungen der vollzugs- und vollstreckungsrechtlichen Regelungen nicht, die Sicherungsverwahrung als Strafe im Sinne von Art. 103 Abs. 2 StGB anzusehen.[326] Hier wurde Bezug genommen auf die §§ 57, 57a StGB, die jedoch nur der Strafe eine Präventivfunktion verliehen, aber nicht die Sicherungsverwahrung als reines Sicherungsinstrument betreffe.[327] Auch aus dem vikariierenden System in § 67 StGB, das auf die Maßregeln nach §§ 63, 64 StGB beschränkt ist, folge nicht, dass die Sicherungsverwahrung als Strafe zu qualifizieren sei.[328] Die unterschiedliche Zwecksetzung rechtfertige die Möglichkeit, sie nebeneinander anzuordnen.[329] Auch die Berücksichtigung einer verhängten Sicherungsverwahrung als strafmildernder Umstand bei der Strafzumessung gehe

319 BVerfGE 109, 133 (174).
320 BVerfGE 109, 133 (175).
321 BVerfGE 109, 133 (175).
322 BVerfGE 109, 133 (175).
323 BVerfGE 109, 133 (175 f.).
324 BVerfGE 109, 133 (176).
325 BVerfGE 109, 133 (177).
326 BVerfGE 109, 133 (177).
327 BVerfGE 109, 133 (177).
328 BVerfGE 109, 133 (178).
329 BVerfGE 109, 133 (178).

allein auf die Funktionsüberschneidung auf der Präventionsebene zurück.[330] Als Letztes sei die Einstellungsmöglichkeit gemäß § 154 StPO wegen einer in einem anderen Verfahren angeordneten Maßregel ausschließlich der Konzentration und Beschleunigung des Strafverfahrens geschuldet.[331]

d) Art. 2 Abs. 2 GG i.V.m Art. 20 Abs. 3 GG: Rechtsstaatliches Vertrauensschutzgebot

Nach dem absoluten Rückwirkungsverbot wendete sich das Bundesverfassungsgericht der Prüfung des rechtsstaatlichen Vertrauensschutzgebots zu. Nach diesem bedürfe es einer besonderen Rechtfertigung, „wenn der Gesetzgeber die Rechtsfolgen eines der Vergangenheit zugehörigen Verhaltens nachträglich belastend ändert".[332] Die Verlässlichkeit der Rechtsordnung sei eine Grundbedingung freiheitlicher Verfassungen.[333] Dabei sei jedoch zwischen „echter" und „unechter" Rückwirkung zu differenzieren. Bei ersterer handele es sich um eine Rückbewirkung von Rechtsfolgen, die grundsätzlich unzulässig sei.[334] Demgegenüber sei letztere eine tatbestandliche Rückanknüpfung, die nicht den zeitlichen, sondern den sachlichen Anwendungsbereich einer Norm betreffe.[335] Danach träten die Rechtsfolgen erst nach Verkündung der Norm ein, wobei aber Sachverhalte erfasst würden, die bereits vor der Verkündung „ins Werk gesetzt" worden seien.[336] In dem Fall ergäben sich die Grenzen gesetzgeberischer Regelungsbefugnis aus einer *Abwägung* zwischen den vom Gesetzgeber in den Blick genommenen Allgemeinwohlbelangen und dem Gewicht der berührten Vertrauensschutzbelange.[337]

Nach dieser Differenzierung handele es sich bei der rückwirkenden Entfristung der Sicherungsverwahrung um einen Fall der „unechten" Rückwirkung. Die Argumentation des Bundesverfassungsgerichts fußte hauptsächlich auf dem Umstand, dass die Dauer der Sicherungsverwahrung nicht Gegenstand des Ausgangsurteils sein kann.[338] Die Fortdauer der Sicherungsverwahrung hinge maßgeblich von einer neuen Prognoseentscheidung und der Entwicklung des Verurteilten im

330 BVerfGE 109, 133 (179).
331 BVerfGE 109, 133 (179).
332 BVerfGE 109, 133 (180).
333 BVerfGE 109, 133 (180).
334 BVerfGE 109, 133 (181).
335 BVerfGE 109, 133 (181).
336 BVerfGE 109, 133 (181).
337 BVerfGE 109, 133 (182).
338 BVerfGE 109, 133 (183 f.).

Vollzug sowie einer geänderten Gesetzeslage gemäß § 2 Abs. 6 StGB ab.[339] Demzufolge sei der Sachverhalt weder zum Zeitpunkt der Tat noch zum Zeitpunkt des Urteils oder des Inkrafttretens der Neuregelung abgeschlossen.[340] Sei damit die Möglichkeit der Abwägung eröffnet, schränke § 2 Abs. 6 StGB zunächst die Schutzwürdigkeit des Vertrauens ein.[341] In einem weiteren Argumentationsschritt hob das Bundesverfassungsgericht die Schutzpflicht des Staates hervor, die Grundrechte *potentieller* Opfer vor Verletzungen durch *potentielle* Straftäter zu schützen. Diese Schutzpflicht sei „umso intensiver, je mehr die Gefährdung konkretisiert und individualisiert [sei] und je stärker sie die Gefährdung elementarer Lebensbereiche" betreffe.[342] Bei der Abwägung wurde dann auf die Argumente bezüglich Art. 2 Abs. 2 Satz 2 GG verwiesen, wonach die Grenze des Übermaßverbots nicht tangiert und die Geeignetheit und Erforderlichkeit einer tatbestandlichen Rückanknüpfung durch den Beurteilungsspielraum einer demokratisch zu verantwortenden Sicherheitspolitik abgedeckt sei.[343] Schließlich sei auch aus Gründen der Übergangsgerechtigkeit keine schonendere Übergangsregelung zu treffen, da das gesetzgeberische Ziel eines möglichst umfassenden Schutzes vor drohenden schwersten Rückfalltaten von bereits bekannten gefährlichen Gewalt- und Sexualstraftätern anders nicht erreicht werden könne.[344] Diese Argumentation hinsichtlich des rechtsstaatlichen Vertrauensschutzgebotes überzeugte jedoch nicht alle Mitglieder des Senats. Unter Einstimmigkeit im Übrigen ist die Entscheidung diesbezüglich mit 6 : 2 Stimmen ergangen.[345]

e) Bestimmtheitsgebot

Abschließend ging das Bundesverfassungsgericht noch auf das Bestimmtheitsgebot ein, dass lediglich dem Maßstab des Art. 104 Abs. 1 Satz 1 GG genügen müsse und nicht Art. 103 Abs. 2 GG.[346] Das bereits goutierte regelmäßige Überprüfungssystem entsprach auch hier den Anforderungen, da – wie bereits vom Bundesverfassungsgericht herausgearbeitet – eine Gefahr nicht abstrakt-generell

339 BVerfGE 109, 133 (183 f.).
340 BVerfGE 109, 133 (184).
341 BVerfGE 109, 133 (185).
342 BVerfGE 109, 133 (186).
343 BVerfGE 109, 133 (186 f.).
344 BVerfGE 109, 133 (187).
345 BVerfGE 109, 133 (190).
346 BVerfGE 109, 133 (187 f.).

für die Zukunft bestimmt werden könnte.[347] In der Entscheidung des Bundesverfassungsgerichts aus dem Jahre 1995 konnte es u.a. wegen des Verweises auf die Zehn-Jahres-Höchstfrist noch feststellen, dass die Sicherungsverwahrung auch dem Maßstab der Gesetzesbestimmtheit aus Art. 103 Abs. 2 GG genüge.

f) Zwischenfazit

Wird versucht, die Argumentation des Bundesverfassungsgerichts auf ihren Kern zu reduzieren, so trägt die Unumgehbarkeit von Prognosen im Angesicht von Gefahren sowohl die Einschränkbarkeit der Grundrechte als auch die Rechtfertigung der Zweispurigkeit. Die Zweispurigkeit ermöglicht wiederum, strafrechtliche Rechtfertigungsmaßstäbe für die Maßregeln erst gar nicht zur Anwendung kommen zu lassen. Aufgrund dessen werden die Schutzinteressen der Allgemeinheit eindeutig höher gewichtet als der Freiheitsanspruch des Straftäters. Das Erfordernis einer hohen Formalisierung für die Legitimation der Sicherungsverwahrung zugunsten flexibler Prüfungsmaßstäbe wird dementsprechend gering geschätzt. Nur der schuldfähige Bestrafte, aber nicht der schuldfähige Sicherungsverwahrte wird durch das rechtsstaatliche Erfordernis der Vorhersehbarkeit von staatlichem Handeln als rational ansprechbare Person anerkannt, weil nur bei letzterem Verantwortungslosigkeit mit sozialethischer Missbilligung einhergeht. Die Eigenart der Prognose begründet dann die Flexibilisierung gegenüber statischer Begrenzung durch eine Zehn-Jahres-Höchstfrist. Auch die Verhältnismäßigkeitsprüfung wirkt sich nur insoweit aus, dass das Bundesverfassungsgericht Mindestanforderungen an Prognosegutachten formuliert. Der Verhältnismäßigkeitsgrundsatz führt demnach nicht mehr zu einer rechtlich-formalen Beschränkung der Prognose ‚von außen' durch Höchstfristen. Stattdessen unterwirft sich das Bundesverfassungsgericht der Logik der Prognose und versucht die Mängel nur noch durch Mindeststandards abzufedern. Beschränkt das Bundesverfassungsgericht die Grundrechte unter Verweis auf die *tatsächlichen* Bedingungen der Prognose, lässt es sich jedoch demgegenüber nicht auf eine Prüfung des *Tatsachenmaterials* ein, das zu einer Ausweitung der Sicherungsverwahrung vom Gesetzgeber herangezogen wurde. Letzteres müsse der Gesetzgeber kraft Einschätzungsprärogative besser wissen.

Auch die wegen der Entfristung indizierte Prüfung des Art. 1 Abs. 1 GG wird letztlich der Logik der Gefahr geopfert. Das Menschenbild eines gemeinschaftsgebundenen Individuums ermöglicht eine lang andauernde Unterbringung wegen

347 BVerfGE 109, 133 (189).

fortdauernder Gefährlichkeit. Die plötzlich festgestellte Ausrichtung der Sicherungsverwahrung auf Resozialisierung kann vor dem Hintergrund der früheren Entscheidung bei nahezu gleicher Gesetzeslage nicht überzeugen. Die Verlegungsmöglichkeit von Sexualstraftätern während der Haft in eine sozialtherapeutische Anstalt macht die Sicherungsverwahrung jedenfalls nicht zu einem Resozialisierungsinstrument. Schon die Uneinheitlichkeit des statistischen Materials, das hinsichtlich der Entlassungsperspektive zwischen zwei Jahren und drei Monaten und 10, 2 Jahren schwankt, hätte das Gericht zumindest zur Nachfrage anregen müssen, was für konkrete Resozialisierungskonzepte im Vollzug der Sicherungsverwahrung angewandt werden und eine länderspezifisch so unterschiedliche Entlassungsperspektive generieren.

Wie manifest, hartnäckig und gewichtig das Argument des Schutzes vor *gefährlichen* Straftätern in der Ansicht des Bundesverfassungsgerichts ist, lässt sich im Prinzip schon an der Einleitung der Entscheidung ablesen: Dort heißt es, „[j]ede gesellschaftliche Ordnung ist darauf angewiesen, sich vor gefährlichen Straftätern zu schützen.“[348] Konkret wird dazu ausgeführt, dass es im Mittelalter als Mittel der Prävention „neben der Unterbringung auf bestimmte Zeit die Todesstrafe, Galeerensklaverei oder Deportation“ gab und mit dem Aufkommen der Gefängnisstrafen diese durch lange Haftstrafen und Zwangsarbeit ersetzt wurden – bis am Ende des 19. Jahrhunderts das dualistische Sanktionensystem entwickelt wurde.[349] Bei diesem entwicklungsgeschichtlichen Abriss einer relativen Humanisierung der alternativlosen (strafrechtlichen) Gefahrenabwehr bleiben im Prinzip keine Fragen nach der Rechtfertigung offen: es muss sein und es ist – entwicklungsgeschichtlich betrachtet – relativ human. Wird diese Argumentationslinie mit dem Anspruch auf Resozialisierung kontrastiert, der aus Art. 1 Abs. 1 GG erwachsen soll, ist es nicht verwunderlich, dass dieser im Zuge der weiteren Argumentation der Logik der Gefahrenprognose unterworfen wird. Die reine (strafrechtliche) Verwahrung wird letztlich doch ermöglicht. Demnach werden die grundsätzlichen Ausführungen zu Art. 1 Abs. 1 GG im Urteil in den folgenden Erörterungen – wenn auch unbewusst – systematisch konterkariert und jegliche Möglichkeit tatsächlicher Wirkung genommen. Das bestätigt sich eindrucksvoll in der 2010 veröffentlichten, empirischen Untersuchung zum Vollzug der Sicherungsverwahrung von *Bartsch*. Er spricht von einem „vorherrschenden Klima der Ängstlichkeit und Übersicherung“, in dem die „entlassungsbedeutsamen Vollzugslockerungen“ nur selten

---

348 BVerfGE 109, 133 (134).
349 BVerfGE 109, 133 (134).

gewährt würden.[350] Vielmehr würden Sicherungsverwahrten „fast ausschließlich ‚Vollzugslockerungen aus humanitären Gründen'" zugestanden.[351]

Die Realität des Vollzugs der Sicherungsverwahrung muss sich das Bundesverfassungsgericht insoweit zuschreiben lassen, weil es mit seiner Unterwerfung unter die Logik der Gefahr[352] letztlich selbst seine Anforderungen an einen menschenwürdigen Vollzug leerlaufen ließ. Oder: Die 1969 noch bekannte und vom Bundesverfassungsgericht in den 1990er Jahren bestätigte Ausrichtung der Sicherungsverwahrung auf den Sicherungszweck wird auch durch das von ihm (vermeintlich) belegte Resozialisierungsziel nicht verhindert. Dann stellt sich jedoch die Frage, wie das Bundesverfassungsgericht die Ausrichtung auf den Sicherungszweck verkennen konnte bzw. ob die Ausführungen zur Resozialisierung einen argumentativen Schleier über die tatsächlichen Wirkungen der Sicherungsverwahrung legen sollten. Die stark divergierenden Vollzugszeiten der Sicherungsverwahrung in den einzelnen Ländern, die auch noch auf uneinheitlichem statistischen Material beruhten, hätten ihm jedenfalls als hinreichende Tatsachengrundlagen nicht ausreichen dürfen.

2. Straftäterunterbringungsgesetze der Länder

In der kurz darauffolgenden Grundsatzentscheidung zu den Straftäterunterbringungsgesetzen der Länder wurde rhetorisch und faktisch das Gewicht des Schutzes der Allgemeinheit noch erhöht. Die Notwendigkeit einer Formalisierung der Straftäterunterbringung als Komponente rechtlicher Legitimation tauchte dort im Angesicht drohender Gefahren gar nicht erst auf. In der Entscheidung wurde ein Verstoß der Ländergesetze gegen die Kompetenzordnung des Art. 74 Abs. 1 Nr. 1 GG i.V.m. Art. 70 Abs. 1 GG und Art. 72 GG geprüft und festgestellt.[353] In einem zweiten Schritt wurde daraufhin begründet, dass die Weitergeltung der Vorschriften nach den Maßstäben des Bundesverfassungsgerichts erforderlich sei, weil „die

---

350 *Bartsch,* Sicherungsverwahrung, 2010, S. 353; zu den Wurzeln des Übersicherungsdenkens und dessen Kritik *Albrecht,* Spezialprävention angesichts neuer Tätergruppen, ZStW 97 (1985), S. 837, Fn. 17; vgl. ebenso *Albrecht/Baltzer/Krehl,* Der schwierige Weg der Dritten Gewalt zwischen Freiheit und Sicherheit, Forensische Psychiatrie, Psychologie, Kriminologie, 2010, S. 14.

351 *Bartsch,* Sicherungsverwahrung, 2010, S. 353.

352 Nach sozialwissenschaftlichen Maßstäben handelt es dabei eher um die Logik des Risikos, vgl. zur Abgrenzung von Gefahr und Risiko auch unter sozialwissenschaftlichen Aspekten: *Di Fabio,* Risikoentscheidungen im Rechtsstaat, 1994, S. 52 ff., 56 ff.

353 BVerfGE 109, 190 (211).

sofortige Ungültigkeit der zu beanstandenden Norm dem Schutz überragender Güter des Gemeinwohls die Grundlage entziehen würde".[354]

a) „Strafrecht" im Sinne von Art. 74 Abs. 1 Nr. 1 GG

Wie bereits in der vorherigen Entscheidung angedeutet wurde, gilt nach dem Bundesverfassungsgericht für die Kompetenznorm in Art. 74 Abs. 1 Nr. 1 GG nicht das enge Strafrechtsverständnis, das bei der Anwendung des Art. 103 Abs. 2 GG zum Tragen kam.[355] Diese Differenzierung führt jedoch in der vorliegenden Grundsatzentscheidung dazu, dass sich hier nun die Argumente finden, welche die Maßregeln und die Strafe in einen engen (Sach-)Zusammenhang bringen. Dadurch wird bereits die Frage nach der Kontingenz – um nicht zu sagen Beliebigkeit – der vorherigen Argumentation bei Art. 103 Abs. 2 GG aufgeworfen. Die Gegenüberstellung der Argumentationen zeigt, dass sich der Begründungszusammenhang als nicht sehr tragfähig oder wenigstens als zu schwach für eine so weitreichende Folge unbestimmter Freiheitsentziehung erweist. Diesem auch vom Bundesverfassungsgericht selbst antizipierten Vorwurf hielt es jedoch entgegen, dass Art. 103 Abs. 2 GG „als Abwehrrecht des Bürgers freiheitsgewährleistende Funktion habe". Art. 74 GG enthalte demgegenüber – wie schon in der vorherigen Entscheidung nahezu wortgleich festgestellt – kein subjektives Recht des Einzelnen, sondern regele die Aufteilung der Gesetzgebungsbefugnisse zwischen Bund und Ländern.[356] Bei dieser Argumentation bleibt der Verdacht nicht aus, bei der vorherigen Prüfung des Art. 103 Abs. 2 GG diese freiheitsgewährleistende Funktion leichtfertig durch eine formale, terminologische Differenzierung ausgeschaltet zu haben.[357] Auch die Erwägungen zur Auslegung des Wortes „Strafrecht" im Rahmen des Art. 74 GG verstärken in der Gesamtschau den Verdacht der Inkonsistenz beider Entscheidungen.

Bei den Begründungen im Einzelnen wurde zunächst neben dem letztlich unergiebigen Sprachgebrauch auf die Entstehungsgeschichte verwiesen.[358] Da der Verfassungsgeber die Zweispurigkeit im Strafgesetzbuch vorgefunden habe und er diese nicht ändern wollte, gehörten die präventive Reaktion aufgrund einer Straftat aus historischem Blickwinkel zum „Strafrecht" im Sinne des Art. 74 Abs. 1

354 BVerfGE 109, 190 (235).
355 BVerfGE 109, 190 (212).
356 BVerfGE 109, 190 (217).
357 Vgl. *Sander*, Grenzen instrumenteller Vernunft im Strafrecht, 2007, S. 220 f.
358 BVerfGE 109, 190 (212 ff.).

Nr. 1 GG.[359] Insoweit besteht kein Unterschied zur vorherigen Argumentation. Der systematische Aspekt des Sachzusammenhangs ist dagegen bedeutsamer. Danach sei der Sachzusammenhang zwischen Strafe und ‚rein' präventiver Sanktion darin begründet, „dass sich beide Arten von Sanktionen auf die Anlasstat beziehen."[360] So seien die tatsächlichen Feststellungen zum Tathergang, zur Genese der Tat und zum Nachtatverhalten nicht nur entscheidungsrelevant für die Strafzumessung, sondern ebenso für die Gefahrenprognose.[361] Dieser Sachzusammenhang werde auch nicht dadurch unterbrochen, dass die präventive Sanktion nicht im Zeitpunkt der strafrechtlichen Verurteilung, sondern erst nachträglich angeordnet werde.[362] Denn die Prognose hänge nach wie vor von einer sorgfältigen Analyse der Anlasstat ab.[363] Es widerspreche dem Sinn und Zweck der Kompetenzvorschriften, einen derartig verzahnten, als einheitliches Regelungswerk konzipierten Normenkomplex auseinander zu dividieren.[364]

Sind die Argumente für einen Sachzusammenhang bisher wiederum als Gewährleistung der tatsächlichen Anforderungen an Prognosegutachten lesbar, so gewinnt die Argumentation bei der konkreten Prüfung der Straftäterunterbringungsgesetze trotzdem auch eine normative Dimension. Die Straftäterunterbringungsgesetze würden als „nachträgliche präventive Sanktion" ausschließlich für Straftäter gelten und „ihre sachliche Rechtfertigung" aus der Straftat beziehen.[365] Denn unter dem Aspekt der Verhältnismäßigkeit könne der weitreichende Eingriff zeitlich unbestimmter Verwahrung nur gerechtfertigt werden, wenn die Prognosebasis die Anlasstat als Prognosefaktor einschlösse.[366] Die Anlasstat sei *conditio sine qua non* der Straftäterunterbringung, weil eine Erstreckung der Gesetze auf nicht strafrechtlich verurteilte Personen nicht vertretbar sei.[367] Abgesehen von Zwangsmaßnahmen der Quarantäne nach dem Infektionsschutzgesetz und der landesgesetzlich geregelten Unterbringung psychisch Kranker könne der Staat bekanntermaßen nur auf konkrete Gefahrensituationen mit den situationsbezogenen Instrumenten des Polizeirechts reagieren.[368] Folglich berechtige nach dem Grundsatz der

---

359 BVerfGE 109, 190 (214 f.).
360 BVerfGE 109, 190 (215).
361 BVerfGE 109, 190 (216).
362 BVerfGE 109, 190 (216 f.).
363 BVerfGE 109, 190 (216 f.).
364 BVerfGE 109, 190 (218).
365 BVerfGE 109, 190 (219).
366 BVerfGE 109, 190 (219).
367 BVerfGE 109, 190 (219).
368 BVerfGE 109, 190 (220).

Verhältnismäßigkeit „gerade und ausschließlich das schwerwiegende und dem Betroffenen zurechenbare Indiz der Anlasstaten" den Staat, „die Gefährlichkeit seiner Bürger zu überprüfen und auf das Ergebnis dieser Überprüfung eine langfristige schuldunabhängige Freiheitsentziehung zu gründen".[369] Letzteres ist kein genuin *sachliches,* an der erforderlichen breiten Prognosebasis orientiertes Argument, sondern erst der *Vergangenheitsbezug* auf die Tat ermöglicht *normativ* im Sinne eines *gerechten* Ausgleichs der Rechtspositionen die Verwahrung für die Zukunft. Dann ist der Unterschied zwischen Strafen und Maßregeln, zwischen Repression und Prävention jedoch kaum mehr darstellbar. Hier ist auch an die Reformgesetzgebung von 1969 zu erinnern, die die Sicherungsverwahrung unter Art. 103 Abs. 2 GG fallen lassen wollte, weil sie eben nicht *verwaltungsrechtlich* als Gefahrenabwehrmaßnahme zu rechtfertigen sei – im Gegensatz zu §§ 63 und 64 StGB.[370] Einen eher sachlichen Bezug hat erst das danach folgende, auch unter dem Gesichtspunkt der Verhältnismäßigkeit vorgebrachte Argument, dass aus Gründen der hinreichenden Sachverhaltsaufklärung bei Prognoseentscheidungen *alle* entscheidungserheblichen Daten zu berücksichtigen seien.[371] Hier wurden die bereits in der vorherigen Grundsatzentscheidung genannten Anforderungen an Prognosegutachten nochmals benannt, die auch bei der nachträglichen Sicherungsverwahrung gelten müssten.[372]

Nach diesen Ausführungen zur inhaltlichen Rechtmäßigkeit einer nachträglichen Sicherungsverwahrung, wurde in einem nächsten Schritt noch der Frage nachgegangen, ob eine enge, aber dann *materiell* verfassungswidrige Interpretation der Prognosebasis zu einer Vereinbarkeit der Straftäterunterbringungsgesetze mit *formellem* Verfassungsrecht führen könne.[373] Dies wurde jedoch im Hinblick auf eine Vielzahl inhaltlicher und verfahrensrechtlicher Parallelen verneint.[374] Die Entscheidung über die Anordnung der Straftäterunterbringung gleiche inhaltlich der Entscheidung über den Vollzug der Sicherungsverwahrung gemäß § 67c Abs. 1 StGB (a.F.).[375] Verfahrensrechtlich würden zahlreiche Anleihen beim strafprozessualen Erkenntnisverfahren gemacht, die nicht nur technischer Natur seien.[376] Auch fänden für den Vollzug die für die Sicherungsverwahrung geltenden §§ 129 ff.

369 BVerfGE 109, 190 (220).
370 S. in diesem Kapitel C. I. 2.
371 BVerfGE 109, 190 (223 f.).
372 BVerfGE 109, 190 (224).
373 BVerfGE 109, 190 (224 ff.).
374 BVerfGE 109, 190 (225).
375 BVerfGE 109, 190 (225).
376 BVerfGE 109, 190 (226).

StVollzG entsprechend Anwendung.[377] Abschließend stellte das Bundesverfassungsgericht noch fest, dass die (damals) bestehenden Schutzlücken im präventiven System der Maßregeln nicht zu einer ergänzenden Landeskompetenz führten, weil der Bund die Materie bereits abschließend geregelt habe.[378] Als Schutzlücken führte das Bundesverfassungsgericht lauter Regelungsgegenstände an, die in der folgenden Zeit vom Bundesgesetzgeber noch in die Sicherungsverwahrung inkorporiert werden sollten: eine Regelung für Ersttäter, die Aufhebung der beschränkten Rückwirkung im Falle des § 66 Abs. 3 StGB (a.F), eine Regelung für Jugendliche und Heranwachsende und die Beschränkung der Verhängung oder des Vorbehalts der Sicherungsverwahrung auf das Erkenntnisurteil, also die fehlende Möglichkeit einer nachträglichen Verhängung.[379] Die abschließende Regelung durch den Bundesgesetzgeber stützte das Bundesverfassungsgericht auf die bereits referierte Gesetzgebungsentwicklung in den Jahren 1998 und 2002, in der – wie bereits beschrieben[380] – tatsächlich die Normierung einer nachträglichen Sicherungsverwahrung abgelehnt wurde.[381] Dieser abschließende Charakter der Bundesgesetzgebung könne auch nicht nachträglich durch die Rechtsauffassung der damaligen Bundesjustizministerin und ihren Brief vom 13. September 1999 eingeschränkt werden.[382] Eine dahingehende Öffnungsklausel für die Länder existiere gerade nicht.[383]

b) Zur Erklärung bloßer *Unvereinbarkeit: Eine Aufforderung an den Gesetzgeber zur Schließung aufgezeigter Schutzlücken?*

Welchen hohen verfassungsrechtlichen Stellenwert der wirksame Schutz der Allgemeinheit im Angesicht von potentiellen Gefahren für Opfer von schwerwiegenden Straftaten gegenüber dem Freiheitsrecht des individualisierten Straftäters gewinnt, wird in den Erläuterungen des Bundesverfassungsgerichts zur bloßen Unvereinbarkeitserklärung der Straftäterunterbringungsgesetze der Länder mit dem Grundgesetz deutlich. Zwar wurden die Ländergesetze aus den soeben besprochenen Gründen für verfassungswidrig erklärt,[384] jedoch zog dies keine

---

377 BVerfGE 109, 190 (227).
378 BVerfGE 109, 190 (230).
379 BVerfGE 109, 190 (230 f.).
380 Vgl. in diesem Kapitel, D., II. und III.
381 BVerfGE 109, 190 (231 ff.).
382 BVerfGE 109, 190 (233 ff.).
383 BVerfGE 109, 190 (233 ff.).
384 BVerfGE 109, 190 (211).

Nichtigkeit, sondern lediglich eine Erklärung bloßer Unvereinbarkeit mit dem Grundgesetz nach sich.[385] Das Bundesverfassungsgericht stellte zunächst den *tatsächlichen* Bedarf für ein solches Institut fest,[386] obwohl wiederum ein einschlägiger Rückfall eines Straftäters, der von solchen Gesetzen in den Blick genommen wurde, nicht bekannt war.[387] In diesem Zusammenhang von „Erfahrung" zu sprechen, ist vor dem Hintergrund nicht einsichtig, dass es sich bei der sachverständig festgestellten Gefährlichkeit nur um eine Wahrscheinlichkeit weiterer erheblicher Straftaten handelt.[388] Die Gefährlichkeit wird erst durch den Rückfall *erfahrbar* – so tragisch er auch im Einzelfall sein möge. Weiterhin stellte es den „Schutz vor solchen Verurteilten" als „ein überragendes Gemeinwohlinteresse" dar, das durch „geeignete Mittel" zu gewährleisten sei.[389] Mit Verweis auf den Irrtum des Bundes über die Landesgesetzgebungszuständigkeit, sollte dem Bund durch die Unvereinbarkeitserklärung Gelegenheit zur Prüfung gegeben werden.[390]

Ausgeblendet wurde dabei, dass die vermeintlich fehlende Gesetzgebungskompetenz gerade nicht der tragende Grund für die Ablehnung des Instituts war, sondern gegen das Institut der nachträglichen Sicherungsverwahrung rechtsstaatliche Bedenken vorgebracht wurden.[391] Aufgrund des Vorliegens zweier Sachverständigengutachten sei „konkret und individuell gerichtlich festgestellt [...], dass von ihnen eine *gegenwärtige* erhebliche Gefahr [...] ausgeht", wodurch das „politische Ermessen" bei der „staatlichen Verpflichtung zur Kriminalitätsbekämpfung [...] konkretisiert und individualisiert" sei.[392] Im Folgenden wurde betont, dass „ein vom zuständigen Gesetzgeber entwickeltes Konzept nachträglicher Anordnung einer präventiven Verwahrung noch inhaftierter Straftäter [...] nicht von vornherein unter dem Verdikt der Verfassungswidrigkeit" stehen würde.[393] Die Unvereinbarkeitserklärung selbst wurde mit dem überragenden Interesse der Allgemeinheit an effektivem Schutz vor bestimmten hochgefährlichen Straftätern begründet, die im – hier angenommenen – *Ausnahmefall* das Freiheitsinteresse der von der Fortgeltung der verfassungswidrigen Regelung Betroffenen aus Art. 2 Abs. 2 Satz 2 GG überwiege.[394]

---

385 BVerfGE 109, 190 (235), unter Verweis auf § 31 Abs. 2 Satz 3 BVerfGG.
386 BVerfGE 109, 190 (236).
387 Vgl. den Hinweis in BR-Drs. 854/98, S. 2.
388 Vgl. BVerfGE 109, 190 (236).
389 BVerfGE 109, 190 (236).
390 BVerfGE 109, 190 (237).
391 Vgl. in diesem Kapitel D. II.
392 BVerfGE 109, 190 (237 f.).
393 BVerfGE 109, 190 (238 f.).
394 BVerfGE 109, 190 (239).

In der Gesamtschau stellte das nicht nur einen *expliziten* Gesetzgebungsauftrag seitens des Bundesverfassungsgerichts dar, die Verwahrung jener „hochgefährlichen rückfallgefährdeten Straftäter“ zu ermöglichen, welcher auch selbstredend gefruchtet hat.[395] Gleichzeitig lässt sich daraus die argumentative Tendenz ablesen, dass Freiheitsentziehung bei sachverständig festgestellter Gefährlichkeit immer zu rechtfertigen sei. Die folgenden Hinweise zur Prognosebasis ändern an dieser Einschätzung nichts. Danach müsse bei der Fortgeltung der Norm im Rahmen einer verfassungskonformen Auslegung beachtet werden, dass die Prognosebasis zu erweitern sei.[396] Die „Unterbringung [muss] auf einer umfassenden Gesamtwürdigung des Verurteilten, seiner Taten und seiner Entwicklung während des Strafvollzugs“ beruhen und die Gefahr erheblicher Straftaten muss „mit hinreichender Gewissheit positiv“ von den Gerichten festgestellt werden.[397] Dies kann nur der den Gutachten immanenten wissenschaftlichen Logik geschuldet sein. Die vom Gericht hervorgehobene Unumgänglichkeit von Prognoseentscheidungen bei gleichzeitiger Fehleranfälligkeit wurde demnach wiederum nur sachlich versucht, abzumildern.[398] Immerhin wies das Bundesverfassungsgericht darauf hin, dass die Verweigerung von Resozialisierungs- und Therapiemaßnahmen nicht übergewichtet werden dürfe, da ansonsten die Unterbringung zu einer unverhältnismäßigen Sanktion für fehlendes Wohlverhalten im Vollzug werde.[399]

c) Abweichende Meinung

In der abweichenden Meinung der RichterInnen *Broß*, *Osterloh* und *Gerhardt* wurde die Tragweite dieser Unvereinbarkeitserklärung deutlich herausgestellt. Es werde ein Handlungsbedarf suggeriert und dem Regelungsanliegen ein Gewicht verliehen, das den „Bundesgesetzgeber faktisch mit einer bestimmten Tendenz zur Regelung drängt.“[400] Damit würden die Grundsätze der Gewaltenteilung, das Demokratieprinzip, das Untermaßverbot und die Bindung an Recht und Gesetz verkannt.[401] Insbesondere wurde auch klargestellt, dass die Selbstbeschränkung des Bundesgesetzgebers nicht von der Annahme einer fehlenden Kompetenz

---

395 „Gesetz zur Einführung der nachträglichen Sicherungsverwahrung“ vom 23. Juli 2004, BGBl. 2004 I, S. 1838 ff.

396 BVerfGE 109, 190 (240).

397 BVerfGE 109, 190 (240).

398 BVerfGE 109, 190 (240).

399 BVerfGE 109, 190 (241).

400 BVerfGE 109, 190 (246).

401 BVerfGE 109, 190 (245 ff.).

herrührte – so hatte die Senatsmehrheit bei der Fortgeltungsanordnung hervorgehoben. Es bestünden *keinerlei* verfassungsrechtliche Bedenken gegen die vor der Einführung der Ländergesetze zur Straftäterunterbringung bestehende „Risikolage".[402] An der konkretisierten und individualisierten Gefahr, die gerichtlich festgestellt wurde, sei schon deshalb zu zweifeln, weil das Verfahren auf verfassungswidrigen Gesetzen beruhe.[403] Abgesehen davon stehe mit der Führungsaufsicht gemäß §§ 68 ff. StGB ein Instrument zur Verfügung, das mittels strafbewehrter Weisungen dem Schutz der Allgemeinheit sehr wohl Rechnung tragen könne.[404] Demnach werde durch die Nichtigkeitserklärung entgegen der Annahme der Senatsmehrheit dem Schutz anderer Menschen vor hochgefährlichen Verurteilten *nicht* die Grundlage entzogen.[405] Das Bundesverfassungsgericht mache sich durch die Unvereinbarkeitserklärung die abweichende, „nachbessernde" politische Risikobewertung des Landesgesetzgebers gegen die abschließende Regelung des Bundesgesetzgebers zu eigen und führe so eine parlamentarisch nicht erreichbare Regelung durch eine judikative Entscheidung herbei.[406] Des Weiteren sei die befristete Weitergeltungsanordnung mit der Zielsetzung des Art. 104 Abs. 1 GG nicht vereinbar, nachdem die Freiheit der Person nur aufgrund eines förmlichen Gesetzes eingeschränkt werden könne.[407] Die RichterInnen *Broß*, *Osterloh* und *Gerhardt* sprachen im Zusammenhang mit der Unvereinbarkeitserklärung von einer kaum konturierbaren Abwägung.[408]

Abschließend wiesen sie darauf hin, dass es sich bei der nachträglichen Sicherungsverwahrung unter dem Blickwinkel des allgemeinen Rückwirkungsverbots gemäß Art. 2 Abs. 1 GG i.V.m. Art. 20 Abs. 3 GG um einen Fall echter Rückwirkung handele.[409] Die einhellige Meinung des Senats, dass verfassungsrechtlich unabdingbare Voraussetzung der Unterbringung die Anknüpfung an eine konkrete Anlasstat sei, führe dazu, dass mit Strafverbüßung und Erledigung einer etwaigen freiheitsentziehenden Maßregel der durch die Anlasstat gesetzte Sachverhalt abgeschlossen sei.[410] Dieser könne nur unter den engen Voraussetzungen der Wiederaufnahme des Verfahrens zuungunsten des Angeklagten gemäß § 362 StPO

402 BVerfGE 109, 190 (250 f.).
403 BVerfGE 109, 190 (249).
404 BVerfGE 109, 190 (248).
405 BVerfGE 109, 190 (249).
406 BVerfGE 109, 190 (251 f.).
407 BVerfGE 109, 190 (252 ff.).
408 BVerfGE 109, 190 (253).
409 BVerfGE 109, 190 (254).
410 BVerfGE 109, 190 (254).

nochmals Gegenstand einer erneuten Anknüpfung von Rechtsfolgen sein.[411] Die Erkenntnis fortdauernder Gefährlichkeit des Betroffenen vermöge daran nichts zu ändern, weil keine zwingenden Gründe des Allgemeinwohls vorlägen, die nur durch „Wegsperren" des Betroffenen erfüllt werden könnten.[412]

d) Zwischenfazit

Die Unvereinbarkeitserklärung des Bundesverfassungsgerichts offenbart ein fast blindes Vertrauen in Gefährlichkeitsprognosen, das zu einem radikalen Abbau formaler Schranken führt. An der Gegenüberstellung der beiden Grundsatzentscheidungen wird ebenso deutlich, dass die die unbestimmte Freiheitsentziehung tragende Argumentation auf sehr wackligen Füßen steht. Der Unterschied von Repression und Prävention scheint nicht nur – wie das Bundesverfassungsgericht in der Entscheidung vom 5. Februar 2004 betonte – durch die Überschneidung ihrer präventiven Funktionen in Frage gestellt. Die Sicherungsverwahrung als prognostischer Zugriff auf den Straftäter gewinnt ihre Rechtfertigung *nur* durch den Bezug zur Anlasstat. Nichtsdestotrotz bezieht die Sicherungsverwahrung in ihrer konkreten Ausgestaltung und zeitlich flexiblen Handhabung ihre Rechtfertigung – laut Bundesverfassungsgericht – allein aus der zukunftsorientierten Gefahrenabwehr, die durch das Argument der Zweispurigkeit gegen strafrechtliche Rechtfertigungsstandards immunisiert wird. Der Schutzanspruch der Allgemeinheit scheint danach jegliche verfassungsrechtlich betroffenen Grundsätze und Grundrechte – rhetorisch durch den Verweis auf bestehende Sicherheitslücken – in die Knie zu zwingen. Dabei wird verkannt bzw. unterschlagen, dass sogenannte Sicherheitslücken formalen Begrenzungen staatlicher Eingriffe immanent sind. Damit wird eine grenzenlose Flexibilisierung durch Sachargumente ermöglicht, die den Freiheitsanspruch des Straftäters nicht repräsentieren kann. Selbst der vom Minderheitsvotum konstatierte Verstoß gegen das allgemeine Rückwirkungsverbot hindert die Senatsmehrheit nicht, an ihrer Argumentation festzuhalten. Die Konsequenzen dieser verfassungsgerichtlichen Argumentation lassen sich in den im Folgenden dargestellten Gesetzgebungsaktivitäten erfassen, die zu einer beispiellosen Ausweitung der Sicherungsverwahrung geführt haben: Salonfähig wurde für den Bundesgesetzgeber nunmehr insbesondere das nach wie vor auch unter Einbeziehung psychiatrisch-psychologischer Forschung höchst umstrittene Institut[413] der nachträglichen Sicherungsverwahrung.

---

411 BVerfGE 109, 190 (254).

412 BVerfGE 109, 190 (254 f.).

413 Vgl. in diesem Teil, 3. Kapitel, D. und insbes. *Alex*, Nachträgliche Sicherungsverwahrung – ein rechtsstaatliches und kriminalpolitisches Debakel, 2010, m.w.N.

VI. „Gesetz zur Einführung der nachträglichen Sicherungsverwahrung" vom 23. Juli 2004

Mit dem „Gesetz zur Einführung der nachträglichen Sicherungsverwahrung" wurde nunmehr – trotz vorheriger, überwiegender verfassungsrechtlicher Bedenken – eine Möglichkeit geschaffen, gegenüber „hochgefährlichen Straftätern"[414] nachträglich die Unterbringung in der Sicherungsverwahrung anzuordnen.[415] Voraussetzungen hierfür waren nach § 66b Abs. 1 StGB (a.F.)

- ein einschlägiges Verbrechen oder ein in § 66 Abs. 3 Satz 1 StGB (a.F.) genanntes Vergehen,
- nach Verurteilung erkennbar gewordene Tatsachen, die auf eine erhebliche Gefährlichkeit für die Allgemeinheit schließen lassen,
- eine positive Gefährlichkeitsprognose, ohne das Erfordernis der Feststellung eines Hangs[416] und
- die übrigen Voraussetzungen des § 66 StGB (a.F.), d.h. die dort genannten vorherigen Verurteilungen und Vorverbüßungen.

In Abs. 2 wurde die Möglichkeit normiert, auch *Ersttäter* bei einer Verurteilung zu einer Freiheitsstrafe von mindestens fünf Jahren wegen der dort genannten Verbrechen und einer positiven Gefährlichkeitsprognose nach dem Vollzug der Freiheitsstrafe in die Sicherungsverwahrung zu verbringen. In Abs. 3 wurde die nachträgliche Sicherungsverwahrung noch auf solche Fälle erstreckt, bei denen die Unterbringung in einem psychiatrischen Krankenhaus für erledigt erklärt worden ist, „weil der die Schuldfähigkeit ausschließende oder vermindernde Zustand, [...] im Zeitpunkt der Erledigungsentscheidung nicht bestanden hat."[417]

Gleichzeitig wurde im JGG eine nachträgliche Sicherungsverwahrung für solche Heranwachsende normiert, die nach allgemeinem Strafrecht beurteilt werden. Voraussetzungen für Erst- wie Mehrfachtäter war gemäß § 106 Abs. 5 JGG (a.F.) das Vorliegen einer Katalogtat, die eine Verurteilung zu einer Freiheitsstrafe von mindestens fünf Jahren nach sich gezogen hat, die nach der Verurteilung erkennbar gewordenen Tatsachen und die obligatorische positive

---

414 BT-Drs. 15/2887, S. 1.

415 BGBl. 2004 I, S. 1838 ff.

416 Vgl. hierzu die BGH-Rechtsprechung zum Hangerfordernis: in diesem Teil, 3. Kapitel, D. I. 1. c).

417 BGBl. 2004 I, S. 1838.

Gefährlichkeitsprognose.[418] In Abs. 6 fand sich die zu § 66b Abs. 3 StGB (a.F.) vergleichbare Regelung über eine nachträgliche Sicherungsverwahrung für aus dem psychiatrischen Krankenhaus entlassene Straftäter wieder. Um die volle Zeit des Freiheitsentzugs als Erkenntnisquelle für eine etwaige Gefährlichkeit ausschöpfen zu können, wurde in § 275a Abs. 5 StPO die Möglichkeit eines vorläufigen Unterbringungsbefehls vorgesehen.[419] Dieser diente selbstredend auch der Verhinderung weiterer erheblicher Straftaten und dem Umstand, dass die Einlegung unbegründeter Rechtsmittel sonst zu einer ‚erzwungenen' Freilassung führen könnte.[420]

In der Begründung des Gesetzentwurfs wurde auf die soeben besprochene Bundesverfassungsgerichtsentscheidung zur Verfassungswidrigkeit der Unterbringungsgesetze der Bundesländer und die dort auferlegte Pflicht zur Prüfung des Sachverhalts Bezug genommen.[421] Dementsprechend wurde dann auch auf die vom Bundesverfassungsgericht benannten „*Erfahrungen* aus der Anwendungspraxis der Landesgesetze" rekurriert, die gezeigt hätten, „dass in seltenen Fällen das Bedürfnis nach der Möglichkeit einer nachträglichen Anordnung der Unterbringung in der Sicherungsverwahrung besteht".[422] Wie bereits oben angemerkt, beruht die ‚Erfahrung' nicht auf tatsächlicher Rückfälligkeit,[423] sondern lediglich auf der Tatsache, dass acht Personen aufgrund von mehreren Sachverständigengutachten bei Entlassung als gefährlich eingestuft wurden.[424] Diese mögliche Konstellation wurde in allen vorherigen Gesetzgebungsverfahren gesehen, diskutiert und anders bewertet. Der Begriff ‚Erfahrung' ist hier folglich irreführend und suggeriert einen *nicht* vorhandenen *neuen* Handlungsbedarf. Auch in der abweichenden Meinung der RichterInnen *Broß, Osterloh* und *Gerhardt* zur Verfassungswidrigkeit der Straftäterunterbringungsgesetze der Länder wird auf diesen Umstand hingewiesen.[425] Wie oben bereits angesprochen wurde die von der Senatsmehrheit angemerkte Konkretisierung und Individualisierung der staatlichen Verpflichtung zur Kriminalitätsbekämpfung im Hinblick auf jene acht ‚hochgefährlichen Straftäter' angegriffen, da „die tatsächliche Feststellungen in Verfahren gewonnen wurden,

418 BGBl. 2004 I, S. 1840.
419 BGBl. 2004 I, S. 1839; vgl. die Begründung in BT-Drs. 15/2887, S. 16.
420 BT-Drs. 15/2887, S. 16.
421 Vgl. BT-Drs. 15/2887, S. 1, 10; vgl. in diesem Kapitel, D. V. 2.
422 BT-Drs. 15/2887, S. 1; BVerfGE 109, 190 (236), Hervorhebung durch Verfasserin.
423 Vgl. in diesem Kapitel, D. V. 2. b); s. auch Stellungnahme der Fraktion Bündnis 90/Die Grünen in BT-Drs. 15/2887, S. 15.
424 Vgl. Stellungnahme der Fraktion Bündnis 90/Die Grünen in BT-Drs. 15/2887, S. 15.
425 BVerfGE 109, 190 (249 f.).

die auf verfassungswidrigen Gesetzen beruhen".[426] Immerhin wurde dem insoweit Rechnung getragen, dass durch die Ausgestaltung des Verfahrens als Hauptverhandlung eine erneute Begutachtung der in Rede stehenden Straftäter obligatorisch war.[427]

Zur zeitlichen Geltung der Vorschriften wurde keine differenzierte Lösung mehr angestrebt. In dem mittlerweile wieder aufgehobenen Art. 1a EGStGB wurde vielmehr klargestellt, dass die nachträgliche Sicherungsverwahrung auch auf Verurteilte angewendet werden soll, die sich aufgrund der (verfassungswidrigen) Straftäterunterbringungsgesetze der Länder in Gewahrsam befinden.[428] Darüber hinaus wurden alle zeitlichen Beschränkungen aufgehoben und sichergestellt, dass auch die nach den Straftäterunterbringungsgesetzen der Länder untergebrachten Personen von § 66b StGB (a.F.) ausdrücklich erfasst werden.[429] In der Begründung hieß es dazu, dass sie „[i]m Lichte der Entscheidungen des Bundesverfassungsgerichts vom 5. Februar 2004 […] und 10. Februar 2004 […] verzichtbar [erscheinen]".[430] Die Begründung der Senatsmehrheit in der Entscheidung vom 10. Februar 2004 hatte demnach durchschlagenden Erfolg. Der Hinweis der abweichenden Meinung, dass es sich zumindest bei der nachträglichen Sicherungsverwahrung um einen Fall der echten Rückwirkung handele, blieb demgegenüber ungehört.

Insgesamt wurden mit dem „Gesetz zur Einführung der nachträglichen Sicherungsverwahrung" die Mittel für den intendierten „Sicherungszweck"[431] (nahezu)[432] voll ausgeschöpft. Es wurde konsequent auf formelle Beschränkungen verzichtet, mit denen ursprünglich versucht wurde, die Unsicherheiten der Gefährlichkeitsprognose abzumildern und rechtsstaatliche Begrenzungen einzuziehen. Die nachträgliche Sicherungsverwahrung war schon bei Ersttätern anwendbar. Zur Begründung wurde darauf verwiesen, dass bei solchen Ersttätern „die Beurteilungsbasis [im Entscheidungszeitpunkt] vermutlich noch zu schmal" ist, um eine Unterbringung zu rechtfertigen, und „insoweit […] auf Erkenntnisse aus der Zeit des Strafvollzugs

---

426 BVerfGE 109, 190 (249); vgl. in diesem Kapitel, D. V. 2. c).

427 Vgl. § 275a StPO, BGBl. 2004 I, S. 1839; BT-Drs. 15/2887, S. 15 f.; vgl. zur Notwendigkeit der Neubegutachtung die Kritik im Beschluss des Bundesrates, BR-Drs. 510/04, S. 2.

428 BT-Drs. 15/2887, S. 19.

429 BT-Drs. 15/2887, S. 20.

430 BT-Drs. 15/2887, S. 20.

431 BT-Drs. 15/2887, S. 12.

432 Vgl. den weitere Schutzlücken hervorhebenden Beschluss des Bundesrates: BR-Drs. 510/04.

nicht verzichtet werden [kann].“[433] Auf den Nachweis eines „Hangs“ wurde wegen der Beweisschwierigkeiten wie schon bei der vorbehaltenen Sicherungsverwahrung verzichtet. Hier wurde wohl versucht, die Prognosebasis der Forderung des Bundesverfassungsgerichts entsprechend so breit wie möglich auszugestalten. Entlarvend im Hinblick auf die tatsächliche Breite der Prognosebasis ist jedoch, dass trotzdem auf einen Hang verzichtet werden sollte, d.h. die Tragfähigkeit der Indizien für eine begründete Gefährlichkeit ist in Zweifel zu ziehen. Weiterhin hieß es, dass die neuen Tatsachen grundsätzlich jenseits einer Erheblichkeitsschwelle liegen sollten.[434] Als Anknüpfungspunkt waren aber „z.B. wiederholte verbal-aggressive Angriffe auf Bedienstete der Justizvollzugsanstalt“ explizit nicht ausgenommen.[435] Immerhin wurde im letztlich angenommenen, veränderten Entwurf des Rechtsausschusses bei der Gesamtwürdigung des Verurteilten durch das Wort „ergänzend“ hervorgehoben, „dass dem Vollzugsverhalten des Verurteilten keine sachwidrig übersteigerte Bedeutung zukommen“ solle.[436] Fraglich ist jedoch, worauf sich denn sonst die neuen Tatsachen beziehen sollten, da jegliche Information durch die Sondersituation ‚Strafvollzug‘ geprägt sein wird.[437]

Unter einseitiger Zugrundelegung des Schutzbedürfnisses der Allgemeinheit ist es wiederum nur konsequent gewesen, dass bei ‚hochgefährlichen‘ Heranwachsenden, auf die allgemeines Strafrecht angewendet wurde, die Möglichkeit der nachträglichen Verhängung der Sicherungsverwahrung bei Ersttätern normiert wurde – auch wenn bei jungen Menschen „die ausreichend sichere Gefährlichkeitsprognose [...] schon generell besonders schwierig zu treffen ist“.[438] Da „trotzdem ausnahmsweise auch unter Berücksichtigung der Entwicklung im Vollzug mit hoher Wahrscheinlichkeit [eine hohe Gefährlichkeit] festzustellen ist“,[439] wurden diese grundsätzlichen Bedenken ignoriert, um – so scheint es – für alle Fälle ein Schutzinstrument zur Verfügung zu haben. Ebenso ist es bei der Verlegung vom psychiatrischen Krankenhaus in die Sicherungsverwahrung.

---

433 BT-Drs. 15/2887, S. 13.

434 BT-Drs. 15/2887, S. 12.

435 BT-Drs. 15/2887, S. 12.

436 BT-Drs. 15/3346, S. 17.

437 Vgl. hierzu die Kritik im Schrifttum. Dort wird die Ansicht vertreten, dass aus Vollzugsverhalten keinerlei validen, prognoserelevante Tatsachen abgeleitet werden können: *Albrecht,* Zur sozialen Situation entlassener „Lebenslänglicher“, 1977, S. 102–144 und S. 410–412; *Nedopil,* Prognosebegutachtungen bei zeitlich begrenzten Freiheitsstrafen, NStZ 2002, S. 349.

438 BT-Drs. 15/2887, S. 18.

439 BT-Drs. 15/2887, S. 19.

Wenn der Gefangene nicht mehr wegen des Schuldfähigkeit ausschließenden oder vermindernden Zustands verwahrt werden kann, greift als Quasi-Auffangtatbestand die Sicherungsverwahrung. Dem trägt auch der vorläufige Unterbringungsbefehl Rechnung – um das Argument des schutzwürdigen Interesses des Verurteilten hinsichtlich der Entlassungsperspektive gar nicht erst aufkommen zu lassen. Wenn sich die Gefährlichkeit schon vorher abschätzen ließe, solle sich um eine rechtzeitige Unterrichtung des Gefangenen jedenfalls bemüht werden.[440] In diesen Änderungen spiegelte sich folglich die fortschreitende Tendenz zur Minimierung des Formalisierungsgrades wider, die das Problem auf die bloße, sachverständig angeleitete Erkenntnis der Gefährlichkeit verkürzte.[441] Lag eine positive Gefährlichkeitsprognose vor, musste es auch zwingend eine Möglichkeit geben, den ‚Gefährlichen' weiter zu verwahren. Die Möglichkeit prognostischer Rationalitätsgrenzen wurde dadurch von vornherein negiert.

VII. „Gesetz zur Reform der Führungsaufsicht und zur Änderung der Vorschriften über die nachträgliche Sicherungsverwahrung" vom 13. April 2007

Die Entgrenzungstendenz ist mit dem „Gesetz zur Einführung der nachträglichen Sicherungsverwahrung" von 2004 trotz der beschriebenen Ausweitung nicht am Ende. Das „Gesetz zur Reform der Führungsaufsicht und zur Änderung der Vorschriften über die nachträgliche Sicherungsverwahrung" vom 13. April 2007, das ursprünglich nur die „effiziente praktischere Handhabung" der Führungsaufsicht im Blick hatte,[442] wurde im Gesetzgebungsverfahren noch um Änderungen der Vorschriften zur nachträglichen Sicherungsverwahrung ergänzt.[443] Grund für dieses von der Opposition gerügte Vorgehen[444] war eine durch „kurzfristig anstehende Entlassungen von noch als gefährlich eingeschätzten ehemaligen Straftätern

---

440 Vgl. BT-Drs. 15/2887, S. 15 f.; BT-Drs. 15/3345, S. 17.

441 Bereits hier sei auf die Zukunftsbeschreibung von *Kiesow* hingewiesen, der in eher literarischer Form das Problem dieser Kognitivierung vor Augen führt: Wo kein Wille, da kein Recht?, in: Calliess u.a. (Hg.), Soziologische Jurisprudenz. Festschrift für Gunther Teubner, 2009, S. 333 ff.

442 Vgl. BT-Drs. 16/1993, S. 1; zur Reform der Führungsübersicht s. *Pollähne,* Effektivere Sicherheit der Bevölkerung und schärfere Kontrollen der Lebensführung, KritV 2007, S. 386 ff.

443 Vgl. BT-Drs. 16/4740.

444 BT-Drs. 16/4740, S. 14 f., 18 f.

in den neuen Bundesländern“[445] entstandene Dringlichkeit, die im Zuge einer „polizeilichen ‚Gefahr im Verzuge‘-Mentalität“ der Bundestagsmehrheit zu einer „Strapazierung parlamentarischer Spielregeln“ geführt hatte.[446] „[D]er hochgradig gefährliche Sexualstraftäter in Brandenburg“ solle nicht wieder herauskommen.[447] So hatten bereits die Medien votiert, auf die in der SPD-Stellungnahme zur Dringlichkeit verwiesen wurde.[448]

*Pollähne*s Qualifikation als „verfassungswidrige Maßnahmegesetzgebung“ scheint vor diesem Hintergrund – wie bereits bei den nach den Straftäterunterbringungsgesetzen der Länder Verwahrten – berechtigt zu sein.[449] Die neuerlich zu schließende Schutzlücke war durch die restriktive Interpretation des Merkmals der neuen Tatsachen durch den BGH entstanden.[450] War bereits bei Urteilsverkündung die Gefährlichkeit bekannt, aber aus Rechtsgründen die Anordnung der Unterbringung in der Sicherungsverwahrung nicht erfolgt, lagen keine neuen Tatsachen für eine nachträgliche Sicherungsverwahrung vor, wenn keine wesentlichen Erkenntnisse aus dem Strafvollzug hinzukamen.[451] Die wegen der BGH-Rechtsprechung zu Altfällen entstandene Schutzlücke entsprach aber nicht der Intention des Gesetzgebers.[452] Folglich wurde in § 66b Abs. 1 StGB (a.F.) ein Satz eingefügt, der die Berücksichtigung auch schon bei der Verurteilung erkennbarer Tatsachen ermöglichte, die aus rechtlichen Gründen nicht zur Anordnung der Sicherungsverwahrung geführt hatten.[453] Eine vergleichbare Regelung wurde im Hinblick auf die vorbehaltene Sicherungsverwahrung in § 106 Abs. 5 JGG (a.F.) eingefügt.[454] Galten diese Änderungen schon per se rückwirkend, so wurde Art. 315 EGStGB dahingehend geändert, dass Sicherungsverwahrung und Führungsaufsicht nunmehr auch bei den seltenen Fällen noch abzuurteilender Straftaten aus der DDR verhängt werden konnte und – insofern praxisrelevanter – die Führungsaufsicht bei Straftätern eintrat, die ihre Straftaten in der DDR begangen hatten und nun aus dem Vollzug

---

445 BT-Drs. 16/4740, S. 21, auch S. 22.

446 So treffend *Pollähne,* Effektivere Sicherheit der Bevölkerung und schärfere Kontrollen der Lebensführung, KritV 2007, S. 403.

447 MdB *Gehb* CDU/CSU in BT-PlPr. 16/88, S. 8914.

448 BT-Drs. 16/4740, S. 21.

449 *Pollähne,* Effektivere Sicherheit der Bevölkerung und schärfere Kontrollen der Lebensführung, KritV 2007, S. 403.

450 BT-Drs. 16/4740, S. 22.

451 Vgl. BGH NJW 2006, S. 3154 f., s. dazu in diesem Teil, 3. Kapitel D. I. 1. b) bb).

452 BT-Drs. 16/4740, S. 21 ff.

453 BGBl. 2007 I, S. 514.

454 BGBl. 2007 I, S. 517.

entlassen werden sollten.[455] Selbst einer Formalisierung durch die Methodik der Auslegung anhand von Wortlaut und Systematik wurden so Grenzen gesetzt.

VIII. „Gesetz zur Einführung der nachträglichen Sicherungsverwahrung bei Verurteilungen nach Jugendstrafrecht" vom 8. Juli 2008

In der bisher beschriebenen Sicherheitsarchitektonik der Vorschriften zur Sicherungsverwahrung war eine Tätergruppe verschont geblieben: Jugendliche und solche Heranwachsende, auf die Jugendstrafrecht angewandt wurde. Die vorherige Gesetzgebungsrhetorik zu den Begründungen der Ausweitungen der Sicherungsverwahrung ließ es jedoch erwartbar erscheinen, dass auch diese Schutzlücke in der Sicherheitsarchitektonik alsbald geschlossen werden würde. Insbesondere seitdem der „staatliche Schutzauftrag gegenüber potentiellen Opfern" vom Bundesverfassungsgericht derart in den Vordergrund gerückt und auch auf die Schutzlücke explizit verwiesen worden war.[456] Diesem ‚Problem' nahm sich das „Gesetz zur Einführung der nachträglichen Sicherungsverwahrung bei Verurteilungen nach Jugendstrafrecht" vom 8. Juli 2008 an, dem wiederum „Beispiele der jüngeren Vergangenheit" zugrundelagen. Diese hätten gezeigt, dass auch junge Straftäter „trotz Verbüßung einer mehrjährigen Haftstrafe weiterhin in hohem Maße für andere Menschen gefährlich sein können."[457] In der Stellungnahme der Fraktion Bündnis 90/Die Grünen zur Beschlussempfehlung des Rechtsausschusses klang jedoch an, dass es sich dabei lediglich um „*einen* [!] sehr problematischen Einzelfall" handelte.[458] Bereits im Gesetzentwurf hieß es, dass sich das Gesetz auf „äußerste Ausnahmefälle" bzw. „Extremfälle" beziehe.[459] Jedenfalls könne der Gesetzgeber „heute nicht mehr *ausnahmslos* davon ausgehen, dass sich bei jungen Menschen die erforderliche Gefährlichkeitsprognose niemals mit ausreichender Sicherheit treffen lässt".[460]

Davon konnte der Gesetzgeber im Hinblick auf „äußerste Extremfälle" wohl zu keinem Zeitpunkt ausgehen. Das liegt zum einen in der Natur eines solchen

455 BT-Drs. 16/4740, S. 26.
456 BT-Drs. 16/6562, S. 7; vgl. BVerfGE 109, 190 ff., s. dazu in diesem Kapitel D. V. 2.
457 BT-Drs. 16/6562, S. 1.
458 BT-Drs. 16/9643, S. 8, Hervorhebung durch Verfasserin.
459 BT-Drs. 16/6562, S. 1.
460 BT-Drs. 16/6562, S. 7, Hervorhebung durch Verfasserin.

Extremfalls, an den sich die Frage anschließt, ob rechtlich ohne Nebenwirkungen damit umgegangen werden kann.[461] Zum anderen dürfen die Bedingungen der Gefährlichkeitsprognose dabei nicht außer Acht gelassen werden: Denn manche anerkannten statistischen Verfahren, auf die sich die forensischen Psychiater und Psychologen beziehen, sind derart auf die Vergangenheit ausgerichtet, dass allein die Tat schon zur Annahme einer gesteigerten Gefährlichkeit führt.[462] Folglich ist einmal mehr zu konstatieren, dass nicht ein Wandel der Tatsachengrundlage vorlag, sondern ein Sinneswandel. Des Weiteren fällt auch bei diesem Gesetz auf, dass der Formalisierungsgrad der Vorschrift im Vergleich zu früheren Erweiterungen abermals geschrumpft wurde.[463] Gleichzeitig nahm die Zustimmung in Expertenkreisen ab. Lediglich zwei von acht Sachverständigen standen der Neuregelung im Rechtsausschuss positiv gegenüber.[464] Auch wurde im Vergleich zu vorherigen Entwürfen erstmals deutliche Kritik von allen Oppositionsparteien laut und die Empfehlung zu einer umfassenden Revision des Rechts zur Sicherungsverwahrung gegeben.[465] Dies nährt den Verdacht, dass der Wunsch jegliche Schutzlücke zu erfassen, letztlich in irrationalen Entwürfen mündet, die dessen ungeachtet die staatlichen Machtmittel erheblich steigern.

Die Regelung in § 7 Abs. 2–4 JGG sah vor, dass nachträgliche Sicherungsverwahrung angeordnet werden konnte, bei

- einer Verurteilung zu einer Jugendstrafe von mindestens sieben Jahren
- wegen oder auch wegen eines Verbrechens gegen das Leben, die körperliche Unversehrtheit oder die sexuelle Selbstbestimmung oder nach § 251 StGB,
- durch welche das Opfer seelisch oder körperlich schwer geschädigt oder einer solchen *Gefahr* ausgesetzt worden ist und
- vor Ende des Vollzugs Tatsachen erkennbar waren, die eine positive Gefährlichkeitsprognose stützten.[466]

---

461 Vgl. zur Regelung von Grenzfällen: *Di Fabio,* Sicherheit in Freiheit, NJW 2008, S. 424 f.

462 Vgl. zur *psychopathy check*-Liste *Alex,* Nachträgliche Sicherungsverwahrung – ein rechtsstaatliches und kriminalpolitisches Debakel, 2010, S. 64; vgl. auch *Rasch/ Konrad,* Forensische Psychiatrie, 3. Aufl., 2004, S. 390.

463 S. die Ausführungen der Fraktion Bündnis 90/Die Grünen in der Beschlussempfehlung des Rechtsausschusses, BT-Drs. 16/9643, S. 9.

464 S. die Ausführungen der Fraktion FDP in der Beschlussempfehlung des Rechtsausschusses, BT-Drs. 16/9643, S. 7.

465 S. die Ausführungen der Fraktionen Die Linke, FDP und Bündnis 90/Die Grünen in der Beschlussempfehlung des Rechtsausschusses, BT-Drs. 16/9643, S. 4 ff., S. 7 ff.

466 BGBl. 2008 I, S. 1212.

Abs. 3 normierte auch für Jugendliche die Anschlussverwahrung in der Sicherungsverwahrung für einen vorher im psychiatrischen Krankenhaus untergebrachten Straftäter.

Diese Regelung rückte die Gefährlichkeitsprognose noch mehr ins Zentrum der Beurteilung, ob die Sicherungsverwahrung verhängt werden sollte oder nicht. Vorverurteilungen, ein Hang zur Begehung erheblicher Straftaten und selbst neue Tatsachen, die erst nach der Verurteilung im Vollzug erkennbar werden, waren für die Anordnung der nachträglichen Sicherungsverwahrung entbehrlich. Auch Ersttäter wurden erfasst. Begrenzend wirkten nur noch die Strafhöhe von sieben Jahren und der beschränkte Katalog von Verbrechen. Diese Bedeutung, die der Gefährlichkeitsprognose bei der nachträglichen Sicherungsverwahrung nach Jugendstrafrecht zukam, geht jedoch gerade nicht mit einer höheren Treffsicherheit und Tauglichkeit einher. Insbesondere bei Jugendlichen wird die Gruppendynamik als schwerer wiegender Faktor im Vergleich zu einer persönlichkeitsbedingten Neigung zur Kriminalität bewertet, auf der die Annahme von Gefährlichkeit zumeist im Schwerpunkt beruht.[467] Im Gesetzentwurf selbst wurde herausgestellt, dass eine „besondere Unsicherheit der notwendigen Gefährlichkeitsprognose bei jungen Menschen" wegen „ihrer kürzeren Lebensgeschichte und Legalbiographie sowie ihrer noch nicht beendeten Entwicklung" vorliege.[468] Dieser „generell[en] […] besondere[n] Unsicherheit"[469] wurde jedoch mit einer Verlagerung des Entscheidungszeitpunkts auf das Ende des Vollzugs begegnet, d.h. *zulasten* des Verurteilten, weil er dadurch bis zum letztmöglichen Zeitpunkt im Ungewissen über den weiteren Verlauf der Vollstreckung gelassen wird.[470] Als weiteres Argument wurde angeführt, dass auch die belastenden Auswirkungen eines Präjudizes auf den jungen Strafgefangenen durch die Nachträglichkeit der Verhängung umgangen würden.[471] Ein Argument, das vor dem Hintergrund der Vollzugspraxis nur als lächerlich bezeichnet werden kann.[472] Das Vorliegen der formellen Voraussetzungen der Anordnung nachträglicher Sicherungsverwahrung führte regelmäßig zu

467 S. den Verweis auf wissenschaftliche Befunde in den Ausführungen der Fraktion Die Linke in der Beschlussempfehlung des Rechtsausschusses, BT-Drs. 16/9643, S. 6.

468 BT-Drs. 16/6562, S. 7.

469 BT-Drs. 16/6562, S. 7.

470 BT-Drs. 16/6562, S. 7.

471 BT-Drs. 16/6562, S. 7.

472 Vgl. zu den Umsetzungsrichtlinien für die nachträgliche Sicherungsverwahrung *Bartsch,* Sicherungsverwahrung, 2010, S. 304 f., s. dazu in diesem Teil, 3. Kapitel D.

einer Überprüfung des Betroffenen anhand einer Checkliste.[473] Bereits im Gesetzgebungsverfahren wies die Fraktion Bündnis 90/Die Grünen darauf hin, dass dies erhebliche Beeinträchtigungen des Vollzugsklimas und der Resozialisierung des Strafgefangenen zur Folge habe, da er stigmatisiert, einer Sonderüberwachung unterzogen und Erpressungsversuchen anderer Mitgefangener ausgeliefert werde.[474] Dass diese Erwartungen zutreffend waren, wird in der schon oben erwähnten Untersuchung von *Bartsch* bestätigt.[475]

Die ehemals verfassungsrechtlich nicht zu rechtfertigende *nachträgliche* Sicherungsverwahrung wurde nunmehr in diesem Gesetz nichtsdestotrotz durch die besonderen Prognoseunsicherheiten *bei* und belastenden Auswirkungen *auf* Jugendliche gegenüber der klassischen sowie der vorbehaltenen Sicherungsverwahrung geadelt. Konsistenz gewinnt diese Rechtfertigungsrhetorik nur noch über das Argument der Schaffung einer vom Bundesverfassungsgericht geforderten breiten Prognosebasis. Selbst gesteigerte und von Sachverständigen bestätigte Unsicherheiten bzw. Unmöglichkeiten der Prognose schlagen sich nicht mehr normativ in einer verhältnismäßigen Begrenzung der Vorschrift nieder. Ein Wertungswiderspruch zur Regelung der nachträglichen Sicherungsverwahrung für Erwachsene kann zudem darin gesehen werden, dass der Wortlaut des § 7 Abs. 2 JGG „nicht ausnahmslos und stets ‚neue' Tatsachen vorauszusetz[t]".[476] Begründet wurde dies damit, dass es „nicht völlig ausgeschlossen [sei], dass sich in Einzelfällen bereits zum Zeitpunkt des ursprünglichen Urteils erhebliche Hinweise auf eine hohe künftige Gefährlichkeit zeigen".[477] Dadurch wurden die vorher bestätigten erheblichen Unsicherheiten einer Prognose bei Jugendlichen, die zunächst zur Adelung der nachträglichen Sicherungsverwahrung dienten, sicherheitsarchitektonisch wegen möglicher Ausnahmefälle wiederum negiert und sich so jeglicher Formalisierung entledigt.

In Extremfällen reicht offensichtlich auch eine schmalste Tatsachengrundlage zur Feststellung der Gefährlichkeit aus, die sich noch nicht einmal mehr im Strafvollzug durch prognoserelevantes Verhalten bestätigt haben muss. Gleichzeitig stellte die Regelung jugendliche Straftäter schlechter als Heranwachsende, weil dort *nova* Voraussetzung der Verhängung nachträglicher Sicherungsverwahrung

---

473 S. die Ausführungen der Fraktionen Die Linke und Bündnis 90/Die Grünen in der Beschlussempfehlung des Rechtsausschusses, BT-Drs. 16/9643, S. 5 f. und 9.

474 Vgl. die Ausführungen der Fraktionen Die Linke und Bündnis 90/Die Grünen in der Beschlussempfehlung des Rechtsausschusses, BT-Drs. 16/9643, S. 6 und 9.

475 Vgl. in diesem Kapitel, D. V. 1. f); *Bartsch,* Sicherungsverwahrung, 2010, S. 353.

476 BT-Drs. 16/6562, S. 9.

477 BT-Drs. 16/6562, S. 9.

waren.[478] Die im Rechtsausschuss geäußerten grundsätzlichen Bedenken der Sachverständigen aus der Psychiatrie gegen eine Gefährlichkeitsprognose bei dieser begrenzten Tatsachenbasis wurden schlicht ignoriert.[479] Aus dem Verzicht auf das Erfordernis neuer Tatsachen resultiert zudem die Gefahr, dass die Bedeutung von positivem Vollzugsverhalten marginalisiert und damit jeglicher Anreiz zu Kooperation im Ansatz gestört wird.[480] Die Problematik der Sondersituation ‚Strafvollzug', die aktenkundig gemachte Ereignisse in spezifischer Weise prägt, wurde gänzlich negiert.[481]

IX. Der Nichtannahmebeschluss des Bundesverfassungsgerichts zu § 66b Abs. 3 StGB (a.F.) aus dem Jahr 2009

In die umfassende Rechtfertigung der Sicherungsverwahrung durch das Bundesverfassungsgericht gehört noch ein Nichtannahmebeschluss aus dem Jahr 2009,[482] der sich mit dem Sonderfall des § 66b Abs. 3 StGB (a.F.)[483] auseinandersetzt. Zur Erinnerung: § 66b Abs. 3 StGB (a.F.) gilt für die Fälle, bei denen aufgrund des Wegfalls der Voraussetzungen des § 63 StGB die Unterbringung für erledigt erklärt wurde und die ungeachtet des Fehlens oder Fortfalls der Voraussetzungen als gefährlich gelten. In der Literatur wird diese Anordnungsmöglichkeit der nachträglichen Sicherungsverwahrung als Systembruch bezeichnet.[484] Zum einen

---

478 S. die Ausführungen der Fraktion Bündnis 90/Die Grünen in der Beschlussempfehlung des Rechtsausschusses, BT-Drs. 16/9643, S. 9.

479 S. den Verweis in den Ausführung der Fraktion FDP in der Beschlussempfehlung des Rechtsausschusses, BT-Drs. 16/9643, S. 7 f.

480 S. auch die Ausführungen der Fraktion Die Linke in der Beschlussempfehlung des Rechtsausschusses, BT-Drs. 16/9643, S. 5.

481 Vgl. nochmals *Albrecht,* Zur sozialen Situation entlassener „Lebenslänglicher", 1977, S. 102–144 und S. 410–412 und *Nedopil,* Prognosebegutachtungen bei zeitlich begrenzten Freiheitsstrafen, NStZ 2002, S. 349.

482 BVerfGE v. 5. August 2009, 2 BvR 2098/08 und 2 BvR 2633/08.

483 Durch das Gesetz vom 22. Dezember 2010 wurde § 66b Abs. 3 StGB zu § 66b StGB. Es ist die einzige Variante nachträglicher Sicherungsverwahrung, die vom Gesetzgeber nach den noch zu besprechenden EGMR-Entscheidungen und der Bundesverfassungsgerichtsentscheidung vom 4. Mai 2011 aufrechterhalten wurde, vgl. in diesem Teil, 3. Kapitel, D.

484 LK-*Rissing-van Saan/Peglau,* 12. Aufl., 2008, § 66b Rn. 157; *Stree/Kinzig,* in: Schönke/Schröder, 28. Aufl., 2010, § 66b Rn. 22.

wird erstmals von dem noch 1994 verfassungsgerichtlich bestätigten Grundsatz des § 67a StGB abgewichen, nach dem von einer anderen Maßregel nicht in die Sicherungsverwahrung überwiesen werden kann.[485] Zum anderen wird auf eine schuldhaft begangene Straftat verzichtet.[486] Das Bundesverfassungsgericht ging demgegenüber in seinem Nichtannahmebeschluss – auch im Hinblick auf die im Jahr 2004 ergangenen Grundsatzentscheidungen – davon aus, dass § 66b Abs. 3 StGB mit dem Grundgesetz vereinbar ist.[487]

Zu Art. 2 Abs. 2 Satz 2 GG führte es aus, dass die enge Begrenzung des Anwendungsbereichs des § 66b Abs. 3 StGB (a.F.) eine Anwendung nur in besonderen Ausnahmefällen gewährleiste und „somit als verhältnismäßige Regelung verfassungsrechtlich nicht zu beanstanden [sei]".[488] Hier rekurrierte es auf das Erfordernis einer konkreten, auf den Einzelfall bezogenen hohen Wahrscheinlichkeit, dass der Betroffene erhebliche Straftaten begehen wird, welches auch das Unterscheidungskriterium zu einer bloßen Rückfallwahrscheinlichkeit bilde.[489] Zudem verwies es auf die formellen Voraussetzungen des § 66b Abs. 3 Nr. 1 StGB (a.F.) und die für erledigt erklärte Unterbringung in einem psychiatrischen Krankenhaus.[490] Es sei zudem nicht zu beanstanden, dass im Rahmen des § 66b Abs. 3 StGB (a.F.) auf die Feststellung eines Hangs zu erheblichen Straftaten verzichtet wird.[491] Zur Begründung hieß es, dass „[d]ie Feststellung der psychologischen Tatsache eines Hanges zu erheblichen Straftaten [...] nicht gleichbedeutend mit der geforderten Prognose der künftigen Begehung erheblicher Straftaten [sei], [sie könne ...] aber eine Basistatsache für eine solche Prognose darstellen."[492] Der Verzicht sei insbesondere deswegen nachvollziehbar, „weil der Gesetzgeber davon ausgehen könnte, dass die Basistatsachen für die Gefährlichkeitsprognose bereits im Vorfeld der Entscheidung über die Sicherungsverwahrung in hohem Maße aufgeklärt sein würden, nämlich im Zusammenhang mit der die Unterbringung nach § 63 StGB anordnenden

485 LK-*Rissing-van Saan/Peglau,* 12. Aufl., 2008, § 66b Rn. 157; *Stree/Kinzig,* in: Schönke/ Schröder, 28. Aufl., 2010, § 66b Rn. 22; vgl. die oben besprochene BVerfGE v. 17. Mai 1994, 2 BvL 12/94.

486 LK-*Rissing-van Saan/Peglau,* 12. Aufl., 2008, § 66b Rn. 157; *Stree/Kinzig,* in: Schönke/ Schröder, 28. Aufl., 2010, § 66b Rn. 22.

487 BVerfGE v. 5. August 2009, 2 BvR 2098/08 und 2 BvR 2633/08, Rn. 17.

488 BVerfGE v. 5. August 2009, 2 BvR 2098/08 und 2 BvR 2633/08, Rn. 18.

489 BVerfGE v. 5. August 2009, 2 BvR 2098/08 und 2 BvR 2633/08, Rn. 19.

490 BVerfGE v. 5. August 2009, 2 BvR 2098/08 und 2 BvR 2633/08, Rn. 19.

491 BVerfGE v. 5. August 2009, 2 BvR 2098/08 und 2 BvR 2633/08, Rn. 20.

492 BVerfGE v. 5. August 2009, 2 BvR 2098/08 und 2 BvR 2633/08, Rn. 20.

Erstverurteilung und der weiter vorausgesetzten Erledigungserklärung nach § 67d Abs. 6 StGB."[493] Dass die Erledigungserklärung gerade den Wegfall der bzw. den Irrtum über die Voraussetzungen des § 63 StGB voraussetzt, schien beim Bundesverfassungsgericht keinen Widerspruch im Hinblick auf die Frage hervorzurufen, worauf dann die Gefährlichkeit gegründet werden könnte. Diese Basistatsachen wurden nicht weiter hinterfragt. In der Linie der vorherigen Entscheidungen bleibend wurde sodann ein Verstoß gegen Art. 103 Abs. 2 GG und Art. 103 Abs. 3 GG abgelehnt, weil es sich – aufgrund der Zweispurigkeit des Rechtsfolgensystems – bei der Sicherungsverwahrung um eine präventive Maßnahme handele.[494]

Als nächstes wandte sich das Bundesverfassungsgericht dem rechtsstaatlichen Vertrauensschutzgebot gemäß Art. 2 Abs. 2 GG i.V.m. Art. 20 Abs. 3 GG zu, das insbesondere auch bei den so genannten Altfällen durch § 66b Abs. 3 StGB (a.F.) nicht verletzt sei.[495] Der hier vom Bundesverfassungsgericht eingeschlagene Argumentationsverlauf führte zu einem unter rechtsstaatlichen Gesichtspunkten höchst bemerkenswerten Ergebnis. Für die Zukunft kommt „Strafurteilen, in denen die Unterbringung in einem psychiatrischen Krankenhaus angeordnet, die Unterbringung in der Sicherungsverwahrung jedoch abgelehnt wird, von vornherein auch nach Eintritt der Unanfechtbarkeit des Strafurteils (formelle Rechtskraft) nur begrenzte Bindungswirkung (materielle Rechtskraft) zu".[496] Hierfür griff das Bundesverfassungsgericht auf die im ersten Grundsatzurteil aus dem Jahr 2004 gemachte Unterscheidung von echter und unechter Rückwirkung zurück. Es ging aber entscheidend über die dortige Argumentation hinaus, weil es auch bei einer echten Rückwirkung – der Rückbewirkung von Rechtsfolgen – eine Interessenabwägung für möglich hielt.[497] Ohne die Zulassung einer Interessenabwägung im Bereich der echten Rückwirkung hätte es § 66b Abs. 3 StGB (a.F.) auch nicht rechtfertigen können. Denn die Vorschrift eröffnet – so das Bundesverfassungsgericht – „unter der Voraussetzung einer Erledigungserklärung nach § 67d Abs. 6 StGB die Möglichkeit, Entscheidungen, in denen die originäre Anordnung der Sicherungsverwahrung fehlerhaft abgelehnt worden

493 BVerfGE v. 5. August 2009, 2 BvR 2098/08 und 2 BvR 2633/08, Rn. 20.
494 BVerfGE v. 5. August 2009, 2 BvR 2098/08 und 2 BvR 2633/08, Rn. 21.
495 BVerfGE v. 5. August 2009, 2 BvR 2098/08 und 2 BvR 2633/08, Rn. 22.
496 BVerfGE v. 5. August 2009, 2 BvR 2098/08 und 2 BvR 2633/08, Rn. 33.
497 BVerfGE v. 5. August 2009, 2 BvR 2098/08 und 2 BvR 2633/08, Rn. 31 f.

ist, nachträglich aufgrund einer im Licht neuer Beweismittel (das heißt vor allem: neuer Sachverständigengutachten) veränderten Bewertung einer *tatsächlich unveränderten Situation* zu korrigieren."[498]

Diesen gravierenden Eingriff in das Rechtsstaatsprinzip rechtfertigte das Bundesverfassungsgericht jedoch damit, dass die nachträgliche Anordnung der Sicherungsverwahrung gemäß § 66b Abs. 3 StGB (a.F.) i.V.m. § 67d Abs. 6 StGB verfassungsrechtliche Nachteile nur in begrenztem Ausmaß mit sich bringe.[499] Es argumentierte, dass es dabei nicht um die erstmalige Anordnung einer zeitlich nicht begrenzten freiheitsentziehenden Maßnahme gehe, sondern es sich im Kern um die Überweisung von einer Maßnahme in eine andere handele.[500] Zudem sei das psychiatrische Krankenhaus gegenüber der Sicherungsverwahrung kein geringeres, sondern ein anderes Übel.[501] Zwar räumte es – entgegen der Entscheidung aus dem Jahr 2004 – ein, dass es sich bei der Sicherungsverwahrung um eine „von vornherein ausschließlich auf Sicherung, nicht auf Besserung ausgelegten Maßregel" handele, aber auch bei § 63 StGB sei der Besserungszweck nicht zwingend vorausgesetzt.[502] Gleichwohl handele es sich nach den Feststellungen des Bundesverfassungsgerichts aus dem Jahr 2004 auch nicht um einen reinen Verwahrvollzug.[503] Abgesehen davon würden verbleibende Nachteile „jedenfalls von den mit dem Gesetz verfolgten überragenden Interessen des Gemeinwohls [...] überwogen".[504]

Zuletzt stellte das Bundesverfassungsgericht noch die Vereinbarkeit der Regelung mit dem Gleichbehandlungsgrundsatz nach Art. 3 Abs. 1 GG im Hinblick darauf fest, dass §§ 66b Abs. 1 und Abs. 2 StGB (a.F.) neue, erst nach der ursprünglichen Verurteilung aufgetretene Tatsachen voraussetzten.[505] Die Vollstreckungsreihenfolge, an der – aufgrund der BGH-Rechtsprechung – die Entscheidung über die Anwendung der unterschiedlichen Absätze im Falle des § 21 StGB hinge, sei von einer sachlich begründeten gerichtlichen Entscheidung getragen und daher nicht willkürlich.[506]

---

498 BVerfGE v. 5. August 2009, 2 BvR 2098/08 und 2 BvR 2633/08, Rn. 28 ff., 30, Hervorhebungen durch Verfasserin.

499 BVerfGE v. 5. August 2009, 2 BvR 2098/08 und 2 BvR 2633/08, Rn. 31.

500 BVerfGE v. 5. August 2009, 2 BvR 2098/08 und 2 BvR 2633/08, Rn. 31.

501 BVerfGE v. 5. August 2009, 2 BvR 2098/08 und 2 BvR 2633/08, Rn. 31.

502 BVerfGE v. 5. August 2009, 2 BvR 2098/08 und 2 BvR 2633/08, Rn. 31.

503 BVerfGE v. 5. August 2009, 2 BvR 2098/08 und 2 BvR 2633/08, Rn. 31.

504 BVerfGE v. 5. August 2009, 2 BvR 2098/08 und 2 BvR 2633/08, Rn. 31.

505 BVerfGE v. 5. August 2009, 2 BvR 2098/08 und 2 BvR 2633/08, Rn. 34.

506 BVerfGE v. 5. August 2009, 2 BvR 2098/08 und 2 BvR 2633/08, Rn. 34.

E. Fazit: Die Formalisierungsaufgabe der Verhältnismäßigkeit auf dem Rückzug

Im Vergleich der Reformgesetzgebung von 1969 mit der Ausweitungsphase ab 1998 wird deutlich, dass der (unkritische) Rekurs auf den außerrechtlichen, psychiatrisch-psychologisch ausgefüllten Begriff der Gefährlichkeit die Rechtfertigung der Sicherungsverwahrung und deren stete Ausweitung trägt. Dass die rechtliche Gewichtigkeit einer Gefährlichkeitsprognose selbst *ohne* deren (erfahrungs-) wissenschaftliche Fundierung nicht geschmälert wird, zeigt insbesondere die Einführung der nachträglichen Sicherungsverwahrung für Jugendliche und Heranwachsende, die nach Jugendstrafrecht abgeurteilt werden. Ermöglicht wurde diese beispiellose Entgrenzung der Sicherungsverwahrung durch die Argumentation des Bundesverfassungsgerichts, das den Verhältnismäßigkeitsgrundsatz nicht mehr zu einer grundsätzlichen Begrenzung der Reichweite von Prognoseentscheidungen einsetzte, sondern ihn nur zur Formulierung von Mindeststandards bei Prognosen heranzog. Danach müsse die Prognosebasis alle prognostisch relevanten Tatsachen umfassen. Dafür reichte dem Bundesverfassungsgericht die sachverständige Aussage, dass bei einem bestimmten Anteil der Probanden eine derartige Häufung von Risikofaktoren vorkomme und dementsprechend eine Gefahr *sicher* prognostiziert werden könne. Die naheliegende Frage, wann konkret von dieser Sicherheit im Hinblick auf die Prognosebasis ausgegangen werden könne, wurde selbstverständlich nicht näher behandelt – außer, dass hierfür jedenfalls die Anlasstat miteinbezogen werden müsse.

Zusammenfassend heißt das, dass sich der Freiheitsanspruch des Straftäters auch nach vielen Jahren des Freiheitsentzugs nicht dahingehend materialisieren kann, dass die Unsicherheiten und Grenzen von Prognoseentscheidungen zugunsten des Straftäters gewertet werden können. Einzig in den erhöhten Anforderungen an das bedrohte Rechtsgut schlägt sich der strengere Maßstab der Verhältnismäßigkeit nieder. Die gesetzliche Vermutung der Ungefährlichkeit nach zehn Jahren konnte die faktische Umkehrung des Regel-Ausnahme-Verhältnisses bei Art. 67d Abs. 3 StGB zuungunsten des Untergebrachten jedenfalls nicht verhindern.[507] Hinzu kommt noch, dass sich die Beschwörung des Resozialisierungsgedankens im Vollzug der Sicherungsverwahrung im zeitlichen Verlauf der Gesetzgebungs- und Rechtsprechungsentwicklung nicht als tragfähig erwiesen bzw. auf einem Sinneswandel des Bundesverfassungsgerichts beruhte, der einen tatsächlichen Wandel in

507 Vgl. NK-StGB *Pollähne,* 4. Aufl., 2013, § 67d Rn. 44 und *Bartsch,* Sicherungsverwahrung, 2010, S. 295 ff.

der Vollzugswirklichkeit – jedenfalls bis *dato* – entbehrte. In der Entscheidung zu § 66b Abs. 3 StGB (a.F.) wird dann auch entgegen der vorherigen Entscheidungen hervorgehoben, dass die Sicherungsverwahrung ausschließlich auf Sicherung hin ausgelegt sei. Das Bundesverfassungsgericht zieht folglich seine eigenen Rechtfertigungen in Zweifel ohne am Ergebnis etwas zu ändern.

Das Hauptgewicht der Argumentation des Bundesverfassungsgerichts liegt dann auch im Verweis auf die Konstruktion der Zweispurigkeit, die alle strafrechtlich relevanten Rechtfertigungsmaßstäbe bzw. -zwänge für die zweite Spur der Maßregeln ausschaltet – trotz der Feststellung des Bundesverfassungsgerichts, nach dem erst die Anlasstat die maßregelgerechte Freiheitsentziehung im Verhältnis zum öffentlich-rechtlichen Gefahrenabwehrrecht zu rechtfertigen vermag. Das Bundesverfassungsgericht verkannte bei alledem, dass das Vertrauen, das es in die Gefährlichkeitsprognose setzte, den Sicherungszweck derartig beförderte, dass die geforderte Erprobung durch Vollzugslockerungen damit im Keim erstickt wurde. Denn wenn jemand als gefährlich eingestuft worden ist und der Gefährlichkeitsprognose ein so hoher Wert zukommt, kann er zwangsläufig auch nicht erprobt werden.

Der Verhältnismäßigkeitsgrundsatz als Taktgeber einer Formalisierung und rechtsstaatlicher Ersatz für den Schuldgrundsatz, der die Legitimation der Maßregel neben einer erfahrungswissenschaftlichen Fundierung erst komplettiert, ist dadurch zu diesem Zeitpunkt deutlich auf dem Rückzug. Das zweispurige Sanktionensystem führt auf der zweiten Spur der Maßregeln zu einer deutlichen Absenkung der Formalisierung und damit zur Absenkung rechtsstaatlicher Standards. Der Grundsatz der Verhältnismäßigkeit begründet auf einfachgesetzlicher Ebene einen verminderten Formalisierungsgrad auf der zweiten Spur und führt gleichzeitig auch in der verfassungsgerichtlichen Prüfung zu einer erheblichen Verminderung des Freiheitsschutzes. Ebenso steht die erfahrungswissenschaftliche Fundierung der Ausweitungen bei der Sicherungsverwahrung in Zweifel. Insbesondere der letzte Nichtannahmebeschluss des Bundesverfassungsgerichts zeigt, wie weitgehend das Gericht bereit ist, auf Formalisierungen – sogar Formalisierung durch Rechtskraft – zugunsten überragender Interessen des Allgemeinwohls zu verzichten. Dabei interessiert noch nicht einmal, aus welchen Basistatsachen überhaupt auf die Gefährlichkeit geschlossen werden soll. Dem Bundesverfassungsgericht scheint in diesen Entscheidungen demnach ein kritischer Zugriff auf die Tatsachen zu fehlen, die es seiner Entscheidung zugrundelegt.

2. Kapitel: Die (Gegen-)Perspektive des Europäischen Gerichtshofs für Menschenrechte

Dem Argument der Zweispurigkeit des Strafrechts und den daraus abgeleiteten unterschiedlichen Rechtfertigungsmaßstäben trat der EGMR zunächst in seiner Entscheidung zur rückwirkenden Entfristung der Sicherungsverwahrung vom 17. Dezember 2009 entgegen.[508] In seiner Prüfung bezog er sich auf die Art. 5 und 7 EMRK. Am 13. Januar 2011 folgte die Entscheidung zu den Straftäterunterbringungsgesetzen der Länder und der nachträglichen Sicherungsverwahrung. Hier prüfte das Gericht die Art. 5 und 3 der Konvention. Im Juni 2012 wurde in mehreren Entscheidungen schließlich auch noch über die Regelung des § 66b Abs. 3 StGB entschieden.

A. Rückwirkende Entfristung der Sicherungsverwahrung

I. Art. 5 EMRK: Das Recht auf Freiheit (und Sicherheit)

Art. 5 EMRK bestimmt die Zulässigkeit von Freiheitsentziehungen und gleicht darin Art. 104 GG. Im Unterschied zu Art. 104 Abs. 1 Satz 1 GG, der nur ein Gesetz im materiellen und formellen Sinn voraussetzt,[509] benennt Art. 5 EMRK in Abs. 1 Satz 2 Haftgründe.[510] Der EGMR hielt bei der Sicherungsverwahrung Buchstabe a, c und e für einschlägig.[511] Darüber hinaus müsse die Freiheitsentziehung – so der

508 Vgl. auch die dazu ergangenen Folgeentscheidungen vom 13. Januar 2011 mit den Individualbeschwerde-Nrn. 20008/07, 27360/04 und 42225/07, 17792/07 und vom 19. Januar 2012, Individualbeschwerde-Nr. 21906/09, die im Folgenden wegen der gleichgelagerten Fälle nicht separat besprochen werden.

509 *Dürig* in Maunz/Dürig, Komm. z. GG, Art. 104 Rn. 14.

510 *Meyer-Ladewig,* Europäische Menschenrechtskonvention, 3. Aufl., 2011, Art. 5 Rn. 12.

511 EGMR-Entscheidung v. 17. Dezember 2009, Individualbeschwerde Nr. 19359/04, Rn. 86 ff.

EGMR – jeweils auf die gesetzlich vorgeschriebene Weise erfolgen, d.h. die innerstaatlichen materiellen und verfahrensrechtlichen Bestimmungen müssen eingehalten worden sein.[512] Neben dem formellen Erfordernis einer gesetzlichen Grundlage müsse das Gesetz zudem qualitativ rechtsstaatlichen Anforderungen genügen sowie präzise und vorhersehbar sein.[513] Dabei sei auch zu berücksichtigen, „dass jede Freiheitsentziehung mit der Absicht, den Einzelnen vor *Willkür* zu schützen, vereinbar sein sollte."[514]

Zunächst prüfte der EGMR *Buchstabe a,* der eine Freiheitsentziehung „nach Verurteilung durch ein zuständiges Gericht" ermöglicht.[515] Der Begriff „Verurteilung" setze eine *Schuldfeststellung* voraus, die das Vorliegen einer Straftat in der gesetzlich vorgesehenen Art und Weise festgestellt hat, und die Auferlegung einer Strafe oder einer anderen freiheitsentziehenden Maßnahme.[516] Nichts anderes meint das Bundesverfassungsgericht, wenn es betont, dass der Staat erst die Gefährlichkeit seiner Bürger überprüfen dürfe, wenn der Betroffene durch seine Tat Anlass dazu gegeben hat. Nach dem EGMR muss darüber hinaus zwischen der Verurteilung und der anschließenden Freiheitsentziehung ein hinreichender Kausalzusammenhang bestehen; sie dürfe nicht nur zeitlich auf die Verurteilung folgen.[517] Dieser hinreichende Kausalzusammenhang werde durchbrochen, wenn die Entscheidung, keine Freilassung bzw. eine neue Haft anzuordnen, „sich auf Gründe stützte, die mit den Zielen der ursprünglichen Entscheidung unvereinbar wären, oder [...] die im Hinblick auf diese Ziele unangemessen wären."[518]

Nach diesen Grundsätzen sei die Sicherungsverwahrung grundsätzlich als eine Freiheitsentziehung nach Verurteilung durch ein zuständiges Gericht mit Art. 5

---

512 EGMR-Entscheidung v. 17. Dezember 2009, Individualbeschwerde Nr. 19359/04, Rn. 90.

513 EGMR-Entscheidung v. 17. Dezember 2009, Individualbeschwerde Nr. 19359/04, Rn. 90.

514 EGMR-Entscheidung v. 17. Dezember 2009, Individualbeschwerde Nr. 19359/04, Rn. 91, Hervorhebung durch Verfasserin.

515 EGMR-Entscheidung v. 17. Dezember 2009, Individualbeschwerde Nr. 19359/04, Rn. 87.

516 EGMR-Entscheidung v. 17. Dezember 2009, Individualbeschwerde Nr. 19359/04, Rn. 87.

517 EGMR-Entscheidung v. 17. Dezember 2009, Individualbeschwerde Nr. 19359/04, Rn. 88.

518 EGMR-Entscheidung v. 17. Dezember 2009, Individualbeschwerde Nr. 19359/04, Rn. 88.

Abs. 1 Satz 2 Buchstabe a EMRK vereinbar.[519] Die Entscheidung der Vollstreckungsgerichte, den Beschwerdeführer gemäß des neugefassten § 67d Abs. 3 StGB weiter in Haft zu behalten, genüge Art. 5 Abs. 1 Satz 2 Buchstabe a EMRK jedoch nicht, da sie keine Schuldfeststellung beinhaltete.[520] Das erkennende Gericht konnte zwar nicht die Dauer der Sicherungsverwahrung festlegen, jedoch wären die Vollstreckungsgerichte ebenso wenig nach den damals geltenden Vorschriften zu einer Verwahrung über zehn Jahre hinaus befugt gewesen.[521] Daher beruhe die Verlängerung der Sicherungsverwahrung über die Zehn-Jahres-Frist hinaus auf der Gesetzesänderung und nicht auf einer erneuten Schuldfeststellung, demzufolge ein hinreichender Kausalzusammenhang zwischen Verurteilung und der Fortdauer der Freiheitsentziehung über zehn Jahre hinaus nicht gegeben sei.[522] Anders liege der Fall nur, wenn von Anfang an zu einer lebenslangen Freiheitsstrafe verurteilt worden wäre.[523]

Als nächstes prüfte der EGMR Art. 5 Abs. 1 Satz 2 *Buchstabe c* EMRK. Dieser ermögliche jedoch nur eine Freiheitsentziehung, wenn die Straftat hinreichend konkret und spezifisch im Hinblick auf deren Ort, deren Zeit und deren Opfer ist.[524] Die Sicherungsverwahrung fuße demgegenüber auf der allgemeinen kriminologischen Erfahrung, dass bei wiederholt verurteilten Strafgefangenen eine Rückfallgefahr bestehe und könne daher nicht gemäß Art. 5 Abs. 1 Satz 2 Buchstabe c EMRK gerechtfertigt werden.[525]

Zu *Buchstabe e* führte das Gericht aus, dass es zwar grundsätzlich nicht auszuschließen ist, dass bestimmte Straftäter mit angeordneter Sicherungsverwahrung die Bedingungen für das Vorliegen des Haftgrundes einer psychischen Erkrankung

---

519 EGMR-Entscheidung v. 17. Dezember 2009, Individualbeschwerde Nr. 19359/04, Rn. 93.

520 EGMR-Entscheidung v. 17. Dezember 2009, Individualbeschwerde Nr. 19359/04, Rn. 96.

521 EGMR-Entscheidung v. 17. Dezember 2009, Individualbeschwerde Nr. 19359/04, Rn. 99.

522 EGMR-Entscheidung v. 17. Dezember 2009, Individualbeschwerde Nr. 19359/04, Rn. 100.

523 EGMR-Entscheidung v. 17. Dezember 2009, Individualbeschwerde Nr. 19359/04, Rn. 101.

524 EGMR-Entscheidung v. 17. Dezember 2009, Individualbeschwerde Nr. 19359/04, Rn. 102.

525 EGMR-Entscheidung v. 17. Dezember 2009, Individualbeschwerde Nr. 19359/04, Rn. 102.

(„unsound mind“) aufweisen würden.[526] Die innerstaatlichen Gerichte gingen jedoch in dem vorliegenden Fall davon aus, dass der Beschwerdeführer nicht psychisch krank sei.[527] Im vom EGMR zitierten Bericht des „Europäischen Ausschusses zur Verhütung von Folter und unmenschlicher oder erniedrigender Behandlung oder Strafe“ über seinen Besuch vom 20. November bis 2. Dezember 2005 in Deutschland heißt es dazu, dass nach Angaben des medizinischen Personals „die meisten, wenn nicht alle Gefangenen an multipler Persönlichkeitsstörung litten.“[528] Abschließend nahm der EGMR noch dazu Stellung, ob die Sicherungsverwahrung – um die Gefahr der Willkür zu vermeiden – die notwendige rechtsstaatliche Qualität aufweise.[529] Ohne dies im Einzelnen zu prüfen, hatte der EGMR „ernstliche Zweifel“ daran, dass der Beschwerdeführer voraussehen konnte, dass seine Straftat zu einer Unterbringung in der Sicherungsverwahrung auf unbegrenzte Zeit führen könnte.[530]

II. Art. 7 EMRK: Keine Strafe ohne Gesetz

Art. 7 EMRK entspricht dem in Art. 103 Abs. 2 GG verankerten Prinzip der Strafgesetzlichkeit und umfasst wie dieser das Bestimmtheitsgebot, das Anaogie- und Gewohnheitsrechtsverbot sowie das Rückwirkungsverbot.[531] Die Regierung hatte in ihrer Stellungnahme noch einmal hervorgehoben, dass das zweispurige System der Maßregeln und Strafen es ermögliche, „die Strafe auf das zum Schuldausgleich unbedingt erforderliche Maß zu beschränken“.[532] Dies führe daher zu

526 EGMR-Entscheidung v. 17. Dezember 2009, Individualbeschwerde Nr. 19359/04, Rn. 104.

527 EGMR-Entscheidung v. 17. Dezember 2009, Individualbeschwerde Nr. 19359/04, Rn. 104.

528 EGMR-Entscheidung v. 17. Dezember 2009, Individualbeschwerde Nr. 19359/04, Rn. 77 (Rn. 96 des Berichts).

529 EGMR-Entscheidung v. 17. Dezember 2009, Individualbeschwerde Nr. 19359/04, Rn. 104.

530 EGMR-Entscheidung v. 17. Dezember 2009, Individualbeschwerde Nr. 19359/04, Rn. 104.

531 Vgl. EGMR-Entscheidung v. 17. Dezember 2009, Individualbeschwerde Nr. 19359/04, Rn. 118 f.

532 EGMR-Entscheidung v. 17. Dezember 2009, Individualbeschwerde Nr. 19359/04, Rn. 116.

„einer restriktiven und verantwortlichen Praxis der Sanktionierung“.[533] Der EGMR stellte dessen ungeachtet fest, dass die Sicherungsverwahrung als „Strafe“ im Sinne des Art. 7 Abs. 1 EMRK einzustufen sei.[534] Daher stelle die rückwirkende Entfristung der Sicherungsverwahrung eine zusätzliche, nachträglich verhängte Strafe dar und somit liege ein Verstoß gegen Art. 7 Abs. 1 EMRK vor.[535]

In der Begründung wurde zunächst betont, dass die in Art. 7 EMRK verankerte Garantie ein wesentliches Element des Rechtsstaatsprinzips sei und auch im Kriegsfall oder im Fall eines öffentlichen Notstands nicht außer Kraft gesetzt werden dürfe.[536] Bei der Auslegung des Begriffs der Strafe sei der EGMR „autonom“ und würde nicht nur aufgrund des äußeren Anscheins entscheiden.[537] Insbesondere müsse bei der Auslegung der Vorschrift berücksichtigt werden, dass sie einen wirksamen Schutz vor *willkürlicher* Verfolgung, Verurteilung und Bestrafung entfalten könne.[538] Art. 5 Abs. 1 Satz 2 Buchstabe a EMRK entsprechend sei auch bei Art. 7 Abs. 1 EMRK zunächst zu prüfen, ob die betreffende Maßnahme im Anschluss an eine „Verurteilung“ wegen einer „Straftat“ verhängt wurde.[539] Weitere erhebliche Faktoren seien die Charakterisierung der Maßnahme nach innerstaatlichem Recht, Art und Zweck der Maßnahme, die Regelungen des Verfahrens und die Schwere der Maßnahme.[540] Letzteres könne jedoch nicht entscheidend sein, weil viele Maßnahmen präventiver Art erhebliche Auswirkungen auf den Betroffenen haben könnten.[541] Abzugrenzen sei der Begriff der

---

533 EGMR-Entscheidung v. 17. Dezember 2009, Individualbeschwerde Nr. 19359/04, Rn. 116.

534 EGMR-Entscheidung v. 17. Dezember 2009, Individualbeschwerde Nr. 19359/04, Rn. 133.

535 EGMR-Entscheidung v. 17. Dezember 2009, Individualbeschwerde Nr. 19359/04, Rn. 133.

536 EGMR-Entscheidung v. 17. Dezember 2009, Individualbeschwerde Nr. 19359/04, Rn. 117.

537 EGMR-Entscheidung v. 17. Dezember 2009, Individualbeschwerde Nr. 19359/04, Rn. 120.

538 EGMR-Entscheidung v. 17. Dezember 2009, Individualbeschwerde Nr. 19359/04, Rn. 117.

539 EGMR-Entscheidung v. 17. Dezember 2009, Individualbeschwerde Nr. 19359/04, Rn. 120.

540 EGMR-Entscheidung v. 17. Dezember 2009, Individualbeschwerde Nr. 19359/04, Rn. 120.

541 EGMR-Entscheidung v. 17. Dezember 2009, Individualbeschwerde Nr. 19359/04, Rn. 120.

Strafe von einer Maßnahme, die die Vollstreckung bzw. den Vollzug der Strafe betreffe.[542]

In Anwendung dieser Maßstäbe stellte der EGMR zunächst fest, dass die Sicherungsverwahrung auf einer Verurteilung wegen einer vorsätzlichen Straftat zu einer Freiheitsstrafe von mindestens zwei Jahren (Anlasstat) beruhen muss.[543] Im Lichte des vorher vorgenommenen Rechtsvergleichs erweise sich die Einstufung der Sicherungsverwahrung als Maßregel in einem zweispurigen System als nicht zwingend und demzufolge prüfte der EGMR weiter, um welche Art der Maßnahme es sich bei der Sicherungsverwahrung konkret handelt.[544] Er hob dabei hervor, dass es keinen wesentlichen Unterschied zwischen dem Vollzug einer Freiheitsstrafe und der Sicherungsverwahrung gebe, darüber könnten auch die Privilegien in §§ 131 ff. StVollzG nicht hinwegtäuschen.[545] Angesichts fehlender besonderer Maßnahmen, Instrumente und Einrichtungen, die dem Ziel der Verringerung der vom Sicherungsverwahrten ausgehenden Gefährlichkeit dienen und infolgedessen zur nachhaltigen Beschränkung der Haftdauer beitragen, könne der EGMR sich nicht dem Argument anschließen, dass die Sicherungsverwahrung *keinem* Strafzweck diene.[546] Unter Verweis auf die Berichte des Menschenrechtskommissars des Europarats und der „Kommission zur Verhütung von Folter und unmenschlicher oder erniedrigender Behandlung oder Strafe“ betonte der EGMR, dass das Ziel der Kriminalprävention „ein hohes Maß an Betreuung durch ein multidisziplinäres Team sowie intensive und individuelle Arbeit mit den Gefangenen“ erfordere.[547] Auch wenn diese Aufgabe schwierig sei, müssten jedoch wegen der unbestimmten Dauer der Sicherungsverwahrung besondere Anstrengungen zur Unterstützung der Gefangenen unternommen werden.[548] Darüber hinaus sah das

542 EGMR-Entscheidung v. 17. Dezember 2009, Individualbeschwerde Nr. 19359/04, Rn. 121.

543 EGMR-Entscheidung v. 17. Dezember 2009, Individualbeschwerde Nr. 19359/04, Rn. 124.

544 EGMR-Entscheidung v. 17. Dezember 2009, Individualbeschwerde Nr. 19359/04, Rn. 69 ff., 126 ff.

545 EGMR-Entscheidung v. 17. Dezember 2009, Individualbeschwerde Nr. 19359/04, Rn. 128.

546 EGMR-Entscheidung v. 17. Dezember 2009, Individualbeschwerde Nr. 19359/04, Rn. 128.

547 EGMR-Entscheidung v. 17. Dezember 2009, Individualbeschwerde Nr. 19359/04, Rn. 129.

548 EGMR-Entscheidung v. 17. Dezember 2009, Individualbeschwerde Nr. 19359/04, Rn. 129.

Gericht teilweise Überlappungen bei den Zielen der Sanktionen. Die Sicherungsverwahrung könne aus der Perspektive des Gefangenen sehr wohl als zusätzliche Bestrafung verstanden werden und diene auch der Abschreckung.[549] Die auch vom Bundesverfassungsgericht konstatierte, aber anders gewertete Überschneidung von Maßregeln und Strafen in deren präventiven Funktionen zog der EGMR als Argument dafür heran, dass die Sicherungsverwahrung als Strafe einzuordnen sei.[550] Ferner ergäben die verfahrensrechtlichen Regelungen eine Zuordnung zur Strafrechtspflege.[551] Im Hinblick auf die Schwere der Maßnahme unterstrich der EGMR, dass es sich bei der Sicherungsverwahrung um „eine der schwersten – wenn nicht die schwerste" – Maßnahme handele, die nach dem Strafgesetzbuch verhängt werden könne.[552] In diesem Zusammenhang wies der EGMR auch auf die Tatsache hin, dass die Voraussetzung einer negativen Gefährlichkeitsprognose schwierig zu erfüllen sei.[553] Es sei unmöglich, mit hundertprozentiger Sicherheit vorherzusagen, ob eine Person tatsächlich rückfällig wird.[554] Abschließend bemerkte der EGMR noch, dass durch die Entfristung der Sicherungsverwahrung nicht lediglich eine Maßnahme den Vollzug bzw. die Vollstreckung betreffend geändert wurde, sondern dass dies eine zusätzliche Strafe darstelle, weil keine lebenslange Freiheitsstrafe vom erkennenden Gericht verhängt wurde.[555]

III. Zwischenfazit: Perspektivenwechsel

Die Entscheidung des EGMR zeigt, dass die vom Bundesverfassungsgericht vorgenommene Unterscheidung von Maßregel und Strafe mit den weitreichenden

549 EGMR-Entscheidung v. 17. Dezember 2009, Individualbeschwerde Nr. 19359/04, Rn. 130.

550 EGMR-Entscheidung v. 17. Dezember 2009, Individualbeschwerde Nr. 19359/04, Rn. 130.

551 EGMR-Entscheidung v. 17. Dezember 2009, Individualbeschwerde Nr. 19359/04, Rn. 131.

552 EGMR-Entscheidung v. 17. Dezember 2009, Individualbeschwerde Nr. 19359/04, Rn. 132.

553 EGMR-Entscheidung v. 17. Dezember 2009, Individualbeschwerde Nr. 19359/04, Rn. 132.

554 EGMR-Entscheidung v. 17. Dezember 2009, Individualbeschwerde Nr. 19359/04, Rn. 132 unter Verweis auf die Feststellungen des Menschenrechtskommissars, die es in Rn. 76 zitiert (Rn. 203 des Berichts).

555 EGMR-Entscheidung v. 17. Dezember 2009, Individualbeschwerde Nr. 19359/04, Rn. 135 f.

Konsequenzen in den Rechtfertigungsmaßstäben für die schwerste Sanktion, die Sicherungsverwahrung, zu menschenrechtlich nicht akzeptierbaren Zuständen führt. Der durch das Argument der Zweispurigkeit begründete geringere Grundrechtsschutz, der auf der Nicht-Anwendung schuldstrafrechtlicher Formalisierungszwänge beruht, genügt nicht den Maßstäben des EGMR. Ausgangspunkt der Argumentation ist auch das vom Bundesverfassungsgericht gewichtete Argument, dass die Sicherungsverwahrung ihre Rechtfertigung erst aus ihrem Bezug zur Anlasstat und zur dortigen Schuldfeststellung gewinne. Dieses Rechtfertigungsargument ist in Art. 5 Abs. 1 Satz 2 Buchstabe a EMRK verkörpert, der darüber hinaus einen hinreichenden Kausalzusammenhang fordert. Einer der anderen in Betracht kommenden Haftgründe gemäß Art. 5 Abs. 1 EMRK kann die Sicherungsverwahrung nicht rechtfertigen.

Die weiteren Ausführungen zu Art. 7 EMRK bestätigen, dass es sich bei der Sicherungsverwahrung laut EGMR um eine Strafe handelt – trotz oder auch wegen der präventiven Funktionen, die sie hat bzw. haben soll. Im Vergleich der Ausführungen des EGMR zum Strafcharakter der Sicherungsverwahrung zu denen des Bundesverfassungsgerichts lässt sich ein anderer Zugriff auf die Vollzugswirklichkeit belegen. Es offenbart sich ein anderes Verständnis von Kriminalprävention. Der EGMR kann sich hierbei auf unabhängige Berichte des Menschenrechtskommissars des Europarats und des Europäischen Ausschusses zur Verhütung von Folter stützen. Hinzu kommt der ergiebige Rechtsvergleich, der die Kontingenz der Unterscheidung von Strafe und Maßregeln bei einem Institut wie der Sicherungsverwahrung, das Gefährlichkeit und Verantwortlichkeit bzw. Schuldfähigkeit kombiniert, deutlich hervortreten lässt. Der EGMR begnügt sich bei der Rechtfertigung der Entfristung nicht mit der vordergründigen Zwecksetzung der Prävention und den normativen Privilegierungen im Vollzug der Sicherungsverwahrung gemäß §§ 129 ff. StVollzG. Er nimmt die Tatsache ernst, dass Sicherungsverwahrung gegen voll verantwortliche Personen verhängt wird. Bei seiner Argumentation berücksichtigt er die *Perspektive der Betroffenen* und weist darauf hin, dass die Sicherungsverwahrung eindeutig ein Element der Abschreckung beinhalte. Demnach sei nicht nur eine Überschneidung der Maßregeln mit den Strafen bei deren präventiven Funktionen zu konstatieren. Eine solche Überschneidung dürfe in der Zusammenschau von Art. 5 EMRK und Art. 7 EMRK nicht als Argument gegen einen durch strafrechtliche Rechtfertigungszusammenhänge erhöhten Grundrechtsschutz gewendet werden.

Die beim Bundesverfassungsgericht schon blass erscheinenden Belege für einen der Sicherungsverwahrung neuerdings, aber nicht durchgängig zugeschriebenen immanenten Resozialisierungszweck, werden vom EGMR als ungenügend bezeichnet. Vom Bundesverfassungsgericht wird der Resozialisierungszweck primär durch den Verweis auf Vollzugsnormen, auf das System wiederkehrender Überprüfungen und auf ein statistisches Mittel der Vollzugszeiten begründet. In der Bewertung der Vollzugswirklichkeit wird allerdings deutlich, dass der Sicherungsverwahrung ein kohärentes Resozialisierungskonzept fehlt. Der EGMR fasst den lapidaren Sicherungszweck durch Wegschließen (für immer) nicht unter den Begriff der Kriminalprävention. Er begnügt sich nicht wie das Bundesverfassungsgericht damit, dass sich die Sicherungsverwahrung in Einzelfällen in eine bloße Verwahrung auf Lebenszeit verwandeln kann. Im Gegensatz zum Bundesverfassungsgericht zweifelt der EGMR deutlich die *Sicherheit* von Gefährlichkeitsprognosen an und betont die damit verbundenen Gefahren, dass auch Ungefährliche weiter auf Verdacht hin verwahrt werden. Dieser prognostische Skeptizismus führte beim Bundesverfassungsgericht lediglich zur Formulierung von Mindeststandards für Prognosen. Der EGMR verbietet demgegenüber in der Gesamtschau eine rückwirkende Anwendung von Regelungen zur Sicherungsverwahrung.

Im Ergebnis gewichtet der EGMR den Freiheitsanspruch des Straftäters höher als die Schutzinteressen der Allgemeinheit, indem er ihn als voll verantwortliche Person ernst nimmt und eine individuelle, intensive Arbeit mit dem Strafgefangenen fordert. Der Sicherungszweck als solcher taugt jedenfalls nicht als Rechtfertigung einer Gefahrenabwehrmaßnahme, die zu unbestimmter Freiheitsentziehung führt. Die Argumentation gewinnt ihre Tiefe, in dem sie die normative Wirklichkeit mit der aufgezeichneten Wirklichkeit unabhängiger Experten kontrastiert und daraus autonom Schlüsse zieht. Hilfreich sind dabei auch die aus dem Rechtsvergleich gewonnenen Erkenntnisse. In dieser Perspektive kann die Zweispurigkeit als Argument für ein niedrigeres Schutzniveau ebenso wenig überzeugen wie die rechtliche Unterwerfung unter die Regeln der Prognose. Da das Gericht die Entfristung der Sicherungsverwahrung nur im Lichte der Art. 5 und 7 EMRK prüfen muss, wird die Argumentation nicht auf eine Verhältnismäßigkeitsprüfung gestützt. Bei einer solchen Prüfung wird zunächst das notwendige Schutzniveau in die Hände des Gesetzgebers gelegt, der für zu ergreifende Maßnahmen die Einschätzungsprärogative hat und dabei laut Bundesverfassungsgericht auch lediglich auf ein gesteigertes Bedrohungsgefühl in der Gesellschaft rekurrieren darf. Bei einem solchen Einstieg in die Prüfung werden zwangsläufig die politischen Bewertungen des Gesetzgebers zur *Gefahrenwirklichkeit* zum Ausgangspunkt der weiteren Argumentation gemacht und *nicht* die *Wirklichkeit der Freiheitsentziehung.* Bei der anschließenden Abwägung kann die Wirklichkeit der Freiheitsentziehung zwangsläufig kaum Gehör finden, die aber den Freiheitsanspruch des

Sicherungsverwahrten maßgeblich konturiert.[556] Ein – zumindest – ausgewogener Blick auf das zweispurige Rechtsfolgensystem in seinen unterschiedlichen Wirklichkeitsbezügen fehlt.

B. Straftäterunterbringungsgesetze der Länder und deren Nachfolgevorschrift

I. Art. 5 EMRK: Das Recht auf Freiheit (und Sicherheit)

In seiner Entscheidung zu den Straftäterunterbringungsgesetzen der Länder und zur nachträglichen Sicherungsverwahrung prüfte der EGMR ebenfalls die Buchstaben a, c und e des Art. 5 Abs. 1 Satz 2 EMRK. In der Anwendung der oben dargestellten Grundsätze zu *Buchstabe a* kam das Gericht auch hier zu der Überzeugung, dass die Freiheitsentziehung nach BayStrUBG entgegen der Auffassung der Regierung der Bundesrepublik nicht durch Art. 5 Abs. 1 Satz 2 Buchstabe a EMRK gerechtfertigt sein kann. Die Regierung hatte sich in ihrer Stellungnahme insbesondere auf die Argumentation des Bundesverfassungsgerichts gestützt, dass das vorangegangene Strafurteil zur Anlasstat als „conditio sine qua non" für die Unterbringung bezeichnete.[557] Jedoch muss sich nach der Auslegung des EGMR bereits aus dem Strafurteil ergeben, dass neben der Strafe eine Unterbringung zu Präventionszwecken angeordnet wurde.[558] Unter Verweis auf die Argumentation des Bundesverfassungsgerichts betonte der EGMR, „dass nur eine enge Auslegung der Ausnahmen von dem durch Art. 5 Abs. 1 EMRK geschützten Freiheitsrecht dem Ziel dieser Bestimmung entspricht, nämlich sicherzustellen, dass niemandem willkürlich die Freiheit entzogen wird."[559] In der bloßen Bezugnahme auf das frühere Strafurteil könne ein hinreichender Kausalzusammenhang nicht erblickt werden, wenn in diesem die Unterbringung zu Präventionszwecken „nicht

556 Vgl. *Streng,* Die Zukunft der Sicherungsverwahrung nach der Entscheidung des Bundesverfassungsgerichts, JZ 2011, S. 828, der konstatiert, dass das Ergebnis der Interessenabwägung praktisch schon vorgegeben ist.

557 EGMR-Entscheidung v. 13. Januar 2011, Individualbeschwerde Nr. 6587/04, Rn. 67 und vgl. dazu die Bundesverfassungsgerichtsentscheidung in diesem Teil, 1. Kapitel, D. V.

558 EGMR-Entscheidung v. 13. Januar 2011, Individualbeschwerde Nr. 6587/04, Rn. 86.

559 EGMR-Entscheidung v. 13. Januar 2011, Individualbeschwerde Nr. 6587/04, Rn. 88.

einmal als Möglichkeit enthalten war."[560] Auch der Zeitpunkt der Anordnung der Unterbringung, also während der Beschwerdeführer noch seine Strafe verbüßte, ändere daran nichts.[561] Selbiges müsse dann auch für eine Unterbringung nach § 66b StGB gelten.

Zu *Buchstabe c* bestätigte der EGMR seine im vorherigen Verfahren gemachten Ausführungen, dass eine unbefristete Unterbringung zu Präventionszwecken nicht nach Art. 5 Abs. 1 Satz 2 Buchstabe c EMRK gerechtfertigt sein könne. Dies wurde damit begründet, dass das Erfordernis einer unverzüglichen Vorführung vor dem Richter und der Anspruch auf ein Urteil innerhalb einer angemessenen Frist nach Art. 5 Abs. 3 EMRK mit einer solchen Unterbringung nicht angestrebt würden.[562] Demnach seien die potentiellen weiteren Straftaten nicht hinreichend konkret und spezifisch genug.[563] Der von der Bundesregierung in ihrer Stellungnahme zur Sprache gebrachten Möglichkeit einer weiten Auslegung hielt der EGMR wiederum entgegen, dass nur eine enge Auslegung den notwendigen Schutz vor Willkür verbürgen könne.[564]

Als Letztes prüfte der EGMR *Buchstabe e,* bei dem er im Vergleich zur vorhergehenden Entscheidung die Voraussetzungen einer rechtmäßigen Freiheitsentziehung nach Art. 5 Abs. 1 Satz 2 Buchtstabe e EMRK noch weiter präzisierte.[565] Der vorliegende Fall hatte dazu Anlass gegeben. Beim Beschwerdeführer wurde im Rahmen der von zwei Sachverständigen zu erstattenden Gefährlichkeitsprognose eine organische Persönlichkeitsstörung diagnostiziert, die zu einem fortschreitenden Persönlichkeitsabbau führe.[566] Laut EGMR müssten zunächst folgende drei Mindestvoraussetzungen vorliegen: Erstens müsse eine psychische Erkrankung zuverlässig nachgewiesen sein, d.h. mit „objektiver ärztlicher Fachkompetenz vor einer zuständigen Behörde".[567] Zweitens müsse die psychische Störung nach Art und Grad eine Zwangsunterbringung rechtfertigen.[568] Drittens hänge die Fortdauer der Unterbringung vom Fortbestehen der Störung ab.[569] Darüber hinaus müsse sich

560 EGMR-Entscheidung v. 13. Januar 2011, Individualbeschwerde Nr. 6587/04, Rn. 88.
561 EGMR-Entscheidung v. 13. Januar 2011, Individualbeschwerde Nr. 6587/04, Rn. 88.
562 EGMR-Entscheidung v. 13. Januar 2011, Individualbeschwerde Nr. 6587/04, Rn. 90.
563 EGMR-Entscheidung v. 13. Januar 2011, Individualbeschwerde Nr. 6587/04, Rn. 90.
564 EGMR-Entscheidung v. 13. Januar 2011, Individualbeschwerde Nr. 6587/04, Rn. 68, 90.
565 EGMR-Entscheidung v. 13. Januar 2011, Individualbeschwerde Nr. 6587/04, Rn. 91 ff.
566 EGMR-Entscheidung v. 13. Januar 2011, Individualbeschwerde Nr. 6587/04, Rn. 12; vgl. Art. 1 Abs. 1 BayStrUBG und Art. 4 Abs. 2 Satz 2 BayStrUBG.
567 EGMR-Entscheidung v. 13. Januar 2011, Individualbeschwerde Nr. 6587/04, Rn. 77.
568 EGMR-Entscheidung v. 13. Januar 2011, Individualbeschwerde Nr. 6587/04, Rn. 77.
569 EGMR-Entscheidung v. 13. Januar 2011, Individualbeschwerde Nr. 6587/04, Rn. 77.

der Grund für die Freiheitsentziehung auch in dem Ort und den Bedingungen der Freiheitsentziehung widerspiegeln, d.h. es muss sich um ein Krankenhaus, eine Klinik oder eine andere geeignete Einrichtung handeln.[570] Der EGMR erkannte im vorliegenden Fall zwar an, dass „objektiver medizinischer Sachverstand" eine psychische Erkrankung diagnostiziert habe.[571] Jedoch stellte er zum Erfordernis der „zuständigen Behörde" fest, dass im deutschen Recht zwischen § 63 StGB, der Unterbringung psychisch Kranker in einem psychiatrischen Krankenhaus, und § 66 StGB, der Unterbringung gefährlicher Straftäter in der Sicherungsverwahrung, differenziert werde.[572] Ebenso werde zwischen den landesrechtlichen Unterbringungsgesetzen für psychisch Kranke und den von einigen Ländern erlassenen Straftäterunterbringungsgesetzen zur Erfassung besonders rückfallgefährdeter hochgefährlicher Straftäter unterschieden.[573]

Vor diesem Hintergrund war der EGMR „nicht überzeugt, dass im Hinblick auf den Beschwerdeführer eine ‚tatsächliche psychische Störung' im Sinne von Artikel 5 Abs. 1 Buchstabe e der Konvention festgestellt worden war."[574] Da die Strafvollstreckungsgerichte im vorliegenden Fall nach dem BayStrUBG über die besondere Gefahr zu entscheiden hatte, die der Beschwerdeführer für die Allgemeinheit – ungeachtet seiner psychischen Gesundheit – darstellte, *konnte* in diesem Rahmen eine psychische Störung im Sinne des Art. 5 Abs. 1 Satz 2 Buchstabe e EMRK gar nicht festgestellt werden.[575] Auch die medizinischen Sachverständigen urteilten über die Gefährlichkeit des Beschwerdeführers und nicht über das Vorliegen einer psychischen Störung.[576] Ähnlich argumentierte der EGMR auch in zwei Folgeentscheidungen zur rückwirkenden Entfristung der Sicherungsverwahrung. Dabei war den Sicherungsverwahrten eine dissoziale bzw. schwere Persönlichkeitsstörung attestiert worden, die aber gerade nicht die Schuldfähigkeit vermindert hatte.[577] Daher konnte der Gerichtshof auch nicht dahingehend überzeugt werden, dass eine tatsächliche psychische Störung vorliege, die die Freiheitsentziehung nach Art. 5 Abs. 1 Satz 2 Buchstabe e EMRK rechtfertigen

570 EGMR-Entscheidung v. 13. Januar 2011, Individualbeschwerde Nr. 6587/04, Rn. 78.
571 EGMR-Entscheidung v. 13. Januar 2011, Individualbeschwerde Nr. 6587/04, Rn. 92.
572 EGMR-Entscheidung v. 13. Januar 2011, Individualbeschwerde Nr. 6587/04, Rn. 92.
573 EGMR-Entscheidung v. 13. Januar 2011, Individualbeschwerde Nr. 6587/04, Rn. 92.
574 EGMR-Entscheidung v. 13. Januar 2011, Individualbeschwerde Nr. 6587/04, Rn. 93.
575 EGMR-Entscheidung v. 13. Januar 2011, Individualbeschwerde Nr. 6587/04, Rn. 93.
576 EGMR-Entscheidung v. 13. Januar 2011, Individualbeschwerde Nr. 6587/04, Rn. 93.
577 EGMR-Entscheidungen v. 13. Januar 2011, Individualbeschwerde Nr. 6587/04, Rn. 54 ff. und v. 19. Januar 2012, Individualbeschwerde Nr. 21906/09, Rn. 77 ff.

könne.[578] Ferner fehlte im vorliegenden Fall aufgrund der Unterbringung in einer normalen Justizvollzugsanstalt ein „hinreichender Zusammenhang zwischen der angeblichen Freiheitsentziehung des Beschwerdeführers als psychisch Kranker und seiner Unterbringung".[579] Generell gilt nach der Rechtsprechung des EGMR zu Art 5 Abs. 1 Satz 2 Buchstabe e EMRK, dass auch bei einer vorliegenden Therapieunwilligkeit oder Therapieunfähigkeit die Unterbringung in einer geeigneten medizinischen therapeutischen Einrichtung vollzogen werden muss, wenn die Freiheitsentziehung allein wegen einer psychischen Krankheit legitim ist.[580] Dass die Fortgeltung des BayStrUBG trotz Verfassungswidrigkeit unter dem Gesichtspunkt der Vorhersehbarkeit defizitär sei und an der „Rechtmäßigkeit" der weiteren Freiheitsentziehung Zweifel aufkommen lasse, wurde vom EGMR zwar angesprochen, angesichts der bereits festgestellten Verletzung des Art. 5 EMRK aber nicht mehr entschieden.[581]

II. Art. 3 EMRK: Verbot der Folter

Weiterhin prüfte der EGMR einen Verstoß gegen Art. 3 EMRK. Um in den Anwendungsbereich des Art. 3 EMRK zu fallen, müsse eine Misshandlung ein Mindestmaß an Schwere erreichen.[582] Dies sei naturgemäß relativ und von den gesamten Umständen des Einzelfalls abhängig, d.h. von „der Art und dem Kontext der Behandlung oder Strafe, der Art und Weise ihres Vollzugs, ihrer Dauer, ihren körperlichen und seelischen Folgen zuweilen dem Geschlecht, Alter und Gesundheitszustand des Opfers".[583] Zur Konkretisierung verwies der EGMR auf seine Rechtsprechung im Bereich der Strafen, die sinngemäß auch für die fortdauernde Unterbringung einer Person in einer Justizvollzugsanstalt zu Präventionszwecken nach vollständiger Verbüßung ihrer Freiheitsstrafe gelte.[584] Danach wird die Angemessenheit des Strafmaßes in diesem Zusammenhang nur überprüft, wenn

578 EGMR-Entscheidungen v. 13. Januar 2011, Individualbeschwerde Nr. 6587/04, Rn. 54 ff. und v. 19. Januar 2012, Individualbeschwerde Nr. 21906/09, Rn. 77 ff.

579 EGMR-Entscheidung v. 13. Januar 2011, Individualbeschwerde Nr. 17792/07, Rn. 94.

580 EGMR-Entscheidungen v. 19. Januar 2012, Individualbeschwerde Nr. 21906/09, Rn. 82 und v. 28. Juni 2012, Individualbeschwerde Nr. 3300/10, Rn. 97.

581 EGMR-Entscheidung v. 13. Januar 2011, Individualbeschwerde Nr. 6587/04, Rn. 96.

582 EGMR-Entscheidung v. 13. Januar 2011, Individualbeschwerde Nr. 6587/04, Rn. 105.

583 EGMR-Entscheidung v. 13. Januar 2011, Individualbeschwerde Nr. 6587/04, Rn. 105.

584 EGMR-Entscheidung v. 13. Januar 2011, Individualbeschwerde Nr. 6587/04, Rn. 107.

Indizien auf eine willkürliche oder unverhältnismäßig lange Strafe hindeuten.[585] Wird der Gefangene über seine Zukunft, insbesondere die Dauer der Inhaftierung, im Ungewissen gelassen oder ihm wird jede Aussicht auf Entlassung genommen, könne auch Art. 3 EMRK tangiert sein.[586] Ferner spiele dabei die fehlende rechtliche Grundlage bzw. die fehlende Legitimität im Sinne der Konvention eine Rolle.[587] Nachdem das Gericht das hohe Alter des Beschwerdeführers und dessen Gesundheitszustand als nicht bedenklich eingestuft hatte, stellte es fest, dass der Beschwerdeführer erst drei Tage vor seiner geplanten Entlassung durch gerichtliche Anordnung für eine unbestimmte Dauer zu Präventionszwecken untergebracht wurde.[588] Diese Umstände – so der EGMR – müssen beim Beschwerdeführer „Gefühle der Demütigung und Unsicherheit über seine Zukunft ausgelöst haben […], die über das zwangsläufig mit einer Inhaftierung verbundene Maß an Leiden hinausgingen."[589] Da das staatliche Handeln jedoch nicht von Demütigungsabsicht oder ähnlichem getragen gewesen sei und die Gerichte im guten Glauben der Rechtmäßigkeit der Maßnahme gehandelt hätten, sei das Mindestmaß an Schwere nicht erreicht, um einer unmenschlichen oder erniedrigenden Strafe oder Behandlung gleichzukommen.[590] Auch zeige die zweijährige Überprüfungsfrist und tatsächliche Aussetzung der Unterbringung im vorliegenden Fall, dass die Möglichkeit einer Entlassung bestehe.[591]

III. Zwischenfazit: Die Gefahr der Instrumentalisierung des Begriffs der psychischen Störung

Im zweiten Urteil bestätigt der EGMR seine Linie zu Art. 5 EMRK, nach der auch den Straftäterunterbringungsgesetzen bzw. der nachträglichen Sicherungsverwahrung ein hinreichender Kausalzusammenhang zur Schuldfeststellung fehlt. In seinen Ausführungen zu Buchstabe e und der Frage nach dem Vorliegen einer „tatsächlichen psychischen Störung" wird das Problem der Instrumentalisierung medizinisch-psychiatrischen Wissens angesprochen.

---

585 EGMR-Entscheidung v. 13. Januar 2011, Individualbeschwerde Nr. 6587/04, Rn. 107.
586 EGMR-Entscheidung v. 13. Januar 2011, Individualbeschwerde Nr. 6587/04, Rn. 107.
587 EGMR-Entscheidung v. 13. Januar 2011, Individualbeschwerde Nr. 6587/04, Rn. 107.
588 EGMR-Entscheidung v. 13. Januar 2011, Individualbeschwerde Nr. 6587/04, Rn. 108 f.
589 EGMR-Entscheidung v. 13. Januar 2011, Individualbeschwerde Nr. 6587/04, Rn. 110.
590 EGMR-Entscheidung v. 13. Januar 2011, Individualbeschwerde Nr. 6587/04, Rn. 110 ff.
591 EGMR-Entscheidung v. 13. Januar 2011, Individualbeschwerde Nr. 6587/04, Rn. 111.

Dieses Problem drängt sich aufgrund der Unterbringung eines als psychisch krank diagnostizierten Straftäters in einer Justizvollzugsanstalt auf. Begründet allein die psychische Störung im vorliegenden Fall die Gefährlichkeit und daher die Unterbringung nach den Straftäterunterbringungsgesetzen, ist die Frage berechtigt, warum keine Unterbringung nach den dafür vorgesehenen Vorschriften der landesrechtlichen Unterbringungsgesetze bzw. bei Aburteilung der Straftat eine Unterbringung nach § 63 StGB erfolgt ist. Dann bleibt aber der Status der psychischen Störung unklar. Entweder ist sie ein durch die Gefährlichkeitsprognose notwendig hervorgebrachtes Konstrukt, das in einem genuin psychiatrisch-medizinischen Bereich keinen Erklärungswert hätte bzw. eine Freiheitsentziehung nach speziellem Gefahrenabwehrrecht nicht rechtfertigen würde, oder es wird psychisch kranken Straftätern durch die normative Differenzierung Therapie und Behandlung vorenthalten. Indem der EGMR deutlich die *Kontextgebundenheit* von sachverständigen Expertisen hervorhebt, kann er damit Umgehungsversuche aufdecken, die durch die Unterbringung in einer Justizvollzugsanstalt belegt werden. Auch in diesem Urteil wird bei der Prüfung des Art. 3 EMRK deutlich, dass der Perspektive des Betroffenen ein hoher Stellenwert eingeräumt wird. Art. 7 EMRK wird vom EGMR nicht geprüft. Jedoch dürfte das Gericht nach den Feststellungen zum Justizvollzug und den Präventionskonzepten auch hier zu keiner anderen Bewertung als im vorhergehenden Urteil kommen.

Letztlich löst sich der Gefährlichkeitsbegriff in der Argumentation des EGMR als hinreichender Grund für einen Freiheitsentzug auf. Die Gefährlichkeit kann und muss sich aus den vorangegangenen Taten erschließen, aber es fehlt ihr an einer Verankerung in einer erst durch die §§ 20, 21 StGB indizierten, *tatsächlichen* psychischen Störung. Eine Freiheitsentziehung aufgrund psychischer Krankheit rekurriert demgegenüber genuin auf medizinisch-psychiatrischen Sachverstand. Es bedarf daher prinzipiell keiner Straftat für einen hinreichenden Begründungszusammenhang bzw. eine hinreichende Gefahrenprognose. Zudem würde nach dem Maßregelsystem bei Vorliegen einer Straftat *und* einer psychischen Krankheit § 63 StGB einschlägig sein. Die psychische Krankheit begründet dann die Gefährlichkeit des straffällig Gewordenen für die Allgemeinheit. Vor diesem Hintergrund sind die Straftäterunterbringungsgesetze wie auch die nachträgliche Sicherungsverwahrung mit einer Gefahr für die Allgemeinheit nicht mehr *rational* begründbar. Sie scheinen vielmehr ihre eigentliche Rationalität aus der Anknüpfung an die bereits begangenen Taten zu gewinnen. Dann ist jedoch der Unterschied zu einer Freiheitsentziehung aufgrund Schuldfeststellung nicht mehr darstellbar. Die Schwierigkeit besteht aber gerade darin, bei Vorliegen einer Straftat und Indizien für das

Vorliegen einer psychischen Erkrankung ein geeignetes Differenzierungskriterium zu entwickeln, um zwischen Schuld und Gefährlichkeit zu unterscheiden.

C. § 66b Abs. 3 StGB (a.F.)

Im Juni 2012 – also nach der noch zu besprechenden Entscheidung des Bundesverfassungsgerichts vom 4. Mai 2011 und vor Abschluss des Gesetzgebungsverfahrens zur bundesrechtlichen Umsetzung des Abstandsgebots im Recht der Sicherungsverwahrung – setzte sich der EGMR in mehreren Verfahren auch noch mit der Sonderregelung des § 66b Abs. 3 StGB (a.F.) auseinander.[592] Die ergangenen Entscheidungen knüpfen nahtlos an die in den vorangegangenen Entscheidungen festgelegten Grundsätze an.[593] Im Folgenden werden daher nur die Subsumtionen und argumentativen Besonderheiten zu den in Bezug genommenen Artikeln der EMRK referiert und die Entscheidungen gemeinsam abgehandelt.

Die Frage, ob die in Rede stehende Sicherungsverwahrung nach § 66b Abs. 3 StGB (a.F.) als „Strafe" im Sinne des Art. 7 Abs. 1 EMRK einzustufen ist, wurde im Rahmen der Entscheidungen vom 7. Juni 2012 unter Verweis auf die vorherigen Entscheidungen und die Feststellungen des Bundesverfassungsgerichts vom 4. Mai 2011 bejaht.[594] Schon aus diesem Grund könne nicht – wie die Bundesregierung argumentierte – lediglich von einer Überweisung aus der einen in eine andere Maßregel gesprochen werden.[595] Zudem erörterte der EGMR, ob dem Beschwerdeführer durch die Anordnung und den Vollzug der nachträglichen Sicherungsverwahrung eine „schwerere" als die zur Zeit der Begehung der Straftaten angedrohte Strafe im Sinne des Art. 7 Abs. 1 Satz 2 EMRK auferlegt wurde.[596] Der Gerichtshof wies in diesem Zusammenhang darauf hin, dass das erkennende

592 EGMR-Entscheidungen v. 7. Juni 2012, Individualbeschwerde Nr. 65210/09; v. 7. Juni 2012, Individualbeschwerde Nr. 61827/09 und v. 28. Juni 2012, Individualbeschwerde Nr. 3300/10.

593 Vgl. EGMR-Entscheidung v. 7. Juni 2012, Individualbeschwerde Nr. 65210/09, Rn. 69.

594 EGMR-Entscheidungen v. 7. Juni 2012, Individualbeschwerde Nr. 65210/09, Rn. 72 f.; v. 7. Juni 2012, Individualbeschwerde Nr. 61827/09, Rn. 82 f. In der EGMR-Entscheidung v. 28. Juni 2012, Individualbeschwerde Nr. 3300/10 wird mangels Rechtswegerschöpfung die Verletzung des Art. 7 EMRK nicht geprüft, Rn. 105 ff.

595 EGMR-Entscheidungen v. 7. Juni 2012, Individualbeschwerde Nr. 65210/09, Rn. 78; v. 7. Juni 2012, Individualbeschwerde Nr. 61827/09, Rn. 87.

596 EGMR-Entscheidung v. 7. Juni 2012, Individualbeschwerde Nr. 65210/09, Rn. 75.

Gericht in dem Fall in seinem rechtskräftigen Urteil ausdrücklich abgelehnt hatte, die Sicherungsverwahrung neben der Unterbringung in einem psychiatrischen Krankenhaus anzuordnen.[597] Somit könne gerade nicht gesagt werden, dass dieses Urteil auch die Unterbringung in der Sicherungsverwahrung abdecken würde.[598] Darüber hinaus hätte der Beschwerdeführer vor der Gesetzesänderung unabhängig von einer weiterhin bestehenden Gefährlichkeit entlassen werden müssen, wenn kein die Schuldfähigkeit ausschließender oder vermindernder Zustand mehr vorgelegen hätte.[599]

Zu einer Verletzung von Art. 5 EMRK durch § 66b Abs. 3 StGB (a.F.) nahm der EGMR im Rahmen der Entscheidung vom 28. Juni 2012 Stellung. Zu Buchstabe a führte er aus, dass ein hinreichender Kausalzusammenhang zwischen dieser Entscheidung und der Unterbringung in der Sicherungsverwahrung nicht bestanden habe.[600] Das gelte selbst dann, wenn es trotz des mit der Unterbringung nach § 63 StGB verbundenen Freispruchs wegen Schuldunfähigkeit von einer „Verurteilung“ im Sinne der Vorschrift ausgehe.[601] Hier verwies er wiederum auf die Tatsache, dass erst durch die Gesetzesänderung eine Anordnung der nachträglichen Sicherungsverwahrung möglich wurde und der Beschwerdeführer vor dieser Gesetzesänderung hätte entlassen werden müssen.[602] Hinzu komme, dass es bereits im ursprünglichen Urteil des erkennenden Gerichts wegen der Anwendung des § 20 StGB an einer Schuldfeststellung, also einer „Verurteilung“, gefehlt habe.[603] Auch das Urteil über die Anordnung der Sicherungsverwahrung nach § 66b Abs. 3 StGB (a.F.) enthielte keine Schuldfeststellung.[604] Wie bereits in den anderen Entscheidungen zur Sicherungsverwahrung komme eine Rechtfertigung der Freiheitsentziehung nach Buchstabe c auch nicht in Betracht, da die weiteren Straftaten weder hinsichtlich des Ortes noch der Zeit ihrer Begehung sowie ihrer Opfer hinreichend konkret und spezifisch genug waren.[605] Schließlich führte der Gerichtshof zu Buchstabe e aus, dass es für die Entscheidung des Gerichts zur Verhängung der nachträglichen Sicherungsverwahrung gerade nicht maßgeblich

597 EGMR-Entscheidung v. 7. Juni 2012, Individualbeschwerde Nr. 65210/09, Rn. 76.
598 EGMR-Entscheidung v. 7. Juni 2012, Individualbeschwerde Nr. 61827/09, Rn. 85.
599 EGMR-Entscheidungen v. 7. Juni 2012, Individualbeschwerde Nr. 65210/09, Rn. 77; v. 7. Juni 2012, Individualbeschwerde Nr. 61827/09, Rn. 86.
600 EGMR-Entscheidung v. 28. Juni 2012, Individualbeschwerde Nr. 3300/10, Rn. 86 ff.
601 EGMR-Entscheidung v. 28. Juni 2012, Individualbeschwerde Nr. 3300/10, Rn. 86 ff.
602 EGMR-Entscheidung v. 28. Juni 2012, Individualbeschwerde Nr. 3300/10, Rn. 86 ff.
603 EGMR-Entscheidung v. 28. Juni 2012, Individualbeschwerde Nr. 3300/10, Rn. 89.
604 EGMR-Entscheidung v. 28. Juni 2012, Individualbeschwerde Nr. 3300/10, Rn. 89.
605 EGMR-Entscheidung v. 28. Juni 2012, Individualbeschwerde Nr. 3300/10, Rn. 91.

war, ob bei dem Beschwerdeführer eine psychische Krankheit vorlag, sondern ob er weiterhin für die Allgemeinheit gefährlich war.[606] Deswegen bezweifelte der EGMR, dass die nationalen Gerichte aufgrund der ihnen vorliegenden medizinischen Gutachten festgestellt hatten, dass der Beschwerdeführer an einer tatsächlichen psychischen Störung *im Sinne* des Art. 5 Abs. 1 Satz 2 Buchstabe e EMRK litt.[607] Zudem habe das Gericht, das über die Erledigung der Unterbringung nach § 63 StGB entschied, konstatiert, dass die Gefährlichkeit nicht aus einer krankhaften seelischen Störung, sondern aus einer selbst gewählten Einstellung gegenüber Frauen resultiere.[608] Auch wenn im weiteren Verfahrensverlauf von einem anderen Gericht eine psychische Störung im Sinne des Therapieunterbringungsgesetzes angenommen wurde, könne der EGMR jedenfalls nicht darüber hinwegsehen, dass er in einer separaten Abteilung für Sicherungsverwahrte einer Justizvollzugsanstalt untergebracht worden sei.[609] Rechtmäßig sei die Freiheitsentziehung nach Art. 5 Abs. 1 Satz 2 Buchstabe e EMRK aber nur, wenn sie – wie bereits in den vorherigen Entscheidungen ausgeführt – in einem Krankenhaus, einer Klinik oder einer anderen geeigneten Einrichtung erfolgt.[610] Insbesondere entbinde die Therapieunwilligkeit des Betroffenen nicht die staatlichen Behörden davon, ihn in einer für seinen Zustand geeigneten medizinischen therapeutischen Einrichtung unterzubringen, wenn (allein) die psychische Krankheit den Freiheitsentzug rechtfertige.[611]

Der EGMR nahm in diesen Entscheidungen auch dazu Stellung, dass die Regierung bzw. der Gesetzgeber mit der Regelung darauf abziele, das Lebensrecht potentieller Opfer zu schützen.[612] Dies erkannte der Gerichtshof an.[613] Dennoch komme er nicht umhin, darauf hinzuweisen, dass noch nicht einmal im Fall eines öffentlichen Notstands, der das Leben der Nation bedroht, von dem Grundsatz abgewichen werden dürfe, der Straftäter davor schützt, mit einer schwereren als

606 EGMR-Entscheidung v. 28. Juni 2012, Individualbeschwerde Nr. 3300/10, Rn. 94.
607 EGMR-Entscheidung v. 28. Juni 2012, Individualbeschwerde Nr. 3300/10, Rn. 94.
608 EGMR-Entscheidung v. 28. Juni 2012, Individualbeschwerde Nr. 3300/10, Rn. 95.
609 EGMR-Entscheidung v. 28. Juni 2012, Individualbeschwerde Nr. 3300/10, Rn. 96.
610 EGMR-Entscheidung v. 28. Juni 2012, Individualbeschwerde Nr. 3300/10, Rn. 96.
611 EGMR-Entscheidung v. 28. Juni 2012, Individualbeschwerde Nr. 3300/10, Rn. 97.
612 EGMR-Entscheidungen v. 7. Juni 2012, Individualbeschwerde Nr. 65210/09, Rn. 79; v. 7. Juni 2012, Individualbeschwerde Nr. 61827/09, Rn. 88; vgl. auch EGMR-Entscheidung v. 28. Juni 2012, Individualbeschwerde Nr. 3300/10, Rn. 103.
613 EGMR-Entscheidungen v. 7. Juni 2012, Individualbeschwerde Nr. 65210/09, Rn. 79; v. 7. Juni 2012, Individualbeschwerde Nr. 61827/09, Rn. 88.

der zur Tatzeit anwendbaren Strafe belegt zu werden (Art. 7 EMRK).[614] Ebenso könne im Rahmen von Art. 5 EMRK nicht erlaubt werden, Einzelpersonen – in dem Fall Frauen aus dem Beziehungsumfeld des Beschwerdeführers – vor Straftaten einer Person durch Maßnahmen zu schützen, die gegen deren Konventionsrechte verstoßen.[615]

D. Fazit: Die Gefährlichkeit als unzureichende Rechtfertigung für unbestimmten Freiheitsentzug

Das sich in den Entscheidungen abzeichnende Gegenmodell des EGMR zum zweispurigen Rechtsfolgensystem wird abschließend in der Gesamtschau aller Entscheidungen noch einmal herausgearbeitet. Nach dem EGMR kann (kriminal-) präventiver Freiheitsentzug nur kraft Schuldfeststellung aus Art. 5 Abs. 1 Satz 2 Buchstabe a EMRK gerechtfertigt werden. Ein (kriminal-)präventiver Freiheitsentzug kann gemäß Art. 5 EMRK bei der *Anordnung* nicht *allein* aus Gründen der Gefährlichkeit gerechtfertigt werden. Daneben muss eine der nachfolgenden Voraussetzungen gegeben sein: Es muss entweder ein hinreichender Kausalzusammenhang zur Schuldfeststellung in einem strafgerichtlichen Urteil vorliegen, der mit der Dauer der Freiheitsentziehung schwächer wird, oder es muss eine psychische Krankheit diagnostiziert worden sein oder die Rückfallgefahr muss sich schon so verdichtet haben, dass der Bereich strafrechtsrelevanter Vorbereitungshandlungen berührt wurde.[616] Dementsprechend muss sich der Vollzug der Freiheitsentziehung nach den Gründen für seine Anordnung richten. Wird die Argumentation zu Art. 7 EMRK hinzugezogen, ergibt sich daraus, dass die Gefährlichkeit als Rechtsbegriff auch nicht die Formalisierungsnotwendigkeiten des Strafrechts obsolet macht. Die vom Bundesverfassungsgericht formulierte Zweckthese, die der Gefährlichkeit einen eigenen Rechtfertigungszusammenhang für Freiheitsentziehungen zuordnet, hat vor diesem Hintergrund keinen Bestand. Dies gilt selbst dann, wenn wie bei § 66b Abs. 3 StGB (a.F.) ursprünglich eine unbefristete Freiheitsentziehung gemäß § 63 StGB verhängt wurde. Die Begrenzung jedes Freiheitsentzugs ergibt sich jedenfalls aus Art. 3 EMRK, der den Resozialisierungsgedanken bzw.

614 EGMR-Entscheidungen v. 7. Juni 2012, Individualbeschwerde Nr. 65210/09, Rn. 79; v. 7. Juni 2012, Individualbeschwerde Nr. 61827/09, Rn. 88.

615 EGMR-Entscheidung v. 28. Juni 2012, Individualbeschwerde Nr. 3300/10, Rn. 103.

616 Vgl. zu Buchstabe c: *Meyer-Ladewig,* Europäische Menschenrechtskonvention, 3. Aufl., 2011, Art. 5 Rn. 39.

die dem Gefangenen zwingend zu eröffnende Entlassungsperspektive enthält – vergleichbar mit der verfassungsgerichtlichen Argumentation zu Art. 1 Abs. 1 GG. Die deutliche Skepsis des EGMR gegenüber Gefährlichkeitsprognosen und sein anspruchsvolles Konzept von Kriminalprävention sprechen auch dafür, dass die Gefährlichkeit des Strafgefangenen nicht für eine beliebige Dauer den Kausalzusammenhang zum Ausgangsurteil mit Schuldfeststellung aufrechterhalten kann.

Überdies akzeptiert der EGMR keinen Freiheitsentzug gemäß Art. 5 Abs. 1 Satz 2 Buchstabe e EMRK, wenn eine psychische Störung nur im Rahmen eines sachverständig erstatteten Gefährlichkeitsgutachtens auftaucht und den Verdacht begründet, dass die psychische Störung nicht medizinischen, sondern kriminalpolitischen Paramatern folgt. Diese Argumentation wird noch durch die Rechtsprechung zu § 66b Abs. 3 StGB (a.F.) und die Folgeentscheidungen zur rückwirkenden Entfristung der Sicherungsverwahrung vertieft. Hier wird die Unterscheidung einer psychischen Krankheit nach § 63 StGB und einer psychischen Störung nach dem Therapieunterbringungsgesetz kritisiert, insbesondere wenn diese dazu führt, dass der Betroffene nicht mehr in einer für seinen Zustand geeigneten medizinisch-therapeutischen Einrichtung untergebracht wird. Es bleibt festzuhalten, dass die vom Bundesverfassungsgericht konstatierte hinreichende Verlässlichkeit von Gefährlichkeitsprognosen, die nur durch Mindestanforderungen an Prognosegutachten qualitativ gesichert werden soll, den EGMR jedenfalls als einzigen Rechtfertigungsgrund für unbestimmte Freiheitsentziehung nicht überzeugt. Er will die Rationalitätsgrenzen von Prognosegutachten mit berücksichtigt wissen. Demnach müsste die vom Bundesverfassungsgericht nicht untersuchte Frage nach der Relation von Maßregelrechtfertigung und Prognosesicherheit überprüft werden und dies müsste für die gesamte Maßregelrechtfertigung im zweispurigen Rechtsfolgensystem gelten.[617] Da der EGMR Freiheitsentziehungen generell nur aus den in Art. 5 Abs. 1 EMRK aufgeführten Haftgründen rechtfertigen kann, die hier schon nicht einschlägig waren, musste er sich mit dieser Relation nicht auseinandersetzen. Indem der EGMR zugunsten des Freiheitsschutzes eine enge Auslegung der Haftgründe anstrebt und immer eine Willkürprüfung anschließt, erhöht er gegenüber dem Bundesverfassungsgericht zwangsläufig das Gewicht des Freiheitsanspruchs des Untergebrachten gegenüber den Schutzinteressen der Allgemeinheit. In der Argumentation des EGMR offenbart sich zudem ein anderer Zugriff auf erfahrungswissenschaftliche Fundierungen rechtlicher Argumentationen: Im Verweis auf staatsunabhängige Gremien kann er die

617 S. dazu im 3. Teil, 3. Kapitel, A.; vgl. auch *Streng,* Die Zukunft der Sicherungsverwahrung nach der Entscheidung des Bundesverfassungsgerichts, JZ 2011, S. 828 f.

(macht-)politische Dimension der Wissensgenerierung entfalten. Dies verdeutlicht er auch für die Ebene der Gutachter, die durch ihren Gutachtenauftrag bereits in einen kriminalpolitischen Kontext eingebunden werden und daher eine instrumentelle Prägung erfahren. Der Rechtsvergleich offenbart auf der Gesetzgebungsebene weitere Kontingenzen, die gegen eine unkritische Übernahme von Gefährdungsszenarien im Sinne von Sachzwängen gewendet werden können.

3. Kapitel: Die dogmatischen Einzelheiten der Sicherungsverwahrung – Zugleich eine Dokumentation der Auswirkungen der EGMR-Rechtsprechung im Recht der Sicherungsverwahrung

Ist in den beiden vorherigen Kapiteln die Gesetzgebungs- und Rechtsprechungsdynamik zur Sicherungsverwahrung einschließlich der Zäsur durch den EGMR beschrieben und analysiert worden, werden im dritten Kapitel der *status quo* der Regelungen zur Sicherungsverwahrung und deren Dogmatik dargestellt. Die Dokumentation der dogmatischen Einzelheiten vertieft das Verständnis über die Voraussetzungen und die Wirkungsweise der Vorschriften zur Sicherungsverwahrung und ergänzt so die gesetzgeberische, verfassungs- und menschenrechtliche Perspektive um eine juristisch-dogmatische. Die konfligierenden Rechtfertigungsmuster des EGMR und des Bundesverfassungsgerichts werden dadurch mit der normativ-dogmatischen Konstruktion der Sicherungsverwahrung im Maßregelsystem und deren Ausgestaltung durch den Bundesgerichtshof konfrontiert.

A. Vorbemerkungen: Das Normenchaos und die Zäsur durch die Rechtsprechung des EGMR

Im *status quo* der Sicherungsverwahrung spiegelt sich der Konflikt zwischen Gesetzgeber bzw. Bundesverfassungsgericht und EGMR wider. Die Rechtsprechung des EGMR bedeutet eine Zäsur für die Regelungen zur Sicherungsverwahrung: Als Reaktion auf die am 10. Mai 2010 endgültig ergangene EGMR-Entscheidung hatte der Gesetzgeber die Regelungen zur Sicherungsverwahrung mit dem „Gesetz zur Neuordnung des Rechts der Sicherungsverwahrung und zu begleitenden Regelungen“ vom 22. Dezember 2010 geändert.[618] Der Konflikt über die Geltung des Rückwirkungsverbots bei der Sicherungsverwahrung hat zu einer komplizierten Regelung über die zeitliche Geltung der

618 BGBl. 2010 I, S. 2300 ff.

Regelungen zur Sicherungsverwahrung im Einführungsgesetz geführt.[619] Art. 316e EGStGB konkretisiert § 2 Abs. 6 StGB dahingehend, dass die Neuregelung grundsätzlich nur für „Neufälle" angewandt wird, d.h. „wenn die Tat oder mindestens eine der Taten, wegen deren Begehung die Sicherungsverwahrung angeordnet oder vorbehalten werden soll, am Tag des Inkrafttretens oder danach begangen wurde".[620] Es handelt sich demnach um eine Stichtagsregelung. Abweichendes wird lediglich für die primäre Sicherungsverwahrung gemäß § 66 StGB normiert, soweit es sich um „gewaltlose Vermögensdelikte" handelt.[621] Nach diesem Gesetz war also zu diesem Zeitpunkt z.B. die besonders umstrittene und vom EGMR für menschenrechtswidrig erklärte nachträgliche Sicherungsverwahrung, genauer §§ 66b Abs. 1 und 2 StGB a.F., weiterhin für Altfälle uneingeschränkt anwendbar ist.

Da jedoch das Bundesverfassungsgericht in Reaktion auf die EGMR-Rechtsprechung die Sicherungsverwahrung wegen Verletzung des Abstandsgebots am 4. Mai 2011 in Gänze für verfassungswidrig erklärt hatte, musste der Gesetzgeber nun abermals aktiv werden. Darüber hinaus hatte das Gericht bei der nachträglichen Sicherungsverwahrung sowie der rückwirkenden Entfristung der (primären) Sicherungsverwahrung einen Verstoß gegen das Vertrauensschutzgebot aus Art. 2 Abs. 2 Satz 2 GG i.V.m. Art. 20 Abs. 3 GG (sog. ‚Vertrauensschutzfälle') angenommen, sodass der Gesetzgeber auch hier nachbessern musste. Am 1. Juni 2013 ist das „Gesetz zur bundesrechtlichen Umsetzung des Abstandsgebotes im Recht der Sicherungsverwahrung" in Kraft getreten.[622] Dessen Kernstück ist der neu eingefügte § 66c StGB, der die Ausgestaltung der Unterbringung in der Sicherungsverwahrung und des vorhergehenden Vollzugs zum Gegenstand hat.[623] Er betrifft daher nicht die im Folgenden zu besprechenden Regelungen zur Anordnung der Sicherungsverwahrung. Ansonsten vollzieht das Gesetz die Änderungen des Gesetzes vom 22. Dezember 2010 für das Jugendstrafrecht.[624] Für die hier im Schwerpunkt darzustellende Dogmatik zur Anordnung der Sicherungsverwahrung ist nur eine Übergangsregelung relevant, die die Vorgaben des Bundesverfassungsgerichts gesetzlich festschreibt. Diese Vorgaben hatte es im Rahmen seiner Weitergeltungsanordnung bis zum 31. Mai 2013 für die Anwendung der

---

619 BGBl. 2010 I, S. 2304, Art. 4.
620 BT-Drs. 17/3403, S. 49; BGBl. 2010 I, S. 2304.
621 Vgl. Art. 316e Abs. 2 und 3 EGStGB.
622 BT-Drs. 17/9874 und 17/11388.
623 BT-Drs. 17/9874.
624 BT-Drs. 17/9874, S. 25 ff.

Regelungen zur Sicherungsverwahrung auf ‚Vertrauensschutzfälle' gemacht.[625] Hierfür wurde ein neuer Art. 316f EGStGB eingefügt, der die durch die Gesetzesänderung vom 22. Dezember 2010 beschlossene sukzessive Umstellung der Regelungen zur Sicherungsverwahrung grundsätzlich aufrechterhält.[626] Art. 316f Abs. 2 EGStGB bezieht sich auf Art. 316e EGStGB und modifiziert ihn im Hinblick auf die ‚Vertrauensschutzfälle'. Die modifizierte Fortgeltung der genannten Regelungen für ‚Vertrauensschutzfälle' erfasst sämtliche „Zehnjahresaltfälle", die Fälle rückwirkender Anwendung der vorbehaltenen Sicherungswahrung sowie die Fälle nachträglicher Sicherungsverwahrung – auch im JGG.[627] Damit kann die Fortgeltung je nach Tatentdeckung weit über das Jahr 2025 relevant werden.[628]

Entsprechend den Vorgaben des Bundesverfassungsgerichts müssen beim Betroffenen eine psychische Störung und konkrete Umstände vorliegen, aus denen eine hochgradige Gefahr abgeleitet werden kann, dass er schwerste Gewalt- oder Sexualstraftaten begeht.[629] Im Falle der vorbehaltenen Sicherungsverwahrung reicht es aus, wenn diese hochgradige Gefahr „wahrscheinlich" ist.[630] Eine Konkretisierung der Formulierung des Bundesverfassungsgerichts ist nicht erfolgt. In der Begründung heißt es, dass die modifizierte Fortgeltung der verfassungswidrigen Regelungen für Fälle mit Vertrauensschutzproblematik „im Interesse eines angemessenen Schutzes der Allgemeinheit vor weiterhin hochgefährlichen Straftätern geboten" sei.[631] Abgesehen davon, dass diese hoch komplizierten und durch die Bezeichnung als „Übergangsvorschriften" hochgradig verharmlosten Regelungen im EGStGB dem rechtsstaatlichen Gebot der Gesetzesklarheit und -bestimmtheit kaum gerecht werden können, erscheint es demnach sinnvoll zu sein, bei der dogmatischen Bestandaufnahme die Gesetzeslage *vor* und *nach* der durch die EGMR-Entscheidung ausgelösten Gesetzesänderung darzustellen, da diese Vorschriften weiterhin nach Maßgabe des Art. 316e EGStGB und nach Maßgabe des Art. 316f EGStGB Anwendung finden.

---

625 BT-Drs. 17/9874, S. 10, 35 ff.; vgl. BVerfGE v. 4. Mai 2011, 2 BvR 2365/09 u.a., III 2. a) des Tenors.

626 BT-Drs. 17/9874, S. 35.

627 BT-Drs. 17/9874, S. 10, 36 f.; vgl. auch zu § 66b Abs. 3 StGB a.F./§ 66b StGB n.F. BT-Drs. 17/11388, S. 32 f., der nur Altfälle als „Vertrauensschutzfälle" klassifiziert. Inwiefern daneben noch ein Anwendungsbereich für das ThUG bestehen soll, ist nicht ersichtlich.

628 BT-Drs. 17/9874, S. 10, 36 f.; vgl. auch zu § 66b Abs. 3 StGB a.F./§ 66b StGB n.F. BT-Drs. 17/11388, S. 32 f.

629 BT-Drs. 17/9874, S. 10, 36.

630 BT-Drs. 17/9874, S. 10, 37.

631 BT-Drs. 17/9874, S. 36.

Im Folgenden wird demnach ein Überblick über die einzelnen Vorschriften zur Sicherungsverwahrung jeweils vor der durch die EGMR-Entscheidung ausgelösten Gesetzesänderung vom 22. Dezember 2010 und nach dieser Gesetzesänderung gegeben. Dabei wird sich auf die Regelungen im StGB beschränkt. Ziel ist es, das unübersichtliche Feld so knapp und präzise wie möglich darzustellen, wobei auch noch einmal die zeitliche Geltung der Vorschriften konkretisiert wird. Eine Präzisierung der dogmatischen Konsequenzen, die sich aus der Weitergeltungsanordnung des Bundesverfassungsgerichts für die Übergangszeit bis zum 31. Mai 2013 ergeben hatten, wird bereits hier unternommen – auch wenn erst im vierten Kapitel eine Analyse der Entscheidung erfolgt. Diese dogmatischen Konsequenzen sind seit dem 1. Juni 2013 im Rahmen der Übergangsregelung des Art. 316f EGStGB relevant und insoweit übertragbar. Im vierten Kapitel wird dann auch ein allgemeiner Überblick über das „Gesetz zur bundesrechtlichen Umsetzung des Abstandsgebotes im Recht der Sicherungsverwahrung“ gegeben.

B. § 66 StGB: Unterbringung in der Sicherungsverwahrung

Aufgrund des durch die Gesetzesänderung vom 22. Dezember 2010 eingeführten Art. 316e Abs. 2 EGStGB gilt für die Anordnung der Sicherungsverwahrung gemäß § 66 StGB, dass – abweichend von der Stichtagsregelung in Abs. 1 – Anlasstaten, die vor dem 1. Januar 2011 begangen wurden und zu denen noch keine rechtskräftige Verurteilung ergangen ist, nach dem jeweils milderen Gesetz beurteilt werden sollen.[632] Im Prinzip bedeutet das, dass die nunmehr erfolgte Beschränkung auf Katalogtaten ohne zeitliche Beschränkung gelten soll. Zur besseren Verständlichkeit der Anordnungsvoraussetzungen und zu Dokumentationszwecken wird im Folgenden noch einmal die alte Gesetzeslage dargestellt. Der Regelung in Art. 316e Abs. 2 EGStGB entsprechend sollen auch solche Anordnungen von Sicherungsverwahrung gemäß Art. 316e Abs. 3 Satz 1 EGStGB für erledigt erklärt werden, bei denen die Anordnung *ausschließlich* auf Taten beruhte, die nicht mehr vom Straftatenkatalog erfasst werden.[633] Diese Anwendung des Meistbegünstigungsprinzips soll unabhängig von der EGMR-Rechtsprechung gelten – also nicht, weil die Sicherungsverwahrung als Strafe gewertet wird und daher das Meistbegünstigungsprinzip Anwendung finden muss, sondern

632 Vgl. BT-Drs. 17/3403, S. 49.
633 BT-Drs. 17/3403, S. 50.

weil die Regelung *in der Sache* gerechtfertigt sei.[634] Somit wird gewaltlosen Vermögensdelikten der Symptomcharakter für die Gefährlichkeit abgesprochen.[635] Der Gesetzgeber betont hier demnach eine empirisch-sachliche, zweckorientierte Perspektive gegenüber der normativen, menschenrechtlichen Sichtweise des EGMR bzw. grenzt sich von dieser deutlich ab.

I. Regelung vor der Gesetzesänderung vom 22. Dezember 2010

Die traditionelle Form der Sicherungsverwahrung hat vier Anordnungsgruppen, die sich nur in den formellen Voraussetzungen unterscheiden. Die materiellen Anforderungen sind in allen Fällen identisch und liegen in unterschiedlichen Variationen auch den anderen Formen der Sicherungsverwahrung zugrunde.[636]

1. Formelle Voraussetzungen

a) § 66 Abs. 1 StGB a.F.

Zunächst setzt § 66 Abs. 1 StGB a.F. eine Anlasstat voraus. Dabei muss es sich um eine Verurteilung wegen einer Vorsatztat zu mindestens zwei Jahren handeln, wobei Versuch, Teilnahme und strafbare Vorbereitung ausreichen.[637] Wenn es sich um eine Gesamtstrafe handelt, dann muss eine darin enthaltene Einzelstrafe diese Strafhöhe erreichen.[638] § 66 Abs. 1 Nr. 1 StGB a.F. normiert als weitere Voraussetzung zwei Vorverurteilungen zu einer Freiheitsstrafe von jeweils mindestens einem Jahr. Die Rechtsprechung hat dies dahingehend konkretisiert, dass die Anlasstat nach der Rechtskraft der zweiten Vorverurteilung und die dieser Vorverurteilung zugrundeliegende Tat muss wiederum nach Rechtskraft der ersten Vorverurteilung

634 Vgl. die unglaublich vertrackte Argumentation in BT-Drs. 17/3403, S. 49 f.
635 Vgl. die unglaublich vertrackte Argumentation in BT-Drs. 17/3403, S. 49 f.
636 *Bartsch,* Sicherungsverwahrung, 2010, S. 54 f.; *Fischer,* Strafgesetzbuch und Nebengesetze, 57. Aufl., 2010, § 66 Rn. 5.
637 *Fischer,* Strafgesetzbuch und Nebengesetze, 57. Aufl., 2010, § 66 Rn. 6; NK-StGB *Böllinger/Pollähne,* 3. Aufl., 2010, § 66 Rn. 53, lebenslängliche Freiheitsstrafe ist seit 2002 auch erfasst, vgl. in diesem Teil, 1. Kapitel, D. III.
638 NK-StGB *Böllinger/Pollähne,* 3. Aufl., 2010, § 66 Rn. 53.

begangen worden sein.[639] Hintergrund ist, dass nur derjenige Rückfalltäter in den Anwendungsbereich der Sicherungsverwahrung fallen soll, „der sich bereits zweimal die Anordnung staatlicher Sanktionen nicht zur Warnung hat dienen lassen."[640] Auch die Behandlung der Gesamtstrafen- und Jugendstrafenproblematik bei dem Erfordernis der Vorverurteilungen folgt einer restriktiven Auslegung, die den *ultima ratio*-Charakter unterstreichen soll.[641] Abs. 4 Satz 1 a.F. bestimmt hierfür, dass die Verurteilung zu einer Gesamtstrafe als eine einzige Verurteilung zu gelten hat.[642] Die Rechtsprechung lässt eine Gesamtstrafe aber nur gelten, wenn darin eine Einzelstrafe von mindestens einem Jahr enthalten ist, auch wenn dies nicht eindeutig aus dem Wortlaut hervor geht.[643] Gleiches gilt für die einheitliche Jugendstrafe nach § 31 JGG. Demnach müsste wenigstens hinsichtlich einer Tat eine Strafe von mindestens einem Jahr verwirkt gewesen sein.[644] Des Weiteren müssen sie Symptomtaten sein, d.h. die Tat muss auf den Hang zurückzuführen sein.[645] Als letzte formelle Voraussetzung muss der Täter gemäß § 66 Abs. 1 Nr. 2 StGB wegen einer oder mehrerer dieser Taten vor der neuen Tat mindestens zwei Jahre Freiheitsstrafe verbüßt oder sich im Vollzug einer freiheitsentziehenden Maßregel befunden haben. Der Freiheitsentzug muss sich demnach auf die in Nr. 1 herangezogenen Taten beziehen.[646] Gemäß Abs. 4 Satz 2 gilt angerechnete Freiheitsentziehung als verbüßte Strafe.[647] Bei der Untersuchungshaft werden die Anrechnungszeiten aber nicht berücksichtigt, wenn die Freiheitsstrafe auf die sie angerechnet wurde, zur Bewährung ausgesetzt worden ist.[648] Erfasst werden sollen demnach nur Täter, die

---

639 *Fischer,* Strafgesetzbuch und Nebengesetze, 57. Aufl., 2010, § 66 Rn. 9; *Kinzig,* Die Sicherungsverwahrung auf dem Prüfstand, 1996, S. 51 m.w.N.

640 *Kinzig,* Die Sicherungsverwahrung auf dem Prüfstand, 1996, S. 51.

641 Vgl. *Bartsch,* Sicherungsverwahrung, 2010, S. 55 f.

642 NK-StGB *Böllinger/Pollähne,* 3. Aufl., 2010, § 66 Rn. 58.

643 *Fischer,* Strafgesetzbuch und Nebengesetze, 57. Aufl., 2010, § 66 Rn. 9a; *Bartsch,* Sicherungsverwahrung, 2010, S. 56.

644 *Fischer,* Strafgesetzbuch und Nebengesetze, 57. Aufl., 2010, § 66 Rn. 9a.

645 NK-StGB *Böllinger/Pollähne,* 3. Aufl., 2010, § 66 Rn. 54; *Kinzig,* Die Sicherungsverwahrung auf dem Prüfstand, 1996, S. 50.

646 *Fischer,* Strafgesetzbuch und Nebengesetze, 57. Aufl., 2010, § 66 Rn. 10; *Mushoff,* Strafe – Maßregeln – Sicherungsverwahrung, 2008, S. 56.

647 *Fischer,* Strafgesetzbuch und Nebengesetze, 57. Aufl., 2010, § 66 Rn. 10; krit. NK-StGB *Böllinger/Pollähne,* 3. Aufl., 2010, § 66 Rn. 59.

648 *Fischer,* Strafgesetzbuch und Nebengesetze, 57. Aufl., 2010, § 66 Rn. 10; NK-StGB *Böllinger/Pollähne,* 3. Aufl., 2010, § 66 Rn. 65.

durch ihre wiederholte Straffälligkeit zeigen, dass auch langer Freiheitsentzug mit vollzuglichen Resozialisierungsbemühungen nichts genutzt hat.[649]

b) § 66 Abs. 2 StGB a.F.

Die Regelung in § 66 Abs. 2 StGB a.F. ist als Ermessensvorschrift ausgestaltet. Bei § 66 Abs. 2 StGB a.F. bedarf es keiner Vorverurteilungen und demnach auch keiner Vorverbüßungszeiten. Sie blockieren aber nicht seine Anwendung.[650] Voraussetzung sind drei vorsätzlich begangene Straftaten, für die der Täter jeweils Freiheitsstrafe von mindestens einem Jahr verwirkt haben muss und insgesamt zu mindestens drei Jahren Freiheitsentzug verurteilt wird. Die Straftaten müssen drei rechtlich selbständige Taten sein.[651] Das Wort „verwirkt" umfasst in diesem Zusammenhang bereits abgeurteilte und vom erkennenden Gericht abzuurteilende Taten.[652] Falls Verfahren vor einem anderen Gericht anhängig sind, kann nur der mit den Taten zuletzt befasste Richter die Sicherungsverwahrung verhängen.[653] Abs. 2 ist gegenüber Abs. 1 subsidiär, weil die Vorschrift gegenüber Abs. 1 einen Ausnahmecharakter aufweist:[654] Da sie den Tätertyp eines „gefährlichen Serientäters" erfassen soll, der sich bislang seiner Bestrafung erfolgreich entziehen konnte,[655] wird dem Täter weder eine offizielle Warnung durch die Anordnung staatlicher Sanktionen noch Resozialisierungsbemühungen im Vollzug zuteil.[656] Jedoch bleibt der Ausnahmecharakter ohne Normierung einer zusätzlichen Anwendungsvoraussetzung folgenlos.[657] Für die Gesamtstrafenbildung im Hinblick auf das Erfordernis der Verwirkung von einem Jahr sowie für den Symptomcharakter der Taten gelten die

649 *Bartsch,* Sicherungsverwahrung, 2010, S. 56, wobei dann bereits zu hinterfragen wäre, welche konkreten Resozialisierungsbemühungen dem Täter zuteil geworden sind.

650 LK-*Rissing-van Saan/Peglau,* 12. Aufl., 2008, § 66 Rn. 88.

651 LK-*Rissing-van Saan/Peglau,* 12. Aufl., 2008, § 66 Rn. 81; NK-StGB *Böllinger/Pollähne,* 3. Aufl., 2010, § 66 Rn. 68.

652 LK-*Rissing-van Saan/Peglau,* 12. Aufl., 2008, § 66 Rn. 84 f.

653 LK-*Rissing-van Saan/Peglau,* 12. Aufl., 2008, § 66 Rn. 86.

654 BT-Drs. V/4094, S. 21; LK-*Rissing-van Saan/Peglau,* 12. Aufl., 2008, § 66 Rn. 78.

655 Vgl. die Gesetzesbegründung BT-Drs. V/4094, S. 21; *Bartsch,* Sicherungsverwahrung, 2010, S. 57; LK-*Rissing-van Saan/Peglau,* 12. Aufl., 2008, § 66 Rn. 78.

656 LK-*Rissing-van Saan/Peglau,* 12. Aufl., 2008, § 66 Rn. 78.

657 LK-*Rissing-van Saan/Peglau,* 12. Aufl., 2008, § 66 Rn. 78.

Ausführungen zu Abs. 1 entsprechend.[658] Für das Erfordernis einer Verurteilung zu drei Jahren reicht wortlautgemäß eine Verurteilung zu einer Gesamtstrafe aus.[659]

c) § 66 Abs. 3 StGB a.F.

Bei den Anordnungen der Sicherungsverwahrung nach Abs. 3 handelt es sich von der *Idee* her um verschärfte Anordnungsmöglichkeiten für dort abschließend aufgezählte schwere Sexual- und Gewaltdelikte sowie entsprechende Rauschtaten.[660] Sexual- und Gewaltstraftäter sollen danach bereits nach dem ersten einschlägigen Rückfall untergebracht werden können, soweit die gesetzlichen Voraussetzungen vorliegen.[661] Katalogtaten sind allerdings alle Verbrechen, d.h. auch nicht personenbezogene Delikte, z.B. gewerbsmäßige Bandenhehlerei gemäß § 260a StGB, sind umfasst.[662] Immerhin handelt es sich bei den in Abs. 3 Satz 1 aufgelisteten Vergehen ausschließlich um vorsätzliche Straftaten gegen die sexuelle Selbstbestimmung und gegen die körperliche Unversehrtheit.[663] Satz 1 stellt eine Erweiterung der Unterbringungsmöglichkeit nach Abs. 1 dar und Satz 2 erweitert die Regelung in Abs. 2. Daher sind nach systematischer Auslegung die dort geltenden dogmatischen Feinheiten übertragbar.[664] Beide, Anlasstat und Vortat(en), müssen eine Katalogtat sein.[665] Vom Wortlaut her ist auch eine fahrlässig begangene Rauschtat gemäß § 323a StGB ausreichend.[666] Es kann jedoch aus systematischen Gründen in Erwägung gezogen werden, hier nur vorsätzliche Taten gelten zu lassen, da diese zusätzliche Erweiterung ebenso problematisch im Hinblick

---

658 *Fischer,* Strafgesetzbuch und Nebengesetze, 57. Aufl., 2010, § 66 Rn. 12 f.

659 *Bartsch,* Sicherungsverwahrung, 2010, S. 57; LK-*Rissing-van Saan/Peglau,* 12. Aufl., 2008, § 66 Rn. 89.

660 Vgl. NK-StGB *Böllinger/Pollähne,* 3. Aufl., 2010, § 66 Rn. 73.

661 NK-StGB *Böllinger/Pollähne,* 3. Aufl., 2010, § 66 Rn. 73.

662 Vgl. LK-*Rissing-van Saan/Peglau,* 12. Aufl., 2008, § 66 Rn. 103; *Bartsch,* Sicherungsverwahrung, 2010, S. 58; *Fischer,* Strafgesetzbuch und Nebengesetze, 57. Aufl., 2010, § 66 Rn. 14.

663 Vgl. LK-*Rissing-van Saan/Peglau,* 12. Auf., 2008, § 66 Rn. 103; *Bartsch,* Sicherungsverwahrung, 2010, S. 58; *Fischer,* Strafgesetzbuch und Nebengesetze, 57. Aufl., 2010, § 66 Rn. 14.

664 *Bartsch,* Sicherungsverwahrung, 2010, S. 57.

665 *Fischer,* Strafgesetzbuch und Nebengesetze, 57. Aufl., 2010, § 66 Rn. 14.

666 LK-*Rissing-van Saan/Peglau,* 12. Aufl., 2008, § 66 Rn. 104; *Mushoff,* Strafe – Maßregeln – Sicherungsverwahrung, 2008, S. 58.

auf den dann festzustellenden Hang ist.[667] Auch hier handelt es sich jeweils um Ermessensvorschriften.

aa) § 66 Abs. 3 Satz 1 StGB a.F.

Nach Abs. 1 Satz 3 ist Voraussetzung, dass der Täter wegen der Anlasstat aus dem Katalog zu einer Freiheitsstrafe von mindestens zwei Jahren verurteilt wurde. Bei einer Gesamtstrafe gilt selbstredend wiederum, dass darunter eine Katalogtat fallen muss, die eine Einzelstrafe von zwei Jahren erreichen muss.[668] Des Weiteren muss eine Vorverurteilung zu einer Katalogtat von mindestens drei Jahren Freiheitsstrafe vorliegen. Hier geht aus dem Wortlaut hervor, dass eine Gesamtstrafenbildung ausreicht, solange die darin enthaltenen Katalogtaten fiktiv unter Ausschluss der Nichtkatalogtaten drei Jahre verwirkt haben.[669] Bei der Vorverurteilung muss es sich nicht um denselben Tatbestand handeln wie bei der Anlasstat. Jedoch vertreten *Böllinger* und *Pollähne*, dass die Vorschrift wegen der pauschalen und undifferenzierten Aufzählung qualitativ unterschiedlicher Unrechtstatbestände äußerst restriktiv gehandhabt werden sollte.[670] Ferner verweist Abs. 3 Satz 1 auf Abs. 1 Nr. 2, d.h. er setzt eine entsprechende Verbüßung einer Freiheitsstrafe oder einer freiheitsentziehenden Maßregel von zwei Jahren voraus.[671] Es ist davon auszugehen, dass sich auch hier die Verbüßung auf eine Katalogtat beziehen muss.

bb) § 66 Abs. 3 Satz 2 StGB a.F.

Abs. 3 Satz 2 bezieht sich wieder auf einen unerkannt gebliebenen „gefährlichen Serientäter“. Daher sind Vorverurteilungen und Vorverbüßungen nicht erforderlich. Voraussetzung sind zwei Katalogtaten, durch die er jeweils zwei Jahre Freiheitsstrafe verwirkt hat und insgesamt eine Verurteilung zu mindestens drei Jahren Freiheitsstrafe erfolgt.[672] Letztere kann eine Gesamtstrafe sein, von der aber

---

667 LK-*Rissing-van Saan/Peglau,* 12. Aufl., 2008, § 66 Rn. 104, wobei strittig ist, ob bei diesen Tätern im Einzelfall eine positive Gefährlichkeitsprognose gestellt werden kann.

668 LK-*Rissing-van Saan/Peglau,* 12. Aufl., 2008, § 66 Rn. 105; *Bartsch,* Sicherungsverwahrung, 2010, S. 58.

669 *Fischer,* Strafgesetzbuch und Nebengesetze, 57. Aufl., 2010, § 66 Rn. 15.

670 NK-StGB *Böllinger/Pollähne,* 3. Aufl., 2010, § 66 Rn. 73.

671 *Bartsch,* Sicherungsverwahrung, 2010, S. 58; *Mushoff,* Strafe – Maßregeln – Sicherungsverwahrung, 2008, S. 58.

672 *Fischer,* Strafgesetzbuch und Nebengesetze, 57. Aufl., 2010, § 66 Rn. 17; *Mushoff,* Strafe – Maßregeln – Sicherungsverwahrung, 2008, S. 58.

drei Jahre auf die Katalogtaten entfallen müssen.[673] Bemerkenswert ist, dass vom Tatrichter nicht verlangt werden kann, zu prüfen, ob die Einzelstrafe von zwei Jahren auch ohne Hinzutreten der Nichtkatalogtat verhängt worden wäre, wenn bei einer Katalogtat in Tateinheit mit einer Nicht-Katalogtat auf eine Einzelstrafe von zwei Jahren erkannt wird.[674]

d) § 66 Abs. 4 Satz 3 und 4 StGB a.F.: Verjährungsregelung und Verurteilungen im Ausland

Gemäß Abs. 4 Satz 3 bleiben Taten außer Betracht, wenn zwischen dem Tag der Tatbeendigung und der folgenden Tat mehr als fünf Jahre verstrichen sind.[675] Dem liegt die Annahme zugrunde, dass nur eine bestimmte Deliktfrequenz für die Gefährlichkeit indiziell ist.[676] Diese Taten können jedoch im Rahmen der Beurteilung des „Hanges" Berücksichtigung finden.[677] Für Abs. 4 Satz 3 kommt es auf den Tatzeitpunkt an, nicht auf die Verurteilung.[678] Gemäß Abs. 4 Satz 4 wird der Fristablauf für die Zeit gehemmt, in der der Täter aufgrund behördlicher Anordnung in einer Anstalt verwahrt wurde. Die Begründung hierfür ist, dass der Täter sich in dieser Zeit nicht bewähren konnte.[679] Daher werden prinzipiell alle Formen von Verwahrung, also auch eine Verwahrung nach landesrechtlichen Unterbringungsgesetzen, Erzwingungshaft, Ordnungshaft, Untersuchungshaft etc., erfasst.[680] Dementsprechend ist es auch unerheblich, ob bei Untersuchungshaft das Verfahren mit einem Freispruch endet.[681] Dem halten *Pollähne* und *Bölllinger* entgegen, dass bei unrechtmäßiger Unterbringung die Nichtanrechnung gegen die

673 *Bartsch,* Sicherungsverwahrung, 2010, S. 59; *Mushoff,* Strafe – Maßregeln – Sicherungsverwahrung, 2008, S. 58.

674 BGH NJW 1999, S. 3723; *Fischer,* Strafgesetzbuch und Nebengesetze, 57. Aufl., 2010, § 66 Rn. 19.

675 *Stree/Kinzig,* in: Schönke/Schröder, 28. Aufl., 2010, § 66 Rn. 62.

676 NK-StGB *Böllinger/Pollähne,* 3. Aufl., 2010, § 66 Rn. 60; *Stree/Kinzig,* in: Schönke/Schröder, 28. Aufl., 2010, § 66 Rn. 62.

677 BGH NStZ 1983, S. 71; BGH NStZ 1999, S. 503; *Fischer,* Strafgesetzbuch und Nebengesetze, 57. Aufl., 2010, § 66 Rn. 20; *Stree/Kinzig,* in: Schönke/Schröder, 28. Aufl., 2010, § 66 Rn. 64.

678 BGHSt 25, 106 (107).

679 BGHSt 49, 25 (27 f.).

680 LK-*Rissing-van Saan/Peglau,* 12. Aufl., 2008, § 66 Rn. 63; *Fischer,* Strafgesetzbuch und Nebengesetze, 57. Aufl., 2010, § 66 Rn. 21.

681 BGHSt 49, 25 ff.

Menschenwürde und das Rechtsstaatsprinzip verstößt.[682] Das Unrecht erlittener Freiheitsentziehung müsse so weit als möglich kompensiert werden.[683] Abs. 4 Satz 5 verweist noch darauf, dass im Ausland abgeurteilte Vorsatztaten denen im Inland gleichstehen. Für Abs. 3 müssen sie einer der dort genannten Katalogtaten entsprechen.[684] Dies gilt nur, soweit in dem Land ein rechtsstaatliches Verfahren gewährleistet ist; folglich muss das entscheidende Gericht dies prüfen.[685]

2. Materielle Voraussetzungen (§ 66 Abs. 1 Nr. 3 a.F.) – Zugleich ein Überblick über deren Kritikpunkte

Die materiellen Voraussetzungen finden sich in Abs. 1 Nr. 3 und sind für alle vier Formen der traditionellen Sicherungsverwahrung gleich. Die Gesamtwürdigung des Täters und seiner Taten muss ergeben haben, „dass er infolge eines Hanges zu erheblichen Straftaten, namentlich zu solchen, durch welche die Opfer seelisch oder körperlich schwer geschädigt werden oder schwerer wirtschaftlicher Schaden angerichtet wird, für die Allgemeinheit gefährlich ist.“ Auch die vorbehaltene und die nachträgliche Sicherungsverwahrung orientieren sich an diesen materiellen Voraussetzungen, wobei § 66b Abs. 3 StGB a.F./§ 66b StGB n.F. eine Sonderrolle einnimmt.[686] Der Begriff des „Hanges zu erheblichen Straftat“ und die im Rahmen des Begriffs „Gefährlichkeit für die Allgemeinheit“ zu erstattende Gefährlichkeitsprognose und deren Verhältnis zueinander sind teilweise höchst umstritten.[687] Neben der dogmatischen Handhabung der materiellen Voraussetzungen wird hier ein Überblick über deren Kritikpunkte gegeben. Dadurch wird die im ersten und zweiten Kapitel bereits im Rahmen der Gesetzgebungs- und Rechtsprechungsanalyse angesprochene Unsicherheit der Prognosen durch die strafrechtswissenschaftliche Literatur konkretisiert. Beide Begrifflichkeiten sind auch Bestandteil der neuen Regelung zur Sicherungsverwahrung. Die

---

682 NK-StGB *Böllinger/Pollähne,* 3. Aufl., 2010, § 66 Rn. 62.

683 NK-StGB *Böllinger/Pollähne,* 3. Aufl., 2010, § 66 Rn. 62.

684 *Stree/Kinzig,* in: Schönke/Schröder, 28. Aufl., 2010, § 66 Rn. 56.

685 LK-*Rissing-van Saan/Peglau,* 12. Aufl., 2008, § 66 Rn. 56; *Stree/Kinzig,* in: Schönke/Schröder, 28. Aufl., 2010, § 66 Rn. 56.

686 Zu den Einzelheiten in diesem Kapitel, D. I. 2.

687 Vgl. insbesondere die dezidierte Kritik bei NK-StGB *Böllinger/Pollähne,* 3. Aufl., 2010, § 66 Rn. 78 ff.; jetzt *Böllinger/Dessecker,* 4. Aufl., 2013, § 66 Rn. 80 ff.

Ausführung und insbesondere die Kritik sind daher durch die Neuregelung der Sicherungsverwahrung nicht obsolet.[688]

Der Gesetzeswortlaut des § 66 Abs. 1 Nr. 3 StGB a.F. sieht vor, dass das Ergebnis einer Gesamtwürdigung eine positive Gefährlichkeitsprognose[689] sein muss. Diese Prognose gründet sich auf den Zustand des Täters,[690] seinen Hang zu erheblichen Straftaten, und hat zum Inhalt, dass der Täter auch künftig solche erheblichen Straftaten begehen wird.[691] Daraus folgt, dass die Begriffe Hang und Gefährlichkeit getrennt zu prüfen sind – wie es im Übrigen der BGH gleichfalls fordert.[692] Beim Hang handele es sich um einen aufgrund umfassender Vergangenheitsbetrachtung festgestellten *gegenwärtigen* Zustand.[693] Der Hang zu erheblichen Straftaten ist somit das Äquivalent zum Zustand der Schuldunfähigkeit im Rahmen des § 63 StGB und zum in § 64 StGB geforderten Hang, alkoholische Getränke oder andere berauschende Mittel im Übermaß zu sich zu nehmen. Die Gefährlichkeitsprognose sei demgegenüber *zukunftsorientiert* und schätzt die Wahrscheinlichkeit weiterer erheblicher Straftaten ein.[694] Jedoch wird die Gefährlichkeit als selbständiger Rechtsbegriff neben dem Hangmerkmal vernachlässigt.[695] Sie wird überwiegend aus dem Vorliegen des Hangmerkmals gefolgert.[696]

---

688 Soweit hier Kommentare als Referenzen in Bezug genommen werden, die mittlerweile die Neuregelung kommentieren, werden diese Neuauflagen bei den materiellen Voraussetzungen benutzt.

689 Zur Terminologie *Pollähne,* Kriminalprognostik zwischen richtigen Basisraten und falschen Positiven, in: Barton (Hg.), „... weil er für die Allgemeinheit gefährlich ist!“, 2006, S. 223 ff.: Eine Prognose ist positiv, wenn mit einem Rückfall zu rechnen ist, weil sich das Prognoseresultat auf die Fragestellung bezieht. Die Prognose ist dann gleichzeitig ungünstig, S. 225.

690 Str. vgl. hier *Fischer,* Strafgesetzbuch und Nebengesetze, 60. Aufl., 2013, § 66 Rn. 24a, der den Hang als Rechtsbegriff bezeichnet; so auch NK-StGB *Böllinger/Dessecker,* 4. Aufl., 2013, § 66 Rn. 90.

691 *Bartsch,* Sicherungsverwahrung, 2010, S. 59; LK-*Rissing-van Saan/Peglau,* 12. Aufl., 2008, § 66 Rn. 113; MüKo-StGB-*Ullenbruch/Drenkhahn/Morgenstern,* 2. Aufl., 2012, § 66 Rn. 96.

692 Zum Erfordernis der getrennten Prüfung von Hang und Gefährlichkeit s. BGHSt 50, 188 (196); vgl. LK-*Rissing-van Saan/Peglau,* 12. Aufl., 2008, § 66 Rn. 140.

693 BGHSt 50, 188 (196).

694 BGHSt 50, 188 (196).

695 *Detter,* Zum Strafzumessungs- und Maßregelrecht, NStZ 1994, S. 477; s. *Kinzig,* Die Sicherungsverwahrung auf dem Prüfstand, 1996, S. 58 m.w.N.

696 *Detter,* Zum Strafzumessungs- und Maßregelrecht, NStZ 1994, S. 477; s. *Kinzig,* Die Sicherungsverwahrung auf dem Prüfstand, 1996, S. 58 m.w.N.

Die abschließende Prüfung im Einzelfall, die Gesamtwürdigung von Tat und Täter im Rahmen der Gefährlichkeitsprognose, ist letztlich eine Art Verhältnismäßigkeitsprüfung.[697] Diese Verschränkung von Gefährlichkeit und Verhältnismäßigkeit führt im Bereich der materiellen Voraussetzungen des § 66 StGB zu einer „Verschlungenheit der Gesetzesmerkmale“,[698] wonach die Gefährlichkeitsbeurteilung letztlich nicht mehr allein eine empirische Frage sein kann.[699] Trotzdem werden die Voraussetzungen getrennt geprüft und hier auch getrennt dargestellt. Im Anschluss an die dogmatische Entfaltung der Rechtsbegriffe folgt dann die Kritik.

a) Hang ... – oder: Der „kaschierte Schulderhöhungs-Mechanismus“[700]

aa) Dogmatische Entfaltung des Rechtsbegriffs

Der Begriff des Hangs wird – wie bereits angesprochen – den psychischen Ausnahmezuständen im Sinne von §§ 63 und 64 StGB gleichgestellt.[701] Das Bundesverfassungsgericht bezeichnet demnach den „Hang“ auch als psychologische Tatsache.[702] Unter einem Hang im Sinne des § 66 StGB wird ein „eingeschliffener innerer Zustand“ des Täters verstanden, der ihn immer wieder straffällig werden lässt.[703] Bloße Rückfälligkeit des Täters reicht nicht aus.[704] Äquivalente sind „fest eingewurzelte Neigung“, „dauernd zu Straftaten entschlossen“ oder „Berufsmäßigkeit“.[705] Im Einzelnen werden folgende Kriterien zur Ausfüllung des Begriffs

---

697 *Fischer,* Strafgesetzbuch und Nebengesetze, 60. Aufl., 2013, § 66 Rn. 37 ff.

698 Vgl. LK-*Rissing-van Saan/Peglau,* 12. Aufl., 2008, § 66 Rn. 138, 140; *Mushoff,* Strafe – Maßregeln – Sicherungsverwahrung, 2008, S. 59; vgl. auch *Fischer,* Strafgesetzbuch und Nebengesetze, 60. Aufl., 2013, § 66 Rn. 2a.

699 *Stree/Kinzig,* in: Schönke/Schröder, 28. Aufl., 2010, § 66 Rn. 34.

700 NK-StGB *Böllinger/Dessecker,* 4. Aufl., 2013, § 66 Rn. 40.

701 *Fischer,* Strafgesetzbuch und Nebengesetze, 60. Aufl., 2013, § 66 Rn. 2; LK-*Rissing-van Saan/Peglau,* 12. Aufl., 2008, § 66 Rn. 138 ff.

702 BVerfGE NJW 2006, S. 3484, krit. *Fischer,* Strafgesetzbuch und Nebengesetze, 60. Aufl., 2013, § 66 Rn. 24a; s. auch *Boetticher u.a.,* Mindestanforderungen für Prognosegutachten, NStZ 2006, S. 540; *Kinzig,* Die Sicherungsverwahrung auf dem Prüfstand, 1996, S. 53.

703 *Detter,* Zum Strafzumessungs- und Maßregelrecht, NStZ 2004, S. 491 f.; BGH NStZ 2002, S. 537, BGH NStZ 1999, S. 503; BGHR § 66 I Hang Nr. 1; NK-StGB *Böllinger/Dessecker,* 4. Aufl., 2013, § 66 Rn. 79.

704 BGH NStZ 1999, S. 503; *Mushoff,* Strafe – Maßregel – Sicherungsverwahrung, 2008, S. 59; LK-*Rissing-van Saan/Peglau,* 12. Aufl., 2008, § 66 Rn. 115.

705 *Bartsch,* Sicherungsverwahrung, 2010, S. 60 m.w.N.; NK-StGB *Böllinger/Dessecker,* 4. Aufl., 2013, § 66 Rn. 81.

„Hang“ herangezogen: Im Hinblick auf den Tatcharakter werden teilweise Konflikts-, Gelegenheits- und Augenblickstaten von der Rechtsprechung als Gegensatz zu Hangdelikten verstanden, jedoch gleichzeitig hervorgehoben, dass es auch anders sein könne.[706] Selbst Affekttaten als Ausdruck innerer Spannungen des Täters werden zur Feststellung eines Hanges herangezogen.[707] Demnach stehen äußere Einflüsse der Annahme eines Hanges nicht entgegen.[708] Die Ursachen des Hangs, ob auf Einübung oder intensiver Neigung beruhend, sind unerheblich, denn im Gegensatz zu §§ 63, 64 StGB beschreibt das Gesetz nicht die möglichen Ursachen.[709] Weder der Tatcharakter noch die Ursache können daher ein einschränkendes Regulativ bilden.[710]

Anhaltspunkte für den Hang können sich aus täterspezifischen Umständen ergeben, wie dem familiären Umfeld, dem schulischen Werdegang, dem Sozialverhalten, der bisherigen kriminellen Betätigung und der Persönlichkeitsstruktur.[711] Daneben kann auch die wirtschaftliche Situation von untergeordneter Relevanz sein.[712] Ferner kann weltanschaulicher Fanatismus Hangtäterschaft begründen.[713] Diese weitreichende Aufklärung der Sozialbiographie des Täters hat zur Folge, dass solche Taten, die die formellen Hürden, auch wegen der Verjährungsregelung in Abs. 4 Satz 3, nicht überwunden haben, beim Hang – wie bereits angemerkt – berücksichtigt werden können.[714] Es kommt nicht darauf an, ob der Täter zum „beharrlichen, willensstarken, zu gefährlicher Aktivität neigenden, quasi-professionellen“ oder zum „passiven, antriebs- und willensschwachen“

---

706 Vgl. *Kinzig,* Der Hang zu erheblichen Straftaten – und was sich dahinter verbirgt, NStZ 1998, S. 14 m.w.N.; LK-*Rissing-van Saan/Peglau,* 12. Aufl., 2008, § 66 Rn. 121.

707 *Holtz,* Aus der Rechtsprechung des Bundesgerichtshofs in Strafsachen, MDR 1992, S. 633.

708 NK-StGB *Böllinger/Dessecker,* 4. Aufl., 2013, § 66 Rn. 84.

709 *Fischer,* Strafgesetzbuch und Nebengesetze, 60. Aufl., 2013, § 66 Rn. 25; vgl. auch BT-Drs. IV/650, S. 24.

710 *Kinzig,* Der Hang zu erheblichen Straftaten – und was sich dahinter verbirgt, NStZ 1998, S. 14.

711 LK-*Rissing-van Saan/Peglau,* 12. Aufl., 2008, § 66 Rn. 127 ff.; *Bartsch,* Sicherungsverwahrung, 2010, S. 60.

712 LK-*Rissing-van Saan/Peglau,* 12. Aufl., 2008, § 66 Rn. 127 ff.; *Bartsch,* Sicherungsverwahrung, 2010, S. 60.

713 LK-*Rissing-van Saan/Peglau,* 12. Aufl., 2008, § 66 Rn. 125; vgl. krit. NK-StGB *Böllinger/Dessecker,* § 66 Rn. 89.

714 Vgl. LK-*Rissing-van Saan/Peglau,* 12. Aufl., 2008, § 66 Rn. 119; *Renzikowski,* Anmerkung zum BGH-Urteil vom 8.7.2005 – 2 StR 120/05, NStZ 2006, S. 283.

Typus gehört.[715] Es muss jedoch ein symptomatischer Zusammenhang zwischen den Taten bestehen, also insbesondere zwischen der Anlasstat und dem Hang.[716] Bei der Feststellung dieses symptomatischen Zusammenhangs taucht wiederum das Problem einer lediglich deskriptiven Feststellung des Hangs auf, die spezifische Ursachenverläufe ausblendet.[717] Diese müssten den symptomatischen Zusammenhang gerade erhellen. Weiterhin spricht eine hohe Rückfallgeschwindigkeit für das Bestehen eines Hangs.[718] In Abgrenzung zu § 63 StGB muss bei Persönlichkeitsstörungen geprüft werden, ob der Täter aus mehr oder weniger unwiderstehlichem Zwang handelt und somit die §§ 20, 21 StGB einschlägig sind und dann § 66 StGB zurücktritt.[719] Der BGH hat bei der Voraussetzung des Hanges einen nur begrenzt revisionsgerichtlicher Kontrolle unterliegenden Beurteilungsspielraum der Gerichte anerkannt.[720]

bb) Kritik

Der schwerwiegendste Vorwurf gegen die Bestimmung des Hangs ist der einer methodischen Zirkularität.[721] Ursache hierfür sei, dass der Hangbegriff eine psychische Disposition lediglich postuliere, die – ohne entsprechenden Krankheitswert – ursächlich für weitere Taten sein solle.[722] Folglich würden die Vortaten zum Beleg für die Gewohnheitsmäßigkeit bzw. den Hang herangezogen, um die Gefahr neuer Straftaten dann wiederum auf den Hang zu gründen.[723] Den Vorstrafen komme daher eine dreifache Funktion zu: erstens zur Begründung der

---

715 NK-StGB *Böllinger/Dessecker,* 4. Aufl., 2013, § 66 Rn. 84; *Kinzig,* Die Sicherungsverwahrung auf dem Prüfstand, 1996, S. 54.

716 *Fischer,* Strafgesetzbuch und Nebengesetze, 60. Aufl., 2013, § 66 Rn. 24; MüKo-StGB-*Ullenbruch/Drenkhahn/Morgenstern,* 2. Aufl., 2012, § 66 Rn. 113; *Bartsch,* Sicherungsverwahrung, 2010, S. 60.

717 NK-StGB *Böllinger/Dessecker,* 4. Aufl., 2013, § 66 Rn. 87.

718 *Bartsch,* Sicherungsverwahrung, 2010, S. 61.

719 LK-*Rissing-van Saan/Peglau,* 12. Aufl., 2008, § 66 Rn. 123, 125.

720 BGH JZ 1980, S. 532; krit. *Mushoff,* Strafe – Maßregeln – Sicherungsverwahrung, 2008, S. 60.

721 NK-StGB *Böllinger/Dessecker,* 4. Aufl., 2013, § 66 Rn. 17; *Kinzig,* Der Hang zu erheblichen Straftaten – und was sich dahinter verbirgt, NStZ 1998, S. 15; *ders.,* Die Sicherungsverwahrung auf dem Prüfstand, 1996, S. 105.

722 Vgl. NK-StGB *Böllinger/ Dessecker,* 4. Aufl., 2013, § 66 Rn. 17.

723 *Kinzig,* Der Hang zu erheblichen Straftaten – und was sich dahinter verbirgt, NStZ 1998, S. 15; vgl. *Hellmer,* Der Gewohnheitsverbrecher und die Sicherungsverwahrung 1934–1945, 1961, S. 324, der bereits die Konzeptlosigkeit des Hangbegriffs feststellte.

Strafschärfung, zweitens zur Erfüllung der formellen Voraussetzungen der Anordnung der Sicherungsverwahrung und drittens zur Begründung ihrer materiellen Voraussetzungen.[724] Deswegen verwundere es nicht, dass die Gerichte zusätzlich auf den Rückfall bei der Begründung der materiellen Voraussetzungen abstellen, obwohl es dadurch noch schwieriger wird, eine Grenzlinie zwischen Hangtäter und bloßem Rückfalltäter zu erkennen.[725] Die Definitionen des Hangs in der Rechtsprechung stellen wiederum nur auf die Tathäufigkeit ab, lediglich in eine subjektive Struktur des Täters gekleidet.[726]

Das Fazit, dass es sich bei dem Begriff „Hang“ um einen weitgehend inhaltsleeren Begriff[727] handele, dessen Präzisierungen sich in Tautologien erschöpfen würden, ist vor diesem Hintergrund plausibel.[728] Es wird durch die Erkenntnisse der kritischen soziologischen Theorie verstärkt, die sich gegen die Ableitung von Erklärungen aus den justiziell in den Blick genommenen familiären, sozialen und psychosozialen Zusammenhängen wendet.[729] Diese Symptome und Indikatoren sind nicht als Bedingungsfaktoren des Hangs zu deuten, sondern vielmehr als Resultat eines „zirkulären psychosozialen Selektionsprozesses“.[730] Auch die psychiatrisch-psychologischen Fachgutachter können mit dem Begriff wenig anfangen.[731] *Böllinger* und *Dessecker* verweisen darauf, dass die „erfahrungswissenschaftlichen und methodologischen Erkenntnisse der Kriminologie zeigten, dass es sich beim Hang um ein *Konstrukt* handelt, das empirisch nicht belegbar

---

724 *Kinzig,* Der Hang zu erheblichen Straftaten – und was sich dahinter verbirgt, NStZ 1998, S. 16; *ders.,* Die Sicherungsverwahrung auf dem Prüfstand, 1996, S. 104.

725 *Kinzig,* Der Hang zu erheblichen Straftaten – und was sich dahinter verbirgt, NStZ 1998, S. 16; zur Schwierigkeit dieses Unterfangens, eine Grenzlinie zu ziehen: schon *Mayer,* Behandlung der Rezidivisten (gefährlichen Gewohnheitsverbrecher) im deutschen Strafrecht, ZStW 80 (1968), S. 139 ff.

726 *Kinzig,* Der Hang zu erheblichen Straftaten – und was sich dahinter verbirgt, NStZ 1998, S. 19.

727 *Kinzig,* Der Hang zu erheblichen Straftaten – und was sich dahinter verbirgt, NStZ 1998, S. 19.

728 NK-StGB *Böllinger/Dessecker,* 4. Aufl., 2013, § 66 Rn. 91.

729 NK-StGB *Böllinger/Dessecker,* 4. Aufl., 2013, § 66 Rn. 23.

730 NK-StGB *Böllinger/Dessecker,* 4. Aufl., 2013, § 66 Rn. 91.

731 Vgl. *Rasch/Konrad,* Forensische Psychiatrie, 3. Aufl., 2004, S. 134; *Boetticher u.a.,* Mindestanforderungen für Prognosegutachten, NStZ 2006, S. 540, die auch den Hang als eher normatives Merkmal einordnen, s. auch *Kröber,* Psychiatrische Aspekte der Sicherungsverwahrung, MschrKrim 2004, S. 264 ff., der jedoch um eine Fundierung des Hangbegriffs bemüht ist.

und im Sinne rationaler Theoriebildung erklärbar ist."[732] Die Anlasstat sei „nicht ‚Indiz'- bzw. ‚Symptom'wert für die künftigen Straftaten, sondern [stelle] deren vollen Beweis oder zwingende Kausalität dar".[733] Folglich sei nicht der Hang, sondern dessen Fehlen zu beweisen.[734] Wie bei den grundsätzlich in Betracht kommenden Rückfalltätern die Würfel über die Anordnung der Sicherungsverwahrung im materiellen Merkmal des Hangs zu erheblichen Straftaten fallen, hänge vielmehr von den Gesichtspunkten ab, die die strafrechtliche Schuld widerspiegeln.[735] Es handele sich um einen „kaschierten Schulderhöhungs-Mechanismus", der jedoch die komplexe Interaktionsgenese der Rückfallkriminalität ausblende.[736] Der kausale Zusammenhang zwischen dem wesenhaft vorgestellten Hang und zukünftigen Taten sei beliebig und daher rational nicht subsumierbar.[737] Wenn *Fischer* den Hang zu erheblichen Straftaten als Rechtsbegriff anstatt als psychologische Tatsache einordnet, der „im Grunde keine empirische Aufgabe [sei], welche an den Sachverständigen delegiert werden könnte",[738] dann ist das nur aus der Intention heraus erklärbar, die ‚Gefährlichkeit' einer pseudo-empirischen Kategorie durch normative Gesichtspunkte – im Sinne der Verhältnismäßigkeit – einzugrenzen, die in der richterlichen Praxis jedoch keine Stütze findet.[739] Auch laut *Kinzig*s „empirische[r] Analyse zur Begründung der Anordnung der Sicherungsverwahrung durch die Gerichte", insbesondere des Hangmerkmals, verwiesen die Richter in 88,7 % der Fälle bei der Begründung des Hangs auf die Ansicht des Gutachters.[740] Eine „kleine zusätzliche Sicherung" durch das Hangmerkmal – so *Bartsch*, obwohl keine positive Begrenzungsfunktion des Merkmals vorliegt, ist in Anbetracht dessen

732 NK-StGB *Böllinger/Dessecker*, 4. Aufl., 2013, § 66 Rn. 90; zustimmend *Kinzig*, Die Sicherungsverwahrung auf dem Prüfstand, 1996, S. 104.

733 *Kinzig*, Der Hang zu erheblichen Straftaten – und was sich dahinter verbirgt, NStZ 1998, S. 19.

734 NK-StGB *Böllinger/Dessecker*, 4. Aufl., 2013, § 66 Rn. 112a.

735 Vgl. *Kinzig*, Der Hang zu erheblichen Straftaten – und was sich dahinter verbirgt, NStZ 1998, S. 19.

736 NK-StGB *Böllinger/Dessecker*, 4. Aufl., 2013, § 66 Rn. 40.

737 NK-StGB *Böllinger/Dessecker*, 4. Aufl., 2013, § 66 Rn. 110.

738 *Fischer*, Strafgesetzbuch und Nebengesetze, 60. Aufl., 2013, § 66 Rn. 24a; s. auch *Nowara*, Gefährlichkeitsprognosen bei Maßregeln, in: Barton (Hg.), „... weil er für die Allgemeinheit gefährlich ist!", 2006, S. 183.

739 Vgl. hier zur Deutung des Hangs als „normativen Begriff" insbesondere NK-StGB *Böllinger/Dessecker*, 4. Aufl., 2013, § 66 Rn. 90.

740 *Kinzig*, Der Hang zu erheblichen Straftaten – und was sich dahinter verbirgt, NStZ 1998, S. 17.

nicht ersichtlich.[741] Dies gilt noch mehr, wenn in Betracht gezogen wird, dass der BGH bei der Feststellung des Hangs einen Beurteilungsspielraum zubilligt, der nur begrenzt revisionsgerichtlicher Kontrolle unterliegt.[742]

Die Kritik des Hangbegriffs als pseudowissenschaftliche Kategorie kann auf die Kombination von (voller) Schuldfähigkeit und Gefährlichkeit bei der Sicherungsverwahrung zurückgeführt werden, die auf einer metadogmatischen Ebene die Kollision unterschiedlicher Menschenbilder – Determinismus und Indeterminismus – nahe legt.[743] Die Kollision führt dazu, dass ein normativ widerspruchsfreies Verständnis der Tat oder ein kohärenter Handlungs- bzw. Sinnzusammenhang für die Erklärung bzw. Deutung der Straftat nicht gebildet werden kann: Denn die uneingeschränkte Schuldfähigkeit – auf der einen Seite – bedeutet, dass der Sicherungsverwahrte grundsätzlich ohne oder trotz Vorliegen einer psychischen Störung die Einsicht in die Rechtsfolgen seines Handelns hat und sich auch dieser Einsicht gemäß steuern kann (vgl. § 20 StGB).[744] Die Gefährlichkeit – auf der anderen Seite – besteht „infolge eines Hanges zu erheblichen Straftaten". Der Hang zu erheblichen Straftaten repräsentiert im Täter eine zwar nicht streng, aber probabilistisch bzw. statistisch zu erfassende Kausalgesetzlichkeit. Diese (graduelle) Determiniertheit des Täters in Bezug auf die Begehung erheblicher Straftaten ist gesetzlicher Anknüpfungspunkt für die (sachverständige) Prognoseerstellung. Der rechtliche Vorwurf, der an die Verquickung von Gefährlichkeit und (voller) Schuldfähigkeit ansetzt, ist die Verwischung der Zweispurigkeit des Strafrechts.[745] Im Hinblick auf den Vollzug der Sicherungsverwahrung wird der

---

741 So *Bartsch,* Sicherungsverwahrung, 2010, S. 61 f.

742 BGH StV 2005, S. 129 m.w.N.; *Mushoff,* Strafe – Maßregel – Sicherungsverwahrung, 2008, S. 60.

743 *Pollähne,* Kriminalprognostik zwischen richtigen Basisraten und falschen Positiven, in: Barton (Hg.), „... weil er für die Allgemeinheit gefährlich ist!", 2006, S. 224; vgl. auch *Müller-Dietz,* Grundfragen des strafrechtlichen Sanktionensystems, 1979, S. 10 ff., s. dazu im 3. Teil, 3. Kapitel, A. I.

744 *Fischer,* Strafgesetzbuch und Nebengesetze, 60. Aufl., 2013, § 20 Rn. 3: § 20 StGB setzt eine zweistufige Prüfung der Schuldunfähigkeit voraus. Zunächst muss das Vorliegen einer psychischen Störung geprüft werden, danach wird das Vorliegen der Einsichts- und Steuerungsunfähigkeit beurteilt, das nach dem Ursache-Wirkungs-Prinzip auf der psychischen Störung basieren muss (Fischer, ebd.). Eine eindeutige Zuordnung der „Stufen" im Verhältnis von empirischen zu normativen Merkmalen ist jedoch trotz des Ausweises der Zweistufigkeit ungeklärt, Rn. 5.

745 Vgl. *Kinzig,* Die Sicherungsverwahrung auf dem Prüfstand, 1996, S. 117 ff.; *Albrecht,* Kriminologie. Eine Grundlegung zum Strafrecht, 4. Aufl., 2010, S. 120 ff.

Vorwurf durch den Begriff des Etikettenschwindels reformuliert, der durch den EGMR bestätigt wurde.[746]

Diese Kritik des Hangbegriffs auf der Grundlage kollidierender Menschenbilder wird verdeutlicht, wenn § 63 StGB und § 64 StGB als Vergleichsfolie herangezogen wird. § 63 StGB setzt voraus, dass beim Täter zum Zeitpunkt der Anlasstat zweifelsfrei Schuldunfähigkeit oder verminderte Schuldfähigkeit gemäß §§ 20, 21 StGB vorlag.[747] Neben der Schuldfähigkeitsbeurteilung zum Zeitpunkt der Anlasstat bedarf es für die Zustandsfeststellung im Rahmen des § 63 StGB einer Prognose dahingehend, dass der Zustand von längerer Dauer[748] und für die Gefährlichkeit des Täters symptomatisch, also kausal, ist.[749] Durch den Verweis auf die §§ 20, 21 StGB wird – zumindest juristisch-dogmatisch[750] – das Schuldprinzip respektiert, indem an biologisch und psychologisch fassbare Kriterien angeknüpft wird. Im Rahmen des § 64 StGB ist es unerheblich, ob Schuldunfähigkeit vorlag oder nicht.[751] Jedoch muss die Anlasstat im Rauschzustand begangen worden sein oder auf der Rauschmittelabhängigkeit des Täters beruhen.[752] Es muss also eine körperliche oder psychische Abhängigkeit von Rauschmitteln bestehen.[753] Zwar wird auch hier der Praxis vorgeworfen, dass sie zu sehr auf Alltagstheorien rekurriere und damit meist nur der sozial auffällige und depravierte Süchtige in den Fokus des § 64 StGB gerate, andere strafrechtlich relevante Formen von Abhängigkeit aber vernachlässigt würden.[754] Jedoch ist die Suchtmittelabhängigkeit zumindest ein manifester und damit fassbarer psychisch-körperlicher Zustand,

---

746 Vgl. *Kinzig,* Die Sicherungsverwahrung auf dem Prüfstand, 1996, S. 117 ff.; *Albrecht,* Kriminologie. Eine Grundlegung zum Strafrecht, 4. Aufl., 2010, S. 120 ff. Der Vorwurf wurde schon zu Beginn der Reformdebatte gegen die Sicherungsverwahrung formuliert: vgl. *Kohlrausch,* Sicherungshaft. Eine Besinnung auf den Streitstand, ZStW 44 (1924), S. 33.

747 *Fischer,* Strafgesetzbuch und Nebengesetze, 60. Aufl., 2013, § 63 Rn. 11.

748 BGHSt 44, 369 ff.; *Fischer,* Strafgesetzbuch und Nebengesetze, 60. Aufl., 2013, § 63 Rn. 6.

749 *Fischer,* Strafgesetzbuch und Nebengesetze, 60. Aufl., 2013, § 63, Rn. 14.

750 Vgl. hierzu die Kritik an der normativen Konstruktion der §§ 20, 21 StGB im 3. Teil, 3. Kapitel, A. III. 1.

751 NK-StGB *Böllinger/Dessecker,* 4. Aufl., 2013, § 64 Rn. 58; Fischer, Strafgesetzbuch und Nebengesetze, 60. Aufl., 2013, § 64 Rn. 14; s. auch *Rasch/Konrad,* Forensische Psychiatrie, 3. Aufl., 2004, S. 92.

752 *Fischer,* Strafgesetzbuch und Nebengesetze, 60. Aufl., 2013, § 64 Rn. 14.

753 *Fischer,* Strafgesetzbuch und Nebengesetze, 60. Aufl., 2013, § 64 Rn. 9.

754 *Fischer,* Strafgesetzbuch und Nebengesetze, 60. Aufl., 2013, § 64 Rn. 10b; vgl. auch die Kritik bei NK-StGB *Böllinger/Dessecker,* 4. Aufl., 2013, § 64 Rn. 8 ff.

auch wenn hier bei § 64 StGB die Möglichkeit der Gleichzeitigkeit von Gefährlichkeit und Schuldfähigkeit gegeben ist. Es handelt sich jedenfalls nicht wie beim „Hang zu erheblichen Straftaten" um einen genuin (straf-)rechtlichen Begriff, der lediglich vage auf außerrechtliches Erfahrungswissen rekurriert. Soweit die Kritik am Hangbegriff, auf die im dritten Teil im Hinblick auf die kollidierenden Menschenbilder zurückgekommen wird.

b) ... zu erheblichen Straftaten

Der Hang des Straftäters muss sich auf die Begehung erheblicher Straftaten richten. Die Voraussetzung der erheblichen Straftaten ist eine Ausprägung des Verhältnismäßigkeitsgrundsatzes. Sie soll auch dem Ziel des Gesetzgebers dienen, nur „wirklich gefährliche Straftäter" in den Anwendungsbereich der Sicherungsverwahrung fallen zu lassen und somit dem *ultima ratio*-Charakter Rechnung tragen.[755] An diesem Merkmal zeigt sich wiederum die Verschlungenheit von Gefährlichkeit und Verhältnismäßigkeit, von empirischen und normativen Begriffen bei der Sicherungsverwahrung. Entscheidend für die Frage der Erheblichkeit ist, ob die Taten einen hohen Schweregrad („Maß des Unrechts") aufweisen und „den Rechtsfrieden empfindlich" stören.[756] Grundsätzlich scheiden demnach Delikte mit Bagatellcharakter aus.[757] Demgegenüber ist bei Verbrechen die Erheblichkeitsschwelle regelmäßig überschritten.[758] Bei Delikten im Bereich „mittlerer" Kriminalität kommt es auf einen hohen Schweregrad an, jedoch ist hier eine Differenzierung schwierig und daher im Sinne des Verhältnismäßigkeitsgrundsatzes im Einzelfall kritisch zu prüfen, ob Erheblichkeit vorliegt.[759] Kriterien für die Prüfung der Erheblichkeit sind die in § 66 Abs. 1 Nr. 3 StGB a.F. beispielhaft („namentlich") aufgezählten Schädigungen und die in den formellen Voraussetzungen erkennbar gewordenen gesetzgeberischen Wertungen.[760] Bei dem sich aus den formellen Voraussetzungen

---

755 LK-*Rissing-van Saan/Peglau,* 12. Aufl., 2008, § 66 Rn. 143; *Bartsch,* Sicherungsverwahrung, 2010, S. 63; BT-Drs. V/4094, S. 20.

756 LK-*Rissing-van Saan/Peglau,* 12. Aufl., 2008, § 66 Rn. 158; *Stree/Kinzig,* in: Schönke/Schröder, 28. Aufl., 2010, § 66 Rn. 29.

757 BGHSt 24, 160 (162); *Fischer,* Strafgesetzbuch und Nebengesetze, 57. Aufl., 2010, § 66 Rn. 30; NK-StGB *Böllinger/Pollähne,* 3. Aufl., 2010, § 66 Rn. 92.

758 BGHSt 24, 153 (154); NK-StGB *Böllinger/Pollähne,* 3. Aufl., 2010, § 66 Rn. 92.

759 BGH NStZ 2001, S. 595; LK-*Rissing-van Saan/Peglau,* 12. Aufl., 2008, § 66 Rn. 146; *Fischer,* Strafgesetzbuch und Nebengesetze, 57. Aufl., 2010, § 66 Rn. 30.

760 LK-*Rissing-van Saan/Peglau,* 12. Aufl., 2008, § 66 Rn. 149; *Fischer,* Strafgesetzbuch und Nebengesetze, 57. Aufl., 2010, § 66 Rn. 30.

ergebenden Richtmaß einer (Vor-)Verurteilung zu einer Freiheitsstrafe von einem Jahr ist allerdings zu beachten, dass es nicht auf das „Maß der Schuld", sondern auf das „Maß des Unrechts" ankommt und daher das Ergebnis der (hypothetischen) Strafzumessung nur bedingt weiterhilft.[761] Die Konkretisierungen in Abs. 1 Nr. 3 umfassen seelisch oder körperlich schwere Schädigungen oder einen schweren wirtschaftlichen Schaden. Da gemäß Art. 316e Abs. 2 EGStGB das Meistbegünstigungsgebot für § 66 StGB gilt, ist die Anordnung der traditionellen Sicherungsverwahrung wegen eines Hanges zu erheblichen Straftaten, die ausschließlich schwere wirtschaftliche Schäden umfassen, jedoch nicht mehr möglich. Deswegen wird der Begriff im Folgenden nicht mehr dogmatisch konkretisiert.

Eine von den künftigen Taten zu erwartende schwere *seelische* Schädigung ist schwierig einzufassen, da sie kaum deliktsspezifisch einzugrenzen ist und wegen differierender Psychodiagnostik schwer zu bemessen ist.[762] In der Rechtsprechung hat dieses Merkmal bisher kaum eine Rolle gespielt.[763] In Betracht kommen jedoch Traumatisierungen, die infolge einer Vergewaltigung entstehen können.[764] Jedenfalls reicht schon die abstrakte Gefahr einer schweren seelischen Schädigung aus, wobei auf den jeweiligen Einzelfall abzustellen ist.[765] Für die schwere körperliche Schädigung sind zu erwartende körperliche Misshandlungen ohne Gesundheitsschädigung nicht ausreichend, eine schwere Körperverletzung i.S.v. § 226 StGB ist jedoch nicht erforderlich.[766] Eine Orientierung an § 226 StGB widerspricht auch wegen des zu starken Bezugs auf vergangene Taten der Prognoserichtung der materiellen Voraussetzungen.[767]

---

761 BGH NStZ-RR 2003, S. 73 f.; LK-*Rissing-van Saan/Peglau,* 12. Aufl., 2008, § 66 Rn. 154.

762 LK-*Rissing-van Saan/Peglau,* 12. Aufl., 2008, § 66 Rn. 194; NK-StGB *Böllinger/ Pollähne,* 3. Aufl., 2010, § 66 Rn. 97.

763 *Kinzig,* Die Sicherungsverwahrung auf dem Prüfstand, 1996, S. 56; *Mushoff,* Strafe – Maßregeln – Sicherungsverwahrung, 2008, S. 62.

764 NK-StGB *Böllinger/Pollähne,* 3. Aufl., 2010, § 66 Rn. 100; *Mushoff,* Strafe – Maßregeln – Sicherungsverwahrung, 2008, S. 62; vgl. auch *Dessecker,* Gefährlichkeit und Verhältnismäßigkeit, 2004, S. 304 f.

765 LK-*Rissing-van Saan/Peglau,* 12. Aufl., 2008, § 66 Rn. 199 f.; MüKo-StGB-*Ullenbruch/Drenkhahn/Morgenstern,* 2. Aufl., 2012, § 66 Rn. 107.

766 BGH NStZ 1986, S. 165; LK-*Rissing-van Saan/Peglau,* 12. Aufl., 2008, § 66 Rn. 190; *Mushoff,* Strafe – Maßregeln – Sicherungsverwahrung, 2008, S. 62; restriktiver, an § 226 StGB orientiert NK-StGB *Böllinger/Pollähne,* 3. Aufl., 2010, § 66 Rn. 98.

767 LK-*Rissing-van Saan/Peglau,* 12. Aufl., 2008, § 66 Rn. 189; *Mushoff,* Strafe – Maßregeln – Sicherungsverwahrung, 2008, S. 62.

c) Gefährlichkeit für die Allgemeinheit – oder: Die Unzulänglichkeit von Kriminalprognosen

aa) Dogmatische Entfaltung des Rechtsbegriffs

Neben dem Hang zu erheblichen Straftaten muss für die Anordnung der Unterbringung in der Sicherungswahrung die Gefährlichkeit des Täters für die Allgemeinheit gegeben sein. Von ihm müssen infolge seines Hanges auch in Zukunft erhebliche Straftaten zu erwarten sein. Aus dem Hang muss sich folglich eine ungünstige Prognose ergeben.[768] Die allgemeine dogmatische Präzisierung des Begriffs der Gefährlichkeit ist trotz seiner Zentralität im gesamten Maßregelbereich nicht sehr ergiebig.[769] Definitionsgemäß bedeutet Gefährlichkeit eine „bestimmte Wahrscheinlichkeit" und nicht nur die bloße Möglichkeit der Begehung weiterer Straftaten.[770] Die Definition hat sich seit den Anfängen einer Theorie der Sicherungsmittel nicht wirklich geändert.[771] Eine extrem hohe Wiederholungsgefahr ist demnach nicht erforderlich.[772] Diese ‚bestimmt wahrscheinlichen' Straftaten müssen wie beim Hang erhebliche sein, die den Rechtsfrieden nachhaltig stören und den Täter daher als gefährlich für die Allgemeinheit erscheinen lassen.[773] Die geforderte Erheblichkeit ist eine besondere Ausprägung des in § 62 StGB einfachgesetzlich normierten Verhältnismäßigkeitsgrundsatzes, der für alle Maßregeln zu beachten ist.[774] Der Grad der Wahrscheinlichkeit hängt demnach von der Art und dem Ausmaß des zu erwartenden Schadens ab.[775] Das Vorliegen einer Gefahr *für die Allgemeinheit* bedeutet nicht, dass sie auf eine unbestimmte Vielzahl von

---

768 *Fischer,* Strafgesetzbuch und Nebengesetze, 60. Aufl., 2013, § 66 Rn. 32; *Bartsch,* Sicherungsverwahrung, 2010, S. 63.

769 *Dessecker,* Gefährlichkeit und Verhältnismäßigkeit, 2004, S. 181; vgl. auch *Hellmer,* Der Gewohnheitsverbrecher und die Sicherungsverwahrung 1934–1945, 1961, S. 326.

770 BGHSt 25, 59 (61); vgl. *Dessecker,* Gefährlichkeit und Verhältnismäßigkeit, 2004, S. 163 ff.; *Frisch,* Das Marburger Programm und die Maßregeln, ZStW 94 (1982), S. 577.

771 Vgl. *Dessecker,* Gefährlichkeit und Verhältnismäßigkeit, 2004, S. 163 ff.; *Frisch,* Das Marburger Programm und die Maßregeln, ZStW 94 (1982), S. 577.

772 BGH NStZ-RR 2006, S. 105; *Stree/Kinzig,* in: Schönke/Schröder, 28. Aufl., 2010, § 66 Rn. 34.

773 BGHSt 25, 59 (61); *Stree/Kinzig,* in: Schönke/Schröder, 28. Aufl., 2010, § 66 Rn. 34.

774 LK-*Rissing-van Saan/Peglau,* 12. Aufl., 2008, § 66 Rn. 143; *Fischer,* Strafgesetzbuch und Nebengesetze, 60. Aufl., 2013, § 62 Rn. 2.

775 LK-*Rissing-van Saan/Peglau,* 12. Aufl., 2008, § 66 Rn. 204; *Mushoff,* Strafe – Maßregeln – Sicherungsverwahrung, 2008, S. 64; *Kinzig,* Die Sicherungsverwahrung auf dem Prüfstand, 1996, S. 59.

Personen bezogen sein muss, d.h. drohende Gewaltdelikte im Familienverbund und im sozialen Nahbereich sind ausreichend.[776]

Der maßgebliche Zeitpunkt für die Beurteilung der Gefährlichkeit ist nach ständiger Rechtsprechung derjenige der Aburteilung.[777] Gemäß § 246a Satz 1 StPO a.F./§ 246a Abs. 1 Satz 1 StPO n.F. bedarf es der Hinzuziehung eines Sachverständigen, der zum Zustand und den Behandlungsaussichten des Täters zu vernehmen ist.[778] Darüber hinaus soll er sich über die Gesamtheit der Persönlichkeitsmerkmale äußern, „die für die Beurteilung seines Hangs und der ihm zu stellenden Gefährlichkeitsprognose bedeutsam sind."[779] Im Wesentlichen handelt es sich bei den Kriterien, die für die Gefährlichkeitsprognose herangezogen werden, um dieselben wie für den Hang – mit Hauptaugenmerk auf der Legalbiographie des Täters.[780] Daher geht die Rechtsprechung regelmäßig davon aus, dass bei Vorliegen der Hangtätereigenschaft auch die Gefährlichkeit zu bejahen sei.[781] Das Gericht hat dann im Rahmen einer Gesamtwürdigung des Täters und seiner Taten über dessen Gefährlichkeit zu befinden.[782]

bb) Kritik

Die Kritik des Gefährlichkeitsbegriffs bezieht sich primär auf die Unzulänglichkeit von Prognosen generell und von Gefährlichkeitsprognosen im Speziellen,

---

776 BGH NStZ-RR 1998, S. 206; LK-*Rissing-van Saan/Peglau,* 12. Aufl., 2008, § 66 Rn. 211.

777 Vgl. BGH-Beschluss v. 5. September 2008, 2 StR 265/08; *Fischer,* Strafgesetzbuch und Nebengesetze, 60. Aufl., 2013, § 66 Rn. 36; LK-*Rissing-van Saan/Peglau,* 12. Aufl., 2008, § 66 Rn. 206.

778 Kritisch zu § 246a StPO: *Pollähne,* Gutachten über „die Behandlungsaussichten" im Maßregelvollzug, Recht & Psychiatrie 2005, S. 171 ff.

779 BGH StV 1994, S. 231; *Stree/Kinzig,* in: Schönke/Schröder, 28. Aufl., 2010, § 66 Rn. 39; *Kinzig,* Die Sicherungsverwahrung auf dem Prüfstand, 1996, S. 61.

780 *Detter,* Zum Strafzumessungs- und Maßregelrecht, NStZ 1994, S. 477; LK-*Rissing-van Saan/Peglau,* 12. Aufl., 2008, § 66 Rn. 203; *Mushoff,* Strafe – Maßregeln – Sicherungsverwahrung, 2008, S. 64; *Kinzig,* Die Sicherungsverwahrung auf dem Prüfstand, 1996, S. 58 m.w.N.

781 BGHSt 50, 188 (196); *Detter,* Zum Strafzumessungs- und Maßregelrecht, NStZ 1994, S. 477; LK-*Rissing-van Saan/Peglau,* 12. Aufl., 2008, § 66 Rn. 203; *Mushoff,* Strafe – Maßregeln – Sicherungsverwahrung, 2008, S. 64; *Kinzig,* Die Sicherungsverwahrung auf dem Prüfstand, 1996, S. 58 m.w.N.

782 LK-*Rissing-van Saan/Peglau,* 12. Aufl., 2008, § 66 Rn. 213 ff.; *Bartsch,* Sicherungsverwahrung, 2010, S. 64 f.; *Mushoff,* Strafe – Maßregeln – Sicherungsverwahrung, 2008, S. 65 f.

wobei bereits eine erste begriffliche Korrektur vorgenommen werden muss. Denn der Begriff „Gefährlichkeitsprognose" impliziert, dass dem Menschen eine generelle Gefährlichkeit „quasi wie ein Persönlichkeitsmerkmal anhaftet".[783] Dies blendet das schon erwähnte komplexe Zusammenspiel von Personen- und Situationsfaktoren aus.[784] Ein Täter dürfte sich „nur in seltenen Fällen [...] per Persönlichkeitsdiagnostik als situationsinvariant ‚gefährlich' erweisen."[785] Zwar legt der Begriff „Gefährlichkeit" gerade eine personenbezogene Definition nahe.[786] Eine solche forensisch-psychologische Begutachtung, „die ausschließlich oder vorwiegend unter persönlichkeitsdiagnostischer Perspektive stattfindet, ist aber *notwendigerweise* mit Fehlern behaftet."[787] Deswegen soll im folgenden Abschnitt – trotz des dogmatisch geläufigeren Begriffs der Gefährlichkeitsprognose – der Begriff „Kriminalprognose" verwendet werden.[788] Eine pointierte Stellungnahme zu Kriminalprognosen hat *Rasch* geliefert:

> „Man könnte ein Referat zum Thema Kriminalprognosen in einem Satz zusammenfassen: Nach übereinstimmender Auffassung aus verschiedenen bzw. unterschiedlich ausgerichteten Lagern ist es sehr schwierig, vielleicht auch unmöglich, verläßlich eine Kriminalprognose für einen längeren Zeitraum zu stellen. Im Grunde gilt dies auch für menschliches Verhalten im Allgemeinen [...]".[789]

---

783 *Pollähne,* Kriminalprognostik, 2011, S. 9.

784 *Steller,* Gegenstandsbereiche und Methodik der psychologischen Begutachtung, in: Kröber u.a. (Hg.), Handbuch der forensischen Psychiatrie, Bd. 2, 2010, S. 192; vgl. auch *Rasch/Konrad,* Forensische Psychiatrie, 3. Aufl., 2004, S. 159 ff.

785 *Steller,* Gegenstandsbereiche und Methodik der psychologischen Begutachtung, in: Kröber u.a. (Hg.), Handbuch der forensischen Psychiatrie, Bd. 2, 2010, S. 192; *Dahle,* Grundlagen und Methoden der Kriminalprognose, in: Kröber u.a. (Hg.), Handbuch der forensischen Psychiatrie, Bd. 3, 2006, S. 7. Die neurobiologische Forschung sieht das durch Festschreibung von Gehirnzuständen naturgemäß anders, versieht sich selbst zum Glück noch mit dem Etikett „Forschungsebene!" und gesteht viele ungelöste Fragen ein: *Münz,* Forensische Gefährlichkeitsprognosen aus (neuro-)biologischer Sicht, in: Barton (Hg.), „... weil er für die Allgemeinheit gefährlich ist!", 2006, S. 272, 275.

786 *Steller,* Gegenstandsbereiche und Methodik der psychologischen Begutachtung, in: Kröber u.a. (Hg.), Handbuch der forensischen Psychiatrie, Bd. 2, 2010, S. 192.

787 *Steller,* Gegenstandsbereiche und Methodik der psychologischen Begutachtung, in: Kröber u.a. (Hg.), Handbuch der forensischen Psychiatrie, Bd. 2, 2010, S. 192 f., Hervorhebung durch Verfasserin.

788 So *Pollähne,* Kriminalprognostik, 2011, S. 8.

789 *Rasch,* Verhaltenswissenschaftliche Kriminalprognosen, in: Frisch/Vogt (Hg.), Prognoseentscheidungen in der strafrechtlichen Praxis, 1994, S. 17; vgl. auch *Rasch/Konrad,* Forensische Psychiatrie, 3. Aufl., 2004, S. 388; ebenso sehen das *Albrecht/*

Ihre Grundlage findet diese Stellungnahme zunächst in der Tatsache, dass jeder Prognose Fehler inhärent sind. Damit sind die wissenschaftstheoretischen Gründe für die Unzulänglichkeit prognostischer Entscheidungen gemeint.[790] Bei den in Rede stehenden Kriminalprognosen können die auftretenden Prognosefehler mit folgender Abbildung aufgezeigt werden:

Kriminalprognose-Fehler		**Kriminalprognose: Rückfall**	
		… zu erwarten	… nicht zu erwarten
Realität: Rückfall	… eingetreten	richtiger Positiver	falscher Negativer
	… nicht eingetreten	falscher Positiver	richtiger Negativer

Quelle: *Pollähne*, Kriminalprognostik zwischen richtigen Basisraten und falschen Positiven, in: Barton (Hg.), „… weil er für die Allgemeinheit gefährlich ist!“, 2006, S. 247

In dieser Abbildung lassen sich zwei Prognosefehler zwei Prognosetreffern gegenüberstellen. Im Fall des „richtigen Positiven“ wird dieser gemäß Vorhersage rückfällig, während beim „falschen Positiven“ ein Rückfall trotz Vorhersage ausbleibt. Der „falsche Negative“ wird entgegen der Vorhersage rückfällig, während der „richtige Negative“ gemäß der Vorhersage nicht rückfällig wird. Im Prinzip gibt es also keine „falsche“ Prognose, sondern nur eine schlechte, nicht nach den Regeln der Kunst erstellte Prognose.[791]

Die Treffsicherheit von Prognosen hängt von zwei Dingen ab. *Erstens* müssen die realen Verhältnisse (Basisrate) der Vorhersage (Auswahlsatz) in einer Serie von Entscheidungen entsprechen.[792] *Zweitens* muss das Prognoseinstrument richtig

Schumann u.a., Lockerungen im Maßregelvollzug (§ 63 StGB), NStZ 1991, S. 65; *Albrecht/Baltzer/Krehl,* Der schwierige Weg der Dritten Gewalt zwischen Freiheit und Sicherheit, Forensische Psychiatrie, Psychologie, Kriminologie, 2010, S. 18; *Frisch,* Strafrechtliche Prognoseentscheidungen aus rechtswissenschaftlicher Sicht, in: ders./Vogt (Hg.), Prognoseentscheidungen in der strafrechtlichen Praxis, 1994, S. 60; eine umfassende Auseinandersetzung und Kritik liefert *Pollähne,* Kriminalprognostik, 2011; vgl. auch *Cornel,* Die Gefährlichkeit von Gefährlichkeits-Prognosen, in: Cornel (Hg.), Neue Kriminalpolitik und Soziale Arbeit, 2002, S. 101, 104.

790 *Nedopil,* Prognosebegutachtungen bei zeitlich begrenzten Freiheitsstrafen, NStZ 2002, S. 346.

791 *Pollähne,* Kriminalprognostik zwischen richtigen Basisraten und falschen Positiven, in: Barton (Hg.), „… weil er für die Allgemeinheit gefährlich ist!“, 2006, S. 225.

792 *Schumann,* Prognosen in der strafgerichtlichen Praxis und deren empirische Grundlagen, in: Frisch/Vogt (Hg.), Prognoseentscheidungen in der strafrechtlichen Praxis, 1994, S. 37; vgl. auch *Kinzig,* Die Sicherungsverwahrung auf dem Prüfstand, 1996, S. 79.

arbeiten.[793] Die Fehlerrate korreliert mit der Höhe des Wahrscheinlichkeitsgrades des zu prognostizierenden Ereignisses. Je niedriger die Wahrscheinlichkeit des Ereignisses ist (Basisrate), desto höher ist die Fehlerquote.[794] Die Wahrscheinlichkeitsgrade erwachsen aus der Erfahrungsbasis. Jede Prognosemethode rekurriert auf die „mehr oder weniger bewusste Verarbeitung vergangener ‚Fälle'".[795] Eine erfahrungswissenschaftliche Fundierung steht dabei in ständiger Gefahr sich einerseits in persönliche, subjektive Erfahrung oder andererseits in „pseudowissenschaftlichen Schematismus" aufzulösen.[796] Auch wenn die Gefahren einer erfahrungswissenschaftlichen Fundierung ernst genommen werden und der Versuch unternommen wird, sie durch reflexive Prozesse zu minimieren, bleibt der Hiatus im Schluss von abstrakter Theorie und/oder Statistik auf den konkreten Einzelfall unüberbrückbar bestehen.[797] Gut prognostizierbare Ereignisse beruhen daher im Allgemeinen auf einer breiten Erfahrungsbasis.[798] Im Alltäglichen ist folglich eine hohe Trefferwahrscheinlichkeit gewährleistet, die das soziale Leben in seinen funktionalen Kontexten trägt.[799]

Ganz anderes gilt für Kriminalprognosen, deren Unsicherheiten gerade im Mangel des Alltäglichen begründet sind.[800] Es geht um den Eintritt relativ seltener

---

793 *Schumann,* Prognosen in der strafgerichtlichen Praxis und deren empirische Grundlagen, in: Frisch/Vogt (Hg.), Prognoseentscheidungen in der strafrechtlichen Praxis, 1994, S. 37.

794 *Schumann,* Prognosen in der strafgerichtlichen Praxis und deren empirische Grundlagen, in: Frisch/Vogt (Hg.), Prognoseentscheidungen in der strafrechtlichen Praxis, 1994, S. 38; *Pollähne,* Kriminalprognostik zwischen richtigen Basisraten und falschen Positiven, in: Barton (Hg.), „... weil er für die Allgemeinheit gefährlich ist!", 2006, S. 253.

795 *Pollähne,* Kriminalprognostik zwischen richtigen Basisraten und falschen Positiven, in: Barton (Hg.), „... weil er für die Allgemeinheit gefährlich ist!", 2006, S. 242.

796 *Pollähne,* Kriminalprognostik zwischen richtigen Basisraten und falschen Positiven, in: Barton (Hg.), „... weil er für die Allgemeinheit gefährlich ist!", 2006, S. 242.

797 *Pollähne,* Kriminalprognostik zwischen richtigen Basisraten und falschen Positiven, in: Barton (Hg.), „... weil er für die Allgemeinheit gefährlich ist!", 2006, S. 246; s. auch *Hassemer,* Einführung in die Grundlagen des Strafrechts, 2. Aufl., 1990, S. 41.

798 *Rasch,* Verhaltenswissenschaftliche Kriminalprognosen, in: Frisch/Vogt (Hg.), Prognoseentscheidungen in der strafrechtlichen Praxis, 1994, S. 20.

799 Vgl. *Rasch,* Verhaltenswissenschaftliche Kriminalprognosen, in: Frisch/Vogt (Hg.), Prognoseentscheidungen in der strafrechtlichen Praxis, 1994, S. 20.

800 *Rasch,* Verhaltenswissenschaftliche Kriminalprognosen, in: Frisch/Vogt (Hg.), Prognoseentscheidungen in der strafrechtlichen Praxis, 1994, S. 20; vgl. auch *Cornel,* Die Gefährlichkeit von Gefährlichkeits-Prognosen, in: Cornel (Hg.), Neue Kriminalpolitik und Soziale Arbeit, 2002, S. 99; *Kinzig,* Die Sicherungsverwahrung auf dem Prüfstand, 1996, S. 79 ff.

Ereignisse bei relativer Unkenntnis der situativen Bedingungen und der Einflüsse auf den Probanden und sein Leben.[801] Zudem findet eine „echte“ Prüfung prognostischer Aussagen nicht statt, da Sicherungsverwahrte[802] mit ungünstiger Prognose nicht entlassen werden.[803] Hinzu kommt, dass es bei den bedeutsamen Kriminalprognosen im Maßregelrecht – über Anordnung und Vollstreckung sowie Entlassung – immer um längere Zeiträume geht, die prognostisch abgedeckt werden sollen. Eine wesentliche Grenze der Treffsicherheit prognostischer Entscheidungen ist aber die Zeit.[804] Aus diesen Grenzen prognostischer Entscheidungen muss dann jedoch gefolgert werden, dass auch eine nach den Regeln der Kunst erstellte Prognose, wenig aussagekräftig ist, wenn deren geringe Trefferquote nicht jenseits von Zufallswahrscheinlichkeiten angesiedelt werden kann.[805] Eine differenziertere Typologie kann hier nur begrenzt Abhilfe schaffen, weil dann das Problem auftaucht, in welche der zahlreichen Kategorien der neue „Fall“ einzuordnen ist.[806]

Weitere Schwierigkeiten bei prognostischen Verfahren ergeben sich aus dem Umschlagpunkt. Das ist der Punkt, an dem die positive in eine negative Prognose umschlägt. Prognosen werden umso fehleranfälliger, je näher sie dem Umschlagpunkt kommen (sog. Mittelfeld-Problem).[807] Die richtige Einschätzung der Basisrate

---

801 *Pollähne,* Kriminalprognostik zwischen richtigen Basisraten und falschen Positiven, in: Barton (Hg.), „… weil er für die Allgemeinheit gefährlich ist!“, 2006, S. 245; vgl. auch *Nedopil,* Prognosebegutachtungen bei zeitlich begrenzten Freiheitsstrafen, NStZ 2002, S. 346; *Rasch/Konrad,* Forensische Psychiatrie, 3. Aufl., 2004, S. 391.

802 Das gilt ebenso für die nach § 63 StGB Untergebrachten und Straftäter, die lebenslange Freiheitsstrafe verbüßen müssen.

803 *Nedopil,* Prognosebegutachtungen bei zeitlich begrenzten Freiheitsstrafen, NStZ 2002, S. 346; *Rasch/Konrad,* Forensische Psychiatrie, 3. Aufl., 2004, S. 392; herangezogen werden Rückfallstudien, deren Brauchbarkeit wiederum von vielen Faktoren abhängt und deren grundsätzliche Verzerrungen nicht behoben werden können: *Dahle,* Grundlagen und Methoden der Kriminalprognose, in: Kröber u.a. (Hg.), Handbuch der forensischen Psychiatrie, Bd. 3, 2006, S. 16 ff.

804 *Nedopil,* Prognosebegutachtungen bei zeitlich begrenzten Freiheitsstrafen, NStZ 2002, S. 348; vgl. auch *Dahle,* Grundlagen und Methoden der Kriminalprognose, in: Kröber u.a. (Hg.), Handbuch der forensischen Psychiatrie, Bd. 3, 2006, S. 11 f.

805 *Pollähne,* Kriminaldiagnostik, 2011, S. 230.

806 *Pollähne,* Kriminaldiagnostik, 2011, S. 232; vgl. auch *Rasch/Konrad,* Forensische Psychiatrie, 3. Aufl., 2004, S. 390; *Dahle,* Grundlagen und Methoden der Kriminalprognose, in: Kröber u.a. (Hg.), Handbuch der forensischen Psychiatrie, Bd. 3, 2006, S. 6 f.

807 *Pollähne,* Kriminaldiagnostik, 2011, S. 238; *Rasch/Konrad,* Forensische Psychiatrie, 3. Aufl., 2004, S. 138; vgl. zum Mittelfeldproblem auch *Frisch,* Prognoseentscheidungen im Strafrecht, 1983, S. 49 ff.

ermöglicht es aber statistisch zu ermitteln, welche Art Prognosefehler das Prognoseinstrument macht – unter Zugrundelegungen einer festen Treffergenauigkeit von z.B. 75 %.[808] So kann ermittelt werden, ob mehr falsche Positive oder mehr falsche Negative prognostiziert werden. Zur Verdeutlichung sei folgendes Rechenbeispiel von *Nedopil* angeführt:[809]

Basisrate der Rückfälligkeit = 20 %

Trefferquote der Prognosemethode = 75 %

Kriminalprognose-Fehler		**Kriminalprognose: Rückfall**	
		… zu erwarten	… nicht zu erwarten
Realität: Rückfall	… eingetreten	15 (19)	5 (1)
	… nicht eingetreten	20 (68)	60 (12)

( ) = Veränderung der Zahlen bei Inkaufnahme *eines* Rückfalls bei 100 Begutachtungen

An dem Beispiel wird deutlich, dass eine bestimmte Art von Fehlern vermieden werden kann, in dem der Umschlagpunkt oder auch *cut off*-Wert verändert wird.[810] Aus der Abbildung lässt sich ebenfalls ersehen, dass die Forderung nach hoher Sicherheit (also nur 1 Rückfall bzw. falsch Negativer pro 100) bei gleich bleibender Trefferquote des Instruments zulasten der Spezifität geht.[811] Damit wird „die Rückfallrate außerhalb des Vollzuges optimal minimiert, zugleich aber die Zahl illegitimer Freiheitsentziehungen, also die theoretische ‚Freiheitsberaubungsrate' optimal maximiert."[812] Im Mittelfeld besteht deswegen die große Gefahr, die Gefährlichkeit der Betroffenen zu überschätzen.[813]

Vor diesem Hintergrund bezeichnet *Cornel* „Gefährlichkeitsprognosen" selbst als gefährlich.[814] Die These von der ‚Gefährlichkeit' dieser empirisch-statistischen

808 *Schumann,* Prognosen in der strafgerichtlichen Praxis und deren empirische Grundlagen, in: Frisch/Vogt (Hg.), Prognoseentscheidungen in der strafrechtlichen Praxis, 1994, S. 38.

809 *Nedopil,* Prognosebegutachtungen bei zeitlich begrenzten Freiheitsstrafen, NStZ 2002, S. 347.

810 *Schumann,* Prognosen in der strafgerichtlichen Praxis und deren empirische Grundlagen, in: Frisch/Vogt (Hg.), Prognoseentscheidungen in der strafrechtlichen Praxis, 1994, S. 38; *Pollähne,* Kriminalprognostik zwischen richtigen Basisraten und falschen Positiven, in: Barton (Hg.), „… weil er für die Allgemeinheit gefährlich ist!", 2006, S. 38.

811 *Nedopil,* Prognosebegutachtungen bei zeitlich begrenzten Freiheitsstrafen, NStZ 2002, S. 346.

812 *Pollähne,* Kriminalprognostik, 2011, S. 239.

813 *Rasch/Konrad,* Forensische Psychiatrie, 3. Aufl., 2004, S. 138.

814 Vgl. den Titel seines Aufsatzes: Die Gefährlichkeit von Gefährlichkeits-Prognosen, in: Cornel (Hg.), Neue Kriminalpolitik und Soziale Arbeit, 2002, S. 97 ff.

Herangehensweise und der tatsächlichen „Freiheitsberaubungsrate" wird anhand der von *Cornel* referierten Untersuchungen konkretisiert.[815] Bei den Untersuchungen wurde die Rückfallquote von Probanden erfasst, die entgegen der Empfehlung der Behandlungseinrichtung bzw. trotz diagnostizierter Gefährlichkeit entlassen wurden. Danach wurden im Schnitt fast zwei Drittel, teilweise 80 % der entlassenen Strafgefangenen *nicht* wieder rückfällig.[816] Für Deutschland ist die Untersuchung von *Alex* exemplarisch, die die Legalbewährung von Haftentlassenen nach erfolglosen Anträgen auf nachträgliche Unterbringung in der Sicherungsverwahrung zum Gegenstand hatte.[817] Zusammenfassend schreibt er, dass die „Rückfallhäufigkeit im Rahmen der sonstigen Befunde aus der Rückfallforschung, im Hinblick auf mit unbedingter Freiheitsstrafe geahndeter erheblicherer Delinquenz [...] mit 16 % eher an der unteren Grenze [liegt], obwohl allen Entlassenen eine schlechte Prognose für künftige Straffälligkeit gestellt worden war."[818] Das mag auch damit zusammenhängen, dass der Gutachter bei der Fehlprognose eines falschen Negativen selbst strafrechtlichen Risiken sowie dem gesellschaftlichen und kriminalpolitischen Druck zur Vermeidung solcher Fehlprognosen ausgesetzt ist.[819] Der Kriminalprognose ist unter diesen Umständen die Überschätzung der Gefährlichkeit inhärent.[820]

d) Fazit: Die Unsicherheit der materiellen Voraussetzungen

In Anbetracht dessen ist die Haltung des Bundesverfassungsgerichts, die (wissenschaftstheoretischen) Grundlagen und Probleme nicht in die rechtliche Bewertung der Sicherungsverwahrung mit einzubeziehen und von der Sicherheit prognostischer Entscheidungen bei bestimmten Fallgruppen zu sprechen, zumindest fragwürdig. Damit blendet das Gericht das schwerwiegende Problem im Mittelfeld und die Tendenz einer Überschätzung der Gefährlichkeit völlig

---

815 *Cornel,* Die Gefährlichkeit von Gefährlichkeits-Prognosen, in: Cornel (Hg.), Neue Kriminalpolitik und Soziale Arbeit, 2002, S. 101 ff.

816 Vgl. die genauen Zahlen bei *Cornel,* Die Gefährlichkeit von Gefährlichkeits-Prognosen, in: Cornel (Hg.), Neue Kriminalpolitik und Soziale Arbeit, 2002, S. 101 ff.

817 *Alex,* Nachträgliche Sicherungsverwahrung – ein rechtsstaatliches und kriminalpolitisches Debakel, 2010, S. 79 ff.; vgl. auch *Rasch/Konrad,* Forensische Psychiatrie, 3. Aufl., 2004, S. 391.

818 *Alex,* Nachträgliche Sicherungsverwahrung – ein rechtsstaatliches und kriminalpolitisches Debakel, 2010, S. 134.

819 *Barton,* Prognosegutachten, Neurobiologie, Sicherungsverwahrung, in: ders. (Hg.), „... weil er für die Allgemeinheit gefährlich ist!", 2006, S. 15.

820 *Kunz,* Die Sicherung als gefährlich eingestufter Rechtsbrecher, in: ders. (Hg.), „... weil er für die Allgemeinheit gefährlich ist!", 2006, S. 84.

aus. Diese Probleme zielen allerdings auf den Kern der verfassungsrechtlichen Fragestellung, wie viel prognostische Unsicherheit der einzelne Straftäter bzw. die Allgemeinheit ertragen muss, der sich das Bundesverfassungsgericht nicht durch die Überantwortung der Frage an die Tatgerichte entledigen kann.[821] Weder die Formulierung von „Mindestanforderungen für Prognosegutachten" seitens der Wissenschaft[822] noch der (nicht gefruchtete) Verweis auf die Bedeutung von Lockerungen können diese Bewertung entbehrlich machen. Schon der Hangbegriff hätte zu einer Kritik seitens des Bundesverfassungsgerichts genügend Anlass gegeben. Im Gegensatz dazu nimmt der EGMR zur Kritik an den materiellen Voraussetzungen in seinen Entscheidungen dezidiert Stellung.

II. Änderungen durch das Gesetz vom 22. Dezember 2010

Die Änderungen durch das Gesetz vom 22. Dezember 2010 haben im Bereich der formellen Voraussetzungen der traditionellen bzw. primären Sicherungsverwahrung zu erheblichen Abweichungen geführt. Auch bei den materiellen Voraussetzungen wurde eine Einschränkung vorgenommen, die – wie bereits angemerkt[823] – unabhängig von der Stichtagsregelung nach dem Meistbegünstigungsgebot Anwendung finden soll. Erklärte Leitlinie des Gesetzgebers war hier, dass der „Kreis der Straftaten, auf denen eine Sicherungsverwahrung grundsätzlich beruhen kann, stärker auf Delikte gegen höchstpersönliche Rechtsgüter, einschließlich gemeingefährlicher Straftaten, konzentriert" wird.[824] Zudem wurde das Therapieunterbringungsgesetz für die so genannten Vertrauensschutzfälle verabschiedet. Dies betrifft solche Personen, die sich in der primären Sicherungsverwahrung befinden und auf die der Wegfall der Zehn-Jahres-Höchstfrist rückwirkend angewandt wurde. Wie bereits oben ausgeführt, sind jedoch die Übergangsregelungen des Art. 316e EGStGB und die in Art. 316f EGStGB übernommene Weitergeltungsanordnung des Bundesverfassungsgerichts zu beachten.[825]

821 Vgl. *Rasch/Konrad,* Forensische Psychiatrie, 3. Aufl., 2004, S. 391.
822 *Boetticher u.a.,* Mindestanforderungen für Prognosegutachten, NStZ 2006, S. 537 ff.
823 Vgl. in diesem Kapitel, B. I. 2. b).
824 BT-Drs. 17/3403, S. 22.
825 Vgl. in diesem Kapitel, A.

1. § 66 StGB n.F.

a) Formelle Voraussetzungen

In § 66 Abs. 1 StGB n.F. wurde eine neue Nr. 1 eingefügt, die die vorsätzliche Anlasstat, für die der Täter zu mindestens zwei Jahren Freiheitsstrafe verurteilt werden muss, auf einen Straftatenkatalog beschränkt. Ziel des Gesetzgebers war es solche Delikte dem Anwendungsbereich des § 66 StGB zu entziehen, „die sich gegen das Vermögen (in einem weit verstandenen Sinne) richten und nicht mit der Anwendung von Gewalt gegen Personen verbunden sind.“[826] *Nr. 1a* benennt höchstpersönliche Rechtsgüter, gegen die sich die Straftat richten muss. Damit sind die Delikte des 13., 16., 17. und 18. Abschnitts des Besonderen Teils gemeint, also die Straftaten gegen die sexuelle Selbstbestimmung, gegen das Leben und die körperliche Unversehrtheit sowie gegen die persönliche Freiheit.[827] *Nr. 1b* erfasst weitere besonders schwere Delikte. Im Einzelnen sind das die Staatsschutzdelikte des 1. und 7. Abschnitts, die Raub- und Erpressungsdelikte des 20. Abschnitts, die gemeingefährlichen Straftaten des 28. Abschnitts, Betäubungsmittelstraftaten und Taten nach dem Völkerstrafgesetzbuch.[828] Der Schweregrad wird durch die Mindeststrafrahmenobergrenze von zehn Jahren angezeigt.[829] *Nr. 1c* führt als weitere Anlasstaten § 145a StGB (Verstoß gegen Weisungen während der Führungsaufsicht) und § 323a StGB (Vollrausch) auf. Jedoch muss die Führungsaufsicht aufgrund einer Straftat nach Nr. 1a oder Nr. 1b eingetreten sein bzw. die Straftaten, die im Vollrausch begangen wurden, solche der Nr. 1a oder Nr. 1b sein.[830] Die Einbeziehung des § 145a StGB ist im Hinblick auf die viel geringere Strafwürdigkeit des § 145a StGB kritisch zu betrachten. § 145a StGB bestraft lediglich den Ungehorsam eines Unterstellten – mag sich der Anordnungsgrund auch auf Katalogtaten beziehen.[831]

---

826 BT-Drs. 17/3403, S. 15, 22.

827 BT-Drs. 17/3403, S. 22; MüKo-StGB-*Ullenbruch/Drenkhahn/Morgenstern,* 2. Aufl., 2012, § 66 Rn. 57.

828 BT-Drs. 17/4062, S. 14, im ursprünglichen Gesetzentwurf war keine Begrenzung auf bestimmte Deliktsgruppen vorgesehen, sodass z.B. auch § 244 StGB unter die Katalogtaten gefallen wäre, vgl. BT-Drs. 17/3403, S. 23.

829 BT-Drs. 17/3403, S. 22 f. i.V.m. BT-Drs. 17/4062, S. 14; MüKo-StGB-*Ullenbruch/Drenkhahn/Morgenstern,* 2. Aufl., 2012, § 66 Rn. 58.

830 BT-Drs. 17/3403, S. 23 f.

831 MüKo-StGB-*Ullenbruch/Drenkhahn/Morgenstern,* 2. Aufl., 2012, § 66 Rn. 59.

In Abs. 1 Nr. 2 wird dann konsequenterweise normiert, dass auch die Vorverurteilungen wegen der in Nr. 1 genannten Katalogtaten erfolgt sein müssen. Ansonsten gelten die dogmatischen Präzisierungen der alten Fassung.[832] Das Erfordernis der Vorverbüßung entspricht auch der alten Fassung und befindet sich jetzt in Abs. 1 Nr. 3.[833] In *Abs. 2*, die Norm für unentdeckt gebliebene, „gefährliche Serientäter", wurde auch eine Beschränkung auf die Katalogtaten des Abs. 1 Nr. 1 vorgenommen.[834] Für die Anordnungsmöglichkeit nach *Abs. 3 Satz 1* und *Satz 2* wurde der Straftatenkatalog insoweit an den in Abs. 1 Nr. 1 genannten angepasst, als nunmehr neben den enumerativ aufgezählten Vergehen nur Verbrechen im Sinne des Abs. 1 Nr. 1 als mögliche Anlasstaten in Betracht kommen.[835] Des Weiteren wurde die nach dem Wortlaut bestehende Anordnungsmöglichkeit der Sicherungsverwahrung auch wegen eines nur fahrlässigen Vollrauschs gestrichen und so der Kritik im Schrifttum entsprochen.[836]

Ferner wurde die Verjährungsregelung in *Abs. 4 Satz 3* geändert. Im ursprünglichen Gesetzentwurf wurde zunächst für Straftaten gegen die sexuelle Selbstbestimmung die Verjährungszeitspanne auf zehn Jahre hochgesetzt und somit verdoppelt.[837] In der Begründung heißt es hierzu, dass im Fall „Karl D." und in einem weiteren Beispielsfall eine frühere Vergewaltigung wegen Rückfallverjährung nicht berücksichtigt werden und daher keine primäre Sicherungsverwahrung verhängt werden konnte.[838] Zu diesem Zeitpunkt gab es auch (noch) keine vorbehaltene Sicherungsverwahrung für sogenannte „Ersttäter" und die nachträgliche Sicherungsverwahrung wurde wegen fehlender erheblicher neuer Tatsachen abgelehnt.[839] Darüber hinaus wird dort auf Statistiken verwiesen, die von einer Rückfallquote

---

832 BT-Drs. 17/3403, S. 24; *Fischer,* Strafgesetzbuch und Nebengesetze, 60. Aufl., 2013, § 66 Rn. 7.

833 BT-Drs. 17/3403, S. 24.

834 BT-Drs. 17/3403, S. 24; MüKo-StGB-*Ullenbruch/Drenkhahn/Morgenstern,* 2. Aufl., 2012, § 66 Rn. 138.

835 BT-Drs. 17/3403, S. 24.

836 BT-Drs. 17/3403, S. 24.

837 BT-Drs. 17/3403, S. 25.

838 BT-Drs. 17/3403, S. 25. Beim Fall Karl D. handelt es sich um den Straftäter, welcher sich nach seiner Entlassung in Heinsberg, Nordrhein-Westfalen niederlassen wollte und vor welchem der dortige Landrat öffentlich gewarnt hatte, vgl. hierzu die Berichterstattung auf faz.net vom 13. Januar 2010, http://www.faz.net/aktuell/gesellschaft/kriminalitaet/urteil-des-bundesgerichtshofs-vergewaltiger-karl-d-bleibt-auf-freiem-fuss-1908764.html, letzter Zugriff 23. November 2013, und den Artikel in der FAS vom 15. März 2009, S. 66.

839 BT-Drs. 17/3403, S. 25.

von 6 % bzw. 7 % ausgehen.[840] Bei der Gesamtwürdigung von Taten und Täter müsse natürlich die Länge der rückfallfreien Zeit berücksichtigt werden.[841]

Die letztlich Gesetz gewordene Beschlussempfehlung des Rechtsausschusses sieht jedoch eine Verdreifachung der früheren Verjährungszeitspanne für Sexualdelikte vor, weil zwei Gutachter im Verfahren auch diese Zeitspanne noch als nicht ausreichend bezeichnet hatten.[842] Da Art. 316e EGStGB für § 66 StGB statuiert, dass bei Anlasstaten, die vor dem 1. Januar 2011 begangen wurden, das mildere Gesetz zu gelten habe, ist – soweit auch nach der neue Fassung eine Anlasstat vorliegt – die Verjährungsregelung in der alten Fassung anzuwenden.[843] Bei Anwendung der Verjährungsregelung in der alten Fassung können infolgedessen keine Taten berücksichtigt werden, wenn zwischen ihnen und der folgenden Tat mehr als fünf Jahre verstrichen sind.[844] Diese sich für den ersten Moment auftuende, mutig und offen in Kauf genommene Schutzlücke besteht im Horizont der Gesetzesänderung vom 22. Dezember 2010 jedoch nicht. Für Altfälle bleibt weiterhin eine Anordnung nachträglicher Sicherungsverwahrung möglich und dafür reicht gerade gemäß § 66b Abs. 2 StGB *eine* Verurteilung insbesondere wegen Verbrechen gegen die sexuelle Selbstbestimmung aus.[845] Diese Anordnung nachträglicher Sicherungsverwahrung ist jedoch seit der Entscheidung des Bundesverfassungsgerichts vom 4. Mai 2011 bzw. der darauffolgenden Gesetzänderung von weiteren Voraussetzungen abhängig.

b) Materielle Voraussetzungen

Im Bereich der materiellen Voraussetzungen wurden bei der Konkretisierung der „erheblichen Straftaten“, zu denen der Hang bestehen muss – wie bereits im vorherigen Abschnitt berücksichtigt,[846] der „schwere wirtschaftliche Schaden“ gestrichen. Da es sich nur um eine beispielhafte Aufzählung handele, schließt das – laut Gesetzgeber – „die Berücksichtigung wirtschaftlicher Schäden, zum

840 BT-Drs. 17/3403, S. 25.
841 BT-Drs. 17/3403, S. 25.
842 BT-Drs. 17/4062, S. 14.
843 BT-Drs. 17/3403, S. 50; MüKo-StGB-*Ullenbruch/Drenkhahn/Morgenstern,* 2. Aufl., 2012, § 66 Rn. 88.
844 BT-Drs. 17/3403, S. 50; MüKo-StGB-*Ullenbruch/Drenkhahn/Morgenstern,* 2. Aufl., 2012, § 66 Rn. 88.
845 Vgl. die Voraussetzungen in diesem Kapitel, D. 1. a) bb).
846 Vgl. in diesem Kapitel, B. I. 2. b).

Beispiel bei den weiterhin erfassten Raub- und Erpressungsdelikten, nicht aus".[847] Jedoch kann ein schwerer Schaden nicht mehr aus einem reinen Eigentums- oder Vermögensdelikt hergeleitet werden.[848] Durch die Gesetzesänderung vom 22. Dezember 2010 wurde ferner der maßgebliche Zeitpunkt für die Gefährlichkeitsprognose noch einmal klargestellt. In der Praxis von Tatgerichten werde teilweise verkannt, dass „weder die bloße Möglichkeit noch die Hoffnung auf künftige Besserung" ausreiche und dadurch die Erfassung von gefährlichen Straftätern in der Sicherungsverwahrung nachhaltig konterkariert werde.[849] Solche denkbaren positiven Entwicklungen im Strafvollzug bleiben der obligatorischen Prüfung vor dessen Ende gemäß § 67c Abs. 1 StGB vorbehalten.[850]

2. Therapieunterbringungsgesetz für sogenannte „Vertrauensschutzfälle"

Beim Therapieunterbringungsgesetz handelt es sich vornehmlich um ein Maßnahmegesetz, das eine Lösung für solche Personen bieten möchte, deren über zehn Jahre hinaus andauernde Verwahrung gegen die EMRK verstößt.[851] Zunächst ist eine rechtskräftige Entscheidung erforderlich, die festlegt, „dass die betroffene Person deshalb nicht länger in der Sicherungsverwahrung untergebracht werden kann, weil ein Verbot rückwirkender Verschärfungen im Recht der Sicherungsverwahrung zu berücksichtigen ist" (§ 1 Abs. 1 ThUG).[852] Der Begriff des „Täters" wurde aus dem Gesetz getilgt. Der *Betroffene* muss zumindest eine unter den Katalog des § 66 Abs. 3 StGB fallende Straftat begangen haben. Demnach ist es nicht erforderlich, dass es sich dabei um die Anlasstat gehandelt hat.[853] Um die Konformität mit der EMRK herzustellen, ist weitere Voraussetzung eine „psychische Störung". Hierbei sollen an die vom EGMR entwickelten Voraussetzungen

847 BT-Drs. 17/4062, S. 14; vgl. dazu MüKo-StGB-*Ullenbruch/Drenkhahn/Morgenstern,* 2. Aufl., 2012, § 66 Rn. 109.

848 MüKo-StGB-*Ullenbruch/Drenkhahn/Morgenstern,* 2. Aufl., 2012, § 66 Rn. 109 f.

849 S. § 66 Abs. 1 Nr. 4 StGB n.F. und BT-Drs. 17/3403, S. 24, bei den Ermessensvorschriften in Abs. 2 und Abs. 3 dürften jedoch die mit dem Fortschreiten des Lebensalters erfahrungsgemäß eintretenden Haltungsänderungen Berücksichtigung finden.

850 MüKo-StGB-*Ullenbruch/Drenkhahn/Morgenstern,* 2. Aufl., 2012, § 66 Rn. 127.

851 BT-Drs. 17/3403, S. 53; *Kinzig,* Die Neuordnung des Rechts der Sicherungsverwahrung, NJW 2011, S. 181.

852 BT-Drs. 17/3403, S. 53; *Kinzig,* Die Neuordnung des Rechts der Sicherungsverwahrung, NJW 2011, S. 181.

853 BT-Drs. 17/3403, S. 53.

zu Art. 5 Abs. 1 Satz 2 Buchstabe e EMRK für eine Freiheitsentziehung angeknüpft werden (§ 1 Abs. 1 Nr. 1 ThUG).[854]

Da die dissoziale Persönlichkeitsstörung grundsätzlich von dem Begriff der psychischen Störung umfasst sei, ist bzw. soll der Begriff der psychischen Störung *weit* unterhalb der Schwelle einer Schuldfähigkeitsrelevanz angesiedelt sein.[855] Deswegen ist der Begriff jedoch durch seine Weite und Unbestimmtheit hoch problematisch. Er lässt erhebliche Spielräume zu und könnte folglich auf nahezu alle Altfälle angewandt werden.[856] Auch nach der Argumentation des EGMR im Urteil vom 13. Januar 2011 muss die Krankheit (nicht eine damit begründete Gefährlichkeit) die Zwangsunterbringung rechtfertigen.[857] *Mosbacher* will demgegenüber z.B. keine psychische Störung annehmen, „wenn die bisherigen Taten (und die prognostizierten) eher auf ‚rationaler' Grundlage begangen wurden, wie dies etwa bei Auftragsmördern oder Bankräubern der Fall sein kann."[858] Diese Negativ-Abgrenzung verdeutlicht die Weite des Begriffs. Denn selbst der Verweis auf ‚eher rationale Gründe' taugt kaum zur Eingrenzung oder zum Dialog zwischen Medizin und Recht.[859] *Mosbacher* selbst bestätigt das „nicht selten psychische Störungen im genannten Sinn festgestellt worden sind".[860] Der vom EGMR zitierte Bericht des Europäischen Ausschusses zur Verhütung von Folter schreibt hierzu, dass nach den Angaben des medizinischen Personals die meisten, wenn

---

854 BT-Drs. 17/3403, S. 53; vgl. hierzu die Kritik in MüKo-StGB-*Ullenbruch/Drenkhahn/Morgenstern,* 2. Aufl., 2012, § 66 Rn. 46.

855 BT-Drs. 17/3403, S. 53 f.; s. auch BVerfGE v. 4. Mai 2011, 2 BvR 2365/09 u.a., Rn. 152; BGH Beschluss v. 23. Mai 2011, 5 StR 394/10 u.a., Rn. 7.

856 Vgl. *Saß,* „Psychische Störung" zwischen Medizin und Recht: Anything goes?, Forensische Psychiatrie, Psychologie, Kriminologie 2011, S. 129 ff.; *Streng,* Die Zukunft der Sicherungsverwahrung nach der Entscheidung des Bundesverfassungsgerichts, JZ 2011, S. 832; *Volkmann,* Fremdbestimmung – Selbstbehauptung – Befreiung, JZ 2011, S. 838 f.; *Nußstein,* Das Therapieunterbringungsgesetz – Erste Erfahrungen aus der Praxis, NJW 2011, S. 1194; *Kinzig,* Die Neuordnung des Rechts der Sicherungsverwahrung, NJW 2011, S. 181 f.

857 Vgl. in diesem Teil, 2. Kapitel, B. I.

858 *Mosbacher,* Praktische Folgerungen aus dem Urteil des Bundesverfassungsgerichts zur Sicherungsverwahrung vom 4. Mai 2011, HRRS 2011, S. 235.

859 Vgl. *Kröber,* Psychiatrische Aspekte der Sicherungsverwahrung, MschrKrim 2004, S. 268, der „Berufsverbrecher" gar nicht erst in der Sicherungsverwahrung sehen will.

860 *Mosbacher,* Praktische Folgerungen aus dem Urteil des Bundesverfassungsgerichts zur Sicherungsverwahrung vom 4. Mai 2011, HRRS 2011, S. 235; vgl. dazu die Kritik von *Streng,* Die Zukunft der Sicherungsverwahrung nach der Entscheidung des Bundesverfassungsgerichts, JZ 2011, S. 832.

nicht alle Gefangenen an multiplen Persönlichkeitsstörungen litten.[861] Das Bundesverfassungsgericht geht in seinem Urteil vom 4. Mai 2011 von rund 80% der Untergebrachten mit einer behandlungsbedürftigen Auffälligkeit aus.[862] Hier besteht laut *Streng* die Gefahr, dass forensische Psychiater und Psychologen dazu verleitet werden, „mit psychowissenschaftlich eigentlich nicht begründbaren Diagnosen von Pseudo-Krankheiten der Justiz dabei zu helfen, eine rechtsstaatswidrig rückwirkend angeordnete oder verlängerte Unterbringung in der Sicherungsverwahrung unter anderer Bezeichnung fortzuführen."[863] Gleichzeitig bedeutet dies, dass eine Vergleichbarkeit mit den Begriffen der EMRK bzw. deren Auslegung durch den EGMR mehr als fraglich erscheint und eine Kollision mit strafrechtsunabhängigen, landesrechtlich geregelten Unterbringungsgesetzen für psychisch Kranke vorprogrammiert ist.[864] Nach der Argumentation des EGMR muss präzise zwischen einer Gefährlichkeitsprognose und einer sachverständig festgestellten psychischen Krankheit unterschieden werden. Eine Umetikettierung akzeptiert das Gericht gerade nicht.[865]

Des Weiteren muss die *Gesamtwürdigung* der Persönlichkeit, des Vorlebens und der Lebensverhältnisse ergeben, dass die betroffene Person *„infolge* ihrer psychischen Störung mit *hoher* Wahrscheinlichkeit das Leben, die körperliche Unversehrtheit, die persönliche Freiheit oder die sexuelle Selbstbestimmung einer anderen Person erheblich beeinträchtigt".[866] In § 1 Abs. 1 Nr. 2 ThUG wird noch die Prüfung der Erforderlichkeit der Unterbringung zum Schutz der Allgemeinheit normiert. Das betrifft die Frage nach milderen Mitteln zur Reduktion der Gefährlichkeit, insbesondere die Verhängung von Maßnahmen im Rahmen der Führungsaufsicht.[867] Abs. 2 ermöglicht eine Erstreckung auf bereits entlassene Sicherungsverwahrte.

---

861 EGMR-Entscheidung v. 17. Dezember 2009, Individualbeschwerde Nr. 19359/04, Rn. 77 (Rn. 96 des Berichts).

862 BVerfGE v. 4. Mai 2011, 2 BvR 2365/09 u.a., Rn. 123.

863 *Streng,* Die Zukunft der Sicherungsverwahrung nach der Entscheidung des Bundesverfassungsgerichts, JZ 2011, S. 832.

864 Vgl. *Streng,* Die Zukunft der Sicherungsverwahrung nach der Entscheidung des Bundesverfassungsgerichts, JZ 2011, S. 832; vgl. auch *Renzikowski,* Stellungnahme zum Entwurf eines Gesetzes zur Neuordnung des Rechts der Sicherungsverwahrung, Protokoll der 28. Sitzung des Rechtsausschusses des Bundestages vom 10. November 2010, Öffentliche Anhörung, S. 18 f.

865 Vgl. in diesem Teil, 2. Kapitel, B. I. und C.

866 § 1 Abs. 1 Nr. 1 ThUG, Hervorhebungen durch Verfasserin; vgl. BT-Drs. 17/3403, S. 54.

867 BT-Drs. 17/3403, S. 54.

Diese Regelung entfaltet besondere Brisanz, da sie auch als Korrekturmöglichkeit bereits in richterlicher Unabhängigkeit, nach den Maßstäben von Recht und Gesetz, getroffener Einzelfallentscheidungen gedeutet und somit als Verstoß gegen das Gewaltenteilungsprinzip gewertet werden kann.[868] Durch den Maßnahmecharakter des Gesetzes wird dieser Eindruck noch verstärkt.[869] § 2 ThUG konturiert dann geeignete geschlossene Einrichtungen für die Therapieunterbringung, die wegen ihrer medizinisch-therapeutischen Ausrichtung eine angemessene Behandlung der psychischen Störung gewährleisten können (Nr. 1), eine so wenig wie möglich belastende Unterbringung zulassen (Nr. 2) und räumlich und organisatorisch von Einrichtungen des Strafvollzugs getrennt sein müssen (Nr. 3).[870] Bei den übrigen Paragraphen handelt es sich um Verfahrensvorschriften und um Vorschriften zur Dauer, Verlängerung und Aufhebung der Therapieunterbringung.[871]

III. Vorgaben des Bundesverfassungsgerichts im Rahmen der Weitergeltungsanordnung bis 31. Mai 2013

Das Bundesverfassungsgericht hatte für die Anwendung der Sicherungsverwahrung in der Zeit bis zum 31. Mai 2013 vorgegeben, dass die Regelungen nur nach Maßgabe einer „strikten Verhältnismäßigkeitsprüfung" angewandt werden dürfen.[872] Dabei war zwischen ‚normalen' Fällen von Sicherungsverwahrung ohne Vertrauensschutzproblematik und den sogenannten „Vertrauensschutzfällen" zu differenzieren. Die Vertrauenschutzfälle umfassten nach dem Urteil des Bundesverfassungsgerichts nicht nur Fälle der rückwirkende Entgrenzung der Zehn-Jahres-Höchstfrist, sondern auch alle Fälle nachträgliche Sicherungsverwahrung.[873] Für die ‚normalen' Fälle

---

868 *Kinzig* spricht auch von einer besonderen Brisanz des Abs. 2, führt dies aber nicht weiter aus: Die Neuordnung des Rechts der Sicherungsverwahrung, NJW 2011, S. 181.

869 Vgl. dazu aber die Argumentation des BVerfG, das beim ThUG nicht von einem Einzelfallgesetz im Sinne des Art. 19 Abs. 1 Satz 1 GG ausgeht: BVerfGE v. 11. Juli 2013, 2 BvR 2302/11 und 2 BvR 1279/12, Rn. 126 ff.

870 BT-Drs. 17/3403, S. 54 f.

871 BT-Drs. 17/3403, S. 55 ff.; vgl. dazu *Nußstein,* Das Therapieunterbringungsgesetz – Erste Erfahrungen aus der Praxis, NJW 2011, S. 1194 ff.

872 BVerfGE v. 4. Mai 2011, 2 BvR 2365/09 u.a., Rn. 172.

873 BVerfGE v. 4. Mai 2011, 2 BvR 2365/09 u.a., Rn. 167 ff., 149; BVerfGE v. 8. Juni 2011, 2 BvR 2846/09, Rn. 19 f.; MüKo-StGB-*Ullenbruch/Drenkhahn/Morgenstern,* 2. Aufl., 2012, § 66 Rn. 44; vgl. zum Sonderproblem des § 66b Abs. 3 StGB in diesem Kapitel unter D. III.

der Sicherungsverwahrung gemäß § 66 StGB hieß das insbesondere, dass bei der Anordnung, des Vollzugs bzw. der Fortdauer von einem erhöhten Prognosemaßstab auszugehen war.[874]

Das Bundesverfassungsgericht gab zur Konkretisierung des Verhältnismäßigkeitsgrundsatzes an, „dass eine Gefahr schwerer Gewalt- und Sexualstraftaten aus konkreten Umständen in der Person oder dem Verhalten des Betroffenen“ abzuleiten sein muss.[875] Bezüglich der Grundlage der Prognose wurde betont, dass (allein) statistische Erkenntnisse unzureichend seien.[876] Was jedoch unter schweren Gewalt- und Sexualstraftaten zu verstehen ist, bedarf der Präzisierung. Hier könnten einerseits die unterschiedlichen normierten Prognosemaßstäbe eine Orientierung geben.[877] Andererseits könnten die in den formellen Voraussetzungen zum Ausdruck gekommenen gesetzgeberischen Wertungen im Gesetz zur Neuordnung des Rechts der Sicherungsverwahrung vom 22. Dezember 2010 in Bezug nommen werden.[878] Danach wären im Vergleich von § 66 Abs. 1 StGB n.F. und § 66 Abs. 3 StGB n.F. letztere „schwere“ Gewalt- und Sexualstraftaten.[879] Diese Wertung ist jedoch nicht zwingend. Von „schweren“ Gewalt- und Sexualstraftaten ließe sich auch erst beim Katalog des § 66a Abs. 2 Nr. 1 StGB sprechen.[880] Beim Maßstab der Prognose handelt es sich jedenfalls um einen restriktiveren als den in § 67d Abs. 3 StGB bzw. § 66 Abs. 1 Satz 1 Nr. 4 StGB normierten, da dort eine

874 BVerfGE v. 4. Mai 2011, 2 BvR 2365/09 u.a., Rn. 172; MüKo-StGB-*Ullenbruch/Drenkhahn/Morgenstern,* 2. Aufl., 2012, § 66 Rn. 42 ff.; *Fischer,* Strafgesetzbuch und Nebengesetze, 60. Aufl., 2013, § 66 Vorbemerkung Ziff. 7; *Mosbacher,* Praktische Folgerungen aus dem Urteil des Bundesverfassungsgerichts zur Sicherungsverwahrung vom 4. Mai 2011, HRRS 2011, S. 229, 237.

875 BVerfGE v. 4. Mai 2011, 2 BvR 2365/09 u.a., Rn. 172.

876 *Mosbacher,* Praktische Folgerungen aus dem Urteil des Bundesverfassungsgerichts zur Sicherungsverwahrung vom 4. Mai 2011, HRRS 2011, S. 231.

877 S. dazu den Versuch von *Mosbacher,* Praktische Folgerungen aus dem Urteil des Bundesverfassungsgerichts zur Sicherungsverwahrung vom 4. Mai 2011, HRRS 2011, S. 231 ff.

878 Vgl. *Mosbacher,* Praktische Folgerungen aus dem Urteil des Bundesverfassungsgerichts zur Sicherungsverwahrung vom 4. Mai 2011, HRRS 2011, S. 231 ff.

879 *Mosbacher,* Praktische Folgerungen aus dem Urteil des Bundesverfassungsgerichts zur Sicherungsverwahrung vom 4. Mai 2011, HRRS 2011, S. 231.

880 Der Münchner Kommentar verweist bei „schweren Gewalt- und Sexualstraftaten“ auf eine Präzisierung durch § 66a Abs. 2 Nr. 1 StGB n.F.: MüKo-StGB-*Ullenbruch/Drenkhahn/Morgenstern,* 2. Aufl., 2012, § 66a Rn. 73.

Gefahr erheblicher Straftaten ausreicht, die nur beispielhaft durch die seelisch und körperlich schwere Schädigung konkretisiert werden.[881]

Eine Berücksichtigung auch wirtschaftlicher Schäden war damit gegen die Intention des Gesetzgebers bei der Gesetzesänderung vom 22. Dezember 2010 jedenfalls für die Übergangszeit ausgeschlossen. Ebenso wurde ausdrücklich auf die Führungsaufsicht verwiesen. Es war dementsprechend immer zu prüfen, „ob und inwieweit der Gefährlichkeitsgrad des jeweiligen Beschwerdeführers hierüber reduziert werden kann."[882] Rückwirkungen hat der veränderte Prognosemaßstab auch auf die formellen Voraussetzungen. Nicht nur die Einbeziehung von § 145a StGB als Anlasstat ist vor diesem verfassungsrechtlichen Hintergrund fraglich. Sondern auch die Einbeziehung von Straftaten nach dem Betäubungsmittelgesetz sowie die Staatsschutzdelikte des 1. und 7. Abschnitts müssten nach der Bundesverfassungsgerichtsentscheidung aufgrund ihrer pauschalen Einbeziehung in jedem Fall durch den Gesetzgeber überdacht werden.[883] Das ist jedoch im Gesetz zur Umsetzung des Abstandsgebots nicht geschehen.

Für Vertrauensschutzfälle wurde der Prognosemaßstab durch das Bundesverfassungsgericht nochmals erhöht. Die Fortdauer der Sicherungsverwahrung gemäß §§ 66, 67d Abs. 3 Satz 1 StGB i.V.m. § 2 Abs. 6 StGB durfte im Rahmen der Weitergeltungsanordnung nur noch angeordnet werden, „wenn eine hochgradige Gefahr schwerster Gewalt- oder Sexualstraftaten aus konkreten Umständen in der Person oder dem Verhalten des Untergebrachten abzuleiten ist".[884] Dieser verschärfte Prognosemaßstab wurde vom Gesetzgeber durch das Gesetz zur Umsetzung des Abstandsgebots in Art. 316f EGStGB fortgeschrieben, da nach der Stichtagsregelung gemäß Art. 316e EGStGB weiterhin „in nicht unerheblichem Umfang" Vertrauensschutzfälle von Gesetzes wegen produziert werden.[885] Eine hochgradige Gefahr kommt z.B. in Betracht, wenn ein Straftäter bislang stets kurze Zeit nach Entlassung aus dem Freiheitsentzug schwerwiegende Gewalt- und Sexualstraftaten begangen hat und ihm demnach „auf der Stirn geschrieben"

---

881 Vgl. zu § 66 Abs. 1 Satz 1 Nr. 4 StGB n.F. *Hörnle,* Der Streit um die Sicherungsverwahrung, NJW 2011, S. 493; vgl. auch *Mosbacher,* Das Praktische Folgerungen aus dem Urteil des Bundesverfassungsgerichts zur Sicherungsverwahrung vom 4. Mai 2011, HRRS 2011, S. 231, der § 67d Abs. 3 StGB als Vergleichsmaßstab heranzieht, der mangels Hangmerkmals wohl das bessere Vergleichsobjekt ist.

882 BVerfGE v. 4. Mai 2011, 2 BvR 2365/09 u.a., Rn. 176.

883 Ebenso *Mosbacher,* Praktische Folgerungen aus dem Urteil des Bundesverfassungsgerichts zur Sicherungsverwahrung vom 4. Mai 2011, HRRS 2011, S. 232.

884 BVerfGE v. 4. Mai 2011, 2 BvR 2365/09 u.a., III. 2a) des Urteilstenors und Rn. 132.

885 Vgl. BT-Drs. 17/9874, S. 31.

stehe, dass er wieder einschlägige Straftaten begehen werde.[886] Zur Präzisierung des Begriffs „schwerste Gewalt- und Sexualstraftaten" schlägt *Mosbacher* vor, auf den gegenüber § 66 Abs. 3 StGB n.F. nochmals erhöhten Katalog von § 66a Abs. 2 Nr. 1 StGB n.F. zurückzugreifen.[887] Der Gesetzgeber habe dort diejenigen Straftaten genannt, deren Begehung ganz besonders schwer wiegt und bei denen das Sicherheitsinteresse der Allgemeinheit ebenso besonders hoch einzuschätzen ist.[888] *Peglau* spricht demgegenüber lediglich von drohenden einschlägigen Verbrechen, was schon vor dem Hintergrund der gesetzgeberischen Stufenfolge in den Regelungen zur Sicherungsverwahrung nicht zu überzeugen vermag.[889] Auch hier bleibt weiterhin zu prüfen, ob § 66a Abs. 2 Nr. 1 StGB n.F. für die Forderung des Bundesverfassungsgerichts nicht noch weiter einzuschränken ist, indem z.B. insbesondere § 250 Abs. 1 StGB aus dem Katalog entfernt wird.[890] Auch muss bei Straftaten nach dem 28. Abschnitt wohl genauer differenziert werden.[891]

Neben dem nochmals erhöhten Prognosemaßstab musste nach dem Bundesverfassungsgericht eine „psychische Störung" im Sinne von § 1 Abs. 1 Nr. 1 ThUG vorliegen,[892] da die Regelung in § 1 Abs. 1 Nr. 1 ThUG eine Konkretisierung des Art. 5 Abs. 1 Satz 2 Buchstabe e EMRK darstellt.[893] Dabei unterzog das Bundesverfassungsgericht das Therapieunterbringungsgesetz keiner verfassungsrechtlichen Prüfung. Es ließ die vom Gesetzgeber vorgenommene weite Fassung des Begriffs der psychischen Störung, die auch eine dissoziale Persönlichkeitsstörung umfasst, unbeanstandet bzw. übernahm sie implizit in seiner Auslegung.[894] In seiner Entscheidung zur Verfassungsmäßigkeit des Therapieunterbringungsgesetzes

---

886 *Mosbacher*, Praktische Folgerungen aus dem Urteil des Bundesverfassungsgerichts zur Sicherungsverwahrung vom 4. Mai 2011, HRRS 2011, S. 233. Die Formulierung „auf der Stirn geschrieben" stammt vom LG Berlin, Beschluss v. 4. April 2011, 598 StVK 360/10.

887 *Mosbacher*, Praktische Folgerungen aus dem Urteil des Bundesverfassungsgerichts zur Sicherungsverwahrung vom 4. Mai 2011, HRRS 2011, S. 233.

888 *Mosbacher*, Praktische Folgerungen aus dem Urteil des Bundesverfassungsgerichts zur Sicherungsverwahrung vom 4. Mai 2011, HRRS 2011, S. 233.

889 *Peglau*, Das BVerfG und die Sicherungsverwahrung, NJW 2011, S. 1926.

890 Vgl. die Einschränkung bei MüKo-StGB-*Ullenbruch/Drenkhahn/Morgenstern*, 2. Aufl., 2012, § 66a Rn. 73.

891 Vgl. hierzu *Mosbacher*, Praktische Folgerungen aus dem Urteil des Bundesverfassungsgerichts zur Sicherungsverwahrung vom 4. Mai 2011, HRRS 2011, S. 232.

892 BVerfGE v. 4. Mai 2011, 2 BvR 2365/09 u.a., III. 2a) des Urteilstenors.

893 Vgl. BVerfGE v. 4. Mai 2011, 2 BvR 2365/09 u.a., Rn. 152.

894 Vgl. BT-Drs. 17/3403, S. 54 und die Auslegung des Begriffs „unsound mind" durch das BVerfGE v. 4. Mai 2011, 2 BvR 2365/09 u.a., Rn. 152.

vom 11. Juli 2013, die im vierten Kapitel noch ausführlich besprochen wird, hält es seine Auffassung aufrecht, dass das Tatbestandsmerkmal der psychischen Störung nicht im Widerspruch zu den Wertungen des Art. 5 Abs. 1 Satz 2 Buchstabe e EMRK stehe.[895] Auch das Merkmal der psychischen Störung wurde in Art. 316f EGStGB übernommen. Demnach sind die soeben für das Therapieunterbringungsgesetz genannten Präzisierungen des Begriffs der psychischen Störung auf Vertrauensschutzfälle anzuwenden. Ebenso gilt die Kritik, die noch dahingehend ergänzt werden muss, dass hier ein nicht offen gelegter Dissens zwischen Bundesverfassungsgericht und EGMR vorliegt.[896] Der EGMR stellt entgegen der Auffassung des Bundesverfassungsgerichts bzw. des Gesetzgebers den Begriff der psychischen Störung bzw. der psychischen Krankheit in einen Zusammenhang mit der Erheblichkeitsschwelle des § 21 StGB. Darauf wird im vierten Kapitel noch einmal zurückgekommen.[897]

C. § 66a StGB: Vorbehalt der Unterbringung in der Sicherungsverwahrung

I. Regelung vor der Gesetzesänderung vom 22. Dezember 2010

§ 66a StGB a.F. wurde durch das Gesetz zur Einführung der vorbehaltenen Sicherungsverwahrung vom 21. August 2002 eingeführt.[898] Es betrifft (seltene) Fälle des § 66 Abs. 3 StGB a.F., in denen bei Aburteilung der Anlasstat die Gefährlichkeit des Täters zwar schon erkennbar ist bzw. möglich erscheint, aber (noch) nicht

895 BVerfGE v. 13. Juli 2013, 2 BvR 2302/11 und 2 BvR 1279/23, Rn. 88.

896 Vgl. *Hörnle,* Der Streit um die Sicherungsverwahrung, NJW 2011, S. 491; *Volkmann,* Fremdbestimmung – Selbstbehauptung – Befreiung, JZ 2011, S. 837 f.; *Renzikowski,* Stellungnahme zum Entwurf eines Gesetzes zur Neuordnung des Rechts der Sicherungsverwahrung, Protokoll der 28. Sitzung des Rechtsausschusses des Bundestages vom 10. November 2010, Öffentliche Anhörung, S. 18 f.

897 Vgl. *Hörnle,* Der Streit um die Sicherungsverwahrung, NJW 2011, S. 491; *Volkmann,* Fremdbestimmung – Selbstbehauptung – Befreiung, JZ 2011, S. 837 f.; *Renzikowski,* Stellungnahme zum Entwurf eines Gesetzes zur Neuordnung des Rechts der Sicherungsverwahrung, Protokoll der 28. Sitzung des Rechtsausschusses des Bundestages vom 10. November 2010, Öffentliche Anhörung, S. 18 f.

898 BGBl. 2002 I, S. 3344 ff.

mit hinreichender Sicherheit festgestellt werden kann.[899] Daher ist die Prüfung des § 66a StGB a.F. zweistufig aufgebaut. Zunächst kann das Tatgericht im Rahmen der Hauptverhandlung einen Vorbehalt anordnen, in einer zweiten Hauptverhandlung wird dann auf Basis einer Gesamtwürdigung über die Anordnung der Sicherungsverwahrung endgültig entschieden.[900] Im Rahmen der Gesamtwürdigung werden auch die Erkenntnisse aus dem Strafvollzug berücksichtigt. Im Prinzip zeigt die vorbehaltene Sicherungsverwahrung die Schwäche des § 66 Abs. 3 StGB a.F. auf. Aufgrund der schmalen Tatsachenbasis infolge der geringen Zahl der erforderlichen Straftaten ist der Hang und die Gefährlichkeit schwierig festzustellen.[901] Dieses Problem soll durch die Verlagerung des Entscheidungszeitpunktes gelöst werden, indem nun auch auf Erkenntnisse aus dem Vollzug zurückgegriffen werden kann.[902] § 66 StGB a.F. und § 66a StGB a.F. stehen in einem strikten Ausschließlichkeitsverhältnis zueinander, d.h. § 66 StGB a.F. ist immer zuerst zu prüfen. Wenn die Tatbestandsvoraussetzungen des § 66 StGB vorliegen, scheidet eine Anwendung des § 66a StGB a.F. aus. Im Rahmen der Ermessenvorschriften des § 66 Abs. 2 und 3 StGB a.F. kann auch nicht auf § 66a StGB a.F. als (vermeintlich) mildere Vorschrift ausgewichen werden.[903] Der Gesetzgeber hat die Möglichkeit vorbehaltener Sicherungsverwahrung seit 2003 – wie oben dargelegt – auch für Heranwachsende in § 106 Abs. 3 Satz 2 JGG a.F. vorgesehen. Hierbei handelt es sich jedoch um eine modifizierte Form, die zwischen § 66 StGB und § 66a StGB liegt und Elemente beider Regelungen in sich vereint.[904]

1. Anordnung des Vorbehalts gemäß § 66a Abs. 1 StGB a.F.

Auch bei der Anordnung des Vorbehalts wird zwischen formellen und materiellen Voraussetzungen unterschieden. Die formellen Voraussetzungen des § 66a Abs. 1 StGB a.F. sind dieselben wie die des § 66 Abs. 3 StGB a.F. Die Anlasstat

---

899 LK-*Rissing-van Saan/Peglau,* 12. Aufl., 2008, § 66a Rn. 2, krit. *Fischer,* Strafgesetzbuch und Nebengesetze, 57. Aufl., 2010, § 66a Rn. 2 f.

900 *Stree/Kinzig,* in: Schönke/Schröder, 28. Aufl., 2010, § 66a, Rn. 1; *Bartsch,* Sicherungsverwahrung, 2010, S. 69; *Mushoff,* Strafe – Maßregeln – Sicherungsverwahrung, 2008, S. 69.

901 LK-*Rissing-van Saan/Peglau,* 12. Aufl., 2008, § 66a Rn. 2.

902 LK-*Rissing-van Saan/Peglau,* 12. Aufl., 2008, § 66a Rn. 2.

903 BGHSt 50, 188 (193); LK-*Rissing-van Saan/Peglau,* 12. Aufl., 2008, § 66a Rn. 19, 24; *Bartsch,* Sicherungsverwahrung, 2010, S. 69.

904 Vgl. zu den Voraussetzungen *Bartsch,* Sicherungsverwahrung, 2010, S. 75 ff.; *Mushoff,* Strafe – Maßregeln – Sicherungsverwahrung, 2008, S. 74 f.

muss eine Katalogtat gemäß § 66 Abs. 3 Satz 1 StGB a.F. sein und im Übrigen ist für die weiteren formellen Voraussetzungen zwischen Satz 1 und Satz 2 zu differenzieren.[905] Über diese Verweisungstechnik gelten auch bei der Prüfung der formellen Voraussetzungen die Bestimmungen in § 66 Abs. 4 StGB. Da keine abweichende gesetzliche Regelung getroffen wurde, ist gemäß § 2 Abs. 6 StGB § 66a StGB auch auf Anlasstaten vor in Kraft treten des Gesetzes zur Einführung der vorbehaltenen Sicherungsverwahrung anwendbar.[906]

Die materiellen Voraussetzungen des § 66a Abs. 1 StGB a.F. sind weitaus schwieriger zu bestimmen und im Einzelnen umstritten. Zu den materiellen Voraussetzungen heißt es in § 66a Abs. 1 StGB a.F. zunächst, dass „nicht mit hinreichender Sicherheit feststellbar" sein muss, „ob der Täter für die Allgemeinheit i.S.v. § 66 Abs. 1 Nr. 3 StGB gefährlich ist". Gefordert wird demnach im Urteilszeitpunkt eine Gefährlichkeitsprognose im Rahmen einer Gesamtwürdigung des Täters und seiner Taten, wofür gemäß § 246a StPO zwingend ein Gutachter hinzuziehen ist.[907] Die Formulierung „nicht mit hinreichender Sicherheit" lässt grundsätzlich erhebliche Auslegungsspielräume zu.[908] Auch bei einer fast ausschließbaren Gefährlichkeit könnte der Vorbehalt angeordnet werden, da eine positive Gefährlichkeitsprognose nach wie vor *möglich* wäre.[909] Im Hinblick auf die Eingriffsintensität und die hohen Belastungen, die von dem Vorbehalt für den Betroffenen ausgehen, muss jedoch eine erhebliche, naheliegende Wahrscheinlichkeit bestehen, dass der Verurteilte für die Allgemeinheit gefährlich ist.[910] Trotz der Präzisierung ist die Unterscheidung zur geforderten „bestimmten Wahrscheinlichkeit" bei der primären Sicherungsverwahrung gemäß § 66 StGB

---

905 *Fischer,* Strafgesetzbuch und Nebengesetze, 57. Aufl., 2010, § 66a Rn. 3a; LK-*Rissing-van Saan/Peglau,* 12. Aufl., 2008, § 66a Rn. 22 f.

906 BGHSt 50, 188 (192); LK-*Rissing-van Saan/Peglau,* 12. Aufl., 2008, § 66a Rn. 20.

907 LK-*Rissing-van Saan/Peglau,* 12. Aufl., 2008, § 66a Rn. 24; *Bartsch,* Sicherungsverwahrung, 2010, S. 72.

908 LK-*Rissing-van Saan/Peglau,* 12. Aufl., 2008, § 66a Rn. 25; *Fischer,* Strafgesetzbuch und Nebengesetze, 57. Aufl., 2010, § 66a Rn. 7; *Mushoff,* Strafe – Maßregeln – Sicherungsverwahrung, 2008, S. 71.

909 LK-*Rissing-van Saan/Peglau,* 12. Aufl., 2008, § 66a Rn. 25; *Fischer,* Strafgesetzbuch und Nebengesetze, 57. Aufl., 2010, § 66a Rn. 7; *Mushoff,* Strafe – Maßregeln – Sicherungsverwahrung, 2008, S. 71.

910 *Fischer,* Strafgesetzbuch und Nebengesetze, 57. Aufl., 2010, § 66a Rn. 8; NK-StGB *Böllinger/Pollähne,* 3. Aufl., 2010, § 66a Rn. 19 fordern eine „mit an Sicherheit grenzende Wahrscheinlichkeit"; bei LK-*Rissing-van Saan/Peglau,* 12. Aufl., 2008, § 66a Rn. 24 ff. fehlt eine genauere Präzisierung; vgl. auch *Bartsch,* Sicherungsverwahrung, 2010, S. 73.

schwierig nachzuvollziehen, weil die Wahrscheinlichkeit nach § 66a StGB sich auf die Wahrscheinlichkeit im Gefährlichkeitsbegriff gemäß § 66 StGB bezieht.[911] Streng genommen müsste folglich eine (erhebliche, naheliegende) Wahrscheinlichkeit der (bestimmten) Wahrscheinlichkeit vorliegen. Die Gefährlichkeit muss sich jedenfalls auf Taten beziehen, die das Opfer seelisch oder körperlich schwer schädigen.[912] Das ergibt sich aus § 66a Abs. 2 StGB a.F., da für die endgültige Anordnung auch nicht die Gefahr eines schweren wirtschaftlichen Schadens ausreicht.[913]

Fraglich ist, ob neben der Gefährlichkeit auch ein *Hang* beim Täter festgestellt werden muss. Der Streit entzündet sich daran, ob über den Verweis auf „die übrigen Voraussetzungen des § 66 Abs. 3“ in § 66a Abs. 1 StGB a.F., auch der dort enthaltene Verweis auf die materiellen Voraussetzungen des § 66 Abs. 1 Nr. 3 StGB a.F. vollumfänglich gemeint ist. Bei dem Streit handelt es sich weniger um einen dogmatischen Streit,[914] als vielmehr um einen (politischen) Streit zwischen Gesetzgeber und Rechtsprechung. Er liefert ein (weiteres) Indiz für die generelle Umstrittenheit und verfassungsrechtliche Fragwürdigkeit des Instituts der Sicherungsverwahrung. Aus den Gesetzesmaterialen ergibt sich eindeutig – wie oben bereits dargelegt[915] – die Intention des Gesetzgebers, § 66a StGB a.F. auf solche Fälle anzuwenden, bei denen zwar die formellen Voraussetzungen des § 66 Abs. 3 StGB a.F. gegeben sind, „aber ein Hang des Täters zu erheblichen Straftaten und seine darauf beruhende Gefährlichkeit für die Allgemeinheit nicht mit der erforderlichen Sicherheit festgestellt werden können“.[916] Folglich wäre die Feststellung des Hangmerkmals i.S.d. § 66 Abs. 1 Nr. 3 a.F. nicht erforderlich.[917]

Der BGH ist dem jedoch entgegengetreten und verlangt aufgrund des eindeutigen Wortlauts die Feststellung eines Hangs.[918] Laut BGH spricht nicht nur der

---

911 Vgl. die Kritik bei *Kinzig,* der sich jedoch auf die Neuregelung durch das Gesetz vom 22. Dezember 2010 bezieht, in der Sache aber dasselbe Problem betrifft: Die Neuordnung des Rechts der Sicherungsverwahrung, NJW 2011, S. 179.

912 *Stree/Kinzig,* in: Schönke/Schröder, 28. Aufl., 2010, § 66a Rn. 4.

913 *Stree/Kinzig,* in: Schönke/Schröder, 28. Aufl., 2010, § 66a Rn. 4.

914 Vgl. zum dogmatisch entfalteten Streitstand ausführlich LK-*Rissing-van Saan/Peglau,* 12. Aufl., 2008, § 66a Rn. 30 ff.

915 Vgl. in diesem Teil, 1. Kapitel, D. III.

916 BT-Drs. 14/8586, S. 6.

917 Vgl. *Fischer,* Strafgesetzbuch und Nebengesetze, 57. Aufl., 2010, § 66a Rn. 5; LK-*Rissing-van Saan/Peglau,* 12. Aufl., 2008, § 66a Rn. 31.

918 BGHSt 50, 188 (195); *Fischer,* Strafgesetzbuch und Nebengesetze, 57. Aufl., 2010, § 66a Rn. 4; NK-StGB *Böllinger/Pollähne,* 3. Aufl., 2010, § 66a Rn. 19; das diese

Wortlaut für diese Auslegung.[919] Denn der Verzicht auf das Hangmerkmal würde dazu führen, dass bei § 66a StGB a.F. ein *Weniger* an Voraussetzungen zu prüfen sei, als bei denjenigen, „die bereits zu diesem Zeitpunkt mit der hinreichenden Sicherheit als gefährlich eingestuft werden konnten."[920] Dies sei ein sachlich nicht begründbares Auseinanderfallen der materiellen Voraussetzungen nach § 66 StGB a.F. und § 66a StGB a.F.[921] Zudem sei hier angemerkt, dass es der Systematik der Maßregeln der Besserung und Sicherung zuwiderläuft, wenn auf das Hangmerkmal verzichtet wird, weil dann kein gegenwärtiger Zustand mehr vorliegt, aus dem sich die Gefährlichkeit grundsätzlich ergeben soll. Wird jedoch auf das Hangmerkmal bestanden, läuft die Vorschrift leer. Der Hang indiziert regelmäßig die Gefährlichkeit und der BGH verweigert demnach der vorbehaltenen Sicherungsverwahrung den angestrebten Wirkungskreis.[922] Bemerkenswerterweise setzt damit der BGH durch seine dogmatische Auseinandersetzung einen größeren, freiheits- bzw. grundrechtsschützenden Widerstand dem Gesetzgeber entgegen, als es das Bundesverfassungsgericht als Hüter der Verfassung zuvor gemacht hatte.[923] Festzuhalten bleibt, dass das Hangmerkmal für die Anordnung des Vorbehalts festgestellt sein muss. Bei § 66a Abs. 1 StGB a.F. handelt es sich um eine Ermessensvorschrift. Nach dem BGH muss bei der Ermessensausübung z.B. Berücksichtigung finden, ob im Strafvollzug bis zu dem in § 66a Abs. 2 Satz 1 StGB a.F. genannten Zeitpunkt überhaupt genügend Erkenntnisse für die endgültige Entscheidung über die Anordnung der vorbehaltenen Sicherungsverwahrung gesammelt werden können.[924]

Argumentation keinesfalls zwingend ist, zeigt LK-*Rissing-van Saan/Peglau,* 12. Aufl., 2008, § 66a Rn. 35 ff.

919 BGHSt 50, 188 (195).

920 BGHSt 50, 188 (195).

921 BGHSt 50, 188 (195).

922 Ist dieser Rechtsprechung des BGH im Ergebnis zuzustimmen, ist gleichwohl festzuhalten, dass die Argumentation im Kern verfassungsrechtlicher Natur ist und sich nicht genuin aus der Auslegung der Normen ergibt, vgl. dazu die (affirmative), gesetzgebungsfreundliche Argumentation von LK-*Rissing-van Saan/Peglau,* 12. Aufl., 2008, § 66a Rn. 35 ff.

923 Vgl. dazu die Bundesverfassungsgerichtsentscheidungen in diesem Teil, 1. Kapitel, D. V.

924 BGH NJW 2007, S. 1012; vgl. auch LK-*Rissing-van Saan/Peglau,* 12. Aufl., 2008, § 66a Rn. 45.

2. Entscheidung über die Anordnung der vorbehaltenen Sicherungsverwahrung gemäß § 66a Abs. 2 StGB a.F.

Die endgültige Entscheidung über die Anordnung der vorbehaltenen Sicherungsverwahrung trifft das Gericht gemäß § 66a Abs. 2 Satz 1 StGB a.F. sechs Monate vor dem Zeitpunkt, ab dem das Gericht über die Aussetzung der Freiheitsstrafe zu befinden hat.[925] Die Frist muss durch das erste tatrichterliche Urteil im Nachverfahren zwingend eingehalten werden.[926] Eine Ausnahme gilt, wenn eine Überschreitung um wenige Tage vorliegt, soweit die Gründe dafür nicht im Verantwortungsbereich der Justiz liegen.[927] Zuständig ist gemäß § 74f Abs. 1 GVG das Gericht des ersten Rechtszuges.[928] Gemäß § 66a Abs. 2 Satz 2 StGB a.F. bedarf es einer erneuten Gefährlichkeitsprognose auf der Basis einer Gesamtwürdigung des Verurteilten, seiner Taten und seiner Entwicklung im Strafvollzug. Können die vorherigen Zweifel an der Gefährlichkeit zulasten des Täters ausgeräumt werden, ist die Anordnung der Sicherungsverwahrung obligatorisch.[929] Bei den zu erwartenden erheblichen Straftaten sind Vermögensstraftaten grundsätzlich ausgeschlossen.[930]

Hier sind jedoch noch einmal die in die Gesetzgebungsverfahren eingebrachten Bedenken in Erinnerung zu rufen, dass eine Prognose noch schwieriger zu stellen sei, wenn dafür maßgeblich Vollzugsverhalten in Bezug genommen werden muss, weil andere Tatsachen durch die erkennende Kammer bereits geprüft wurden.[931] Der Gesetzgeber verwies hier auf die Entwicklung des Verurteilten in einer therapeutischen Behandlung, auf „aggressive Handlungen gegen Strafvollzugsbedienstete oder Mitgefangene, Straftaten oder subkulturelle Aktivitäten im

925 *Fischer,* Strafgesetzbuch und Nebengesetze, 57. Aufl., 2010, § 66a Rn. 9; *Bartsch,* Sicherungsverwahrung, 2010, S. 73.

926 BGH NJW 2007, S. 1011; *Stree/Kinzig,* in: Schönke/Schröder, 28. Aufl., 2010, § 66a Rn. 7.

927 BGH StV 2006, S. 64; *Bartsch,* Sicherungsverwahrung, 2010, S. 74; s. zum Streitstand LK-*Rissing-van Saan/Peglau,* 12. Aufl., 2008, § 66a Rn. 50 ff.

928 LK-*Rissing-van Saan/Peglau,* 12. Aufl., 2008, § 66a Rn. 47; *Fischer,* Strafgesetzbuch und Nebengesetze, 57. Aufl., 2010, § 66a Rn. 9, zu den Einzelheiten des Verfahrens s. § 275a StGB a.F.

929 MüKo-StGB-*Ullenbruch/Drenkhahn/Morgenstern,* 2. Aufl., 2012, § 66a Rn. 47.

930 *Fischer,* Strafgesetzbuch und Nebengesetze, 57. Aufl., 2010, § 66a Rn. 9a; LK-*Rissing-van Saan/Peglau,* 12. Aufl., 2008, § 66a Rn. 62.

931 *Kinzig,* Das Gesetz zur Einführung der vorbehaltenen Sicherungsverwahrung, NJW 2002, S. 3208; *Fischer,* Strafgesetzbuch und Nebengesetze, 57. Aufl., 2010, § 66a Rn. 9b.

Vollzug, Drohungen oder andere Äußerungen [...], die auf eine Rückkehr in kriminelle Subkulturen und eine Wiederaufnahme insbesondere von Gewalt- oder Sexualkriminalität hindeuten".[932] Auch bei der Prüfung des § 66a Abs. 2 Satz 2 StGB a.F. wird teilweise gegen den eindeutigen Wortlaut im Rahmen einer verfassungskonformen Auslegung und zur Harmonisierung mit § 67d Abs. 3 StGB auf dem Hangerfordernis bestanden.[933] Diese bedenkliche Überstrapazierung des Begriffs der „verfassungskonformen Auslegung" ist allerdings nicht notwendig, da der Vorbehalt bereits vom Vorliegen eines Hanges abhängig gemacht wird.

II. Änderungen durch das Gesetz vom 22. Dezember 2010

Für das Ziel der „Schaffung eines Systems, das einen angemessenen Schutz der Allgemeinheit vor gefährlichen Straftätern ermöglicht, dabei aber die rechtsstaatlichen Anforderungen an dieses ‚letzte Mittel der Kriminalpolitik' wahrt", hat der Gesetzgeber sich dazu entschlossen, die vorbehaltene Sicherungsverwahrung auszubauen.[934] Auf diese Art und Weise werde erst der notwendige Spielraum erzeugt, um die Regelungen zur *nachträglichen* Sicherungsverwahrung beschränken zu können.[935] Dieser Weg wurde gewählt, da der Gesetzgeber davon ausgeht, dass die *vorbehaltene* Sicherungsverwahrung durch den Bezug zum Ausgangsurteil weder verfassungsrechtlichen noch im Hinblick auf die EMRK (Art. 5 Abs. 1 Satz 2 Buchstabe a „hinreichender Kausalzusammenhang"[936]) durchgreifenden Bedenken ausgesetzt ist.[937] Mit dem Ausbau der vorbehaltenen Sicherungsverwahrung wurde konsequenterweise den gut begründeten, aber vom Gesetzgeber nicht intendierten Restriktionen der BGH-Rechtsprechung der Boden entzogen.[938] Das JGG wurde bei diesen grundlegenden Änderungen jedoch ausgespart. Hier wurden nur

932 BT-Drs. 14/8586, S. 7.

933 Vgl. *Mushoff,* Strafe – Maßregeln – Sicherungsverwahrung, 2008, S. 72 f. m.w.N.

934 BT-Drs. 17/3403, S. 1, 14.

935 BT-Drs. 17/3403, S. 1, 14.

936 EGMR-Entscheidung v. 17. Dezember 2009, Individualbeschwerde Nr. 19359/04, Rn. 88.

937 BT-Drs. 17/3403, S. 15; *Kinzig* sieht demgegenüber auch einen Verstoß der vorbehaltenen Sicherungsverwahrung gegen Art. 5 Abs. 1 Satz 2 Buchstabe a EMRK als durchaus im Bereich des Möglichen an: Die Neuordnung des Rechts der Sicherungsverwahrung, NJW 2011, S. 179.

938 BT-Drs. 17/3403, S. 25 f.

Folgeänderungen vorgenommen, vorwiegend das Verfahren betreffend.[939] Erst das neueste Gesetz zur Umsetzung des Abstandsgebots hat parallel zu den Gesetzesänderungen vom 22. Dezember 2010 für das allgemeine Strafrecht im JGG den Verzicht auf die nachträgliche Sicherungsverwahrung zugunsten der Einführung der vorbehaltenen Sicherungsverwahrung für Jugendliche umgesetzt.[940] Desgleichen wurde bei Heranwachsenden die nachträgliche Sicherungsverwahrung zugunsten einer Ausweitung der vorbehaltenen Sicherungsverwahrung auf Ersttäter gestrichen.[941] Im JGG gelten grundsätzlich dieselben Übergangsregelungen wie im allgemeinen Strafrecht. Auch hier wird die zeitliche Geltung durch eine Stichtagsregelung bestimmt.[942]

1. Anordnung des Vorbehalts

a) § 66a Abs. 1 StGB n.F.

Durch die Neufassung des § 66a Abs. 1 StGB n.F. wird nunmehr ausdrücklich in Nr. 2 der Verweis auf die materiellen Voraussetzungen des § 66 Abs. 1 Satz 1 Nr. 4 StGB n.F. über § 66 Abs. 3 StGB n.F. ausgenommen. In § 66a Abs. 1 Nr. 3 StGB n.F. wurde der materielle Prüfungsmaßstab konkretisiert. Danach muss das Vorliegen eines Hanges *und* einer daraus resultierenden Gefährlichkeit „wahrscheinlich" sein.[943] Die Gefährlichkeit darf weder nur „nicht ausgeschlossen sein" noch darf sie sicher feststehen, da bei letzterem nach § 66 StGB vorzugehen ist.[944] Auch diese Formulierung ist hochgradig unbestimmt und nach wie vor schwierig von der „bestimmten Wahrscheinlichkeit" bei der primären Sicherungsverwahrung abzugrenzen.[945] Der Gesetzgeber verweist ausdrücklich darauf, dass die bisherige Rechtsprechung zum Hangerfordernis[946] dem Willen des Gesetzgebers widerspreche.[947] Ferner sei sie mit dem berechtigten Sicherheitsinteresse der Allgemeinheit kaum zu vereinbaren – insbesondere wenn nunmehr auf die nachträgliche

939 BT-Drs. 17/3403, S. 48 f.
940 BT-Drs. 17/9874, S. 14, 25 ff.
941 BT-Drs. 17/9874, S. 14, 28 ff.
942 BT-Drs. 17/9874, S. 14.
943 BT-Drs. 17/3403, S. 26.
944 BT-Drs. 17/3403, S. 26.
945 *Kinzig,* Die Neuordnung des Rechts der Sicherungsverwahrung, NJW 2011, S. 179.
946 BGHSt 50, 188 (196).
947 BT-Drs. 17/3403, S. 26.

Sicherungsverwahrung verzichtet werden soll.[948] Die Qualität der drohenden Straftaten ergibt sich jetzt direkt aus dem in § 66a Abs. 1 Nr. 3 StGB enthaltenen Verweis auf § 66 Abs. 1 Satz 1 Nr. 4 StGB und nicht mehr aus einer Zusammenschau mit den Voraussetzungen für die Ausübung des Vorbehalts. Im Ergebnis bleibt es sich jedoch gleich, da es sich um erhebliche Straftaten handeln muss, namentlich solche, durch welche die Opfer seelisch oder körperlich schwer geschädigt werden.[949] Auch an den jetzt in § 66a Abs. 1 Nr. 1 und Nr. 2 StGB n.F. normierten formellen Voraussetzungen ändert sich nur insoweit etwas, als dass die Beschränkung des Straftatenkatalogs in § 66 Abs. 3 StGB n.F. durch die vorher schon bestehende Verweisungstechnik ebenso für die vorbehaltene Sicherungsverwahrung gemäß § 66a Abs. 1 StGB n.F. gilt.

b) § 66a Abs. 2 StGB n.F.

Der neue Abs. 2 StGB enthält eine „Ersttäterregelung", „die in der Sache § 66b Abs. 2 StGB [a.F.] ersetzt".[950] Es werden insbesondere solche Fälle erfasst, in denen sich bereits „aus der Begehung einer qualifizierten Anlasstat und gegebenenfalls dem Vorleben des Täters gewichtige Hinweise auf eine mögliche Rückfallgefahr ergeben."[951] § 66a Abs. 2 Nr. 1 StGB n.F. enthält einen gegenüber § 66 Abs. 3 StGB n.F. nochmals verengten Straftatenkatalog, der jedoch gegenüber § 66b Abs. 2 StGB a.F. erweitert wurde und auch gemeingefährliche Straftaten nach dem 28. Abschnitt umfasst.[952] Die Anlasstat muss ein dort aufgeführtes Verbrechen sein. Der Täter muss wegen dieses Verbrechens zu einer Mindeststrafe von fünf Jahren verurteilt worden sein und gemäß § 66a Abs. 2 Nr. 2 StGB dürfen die Voraussetzungen des § 66 StGB nicht erfüllt sein – unerheblich ist es, ob es sich dabei um die formellen oder die materiellen Voraussetzungen handelt.[953] § 66a Abs. 2 StGB n.F. gilt infolgedessen auch für Mehrfachtäter, bei denen die primäre Sicherungsverwahrung bisher nicht gegriffen hat.[954] Wie bei § 66 Abs. 3

---

948 BT-Drs. 17/3403, S. 26.
949 BT-Drs. 17/3403, S. 26.
950 BT-Drs. 17/3403, S. 26.
951 BT-Drs. 17/3403, S. 26.
952 BT-Drs. 17/3403, S. 27; MüKo-StGB-*Ullenbruch/Drenkhahn/Morgenstern,* 2. Aufl., 2012, § 66a Rn. 72.
953 BT-Drs. 17/3403, S. 27; *Fischer,* Strafgesetzbuch und Nebengesetze, 60. Aufl., 2013, § 66a Rn. 3b; MüKo-StGB-*Ullenbruch/Drenkhahn/Morgenstern,* 2. Aufl., 2012, § 66a Rn. 77.
954 Vgl. BT-Drs. 17/3403, S. 26, vgl. zu den möglichen Konstellationen S. 27 f.

StGB reicht auch hier bei mehreren Katalogtaten eine Gesamtstrafenbildung in Höhe von mindestens fünf Jahren aus.[955]

Bei den materiellen Voraussetzungen ist nach Maßgabe des Abs. 2 Nr. 2 zu differenzieren. Bei Ersttätern für die auch weiterhin keine primäre Sicherungsverwahrung nach § 66 StGB in Betracht kommt, kann die hangbedingte Gefährlichkeit bereits sicher feststehen – was wohl kaum jemals sinnvoll feststellbar sein wird.[956] Soweit es sich um Mehrfachtäter handelt, die die formellen Voraussetzungen des §§ 66 Abs. 1 und Abs. 2 StGB erfüllen, bleibt es beim strikten Ausschließlichkeitsverhältnis. § 66a Abs. 2 StGB ist nur anwendbar, wenn die hangbedingte Gefährlichkeit zumindest wahrscheinlich, aber nicht mit hinreichender Sicherheit feststellbar ist.[957] Der Prognosemaßstab ist derselbe wie in Abs. 1.[958]

2. Entscheidung über die Anordnung der vorbehaltenen Sicherungsverwahrung gemäß § 66a Abs. 3 StGB n.F.

Bei der Entscheidung über die Anordnung der vorbehaltenen Sicherungsverwahrung gemäß § 66a Abs. 3 StGB n.F. hat der Gesetzgeber die von der Rechtsprechung als Ausschlussfrist gewertete Sechs-Monatsfrist in § 66a Abs. 2 Satz 1 StGB a.F. gestrichen.[959] Danach ist eine Anordnung auch dann noch möglich, wenn die Vollstreckung des Strafrestes zunächst zur Bewährung ausgesetzt und später die Strafrestaussetzung widerrufen wurde und die Reststrafe vollstreckt wird.[960] Damit sollte ehrenwerterweise verhindert werden, dass der Vorbehalt grundsätzlich Strafrestaussetzungen zur Bewährung konterkariert.[961] Indessen wird damit zugleich der restriktiven Rechtsprechung begegnet, die einen Vorbehalt für unzulässig hält, wenn der Zeitraum für die Erhebung relevanter Erkenntnisse, die

---

955 BT-Drs. 17/3403, S. 27 f.; MüKo-StGB-*Ullenbruch/Drenkhahn/Morgenstern,* 2. Aufl., 2012, § 66a Rn. 75.

956 Vgl. dazu die durch *ein* Beispiel untermauerten Spekulationen des Gesetzgebers BT-Drs. 17/3403, S. 28.

957 BT-Drs. 17/3403, S. 28; MüKo-StGB-*Ullenbruch/Drenkhahn/Morgenstern,* 2. Aufl., 2012, § 66a Rn. 79 ff.

958 Vgl. BT-Drs. 17/3403, S. 28 f.; MüKo-StGB-*Ullenbruch/Drenkhahn/Morgenstern,* 2. Aufl., 2012, § 66a Rn. 79.

959 BT-Drs. 17/3403, S. 29 f. und BT-Drs. 17/4062, S. 14 f.; MüKo-StGB-*Ullenbruch/Drenkhahn/Morgenstern,* 2. Aufl., 2012, § 66a Rn. 90.

960 BT-Drs. 17/4062, S. 14.

961 BT-Drs. 17/4062, S. 14.

die Gefährlichkeitsprognose bestätigen könnten, zu kurz ist.[962] Hier wird die an rechtsstaatlichen Grundsätzen orientierte Rechtsprechung, die wegen genereller Unzulänglichkeit der Prognose im Einzelfall erst gar nicht den Raum für eine Gefährlichkeitsprognose eröffnet, dahingehend eingeschränkt, dass der verlängerte Zeitraum grundsätzlich eine Gefährlichkeitsprognose möglich machen soll.

In § 66a Abs. 3 Satz 2 StGB n.F. ist jetzt das Erfordernis einer erneuten Gefährlichkeitsprognose normiert. Textlich hat sich im Vergleich zum früheren § 66a Abs. 2 Satz 2 StGB kaum etwas geändert. Das Wort „ergänzend" soll die vorbehaltene Sicherungsverwahrung gegen etwaige Bedenken des EGMR immunisieren, indem es verdeutlicht, dass die Grundlagen für die endgültige Anordnung der Sicherungsverwahrung bereits im Ausgangsurteil gefällt wurden.[963] Dadurch wird die Relevanz der Vollzugsentwicklung relativiert.[964] In der Gesetzesbegründung wird noch einmal vom Gesetzgeber betont, dass auf das Hangerfordernis verzichtet wird.[965] Die Verhältnismäßigkeit ergebe sich für Ersttäter aus den maßgeblichen zusätzlichen Einschränkungen, so hatte das Bundesverfassungsgericht zu § 66b Abs. 2 StGB a.F. geurteilt.[966] Da jedoch auf so genannte *nova* wie bei der nachträglichen Sicherungsverwahrung, also erhebliche neue Tatsachen, verzichtet wird, ist diese Einschätzung der Verhältnismäßigkeit fraglich.[967] Einerseits wäre diese Restriktion insbesondere wegen der Ersttäterregelung in § 66a Abs. 2 StGB und deren struktureller Ähnlichkeit zu § 66b Abs. 2 StGB a.F. einleuchtend gewesen. Andererseits verhindert der Gesetzgeber damit die Ausdehnung der restriktiven Rechtsprechung des BGH, die schon einmal durch eine gesetzliche Nachbesserung zu § 66b StGB eingeschränkt worden ist. Der Gesetzgeber hebt dann auch besonders hervor, dass der Verzicht auf *nova* und die damit einhergehende Ausweitung der Ersttäterregelung gewährleistet, dass der notwendige und angemessene Schutz der Allgemeinheit vor gefährlichen Straftätern nicht beeinträchtigt wird.[968] Ein Fall „Karl D." dürfte dann nicht mehr auftreten. Dies

---

962 BT-Drs. 17/3403, S. 29 f.

963 BT-Drs. 17/3403, S. 30.

964 *Mosbacher,* Praktische Folgerungen aus dem Urteil des Bundesverfassungsgerichts zur Sicherungsverwahrung vom 4. Mai 2011, HRRS 2011, S. 258.

965 BT-Drs. 17/3403, S. 31; s. dazu die Kritik bei MüKo-StGB-*Ullenbruch/Drenkhahn/Morgenstern,* 2. Aufl., 2012, § 66a Rn. 95.

966 BT-Drs. 17/3403, S. 31 unter Verweis auf den Kammerbeschluss des BVerfG v. 23. August 2006, 2 BvR 226/06, Rn. 22 zu § 66b Abs. 2 StGB a.F.

967 BT-Drs. 17/3403, S. 31.

968 BT-Drs. 17/3403, S. 33 f.

erscheint dem Gesetzgeber deswegen bedeutsam, „weil solche Fälle – über die unmittelbaren Auswirkungen im konkreten Fall hinaus – geeignet sein können, das Vertrauen der Bevölkerung in die grundsätzliche Wirksamkeit des Instruments der Sicherungsverwahrung in Frage zu stellen."[969]

Laut Gesetzgeber ist die einzige Voraussetzung, „dass die erneute, auf einer breiteren Beurteilungsgrundlage beruhende Gesamtwürdigung nun mit hinreichender Sicherheit auf die Gefährlichkeit der verurteilten Person schließen" lassen muss.[970] Für die Überzeugungsbildung des Gerichts soll sogar ausreichen, dass das neu eingeholte Sachverständigengutachten „aufgrund neuer wissenschaftlicher Erkenntnisse, nach einem anderen Prognoseverfahren oder unter Berücksichtigung weiterer Prognoseinstrumente bzw. -kriterien die Gefährlichkeit der verurteilten Person – abweichend von früheren Prognosegutachten – bejaht, obwohl sich die Anknüpfungstatsachen nicht verändert haben".[971] An dieser Stelle muss angemerkt werden, dass sich immer ein Gutachter finden lässt, der von der Gefährlichkeit des Verurteilten überzeugt ist.[972] Auch *Leygraf,* der einzige vom Rechtsausschuss des Bundestages im Rahmen seiner Anhörung geladene Psychiater, hatte eindringlich – insbesondere auch mit Verweis auf die Ersttäterregelung in Abs. 2 – davor gewarnt, die Möglichkeiten der Gefährlichkeitsprognose zu überschätzen.[973] Im Endeffekt wiederholt diese Vorschrift die fatale Tendenz, die bereits für die nachträgliche Sicherungsverwahrung gilt. Die normativen Gesichtspunkte einer notwendigen Formalisierung werden zugunsten der empirischen Machbarkeitsvorstellung, alle ‚wirklich' Gefährlichen rechtlich problemlos erfassen zu können, aufgegeben. Dies gilt unter der Prämisse, dass der Gutachter das Wissen darüber generieren kann, wer gefährlich ist und wer nicht. Die unterschwellig bestehende rechtfertigende Behauptung, dass der Ausnahmecharakter der Vorschrift dafür Sorge trage, dass sie nur in den seltensten Fällen Anwendung finde, ist schon allein durch die Tatsache entkräftet, dass für 2009 allein 1024 Personen wegen einer der

---

969 BT-Drs. 17/3403, S. 34.

970 BT-Drs. 17/3403, S. 31.

971 BT-Drs. 17/3403, S. 32.

972 Vgl. die Kritik an den materiellen Voraussetzungen in diesem Teil, 3. Kapitel, B. I. 2., s. auch MüKo-StGB-*Ullenbruch/Drenkhahn/Morgenstern,* 2. Aufl., 2012, § 66a Rn. 100 ff. und *Fischer,* Strafgesetzbuch und Nebengesetze, 60. Aufl., 2013, § 66a Rn. 13 f.

973 *Leygraf,* Stellungnahme zum Entwurf eines Gesetzes zur Neuordnung des Rechts der Sicherungsverwahrung, Protokoll der 28. Sitzung des Rechtsausschusses des Bundestages vom 10. November 2010, Öffentliche Anhörung, S. 11.

in § 66a Abs. 2 Nr. 1 StGB genannten Straftaten zu einer zeitigen Freiheitsstrafe von mehr als fünf Jahren verurteilt wurden.[974]

III. Zeitliche Geltung und die Vorgaben des Bundesverfassungsgerichts

Gemäß Art. 316e Abs. 1 EGStGB gilt für die vorbehaltene Sicherungsverwahrung die Stichtagsregelung. Die Neuregelung ist demgemäß nur anzuwenden, wenn die Tat oder mindestens eine der Taten, wegen deren Begehung die Sicherungsverwahrung vorbehalten werden soll, am Tag des Inkrafttretens oder danach begangen worden ist.[975] Für Altfälle gilt das bisher Gesagte.[976] Zur Begründung heißt es, dass insbesondere bei der vorbehaltenen Sicherungsverwahrung Verschärfungen des bisherigen Rechts vorgenommen wurden und dadurch werde ein hohes Maß an Rechtssicherheit gewährleistet.[977] Welche Regelung letztlich die ‚schärfere' ist, lässt sich nur in der Zusammenschau mit der Regelung zur nachträglichen Sicherungsverwahrung entscheiden, da auch für diese laut Art. 316e EGStGB die Stichtagsregelung gilt. Die Argumentation zur zeitlichen Geltung der Gesetzesänderungen ist insgesamt von einer Zwiespältigkeit getragen, die die Umstrittenheit der Sicherungsverwahrung und deren ungewissen Status zwischen Strafe und Maßregel widerspiegelt. Jedenfalls kann demnach die vorbehaltene Sicherungsverwahrung in der bisherigen Fassung weiterhin auch *rückwirkend* auf Altfälle angewandt werden. Nach den in Art. 316f EGStGB umgesetzten Vorgaben des Bundesverfassungsgerichts muss im Einzelfall geprüft werden, ob der verschärfte Prognosemaßstab für Fälle *mit* Vertrauensschutzproblematik Anwendung finden muss. Ansonsten galt während der Weitergeltungsanordnung auch für die vorbehaltene Sicherungsverwahrung der erhöhte Prognosemaßstab wegen Verletzung des Abstandsgebots. In den Fällen ohne Vertrauensschutzproblematik ergaben sich jedoch nach den oben erörterten Konkretisierungen „schwerer Gewalt- und Sexualstraftaten" höchstens marginale Verschärfungen bei der Feststellung der Gefährlichkeit.

---

974 So wurde jedenfalls bei der nachträglichen Sicherungsverwahrung argumentiert vgl. BT-Drs. 15/2887, S. 11, 13 sowie 16/4740, S. 19 f. Die Zahlen stammen von *Kinzig*, Die Neuordnung des Rechts der Sicherungsverwahrung, NJW 2011, S. 179.

975 BT-Drs. 17/ 3403, S. 49.

976 Vgl. BT-Drs. 17/ 3403, S. 49.

977 BT-Drs. 17/ 3403, S. 49.

D. § 66b StGB: Nachträgliche Anordnung der Unterbringung in der Sicherungsverwahrung

Die nachträgliche Sicherungsverwahrung hat seit ihrer Einführung noch größere und vielfältigere Kritik erfahren als deren ebenso umstrittenen Schwesterregelungen, die zum einen deren empirische Begründetheit und zum anderen deren Verfassungsmäßigkeit bzw. Menschenrechtskonformität in den Blick nahm und nimmt.[978] Der Grundgedanke der Regelung, also eine erst im Vollzug erkennbar werdende Gefährlichkeit, widerspreche den Erfahrungen forensischer Gutachter und führe eher zu Scheinanpassung und einer massiven Verschlechterung des Vollzugsklimas.[979] Zugleich würden Verstöße gegen das Rückwirkungsverbot, gegen den *ne bis in idem*-Grundsatz, gegen den Verhältnismäßigkeitsgrundsatz, gegen das Bestimmtheitsgebot, gegen den *nemo tenetur*-Grundsatz, eine Rechtskraftdurchbrechung und die Unvereinbarkeit mit Art. 5 Abs. 1 EMRK in Rede stehen.[980] Insbesondere die Ersttäterregelung in Abs. 2 sei ein „schier unerträglicher Systembruch", weil für absolute Ausnahmefälle geringere formelle Voraussetzungen als bei den §§ 66, 66a StGB gelten und die Gefährlichkeitsprognose trotz der aufgezeigten erheblichen prognostischen Fragwürdigkeit bei Ersttätern wesentlich und damit unangemessen aufgewertet würde.[981] Wenn überhaupt ergebe sich die

---

978 Vgl. die dezidierte Kritik von *Alex,* Nachträgliche Sicherungsverwahrung – ein rechtsstaatliches und kriminalpolitisches Debakel, 2010; s. auch *Bartsch,* Sicherungsverwahrung, 2010, S. 93 ff.; *Mushoff,* Strafe – Maßregeln – Sicherungsverwahrung, 2008, S. 426 ff.; *Kreuzer,* Nachträgliche Sicherungsverwahrung – rote Karte für gefährliche Gefangene oder für den rechtsstaatlichen Vertrauensschutz, ZIS 2006, S. 145 ff.; zum Streitstand auch *Fischer,* Strafgesetzbuch und Nebengesetze, 57. Aufl., 2010, § 66b Rn. 6; LK-*Rissing-van Saan/Peglau,* 12. Aufl., 2008, § 66b Rn. 18.

979 Vgl. *Bartsch,* Sicherungsverwahrung, 2010, S. 93 m.w.N. und S. 303 ff.

980 S. die Zusammenstellung der Kritikpunkte bei LK-*Rissing-van Saan/Peglau,* 12. Aufl., 2008, § 66b Rn. 18 ff.; s. auch *Stree/Kinzig,* in: Schönke/Schröder, 28. Aufl., 2010, § 66b Rn. 2; NK-StGB *Böllinger/Pollähne,* 3. Aufl., 2010, § 66b Rn. 7; *Römer,* Verwahrung gegen die nachträgliche Sicherungsverwahrung, JR 2006, S. 5 ff.; vgl. auch *Rzepka,* Sicherheits- statt Rechtsstaat – Teil 2, Recht & Psychiatrie 2003, S. 192 ff.

981 Vgl. *Kreuzer,* Nachträgliche Sicherungsverwahrung – rote Karte für gefährliche Gefangene oder für den rechtsstaatlichen Vertrauensschutz, ZIS 2006, S. 150; *Bartsch,* Sicherungsverwahrung, 2010, S. 88; NK-StGB *Böllinger/Pollähne,* 3. Aufl., 2010, § 66b Rn. 19; *Fischer,* Strafgesetzbuch und Nebengesetze, 57. Aufl., 2010, § 66b Rn. 12; *Römer,* Verwahrung gegen die nachträgliche Sicherungsverwahrung, JR 2006, S. 5 ff.

Gefährlichkeit dann aus der Tat, aber nicht aus im Vollzug erkennbar werdenden Tatsachen.[982] Folglich müsse mangels neuer Tatsachen, die Anwendung des § 66b Abs. 2 StGB a.F. regelmäßig scheitern.[983] Hinzu komme, dass der bundesrepublikanische Gesetzgeber es mit der Einführung der nachträglichen Sicherungsverwahrung geschafft hat, den für die Einführung der Sicherungsverwahrung verantwortlichen nationalsozialistischen Gesetzgeber noch zu übertreffen. Letzterer sah ‚lediglich' in den Übergangsvorschriften (Art. 5 Nr. 2 des Gewohnheitsverbrechergesetzes) eine nachträgliche Variante für bereits in Haft befindliche Täter vor.[984]

Der Bundesgerichtshof und das Bundesverfassungsgericht haben sich – jedenfalls vor der EGMR-Entscheidung – mehr um eine Restriktion durch verfassungskonforme Auslegung bemüht, als sich mit den in der Literatur erhobenen Bedenken zur Verfassungswidrigkeit der Norm auseinanderzusetzen.[985] So setzt sich bei der Auslegung der Vorschrift zur nachträglichen Sicherungsverwahrung der Streit zwischen Gesetzgeber und BGH über die Anwendungsvoraussetzungen fort. Dieser Streit hatte bereits bei der vorbehaltenen Sicherungsverwahrung zu einem erheblich geringeren Anwendungsbereich der Vorschrift geführt, als es durch den Gesetzgeber intendiert war. Dadurch konnte jedoch der durch die Vollzugspraxis geschürten Befürchtung einer extensiven Anwendung des Instituts begegnet werden. Denn die relevanten Verwaltungsvorschriften sahen in „geeigneten Fällen" eine Prüfung vor, ob die formellen Voraussetzungen der nachträglichen Sicherungsverwahrung vorlagen.[986] Falls die Voraussetzungen erfüllt waren, wurde dies in der Gefangenenpersonalakte vermerkt und zog erhöhte Dokumentations- und Prüfpflichten nach

---

982 So *Leygraf,* Stellungnahme zum Entwurf eines Gesetzes zur Einführung der nachträglichen Sicherungsverwahrung, Protokoll der 47. Sitzung des Rechtsausschusses des Bundestages vom 5. Mai 2004, Öffentliche Anhörung, S. 15 ff.; s. dazu *Rzepka,* Sicherheits- statt Rechtsstaat – Teil 2, Recht & Psychiatrie 2003, S. 206; vgl. auch *Rasch/Konrad,* Forensische Psychiatrie, 3. Aufl., 2004, S. 136.

983 *Bartsch,* Sicherungsverwahrung, 2010, S. 90.

984 RGBl. 1933 I, S. 999; *Sander,* Grenzen instrumenteller Vernunft im Strafrecht, 2007, S. 200 ff.; vgl. in diesem Teil, 1. Kapitel, A.

985 BGHSt 50, 373 (378); BVerfGE NJW 2006, S. 3483 ff.; vgl. dazu die Rechtsprechungsübersicht bei *Alex,* Nachträgliche Sicherungsverwahrung – ein rechtsstaatliches und kriminalpolitisches Debakel, 2010, S. 27 ff. m.w.N. und *Bartsch* zur Auslegung von „neuen Tatsachen": Sicherungsverwahrung, 2010, S. 82 ff.

986 Zu den Einzelheiten *Bartsch,* Sicherungsverwahrung, 2010, S. 304 f. m.w.N.; s. auch BT-Drs. 17/3403, S. 33.

sich, die bundesweit geschätzte 7.000 bis zu 10.000 Strafgefangene potentiell betroffen hätten.[987] Der BGH hat demgegenüber seit Einführung der nachträglichen Sicherungsverwahrung bis zur Gesetzesänderung diese nur in „gut einem Dutzend" Verfahren bestätigt.[988] Umgekehrt hatten die Gerichte bereits Mitte 2008 in knapp 100 Fällen die Anordnung der nachträglichen Sicherungsverwahrung abgelehnt hatten.[989] Die restriktive Rechtsprechung führte zu einem drastischen Rückgang der Anträge, aber nicht ohne die bereits angesprochene Nachjustierung durch den Gesetzgeber, der für Altfälle das Erfordernis neuer Tatsachen strich und klarstellte, dass die formellen Voraussetzung zum Zeitpunkt der Entscheidung vorliegen müssen – also unabhängig von Ausnahmeregelungen im Sinne des § 2 Abs. 6 StGB.[990]

I. Regelung vor der Gesetzesänderung vom 22. Dezember 2010

Grundsätzlich soll die nachträgliche Sicherungsverwahrung – trotz des weiten Kreises von Betroffenen – das Regelungssystem der §§ 66 f. StGB nur ergänzen und ist daher strikt subsidiär zu den Anordnungsoptionen im Ersturteil.[991] § 66b StGB a.F. weist drei fakultative Anordnungsmöglichkeiten auf, wobei die Anordnungsmöglichkeit nach Abs. 3 eine andere Fallgestaltung und Struktur aufweist und daher gesondert dargestellt wird. Demgegenüber gelten bei Abs. 1 und 2 identische materielle Voraussetzungen. Nur im Hinblick auf die ‚neuen' Tatsachen ist bei Abs. 2 die Altfallregelung des Abs. 1 Satz 2 nicht anzuwenden.[992] Zudem hatte der Gesetzgeber eine Möglichkeit nachträglicher Sicherungsverwahrung für Heranwachsende in § 106 Abs. 5 und 6 JGG und für Jugendliche in § 7 Abs. 2 und 3 JGG vorgesehen, die jedoch – wie bereits erwähnt – im Gesetz zur Umsetzung

---

987 Vgl. zu den Auswirkungen auf den Vollzug eindrücklich *Bartsch,* Sicherungsverwahrung, 2010, S. 303; vgl. die Zahlen in BT-Drs. 17/3403, S. 33 und bei *Kreuzer,* Nachträgliche Sicherungsverwahrung – rote Karte für gefährliche Gefangene oder für den rechtsstaatlichen Vertrauensschutz, ZIS 2006, S. 151.

988 BT-Drs. 17/3403, S. 32.

989 BT-Drs. 17/3403, S. 32.

990 Vgl. BT-Drs. 16/4740, S. 6 und 22 f.; *Alex,* Nachträgliche Sicherungsverwahrung – ein rechtsstaatliches und kriminalpolitisches Debakel, 2010, S. 44.

991 BGHSt 50, 373 (380); vgl. BT-Drs. 15/2887, S. 1; *Bartsch,* Sicherungsverwahrung, 2010, S. 79.

992 Vgl. LK-*Rissing-van Saan/Peglau,* 12. Aufl., 2008, § 66b Rn. 86, der auch das Merkmal der „neuen Tatsachen" den materiellen Voraussetzungen zuordnet.

des Abstandsgebots dem Erwachsenenstrafrecht entsprechend durch die vorbehaltenen Sicherungsverwahrung ersetzt wurde.[993]

1. Anordnungsmöglichkeit nach Abs. 1 und 2

a) Formelle Voraussetzungen

aa) § 66b Abs. 1 StGB a.F.

Gemäß § 66b Abs. 1 Satz 1 StGB a.F. ist zunächst Voraussetzung, dass eine qualifizierte Ausgangsverurteilung vorliegt.[994] Der Straftatenkatalog wurde gegenüber § 66 Abs. 3 StGB a.F. und § 66a Abs. 1 StGB a.F. nochmals eingeschränkt. Er umfasst Verbrechen aus bestimmten Straftatbereichen, die auf die gesetzlichen Abschnittsüberschriften bezogen sind, und die Vergehen des § 66 Abs. 3 Satz 1 StGB a.F.[995] Nicht umfasst sind gemeingefährliche Straftaten, auch wenn durch deren Bestrafung die in Abs. 1 genannten Rechtsgüter geschützt werden sollen.[996] Ferner müssen „die übrigen Voraussetzungen des § 66 erfüllt“ sein. Die Voraussetzungen einer der vier Anordnungsmöglichkeiten der primären Sicherungsverwahrung müssen (alternativ nicht kumulativ) unter Berücksichtigung der Regelung zur Rückfallverjährung vorliegen.[997] Eine Inhaftierung des Verurteilten zum Zeitpunkt der nachträglichen Anordnung der Sicherungsverwahrung ist nicht notwendig.[998] Zur Erinnerung: Hinsichtlich des Zeitpunkts der Anlassverurteilung wurde keine einschränkende Übergangsregelung im Sinne des § 2 Abs. 6 StGB normiert. In Art. 1a EGStGB a.F. wurde vielmehr ausdrücklich vorgesehen, dass § 66b StGB a.F. auf die Täter Anwendung findet, die aufgrund landesrechtlicher Straftäterunterbringungsgesetze untergebracht waren.[999]

---

993 BT-Drs. 17/9874, S. 1, 6 f.; vgl. in diesem Teil, 1. Kapitel, D. VI. und VIII.

994 NK-StGB *Böllinger/Pollähne,* 3. Aufl., 2010, § 66b Rn. 13; LK-*Rissing-van Saan/Peglau,* 12. Aufl., 2008, § 66b Rn. 68.

995 Aufzählung der einzelnen Delikte bei *Fischer,* Strafgesetzbuch und Nebengesetze, 57. Aufl., 2010, § 66b Rn. 10; *Stree/Kinzig,* in: Schönke/Schröder, 28. Aufl., 2010, § 66b Rn. 4.

996 *Fischer,* Strafgesetzbuch und Nebengesetze, 57. Aufl., 2010, § 66b Rn. 10; krit. dazu LK-*Rissing-van Saan/Peglau,* 12. Aufl., 2008, § 66b Rn. 70.

997 *Stree/Kinzig,* in: Schönke/Schröder, 28. Aufl., 2010, § 66b Rn. 4; LK-*Rissing-van Saan/Peglau,* 12. Aufl., 2008, § 66b Rn. 71.

998 LK-*Rissing-van Saan/Peglau,* 12. Aufl., 2008, § 66b Rn. 79.

999 *Fischer,* Strafgesetzbuch und Nebengesetze, 57. Aufl., 2010, § 66b Rn. 11a; krit. dazu LK-*Rissing-van Saan/Peglau,* 12. Aufl., 2008, § 66b Rn. 72 ff.

bb) § 66b Abs. 2 StGB a.F.

§ 66b Abs. 2 StGB a.F. ermöglicht – wie bereits erwähnt[1000] – eine nachträgliche Anordnung der Sicherungsverwahrung auch für Ersttäter, die eine Anordnung bei Mehrfachtätern unter Berücksichtigung der Subsidiaritätsregelungen selbstredend nicht ausschließt. § 66b Abs. 2 StGB a.F. erfordert in formeller Hinsicht nur *eine* Verurteilung zu einer mindestens fünfjährigen Freiheitsstrafe, die wegen einer in Abs. 2 genannten Katalogtat verhängt worden sein muss.[1001] Ausreichend ist auch eine Gesamtstrafe von fünf Jahren, wenn sie sich nur aus Katalogtaten zusammensetzt. Sofern Nichtkatalogtaten enthalten sind, müssen die enthaltenen Katalogtaten zusammen (hypothetisch) fünf Jahre Haft ergeben.[1002] Die Katalogtaten wurden in Abs. 2 im Vergleich zu Abs. 1 noch einmal eingeschränkt, der sich ausschließlich aus den in Abs. 1 genannten Verbrechen zusammensetzt.[1003]

b) Nach einer Verurteilung ... vor Ende des Vollzugs erkennbar gewordene Tatsache

aa) Regelfall gemäß § 66b Abs. 1 Satz 1 StGB a.F.

Im Regelfall setzt eine nachträgliche Anordnung der Sicherungsverwahrung gemäß § 66b Abs. 1 Satz 1 StGB a.F. – ihrem Grundgedanken entsprechend – voraus, dass nach der Verurteilung und vor Ende des Vollzugs der Freiheitsstrafe „Tatsachen erkennbar werden, die auf eine erhebliche Gefährlichkeit des Verurteilten für die Allgemeinheit hinweisen." Diese sogenannten *nova* haben eine Doppelfunktion, denn einerseits dienen sie formell als „Türöffner" für die Einleitung des Unterbringungsverfahrens, andererseits muss sich die im Rahmen einer Gesamtwürdigung dann festzustellende Gefährlichkeit auch auf die nachträglich erkennbar gewordenen Tatsachen stützen.[1004] Wichtig ist hierbei, dass aus der neuen Tatsache nicht voreilig auf die Gefährlichkeit geschlossen werden kann und

1000 Vgl. in diesem Teil, 1. Kapitel, D. VI.

1001 *Fischer,* Strafgesetzbuch und Nebengesetze, 57. Aufl., 2010, § 66b Rn. 13.

1002 BGH StV 2008, S. 76 f.; *Stree/Kinzig,* in: Schönke/Schröder, 28. Aufl., 2010, § 66b Rn. 21; *Fischer,* Strafgesetzbuch und Nebengesetze, 57. Aufl., 2010, § 66b Rn. 13.

1003 NK-StGB *Böllinger/Pollähne,* 3. Aufl., 2010, § 66b Rn. 19; LK-*Rissing-van Saan/Peglau,* 12. Aufl., 2008, § 66b Rn. 80.

1004 BGH NStZ 2005, S. 562; BGHSt 50, 275 (278 ff.); *Ullenbruch,* Anmerkung zum BGH, Urteil vom 11. Mai 2005 – 1 StR 37/05, NStZ 2005, S. 564; LK-*Rissing-van Saan/Peglau,* 12. Aufl., 2008, § 66b Rn. 87; *Bartsch,* Sicherungsverwahrung, 2010, S. 81; *Mushoff,* Strafe – Maßregeln – Sicherungsverwahrung, 2008, S. 77 f.

darf.[1005] Der Blick dürfe nicht unzulässig verengt werden.[1006] Laut BGH müsse die gesamte Persönlichkeit des Betroffenen und seine bisherige Lebensgeschichte und Kriminalitätsentwicklung berücksichtigt werden.[1007] Dadurch wird der Gefahr – zumindest ein wenig – begegnet, dass die nachträgliche Sicherungsverwahrung im Vollzug als implizites Disziplinarmittel seine volle Wirkung entfalten kann.[1008]

Was konkret unter das Merkmal der Tatsachen zu subsumieren ist, hat die Rechtsprechung mittlerweile präzisiert. Danach müssen die Tatsachen *neu* sein.[1009] Die nachträgliche Sicherungsverwahrung dürfe nicht dazu dienen, (vermeintliche) Rechtsfehler aus dem Ausgangsurteil zu beheben.[1010] Dies wäre ein rechtsstaatlicher Systembruch und käme einer Wiederaufnahme zuungunsten des Angeklagten gleich.[1011] Rechtliche (Um-)Bewertungen, die bereits auf früher bekannten Umständen beruhen, und „erkennbare" Tatsachen, die ein sorgfältiger Richter im Hinblick auf § 244 Abs. 2 StPO hätte aufklären müssen, sind demnach *keine* neuen Tatsachen.[1012] Auch abweichende Gefährlichkeitsgutachten ohne neue Anknüpfungstatsachen oder Befundsachen sind nicht als neue Tatsachen einzustufen – anders als dies nach Einschätzung des Gesetzgebers nunmehr bei § 66a Abs. 2 StGB n.F. der Fall sein soll.[1013] Jedoch müssen die Tatsachen während des Vollzugs nicht neu eingetreten sein, sondern nur zu diesem Zeitpunkt bekannt werden.[1014] Der maßgebliche Zeitraum hierfür liegt zwischen der letzten Entscheidung

---

1005 BGH NStZ 2005, S. 562; *Ullenbruch,* Anmerkung zum BGH, Urteil vom 11. Mai 2005 – 1 StR 37/05, NStZ 2005, S. 564.

1006 BGH NStZ 2005, S. 562.

1007 BGH NStZ 2005, S. 562.

1008 Vgl. *Kreuzer,* Nachträgliche Sicherungsverwahrung – rote Karte für gefährliche Gefangene oder für den rechtsstaatlichen Vertrauensschutz, ZIS 2006, S. 149.

1009 BGHSt 50, 181 (188); 275 (278); *Stree/Kinzig,* in: Schönke/Schröder, 28. Aufl., 2010, § 66b Rn. 6; *Bartsch,* Sicherungsverwahrung, 2010, S. 82 f.

1010 BGHSt 50, 181 (188); 275 (278); *Stree/Kinzig,* in: Schönke/Schröder, 28. Aufl., 2010, § 66b Rn. 6; *Bartsch,* Sicherungsverwahrung, 2010, S. 82 f.

1011 *Kreuzer,* Nachträgliche Sicherungsverwahrung – rote Karte für gefährliche Gefangene oder für den rechtsstaatlichen Vertrauensschutz, ZIS 2006, S. 149.

1012 BGHSt 50, 181 (188); 275 (278).

1013 BGHSt 50, 373 (383); BGH NStZ, S. 506; LK-*Rissing-van Saan/Peglau,* 12. Aufl., 2008, § 66b Rn. 89; *Fischer,* Strafgesetzbuch und Nebengesetze, 57. Aufl., 2010, § 66b Rn. 17.

1014 Thür OLG StV 2006, S. 71 ff.; *Mushoff,* Strafe – Maßregeln – Sicherungsverwahrung, 2008, S. 78.

der Tatsacheninstanz und dem Ende der Freiheitsstrafe aus dem Ausgangsurteil.[1015] Eine Therapieunwilligkeit kann z.B. nur als neue Tatsache gewertet werden, wenn im Ausgangsurteil die Therapiebereitschaft ausdrücklich bekundet und eine Therapie vom Gericht als erfolgsversprechend eingeschätzt wurde.[1016]

Zudem muss die Tatsache von *erheblichem* Gewicht sein, weil sie auf eine erhebliche Gefährlichkeit des Verurteilten für die Allgemeinheit hinweisen muss. Sie muss im Lichte der Verhältnismäßigkeit schon für sich genommen bei der Bewertung einer erheblichen Gefahr für das Leben, die körperliche Unversehrtheit, die Freiheit oder die sexuelle Selbstbestimmung Anderer durch den Betroffenen Gewicht haben.[1017] Insbesondere bei Ungehorsam, der auch auf die Bedingungen des Strafvollzugs zurückgeführt werden kann, mangelt es an der erforderlichen Erheblichkeit.[1018] Demgegenüber kann die Verweigerung von Resozialisierung- und Therapiemaßnahmen erheblich sein, wenn sie denn eine neue Tatsache ist.[1019] Bei neu begangenen Straftaten ist wegen des prinzipiellen Vorrangs des Erkenntnisverfahrens danach zu differenzieren, ob die Straftat zur Anordnung der Sicherungsverwahrung oder des Vorbehalts geeignet ist.[1020] Die Frage der Erheblichkeit ist eine genuine Rechtsfrage, „die vom Gericht in eigener Verantwortung ohne Bindung an die Auffassung der gehörten Sachverständigen zu beantworten ist."[1021] Des Weiteren müssen die neuen Tatsachen in einem prognoserelevanten *symptomatischen Zusammenhang* mit der Anlasstat stehen.[1022] Dies ist auch für

1015 LK-*Rissing-van Saan/Peglau,* 12. Aufl., 2008, § 66b Rn. 106 ff.; *Bartsch,* Sicherungsverwahrung, 2010, S. 84 m.w.N.

1016 BGHSt 50, 275 (281); 284 (298); BGH NJW 2008, S. 3011; *Bartsch,* Sicherungsverwahrung, 2010, S. 83 f.

1017 BGHSt 50, 284 (297); LK-*Rissing-van Saan/Peglau,* 12. Aufl., 2008, § 66b Rn. 113; *Bartsch,* Sicherungsverwahrung, 2010, S. 84 f.

1018 BGHSt 50, 284 (297 f.), BGH StV 2006, S. 64; *Stree/Kinzig,* in: Schönke/Schröder, 28. Aufl., 2010, § 66b Rn. 8; LK-*Rissing-van Saan/Peglau,* 12. Aufl., 2008, § 66b Rn. 117.

1019 BGH NStZ 2005, S. 562; LK-*Rissing-van Saan/Peglau,* 12. Aufl., 2008, § 66b Rn. 118, vgl. aber *Brettel,* Anmerkung zu BGH, Urt. v. 11.5.2005 – 1 StR 37/05 (LG Bayreuth), StV 2006, S. 64 ff.

1020 NK-StGB *Böllinger/Pollähne,* 3. Aufl., 2010, § 66b Rn. 32; *Mushoff,* Strafe – Maßregeln – Sicherungsverwahrung, 2008, S. 79.

1021 BGHSt 50, 275 (278); *Fischer,* Strafgesetzbuch und Nebengesetze, 57. Aufl., 2010, § 66b Rn. 27.

1022 BGHSt 50, 275 (279); *Fischer,* Strafgesetzbuch und Nebengesetze, 57. Aufl., 2010, § 66b Rn. 27; *Mushoff,* Strafe – Maßregeln – Sicherungsverwahrung, 2008, S. 78, 80.

die Rechtfertigung der nachträglichen Sicherungsverwahrung als strafrechtliche Maßnahme entscheidend.

bb) Altfallregelung gemäß § 66b Abs. 1 Satz 2 StGB a.F.

Gemäß § 66b Abs. 1 Satz 2 StGB a.F. wird bei Altfällen auf nachträglich erkennbar gewordene Tatsachen völlig verzichtet.[1023] Folglich können in diesen Fällen auch Tatsachen Berücksichtigung finden, die zum Zeitpunkt der Verurteilung bereits bekannt bzw. erkennbar waren. Altfälle sind solche, in denen zum damaligen Zeitpunkt aus rechtlichen Gründen, d.h. entweder wegen noch erhöhter formeller Voraussetzungen oder wegen abweichender Regelungen im Sinne des § 2 Abs. 6 StGB, eine Anordnung der Sicherungsverwahrung nicht möglich war.[1024] Dies gilt laut BGH *nicht* für § 66b Abs. 2 StGB a.F., da der Gesetzgeber sich im Gesetzgebungsverfahren insbesondere auf DDR-Altfälle beschränkte, bei denen die Anwendung der primären Sicherungsverwahrung nur aufgrund des Art. 1a EGStGB a.F. nicht möglich war und eine angeregte Erweiterung nicht umgesetzt wurde.[1025] Der BGH hatte vor der Nachjustierung durch den Gesetzgeber im Angesicht von nicht intendierten Schutzlücken geurteilt, dass eine seinerzeitige *rechtmäßige* Nichtanordnung der Sicherungsverwahrung im Hinblick auf die Anforderungen an eine Neuheit der Tatsache erst Recht nicht über § 66b StGB korrigiert werden dürfe.[1026]

c) Materielle Voraussetzungen

In materieller Hinsicht muss für Abs. 1 und Abs. 2 die „Gesamtwürdigung des Verurteilten, seiner [Tat oder seiner] Taten und ergänzend seiner Entwicklung während des Strafvollzugs“ ergeben, „dass er mit hoher Wahrscheinlichkeit erhebliche Straftaten begehen wird, durch welche die Opfer seelisch oder körperlich geschädigt werden“ (§ 66b Abs. 1 Satz 1 und [Abs. 2] StGB a.F.). Es ist folglich wie bei den anderen Vorschriften zur Sicherungsverwahrung im Rahmen einer

---

1023 LK-*Rissing-van Saan/Peglau,* 12. Aufl., 2008, § 66b Rn. 130.

1024 *Stree/Kinzig,* in: Schönke/Schröder, 28. Aufl., 2010, § 66b Rn. 15; *Fischer,* Strafgesetzbuch und Nebengesetze, 57. Aufl., 2010, § 66b Rn. 23, krit. zur begrifflichen Weite von „rechtlichen Gründen“: *Mushoff,* Strafe – Maßregeln – Sicherungsverwahrung, 2008, S. 80 f.; LK-*Rissing-van Saan/Peglau,* 12. Aufl., 2008, § 66b Rn. 131.

1025 BGH v. 13. Januar 2010, 1 StR 372/09, Rn. 35 ff.-juris, vgl. *Bartsch,* Sicherungsverwahrung, 2010, S. 89; *Mushoff,* Strafe – Maßregeln – Sicherungsverwahrung, 2008, S. 83.

1026 BGH NJW 2006, S. 3154 f.; vgl. BT-Drs. 16/4740, S. 1.

Gesamtwürdigung eine Gefährlichkeitsprognose zu erstatten. Die Formulierung „mit hoher Wahrscheinlichkeit" ist im Regelungssystem der Sicherungsverwahrung auslegungsbedürftig. Der Gesetzgeber verweist auf einen im Vergleich zu § 66a StGB a.F. gesteigerten Wahrscheinlichkeitsmaßstab.[1027] Dies würde jedoch bedeuten, dass der Wahrscheinlichkeitsgrad bei der nachträglichen Sicherungsverwahrung trotz ihres immer wieder betonten Ausnahmecharakters noch unterhalb einer im Rahmen des § 66 StGB a.F. festgestellten Gefährlichkeit anzusiedeln wäre. Demgegenüber stellt das Bundesverfassungsgericht klar, dass vom Betroffenen eine *erhebliche gegenwärtige* Gefahr ausgehen muss, die sich nicht in einer allgemeinen Rückfallwahrscheinlichkeit erschöpfen darf.[1028] Auch die Kommentarliteratur versteht den Begriff der hohen Wahrscheinlichkeit als eine gegenüber § 66 Abs. 1 Nr. 3 StGB a.F. erhöhte Gefährlichkeit.[1029] Ob diese im Wege wertender Abwägung festzustellen sei oder es sich bei diesem Begriff nur um eine empirische Häufigkeit des Eintritts eines Ereignisses handele, ist umstritten.[1030] Im Ergenis wird im Rahmen der Gesamtwürdigung die ‚Empirie' der Gefährlichkeit sowieso – wie auch in den übrigen Fällen der Sicherungsverwahrung – auf die Erheblichkeit im Sinne einer wertenden Abwägung bezogen. Die Gefährlichkeit darf sich ausdrücklich nur auf schwere seelische und körperliche Schäden beziehen.[1031] Wegen der Doppelfunktion der neuen Tatsachen muss die Prognose diese Tatsachen bewerten, wobei die eingeschränkte Aussagekraft von Vollzugsverhalten Berücksichtigung finden muss.[1032]

1027 BT-Drs. 15/2887, S. 13.

1028 BVerfG NJW 2006, S. 3485; vgl. dazu krit. *Fischer,* Strafgesetzbuch und Nebengesetze, 57. Aufl., 2010, § 66b Rn. 39.

1029 LK-*Rissing-van Saan/Peglau,* 12. Aufl., 2008, § 66b Rn. 137; *Fischer,* Strafgesetzbuch und Nebengesetze, 57. Aufl., 2010, § 66b Rn. 37; NK-StGB *Böllinger/Pollähne,* 3. Aufl., 2010, § 66b Rn. 37; *Stree/Kinzig,* in: Schönke/Schröder, 28. Aufl., 2010, § 66b Rn. 19; MüKo-StGB-*Ullenbruch/Drenkhahn/Morgenstern,* 2. Aufl., 2012, § 66b Rn. 76; vgl. auch *Braum,* Nachträgliche Sicherungsverwahrung: In dubio pro securitate?, ZRP 2004, S. 106; *Mushoff,* Strafe – Maßregeln – Sicherungsverwahrung, 2008, S. 82.

1030 Vgl. im Sinne wertender Abwägung BGH NJW 2008, S. 242 unter Bezugnahme auf BT-Drs. 15/2887, S. 13; krit. *Fischer,* Strafgesetzbuch und Nebengesetze, 57. Aufl., 2010, § 66b Rn. 37a; MüKo-StGB-*Ullenbruch/Drenkhahn/Morgenstern,* 2. Aufl., 2012, § 66b Rn. 76.

1031 LK-*Rissing-van Saan/Peglau,* 12. Aufl., 2008, § 66b Rn. 136; *Fischer,* Strafgesetzbuch und Nebengesetze, 57. Aufl., 2010, § 66b Rn. 36.

1032 LK-*Rissing-van Saan/Peglau,* 12. Aufl., 2008, § 66b Rn. 134; *Fischer,* Strafgesetzbuch und Nebengesetze, 57. Aufl., 2010, § 66b Rn. 29.

Im Hinblick auf die schon bei § 66a StGB bestehende Hangproblematik ist es dem Gesetzgeber auch hier nicht gelungen seine Vorstellungen durchzusetzen, die eindeutig einen Verzicht auf die Feststellung des Hanges im Rahmen des § 66b StGB intendierten.[1033] Das Erfordernis eines Hangs ist jedoch durch den Verweis auf „die übrigen Voraussetzungen des § 66“, der auch das Hangmerkmal in § 66 Abs. 1 Nr. 3 StGB a.F. umfasst, vom Wortlaut gedeckt.[1034] Niedrigere Anforderung sind nach dem BGH im Vergleich zu §§ 66, 66a StGB a.F. sachlich nicht gerechtfertigt; auch im Hinblick auf § 67d Abs. 3 StGB sei ein Verzicht auf das Hangmerkmal systemwidrig.[1035] Die letzten beiden Argumente sprechen dafür, dass auch bei Abs. 2 auf ein Hangerfordernis zu bestehen ist. So urteilte ebenfalls der BGH.[1036] Eine Unterscheidung zwischen Abs. 1 und Abs. 2 wäre in diesem Punkt unplausibel, obgleich bei Ersttätern erwogen werden könnte, auf das Kriterium eines eingeschliffenen Verhaltensmusters zu verzichten.[1037] Das Bundesverfassungsgericht hielt dagegen im Rahmen des Abs. 2 auch unter Verhältnismäßigkeitsgesichtspunkten das Hangmerkmal nicht für erforderlich, was den BGH nicht zu einer Rechtsprechungsänderung bewegt hat.[1038] Im Ergebnis ist jedoch fraglich, ob die erheblich eingeschränkte Hangdefinition des BGH noch einen faktischen Unterschied zum gänzlichen Verzicht macht.[1039]

2. Anordnungsmöglichkeit nach Abs. 3

Die Anordnungsmöglichkeit nach Abs. 3 wurde bereits bei der Rechtsprechung des Bundesverfassungsgerichts und des EGMR behandelt,[1040] die erst verzögert in

---

1033 Vgl. BT-Drs. 15/2887, S. 13.

1034 BGHSt 50, 121 (132); NK-StGB *Böllinger/Pollähne,* 3. Aufl., 2010, § 66b Rn. 34; *Stree/Kinzig,* in: Schönke/Schröder, 28. Aufl., 2010, § 66b Rn. 17; *Braum,* Nachträgliche Sicherungsverwahrung: In dubio pro securitate?, ZRP 2004, S. 106; a.A. LK-*Rissing-van Saan/Peglau,* 12. Aufl., 2008, § 66b Rn. 150 ff.

1035 BGHSt 50, 121 (132); NK-StGB *Böllinger/Pollähne,* 3. Aufl., 2010, § 66b Rn. 34; *Stree/Kinzig,* in: Schönke/Schröder, 28. Aufl., 2010, § 66b Rn. 17; *Braum,* Nachträgliche Sicherungsverwahrung: In dubio pro securitate?, ZRP 2004, S. 106; a.A. LK-*Rissing-van Saan/Peglau,* 12. Aufl., 2008, § 66b Rn. 150 ff.

1036 BGHSt 50, 375 (381 f.); vgl. dazu LK-*Rissing-van Saan/Peglau,* 12. Aufl., 2008, § 66b Rn. 148.

1037 BGHSt 50, 375 (381 f.); vgl. dazu LK-*Rissing-van Saan/Peglau,* 12. Aufl., 2008, § 66b Rn. 148.

1038 BVerfG NJW 2006, S. 3484; BGH NJW 2007, S. 1076.

1039 Ebenso LK-*Rissing-van Saan/Peglau,* 12. Aufl., 2008, § 66b Rn. 148.

1040 Vgl. in diesem Teil, 2. Kapitel, C.

den Fokus der Rechtsprechung gerückt ist. Im System der Sicherungsverwahrung stellt sie einen Systembruch dar. Zum einen wird erstmals von dem Grundsatz des § 67a StGB abgewichen, nach dem von einer anderen Maßregel nicht in die Sicherungsverwahrung überwiesen werden darf, und zum anderen wird auf eine schuldhaft begangene Straftat verzichtet.[1041] Im Fall des § 66b Abs. 3 a.F./§ 66b StGB n.F. fehlt demzufolge eine schuldhaft begangene Tat. Der die Schuldunfähigkeit begründende Zustand ist nicht mehr vorhanden und selbst ein Hang als Äquivalent zum Zustand im Sinne von §§ 20, 21 StGB ist nicht erforderlich.[1042] Schon allein mangels einer Mindesthöhe der Freiheitsstrafe sind die Anordnungshürden geringere als bei den Absätzen 1 und 2. Ferner gilt nur der Straftatenkatalog des § 66 Abs. 3 StGB a.F. und es bedarf keiner neuen Tatsachen.[1043] Mit Abs. 3 wird die Sicherheitsarchitektur geschlossen, indem er die *long stay*-Verwahrung von Betroffenen ermöglicht, bei denen kein Zustand im Sinne von §§ 20, 21 StGB mehr vorliegt bzw. nie vorgelegen hat und die demnach nicht mehr im psychiatrischen Krankenhaus untergebracht werden können.[1044] *Böllinger* und *Pollähne* weisen darauf hin, dass diese Regelung in Verbindung mit § 275a Abs. 5 StPO a.F. (neu: Abs. 6) die Gefahr in sich birgt, dass sich die psychiatrischen Krankenhäuser schwieriger Patienten entledigen, da nunmehr eine alternative Freiheitsentziehung zur Verfügung steht.[1045] *Streng* sieht hier grundsätzlich eine faire Risikoverteilung nicht gewahrt.[1046] Dem Schuldunfähigen könne nicht zum Vorwurf gemacht werden, dass er sich durch sein eigenverantwortliches Verhalten selbst der Gefahr einer unsicheren Kriminalprognose ausgesetzt habe.[1047]

1041 LK-*Rissing-van Saan/Peglau,* 12. Aufl., 2008, § 66b Rn. 157; *Stree/Kinzig,* in: Schönke/Schröder, 28. Aufl., 2010, § 66b Rn. 22.

1042 Vgl. auch *Streng,* Die Zukunft der Sicherungsverwahrung nach der Entscheidung des Bundesverfassungsgerichts, JZ 2011, S. 833 f.

1043 Vgl. BGH NStZ 2008, S. 334; *Peglau,* Nachträgliche Sicherungsverwahrung in Erledigungsfällen mit Reststrafenverbüßung, NJW 2009, S. 958; hinsichtlich des Erfordernisses von neuen Tatsachen bei Vollstreckung der Restfreiheitsstrafe, wenn auf Abs. 1 und 2 ausgewichen werden muss, S. 957 ff. und *Bartsch,* Sicherungsverwahrung, 2010, S. 104 ff.

1044 NK-StGB *Böllinger/Pollähne,* 3. Aufl., 2010, § 66b Rn. 6.

1045 NK-StGB *Böllinger/Pollähne,* 3. Aufl., 2010, § 66b Rn. 6.

1046 *Streng,* Die Zukunft der Sicherungsverwahrung nach der Entscheidung des Bundesverfassungsgerichts, JZ 2011, S. 833.

1047 *Streng,* Die Zukunft der Sicherungsverwahrung nach der Entscheidung des Bundesverfassungsgerichts, JZ 2011, S. 833. Das heißt aber nicht, dass im Umkehrschluss daraus eine Rechtfertigung für die Sicherungsverwahrung abgeleitet werden sollte, vgl. 3. Teil, 3. Kapitel.

a) Formelle Voraussetzungen

Formelle Voraussetzung ist demnach zunächst, dass eine Unterbringung nach § 63 StGB angeordnet wurde. Diese muss gemäß § 67d Abs. 6 StGB für erledigt erklärt worden sein, weil der die Schuldfähigkeit ausschließende oder erheblich vermindernde Zustand, auf dem die Unterbringung beruhte, im Zeitpunkt der Erledigungsentscheidung nicht mehr bestand.[1048] Nach der Entscheidung des Großen Senats kann die Erledigungserklärung nach § 67d Abs. 6 StGB nur dann Grundlage einer Anordnung nach Abs. 3 sein, wenn der Betroffene andernfalls in Freiheit zu entlassen wäre, also keine Verbüßung einer Freiheitsstrafe ausstehen würde.[1049] Für die Fälle einer Restfreiheitsstrafenverbüßung finden weiterhin die Abs. 1 und 2 Anwendung, wobei aber hinsichtlich der neuen Tatsachen geringere Anforderungen als üblich zu stellen sind.[1050] Hier soll es genügen, wenn „auch ohne das Hinzutreten einer dauerhaften psychischen Störung seine qualifizierte Gefährlichkeit für die Allgemeinheit rechtlich eigenständig herzuleiten ist."[1051] Der Wegfall einer Tatsache – die psychische Störung – wäre dann die neue Tatsache, was *de facto* einem Verzicht auf neue Tatsachen gleichkommt.[1052] Ist Abs. 3 nur bei einer sofortigen Entlassung in Freiheit anwendbar, muss zudem in formeller Hinsicht die Unterbringung aufgrund mehrerer, also mindestens zweier rechtswidriger Katalogtaten des § 66 Abs. 3 Satz 1 StGB a.F. erfolgt sein (§ 66b Abs. 3 Nr. 1 Var. 1 StGB a.F.).[1053] Nach der anderen Alternative muss er vor der die Unterbringung gemäß § 63 StGB begründenden rechtswidrigen Tat wegen einer oder mehrerer Katalogtaten im Sinn des § 66 Abs. 3 Satz 1 StGB a.F. zu einer Freiheitsstrafe von mindestens drei Jahren verurteilt worden sein

1048 LK-*Rissing-van Saan/Peglau,* 12. Aufl., 2008, § 66b Rn. 162; *Stree/Kinzig,* in: Schönke/Schröder, 28. Aufl., 2010, § 66b Rn. 22; *Fischer,* Strafgesetzbuch und Nebengesetze, 57. Aufl., 2010, § 66b Rn. 14.

1049 BGHSt 52, 379 (385); vgl. zum Verlauf der Auseinandersetzung zwischen 1. und 4. Strafsenat: *Fischer,* Strafgesetzbuch und Nebengesetze, 57. Aufl., 2010, § 66b Rn. 14a f.; *Bartsch,* Sicherungsverwahrung, 2010, S. 104 ff.

1050 BGHSt 52, 379 (390 f.).

1051 BGHSt 52, 379 (391).

1052 Vgl. *Peglau,* Nachträgliche Sicherungsverwahrung in Erledigungsfällen mit Reststrafenverbüßung, NJW 2009, S. 958.

1053 *Fischer,* Strafgesetzbuch und Nebengesetze, 57. Aufl., 2010, § 66b Rn. 15; *Stree/Kinzig,* in: Schönke/Schröder, 28. Aufl., 2010, § 66b Rn. 23; LK-Rissing-van Saan/Peglau, 12. Aufl., 2008, § 66b Rn. 163 f.

oder gemäß § 63 StGB untergebracht gewesen sein (§ 66b Abs. 3 Nr. 1 Var. 2 StGB a.F.).[1054]

b) Materielle Voraussetzungen

Hinsichtlich der in § 66b Abs. 3 Nr. 2 StGB a.F. genannten materiellen Voraussetzungen ergeben sich nur insoweit Unterschiede, als dass § 66b Abs. 3 StGB a.F. keine neuen Tatsachen erfordert. Daher müssen diese auch nicht bei der Gefährlichkeitsprognose Berücksichtigung finden.[1055] Jedoch ist auch hier ergänzend auf die Entwicklung des Betroffenen während des Strafvollzugs bzw. der Unterbringung einzugehen.[1056] Des Weiteren ist fraglich, ob das Hangmerkmal erforderlich ist.[1057] Der BGH hat hierzu entgegen anderer Stimmen in der Literatur aufgrund des eindeutigen Wortlauts entschieden, dass das Hangmerkmal im Rahmen des Abs. 3 keine Voraussetzung ist und weicht damit von seiner zu Abs. 2 entwickelten Argumentation ab.[1058]

II. Änderungen durch das Gesetz vom 22. Dezember 2010

Durch das Gesetz vom 22. Dezember 2010 wurden §§ 66b Abs. 1 und 2 StGB gestrichen, § 66b StGB besteht nur noch aus Abs. 3.[1059] Nach der Stichtagsregelung in Art. 316e StGB gilt dies nur für Neufälle, d.h. für Anlasstaten, die nach Inkrafttreten des Gesetzes begangen wurden.[1060] Der ‚Rundumschutz' für die Allgemeinheit wird weiterhin – das betont der Gesetzgeber – aufrechterhalten, weil der Wegfall des Instruments durch die Ausweitungen im Recht der primären und der vorbehaltenen Sicherungsverwahrung – wie unter B. und C. dargestellt – ausgeglichen wurde.[1061] Abs. 3 wurde ein Satz 2 angefügt. Nunmehr fallen auch

1054 *Fischer,* Strafgesetzbuch und Nebengesetze, 57. Aufl., 2010, § 66b Rn. 15; *Stree/Kinzig,* in: Schönke/Schröder, 28. Aufl., 2010, § 66b Rn. 23; LK-*Rissing-van Saan/Peglau,* 12. Aufl., 2008, § 66b Rn. 163 f.

1055 *Fischer,* Strafgesetzbuch und Nebengesetze, 57. Aufl., 2010, § 66b Rn. 26.

1056 *Fischer,* Strafgesetzbuch und Nebengesetze, 57. Aufl., 2010, § 66b Rn. 26.

1057 Als erforderlich erachten dies: NK-StGB *Böllinger/Pollähne,* 3. Aufl., 2010, § 66b Rn. 34 ff.; *Stree/Kinzig,* in: Schönke/Schröder, 28. Aufl., 2010, § 66b Rn. 24.

1058 BGH NStZ 2009, S. 324; *Fischer,* Strafgesetzbuch und Nebengesetze, 57. Aufl., 2010, § 66b Rn. 35a.

1059 BGBl. 2010 I, S. 2301.

1060 BT-Drs. 17/3403, S. 32.

1061 BT-Drs. 17/3403, S. 32 f.

die Fälle unter Abs. 3, bei denen nach der Erledigungserklärung noch eine Restfreiheitsstrafe verbüßt werden muss.[1062] Dementsprechend wurde der Prognosezeitraum „bis zum Zeitpunkt der Entscheidung" verlängert. In der Begründung zur Aufrechterhaltung des Abs. 3 wird auf den oben besprochenen Beschluss des Bundesverfassungsgerichts aus dem Jahr 2009 verwiesen.[1063] In diesem Beschluss wurde argumentiert, dass es sich im Kern um die Überweisung von einer Maßnahme in eine andere handele und das psychiatrische Krankenhaus gegenüber der Sicherungsverwahrung kein geringeres, sondern ein anderes Übel sei.[1064] Dennoch verbleibende Nachteile würden von den mit dem Gesetz verfolgten überragenden Interessen des Gemeinwohls ausgeglichen.[1065] Nach den Urteilen des EGMR und des Bundesverfassungsgerichts zu § 66b Abs. 3 StGB a.F. ist der lapidare Verweis auf die Bundesverfassungsgerichtsentscheidung aus dem Jahr 2009 für eine Rechtfertigung der Freiheitsentziehung nicht mehr möglich. Das Bundesverfassungsgericht sieht nunmehr auch im Rahmen von § 66b Abs. 3 StGB Vertrauensschutzbelange tangiert.[1066]

III. Zeitliche Geltung und die Vorgaben der Bundesverfassungsgerichts

§§ 66b Abs. 1 und 2 StGB a.F. unterfallen beide den Vorgaben des Bundesverfassungsgerichts zu den Vertrauensschutzfällen und zwar gilt dies unabhängig von dem rückwirkenden zeitlichen Anwendungsbereich der Vorschrift, also auch für sogenannte Neufälle.[1067] Explizit gilt dies nach der Bundesverfassungsgerichtsentscheidung vom 4. Mai 2011 für § 66b Abs. 2 StGB unabhängig von dem

1062 BT-Drs. 17/3403, S. 34 f.

1063 BT-Drs. 17/3403, S. 34; BVerfGE v. 5. August 2009, 2 BvR 2098/08 und 2 BvR 2633/08, Rn. 31; vgl. die Analyse des Beschlusses in diesem Teil, 1. Kapitel, D. IX.

1064 BT-Drs. 17/3403, S. 34; BVerfGE v. 5. August 2009, 2 BvR 2098/08 und 2 BvR 2633/08, Rn. 31.

1065 BVerfGE v. 5. August 2009, 2 BvR 2098/08 und 2 BvR 2633/08, Rn. 32.

1066 Vgl. in diesem Teil, 4. Kapitel, D.

1067 BVerfGE v. 4. Mai 2011, 2 BvR 2365/09 u.a., Rn. 95, 131, 149, 151; vgl. BVerfGE v. 8. Juni 2011, 2 BvR 2846/09, Rn. 21; MüKo-StGB-*Ullenbruch/Drenkhahn/Morgenstern,* 2. Aufl., 2012, § 66b Rn. 40; *Mosbacher,* Praktische Folgerungen aus dem Urteil des Bundesverfassungsgerichts zur Sicherungsverwahrung vom 4. Mai 2011, HRRS 2011, S. 239.

rückwirkenden zeitlichen Anwendungsbereich der Vorschrift.[1068] Es gilt auch für so genannte Neufälle, weil durch die Regelung bereits tatbestandlich eine nachträgliche Anordnung der Freiheitsentziehung ermöglicht werde.[1069] Gemäß Art. 316f EGStGB gilt dies nunmehr auch für Abs. 1.[1070]

Bei Abs. 3 a.F. bzw. § 66b StGB n.F. ist dies weniger eindeutig und insbesondere für Neufälle weiterhin umstritten. Zunächst hatte der BGH in einem Beschluss vom 12. Mai 2010 entschieden, dass in Folge der EGMR-Entscheidung vom 17. Dezember 2009 die Anwendung von § 66b Abs. 3 StGB a.F. gemäß § 2 Abs. 6 StGB i.V.m. Art. 7 Abs. 1 Satz 2 EMRK auf *Altfälle* nicht möglich ist.[1071] Dass gegen den Betroffenen vorher eine zeitlich nicht befristete Maßregel verhängt worden war, führe zu keiner anderen Bewertung.[1072] Eine Erledigungserklärung erfolge gemäß § 67d Abs. 6 Satz 1 StGB auch dann, wenn der Betroffene weiterhin als gefährlich eingestuft wird.[1073] *Mosbacher* will demgegenüber für Neufälle wie für Altfälle nur den Prognosemaßstab ohne verschärfte Vertrauensschutzproblematik angewandt wissen und sieht hier nicht das rechtsstaatliche Vertrauensschutzgebot tangiert, leider ohne Begründung.[1074] *Ullenbruch, Drenkhahn* und *Morgenstern* interpretieren die Bundesverfassungsgerichtsentscheidungen vom 4. Mai und vom 8. Juni 2011 in der Zusammenschau dahingehend, dass die nachträgliche Sicherungsverwahrung in Gänze gegen das rechtsstaatliche Vertrauensschutzgebot verstößt.[1075] Damit gilt grundsätzlich der verschärfte Prognosemaßstab und eine psychische Störung muss hinzukommen.[1076] Jedoch würde das in Fällen des Abs. 3 bzw. § 66b StGB n.F. zu absurden Ergebnissen führen – so *Ullenbruch, Drenkhahn* und *Morgenstern,* weil gerade kein Zustand nach §§ 20, 21 StGB mehr vorliegen würde und daher eine nicht willkürliche Attestierung einer psychischen

1068 BVerfGE v. 4. Mai 2011, 2 BvR 2365/09 u.a., Rn. 149.
1069 BVerfGE v. 4. Mai 2011, 2 BvR 2365/09 u.a., Rn. 149.
1070 Vgl. BT-Drs. 17/9874, S. 36.
1071 BGH v. 12. Mai 2012, 4 StR 577/09, Rn. 7.
1072 BGH v. 12. Mai 2012, 4 StR 577/09, Rn. 13.
1073 BGH v. 12. Mai 2012, 4 StR 577/09, Rn. 13.
1074 *Mosbacher,* Praktische Folgerungen aus dem Urteil des Bundesverfassungsgerichts zur Sicherungsverwahrung vom 4. Mai 2011, HRRS 2011, S. 238 f.
1075 MüKo-StGB-*Ullenbruch/Drenkhahn/Morgenstern,* 2. Aufl., 2012, § 66b Rn. 40; s. BVerfGE v. 4. Mai 2011, 2 BvR 2365/09, Rn. 149 und BVerfGE v. 8. Juni 2011, 2 BvR 2846/09, Rn. 20.
1076 MüKo-StGB-*Ullenbruch/Drenkhahn/Morgenstern,* 2. Aufl., 2012, § 66b Rn. 40; s. BVerfGE v. 4. Mai 2011, 2 BvR 2365/09, Rn. 149 und BVerfGE v. 8. Juni 2011, 2 BvR 2846/09, Rn. 20.

Störung kaum möglich erscheint.[1077] Damit seien diese Vorschriften nicht verfassungskonform auslegbar und daher nicht anwendbar.[1078]

Durch die EGMR-Rechtsprechung vom Juni 2012 hat sich der Gesetzgeber in der Beschlussempfehlung des Rechtsausschusses zum Entwurf eines Gesetzes zur bundesrechtlichen Umsetzung des Abstandsgebotes zur Aussage genötigt gesehen, dass den zwischenzeitlich dazu ergangenen Urteilen des EGMR bereits Rechnung getragen worden sei.[1079] Denn nach Art. 316f EGStGB würden die vom Bundesverfassungsgericht aufgestellten verschärften Voraussetzungen für Vertrauensschutzfälle „für alle Fälle der Anordnung und Fortdauer der Sicherungsverwahrung und damit auch für die nachträgliche Anordnung oder Fortdauer der Sicherungsverwahrung nach Erledigung einer Unterbringung in einem psychiatrischen Krankenhaus gelten, wenn diese Anordnung auf Grund einer gesetzlichen Regelung erfolgte oder erfolgt, die zur Zeit der Anlasstat noch nicht in Kraft getreten war."[1080] Die Entscheidungen des EGMR hätten nur solche *Altfälle* betroffen.[1081] Auf die generelle Kritik gegenüber § 66b StGB n.F. – auch unter dem Gesichtspunkt des rechtsstaatlichen Vertrauensschutzgebots – geht der Gesetzgeber an der Stelle nicht ein.

Diese Kurzsichtigkeit des Gesetzgebers wird – nach der neuesten Bundesverfassungsgerichtsentscheidung vom 6. Februar 2013 zu urteilen, zu einer weiteren rechtsstaatlichen Nachjustierung im Recht der Sicherungsverwahrung führen müssen.[1082] Zwar ging es in dieser Entscheidung um Altfälle, jedoch schreibt es zu Neufällen, dass eine Rechtfertigung des § 66b StGB n.F. gemäß Art. 5 Abs. 1 Satz 2 Buchstabe a EMRK mangels hinreichendem Kausalzusammenhang zwischen Verurteilung und Sanktion zweifelhaft erscheint.[1083] Zudem sieht es bei der Anwendung des § 66b StGB n.F. Vertrauensschutzbelange tangiert, weil er eine nachträgliche Anordnung der Sicherungsverwahrung auch in Fällen vorsieht, in denen eine originäre Anordnung der Sicherungsverwahrung gemäß § 66 StGB nicht möglich wäre.[1084] Aus dieser Argumentation kann nur der Schluss gezogen werden, dass § 66b StGB n.F. aus dem Gesetz gestrichen werden muss. Denn selbst wenn es um Fälle geht, bei denen § 66 StGB im Ausgangsurteil anwendbar

1077 MüKo-StGB-*Ullenbruch/Drenkhahn/Morgenstern,* 2. Aufl., 2012, § 66b Rn. 41.
1078 MüKo-StGB-*Ullenbruch/Drenkhahn/Morgenstern,* 2. Aufl., 2012, § 66b Rn. 41.
1079 BT-Drs. 17/11388, S. 32.
1080 BT-Drs. 17/11388, S. 32.
1081 BT-Drs. 17/11388, S. 32.
1082 BVerfGE v. 6. Februar 2013, 2 BvR 2122/11 und 2 BvR 2705/11.
1083 BVerfGE v. 6. Februar 2013, 2 BvR 2122/11 und 2 BvR 2705/11, Rn. 41.
1084 BVerfGE v. 6. Februar 2013, 2 BvR 2122/11 und 2 BvR 2705/11, Rn. 41.

gewesen wäre, dann könnte eine nachträgliche Anordnung der Sicherungsverwahrung nur als Korrektur eines fehlerhaften Urteils interpretiert werden. Hierbei handelt es sich jedoch um eine Durchbrechung der Rechtskraft, die der Sache nach eine Wiederaufnahme des Verfahrens zuungunsten des Verurteilten darstellt.[1085]

Letztlich bleibt bei § 66b Abs. 3 StGB a.F. auch höchst zweifelhaft, aus welchen Quellen sich die Gefährlichkeit des Betroffenen speisen soll, wenn die Tatsache, auf die die Gefährlichkeit ursprünglich aufbaute, doch gerade weggefallen ist. Die Sicherungsverwahrung ist dann ein dankbarer Auffangtatbestand, da beim Hang auch nicht nach Gründen für dessen Bestehen gefragt wird, wobei § 66b Abs. 3 StGB a.F. noch nicht einmal diesen mehr zur Voraussetzung hat. Aus der Perspektive des EGMR müsste hier jedenfalls eingehend nach der (macht-)politischen Dimension der Wissensgenerierung gefragt werden. Dies gilt insbesondere dann, wenn jetzt jedenfalls für Altfälle zwischen psychischer Störung und einem Zustand nach §§ 20, 21 StGB differenziert werden muss, wofür bisher kaum sinnvolle Maßstäbe bereit stehen können. Das Bundesverfassungsgericht hat in seiner neusten Entscheidung vom 11. Juli 2013 zum Therapieunterbringungsgesetz eine solche Differenzierung allerdings für möglich gehalten, da es das Gesetz im Kern unbeanstandet lässt.[1086]

E. Weitere maßregelrechtliche Bestimmungen

Weitere für die Sicherungsverwahrung relevante maßregelrechtliche Bestimmungen sind die im Rahmen der verfassungsrechtlichen Rechtsprechung teilweise bereits behandelten §§ 67a Abs. 2, 67c Abs. 1, 67d Abs. 2 und Abs. 3 StGB. Diese haben die Vollstreckung der Sicherungsverwahrung zum Gegenstand und sind fast alle von den Änderungen des Gesetzes zur bundesrechtlichen Umsetzung des Abstandsgebotes betroffen[1087]. Daher wird auf sie im Rahmen der Darstellung dieses Gesetzes eingegangen.[1088] Hier wird nur das für die Sicherungsverwahrung nicht geltende vikariierende System des § 67 StGB beschrieben. Dieses findet ausschließlich auf die stationären Maßregeln nach § 63 StGB und § 64 StGB

1085 Vgl. dazu *Baltzer*, Die Sicherung des gefährlichen Gewalttäters, 2005, S. 265, der dies für alle Fälle der nachträglichen Sicherungsverwahrung annimmt.

1086 BVerfGE v. 11. Juli 2013, 2 BvR 2302/11 und 2 BvR 1279/12.

1087 § 67d Abs. 3 StGB ist nicht von der Neuregelung durch das Gesetz zur Umsetzung des bundesrechtlichen Abstandsgebotes betroffen.

1088 Vgl. in diesem Teil, 4. Kapitel, C.

Anwendung und bedeutet eine gewisse Aufweichung des Systems der Zweispurigkeit.[1089] An dieser Vorschrift wird nochmals deutlich, dass das Institut der Sicherungsverwahrung bis zur letzten Gesetzesänderung zur Umsetzung des Abstandsgebots mitnichten auf Resozialisierung hin angelegt war.

Das Vikariierungsprinzip soll grundsätzlich dafür Sorge tragen, dass die sozial helfend gemeinten Maßregeln die Zeit des Freiheitsentzugs maßgebend prägen.[1090] Dieses Prinzip ermöglicht die Anrechnung des Maßregelvollzugs auf die Freiheitsstrafe bis zu zwei Drittel, um den (erhofften) Effekt des therapeutischen Maßregelvollzugs nicht durch den Vollzug der Freiheitsstrafe zu gefährden.[1091] Außerdem entspricht es einem liberalen und sozialstaatlichen Verständnis, indem es eine doppelte Belastung des Straftäters durch den kumulativen Vollzug von Maßregel und Strafe verhindert.[1092] Hierfür muss der Maßregelvollzug (logischerweise) vor der Freiheitsstrafe vollzogen werden (§ 67 Abs. 4 StGB). Dementsprechend statuiert § 67 Abs. 1 StGB als Regelfall den Vorwegvollzug der Maßregel. Jedoch bieten § 67 Abs. 2 und 3 StGB flexible Gestaltungsmöglichkeiten, soweit der Zweck der Maßregel durch eine andere Vollstreckungsreihenfolge besser gefördert wird.[1093] Nach der Bundesverfassungsgerichtsentscheidung vom 27. März 2012 ist nunmehr zur Vermeidung von Härtefällen die im Vollzug einer freiheitsentziehenden Maßregel der Besserung und Sicherung verbrachte Zeit sogar auf verfahrensfremde Freiheitsstrafen anzurechnen.[1094]

Für die Sicherungsverwahrung gilt demgegenüber, dass sie nach der Freiheitsstrafe vollzogen wird und eine Anrechnung des Maßregelvollzugs auf die Freiheitsstrafe demnach nicht möglich ist.[1095] An dieser Unterscheidung zeigt sich bereits die prinzipiell mangelnde Orientierung der Sicherungsverwahrung an Resozialisierung und Therapie. Die Vollzugsreihenfolge und die fehlende Vikariierungsmöglichkeit

---

1089 NK-StGB *Pollähne,* 4. Aufl., 2013, § 67 Rn. 2; vgl. *Naucke,* Strafrecht, 10. Aufl., 2002, S. 102.

1090 *Stree/Kinzig,* in: Schönke/Schröder, 28. Aufl., 2010, § 67 Rn. 3; MüKo-StGB-*Veh,* 2. Aufl., 2012, § 67 Rn. 5; *Naucke,* Strafrecht, 10. Aufl., 2002, S. 102.

1091 *Stree/Kinzig,* in: Schönke/Schröder, 28. Aufl., 2010, § 67 Rn. 3; MüKo-StGB-*Veh,* 2. Aufl., 2012, § 67 Rn. 5; *Naucke,* Strafrecht, 10. Aufl., 2002, S. 102.

1092 NK-StGB *Pollähne,* 4. Aufl., 2013, § 67 Rn. 2.

1093 *Stree/Kinzig,* in: Schönke/Schröder, 28. Aufl., 2010, § 67 Rn. 8; *Naucke,* Strafrecht, 10. Aufl., 2002, S. 102; vgl. die Kritik bei NK-StGB *Pollähne,* 4. Aufl., 2013, § 67 Rn. 7 ff.

1094 BVerfGE v. 27. März 2012, 2 BvR 2258/09, Rn. 87.

1095 *Stree/Kinzig,* in: Schönke/Schröder, 28. Aufl., 2010, § 67 Rn. 1; *Naucke,* Strafrecht, 10. Aufl., 2002, S. 102.

suggeriert, dass der Sicherungsverwahrte nicht resozialisierbar ist. Die fehlende Resozialisierungsausrichtung der Sicherungsverwahrung manifestiert sich auch bei § 67a StGB, der grundsätzlich zur Förderung der Resozialisierung eine Stellvertretung der Maßregeln untereinander ermöglicht und insoweit Teil des Vikariierungsprinzips i.w.S. ist.[1096] Jedoch lässt er eine Überweisung von einer anderen Maßregel in die Sicherungsverwahrung – im Gegensatz zu § 66b Abs. 3 StGB a.F./§ 66b StGB n.F. – gerade nicht zu.[1097] Die Entscheidung des Bundesverfassungsgerichts vom 4. Mai 2011 hat diese offen zutage tretende fehlende Ausrichtung der Sicherungsverwahrung auf Resozialisierung mittlerweile auch zugestanden, indem sie die Regelungen wegen des fehlenden Abstandsgebots in Gänze für verfassungswidrig erklärt hat.

F. Fazit

I. Die Dogmatik als Spiegel der menschenrechtlichen Bedenken

In der dogmatischen Auseinandersetzung mit der Sicherungsverwahrung finden die menschenrechtlichen Bedenken und die Perspektive des EGMR auf die erfahrungswissenschaftliche Fundierung der Maßregeln auf einfachgesetzlicher Ebene weiteren Nährboden. Insbesondere bei der Kritik der Gefährlichkeitsprognose werden deren Grenzen deutlich ausgewiesen. Der Konflikt zwischen Bundesgerichtshof und Gesetzgeber um das Erfordernis des Hangs bei der vorbehaltenen sowie der nachträglichen Sicherungsverwahrung kann als Ausdruck für die beispiellose Entgrenzung der Sicherungsverwahrung und den Abbau von begrenzenden Voraussetzungen interpretiert werden. Dieser Abbau lässt vorherige als zwingend geltende Standards rechtsstaatlicher Formalisierung zur Makulatur werden. Es bestätigt insoweit die Skepsis des EGMR vor Gefährlichkeitsprognosen, als der Bundesgerichtshof die Verankerung der Gefährlichkeit in einem gegenwärtigen Zustand, dem Hang, der Systematik des Maßregelrechts

1096 MüKo-StGB-*Veh,* 2. Aufl., 2012, § 67a Rn. 1, 10; LK-*Rissing-van Saan/Peglau,* 12. Aufl., 2008, § 67a Rn. 2; vgl. auch NK-StGB *Pollähne,* 4. Aufl., 2013, § 67 Rn. 3.

1097 Vgl. *Stree/Kinzig,* in: Schönke/Schröder, 28. Aufl., 2010, § 67a Rn 3; NK-StGB *Pollähne,* 4. Aufl., 2013, § 67 Rn. 6; vgl. jedoch die Ausführungen zu § 66b Abs. 3 StGB a.F/§ 66b StGB n.F. in diesem Kapitel unter D.

entsprechend für notwendig erachtet. Gleichzeitig pocht er damit auf die verhältnismäßige Abstufung der Voraussetzungen der unterschiedlichen Institute, nach der die einschneidenste Maßnahme auch grundsätzlich die höchsten Anwendungshürden haben sollte. Generell ist er um eine restriktive Auslegung der Merkmale im Sinne des *ultima ratio*-Prinzips bemüht. Somit distanziert er sich von der gesetzgeberischen wie auch verfassungsgerichtlichen Tendenz, bei einer positiven Gefährlichkeitsprognose unter allen Umständen ein Mittel zur Freiheitsentziehung zur Verfügung stellen zu wollen. Hier kommt der Unterschied zwischen der Anwendung eher formaler und eher materialer Auslegungsmethoden zum Tragen, wobei für letztere die teleologische Auslegung ein Inbegriff ist.[1098] Zudem besteht die Bereitschaft, die Grenzen von Gefährlichkeitsprognosen wegen zu kurzer Beobachtungszeiträume anzuerkennen und demgemäß den Vorbehalt erst gar nicht auszusprechen. In diesen Fällen wird also nicht durch die Anordnung des Vorbehalts eine erneute Gefährlichkeitsbegutachtung ermöglicht, um sich dann bei der Entscheidung über die Verwirklichung des Vorbehalts die Erwägung der Sachverständigen doch noch einmal anhören zu können. Die konstatierte Verschlungenheit der Gesetzesmerkmale bei den materiellen Merkmalen zeigt darüber hinaus, dass die aufwertende Tendenz einer sachverständigen Gefährlichkeitsprognose die gesetzlich vorgesehenen normativen Anteile bei der Entscheidung über die Verhängung der Sicherungsverwahrung verschleiert.

II. (Vorläufige) Bewertung der Neuregelung vom 22. Dezember 2010

Die Neuregelung der Sicherungsverwahrung vom 22. Dezember 2010 ist nach alledem kritisch zu betrachten. Die Herausnahme gewaltloser Vermögensdelikte aus dem Einzugsbereich der Sicherungsverwahrung war überfällig. Die Analyse der Katalogtaten vor dem Hintergrund der Bundesverfassungsgerichtsentscheidung vom 4. Mai 2011 hat aber ergeben, dass weitere Einschränkungen möglich und geboten sind. Geht die Rechtsprechung davon aus, dass der Hang zu erheblichen Straftaten erst die Gefährlichkeit begründet, ist vor diesem Hintergrund die Tendenz zum Verzicht auf dieses Merkmal negativ zu bewerten. Die Gefährlichkeitsprognose verliert dadurch ihren Anker in einem gegenwärtigen Zustand und das stellt im Vergleich zu den anderen freiheitsentziehenden Maßregeln ein Systembruch dar. Die Umstrittenheit des Hangmerkmals hätte vielmehr dazu

1098 Vgl. *Calliess,* Prozedurales Recht, 1999, S. 20.

Anlass geben müssen, zu hinterfragen, welcher gegenwärtige Zustand überhaupt eine Gefährlichkeit begründen kann. Es sollte gerade nicht als Anstoß genommen werden, sich einfach des Problems durch die Streichung des Merkmals zu entledigen.

Die Ausweitung der vorbehaltenen Sicherungsverwahrung mit dem Ziel der Einschränkung der nachträglichen Sicherungsverwahrung ist zwiespältig. Selbstverständlich ist die Abschaffung der §§ 66b Abs. 1 und Abs. 2 StGB zu begrüßen. Die Aufnahme einer Ersttäterregelung in § 66a StGB bei gleichzeitiger Absenkung der Voraussetzungen zeigt jedoch, dass der Gesetzgeber nach wie vor nicht bereit ist, eine normativ wie auch empirisch sinnvolle Lösung des Problems von Rückfälligkeit im Bereich erheblicher Straftaten anzustreben. Allein die in der dogmatischen Literatur geäußerte Kritik an den materiellen Voraussetzungen der Sicherungsverwahrung, aber auch die von sachverständiger Seite geäußerte Kritik hätte bei der Gesetzgebung Berücksichtigung finden müssen. Rechtsstaatliche bzw. formale Beschränkungen sind beim Ziel umfassender Schließung von Schutzlücken, zu der auch die Aufrechterhaltung des § 66b Abs. 3 StGB gehört, offensichtlich nicht erwünscht. Davon zeugt ebenfalls die Stichtagsregelung in Art. 316e EGStGB, die die Tendenz umfassender Schließung von Schutzlücken reproduziert. Diese muss im Angesicht der Rechtsprechung des EGMR, aber auch des Bundesverfassungsgerichts als zumindest unsensibel gegenüber Menschenrechten bezeichnet werden. In der Gesetzesbegründung heißt es, dass mit der Stichtagsregelung ein hohes Maß an Rechtssicherheit verbunden sei.[1099] Es bedeutet gleichzeitig, dass die sowieso kurz darauf für menschenrechtswidrig und auch für verfassungswidrig erklärte nachträgliche Sicherungsverwahrung weiterhin Anwendung finden soll.

Bis zur Bundesverfassungsgerichtsentscheidung vom 4. Mai 2011 konnten im Rahmen der Altfälle mangels anderweitiger gesetzlicher Bestimmung die Vorschriften gemäß § 2 Abs. 6 StGB sogar uneingeschränkt rückwirkend angewandt werden. In der Auseinandersetzung mit dem vom EGMR aufgestellten und für die Strafe in § 2 Abs. 3 StGB anerkannten Meistbegünstigungsgebot, das grundsätzlich für noch nicht entschiedene ‚Altfälle' die Anwendung der für den Täter günstigeren Vorschriften vorsieht, richtet sich der Gesetzgeber in jedem Argumentationsschritt gegen die ‚aufgenötigte' Reduzierung des Schutzes der Allgemeinheit.[1100] Danach sei im vorliegenden Fall die Anwendung des Meistbegünstigungsgebots nicht einschlägig, da lediglich das System der Sicherungsverwahrung umgestellt werde und

---

1099 BT-Drs. 17/3403, S. 49.
1100 BT-Drs. 17/3403, S. 49 f.

nicht „die Sicherungsverwahrung als solche oder deren nachträgliche Anordnung neuerdings als ‚exzessive' Sanktion angesehen [werde]".[1101] Der Gesetzgeber gibt weiterhin zu bedenken, „dass eine Anwendung des Meistbegünstigungsprinzips hier im Hinblick auf die Konventionsrechte der Täter sogar kontraproduktiv wäre".[1102] Es könnte „nämlich bedingen, auf eine Aufhebung der nachträglichen Sicherungsverwahrung nach § 66b Absatz 1 und 2 StGB ganz zu verzichten, da sich ein auch für ‚Altfälle' greifender Verzicht auf dieses Instrument – nicht zuletzt wegen des ebenfalls in Artikel 7 EMRK enthaltenen Rückwirkungsverbots – nicht durch andere Maßnahmen kompensieren und daher im Hinblick auf den notwendigen Schutz der Allgemeinheit nicht rechtfertigen ließe."[1103] Das Meistbegünstigungsgebot wird gegen das Rückwirkungsverbot mit der Drohung ausgespielt, die nachträgliche Sicherungsverwahrung nicht abzuschaffen – vor dem Hintergrund des schweren Eingriffs in Menschenrechte mutet die Argumentation befremdlich an, mehr noch: nach der Bundesverfassungsgerichtsentscheidung vom 4. Mai 2011 ist sie mit dem Verdikt „verfassungswidrig" zu belegen. Schon deswegen hätte sich beim Gesetz zur Umsetzung des Abstandsgebotes neuerlich mit den Anordnungsvoraussetzungen der Sicherungsverwahrung umfassend auseinandergesetzt werden müssen. Letztlich ist sie ein Beleg dafür, dass der Gesetzgeber nur unter (fortwährendem) Zwang von einmal gewonnenen Sicherungsmitteln Abstand nimmt. Dabei ist auch die angesprochene Gefahr im Blick zu behalten, die flexiblen Eingriffsinstrumente mittels des neuen Rechtsbegriffs einer „psychischen Störung" aufrechtzuerhalten. Dieser wird ohne einen tiefgründigen Dialog zwischen Human- und Rechtswissenschaften zu einem ebenso leeren und beliebig handhabbaren Rechtsbegriff.

1101 BT-Drs. 17/3403, S. 49.
1102 BT-Drs. 17/3403, S. 50.
1103 BT-Drs. 17/3403, S. 50.

4. Kapitel: Die Reaktion des Bundesverfassungsgerichts und deren Umsetzung durch den Gesetzgeber

Nachdem der *status quo* der dogmatischen Einzelheiten inklusive der Auswirkungen der EGMR-Rechtsprechung beschrieben worden ist, folgt nun die Analyse der Entscheidung des Bundesverfassungsgerichts vom 4. Mai 2011, in der das Bundesverfassungsgericht ein weiteres Mal zur Sicherungsverwahrung – auch im Verhältnis zum EGMR – Stellung bezog.[1104] Ein gutes Jahr später am 20. Juni 2012 äußerte sich das Bundesverfassungsgericht erneut grundsätzlich – und zwar zur vorbehaltenen Sicherungsverwahrung.[1105] Der Gesetzgeber hat dem in der ersten Entscheidung enthaltenem Gesetzgebungsauftrag entsprochen. Er hat das im vorherigen Kapitel bereits angesprochene Gesetz zur bundesrechtlichen Umsetzung des Abstandsgebotes im Recht der Sicherungsverwahrung verabschiedet, das am 1. Juni 2013 in Kraft getreten ist und der Chronologie folgend ebenso hier dargestellt wird.[1106] Nach dessen Verkündung am 5. Dezember 2012 setzte sich das Bundesverfassungsgericht am 6. Februar 2013 noch einmal mit § 66b Abs. 3 StGB a.F. auseinander.[1107] Da letztere Entscheidung wegen der dogmatischen Besonderheit des § 66b Abs. 3 StGB a.F./ § 66b StGB n.F. bereits im vorherigen Kapitel ausführlicher thematisiert wurde, wird diese Bundesverfassungsgerichtsentscheidung hier kürzer dargestellt. Abschließend wird noch die neueste Entscheidung des Bundesverfassungsgerichts vom 11. Juli 2013 zum Therapieunterbringungsgesetz besprochen.[1108]

A. Die Bundesverfassungsgerichtsentscheidung vom 4. Mai 2011: Zwischen Bewahrung und Revolution

Am 4. Mai 2011 folgte die Reaktion des Bundesverfassungsgerichts auf die EGMR-Rechtsprechung und die kurz zuvor in Kraft getretenen Gesetzesänderungen.

1104 BVerfGE v. 4. Mai 2011, 2 BvR 2365/09 u.a.
1105 BVerfGE v. 20. Juni 2012, 2 BvR 1048/11.
1106 BT-Drs. 17/9874 und 17/11388; BGBl. 2012 I, S. 2425 ff.
1107 BVerfGE v. 6. Februar 2013, 2 BvR 2122/11.
1108 BVerfGE v. 11. Juli 2013, 2 BvR 2302/11 und 2 BvR 1279/12.

Es tagte nunmehr in anderer Besetzung und mit einem neuen Vorsitzenden.[1109] Die zu gemeinsamer Entscheidung verbundenen Fälle betrafen die rückwirkende Entfristung der Sicherungsverwahrung und die nachträgliche Anordnung der Sicherungsverwahrung im Jugend- und Erwachsenenstrafrecht sowie deren rückwirkende Anwendung.[1110] Das Bundesverfassungsgericht stellte im Ergebnis eine Unvereinbarkeit der angefochtenen Vorschriften mit Art. 2 Abs. 2 Satz 2 GG i.V.m. Art. 104 Abs. 1 Satz 1 GG wegen Verletzung des Abstandsgebots fest.[1111] Es erstreckte gemäß § 78 Satz 2 BVerfGG die Unvereinbarkeitserklärung auf „sämtliche Regelungen über die Anordnung und die Dauer der Sicherungsverwahrung sowie entsprechende Nachfolgeregelungen".[1112] Die Regelungen blieben bis zum 31. Mai 2013 nach den Maßgaben des Bundesverfassungsgerichts weiterhin anwendbar.[1113] Darüber hinaus sind die rückwirkende Entfristung der Sicherungsverwahrung sowie die nachträgliche Anordnung der Sicherungsverwahrung gemäß § 66b StGB und § 7 Abs. 2 JGG mit dem rechtsstaatlichen Vertrauensschutzgebot aus Art. 2 Abs. 2 GG i.V.m Art. 20 Abs. 3 GG unvereinbar.[1114] Im Folgenden wird nunmehr der Argumentationsgang der Entscheidung dargestellt, um sie in ein Verhältnis zu den vorherigen Bundesverfassungsgerichts- und EGMR-Entscheidungen zu setzen.

I. Zur Berücksichtigung der EGMR-Rechtsprechung

Nachdem das Bundesverfassungsgericht zunächst die Gesetzgebungsgeschichte zur Sicherungsverwahrung, seine einschlägigen Grundsatzentscheidungen aus dem Jahre 2004 und die Sachverhalte der vier Ausgangsverfahren aufrollte,[1115]

1109 Besetzung des Bundesverfassungsgerichts 2004: *Hassemer* (Vorsitzender), *Broß, Di Fabio, Gerhardt, Jentsch, Lübbe-Wolf, Mellinghoff, Osterloh;* Besetzung des Bundesverfassungsgerichts 2011: *Voßkuhle* (Vorsitzender), *Di Fabio, Gerhardt, Hermanns, Huber, Landau, Lübbe-Wolff, Mellinghoff.*

1110 BVerfGE v. 4. Mai 2011, 2 BvR 2365/09 u.a., Rn. 1, 31 ff.

1111 BVerfGE v. 4. Mai 2011, 2 BvR 2365/09 u.a., Rn. 166.

1112 BVerfGE v. 4. Mai 2011, 2 BvR 2365/09 u.a., Rn. 166.

1113 BVerfGE v. 4. Mai 2011, 2 BvR 2365/09 u.a., Rn. 167 ff.

1114 BVerfGE v. 4. Mai 2011, 2 BvR 2365/09 u.a., Rn. 131 ff.

1115 BVerfGE v. 4. Mai 2011, 2 BvR 2365/09 u.a., Rn. 2 ff.; zu der im 1. Kapitel dargestellten Gesetzgebungsgeschichte und dem im 3. Kapitel dargestellten „Gesetz zur Neuordnung des Rechts der Sicherungsverwahrung und zu begleitenden Regelungen" vom 22. Dezember 2010 kommt noch das „Vierte Gesetz zur Änderung des Gerichtsverfassungsgesetz" vom 24. Juli 2010 (BGBl. I, S. 976) hinzu. Es reagierte auf die uneinheitliche Rechtsprechung der Oberlandesgerichte zur Entlassung der

stellte es zur Zulässigkeit fest, dass Entscheidungen des EGMR rechtserheblichen Änderungen gleichstehen würden.[1116] Daher sei das Urteil des Bundesverfassungsgerichts vom 5. Februar 2004, das die rückwirkende Entfristung der Sicherungsverwahrung mit dem Grundgesetz für vereinbar hielt, nicht als Prozesshindernis im Hinblick auf eine erneute Normenkontrolle zu werten.[1117] Im Rahmen der Begründetheit konkretisierte das Bundesverfassungsgericht das Verhältnis der EMRK und deren Auslegung durch den EGMR zum Grundgesetz und der Auslegung, die es durch das Bundesverfassungsgericht gefunden hat.[1118]

Dabei wies es zunächst darauf hin, dass die EMRK den innerstaatlichen Rang eines Bundesgesetzes habe.[1119] Dementsprechend bestehe keine Möglichkeit, vor dem Bundesverfassungsgericht eine Verletzung von Menschenrechten nach der EMRK mittels Verfassungsbeschwerde zu rügen.[1120] Verfassungsrechtliche Bedeutung erlange die EMRK und die Rechtsprechung des EGMR daher erst bei der Auslegung der Grundrechte und der rechtsstaatlichen Grundsätze des Grundgesetzes – soweit davon keine Einschränkung oder Minderung des Grundrechtsschutzes ausgehe.[1121] Wegen der Völkerrechtsfreundlichkeit des Grundgesetzes, aber auch zur Vermeidung von Konflikten zwischen den völkerrechtlichen Verpflichtungen der Bundesrepublik Deutschland und dem nationalen Recht gelte die Berücksichtigungspflicht über den Einzelfall hinaus.[1122] Hierfür zog das Gericht zudem Art. 1 Abs. 2 GG heran, der zwar keinen unmittelbaren Verfassungsrang der EMRK begründe, jedoch über einen unverbindlichen Programmsatz hinaus verdeutliche, dass die Grundrechte als Ausprägung der Menschenrechte zu verstehen sind.[1123] Im letzten Argumentationsschritt verschaffte sich das Bundesverfassungsgericht nach

---

Sicherungsverwahrten, die von der rückwirkenden Entfristung der Sicherungsverwahrung betroffen waren, und statuierte in § 121 Abs. 2 GVG eine Divergenzvorlagepflicht der Oberlandesgerichte bei der Entscheidung über die Erledigung einer Unterbringung in der Sicherungsverwahrung oder über die Zulässigkeit der weiteren Vollstreckung, vgl. Rn. 28. Vgl. zur OLG-Rechtsprechung *Pollähne,* Europäische Rechtssicherheit gegen Deutsches Sicherheitsrecht?, KJ 2010, S. 254 ff.

1116 BVerfGE v. 4. Mai 2011, 2 BvR 2365/09 u.a., Rn. 166.

1117 BVerfGE v. 4. Mai 2011, 2 BvR 2365/09 u.a., Rn. 82.

1118 BVerfGE v. 4. Mai 2011, 2 BvR 2365/09 u.a., Rn. 86 ff.

1119 BVerfGE v. 4. Mai 2011, 2 BvR 2365/09 u.a., Rn. 87.

1120 BVerfGE v. 4. Mai 2011, 2 BvR 2365/09 u.a., Rn. 87.

1121 BVerfGE v. 4. Mai 2011, 2 BvR 2365/09 u.a., Rn. 88.

1122 BVerfGE v. 4. Mai 2011, 2 BvR 2365/09 u.a., Rn. 89.

1123 BVerfGE v. 4. Mai 2011, 2 BvR 2365/09 u.a., Rn. 90.

dem prinzipiellen Anerkenntnis der Relevanz der EMRK und der EGMR-Rechtsprechung für das Grundgesetz wieder erhebliche Freiheitsgrade bei deren Rezeption.[1124] Zunächst sei keine schematische Parallelisierung aufgegeben, sondern die Heranziehung der EMRK diene ergebnisorientiert der Vermeidung von Völkerrechtsverletzungen.[1125] In einem „aktiven (Rezeptions-)Vorgang" müssten die menschenrechtlichen Gehalte in den „Kontext der aufnehmenden Verfassungsordnung ‚umgedacht' werden".[1126] Ein Rezeptionshindernis könne insbesondere bei mehrpoligen Grundrechtsverhältnissen relevant werden, „in denen das ‚Mehr' an Freiheit für den einen Grundrechtsträger zugleich ein ‚Weniger' für einen anderen [bedeute]".[1127] Den Ort für eine solche *zugleich freie* und *gebundene* Rezeption der Wertungen des EGMR findet das Bundesverfassungsgericht im Verhältnismäßigkeitsgrundsatz.[1128]

II. Art. 2 Abs. 2 Satz 2 GG i.V.m. Art. 104 Abs. 1 Satz 1 GG

Ist insoweit die Rezeption der EGMR-Entscheidung abstrakt konturiert, kam das Bundesverfassungsgericht bei der Anwendung dieser Maßstäbe zu einer Unvereinbarkeit der §§ 66b Abs. 2, 67d Abs. 3 Satz 1 StGB und § 7 Abs. 2 JGG mit Art. 2 Abs. 2 Satz 2 GG i.V.m. Art. 104 Abs. 1 Satz 1 GG. Die Zweckrichtung der Sicherungsverwahrung als *präventiver* Eingriff eröffne zunächst ausdrücklich die Anwendung des Verhältnismäßigkeitsgrundsatzes und bedeute gleichzeitig eine Abkehr von strafrechtlichen Rechtfertigungsmustern.[1129] Für die darin enthaltene Abwägung des Freiheitsanspruchs des Untergebrachten mit dem Sicherheitsbedürfnis der Allgemeinheit verwies das Gericht zunächst auf die in der Entscheidung vom 5. Februar 2004 festgestellten verfassungsrechtlichen Anforderungen an die Sicherungsverwahrung.[1130] Danach beseitigten die Prognoseunsicherheiten nicht die Eignung und Erforderlichkeit des Freiheitseingriffs, sondern müssten lediglich im

---

1124 BVerfGE v. 4. Mai 2011, 2 BvR 2365/09 u.a., Rn. 91 ff.; vgl. dazu *Volkmann*, Fremdbestimmung – Selbstbehauptung – Befreiung, JZ 2011, S. 837 ff.
1125 BVerfGE v. 4. Mai 2011, 2 BvR 2365/09 u.a., Rn. 91.
1126 BVerfGE v. 4. Mai 2011, 2 BvR 2365/09 u.a., Rn. 92.
1127 BVerfGE v. 4. Mai 2011, 2 BvR 2365/09 u.a., Rn. 93.
1128 Vgl. BVerfGE v. 4. Mai 2011, 2 BvR 2365/09 u.a., Rn. 94.
1129 BVerfGE v. 4. Mai 2011, 2 BvR 2365/09 u.a., Rn. 98.
1130 BVerfGE v. 4. Mai 2011, 2 BvR 2365/09 u.a., Rn. 98.

Rahmen materiellrechtlicher und verfahrensrechtlicher Regelungen in verhältnismäßigen Eingriffsgrenzen Ausdruck finden.[1131] Auch bei Jugendlichen und Heranwachsenden würden die Prognoseunsicherheiten nicht zur generellen Untauglichkeit des Prognoseinstruments führen.[1132] Hierfür könnten keine klaren Altersgrenzen benannt werden und laut dem in der mündlichen Verhandlung angehörten forensisch-psychiatrischen Sachverständigen sind „namentlich schwere sexuelle Devianzen schon in vergleichsweise jungem Alter diagnostizierbar".[1133] Insoweit sah sich das Bundesverfassungsgericht der Argumentationslinie aus seinem Urteil vom 5. Februar 2004 konsequent verhaftet.

Die Wertungen des Art. 7 Abs. 1 EMRK zog das Bundesverfassungsgericht in einem zweiten Schritt heran, um das ohnehin geltende Abstandsgebot zu präzisieren.[1134] Es betonte, dass zukünftige Straftaten zwar sorgfältig, aber regelmäßig *nicht sicher* zu prognostizieren seien.[1135] Mit dieser Aussage näherte sich das Bundesverfassungsgericht der Auffassung des EGMR zu Prognosen zumindest an. Infolgedessen wich die Entscheidung grundlegend von der vorherigen ab. Das Bundesverfassungsgericht fasste den präventiven Freiheitsentzug unter den Begriff des „Sonderopfers".[1136] Danach wäre die Sicherungsverwahrung nur dann zu rechtfertigen, wenn durch ein „freiheitsorientiertes Gesamtkonzept der Sicherungsverwahrung mit klarer therapeutischer Ausrichtung" alle weiteren, über den unabdingbaren Entzug der ‚äußeren' Freiheit hinausgehenden Belastungen vermieden werden würden.[1137] Die im Rahmen des Art. 7 EMRK getroffene Feststellung des EGMR zum (faktischen) Vollzug der Sicherungsverwahrung berücksichtigte das Bundesverfassungsgericht demnach nicht nur bei der Prüfung des Vertrauensschutzgebotes, sondern auch bei den allgemeinen verfassungsrechtlichen Anforderungen an die Verhältnismäßigkeit einer Freiheitsentziehung durch die Sicherungsverwahrung.[1138]

Jedoch beruhe diese Einbeziehung der Wertungen des EGMR nach dem Bundesverfassungsgericht auf der Prämisse der Zweispurigkeit des Rechtsfolgensystems.

1131 BVerfGE 109, 133 (157 ff.).
1132 BVerfGE v. 4. Mai 2011, 2 BvR 2365/09 u.a., Rn. 99.
1133 BVerfGE v. 4. Mai 2011, 2 BvR 2365/09 u.a., Rn. 99.
1134 BVerfGE v. 4. Mai 2011, 2 BvR 2365/09 u.a., Rn. 100.
1135 BVerfGE v. 4. Mai 2011, 2 BvR 2365/09 u.a., Rn. 101.
1136 BVerfGE v. 4. Mai 2011, 2 BvR 2365/09 u.a., Rn. 101.
1137 BVerfGE v. 4. Mai 2011, 2 BvR 2365/09 u.a., Rn. 101.
1138 BVerfGE v. 4. Mai 2011, 2 BvR 2365/09 u.a., Rn. 102.

Es machte ein weiteres Mal unter Rekurs auf die sogenannte Zweckthese[1139] deutlich, dass der Vollzug freiheitsentziehender Maßregeln seine Berechtigung allein aus dem Prinzip des überwiegenden Interesses erfahre.[1140] Er sei nur dann legitim, wenn die Sicherheitsinteressen der Allgemeinheit das Freiheitsrecht des Betroffenen im Einzelfall überwiegen.[1141] Demgegenüber gewinne die Freiheitsstrafe ihre Legitimität aus dem Menschenbild des Grundgesetzes, das von einem zu freier Selbstbestimmung befähigten Menschen ausgehe und dem durch das Schuldprinzip Rechnung getragen werde.[1142] Wie schon in den vorherigen Entscheidungen wurde so ausgeblendet, dass erst das Vorliegen einer Straftat einen solchen weitreichenden Eingriff legitimiert. Diese kategorial verschiedenen Legitimationsgrundlagen aufgrund der unterschiedlichen Zwecksetzungen begründeten jedoch – trotz des für beide Spuren geltenden Resozialisierungsgebots – das Abstandsgebot im Maßregelbereich.[1143] Deshalb sei auch der Maßregelvollzug umgehend zu beenden, wenn die Schutzinteressen der Allgemeinheit das Freiheitsrecht des Untergebrachten nicht mehr überwiegen.[1144] Die Vorstellungen des EGMR von einem sinnvollen Konzept von Kriminalprävention werden so für ein Gesamtkonzept der Sicherungsverwahrung herangezogen, nach dem „die Perspektive der Wiedererlangung der Freiheit sichtbar die Praxis der Unterbringung" bestimmen muss – ohne dabei die Zweispurigkeit in der Argumentation aufzugeben.[1145]

Dabei sind nach dem Bundesverfassungsgericht folgende Aspekte zu beachten: Nach dem *ultima ratio*-Prinzip muss bereits der Strafvollzug alle Möglichkeiten ausschöpfen, die Gefährlichkeit zu reduzieren.[1146] Des Weiteren statuierte das Bundesverfassungsgericht ein Individualisierungs- und Intensivierungsgebot, das eine individuelle und intensive Betreuung des Untergebrachten gewährleisten soll.[1147] Voraussetzung ist hierfür ein multidisziplinäres Team und eine Vollzugsplanung, die modernen wissenschaftlichen Anforderungen genügt.[1148] Standardisierte Therapiemethoden sind durch individuell zugeschnittene Therapieangebote zu

---

1139 BVerfGE v. 4. Mai 2011, 2 BvR 2365/09 u.a., Rn. 105.
1140 BVerfGE v. 4. Mai 2011, 2 BvR 2365/09 u.a., Rn. 104.
1141 BVerfGE v. 4. Mai 2011, 2 BvR 2365/09 u.a., Rn. 104.
1142 BVerfGE v. 4. Mai 2011, 2 BvR 2365/09 u.a., Rn. 104.
1143 BVerfGE v. 4. Mai 2011, 2 BvR 2365/09 u.a., Rn. 107 f.
1144 BVerfGE v. 4. Mai 2011, 2 BvR 2365/09 u.a., Rn. 107 f.
1145 BVerfGE v. 4. Mai 2011, 2 BvR 2365/09 u.a., Rn. 108 ff.
1146 BVerfGE v. 4. Mai 2011, 2 BvR 2365/09 u.a., Rn. 112.
1147 BVerfGE v. 4. Mai 2011, 2 BvR 2365/09 u.a., Rn. 113.
1148 BVerfGE v. 4. Mai 2011, 2 BvR 2365/09 u.a., Rn. 113.

ersetzen, wenn sich erstere nicht als erfolgsversprechend erweisen.[1149] Dieser Anspruch darf nicht durch Kostenargumente konterkariert werden.[1150] Ferner muss die Mitwirkungsbereitschaft der Untergebrachten kontinuierlich geweckt und gefördert werden (Motivierungsgebot).[1151] Darüber hinaus ist der Maßregelvollzug vom regulären Vollzug zu trennen, um dem spezialpräventiven Charakter der Sicherungsverwahrung Rechnung zu tragen.[1152] Das solle jedoch nicht so weit gehen, dass Synergieeffekte durch eine Anbindung an große Vollzugseinrichtungen verloren gingen.[1153] Im Folgenden betonte das Bundesverfassungsgericht abermals den hohen Stellenwert von Vollzugslockerungen zum Zweck der Erprobung.[1154] Es empfahl gegen die Gefahr der Übersicherung die Einrichtung von unabhängigen Gremien, die eine objektive und realistische Risikobewertung sicherstellen sollen.[1155] Zudem ist die Entlassungsvorbereitung um ein System von Nachsorge-Einrichtungen für die Phase nach der Entlassung zu ergänzen, um einen geeigneten sozialen Empfangsraum bieten zu können.[1156] Damit die Durchsetzbarkeit dieser Rechtsansprüche gewährleistet ist, muss dem Untergebrachten ein geeigneter Beistand zugeordnet werden.[1157] Die Gerichte müssen in jährlichen Abständen die Fortdauer der Sicherungsverwahrung kontrollieren und die Kontrolle abhängig von der Dauer immer weiter intensivieren.[1158]

Diesen spezifizierten Anforderungen genügt die Sicherungsverwahrung laut Aussage des Bundesverfassungsgerichts nicht.[1159] Zwar wies das Bundesverfassungsgericht daraufhin, dass bereits im Urteil vom 5. Februar 2004 Vorgaben für ein freiheitsorientiertes und therapiegerichtetes Gesamtkonzept gemacht wurden.[1160] Jedoch offenbart die Kritik im Einzelnen einen anderen, durch die Ausführungen des EGMR geprägten Zugriff auf die normative und tatsächliche (Vollzugs-)Wirklichkeit.[1161] Danach genügten die §§ 129 ff. StVollzG nicht den

1149 BVerfGE v. 4. Mai 2011, 2 BvR 2365/09 u.a., Rn. 113.
1150 BVerfGE v. 4. Mai 2011, 2 BvR 2365/09 u.a., Rn. 113.
1151 BVerfGE v. 4. Mai 2011, 2 BvR 2365/09 u.a., Rn. 114.
1152 BVerfGE v. 4. Mai 2011, 2 BvR 2365/09 u.a., Rn. 115.
1153 BVerfGE v. 4. Mai 2011, 2 BvR 2365/09 u.a., Rn. 115.
1154 BVerfGE v. 4. Mai 2011, 2 BvR 2365/09 u.a., Rn. 116.
1155 BVerfGE v. 4. Mai 2011, 2 BvR 2365/09 u.a., Rn. 116.
1156 BVerfGE v. 4. Mai 2011, 2 BvR 2365/09 u.a., Rn. 116.
1157 BVerfGE v. 4. Mai 2011, 2 BvR 2365/09 u.a., Rn. 117 f.
1158 BVerfGE v. 4. Mai 2011, 2 BvR 2365/09 u.a., Rn. 117 f.
1159 BVerfGE v. 4. Mai 2011, 2 BvR 2365/09 u.a., Rn. 119.
1160 Vgl. BVerfGE v. 4. Mai 2011, 2 BvR 2365/09 u.a., Rn. 120.
1161 Vgl. BVerfGE v. 4. Mai 2011, 2 BvR 2365/09 u.a., Rn. 120.

Anforderungen des verfassungsrechtlichen Abstandsgebotes.[1162] Es fehle an einer Regelung zur Vermeidung der Sicherungsverwahrung und neben weiteren normativen Defiziten sei eine räumliche Trennung nicht vorgeschrieben.[1163] Zudem seien die Regelüberprüfungen zu lang bemessen.[1164]

Insbesondere die Regelungen der §§ 129 ff. StVollzG hatte das Bundesverfassungsgericht 2004 noch als Beleg für die normative wie tatsächliche Verankerung des Resozialisierungsgedankens bei der Sicherungsverwahrung als ausreichend angesehen.[1165] Auch wenn das Strafvollzugsgesetz damals im Rahmen der Prüfung des Art. 1 Abs. 1 GG herangezogen wurde, wird im Vergleich der Entscheidungen mehr als deutlich, dass das Bundesverfassungsgericht sich 2011 nicht mehr mit vordergründigen gesetzlichen Differenzierungen zufrieden gab. Das Gericht richtete vielmehr seinen Blick auf die tatsächlichen Defizite bei Resozialisierung und Entlassungsvorbereitung.[1166] Es machte ferner auf die unzureichende personelle und sachliche Ausstattung der Einrichtungen und die unzureichende psychologisch-psychiatrische Betreuung aufmerksam, auf Defizite bei der Nutzung sozialtherapeutischer Einrichtungen für Sicherungsverwahrte, auf die Marginalisierung der Prüfung des § 67c StGB nach Verbüßung der Freiheitsstrafe wegen fehlender Resozialisierungsanstrengungen schon während des Vollzuges, auf einen äußerst restriktiven Umgang mit Vollzugslockerungen und auf fehlende Nachsorgeeinrichtungen.[1167] Auch das statistische Material, das das Bundesverfassungsgericht seiner Untersuchung zugrundelegte, war ein anderes. Hatte es sich 2004 noch auf einen Fragenkatalog gestützt, den es den Landesregierungen übersandt hatte und der von diesen beantwortet wurde,[1168] bezog es sich nunmehr auf unabhängige Studien. Hier ist die Studie von *Bartsch* zu erwähnen, die als Beleg für die Defizite angeführt wurde.[1169] Danach seien z.B. durchschnittlich nur 30 % der Sicherungsverwahrten in einer Therapie, obwohl der Anteil der Untergebrachten mit behandlungsbedürftiger Auffälligkeit bei 79,3 % liege.[1170]

Da der Gesetzgeber Regelungen über die Dauer und Anordnung der Sicherungsverwahrung nur als „integralen Bestandteil eines freiheitsorientierten und

1162 BVerfGE v. 4. Mai 2011, 2 BvR 2365/09 u.a., Rn. 154.
1163 BVerfGE v. 4. Mai 2011, 2 BvR 2365/09 u.a., Rn. 121.
1164 BVerfGE v. 4. Mai 2011, 2 BvR 2365/09 u.a., Rn. 154.
1165 BVerfGE 109, 133 (154).
1166 Vgl. BVerfGE v. 4. Mai 2011, 2 BvR 2365/09 u.a., Rn. 122.
1167 Vgl. BVerfGE v. 4. Mai 2011, 2 BvR 2365/09 u.a., Rn. 123 ff.
1168 Vgl. BVerfGE 109, 133 (147 f. und 155).
1169 Vgl. BVerfGE v. 4. Mai 2011, 2 BvR 2365/09 u.a., Rn. 123.
1170 Vgl. BVerfGE v. 4. Mai 2011, 2 BvR 2365/09 u.a., Rn. 123.

therapiegerichteten Gesamtkonzepts“ treffen dürfe, seien die mittelbar angegriffenen Vorschriften zur Sicherungsverwahrung verfassungswidrig.[1171] Die Verletzung des Abstandsgebots gelte aber für sämtliche Regelungen zur Sicherungsverwahrung und sei daher gemäß § 78 Satz 2 BVerfGG auf diese auszudehnen.[1172] Der Bundesgesetzgeber müsse im Rahmen seiner Gesetzgebungskompetenz aus Art. 74 Abs. 1 Nr. 1 GG die wesentlichen Leitlinien eines solchen Gesamtkonzepts regeln und deren Anwendung sicherstellen.[1173] Das Bundesverfassungsgericht verwies hier beispielhaft auf § 2 ThUG, der für die Therapieunterbringung Eckpunkte einer geeigneten geschlossenen Einrichtung benennt.[1174] Daneben müsse der für den Vollzug zuständige Landesgesetzgeber das Abstandsgebot durch geeignete Regelungen auf Vollzugsebene durchsetzen und dafür Sorge tragen, dass die verfassungsrechtlichen Anforderungen nicht aufgrund der Gewährung zu weiter Spielräume umgangen werden.[1175]

Da eine Nichtigkeitserklärung die Entlassung aller Sicherungsverwahrten zur Folge hätte und die Gerichte, Verwaltung und Polizei vor kaum lösbare Probleme stellen würde, hatte das Gericht eine Weitergeltungsanordnung bis 31. Mai 2013 ausgesprochen.[1176] Für die Vorschriften, die aufgrund einer Verletzung des Abstandsgebots mit dem Grundgesetz unvereinbar sind, muss bei der Weitergeltung die bereits im vorherigen Kapitel besprochene strikte Verhältnismäßigkeitsprüfung vorgenommen werden, die sich insbesondere auf die Anforderungen an die Gefahrenprognose und an die gefährdeten Rechtsgüter auswirke.[1177]

III. Art. 2 Abs. 2 Satz 2 GG i.V.m. Art. 20 Abs. 3 GG

Darüber hinaus sind die rückwirkende Entfristung der Sicherungsverwahrung gemäß § 67d Abs. 3 StGB i.V.m. § 2 Abs. 6 StGB sowie § 66b Abs. 2 StGB und § 7 Abs. 2 JGG unabhängig vom rückwirkenden zeitlichen Anwendungsbereich der Vorschriften, also auch in sogenannten Neufällen, mit dem Vertrauensschutzgebot

---

1171 Vgl. BVerfGE v. 4. Mai 2011, 2 BvR 2365/09 u.a., Rn. 128.
1172 BVerfGE v. 4. Mai 2011, 2 BvR 2365/09 u.a., Rn. 166.
1173 Vgl. BVerfGE v. 4. Mai 2011, 2 BvR 2365/09 u.a., Rn. 129.
1174 Vgl. BVerfGE v. 4. Mai 2011, 2 BvR 2365/09 u.a., Rn. 129.
1175 Vgl. BVerfGE v. 4. Mai 2011, 2 BvR 2365/09 u.a., Rn. 130.
1176 BVerfGE v. 4. Mai 2011, 2 BvR 2365/09 u.a., Rn. 167 ff.
1177 BVerfGE v. 4. Mai 2011, 2 BvR 2365/09 u.a., Rn. 172; vgl. in diesem Teil, 3. Kapitel, B. III.

aus Art. 2 Abs. 2 Satz 2 GG i.V.m. Art. 20 Abs. 3 GG unvereinbar.[1178] In der Argumentation verzichtete das Bundesverfassungsgericht zunächst im Gegensatz zur vorherigen Grundsatzentscheidung aus dem Jahr 2004 auf eine Differenzierung zwischen „echter" und „unechter" Rückwirkung.[1179] Ein Eingriff in das Vertrauen sei unabhängig davon gegeben und dessen Grenzen ergäben sich – hier entspricht die Argumentation der ersten Grundsatzentscheidung von 2004 – aus einer Abwägung der berührten Vertrauensschutzbelange mit der Bedeutung des gesetzgeberischen Anliegens für das Allgemeinwohl.[1180] Wie der EGMR betonte nunmehr auch das Bundesverfassungsgericht, dass es sich bei der Sicherungsverwahrung um einen „schweren – wenn nicht gar den schwersten vorstellbaren – Eingriff" in Art. 2 Abs. 2 Satz 2 GG handele.[1181]

Zwar hielt es (vordergründig) an der Auslegung des Art. 103 Abs. 2 GG und damit an dem auf die Zweckthese gestützten zweispurigen Rechtsfolgensystem fest. Jedoch sei selbst bei Wahrung des Abstandsgebots die Sicherungsverwahrung mit der Freiheitsstrafe vergleichbar und daher gewinne die Erwartung des Untergebrachten, die Freiheit zu einem bestimmten Zeitpunkt wiederzuerlangen, besondere Bedeutung.[1182] Diese würde durch die Wertungen des EGMR im Rahmen von Art. 7 Abs. 1 EMRK und Art. 5 Abs. 1 EMRK noch verstärkt.[1183] Die Wertungen des Art. 7 Abs. 1 EMRK zur Verletzung des Abstandsgebots führten dazu, „dass sich das Gewicht des Vertrauens der Betroffenen einem absoluten Vertrauensschutz annähert", was sich in dem stark erhöhten Prognosemaßstab widerspiegelt.[1184] Ferner sei wegen der Berücksichtigung der Wertungen aus Art. 5 Abs. 1 EMRK die weitere Freiheitsentziehung bei den vom Vertrauensschutzgebot betroffenen Normen nur unter der Voraussetzung einer psychischen Störung im Sinne von Art. 5 Abs. 1 Satz 2 Buchstabe e EMRK möglich.[1185] Eine Rechtfertigung der Freiheitsentziehung durch Buchstabe a scheide generell aus und Buchstabe c dürfte nur ganz ausnahmsweise in Betracht kommen, wenn eine Gefahr konkret und spezifisch genug sei.[1186]

1178 BVerfGE v. 4. Mai 2011, 2 BvR 2365/09 u.a., Rn. 131, 149.
1179 BVerfGE v. 4. Mai 2011, 2 BvR 2365/09 u.a., Rn. 134.
1180 BVerfGE v. 4. Mai 2011, 2 BvR 2365/09 u.a., Rn. 134.
1181 BVerfGE v. 4. Mai 2011, 2 BvR 2365/09 u.a., Rn. 136; vgl. EGMR-Entscheidung v. 17. Dezember 2009, Individualbeschwerde Nr. 19359/04, Rn. 132.
1182 BVerfGE v. 4. Mai 2011, 2 BvR 2365/09 u.a., Rn. 136.
1183 BVerfGE v. 4. Mai 2011, 2 BvR 2365/09 u.a., Rn. 136.
1184 BVerfGE v. 4. Mai 2011, 2 BvR 2365/09 u.a., Rn. 139.
1185 BVerfGE v. 4. Mai 2011, 2 BvR 2365/09 u.a., Rn. 143, 151.
1186 BVerfGE v. 4. Mai 2011, 2 BvR 2365/09 u.a., Rn. 148, 150.

Im Folgenden setzte sich das Bundesverfassungsgericht mit der Rechtsprechung des EGMR zu Buchstabe e auseinander.[1187] Es folgerte daraus, dass vom zentralen Tatbestandsmerkmal des „unsound mind" auch eine „dissoziale Persönlichkeitsstörung" bzw. eine „Psychopathie" grundsätzlich umfasst sei.[1188] Im Übrigen besäßen die Mitgliedstaaten bei der Beurteilung, ob das Erfordernis einer psychischen Störung im Sinne von Art. 5 Abs. 1 Satz 2 Buchstabe e EMRK und ihrer Fortdauer erfüllt ist, einen Beurteilungsspielraum.[1189] Das Willkürverbot, das insbesondere die Vorhersehbarkeit des Freiheitsentzuges verlange, sei bei Buchstabe e nicht in dem Maße relevant.[1190] Im Rahmen des Buchstaben e werde an einen gegenwärtigen Zustand angeknüpft und nicht an eine vergangene Handlung wie bei Buchstabe a.[1191] Bedeutsam sei aber, dass die Unterbringung an einem der psychischen Störung angemessenen Ort und unter angemessenen Umständen erfolgt.[1192] Mit diesen Maßstäben sind die genannten Vorschriften laut Bundesverfassungsgericht nicht vereinbar und auch eine verfassungskonforme Interpretation sei nicht möglich.[1193] Nur der Gesetzgeber könne die Voraussetzungen normieren, unter denen eine weitere Sicherungsverwahrung zulässig ist.[1194] Insbesondere soll ihm so die Möglichkeit gegeben werden, die Sicherungsverwahrung „ganz oder teilweise durch eine Therapieunterbringung zu ersetzen".[1195] Die Berücksichtigung der Wertungen der EMRK führe jedenfalls dazu, dass eine rückwirkend bzw. nachträglich angeordnete oder verlängerte Sicherungsverwahrung nur noch zulässig ist, wenn

- das Abstandsgebot gewahrt ist,
- eine hochgradige Gefahr schwerster Gewalt- oder Sexualstraftaten aus konkreten Umständen in der Person oder dem Verhalten des Untergebrachten abzuleiten ist und
- die Voraussetzungen des Art. 5 Abs. 1 Satz 2 Buchstabe e EMRK erfüllt sind.[1196]

1187 BVerfGE v. 4. Mai 2011, 2 BvR 2365/09 u.a., Rn. 151 ff.
1188 BVerfGE v. 4. Mai 2011, 2 BvR 2365/09 u.a., Rn. 152.
1189 BVerfGE v. 4. Mai 2011, 2 BvR 2365/09 u.a., Rn. 152.
1190 BVerfGE v. 4. Mai 2011, 2 BvR 2365/09 u.a., Rn. 154.
1191 BVerfGE v. 4. Mai 2011, 2 BvR 2365/09 u.a., Rn. 154.
1192 BVerfGE v. 4. Mai 2011, 2 BvR 2365/09 u.a., Rn. 155.
1193 BVerfGE v. 4. Mai 2011, 2 BvR 2365/09 u.a., Rn. 157 ff.
1194 BVerfGE v. 4. Mai 2011, 2 BvR 2365/09 u.a., Rn. 163.
1195 BVerfGE v. 4. Mai 2011, 2 BvR 2365/09 u.a., Rn. 163.
1196 Vgl. BVerfGE v. 4. Mai 2011, 2 BvR 2365/09 u.a., Rn. 132.

IV. Zwischenfazit

Das Bundesverfassungsgericht bewegt sich in seiner Reaktion auf die EGMR-Rechtsprechung auf einem schmalen Grat zwischen der Bewahrung traditioneller Rechtfertigungsmuster und der kritischen Öffnung seiner Perspektive auf die Vollzugswirklichkeit. Einerseits hält es am Argument der Zweispurigkeit und den unterschiedlichen verfassungsrechtlichen Rechtfertigungen fest. Andererseits hinterfragt es in höherem Maße als zuvor die außerrechtlichen Bezugspunkte seiner Argumentation und gibt sich weniger mit Verweisen auf die normative Wirklichkeit als Indikator für die Praxis zufrieden. Das führt zumindest dazu, dass das Bundesverfassungsgericht die Risiken von Gefährlichkeitsprognosen zur Kenntnis nimmt und bei der Freiheitsentziehung explizit von einem Sonderopfer ausgeht. Das Bundesverfassungsgericht bestimmt damit auch die Eckpfeiler eines modernen, anspruchsvollen, wissenschaftlich fundierten und damit zudem kostenintensiven Behandlungsvollzugs bei der Sicherungsverwahrung.[1197] Jedoch ist diese Argumentation zwiespältig, weil das Sonderopfer als Rechtfertigungsgrund einerseits in einen Zusammenhang mit Rechtfertigungsmustern eines „Bürgeropfers“ oder des „Feindstrafrechts“ gestellt werden kann.[1198] Andererseits wird eine Befassung mit dem Problem der Verlässlichkeit von Gefährlichkeitsprognosen umgangen.[1199] Überdies ist der Verweis auf mehrpolige Grundrechtsverhältnisse bei der Rezeption des EGMR irreführend, weil in der heutigen Gesellschaft kaum ein Grundrechtsverhältnis gedacht werden kann, dass nicht in einem multiplen Abhängigkeitskontext zu anderen Rechtspositionen steht.[1200]

Enttäuschend ist weiterhin, dass selbst bei Jugendlichen unter Verweis auf *einen* angehörten Sachverständigen die „besonderen Schwierigkeiten“ der Prognose als

---

1197 Vgl. als Kontrapunkt zu der hier herausgearbeiteten Position die generell kritische Haltung gegenüber der EGMR-Rechtsprechung und der Entscheidung des Bundesverfassungsgerichts von *Hörnle,* die sich auch gegen den vom Bundesverfassungsgericht verbreiteten Theorieoptimismus ausspricht: Der Streit um die Sicherungsverwahrung, NStZ 2011, S. 488 ff., 492.

1198 Hierauf wird im dritten Teil, 3. Kapitel, B. III. zurückgekommen, vgl. *Depenheuer,* Selbstbehauptung des Rechtsstaates, 2. Aufl., 2008, S. 75 ff.; *Jakobs,* Feindstrafrecht? – Eine Untersuchung zu den Bedingungen von Rechtlichkeit, HRRS 2006, S. 289 ff.

1199 Vgl. *Streng,* Die Zukunft der Sicherungsverwahrung nach der Entscheidung des Bundesverfassungsgerichts, JZ 2011, S. 828 f.

1200 Vgl. *Ladeur,* Kritik der Abwägung in der Grundrechtsdogmatik, 2004, S. 62; s. auch *Calliess,* Prozedurales Recht, 1999, S. 220.

im Ergebnis unproblematisch eingestuft wurden.[1201] Die im Gesetzgebungsverfahren von *sachverständiger* Seite geäußerte Kritik hätte hier mit einbezogen werden müssen, um zumindest ein diversifiziertes Bild der wissenschaftlichen Auffassungen zu bekommen. Dadurch wird der Mehrwert, der durch die klare Bezeichnung der Sicherungsverwahrung als Sonderopfer geschöpft wird, erheblich geschmälert. *Streng* weist auch zu Recht darauf hin, dass „die Tragweite des Abstandsgebots-Ansatzes für Abwehr von Kritik an der Institution Sicherungsverwahrung nicht überschätz[t werden sollte]".[1202] Bei den vom Bundesverfassungsgericht formulierten Grundsätzen handele es sich „exakt um Prinzipien des modernen Strafvollzugs", wonach das Abstandsgebot seine argumentative Kraft verlieren muss.[1203] Vielmehr müssten diese substantiellen Vollzugs- und Vollstreckungsstandards generell – auch beim Vollzug bzw. bei der Vollstreckung von Freiheitsstrafen – gelten und es bleibt zu hoffen, dass die kostenintensiven Maßnahmen im Maßregelbereich nicht zu einem Absinken der Standards im Normalvollzug führen werden.[1204]

Nichtsdestotrotz ist positiv hervorzuheben, dass das Bundesverfassungsgericht die Ausführungen des EGMR zu einem anspruchsvollen Konzept von Kriminalprävention übernimmt, wonach eine reine Verwahrung von sogenannten ‚Behandlungsunfähigen' nicht mehr möglich ist. Zudem spricht es durch den Verweis auf unabhängige Gremien das Problem der Übersicherung zumindest an. Des Weiteren ist positiv einzustufen, dass das Bundesverfassungsgericht nicht die Rückwirkungsproblematik zum zentralen Aufhänger der Diskussion machte, sondern die Sicherungsverwahrung durch die Fokussierung auf das Abstandsgebot in Gänze einer verfassungsgerichtlichen Überprüfung unterzog. Durch deren Verfassungswidrigkeit eröffnete es die Möglichkeit, die Sicherungsverwahrung

---

1201 Vgl. BVerfGE v. 4. Mai 2011, 2 BvR 2365/09 u.a., Rn. 99; *Streng,* Die Zukunft der Sicherungsverwahrung nach der Entscheidung des Bundesverfassungsgerichts, JZ 2011, S. 833.

1202 *Streng,* Die Zukunft der Sicherungsverwahrung nach der Entscheidung des Bundesverfassungsgerichts, JZ 2011, S. 831; vgl. schon *Krebs,* Zur Durchführung der Maßregel Sicherungsverwahrung nach den Bestimmungen des Entwurfs eines Strafvollzugsgesetzes 1973, in: Ehrhardt/Göppinger (Hg.), Straf- und Maßregelvollzug, 1974, S. 128.

1203 *Streng,* Die Zukunft der Sicherungsverwahrung nach der Entscheidung des Bundesverfassungsgerichts, JZ 2011, S. 831; vgl. schon *Krebs,* Zur Durchführung der Maßregel Sicherungsverwahrung nach den Bestimmungen des Entwurfs eines Strafvollzugsgesetzes 1973, in: Ehrhardt/Göppinger (Hg.), Straf- und Maßregelvollzug, 1974, S. 128.

1204 Vgl. *Streng,* Die Zukunft der Sicherungsverwahrung nach der Entscheidung des Bundesverfassungsgerichts, JZ 2011, S. 831.

durch eine Therapieunterbringung zu ersetzen.[1205] Auch verrückte es die Eckpfeiler der Erforderlichkeitsprüfung, indem es die Fachgerichte auf die Möglichkeiten einer Führungsaufsicht hinwies, die sich demzufolge mit der Frage auseinanderzusetzen haben, ob und inwieweit der Gefährlichkeitsgrad des Betroffenen hierüber reduziert werden kann.[1206]

Der Verweis auf Art. 5 Abs. 1 Satz 2 Buchstabe e EMRK für die Fälle rückwirkender bzw. nachträglicher Sicherungsverwahrung ist konsequent, auch wenn es sich weiterhin des absoluten Rückwirkungsverbots aufgrund des Argumentes der Zweispurigkeit entzieht. Die Bezugnahme auf § 1 Abs. 1 Nr. 1 ThUG zur Ausfüllung des Begriffs „unsound mind" ist zwar unter dem Aspekt der Gewaltenteilung verständlich. Das Bundesverfassungsgericht hätte sich jedoch die Mühe machen müssen, den dort verwendeten Begriff wiederum einer genaueren Überprüfung im Hinblick auf die außerrechtlichen Anknüpfungspunkte zu unterziehen bzw. hätte es sich zumindest mit den von ihm verwendeten Begrifflichkeiten einer dissozialen Persönlichkeitsstörung und einer Psychopathie – auch im Verhältnis zu § 63 StGB bzw. §§ 20, 21 StGB – auseinandersetzen müssen. In der EGMR-Entscheidung vom 13. Januar 2011 wird gerade im Verweis auf § 63 StGB deutlich, dass jedenfalls begründet werden müsste, wie sich die psychische Störung zum Zustand der Schuldunfähigkeit verhält. Das Bundesverfassungsgericht bestätigt damit implizit die Hintertür für eine flexible Freiheitsentziehung über den Begriff der psychischen Störung. Insgesamt wäre daher im Vergleich zur EGMR-Rechtsprechung immer noch mehr Revolution wünschenswert gewesen. Die Erstreckung der Verfassungswidrigkeit auf alle Regelungen der Sicherungsverwahrung ist jedoch als deutliches Signal zu werten, dass der Gesetzgeber dieses Institut grundsätzlich überdenken sollte, wovon er sich aber leider nicht beeindrucken hat lassen. Auch ist die Eröffnung eines Dialogs mit dem EGMR positiv zu werten, wenn dieser Dialog fortgesetzt wird.

B. Die Entscheidung zur vorbehaltenen Sicherungsverwahrung

Am 20. Juni 2012 erging eine weitere Bundesverfassungsgerichtsentscheidung zu §§ 66a Abs. 1 und 2 StGB *a.F.*, nach der das Institut der vorbehaltenen

1205 Vgl. dazu *Volkmann,* Fremdbestimmung – Selbstbehauptung – Befreiung, JZ 2011, S. 840 f.

1206 Vgl. BVerfGE v. 4. Mai 2011, 2 BvR 2365/09 u.a., Rn. 176.

Sicherungsverwahrung *grundsätzlich* – abgesehen von der im Urteil vom 4. Mai 2011 genannten Verletzung des Abstandsgebots – verfassungsgemäß sei.[1207] Das Gericht prüfte zunächst eine Vereinbarkeit mit Art. 1 Abs. 1 GG, wobei es den Maßstab seiner Entscheidung aus dem Jahre 2004 zugrundelegte.[1208] Präventivmaßnahmen zum Schutz wesentlicher Gemeinschaftsgüter sind demnach zulässig. Die Ungewissheit der Vorbehaltssituation sei nicht wesentlich von der Situation bei der primären Sicherungsverwahrung unterschieden, bei der § 67c StGB ebenso eine Prüfung vor dem Ende des Strafvollzugs vorsehe.[1209] Dies gelte jedoch nur unter der Voraussetzung, dass die Vorgaben des Bundesverfassungsgerichts zum Abstandsgebot eingehalten werden.[1210] Des Weiteren ging das Bundesverfassungsgericht davon aus, dass gerade der bloße Vorbehalt dazu geeignet sei, „dem Betroffenen zu verdeutlichen, dass er nicht einem für ihn unbeherrschbaren Verlauf ausgeliefert ist".[1211] Im Umkehrschluss heißt das, dass das Bundesverfassungsgericht die Möglichkeit einer Unbehandelbarkeit bei der Rechtfertigung der vorbehaltenen Sicherungsverwahrung wohl prinzipiell nicht in Betracht zieht.

Im Rahmen der Prüfung des Art. 2 Abs. 2 Satz 2 GG i.V.m. Art. 104 Abs. 1 Satz 1 GG stellte das Bundesverfassungsgericht fest, dass unter keinem weiteren Gesichtspunkt – abgesehen von der Verletzung des Abstandsgebots – eine Verletzung des Verhältnismäßigkeitsgrundsatzes vorliegt.[1212] Es verwies dabei auf die Anordnungsvoraussetzungen, wonach zum einen die Gefährlichkeit und das Vorliegen eines Hanges zumindest wahrscheinlich sein müssen.[1213] Zum anderen sei der Vorbehalt regelmäßig dann ausgeschlossen, „wenn im Vorfeld Straftaten begangen worden sind, die keine körperliche und seelische Schädigung beim Opfer hervorgerufen haben und nicht geeignet waren, solche Schädigungen herbeizuführen".[1214] Ferner stehe der Vorbehalt nicht der Gewährung von Vollzugslockerungen entgegen.[1215] Außerdem ging das Bundesverfassungsgericht grundsätzlich von der Annahme aus, dass auch die Konstruktion, nach der die Gefährlichkeitsprognose auf das Verhalten des Betroffenen im Vollzug gestützt

---

1207 BVerfGE (Beschluss) v. 20. Juni 2012, 2 BvR 1048/11.
1208 BVerfGE (Beschluss) v. 20. Juni 2012, 2 BvR 1048/11, Rn. 69 ff.
1209 BVerfGE (Beschluss) v. 20. Juni 2012, 2 BvR 1048/11, En. 75 ff.
1210 BVerfGE (Beschluss) v. 20. Juni 2012, 2 BvR 1048/11, Rn. 76.
1211 BVerfGE (Beschluss) v. 20. Juni 2012, 2 BvR 1048/11, Rn. 78.
1212 BVerfGE (Beschluss) v. 20. Juni 2012, 2 BvR 1048/11, Rn. 79 ff.
1213 BVerfGE (Beschluss) v. 20. Juni 2012, 2 BvR 1048/11, Rn. 82.
1214 BVerfGE (Beschluss) v. 20. Juni 2012, 2 BvR 1048/11, Rn. 84.
1215 BVerfGE (Beschluss) v. 20. Juni 2012, 2 BvR 1048/11, Rn. 82.

werden soll, der Möglichkeit einer validen Prognose nicht entgegensteht.[1216] Das Gericht müsse dieses Verhalten im Vollzug nur mit besonderer Vorsicht würdigen.[1217] Des Weiteren erhofft sich das Bundesverfassungsgericht aussagekräftige Erkenntnisse von der therapeutischen Behandlung während der Strafhaft und den Vollzugslockerungen, die die Tragfähigkeit der Gefährlichkeitsprognose verbessern würden.[1218] Sei das Vollzugsverhalten dennoch nicht aussagekräftig, dürfe die Unterbringung in der Sicherungsverwahrung nicht angeordnet werden.[1219] Weitere einschlägige Verfassungsprinzipien führten auch nicht zu einer Verfassungswidrigkeit der Norm.[1220]

Signalcharakter an den EGMR haben die langen Ausführungen zu einer Vereinbarkeit des Instituts der vorbehaltenen Sicherungsverwahrung mit Art. 5 Abs. 1 EMRK. Diese scheinen eine abweichende Meinung des EGMR nur unter der Inkaufnahme einer nachhaltigen Belastung der Beziehungen zwischen EGMR und Bundesverfassungsgericht zuzulassen.[1221] Das Bundesverfassungsgericht stützte die Ansicht einer Vereinbarkeit der vorbehaltenen Sicherungsverwahrung auf Art. 5 Abs. 1 Satz 2 Buchstabe a EMRK.[1222] Ob das schwerpunktmäßige Abstellen auf die zweistufige Prüfung der vorbehaltenen Sicherungsverwahrung im Gegensatz zur nachträglichen Sicherungsverwahrung als Argument für deren Menschenrechtskonformität letztlich überzeugen kann, ist nach wie vor fraglich. Denn § 66a StGB war bisher in Gänze noch nicht Gegenstand der EGMR-Rechtsprechung. Da § 66a StGB *n.F.* noch nicht explizit Gegenstand der Entscheidung vom 20. Juni 2012 war, besteht weiterhin die Möglichkeit, jedenfalls die Hoffnung, dass insbesondere die Ersttäterregelung in § 66a Abs. 2 StGB n.F. nach der Änderung der Verfassungsrechtsprechung einer verfassungsrechtlichen Überprüfung nicht standhalten wird – auch weil die Voraussetzungen im Vergleich zu § 66b Abs. 2 StGB a.F. nochmals verringert wurden.[1223] Der „kriminalpolitische

1216 BVerfGE (Beschluss) v. 20. Juni 2012, 2 BvR 1048/11, Rn. 85.

1217 BVerfGE (Beschluss) v. 20. Juni 2012, 2 BvR 1048/11, Rn. 87.

1218 BVerfGE (Beschluss) v. 20. Juni 2012, 2 BvR 1048/11, Rn. 88 f.

1219 BVerfGE (Beschluss) v. 20. Juni 2012, 2 BvR 1048/11, Rn. 89.

1220 BVerfGE (Beschluss) v. 20. Juni 2012, 2 BvR 1048/11, Rn. 115 ff.: Bestimmtheitsgebot, Rechtsstaatsprinzip (und das Recht auf den gesetzlichen Richter).

1221 Vgl. BVerfGE (Beschluss) v. 20. Juni 2012, 2 BvR 1048/11, Rn. 92 ff.

1222 S. BT-Drs. 17/3403, S. 25; vgl. *Kinzig,* Die Neuordnung des Rechts der Sicherungsverwahrung, NJW 2011, S. 179 f.; MüKo-StGB-*Ullenbruch/Drenkhahn/Morgenstern,* 2. Aufl., 2012, § 66a Rn. 36 ff.

1223 Vgl. die Argumentation des Gesetzgebers in der BT-Drs. 17/3403, S. 31, der die Beschränkung des Straftatenkatalogs und fünf Jahre Mindeststrafe für ausreichend

Zündstoff" einer Ersttäterregelung wird dadurch jedenfalls nicht relativiert, vielmehr wird die bei der vorbehaltenen Sicherungsverwahrung generell verschärfte Prognoseproblematik wegen der dafür zur Verfügung stehenden Anknüpfungstatsachen noch zusätzlich erhöht.[1224] Das Dilemma ist dasselbe wie bei der nachträglichen Sicherungsverwahrung. Der Strafvollzug eines Strafgefangenen mit angeordnetem Vorbehalt steht unter dem Damoklesschwert der Realisierung des Vorbehalts, obwohl dem Vollzugsverhalten unter kriminologischen Gesichtspunkten kaum aussagekräftige neue Erkenntnisse zu entnehmen sein werden.[1225] Daher dürfte die ‚besonders vorsichtige Würdigung' des Vollzugsverhaltens keine sinnvolle Lösung der Problematik sein oder in Anbetracht der restriktiven Rechtsprechung wiederum zu einem Leerlaufen der Vorschrift führen.

C. Die Änderungen durch das Gesetz zur Umsetzung des Abstandsgebotes

Das am 5. Dezember 2012 verkündete „Gesetz zur bundesrechtlichen Umsetzung des Abstandsgebotes im Recht der Sicherungsverwahrung", auf das im vorherigen Kapitel bereits an den relevanten Stellen hingewiesen wurde, konzentriert sich auf vollstreckungs- und vollzugsrechtliche Fragen der Sicherungsverwahrung. Es lässt – wie bereits angesprochen – die Regelungen zur *Anordnung* der Sicherungsverwahrung in Gestalt der Gesetzesänderung vom 22. Dezember 2010 nahezu unberührt. Der Gesetzgeber sieht sich vielmehr – trotz ausdrücklicher Verfassungswidrigkeit auch dieser Regelungen – vom Bundesverfassungsgericht bestätigt, das nach seiner Interpretation „nicht die wesentlichen Inhalte des geltenden Rechts selbst beanstandet, sondern vielmehr das Defizit an Regelungen, die die Anforderungen des verfassungsrechtlichen Abstandsgebotes erfüllen."[1226] Zumindest hätte sich noch einmal um die Bedeutung von „schweren Gewalt- und Sexualstraftaten"

erachtet; *Kinzig,* Die Neuordnung des Rechts der Sicherungsverwahrung, NJW 2011, S. 179; MüKo-StGB-*Ullenbruch/Drenkhahn/Morgenstern,* 2. Aufl., 2012, § 66a Rn. 32 ff.

1224 Vgl. die Formulierung bei *Kinzig,* Die Neuordnung des Rechts der Sicherungsverwahrung, NJW 2011, S. 179.

1225 MüKo-StGB-*Ullenbruch/Drenkhahn/Morgenstern,* 2. Aufl., 2012, § 66a Rn. 28 ff., 35; vgl. dazu auch *Albrecht,* Zur sozialen Situation entlassener „Lebenslänglicher", 1977, S. 102–144 und S. 410–412; *Nedopil,* Prognosebegutachtungen bei zeitlich begrenzten Freiheitsstrafen, NStZ 2002, S. 349.

1226 BT-Drs. 17/9874, S. 12.

und eine weitere Eingrenzung der Straftatenkataloge bemüht werden können – wie es in der Literatur für die Weitergeltungsanordnung teilweise aufgezeigt wurde.[1227] Zudem wurde bereits darauf hingewiesen, dass die Ausführungen zu Art. 316e EGStGB nach den Bundesverfassungsgerichtsentscheidungen als verfassungswidrig bezeichnet werden müssen und Art. 316e EGStGB nur durch die Regelung des Art. 316f EGStGB gerettet wurde.

Das Kernstück der Reform ist der neu eingefügte § 66c StGB. Er reduziert die Aufforderung, ein „freiheitsorientierte[s] Gesamtkonzept der Sicherungsverwahrung mit klarer therapeutischer Ausrichtung"[1228] zu entwickeln, auf die Ebene der Vollstreckung und des Vollzugs. In § 66c Abs. 1 StGB werden die wesentlichen Leitlinien für die Umsetzung des Individualisierungs- und Intensivierungsgebots, des Motivierungsgebots, des Trennungsgebots und des Minimierungsgebots normiert.[1229] Flankiert werden die Leitlinien durch die Sicherungsverwahrungsvollzugsgesetze der Länder.[1230] Abs. 2 konkretisiert das *ultima ratio*-Prinzip, indem bereits beim „Vollzug der vorangehenden Strafhaft durch das Anbieten einer individuellen und intensiven Betreuung und Behandlung alle Möglichkeiten auszuschöpfen [... sind], um die Gefährlichkeit des Verurteilten zu reduzieren".[1231] Abgesichert wird die neue Therapieausrichtung mit dem Ziel bald möglichster Wiedererlangung der Freiheit durch § 67c Abs. 1 Satz 1 Nr. 2 StGB und § 67d Abs. 2 Satz 2 StGB.[1232] Diese ordnen in jeweils unterschiedlichen Verfahrensstadien (Vollzug bzw. Fortdauer) die Rechtsfolge der Bewährungsaussetzung an, wenn die Unterbringung in der Sicherungsverwahrung unverhältnismäßig wäre, weil dem Täter bei einer Gesamtbetrachtung des Vollzugsverlaufs ausreichende Betreuung *nicht* angeboten wurde.[1233] Diese Unverhältnismäßigkeitsprüfung wird während der Vollstreckung der Freiheitsstrafe durch eine „periodische strafvollzugsbegleitende gerichtliche Kontrolle" insoweit abgeschichtet, dass gemäß § 119a StVollzG alle zwei Jahre bindende Zwischenentscheidungen über die entsprechende Betreuung getroffen werden müssen.[1234]

1227 Vgl. in diesem Teil, 3. Kapitel, B. III.

1228 BVerfGE v. 4. Mai 2011, 2 BvR 2365/09, Rn. 101.

1229 BT-Drs. 17/9874, S. 12.

1230 Vgl. exemplarisch HessGVBl. 2013, S. 46 ff. Alle Bundesländer haben die durch die Bundesverfassungsrechtsprechung notwendig gewordenen Sicherungsverwahrungsvollzugsgesetze verabschiedet.

1231 BT-Drs. 17/9874, S. 13.

1232 BT-Drs. 17/9874, S. 23 und 24.

1233 BT-Drs. 17/9874, S. 23 und 24.

1234 BT-Drs. 17/9874, S. 32.

Die Prüfung gemäß § 67c StGB wurde von den Betroffenen wie auch von Experten bisher als ‚Farce' angesehen, weil ein neues Sachverständigengutachten nur eingeholt werden musste, wenn das Gericht die Aussetzung der Maßregel zur Bewährung erwog. Daraufhin hat der Gesetzgeber nunmehr in § 463 Abs. 3 Satz 3 StPO (i.V.m. § 454 Abs. 2 Satz 1 StPO) die Einholung eines Sachverständigengutachtens unabhängig davon statuiert, ob das Gericht eine Aussetzung erwägt.[1235] Während des Vollzugs der Sicherungsverwahrung gilt § 67e Abs. 2 StGB, der nunmehr jährliche Überprüfungsfristen nicht nur für die Legalprognose, sondern auch für die Überprüfung ausreichender Betreuung des Sicherungsverwahrten vorsieht.[1236] Nach zehnjähriger Verwahrung beträgt die Überprüfungsfrist noch neun Monate.[1237] Nach der Erwartungsklausel in § 67d Abs. 2 Satz 1 StGB muss das Gericht für eine Entlassung bei der Überprüfung von der künftigen straffreien Lebensführung des Untergebrachten ausgehen, d.h. es muss eine günstige Prognose stellen können.[1238] Für die erforderliche Erwartung bedarf es keiner unbedingten Gewähr künftiger Straffreiheit; sie muss aber jedenfalls höher sein als die Wahrscheinlichkeit des Rückfalls.[1239] Wie auch das Bundesverfassungsgericht in seiner Grundsatzentscheidung 2004 betont hat, muss bei der Aussetzungsentscheidung der Verhältnismäßigkeitsgrundsatz besondere Berücksichtigung finden.[1240] Demnach rechtfertigt nur die Gefahr erheblicher Straftaten die Fortdauer der Unterbringung.[1241]

Bei der vom neuen Gesetz unberührten Zehn-Jahres-Sonderprüfung gemäß § 67d Abs. 3 StGB wird im Gegensatz zu § 67d Abs. 2 StGB prognostisch die Fortdauer nicht mehr von einer positiven Legalprognose (Erwartung künftiger

---

1235 BT-Drs. 17/9874, S. 26; s. die Kritik bei *Kröber,* Kriminalprognostische Begutachtung, in: Kröber u.a. (Hg.), Handbuch der Forensischen Psychiatrie, Bd. 3, 2006, S. 162 f.; *Bartsch,* Sicherungsverwahrung, 2010, S. 252 f.

1236 BT-Drs. 17/11388, S. 8.

1237 BT-Drs. 17/11388, S. 8, im ursprünglichen Gesetzentwurf war eine Frist von sechs Monaten vorgesehen, vgl. BT-Drs. 17/9875, S. 4, 24 f.

1238 NK-StGB *Pollähne,* 4. Aufl., 2013, § 67d Rn. 15; *Bartsch,* Sicherungsverwahrung, 2010, S. 117; krit. *Fischer,* Strafgesetzbuch und Nebengesetze, 60. Aufl., 2013, § 67d Rn. 12.

1239 MüKo-StGB-*Veh,* 2. Aufl., 2012, § 67d Rn. 18; LK-*Rissing-van Saan/Peglau,* 12. Aufl., 2008, § 67d Rn. 91.

1240 Vgl. auch *Fischer,* Strafgesetzbuch und Nebengesetze, 60. Aufl., 2013, § 67d Rn. 13; *Mushoff,* Strafe – Maßregeln – Sicherungsverwahrung, 2008, S. 90 f.

1241 *Stree/Kinzig,* in: Schönke/Schröder, 28. Aufl., 2010, § 67d Rn. 9; LK-*Rissing-van Saan/Peglau,* 12. Aufl., 2008, § 67d Rn. 87.

Ungefährlichkeit) abhängig gemacht.[1242] Es muss vielmehr von einer negativen Gefährlichkeitsprognose ausgegangen werden, d.h. es müssen konkrete und gegenwärtige Anhaltspunkte dafür festgestellt werden, dass entgegen der gesetzlichen Vermutung die Gefährlichkeit fortbesteht (festgestellte Gefährlichkeit).[1243] Nach diesem normativ vorgesehenen Regel-Ausnahme-Verhältnis gehen Zweifel demnach zugunsten des Angeklagten.[1244] Gemäß Abs. 3 Satz 2 tritt automatisch Führungsaufsicht ein. Bis zum Gesetz vom 22. Dezember 2010 war folglich bei gewaltlosen Vermögensdelikten die Sicherungsverwahrung nach zehn Jahren zwingend für erledigt zu erklären.[1245] Durch die Gesetzesänderung eröffnen solche Delikte gar nicht mehr den Anwendungsbereich der Sicherungsverwahrung. In dieser Hinsicht sind die Prognosemaßstäbe § 66 Abs. 1 Nr. 4 StGB n.F. und § 67d Abs. 3 Satz 1 StGB folglich identisch.[1246] Eine Abweichung ergibt sich daraus, dass die Gefährlichkeit in § 67d Abs. 3 Satz 1 StGB n.F. nach der Gesetzesänderung nicht mehr auf dem Hang zu erheblichen Straftaten beruhen muss.[1247] Dadurch sollte der gesetzgeberische Wille abgesichert werden, im Rahmen der §§ 66a, 66b StGB auf das Hangerfordernis zu verzichten und der systematischen Auslegung der Boden entzogen werden, die im Wege des Erst-Recht-Schlusses auch bei deren Anordnung das Vorliegen eines Hanges forderten.[1248] *Veh* weist zu Recht darauf hin, dass bei den Fällen, bie denen die Anordnung einen Hang voraussetzt, auch weiterhin bei der Erledigungsentscheidung das Fortbestehen des Hangs nachgewiesen werden muss.[1249]

Zudem wurde durch das Gesetz noch § 67a Abs. 2 StGB geändert. Danach kann ein Sicherungsverwahrter in den Vollzug des § 63 StGB oder § 64 StGB überwiesen werden, wobei die ursprüngliche Maßregelanordnung jedoch unangetastet

---

1242 *Stree/Kinzig,* in: Schönke/Schröder, 28. Aufl., 2010, § 67d Rn. 13; *Fischer,* Strafgesetzbuch und Nebengesetze, 60. Aufl., 2013, § 67d Rn. 15.

1243 *Stree/Kinzig,* in: Schönke/Schröder, 28. Aufl., 2010, § 67d Rn. 13; *Fischer,* Strafgesetzbuch und Nebengesetze, 60. Aufl., 2013, § 67d Rn. 15.

1244 MüKo-StGB-*Veh,* 2. Aufl., 2012, § 67d Rn. 36.

1245 Vgl. LK-*Rissing-van Saan/Peglau,* 12. Aufl., 2008, § 67d Rn. 60; *Bartsch,* Sicherungsverwahrung, 2010, S. 119; s. in diesem Teil, 1. Kapitel, D. I.

1246 Vgl. Zur grundsätzlichen Entsprechung des Prognosemaßstabs nach altem und neuem Recht: *Fischer,* Strafgesetzbuch und Nebengesetze, 60. Aufl., 2013, § 67d Rn. 15; MüKo-StGB-*Veh,* 2. Aufl., 2012, § 67d Rn. 36.

1247 BGBl. 2010 I, S. 2301; BT-Drs. 17/3403, S. 6, 35.

1248 BT-Drs. 17/3404, S. 35; vgl. MüKo-StGB-*Veh,* 2. Aufl., 2012, § 67d Rn. 36.

1249 MüKo-StGB-*Veh,* 2. Aufl., 2012, § 67d Rn. 36.

bleibt.[1250] Voraussetzung für die Überweisung ist nunmehr, dass durch die Überweisung die Resozialisierung der betroffenen Person besser gefördert werden kann.[1251] Gleichzeitig muss die Überweisung zur Durchführung einer Heilbehandlung oder Entziehungskur angezeigt sein, „d.h. bei der betroffenen Person muss eine entsprechende psychische Disposition oder eine Suchtmittelproblematik vorliegen.“[1252] Diese Regelung greift schon während des Vollzugs der Freiheitsstrafe und gilt jetzt auch für solche Personen, bei denen die Sicherungsverwahrung lediglich vorbehalten wurde.[1253]

Die vom Bundesverfassungsgericht aufgezeigte und durch die Ausdehnung der Verfassungswidrigkeit auf alle Regelungen zur Sicherungsverwahrung gemäß § 78 Abs. 2 BVerfGG eröffnete Möglichkeit, sich einer *grundsätzlichen Neuausrichtung* bei der maßregelrechtlichen Behandlung von schwer rückfällig gewordenen Tätern zu verschreiben, wurde demnach wieder nicht ergriffen.[1254] Durch die neue Therapie- und Freiheitsausrichtung wird jedoch eine Art einklagbarer Vikariierung geschaffen – ähnlich des § 67 Abs. 1 StGB, nur dass der Strafvollzug selbst bereits privilegierte Möglichkeiten der Behandlung aufweisen muss. Die Sanktionierungsmöglichkeit des Vollzugs bei fehlender Betreuung des Sicherungsverwahrten durch Bewährungsaussetzung ist einerseits für die Durchsetzung der Therapieorientierung konsequent und wünschenswert. Andererseits offenbart es subtil die Eigengesetzlichkeiten einer totalen Institution[1255], der nur mit der Drohung beizukommen ist, seine ‚Subjekt-Objekte‘, die Strafgefangenen bzw. Sicherungsverwahrten, ihrem Einfluss zu entziehen. Eine Drohung, die voraussichtlich kaum jemals verwirklicht werden muss. Es bleibt die Entwicklung der Verwahrungszeiten abzuwarten, die der Gesetzgeber durchaus positiv einschätzt, da er unter dem Punkt E.3 „Erfüllungsaufwand der Verwaltung“ davon ausgeht, dass dem erhöhten Aufwand der Länder in einigen Fällen mittel- und langfristig Einsparungen gegenüberstehen werden.[1256] Die Einsparungen beruhen laut Gesetzgeber darauf, „dass die Ausrichtung des Vollzugs von Sicherungsverwahrung und vorangehender Strafhaft an den Vorgaben des Gesetzes dazu

1250 *Stree/Kinzig,* in: Schönke/Schröder, 28. Aufl., 2010, § 67a Rn. 2 f.; *Bartsch,* Sicherungsverwahrung, 2010, S. 113 f.

1251 BT-Drs. 17/9874, S. 19.

1252 BT-Drs. 17/9874, S. 19.

1253 BT-Drs. 17/9874, S. 19.

1254 Vgl. BVerfGE v. 4. Mai 2011, 2 BvR 2365/09 u.a., Rn. 163, 166.

1255 Vgl. *Foucault,* Überwachen und Strafen, 1977, S. 301 ff.; s. auch *Albrecht,* Spezialprävention angesichts neuer Tätergruppen, ZStW 97 (1985), S. 839.

1256 BT-Drs. 17/9874, S. 2.

führen kann, dass die Unterbringung in der Sicherungsverwahrung vermieden wird.“[1257]

Getrübt werden die positiven Aspekte durch den Vorschlag einer „Nachträglichen Therapieunterbringung“ (§ 65 E-StGB) seitens des Bundesrates bzw. der SPD-Fraktion,[1258] der die „Schutzlücke“ schließen soll, die durch die erhebliche Einschränkung des § 66b StGB entstanden ist.[1259] Sie ist strukturell auch an § 66b StGB orientiert und übernimmt dessen Untergliederung in zwei Absätze, insbesondere die dort genannten Katalogtaten.[1260] Der Prognosemaßstab wird selbstredend den Vorgaben des Bundesverfassungsgerichts angepasst. Weitere Voraussetzung ist eine psychische Störung, die nicht zu einer Einschränkung der Schuldfähigkeit führen muss.[1261] Für den Vollzug der Therapieunterbringung in geeigneten Einrichtungen hat sich der Bundesrat am ThUG ausgerichtet und verweist im Übrigen auf die Regelungen zur Umsetzung des Abstandsgebots.[1262] Trotz der im Gesetzgebungsverfahren zur Neuregelung der Sicherungsverwahrung gezeigten Einsicht, dass eine Form *nachträglicher* Verwahrung oder Unterbringung auch und gerade unter forensisch-psychiatrischen Gesichtspunkten keinen Sinn macht, hat die Bundesregierung sich trotzdem zunächst zu einer weiteren Prüfung des Vorschlags durchringen können.[1263] In der Beschlussempfehlung des Rechtsausschusses wurde die Einführung einer nachträglichen Therapieunterbringung jedoch abgelehnt.[1264] Dem weiteren Vorschlag des Bundesrates, die Überweisungsmöglichkeit gemäß § 67a Abs. 2 Satz 2 StGB dahingehend zu beschränken, dass eine Überweisung nur möglich ist, wenn dies „wegen einer schwerwiegenden psychiatrischen Erkrankung medizinisch angezeigt ist“, ist die Bundesregierung entgegen getreten.[1265] Der Bundesrat hatte argumentiert, dass die intendierte Regelung zu erheblichen Belastungen des Maßregelvollzugs nach §§ 63, 64 StGB und zu hohen Sicherheitsrisiken führe.[1266] Diese Auffassung teilte die Bundesregierung nicht, da durch die Regelung dem *ultima ratio*-Prinzip entsprochen werde.[1267]

1257 BT-Drs. 17/9874, S. 2.
1258 Vgl. BT-Drs. 17/9874, S. 43 und BT-Drs. 17/11388, S. 2.
1259 BT-Drs. 17/9874, S. 43 ff., 49.
1260 BT-Drs. 17/9874, S. 39.
1261 BT-Drs. 17/9874, S. 39 f.
1262 BT-Drs. 17/9874, S. 40.
1263 BT-Drs. 17/9874, S. 43.
1264 BT-Drs. 17/11388, S. 3.
1265 BT-Drs. 17/9874, S. 42.
1266 BT-Drs. 17/9874, S. 42.
1267 BT-Drs. 17/9874, S. 43.

Erforderliche Behandlungen sollen schon während des Vollzugs der Freiheitsstrafe angeboten werden.[1268] Eine Einschränkung der Überweisungsmöglichkeiten wäre unter diesem Gesichtspunkt das falsche Signal.[1269]

Kurz nach Verkündung des Gesetzes zur bundesrechtlichen Umsetzung des Abstandsgebotes wurde dann noch mit dem „Zweiten Gesetz zur Änderung des Einführungsgesetzes zum Strafgesetzbuch" vom 20. Dezember 2012 abermals eine durch die BGH-Rechtsprechung aufgerissene Schutzlücke verschlossen.[1270] Der BGH hielt das Therapieunterbringungsgesetz nur für den Fall anwendbar, bei dem bereits eine rechtskräftig angeordnete Sicherungsverwahrung vollzogen worden sei.[1271] Das Gesetz gelte demgegenüber nicht für den Fall, in dem der Betroffene lediglich nach § 275a Abs. 5 StPO a.F. einstweilig untergebracht worden sei.[1272] Der neu eingefügte Art. 316e Abs. 4 EGStGB ermöglicht nun auch eine Unterbringung nach Therapieunterbringungsgesetz, „wenn der Betroffene noch nicht in Sicherungsverwahrung untergebracht, gegen ihn aber bereits Sicherungsverwahrung im ersten Rechtszug angeordnet war und aufgrund einer vor dem 4. Mai 2011 ergangenen Revisionsentscheidung festgestellt wurde, dass die Sicherungsverwahrung ausschließlich deshalb nicht rechtskräftig angeordnet werden konnte, weil ein zu berücksichtigendes Verbot rückwirkender Verschärfungen im Recht der Sicherungsverwahrung dem entgegenstand, ohne dass es dabei auf den Grad der Gefährlichkeit des Betroffenen für die Allgemeinheit angekommen wäre."[1273] Diese eng gefasste und sehr spezielle Erweiterung des Anwendungsbereichs, die nur „wenige Fallkonstellationen" betrifft, bestätigt ein weiteres Mal die gesetzgeberische Linie, jede mögliche Schutzlücke zu schließen, deren Beseitigung nicht für verfassungswidrig erklärt wurde.[1274]

D. Die Entscheidung zu § 66b Abs. 3 StGB

Am 6. Februar 2013 – nach Verkündung des Gesetzes zur bundesrechtlichen Umsetzung des Abstandsgebotes – hat das Bundesverfassungsgericht erneut zur Sicherungsverwahrung, genauer: zu § 66b Abs. 3 StGB a.F. Stellung genommen.

1268 BT-Drs. 17/9874, S. 43.
1269 BT-Drs. 17/9874, S. 43.
1270 BGBl. 2012 I, S. 2756.
1271 BGH v. 12. Juli 2012, V ZB 106/12, inbes. Rn. 11 ff.
1272 BGH v. 12. Juli 2012, V ZB 106/12, inbes. Rn. 11 ff.
1273 BGBl. 2012 I, S. 2756; vgl. dazu BT-Drs. 17/11726.
1274 Vgl. BT-Drs. 17/11726, S. 4.

Abgesehen von der Unvereinbarkeit der Regelung mit Art. 2 Abs. 2 Satz 2 GG i.V.m. Art. 104 Abs. 1 GG wegen Verstoßes gegen das Abstandsgebot sei daneben auch das nach Art. 2 Abs. 2 Satz 2 GG i.V.m. Art 20 Abs. 3 GG schutzwürdige Vertrauen auf ein Unterbleiben der Anordnung der Sicherungsverwahrung beeinträchtigt.[1275] Bei § 66b Abs. 3 StGB a.F. könne nicht darauf verwiesen werden, dass es sich lediglich um eine ‚Überweisung' von einer zeitlich nicht begrenzten freiheitsentziehenden Maßnahme in eine andere handele.[1276] Vielmehr liege ein neuer, eigenständiger Grundrechtseingriff vor.[1277] Dies ergebe sich schon aus dem Wortlaut der Vorschrift.[1278] Im Vergleich zu §§ 67a Abs. 1 und 2 StGB setze § 66b Abs. 3 StGB a.F. voraus, dass die Unterbringung nach § 63 StGB beendet worden sei.[1279] Zudem sei das Verfahren so ausgestaltet, dass erst nach der Erledigungserklärung die Unterbringung nach § 66b Abs. 3 StGB a.F. eingeleitet werden könnte.[1280]

Damit gibt das Bundesverfassungsgericht seine Rechtsprechung aus dem Jahre 2009 auf. Für Altfälle ist somit das Vertrauen auf ein dauerhaftes Unterbleiben der Maßregel grundrechtlich geschützt.[1281] Überdies werde das Gewicht der betroffenen Vertrauensschutzbelange durch die Wertungen der Art. 5 EMRK und Art. 7 EMRK verstärkt, wonach in Altfällen eine Rechtfertigung der Freiheitsentziehung nur unter den Voraussetzungen von Art. 5 Abs. 1 Satz 2 Buchstabe e EMRK in Betracht komme.[1282] Wie bereits im vorherigen Kapitel angesprochen, geht das Bundesverfassungsgericht davon aus, dass in Neufällen ebenso Vertrauensschutzbelange tangiert sind, weil es an einem hinreichenden Kausalzusammenhang zwischen Verurteilung und Sanktion im Sinne von Art. 5 Abs. 1 Satz 2 Buchstabe a EMRK fehle – auch wenn diese Frage im vorliegenden Fall nicht zu entscheiden war.[1283] Dies gelte insbesondere dann, wenn ergänzend berücksichtigt werde, dass § 66b Abs. 3 StGB a.F. eine nachträgliche Anordnung auch in solchen Fällen

1275 BVerfGE v. 6. Februar 2013, 2 BvR 2122/11, Rn. 25 ff.
1276 BVerfGE v. 6. Februar 2013, 2 BvR 2122/11, Rn. 30 f.
1277 BVerfGE v. 6. Februar 2013, 2 BvR 2122/11, Rn. 30 f.
1278 BVerfGE v. 6. Februar 2013, 2 BvR 2122/11, Rn. 32.
1279 BVerfGE v. 6. Februar 2013, 2 BvR 2122/11, Rn. 32.
1280 BVerfGE v. 6. Februar 2013, 2 BvR 2122/11, Rn. 34.
1281 BVerfGE v. 6. Februar 2013, 2 BvR 2122/11, Rn. 36.
1282 BVerfGE v. 6. Februar 2013, 2 BvR 2122/11, Rn. 37 ff.
1283 BVerfGE v. 6. Februar 2013, 2 BvR 2122/11, Rn. 41, vgl. in diesem Teil, 3. Kapitel, D. III.

ermöglicht, in denen eine originäre Anordnung der Sicherungsverwahrung gemäß § 66 StGB nicht möglich gewesen wäre.[1284]

Nach alledem ist es konsequent, dass das Bundesverfassungsgericht die nachträgliche Anordnung der Sicherungsverwahrung gemäß § 66b Abs. 3 StGB a.F. nur noch in den Fällen für verfassungsgemäß hält, „wenn eine hochgradige Gefahr schwerster Gewalt- und Sexualstraftaten aus konkreten Umständen in der Person oder dem Verhalten des Untergebrachten abzuleiten ist und dieser an einer psychischen Störung im Sinne von § 1 Abs. 1 Nr. 1 des Gesetzes zur Therapierung und Unterbringung psychisch gestörter Gewalttäter [...] leidet."[1285] Was jedoch eigentlich der Unterschied zwischen einem gegenwärtigen Zustand nach den §§ 20, 21 StGB und einer psychischen Störung ist, wird mit keinem Wort erwähnt – auch nicht im Hinblick auf die vom EGMR kurz vor der Bundesverfassungsgerichtsentscheidung noch einmal geäußerten Bedenken, dass ohne das Vorliegen der §§ 20, 21 StGB am Vorliegen einer tatsächlichen psychischen Krankheit erhebliche Zweifel bestünden. Die Abstraktion, die juristische Begrifflichkeiten zulassen, gestattet dem Bundesverfassungsgericht offensichtlich, den durch die Begriffe in Bezug genommenen Wirklichkeitskontext auszublenden. Dabei übersieht es die vom EGMR ebenso wie von *Ullenbruch, Drenkhahn* und *Morgenstern* angesprochene Gefahr der willkürlichen Attestierung einer psychischen Störung.[1286]

E. Die Entscheidung zum Therapieunterbringungsgesetz

In der Entscheidung zum Therapieunterbringungsgesetz setzte sich das Bundesverfassungsgericht nun endlich eingehend mit dem Begriff der psychischen Störung auseinander. Es stellte klar, warum eine psychische Störung auch unter der Erheblichkeitsschwelle des § 21 StGB von Art. 5 Abs. 1 Satz 2 Buchstabe e EMRK gedeckt sei. Zunächst begründete das Bundesverfassungsgericht jedoch, warum auch das Therapieunterbringungsgesetz unter den Begriff Strafrecht in Art. 74 Abs. 1 Nr. 1 GG falle.[1287] Hier bezog es sich hauptsächlich auf seine Rechtsprechung zu den Straftäterunterbringungsgesetzen der Länder aus dem

---

1284 BVerfGE v. 6. Februar 2013, 2 BvR 2122/11, Rn. 41.

1285 BVerfGE v. 6. Februar 2013, 2 BvR 2122/11, Rn. 42.

1286 MüKo-StGB-*Ullenbruch/Drenkhahn/Morgenstern,* 2. Aufl., 2012, § 66b Rn. 41; vgl. auch in diesem Teil, 3. Kapitel, F. II.

1287 BVerfGE v. 11. Juli 2013, 2 BvR 2302/11 und 2 BvR 1279/12, Rn. 53 ff.

Jahr 2004.[1288] Es hob den lückenfüllenden Charakter des Therapieunterbringungsgesetzes hervor, der auch die Subsidiarität zur Sicherungsverwahrung begründe und das Gesetz zu einer eng begrenzten Übergangsregelung mache.[1289]

Bei der Prüfung einer Verletzung des rechtsstaatlichen Vertrauensschutzgebots aus Art. 2 Abs. 2 Satz 2 GG i.V.m. Art. 20 Abs. 3 GG vertrat es die Ansicht, dass das Therapieunterbringungsgesetz bei verfassungskonformer Auslegung mit diesem vereinbar sei.[1290] Dabei ging es grundsätzlich davon aus, dass es sich beim Therapieunterbringungsgesetz um einen Fall der unechten Rückwirkung handele, weil die belastende Rechtsfolge tatbestandlich von einem rechtserheblichen Verhalten vor seiner Verkündung ausgelöst werde.[1291] Entsprechend seiner Grundsatzentscheidung vom 4. Mai 2011 müssten jedoch bei der im Rahmen des Verhältnismäßigkeitsgrundsatzes erforderlichen Abwägung die Vertrauensschutzbelange des Betroffenen berücksichtigt werden.[1292] Eine Unterbringung sei demzufolge nur bei einer hochgradigen Gefahr schwerster Gewalt- oder Sexualstraftaten anzuordnen, die aus konkreten Umständen in der Person oder dem Verhalten des Untergebrachten abzuleiten seien.[1293] Dies entspricht dem mittlerweile Gesetz gewordenen Maßstab für die sogenannten Vertrauensschutzfälle.

Das zu diesem Maßstab weiterhin zwingend erforderliche Merkmal der psychischen Störung, dass in § 1 Abs. 1 Nr. 1 ThUG als Voraussetzung der Unterbringung bereits normiert ist, stehe – so das Bundesverfassungsgericht – nicht im Widerspruch zu den Wertungen des Art. 5 Abs. 1 Satz 2 Buchstabe e EMRK.[1294] Grundsätzlich sei danach auch eine Unterbringung möglich, wenn die strafrechtliche Verantwortlichkeit bejaht worden ist.[1295] Der Begriff lehne sich an die in der Psychiatrie genutzten Diagnoseklassifikationssysteme ICD-10 bzw. DSM-IV

1288 BVerfGE v. 11. Juli 2013, 2 BvR 2302/11 und 2 BvR 1279/12, Rn. 53 ff., 62; vgl. dazu die abweichende Meinung des Richters *Huber*, der die Zuständigkeit des Bundes lediglich aus dem Sachzusammenhang des Therapieunterbringungsgesetzes mit dem Strafrecht herleiten will, weil er die Gefahr sieht, dass die ausufernde Interpretation der Senatsmehrheit weitreichende gefahrenabwehrrechtliche Regelungen zulasten der Länder ermöglicht und der Aushöhlung ihrer Gesetzgebungskompetenz für das Gefahrenabwehr- und Sicherheitsrecht Vorschub leistet, Rn. 144 ff., 176.

1289 BVerfGE v. 11. Juli 2013, 2 BvR 2302/11 und 2 BvR 1279/12, Rn. 53 ff., 62.

1290 BVerfGE v. 11. Juli 2013, 2 BvR 2302/11 und 2 BvR 1279/12, Rn. 70.

1291 BVerfGE v. 11. Juli 2013, 2 BvR 2302/11 und 2 BvR 1279/12, Rn. 72.

1292 BVerfGE v. 11. Juli 2013, 2 BvR 2302/11 und 2 BvR 1279/12, Rn. 75.

1293 BVerfGE v. 11. Juli 2013, 2 BvR 2302/11 und 2 BvR 1279/12, Rn. 75.

1294 BVerfGE v. 11. Juli 2013, 2 BvR 2302/11 und 2 BvR 1279/12, Rn. 88.

1295 BVerfGE v. 11. Juli 2013, 2 BvR 2302/11 und 2 BvR 1279/12, Rn. 90.

an.[1296] Auch die spezielle Rechtsprechung des EGMR zu den einzelnen Regelungen der Sicherungsverwahrung stehe dem nicht entgegen, weil er sich in seinen Ausführungen zu einer beim Betroffenen vorliegenden tatsächlichen psychischen Störung nur auf die getroffenen Feststellungen der deutschen Gerichte gestützt habe.[1297] Zu diesem Zeitpunkt bezogen sich die Feststellungen der Gerichte jedoch noch auf eine Maßregel-Systematik, in die das Therapieunterbringungsgesetz als „dritter Weg" noch nicht eingefügt worden war.[1298] Der EGMR habe daher mit seinen Entscheidungen den nationalen Gesetzgeber nicht daran hindern wollen, die Systematik des nationalen Rechts dahingehend abzuändern, dass nunmehr eine vom Vorliegen einer erheblichen Beeinträchtigung der Schuldfähigkeit unabhängige psychische Störung zur gesetzlichen Voraussetzung einer therapiegerichteten Unterbringung gemacht werde.[1299]

Bei der Prüfung der Verletzung des Art. 2 Abs. 2 Satz 2 GG i.V.m. Art. 104 Abs. 1 GG wies es auch daraufhin, dass mit dem vom EGMR geprägten Begriff einer „*tatsächlichen* psychischen Störung" eine restrikte Auslegung des Begriffs der psychischen Störung verbunden sein muss.[1300] Für § 1 Abs. 1 Nr. 1 ThUG könnten nicht allein soziale Abweichungen und Konflikte genügen.[1301] Außerdem würde der vom Gesetz verlangte Kausalzusammenhang zwischen der psychischen Störung und der Gefahr die Möglichkeiten der Therapieunterbringung weiter maßgeblich einschränken.[1302] Hier setzte es sich zudem ausführlich mit der teilweise vertretenen Auslegung der Vorschrift auseinander, die einen subjektiven Leidensdruck beim Betroffenen fordern und wies diese Auffassung als zweckwidrig und definitorisch nicht zwingend zurück.[1303] Deswegen gehe mit dem Begriff der psychischen Störung auch keine Stigmatisierung von psychisch Kranken generell einher.[1304] Da das Abstandsgebot durch § 2 ThUG abgesichert sei, ergebe sich hieraus auch kein Verstoß gegen den Verhältnismäßigkeitsgrundsatz.[1305] Zuletzt prüfte das Bundesverfassungsgericht noch die Vereinbarkeit des Therapieunterbringungsgesetzes mit dem Verbot von Einzelfallgesetzen gemäß Art. 19 Abs. 1

1296 BVerfGE v. 11. Juli 2013, 2 BvR 2302/11 und 2 BvR 1279/12, Rn. 90.
1297 BVerfGE v. 11. Juli 2013, 2 BvR 2302/11 und 2 BvR 1279/12, Rn. 103.
1298 BVerfGE v. 11. Juli 2013, 2 BvR 2302/11 und 2 BvR 1279/12, Rn. 103.
1299 BVerfGE v. 11. Juli 2013, 2 BvR 2302/11 und 2 BvR 1279/12, Rn. 104.
1300 BVerfGE v. 11. Juli 2013, 2 BvR 2302/11 und 2 BvR 1279/12, Rn. 114 ff.
1301 BVerfGE v. 11. Juli 2013, 2 BvR 2302/11 und 2 BvR 1279/12, Rn. 114 ff.
1302 BVerfGE v. 11. Juli 2013, 2 BvR 2302/11 und 2 BvR 1279/12, Rn. 122.
1303 BVerfGE v. 11. Juli 2013, 2 BvR 2302/11 und 2 BvR 1279/12, Rn. 117 ff.
1304 BVerfGE v. 11. Juli 2013, 2 BvR 2302/11 und 2 BvR 1279/12, Rn. 123.
1305 BVerfGE v. 11. Juli 2013, 2 BvR 2302/11 und 2 BvR 1279/12, Rn. 82 ff.

Satz 1 GG.[1306] Da dieses jedoch nur dem Gesetzgeber verbiete, aus einer Reihe gleichgelagerter Sachverhalte einen Fall herauszugreifen und zum Gegenstand einer Sonderregelung zu machen, ist das Therapieunterbringungsgesetz auch nach diesem Maßstab nicht verfassungswidrig.[1307]

In der Auseinandersetzung mit den von den Verfassungsbeschwerden zugleich erfassten fachgerichtlichen Entscheidungen, die nicht mit den Vorgaben des Grundgesetzes für die Anwendung des Therapieunterbringungsgesetzes zu vereinbaren sind, zeigte das Bundesverfassungsgericht dann auf, wie eng die „hochgradige Gefahr der Begehung schwerster Gewalt- oder Sexualdelikte" auszulegen ist. Dieser strikte Verhältnismäßigkeitsmaßstab ist zwar zu begrüßen, jedoch bleibt es im Hinblick auf die Forderung einer restriktiven Auslegung des Begriffs der psychischen Störung hinter seinen Möglichkeiten zurück. Das Bundesverfassungsgericht hat dabei die Intention des EGMR unterbelichtet gelassen, dass der vom EGMR verwendete Begriff einer *tatsächlichen* psychischen Störung gerade gegen seine kriminalpolitische Instrumentalisierung absichern soll. Die vom Bundesverfassungsgericht in Bezug genommene Stellungnahme der Deutschen Gesellschaft für Psychiatrie, Psychotherapie und Nervenheilkunde hätte vor diesem Hintergrund dazu anregen müssen, sich endlich mit der grundsätzlichen Sinnhaftigkeit der Verknüpfung von voller Schuldfähigkeit und Gefährlichkeit auseinanderzusetzen. Die Stellungnahme weist auf die Widersprüchlichkeit hin, die mit der Verknüpfung einer nicht verantwortungsrelevanten Störung und der Frage nach der Gefährlichkeit verbunden ist.[1308] Auch hier verweigert sich das Bundesverfassungsgericht einer Prüfung der außerrechtlichen Grundlagen der Norm – ganz im Sinne der hier nicht explizit genannten Einschätzungsprärogative des Gesetzgebers. Es verpasst damit die Chance, den neuralgischen Punkt der Sicherungsverwahrung herauszuarbeiten.

F. Fazit: Zur Macht des Abstandsgebots

Nach der Reaktion des Bundesverfassungsgerichts auf die EGMR-Rechtsprechung zu urteilen, hat sich ein Konsens zwischen den Gerichten über die fehlende Resozialisierungsausrichtung der Sicherungsverwahrung herausgebildet. Die Analyse der Entwicklungsgeschichte legt dasselbe Ergebnis nahe. Die Frage,

---

1306 BVerfGE v. 11. Juli 2013, 2 BvR 2302/11 und 2 BvR 1279/12, Rn. 126 ff.
1307 BVerfGE v. 11. Juli 2013, 2 BvR 2302/11 und 2 BvR 1279/12, Rn. 128.
1308 Vgl. BVerfGE v. 11. Juli 2013, 2 BvR 2302/11 und 2 BvR 1279/12, Rn. 43 ff.

die dieses Ergebnis provozieren muss, ist, warum das Bundesverfassungsgericht 2004 nicht zum selben Ergebnis gekommen ist bzw. sich tiefgründiger mit der schwersten Maßnahme der Bundesrepublik auseinandergesetzt hat. Darüber wird die theoretische Auseinandersetzung im zweiten und dritten Teil der Arbeit Aufschluss geben, die sich auch mit dem Verhältnismäßigkeitsgrundsatz auseinandersetzt. Mit der Umsetzung des Abstandsgebots besteht eine Hoffnung, dass sich das Institut der Sicherungsverwahrung tatsächlich in ein Instrument verwandelt, das die Untergebrachten unter Aufbietung aller Möglichkeiten auf dem Weg in eine ausreichend verantwortungsvoll gelebte Freiheit begleitet. Durch den Umweg über das Vollstreckungs- und Vollzugsrecht ist es jedoch ein indirekter Versuch, der weiterhin mit der in den Bundestagsdrucksachen und auch den Bundesverfassungsgerichtsentscheidungen spürbar gewordenen Macht des Gefährlichkeitskonzepts im Konflikt steht, das einer hinreichenden wissenschaftlichen Fundierung entbehrt und dessen machtpolitische Instrumentalisierung nahe legt. Deswegen wird das Abstandsgebot mit klarer Resozialisierungsausrichtung gegen praktisch eindeutige, aber ebenso theoretisch zweifelhafte Gefährlichkeitsprognosen einen schwierigen Stand haben. Im Angesicht des Normenchaos kann jedenfalls bereits an dieser Stelle gesagt werden, dass eine radikale Reform der Sicherungsverwahrung bzw. des Maßregelrechts unter dem Gesichtpunkt der Gesetzesklarheit sinnvoller gewesen wäre. Sie hätte sich dem Problem der Rückfälligkeit im Bereich erheblicher Straftaten neu und unvoreingenommen nähern können.

Leider scheint sich das Bundesverfassungsgericht in seiner Entscheidung vom 20. Juni 2012 mit dem weiteren Bestand der Sicherungsverwahrung abgefunden zu haben. Die Verteidigung der vorbehaltenen Sicherungsverwahrung schürt den Verdacht, dass es insoweit nicht noch einmal mit dem Normenkomplex und etwaigen diesbezüglichen EGMR-Kommentaren befasst sein will. Demgegenüber zeigt die Entscheidung des Bundesverfassungsgerichts zu § 66b Abs. 3 StGB, dass es auch nach Verabschiedung des neuen Gesetzes zur Umsetzung des bundesrechtlichen Abstandsgebotes weiterhin Handlungsbedarf sieht. Die Entscheidung zum Therapieunterbringungsgesetz ist im Hinblick auf die Konturierung des Begriffs der psychischen Störung kritisch einzuschätzen. Das Bundesverfassungsgericht hat aber immerhin deutlich gemacht, dass dieser „dritten Weg“ nur in den Grenzen einer eng gefassten Übergangsregelung anwendbar ist. Die tatsächliche Macht des Abstandsgebots kann nur die Zukunft weisen.

Fazit zum 1. Teil: Rechtstatsächliche Abschlüsse und theoretische Anschlüsse

In der Analyse der Rechtfertigungen der Sicherungsverwahrung im zeitlichen Verlauf konnte zunächst im nationalstaatlichen Kontext eine deutliche Tendenz herausgearbeitet werden, die dem Ideal des Rechtsstaats geschuldeten Formalisierungen bei der Anordnung von Sicherungsverwahrung sukzessive zugunsten einer größeren Flexibilität der Vorschriften abzubauen. Die Intention dahinter war und ist, alle ‚wirklich' gefährlichen Straftäter unter allen Umständen unbefristet verwahren zu können. Diese auf den ersten Blick sinnvolle und plausible gesetzgeberische Einstellung erweist sich in der Rekonstruktion des Realkonflikts und der Auseinandersetzung mit der Kritik an den materiellen Voraussetzungen der Sicherungsverwahrung zumindest als zweifelhaft, da der Gesetzgeber nur den *prognostisch* als gefährlich eingestuften Straftäter in Bezug nimmt. Die Ungewissheiten im Umgang mit Prognosen scheinen vom Gesetzgeber wie auch vom Bundesverfassungsgericht normativ ausgeblendet zu werden. Der Verhältnismäßigkeitsgrundsatz, der als rechtsstaatliches Äquivalent für die schuldstrafrechtliche Formalisierung dienen und somit auch die Formalisierungsaufgabe als Legitimationskomponente der Maßregeln übernehmen soll, wird zwar weiter als Rechtfertigung in Bezug genommen. Jedoch dient er hauptsächlich zur Formulierung von Mindeststandards an Prognosegutachten und zur Eingrenzung des Bereichs erheblicher Straftaten, der verfassungsrechtlich auch wirtschaftliche Schädigungen bis zur EGMR-Entscheidung unbeanstandet ließ. Auch der Umgang mit empirischem Material insbesondere seitens des Gesetzgebers, aber auch seitens des Bundesverfassungsgerichts, bestätigt vor der Vergleichsfolie des EGMR die Zweifel an der erfahrungswissenschaftlichen Fundierung des Gefährlichkeitskonzepts. Der repetitive Verweis auf *Einzel*fälle, der immer weniger tatsächliche Rückfallkriminalität, sondern wahrscheinliche Rückfallgefahr in Bezug nimmt, ist nicht sehr überzeugend. Dies spiegelt sich in den Bundestagsdrucksachen dahingehend wieder, dass der Konsens über die Erweiterung der Sicherungsverwahrung immer mehr bröckelte und die Sachverständigen sich zu den Entwürfen immer kritischer verhalten haben bzw. angemahnt wurde, dass eine erfahrungswissenschaftliche Fundierung beispielsweise bei der Ersttäterregelung fehlt.

Dient der Verhältnismäßigkeitsgrundsatz immer weniger der Formalisierung der Sicherungsverwahrung und ist die erfahrungswissenschaftliche Fundierung nebulös, gewinnt die Perspektive des EGMR an Plausibilität, nach der die Zweispurigkeit als Instrument willkürlicher Befreiung von der strafrechtlichen Errungenschaft einer hohen Formalisierung interpretiert werden kann. Dann bleibt nur der staatliche Machtanspruch als Bezugspunkt der Sicherungsverwahrung. Gewalt und Recht werden ununterscheidbar. Neben dem nunmehr eingestandenen (eklatanten) Resozialisierungsdefizit wird diese These dadurch unterstützt, dass auch normativ die Zuordnung der Sicherungsverwahrung zu den Maßregeln selbst in der Rechtsprechung des Bundesverfassungsgerichts – wie sie sich in den zwei Grundsatzentscheidungen aus dem Jahr 2004 darstellt – sehr schmal ist. Es gibt zahlreiche Überschneidungen der Maßregeln mit den Strafen, die, wie der EGMR entgegen dem Bundesverfassungsgericht festgestellt hat, nicht nur im präventiven Bereich liegen. Die dogmatisch-gesetzestechnische Bestandsaufnahme offenbart in den Konstruktionseinzelheiten der Regelung weitere Unstimmigkeiten, für die der Hangbegriff beispielhaft ist.

Die Einforderung des Abstandsgebots seitens des Bundesverfassungsgerichts ist ein implizites, auf den Vollzug gewendetes Eingeständnis, dass es mit der Zweispurigkeit tatsächlich nicht weit her ist. Das Bundesverfassungsgericht hält jedoch an der die Zweispurigkeit aufrecht erhaltende Zweckthese fest. Danach seien die Maßregeln „etwas ganz anderes als Strafen", da sie ihren Zweck nicht in vergangenheitsorientiertem Schuldausgleich, sondern in der zukunftsorientierten Gefahrenabwehr fänden.[1309] Mehr noch: Die Zweckthese bestimmt ebenso die Rechtfertigung des Abstandsgebots. Ob die durch die Zweckthese statuierte Zweispurigkeit als derzeitige Rechtsfolgendoktrin[1310] im Hinblick auf die Maßregeln jenseits tatsächlicher Momentaufnahmen aufrechterhalten werden kann, hängt jedoch von der normativen wie empirischen Begründetheit des zugrunde liegenden Gefährlichkeitskonzeptes bzw. der dahinter stehenden Präventionstheorie ab. *Und* die Zweispurigkeit ist ebenso abhängig von der normativen wie empirischen

---

1309 Vgl. zur Zweispurigkeit NK-StGB *Hassemer/Neumann,* 4. Aufl., 2013, Vorbem. zu § 1 Rn. 265 und deren Kritik, Rn. 300 ff.; *Kinzig,* Schrankenlose Sicherheit?, StV 2000, S. 332; *Ullenbruch,* Verschärfung der Sicherungsverwahrung auch rückwirkend – populär, aber verfassungswidrig, NStZ 1998, S. 328 m.w.N.; s. auch *Frommel,* Lebenslange Verwahrung angeblich nicht therapierbarer und extrem gefährlicher Sexualstraftäter seit 1998 in Deutschland und der Schweiz, NK 2004, S. 87.

1310 Vgl. NK-StGB *Hassemer/Neumann,* 4. Aufl., 2013, Vorbem. zu § 1 Rn. 265 m.w.N.

Begründetheit seines Gegenentwurfs eines vergangenheitsorientierten Schuldstrafrechts, weil die Kritik an der Sicherungsverwahrung – auch die des EGMR – letztlich vor dem Hintergrund des schuldstrafrechtlichen Rechtfertigungszusammenhangs erst ihre durchschlagende Plausibilität gewinnt. Um diese straf(rechts-)theoretischen Zusammenhänge wird es im anschließenden, zweiten Teil gehen.

2. Teil: Schuldstrafrecht und Präventionsstrafrecht – Rechtfertigungszusammenhänge und -brüche im gesellschaftlichen Wandel

Am Ende des ersten Teils hat sich herauskristallisiert, dass der Streit um die Sicherungsverwahrung (nicht nur) zwischen Bundesverfassungsgericht und EGMR auf den zwei konkurrierenden straf(rechts-)theoretischen Ansätzen eines Schuldstrafrechts einerseits und eines Präventionsstrafrechts andererseits beruht. Diese konkurrierenden Ansätze treten insbesondere auf der Rechtsfolgenseite durch die Zweispurigkeit des Sanktionensystems in einen schroffen Gegensatz zueinander. Die Bewertung der Gesetzgebungs- und Rechtsprechungsdynamik zur Sicherungsverwahrung hängt daher von der Legitimationsstärke der jeweiligen straf(rechts-)theoretischen Entwürfe ab.

Im zweiten Teil werden aus diesem Grund das Schuldstrafrecht und das Präventionsstrafrecht in ihren Bezügen zur allgemeinen Rechts- und Staatstheorie als Rechtfertigungszusammenhänge rekonstruiert. Daraus ergibt sich auch das dazugehörige Verständnis von Menschen- bzw. Grundrechten, vor dessen Hintergrund die Sicherungsverwahrung bewertet wird und das Strafrecht seine spezifische Form erfährt. Dabei werden zum einen die Ausgangsbedingungen für den ‚zeitlosen' Streit um die Zweispurigkeit des Sanktionensystems referiert, welcher in der Einleitung als statisches Element des Konflikts um die Sicherungsverwahrung benannt wurde. Durch die Einbettung der jeweiligen Rechtfertigungszusammenhänge in einen zeitlichen Zusammenhang wird zum anderen ein erster Gesellschaftsbezug hergestellt, der auf das dynamische Element des Konflikts rekurriert. Die Verortung in der Zeit macht erste Bezüge des jeweiligen Rechtstyps zu bestimmten gesellschaftlichen Konstellationen sichtbar, die sich im gewandelten Verständnis der Grundrechte bzw. grundrechtsgleichen Rechte des Grundgesetzes widerspiegeln. Die gesellschaftliche Kontextuierung ermöglicht es, ebenso die Brüche bzw. Krisen in den Rechtfertigungszusammenhängen zu beleuchten, die auch auf dem Einfluss der Gesellschaft auf das Recht beruhen und deren Kontingenz deutlich machen.[1311]

1311 Zum Einfluss des Rechts auf die Gesellschaft wird erst am Ende dieses Teils Stellung genommen. Letztlich wird im 2. Teil herausgearbeitet, dass das moderne Recht

Die im ersten Teil analysierte, hoch umstrittene Sicherungsverwahrung ist folglich im Kontext der konstatierten Krise formaler Rechtsrationalität bzw. der kontinuierlichen Erosion des Rechtsstaats zu sehen. Diese wird besonders im Strafrecht seit den 1980er Jahren durch die Wende zum Präventionsstaat kritisch reflektiert und hat mit den Anschlägen vom 11. September 2001 eine neue Dimension angenommen.[1312] Die ‚moderne' Krise formaler Rechtsrationalität muss jedoch zugleich vor dem Hintergrund der fast schon ‚antiquierten' Krise des liberalen Rechtsstaats im ausgehenden 19. Jahrhundert gesehen werden.[1313]

---

durch eine „doppelte Umkonstruktion" gekennzeichnet ist, die ein Verweisungsverhältnis von Gesellschaft auf Recht und Recht auf Gesellschaft in das Recht einbaut, vgl. zum Begriff der doppelten Umkonstruktion *Wiethölter,* Sozialwissenschaftliche Modelle im Wirtschaftsrecht, KJ 1985, S. 132; vgl. auch *Teubner,* Verrechtlichung, in: Kübler (Hg.), Verrechtlichung von Wirtschaft, Arbeit und sozialer Solidarität, 1985, S. 291, der einerseits das moderne regulatorische Recht als politisiert und vergesellschaftet bezeichnet und andererseits auf die Gefahr hinweist, dass bei einer Rückführung des Rechts auf Sozialstrukturen das Phänomen Recht selbst aus den Augen verloren wird, dazu *ders.,* Reflexives Recht, Archiv für Rechts- und Sozialphilosophie 68 (1982), S. 18; vgl. ebenso *Calliess,* Theorie der Strafe im demokratischen und sozialen Rechtsstaat, 1974, S. 61 ff.

1312 Die Erosion des Rechtsstaats im Strafrecht umfassend nachzeichnend *Albrecht,* Der Weg in die Sicherheitsgesellschaft, 2010, S. 149 ff.; vgl. *ders.,* Kriminologie. Eine Grundlegung zum Strafrecht, 4. Aufl., 2010, S. 63 ff. und S. 401 ff.; *ders.,* Vom Präventionsstaat zur Sicherheitsgesellschaft, in: Herzog/Neumann (Hg.), Festschrift für Winfried Hassemer, 2010, S. 3 ff.; *ders.,* Das Strafrecht auf dem Weg vom liberalen Rechtsstaat zum sozialen Interventionsstaat, KritV 1988, S. 187 ff.; *ders.,* Prävention als problematische Zielbestimmung im Kriminaljustizsystem, KritV 1986, S. 55 ff.; *Naucke,* Vom Vordringen des Polizeigedankens im Recht, in: ders., Über die Zerbrechlichkeit des rechtsstaatlichen Strafrechts, 2000, S. 379 ff.; *ders.,* Über die Zerbrechlichkeit rechtsstaatlichen Strafrechts, in: ders., Über die Zerbrechlichkeit rechtsstaatlichen Strafrechts, 2000, S. 418 ff.; *ders.,* Versuch über den aktuellen Stil des Rechts, Schriften der Hermann-Ehlers-Akademie, Bd. 19, 1986; *Krasmann,* Der Feind an den Grenzen des Rechtsstaats, in: Kerchner/Schneider (Hg.), Foucault. Diskursanalyse in der Politik, 2006, S. 233 ff.; vgl. auch *Grimm,* Verfassungsrechtliche Anmerkungen zum Thema Prävention, KritV 1986, S. 38 ff.; *ders.,* Der Wandel der Staatsaufgaben und die Krise des Rechtsstaats, in: ders. (Hg.), Wachsende Staatsaufgaben – sinkende Steuerungsfähigkeit des Rechts, 1990, S. 291 ff.; *Denninger,* Der Präventions-Staat, KJ 1988, S. 1 ff.; *Günther,* Der Wandel der Staatsaufgaben und die Krise des regulativen Rechts, in: Grimm (Hg.), Wachsende Staatsaufgaben – sinkende Steuerungsfähigkeit des Rechts, 1990, S. 51 ff.; *Teubner/Willke,* Kontext und Autonomie, Zeitschrift für Rechtssoziologie 6 (1984), S. 5 ff.; *Calliess,* Prozedurales Recht, 1999, S. 60 ff.

1313 Vgl. in diesem Teil, 1. Kapitel, C.

1. Kapitel: Das Schuldstrafrecht – Zur Autonomie im (liberalen) Rechtsstaat

Das Schuldstrafrecht gewinnt seine Rechtfertigung aus einer Verknüpfung mit der Idee des (liberalen) Rechtsstaats, der durch die rechtliche Organisation der Staats-Gesellschaft individuelle Freiheit gewährleisten soll. Das Schuldstrafrecht orientiert sich an dieser Funktion der Gewährleistung individueller Freiheit in doppeltem Sinne. Erstens ist das Strafrecht *Rechtsverletzungslehre* und durch das Erfordernis der Verletzung eines subjektiven Rechts beschränkt.[1314] Es ist in seiner Normalform deliktischen Handelns Verletzungsdelikt und strikt dem Prinzip der Strafgesetzlichkeit unterworfen.[1315] Zweitens versteht sich der Strafprozess durch seine Prinzipien, des Legalitätsprinzips, des Offizialprinzips, des Prinzips materieller Wahrheit und des *fair trial*-Prinzips, als Garant subjektiver Rechte des Angeklagten, die ihn als freien und gleichen Bürger anerkennen.[1316] Dieses Anerkennungsverhältnis steckt auch im Begriff strafrechtlicher Schuld.[1317] Es ist ein repressiv-limitierendes Strafrechtsmodell und kann analytisch mit der *Weber*'schen Kategorie einer formal-rationalen Rechtskonzeption erfasst werden.[1318] Das repressiv-limitierende Strafrechtsmodell verzichtet auf strafrechtliche Intervention in einzelne gesellschaftliche Lebens- und

---

1314 Vgl. dazu *Amelung,* Rechtsgüterschutz und Schutz der Gesellschaft, 1972, S. 18 ff.; *Calliess,* Theorie der Strafe im demokratischen und sozialen Rechtsstaat, 1974, S. 136; s. zudem *Sander,* Grenzen instrumenteller Vernunft im Strafrecht, 2007, S. 6.

1315 *Hassemer,* Kennzeichen und Krisen des modernen Strafrechts, ZRP 1992, S. 379.

1316 Vgl. zu den Prinzipien *Albrecht,* Die vergessene Freiheit, 3. Aufl., 2011.

1317 Vgl. *Günther,* Schuld und kommunikative Freiheit, 2005, S. 245 ff.

1318 Vgl. *Weber,* Wirtschaft und Gesellschaft, 5. Aufl., 1980, S. 504 f.; vgl. *Raiser,* Grundlagen der Rechtssoziologie, 6. Aufl., 2013, S. 98; siehe dazu *Albrecht,* Prävention als problematische Zielbestimmung im Kriminaljustizsystem, KritV 1986, S. 58; *ders.,* Das Strafrecht auf dem Weg vom liberalen Rechtsstaat zum sozialen Interventionsstaat, KritV 1988, S. 183 f.; *Theile,* Wirtschaftskriminalität und Strafverfahren, 2009, S. 7 ff.; vgl. auch *Teubner,* Reflexives Recht, Archiv für Rechts- und Sozialphilosophie 68 (1982), S. 24; *Vesting,* Rechtswissenschaftliche Beobachtung des Rechtssystems: Einheitsbildung und Differenzerzeugung, in: Trute u.a. (Hg.), Allgemeines Verwaltungsrecht – zur Tragfähigkeit eines Konzepts, 2008, S. 233 ff.; *Luhmann,* Das Recht der Gesellschaft, 1995, S. 481 ff.

Handlungsbereiche.[1319] Es richtet sich nicht an spezifischen Besonderheiten dieser Bereiche aus, sondern vertritt einen universalen Geltungsanspruch.[1320] Insbesondere ein Nebenstrafrecht kennt es nicht.[1321] Darin entspricht es rechtsstaatlicher Zurückhaltung zugunsten der Entfaltung individueller sowie gesellschaftlicher Autonomie und zugleich ist es frei von bereichsspezifischen Handlungs- und Funktionsmodi.[1322] Dadurch hat es von vornherein relativ einfache und hauptsächlich bipolare Konflikte zu lösen.[1323] Schon allein wegen der Verlegung der Rechtsbegründung in das schuldige Subjekt sind gesellschaftlich-strukturelle Gesetzmäßigkeiten ausgeblendet. Rechtsverletzungen erscheinen nur als personales Versagen. Es knüpft damit konsequent an die Idee des liberalen Rechtsstaats an. Als solches ist es idealtypisch und ‚nur' „theoretische Episode" des Strafrechts.[1324] Es hat aber zumindest die Kodifizierungen des StGB, der StPO und des GVG in den 1870er Jahren insoweit geprägt, dass dort keine präventiven Maßregeln vorgesehen waren.[1325]

A. Der Rechtsstaat: Rechtsidee, Staatsidee und Herrschaftsform

Der Rechtsstaat ist auf der einen Seite Inbegriff einer bestimmten ideellen Organisationsform von Staatlichkeit: die der Formalisierung staatlicher Macht durch Recht. Es ist die Form legaler Herrschaft.[1326] Auf der anderen Seite kann er nicht von seiner in ihm verkörperten *Rechtsidee* getrennt werden, der Ermöglichung

1319 *Theile,* Wirtschaftskriminalität und Strafverfahren, 2009, S. 8.

1320 *Theile,* Wirtschaftskriminalität und Strafverfahren, 2009, S. 8.

1321 *Theile,* Wirtschaftskriminalität und Strafverfahren, 2009, S. 8.

1322 Vgl. *Theile,* Wirtschaftskriminalität und Strafverfahren, 2009, S. 7 ff.

1323 *Theile,* Wirtschaftskriminalität und Strafverfahren, 2009, S. 9.

1324 Vgl. *Naucke,* Schwerpunktverlagerungen im Strafrecht, KritV 1993, S. 157 f.; *Hassemer,* Kennzeichen und Krisen des modernen Strafrechts, ZRP 1992, S. 379.

1325 Vgl. *Naucke,* Schwerpunktverlagerungen im Strafrecht, KritV 1993, S. 157 f.; *Hassemer,* Kennzeichen und Krisen des modernen Strafrechts, ZRP 1992, S. 379; vgl. zur geschichtlichen Entwicklung des Maßregelrechts *Dessecker,* Gefährlichkeit und Verhältnismäßigkeit, 2004, S. 25 ff.

1326 Vgl. *Weber,* Wirtschaft und Gesellschaft, 5. Aufl., 1980, S. 124 ff.; vgl. *Raiser,* Grundlagen der Rechtssoziologie, 6. Aufl., 2013, S. 91 f.; vgl. auch die Auflistung der Vernunftgrundsätze für die Organisation des Staates und die Regelung der Staatstätigkeit bei *Böckenförde,* Entstehung und Wandel des Rechtsstaatsbegriffs, in: ders., Recht, Staat, Freiheit, 1991, S. 146.

von Freiheit und Eigentum der Bürger.[1327] Die Rechtsidee weist dem Staat zugleich eine bestimmte, begrenzte Funktion zu.[1328] Der Rechtsstaat als Symbiose von Herrschaftsform und Rechtsidee bildet den staats- und rechtstheoretischen Hintergrund, an den das Schuldstrafrecht anschließt. Als Idee wurde er maßgeblich durch *Immanuel Kant* geprägt und wird hier daher hauptsächlich anhand seiner Schriften rekonstruiert.[1329]

I. Die Rechtsidee

Die Rechtsidee entwickelt *Kant* aus seinem (Rechts-)Begriff der Freiheit, der das Prinzip der Gleichheit enthält. Zugleich leitet sich daraus der Staat als vernunftnotwendige Institution ab. Beides wird im Folgenden näher erläutert.

1. Der (Rechts-)Begriff der Freiheit

Der Ausgangspunkt von *Kant*s Rechtslehre als Teil seiner praktischen Philosophie ist die Freiheit als Vernunftidee.[1330] Die Freiheit ist zwar der theoretischen Vernunft transzendent, d.h. mangels eines angemessenen Beispiels möglicher Erfahrung ist eine theoretische Erkenntnis nicht erreichbar, jedoch ermöglichen diese Grenzen der reinen theoretischen Vernunft erst die reine praktische Vernunft.[1331] Wird die reine Vernunft im theoretischen Bereich – im Erkennen – in die Schranken des Erfahrungsbezugs verwiesen, wird sie demgegenüber im praktischen Bereich – im Handeln – zur einzigen ‚Erkenntnisquelle' der Sittlichkeit.[1332] *Kant*s Metaphysik der

---

1327 Vgl. *Böckenförde,* Entstehung und Wandel des Rechtsstaatsbegriffs, in: ders., Recht, Staat, Freiheit, 1991, S. 147.

1328 Vgl. *Böckenförde,* Entstehung und Wandel des Rechtsstaatsbegriffs, in: ders., Recht, Staat, Freiheit, 1991, S. 147.

1329 Vgl. *Böckenförde,* Entstehung und Wandel des Rechtsstaatsbegriffs, in: ders., Recht, Staat, Freiheit, 1991, S. 146; vgl. auch *Byrd/Hruschka,* Kant zu Strafrecht und Strafe im Rechtsstaat, JZ 2007, S. 958, die den Begriff des Rechtsstaats auf Kants Begriff des „rechtlichen Zustandes" zurückführen.

1330 *Höffe,* Immanuel Kant, 7. Aufl., 2007, S. 143.

1331 Vgl. *Kant,* Metaphysik der Sitten [1797/1798], Werkausgabe Bd. VIII, hg. v. Weischedel, 1977, S. 326 f.; s. hierzu *Höffe,* Immanuel Kant, 7. Aufl., 2007, S. 168.

1332 *Höffe,* Immanuel Kant, 7. Aufl., 2007, S. 179.

Freiheit ist somit ein Postulat der praktischen Vernunft.[1333] Sie dient als regulatives Prinzip und belegt als solches die Faktizität menschlicher Willensfreiheit.[1334]

> „[I]m praktischen Gebrauch derselben [als regulatives Prinzip] [beweiset der Begriff der Freiheit] seine Realität durch praktische Grundsätze [...], die, als Gesetze, eine Kausalität der reinen Vernunft, unabhängig von allen empirischen Bedingungen (dem Sinnlichen überhaupt), die Willkür bestimmen und einen reinen Willen in uns beweisen, in welchem die sittlichen Begriffe und Gesetze ihren Ursprung haben."[1335]

Jene Freiheit ist der Anknüpfungspunkt für ein Rechtsmodell, das Recht und Staat in den Dienst der Freiheit jedes einzelnen Menschen stellt – auch wenn sich das Recht mit einem bescheideneren Freiheitsbegriff begnügt. Das Recht verzichtet auf die Annahme, die ihr unterworfenen Subjekte handelten autonom.[1336] Die Rechtslehre bezieht sich auf die äußere Freiheit im Zusammenleben.[1337] Als solche situiert sie sich nichtsdestotrotz *jenseits des Empirischen,* weil sie weder auf positive Gesetze rekurriert noch aus dem Besonderen des Lebens allgemeine Rechtsprinzipien entwickeln will.[1338] *Kant* sucht „das von der Sozialanthropologie unabhängige, das zweckfreie Recht".[1339] Sein Rechtsbegriff lautet daher wie folgt:

> „Das Recht ist also der Inbegriff der Bedingungen, unter denen die Willkür des einen mit der Willkür des andern nach einem allgemeinen Gesetze der Freiheit zusammen vereinigt werden kann."[1340]

1333 *Höffe,* Immanuel Kant, 7. Aufl., 2007, S. 143.

1334 Vgl. zur Trias Freiheit, Würde, Vergeltung im Strafrecht *Sander,* Grenzen instrumenteller Vernunft im Strafrecht, 2007, S. 5 ff.; siehe auch *Mushoff,* Strafe – Maßregeln – Sicherungsverwahrung, 2008, S. 181; um genau zu sein, müsste von Willkürfreiheit gesprochen werden, da der Wille weder frei noch unfrei ist: *Kant,* Metaphysik der Sitten [1797/1798], Werkausgabe Bd. VIII, hg. v. Weischedel, 1977, S. 318, 332.

1335 *Kant,* Metaphysik der Sitten [1797/1798], Werkausgabe Bd. VIII, hg. v. Weischedel, 1977, S. 327.

1336 Vgl. hierzu den Unterschied von Legalität und Moralität bei *Kant,* Metaphysik der Sitten [1797/1798], Werkausgabe Bd. VIII, hg. v. Weischedel, 1977, S. 324; *Höffe,* Kategorische Rechtsprinzipien, 1990, S. 129; s. auch *Böckenförde,* Entstehung und Wandel des Rechtsstaatsbegriffs, in: ders., Recht, Staat, Freiheit, 1991, S. 146 f.

1337 *Höffe,* Immanuel Kant, 7. Aufl., 2007, S. 217.

1338 *Kant,* Metaphysik der Sitten [1797/1798], Werkausgabe Bd. VIII, hg. v. Weischedel, 1977, S. 336 und S. 322; *Höffe,* Kategorische Rechtsprinzipien, 1990, S. 97; *Naucke,* Kants Kritik der empirischen Rechtslehre, 1996, S. 185 ff.

1339 *Naucke,* Kants Straftheorie, in: ders., Über die Zerbrechlichkeit des rechtsstaatlichen Strafrechts, 2000, S. 64; *ders.,* Kants Kritik der empirischen Rechtslehre, 1996, S. 185 ff.

1340 *Kant,* Metaphysik der Sitten [1797/1798], Werkausgabe Bd. VIII, hg. v. Weischedel, 1977, S. 337.

Die Freiheit, die *Kant* im Blick hat, ist daher bereits (vernunft-)rechtlich konstituiert. Freiheit als das „einzige, ursprüngliche, jedem Menschen, kraft seiner Menschheit, zustehende Recht" meint „Freiheit, sofern sie mit jedes anderen Freiheit nach einem allgemeinen Gesetz zusammen bestehen kann".[1341] Das heißt, Freiheit und (Vernunft-)Recht sind kongruent. Eine konfliktbesetzte Beziehung zwischen der Freiheit des Einzelnen und dem (Vernunft-)Recht kann nicht gedacht werden.[1342] Die Hauptaufgabe des Rechts ist dann, Freiheit zu ermöglichen.[1343]

In diesem Freiheitsmodell enthalten ist das *Prinzip der Gleichheit:*

> „Die angeborene Gleichheit, d.i. die Unabhängigkeit, nicht zu mehrerem von anderen verbunden zu werden, also wozu man sie wechselseitig auch verbinden kann; mithin die Qualität des Menschen, sein eigener Herr (sui generis) zu sein [...]."[1344]

Individuelle Freiheit setzt notwendig die gleiche Verteilung von Rechtsmacht voraus und die Anerkennung jedes Menschen als *gleich* freies Mitglied der bürgerlichen Gesellschaft.[1345] Das ist das Prinzip der *Reziprozität,* das an die Stelle der Idee einer vorgegebenen sakrosankten, natürlichen Ordnung tritt.[1346] Die Freiheit als Selbstbestimmung des Willens umfasst deren *soziale* Erweiterung, weil das „allgemeine Gesetz" die komplementären Seiten der Freiheit und der Freiheitsbeschränkung am Anderen ausrichtet – „nach Maßgabe eines zumindest vorgestellten

---

1341 *Kant,* Metaphysik der Sitten [1797/1798], Werkausgabe Bd. VIII, hg. v. Weischedel, 1977, S. 345.

1342 Vgl. *Menke,* Subjektive Rechte: Zur Paradoxie der Form, Zeitschrift für Rechtssoziologie 29 (2008), S. 89; *Luhmann,* Subjektive Rechte. Zum Umbau des Rechtsbewusstseins für die moderne Gesellschaft, in: ders., Gesellschaftsstruktur und Semantik, Bd. 2, 1981, S. 62, der die Gleichung Kants, Recht ist Freiheit, als paradox bezeichnet.

1343 *Teubner/Willke,* Kontext und Autonomie, Zeitschrift für Rechtssoziologie 5 (1984), S. 21.

1344 *Kant,* Metaphysik der Sitten [1797/1798], Werkausgabe Bd. VIII, hg. v. Weischedel, 1977, S. 345, Hervorhebungen im Original.

1345 Vgl. *Günther,* Der Wandel der Staatsaufgaben und die Krise des regulativen Rechts, in: Grimm (Hg.), Wachsende Staatsaufgaben – sinkende Steuerungsfähigkeit des Rechts, 1990, S. 53 ff.; *Fornauf,* Die Marginalisierung der Unabhängigkeit der Dritten Gewalt im System des Strafrechts, 2010, S. 24 ff.

1346 *Günther,* Der Wandel der Staatsaufgaben und die Krise des regulativen Rechts, in: Grimm (Hg.), Wachsende Staatsaufgaben – sinkende Steuerungsfähigkeit des Rechts, 1990, S. 53; *Vesting,* Rechtswissenschaftliche Beobachtung des Rechtssystems: Einheitsbildung und Differenzerzeugung, in: Trute u.a. (Hg.), Allgemeines Verwaltungsrecht – zur Tragfähigkeit eines Konzepts, 2008, S. 234.

Wechsels in die Perspektive eines anderen".[1347] Denn der Zusammenbruch Alteuropas, einer Ordnung natürlicher, nicht wählbarer Zwecke, bedingt die Freisetzung individueller Zwecke und Interessen, die eine unüberbrückbare Differenz zwischen den Individuen statuiert.[1348] Das allgemeine Gesetz eröffnet vor diesem Hintergrund einen neuen Rahmen für Sozialität.[1349] Damit wird die Gefahr gebannt, „daß der Freiheitsgebrauch des einen den des anderen aufhebt und damit ein Zusammenleben unmöglich macht."[1350].

2. Die Zwangsbefugnis als Komplementär: Zum Staat als vernunftnotwendige Institution

Aus dem Rechtsbegriff der Freiheit leitet *Kant* auch seine Staatsidee ab. Aus dem allgemeinen Gesetz der Freiheit ergibt sich als dessen Komplementär die Befugnis, zu zwingen: Denn

> „wenn ein gewisser Gebrauch der Freiheit selbst ein Hindernis der Freiheit nach allgemeinen Gesetzen (d.i. unrecht) ist, so ist der Zwang, der diesem entgegengesetzt wird, als *Verhinderung* eines *Hindernisses der Freiheit* mit der Freiheit nach allgemeinen Gesetzen zusammen stimmend, d.i. recht: mithin ist mit dem Rechte

---

1347 Vgl. *Günther,* Der Wandel der Staatsaufgaben und die Krise des regulativen Rechts, in: Grimm (Hg.), Wachsende Staatsaufgaben – sinkende Steuerungsfähigkeit des Rechts, 1990, S. 53; vgl. auch *Calliess,* Prozedurales Recht, 1999, S. 34.

1348 *Vesting,* Rechtswissenschaftliche Beobachtung des Rechtssystems: Einheitsbildung und Differenzerzeugung, in: Trute u.a. (Hg.), Allgemeines Verwaltungsrecht – zur Tragfähigkeit eines Konzepts, 2008, S. 235 ff.; vgl. hierzu *Kant,* Metaphysik der Sitten [1797/1798], Werkausgabe Bd. VIII, hg. v. Weischedel, 1977, S. 430, der gerade unabhängig von der empirischen Verfassung des Menschen als gut oder böse den „öffentlichen gesetzlichen Zwang" als notwendig erachtet, weil „bevor ein öffentlich gesetzlicher Zustand errichtet worden [ist], vereinzelte Menschen, Völker und Staaten niemals vor Gewalttätigkeit gegen einander sicher sein können, und zwar aus jedes seinem eigenen Recht, zu tun, *was ihm recht und gut dünkt,* und hierin von der Meinung des anderen nicht abzuhängen […]." (Hervorhebungen im Original); vgl. zum Problem von Zweck und Staatslehre auch *Luhmann,* Zweckbegriff und Systemrationalität, 6. Aufl., 1999, S. 88 ff.

1349 *Vesting,* Rechtswissenschaftliche Beobachtung des Rechtssystems: Einheitsbildung und Differenzerzeugung, in: Trute u.a. (Hg.), Allgemeines Verwaltungsrecht – zur Tragfähigkeit eines Konzepts, 2008, S. 237.

1350 *Günther,* Der Wandel der Staatsaufgaben und die Krise des regulativen Rechts, in: Grimm (Hg.), Wachsende Staatsaufgaben – sinkende Steuerungsfähigkeit des Rechts, 1990, S. 54.

zugleich eine Befugnis, den, der ihm Abbruch tut, zu zwingen, nach dem Satze des Widerspruchs verknüpft."[1351]

Demnach folgt die Zwangsbefugnis direkt aus der Rechtsauffassung, äußere Freiheit in den Grenzen des *allgemeinen* Gesetzes zu ermöglichen.[1352] Diese Zwangsbefugnis kommt dem Staat zu, der als vernunftnotwendige Institution das allgemeine Gesetz der Freiheit Wirklichkeit werden lässt, d.h. Rechtssicherheit herstellt.[1353] Der Staat ist dann nur dazu da, „die Gewißheit der gesetzlichen Freiheit zu gewährleisten".[1354] Er ist in dieser Ausgestaltung genuin Rechtsstaat. Folglich ist auch die Beziehung zwischen Individuum und Staat idealiter konfliktfrei konstruiert. Der (Rechts-)Staat selbst ist eine Vernunftidee *a priori*, gleichwohl er nur aus dem *Kant*ischen Rechtsbegriff abgeleitet ist.[1355] Die Regelhaftigkeit der Machtausübung ist folglich seine Funktion; die (rechts-) staatliche Zurückhaltung zugunsten personaler Entfaltung und gesellschaftlicher Autonomie sein normativer Gehalt.[1356]

II. Die Herrschaftsform: Gewaltmonopol, Gewaltenteilung und Volkssouveränität

Der Staat benötigt die absolute Souveränität, um seiner Funktion der Sicherung personaler Enfaltung und gesellschaftlicher Autonomie gerecht zu werden. Das ist die Macht, die keine andere Macht neben sich duldet: das staatliche Gewaltmonopol. Das staatliche Gewaltmonopol beruht nach der Idee des Gesellschaftsvertrages auf dem Verzicht der Ausübung von Gewalt und der Unterwerfung unter einen

---

1351 *Kant*, Metaphysik der Sitten [1797/1798], Werkausgabe Bd. VIII, hg. v. Weischedel, 1977, S. 338 f., Hervorhebungen im Original.

1352 *Sander*, Grenzen instrumenteller Vernunft im Strafrecht, 2007, S. 6.

1353 *Naucke*, Kant und die psychologische Zwangstheorie Feuerbachs, 1962, S. 28 f.; vgl. auch *Böckenförde*, Freiheit und Recht, Freiheit und Staat, in: ders., Recht, Staat, Freiheit, 1991, S. 51.

1354 *Forsthoff*, Rechtsstaat oder Richterstaat, in: ders., Rechtsstaat im Wandel, 2. Aufl., 1976, S. 243.

1355 *Kant*, Metaphysik der Sitten [1797/1798], Werkausgabe Bd. VIII, hg. v. Weischedel, 1977, S. 430 f.

1356 Vgl. *Grimm*, Der Wandel der Staatsaufgaben und die Krise des Rechtsstaats, in: ders. (Hg.), Wachsende Staatsaufgaben – sinkende Steuerungsfähigkeit des Rechts, 1990, S. 292.

„öffentlich gesetzlichen äußeren Zwange".[1357] Das bedeutet die Errichtung eines Zustandes, „darin jedem das, was für das Seine anerkannt werden soll, *gesetzlich* bestimmt, und durch hinreichende Macht (die nicht die seinige, sondern eine äußere ist) zu Teil wird".[1358] Die Idee gleicher Freiheit ist auf eine Zwangsgewalt angewiesen, die unparteilich Gesetze erlässt, anwendet und durchsetzt.[1359] Das Gewaltmonopol und damit der Staat sind (Vor-)Bedingung rechtlicher Freiheit. Die Unanfechtbarkeit hoheitlicher Macht wird dadurch zur fundamentalen Bedingung von Gesellschaft und Staat.[1360] Die Rechtssicherheitsgarantie ist zugleich Autorisierungsstrategie.[1361]

Diese Verkopplung des Prinzips gleicher Freiheit mit der Zwangsbefugnis einer zentralen Staatsgewalt zieht funktionale Folgeprobleme dergestalt nach sich, dass nunmehr die Gefahr des Machtmissbrauchs besteht.[1362] Ist der Staat zwar der Idee nach Vernunftinstitution, handelt es sich faktisch, in seiner konkreten Funktionsweise, um eine Form der *Selbst*bindung des Staates.[1363] Er muss trotz seiner absoluten Machtfülle aus dem ihm zustehenden Gewaltmonopol seine reduzierte, auf Freiheitsgewährleistung ausgerichtete Rolle annehmen.[1364] Diese Aufgabe – so *Kant* – sei jedoch „selbst für ein Volk von Teufeln (wenn sie nur Verstand haben),

---

1357 *Kant,* Metaphysik der Sitten [1797/1798], Werkausgabe Bd. VIII, hg. v. Weischedel, 1977, S. 430.

1358 *Kant,* Metaphysik der Sitten [1797/1798], Werkausgabe Bd. VIII, hg. v. Weischedel, 1977, S. 430, Hervorhebung durch Verfasserin.

1359 *Günther,* Der Wandel der Staatsaufgaben und die Krise des regulativen Rechts, in: Grimm (Hg.), Wachsende Staatsaufgaben – sinkende Steuerungsfähigkeit des Rechts, 1990, S. 57.

1360 Vgl. *Zabel,* Kulturen der Kontrolle, KritV 2011, S. 18.

1361 *Zabel,* Kulturen der Kontrolle, KritV 2011, S. 18.

1362 *Günther,* Der Wandel der Staatsaufgaben und die Krise des regulativen Rechts, in: Grimm (Hg.), Wachsende Staatsaufgaben – sinkende Steuerungsfähigkeit des Rechts, 1990, S. 55.

1363 Vgl. *Grimm,* Der Wandel der Staatsaufgaben und die Krise des Rechtsstaats, in: ders. (Hg.), Wachsende Staatsaufgaben – sinkende Steuerungsfähigkeit des Rechts, 1990, S. 291, der das auf den Staat nach der Positivierung des Rechts bezieht. Jedoch gilt dies auch für den Staat vor der Positivierung des Rechts, weil er sich selbst an die unverfügbare Ordnung der Vernunft binden muss.

1364 Vgl. *Grimm,* Der Wandel der Staatsaufgaben und die Krise des Rechtsstaats, in: ders. (Hg.), Wachsende Staatsaufgaben – sinkende Steuerungsfähigkeit des Rechts, 1990, S. 291.

auflösbar",[1365] denn es käme „nur auf die Organisation des Staates" an.[1366] Dieses Organisationsproblem löst der Rechtsstaat durch die Herrschaft des Rechts und das Prinzip der Gewaltenteilung.

Der Rechtsstaat ist daher die verfahrensförmige Umsetzung der *Selbst*bindung des Staates zugunsten der Freiheit der ihm unterworfenen Menschen. Die *Selbstbindung* wird durch die *Gesetzesbindung* staatlicher Herrschaft gestützt. Das Gesetz ist Dreh- und Angelpunkt des Konstrukts.[1367] Dieses muss in einem logisch geschlossenen System ‚Rechtsstaat' allgemein, bestimmt und nicht rückwirkend anwendbar sein.[1368] Durch die Ineinssetzung von Recht und Staat im Rechtsstaat werden das Gewaltmonopol und die Souveränität rechtlich konstituiert.[1369] Die Souveränität hat daher keinen eigenen, gestaltenden Gehalt über das Prinzip gleicher Freiheit hinaus. Sind Reichweite und Grenzen des Gewaltmonopols rechtlich festgeschrieben, sichert das Gewaltmonopol allein die Rechtsdurchsetzung.[1370] Daneben bleibt kein Raum für ein Staatsgebilde jenseits des Rechts. Seine reale Mächtigkeit ist immer lediglich Reflex der jeweiligen Rechtslage.[1371] Das ist die Festschreibung des Primats des Rechts gegenüber der Politik im Prinzip des Rechtsstaates.[1372] Wenn sich die Möglichkeit faktischer Machtausübung durch den Staat jenseits rechtlicher Vorgaben aktualisiert, kann diese vor Gericht prompt für rechtswidrig erklärt werden. Rechtlich ungebundene Macht existiert in dieser

---

1365 *Kant,* Zum ewigen Frieden [1795/1796], Werkausgabe Bd. XI, hg. v. Weischedel, 1996, S. 224.

1366 *Kant,* Zum ewigen Frieden [1795/1796], Werkausgabe Bd. XI, hg. v. Weischedel, 1996, S. 223 f.

1367 *Grimm,* Der Wandel der Staatsaufgaben und die Krise des Rechtsstaats, in: ders. (Hg.), Wachsende Staatsaufgaben – sinkende Steuerungsfähigkeit des Rechts, 1990, S. 292 ff.; Böckenförde, Entstehung und Wandel des Rechtsstaatsbegriffs, in: ders., Recht, Staat, Freiheit, 1991, S. 148 f.; vgl. auch Zumbansen, Ordnungsmuster im modernen Wohlfahrtsstaat, 2000, S. 63.

1368 Vgl. *Grimm,* Der Wandel der Staatsaufgaben und die Krise des Rechtsstaats, in: ders. (Hg.), Wachsende Staatsaufgaben – sinkende Steuerungsfähigkeit des Rechts, 1990, S. 294.

1369 *Seiler,* Der souveräne Verfassungsstaat zwischen demokratischer Rückbindung und überstaatlicher Einbindung, 2005, S. 68.

1370 *Seiler,* Der souveräne Verfassungsstaat zwischen demokratischer Rückbindung und überstaatlicher Einbindung, 2005, S. 106.

1371 So *Seiler,* Der souveräne Verfassungsstaat zwischen demokratischer Rückbindung und überstaatlicher Einbindung, 2005, S. 120.

1372 Vgl. *Böckenförde,* Entstehung und Wandel des Rechtsstaatsbegriffs, in: ders., Recht, Staat, Freiheit, 1991, S. 168.

Konstruktion nicht; sie ist wegrationalisiert. Das Gesetz ist demnach „selbstherrschend“.[1373]

Durch die Verrechtlichung der Herrschaft wird eine zeitliche Differenzierung und organisatorische Trennung zwischen normsetzender und normanwendender Entscheidung erreicht.[1374] An diese Differenzierung wird angeknüpft, um Machtmissbrauch zu verhindern. Sie markiert gerade den Unterschied zwischen Republikanismus und Despotie.[1375] Letztere könne zu jederzeit ihre Macht missbrauchen, daher ist die Republik das einzige legitime Prinzip.[1376] Die Republik vollendet die Selbstbindung des Staates. Sie soll sicherstellen, dass das Gesetz an keiner besonderen Person hängt.[1377] Die Kontrolle der Gesetzesbindung obliegt der unabhängigen Judikative.[1378] Eine vernünftige Organisation staatlicher Herrschaft setzt somit drei Gewalten voraus:

> „Ein jeder Staat enthält drei *Gewalten* in sich, d.i. den allgemein vereinigten Willen in dreifacher Person (trias politica): die *Herrschergewalt* (Souveränität), in der des Gesetzgebers, die *vollziehende Gewalt,* in der des Regierers (zu Folge dem Gesetz) und die *rechtsprechende Gewalt* (als Zuerkennung des Seinen eines jeden nach dem Gesetz), in der Person des Richters (potestas legislatoria, recotria et iudiciaria), gleich den drei Sätzen in einem praktischen Vernunftschluß: dem Obersatz, der das *Gesetz* jenes Willens, dem Untersatz, der das *Gebot* des Verfahrens nach

1373 *Kant,* Metaphysik der Sitten [1797/1798], Werkausgabe Bd. VIII, hg. v. Weischedel, 1977, S. 464.

1374 *Grimm,* Der Wandel der Staatsaufgaben und die Krise des Rechtsstaats, in: ders. (Hg.), Wachsende Staatsaufgaben – sinkende Steuerungsfähigkeit des Rechts, 1990, S. 294.

1375 *Kant,* Zum ewigen Frieden [1795/1796], Werkausgabe Bd. XI, hg. v. Weischedel, 1996, S. 206 f.; *ders.,* Metaphysik der Sitten [1797/1798], Werkausgabe Bd. VIII, hg. v. Weischedel, 1977, S. 461 ff.

1376 Vgl. *Kant,* Zum ewigen Frieden [1795/1796], Werkausgabe Bd. XI, hg. v. Weischedel, 1996, S. 207; s. dazu *Hirsch,* Die zwei Seiten der Entpolitisierung, 2007, S. 12 ff.

1377 Vgl. *Kant,* Zum ewigen Frieden [1795/1796], Werkausgabe Bd. XI, hg. v. Weischedel, 1996, S. 205 f.; vgl. weitergehend *Hirsch,* Die zwei Seiten der Entpolitisierung, 2007, S. 15, der darauf hinweist, dass die politische Ordnung der Republik damit nicht auf eine homogene politische Einheit des Volkes oder eine vorpolitische Übereinstimmung Aller gründet und eine solche Einheit oder Übereinstimmung auch nicht zum Zweck der politischen Ordnung des Staates gemacht wird.

1378 Vgl. zur reflexiven Einhegung des Gewaltmonopols *Günther,* Der Wandel der Staatsaufgaben und die Krise des regulativen Rechts, in: Grimm (Hg.), Wachsende Staatsaufgaben – sinkende Steuerungsfähigkeit des Rechts, 1990, S. 55 f.; s. auch *Brunkhorst,* Heterarchie und Demokratie, in: ders./Niesen (Hg.), Das Recht der Republik, 1999, S. 377.

dem Gesetz, d.i. das Prinzip der Subsumtion unter denselben, und dem Schlußsatz, der den *Rechtsspruch* (die Sentenz) enthält, was im vorkommenden Falle Rechtens ist."[1379]

Die Gewaltenteilung ist allerdings nur ein „Mechanismus der internen Machthemmung", weil sie die Macht „nicht durch die Freiheit, sondern nur durch sich selbst vor Mißbrauch zum Nachteil der Freiheit bewahrt".[1380] *Kant* löst dieses Problem, indem er die gesetzgebende Gewalt dem „vereinigten Willen des Volkes" zukommen lässt.[1381] „Denn, da von ihr alles Recht ausgehen soll, so muß sie durch ihr Gesetz schlechterdings niemand unrecht tun *können.* "[1382] *Kant* schreibt demnach der Volkssouveränität die Fähigkeit zu, dass sie das Prinzip der Reziprozität im parlamentarischen Gesetzgebungsverfahren verwirklichen kann und so das Machtmedium daran positiv koppelt.[1383] Die Volkssouveränität hat über die Sicherung der Freiheitsrechte trotzdem keinen eigenen staatsgestaltenden Gehalt. Die Idee der Volkssouveränität zeige, dass der Rechtsstaat als Vereinigung von Staatsorganisation und Rechtsidee die Freiheit des Einzelnen sowohl gegenüber Verletzungen durch Mitbürger bzw. durch die Gesellschaft als auch gegenüber dem Staat selbst schützen könne.[1384] Die Vernunftidee des Staates hätte demnach Wirklichkeitsgehalt und bestätigt die konfliktfreie Beziehung zwischen individueller Freiheit, Recht und Staat. Da der Staat als Vernunftidee für den rechtlichen Zustand so essentiell ist, kann es nach *Kant* kein Widerstandsrecht wider ein „gesetzgebendes Oberhaupt des Staats" geben.[1385] Denn es ist ein Widerspruch, wenn „die oberste Gesetzgebung […] eine Bestimmung in sich [enthielte], nicht

---

1379 *Kant,* Metaphysik der Sitten [1797/1798], Werkausgabe Bd. VIII, hg. v. Weischedel, 1977, S. 431 f., Hervorhebungen im Original.

1380 *Günther,* Der Wandel der Staatsaufgaben und die Krise des regulativen Rechts, in: Grimm (Hg.), Wachsende Staatsaufgaben – sinkende Steuerungsfähigkeit des Rechts, 1990, S. 57.

1381 *Kant,* Metaphysik der Sitten [1797/1798], Werkausgabe Bd. VIII, hg. v. Weischedel, 1977, S. 432.

1382 *Kant,* Metaphysik der Sitten [1797/1798], Werkausgabe Bd. VIII, hg. v. Weischedel, 1977, S. 432.

1383 *Günther,* Der Wandel der Staatsaufgaben und die Krise des regulativen Rechts, in: Grimm (Hg.), Wachsende Staatsaufgaben – sinkende Steuerungsfähigkeit des Rechts, 1990, S. 57.

1384 Vgl. *Günther,* Der Wandel der Staatsaufgaben und die Krise des regulativen Rechts, in: Grimm (Hg.), Wachsende Staatsaufgaben – sinkende Steuerungsfähigkeit des Rechts, 1990, S. 56.

1385 *Kant,* Metaphysik der Sitten [1797/1798], Werkausgabe Bd. VIII, hg. v. Weischedel, 1977, S. 439.

die oberste zu sein".[1386] Ein rechtlicher Zustand würde durch die Zuerkennung eines Widerstandsrechts unmöglich.[1387] Die Rechts*sicherheit* bedarf daher ebenso der *Staat*ssicherheit, die durch ein Widerstandsrecht unterminiert würde.[1388]

B. Die Strafrechtsidee: Zur Funktion und den Mitteln des Strafrechts

Die Symbiose von Rechtsbegriff und Staatsidee konstituiert auch das Strafrecht. Die Idee eines Schuldstrafrechts wurde neben *Hegel* von *Kant* maßgeblich geprägt und ist hier wiederum mit ihm zu präzisieren.[1389]

I. Die Funktion: Freiheitssicherung

Die Strafgesetze als Zwangsgesetze sind das entscheidende Mittel der Sicherung individueller Freiheitsrechte in den Händen des Staates.[1390] Sie ergänzen die horizontal vereinbarten Freiheitsrechte um eine vertikale Dimension, die der Gewährleistung der Freiheitsbereiche dient.[1391] *Kant* formuliert daher:

> „Die bloße Idee einer Staatsverfassung unter *Menschen* führt schon den Begriff einer Strafgerechtigkeit bei sich, welche der obersten Gewalt zusteht."[1392]

1386 *Kant,* Metaphysik der Sitten [1797/1798], Werkausgabe Bd. VIII, hg. v. Weischedel, 1977, S. 440.

1387 *Kant,* Metaphysik der Sitten [1797/1798], Werkausgabe Bd. VIII, hg. v. Weischedel, 1977, S. 439.

1388 Vgl. die Ausrichtung des materiellen Verbrechensbegriffs bei *Kant,* Metaphysik der Sitten [1797/1798], Werkausgabe Bd. VIII, hg. v. Weischedel, 1977, S. 453; vgl. dazu *Naucke,* Die Reichweite des Vergeltungsstrafrechts bei Kant, in: ders., Über die Zerbrechlichkeit des rechtsstaatlichen Strafrechts, 2000, S. 95; s. auch *Di Fabio,* Risikoentscheidungen im Rechtsstaat, 1994, S. 29.

1389 Vgl. zum Einfluss von Kant: *Wiethölter,* Rechtswissenschaft, 1968, S. 88.

1390 *Höffe,* Kategorische Rechtsprinzipien, 1990, S. 223 f.; *Byrd/Hruschka,* Kant zu Strafrecht und Strafe im Rechtsstaat, JZ 2007, S. 959.

1391 *Hassemer,* Kennzeichen und Krisen des modernen Strafrechts, ZRP 1992, S. 379; *Naucke,* Schwerpunktverlagerungen im Strafrecht, KritV 1993, S. 137, 143; *Theile,* Wirtschaftskriminalität und Strafverfahren, 2009, S. 7.

1392 *Kant,* Metaphysik der Sitten [1797/1798], Werkausgabe Bd. VIII, hg. v. Weischedel, 1977, S. 487, Hervorhebung im Original.

Sie sind dann „nichts anderes als die Ausführung in concreto dessen, was einen rechtlichen Zustand und seine Erhaltung überhaupt ausmacht."[1393] Seine Funktion ist demnach Freiheitssicherung; das Strafrecht ist Mittel zu diesem Zweck.[1394] Das bedeutet bei *Kant* nicht nur eine staatliche Ermächtigung, sondern auch eine Begrenzung des materiellen Verbrechensbegriffs auf wenige „öffentliche Verbrechen".[1395] Das ist die Strafwürdigkeit. Er formuliert damit das *ultima ratio*-Prinzip.[1396] Erst durch das begrenzende Element der Strafwürdigkeit gewinnt das Strafrecht seinen nicht-politischen Charakter und ist dem (demokratischen) Gesetzgeber entzogen.[1397] Das hat jedoch zur Bedingung, dass das, „[w]as strafwürdig ist, [...] ohne Gesetz erkannt (‚erkannt', nicht beschlossen oder konsentiert) und in der Form des Gesetzes ausgedrückt" wird.[1398] Öffentliche Verbrechen zeichnen sich nach *Kant* dadurch aus, dass „nicht bloß eine einzelne Person" gefährdet wird, sondern „das gemeine Wesen".[1399] Veruntreuung und Betrug seien – so *Kant* – Privatverbrechen, wobei Diebstahl, Raub und Geld- bzw. Wertzeichenfälschung öffentliche Verbrechen seien, die sich durch eine „gewalttätige", nicht nur „niederträchtige Gemütsart" charakterisieren lassen.[1400] Auch bei *Kant* zeigt sich demnach die Tendenz, dass die Staatssicherheit das Strafrecht prägt – trotz der Ableitung des Strafrechts aus dem Rechtsbegriff der Freiheit.[1401] Diese

---

1393 *Naucke,* Kant und die psychologische Zwangstheorie Feuerbachs, 1962, S. 31; vgl. *Höffe,* Kategorische Rechtsprinzipien, 1990, S. 226.

1394 Vgl. *Naucke,* Schwerpunktverlagerungen im Strafrecht, KritV 1993, S. 154, der bereits die aus dieser Funktionszuweisung entstehenden Gefahren für die Freiheit beschreibt. Vgl. dazu auch *Menke,* Recht und Gewalt, 2. Aufl., 2012, S. 50.

1395 *Naucke,* Die Reichweite des Vergeltungsstrafrechts bei Kant, in: ders., Über die Zerbrechlichkeit des rechtsstaatlichen Strafrechts, 2000, S. 88 ff.; *Höffe,* Immanuel Kant, 7. Aufl., 2007, S. 241.

1396 *Höffe,* Kategorische Rechtsprinzipien, 1990, S. 223 f.

1397 *Naucke,* Die Aushöhlung der strafrechtlichen Gesetzlichkeit durch den relativistischen, politisch aufgeladenen strafrechtlichen Positivismus, in: ders., Gesetzlichkeit und Kriminalpolitik, 1999, S. 258.

1398 *Naucke,* Die Aushöhlung der strafrechtlichen Gesetzlichkeit durch den relativistischen, politisch aufgeladenen strafrechtlichen Positivismus, in: ders., Gesetzlichkeit und Kriminalpolitik, 1999, S. 258.

1399 *Kant,* Metaphysik der Sitten [1797/1798], Werkausgabe Bd. VIII, hg. v. Weischedel, 1977, S. 452.

1400 *Kant,* Metaphysik der Sitten [1797/1798], Werkausgabe Bd. VIII, hg. v. Weischedel, 1977, S. 452.

1401 Vgl. in diesem Teil, 2. Kapitel, A. I. und B. II. 2.; vgl. auch noch einmal *Naucke,* Schwerpunktverlagerungen im Strafrecht, KritV 1993, S. 154.

Tatsache ist einerseits das Einfallstor für die Ausdehnung sozialstaatlich-interventionistischer Erwägungen im Strafrecht. Andererseits offenbart sich hier eine durch den Rechtsbegriff der Freiheit nicht eindeutig zu schließende Argumentations-Lücke, was strafwürdig ist.[1402]

II. Die Mittel der Freiheitssicherung: Strafgerechtigkeit und Schuld

Eine weitere Begrenzung der staatlichen Ermächtigung bilden die Strafgerechtigkeit und die Schuld. Sie sind die Mittel zur Freiheitssicherung des potientiellen Straftäters im Strafrecht. Die Legitimation erwächst aus einem strikten Bezug auf die Tat. Aus dem Vergangenheitsbezug ergibt sich auch die Bedeutung des Prinzips der Strafgesetzlichkeit, das die rechtsstaatliche Gesetzesbindung für das Strafrecht begrifflich verstärkt.[1403] Denn, nur wenn das Gesetz bestimmt und nicht rückwirkend anwendbar ist, ist es vorhersehbar und der Täter kann sich daran ausrichten.

1. Die Strafgerechtigkeit: Talionsprinzip

Die Idee der Strafgerechtigkeit ermöglicht die Legitimation staatlicher Kriminalstrafe, ohne auf Nützlichkeitserwägungen angewiesen zu sein:[1404]

> „Richterliche Strafe [...] kann niemals bloß als Mittel, ein anderes Gute zu befördern, für den Verbrecher selbst, oder für die bürgerliche Gesellschaft, sondern muß jederzeit nur darum wider ihn verhängt werden, weil er verbrochen hat; denn der Mensch kann nie bloß als Mittel zu den Absichten eines anderen gehandhabt und unter die Gegenstände des Sachenrechts gemengt werden, wowider ihn seine angeborne Persönlichkeit schützt [...]. Er muß vorher strafbar befunden sein, ehe noch daran gedacht wird, aus dieser Strafe einigen Nutzen für ihn selbst oder seine Mitbürger zu ziehen.“[1405]

1402 Vgl. *Höffe,* Kategorische Rechtsprinzipien, 1990, S. 224, der das aber positiv wendet und letztlich die Bedeutung des richtigen Verhältnisses von Empirie und Metaphysik im Strafrecht hervorhebt, vgl. S. 221.

1403 Vgl. *Naucke,* Die Aushöhlung der strafrechtlichen Gesetzlichkeit durch den relativistischen, politisch aufgeladenen strafrechtlichen Positivismus, in: ders., Gesetzlichkeit und Kriminalpolitik, 1999, S. 269 ff.; vgl. zur Strafgesetzlichkeit auch *Fornauf,* Die Marginalisierung der Unabhängigkeit der Dritten Gewalt im System des Strafrechts, 2010, S. 43 ff.

1404 Vgl. *Höffe,* Immanuel Kant, 7. Aufl., 2007, S. 241.

1405 *Kant,* Metaphysik der Sitten [1797/1798], Werkausgabe Bd. VIII, hg. v. Weischedel, 1977, S. 453.

Die retrospektive Beziehung auf die Tat („weil er verbrochen hat"), die die Strafgerechtigkeit widerspiegelt, verlegt den Legitimationsgrund und das Maß der Strafe in das strafbare Verhalten selbst.[1406] Daneben sind teleologische Begründungen der Strafe – wie z.B. die faktische Abschreckungswirkung –ausgeschlossen, auch wenn sie als Begleiterscheinung zutreffend sein mögen.[1407] Ein Strafverzicht ist jedoch für ein solches Vergeltungsstrafrecht gleichermaßen nicht möglich. Das Begnadigungsrecht als Recht des Souveräns ist „das größte Unrecht".[1408] Die retrospektiv gebundene Strafgerechtigkeit wird durch das spezielle Prinzip der Wiedervergeltung präzisiert, das Art und Maß der Strafe bestimmen soll.[1409]

> „Welche Art aber und welcher Grad der Bestrafung ist es, welche die öffentliche Gerechtigkeit sich zum Prinzip und Richtmaße macht? Kein anderes, als das Prinzip der Gleichheit (im Stand des Zügleins an der Waage der Gerechtigkeit), sich nicht mehr auf die eine, als auf die andere Seite hinzuneigen. Also: was für unverschuldetes Übel du einem anderen im Volk zufügst, das tust du dir selbst an. [...] Nur das *Wiedervergeltungsrecht* (ius talionis), aber, wohl zu verstehen, vor den Schranken des Gerichts (nicht in deinem Privaturteil), kann Qualität und Quantität der Strafe bestimmt angeben; alle anderen sind hin und her schwankend und können, anderer sich einmischenden Rücksichten wegen, keine Angemessenheit mit dem Spruch der reinen und strengen Gerechtigkeit enthalten."[1410]

Ihre Rechtfertigung findet die spezielle Vergeltung demnach im Prinzip der Gleichheit, das nur das Gericht als unabhängige Instanz erkennen kann.[1411] Hierbei muss allerdings die von *Kant* gewählte Strafart (Todesstrafe, Kastration) vernachlässigt werden, weil sie „methodisch als unter dem Prinzipienniveau [und] inhaltlich betrachtet [...] als inhuman kritisiert" werden muss.[1412] Vielmehr muss die spezielle Vergeltung als rein formales Kriterium verstanden werden, das im Sinne quantitativer Verhältnismäßigkeit ermöglicht, das

1406 *Höffe,* Kategorische Rechtsprinzipien, 1990, S. 229, der betont, dass die Vergeltung nicht die Strafbefugnis der Staatsgewalt überhaupt legitimiere, sondern nur gegen wen die Strafe verhängt werden dürfe. S. auch *Sander,* Grenzen instrumenteller Vernunft im Strafrecht, 2007, S. 6.

1407 *Sander,* Grenzen instrumenteller Vernunft im Strafrecht, 2007, S. 6.

1408 *Kant,* Metaphysik der Sitten [1797/1798], Werkausgabe Bd. VIII, hg. v. Weischedel, 1977, S. 460.

1409 *Höffe,* Immanuel Kant, 7. Aufl., 2007, S. 244.

1410 *Kant,* Metaphysik der Sitten [1797/1798], Werkausgabe Bd. VIII, hg. v. Weischedel, 1977, S. 453 f., Hervorhebung im Original.

1411 Vgl. *Kant,* Metaphysik der Sitten [1797/1798], Werkausgabe Bd. VIII, hg. v. Weischedel, 1977, S. 339 f.; vgl. dazu *Höffe,* Kategorische Rechtsprinzipien, 1990, S. 240.

1412 *Höffe,* Immanuel Kant, 7. Aufl., 2007, S. 241.

Strafmaß zu bestimmen.[1413] Darin unterscheidet sich die repressiv legitimierte Strafe von archaischer Sühne.[1414] Für eine Folgenorientierung bleibt im Wiedervergeltungsrecht kein Raum – jedenfalls soweit die allgemeine bzw. die spezielle Vergeltung dadurch verletzt würden.[1415]

2. Die Schuld als notwendige Voraussetzung der Wiedervergeltung

Zur Wiedervergeltung gehört notwendig die Schuld des Täters. Die Rückwärtsgerichtetheit vermag die Strafe erst dadurch wirksam zu begrenzen, dass sie sich nicht nur auf eine konkrete Tat bezieht, sondern sie muss auch den Schuldigen treffen.[1416] In der Wiedervergeltung steckt damit zum einen das Schuldprinzip in seiner Funktion der Straf*begrenzung*. Zum anderen ist es in seiner Funktion der Straf*begründung* enthalten und setzt Handlungsfreiheit und Zurechnungsfähigkeit voraus.[1417] Die Schuld als subjektive Zurechnung der Tat setzt demnach Freiheit im Tatzeitpunkt voraus:[1418]

> „Eine jede Übertretung des Gesetzes kann und muss nicht anders als so erklärt werden, dass sie aus einer Maxime des Verbrechers (sich eine solche Unthat zur Regel zu machen) entspringe; denn wenn man sie von einem sinnlichen Antriebe ableitete, so wäre sie nicht von ihm, als einem freien Wesen begangen und könnte ihm nicht zugerechnet werden […].“[1419]

Höffe schreibt dazu, dass *Kant* von einer invarianten *conditio humana* ausgehe.[1420] Er gewinne diese aber aus der Erfahrung und sie stimme nicht – wie auch schon

---

1413 *Höffe,* Kategorische Rechtsprinzipien, 1990, S. 239; *Sander,* Grenzen instrumenteller Vernunft im Strafrecht, 2007, S. 7.

1414 *Sander,* Grenzen instrumenteller Vernunft im Strafrecht, 2007, S. 7.

1415 Vgl. *Höffe,* Kategorische Rechtsprinzipien, 1990, S. 246.

1416 *Höffe,* Immanuel Kant, 7. Aufl., 2007, S. 244; *Fornauf,* Die Marginalisierung der Unabhängigkeit der Dritten Gewalt im System des Strafrechts, 2010, S. 40.

1417 Vgl. *Kant,* Metaphysik der Sitten [1797/1798], Werkausgabe Bd. VIII, hg. v. Weischedel, 1977, S. 239 f.; *Höffe,* Kategorische Rechtsprinzipien, 1990, S. 128 f.

1418 Vgl. auch *Kant,* Metaphysik der Sitten [1797/1798], Werkausgabe Bd. VIII, hg. v. Weischedel, 1977, S. 329: „Tat heißt eine Handlung, sofern sie unter Gesetzen der Verbindlichkeit steht, folglich auch, sofern das Subjekt in derselben nach der Freiheit seiner Willkür betrachtet wird.“

1419 *Kant,* Metaphysik der Sitten [1797/1798], Werkausgabe Bd. VIII, hg. v. Weischedel, 1977, S. 441 in *-Fn.

1420 *Höffe,* Kategorische Rechtsprinzipien, 1990, S. 128, vgl. auch zum Verhältnis von praktischer Metaphysik und Anthropologie, S. 90 ff.

beim allgemeinen Rechtsbegriff – mit der Willensfreiheit überein.[1421] Die invariante *conditio humana* sei mit der Tatsache umschrieben, dass der Mensch denk- und sprachbegabt ist und insoweit als Person zurechnungsfähig ist, ihm also ein intentionales Handeln zugeschrieben werden kann.[1422] Mit einer empirischen Fundierung der Zurechnungsfähigkeit hat dies aber nicht viel gemein. Der Unterschied zwischen der Freiheit, die aus einer invarianten *conditio humana* gewonnen wird, und der Willensfreiheit ist ein sehr schmaler. Zwar schreibt *Kant,* dass subjektiv der „Grad der Zurechnungsfähigkeit" mit der Größe des „Naturhindernisse[s] (der Sinnlichkeit)" sinkt, weswegen der Person die Übertretung als Verschuldung nicht oder graduell weniger zugerechnet werden kann.[1423] Unter welchen Voraussetzungen Naturereignisse den Grad der Zurechnungsfähigkeit betreffen, kann *Kant* mit seiner Metaphysik der Freiheit jedoch gerade nicht angeben.[1424]

Zur Klärung der „Unsicherheitszonen des Schuldstrafrechts" werden dann auch *tatsächlich* kriminalpolitische Zweckerwägungen, pseudowissenschaftliche Patentformeln oder eine Überbetonung normativer Ansprechbarkeit herangezogen – so *Albrecht.*[1425] Letzteres beruht auch darauf, dass es sich der Rechtsbegriff der Freiheit nur ausnahmsweise leisten kann, die Zurechnung entfallen zu lassen, da er sich sonst selbst infrage stellen würde. Der Schuldbegriff evoziert daher ein indeterministisches Menschenbild.[1426] Die Freiheit der Person ist unter der Herrschaft des

---

1421 *Höffe,* Kategorische Rechtsprinzipien, 1990, S. 128, vgl. auch zum Verhältnis von praktischer Metaphysik und Anthropologie, S. 90 ff.

1422 *Höffe,* Kategorische Rechtsprinzipien, 1990, S. 128; vgl. dazu *Kant*s Ausführungen zur menschlichen Willkür: Metaphysik der Sitten [1797/1798], Werkausgabe Bd. VIII, hg. v. Weischedel, 1977, S. 318.

1423 Vgl. *Kant,* Metaphysik der Sitten [1797/1798], Werkausgabe Bd. VIII, hg. v. Weischedel, 1977, S. 335.

1424 Vgl. *Ellscheid/Hassemer,* Strafe ohne Vorwurf, in: Lüderssen/Sack (Hg.), Abweichendes Verhalten II, Bd. 1, 1975, S. 275.

1425 Vgl. krit. *Albrecht,* Unsicherheitszonen des Schuldstrafrechts, GA 1983, S. 193 ff., 205 f.; s. auch *Schiemann,* Unbestimmte Schuldfähigkeitsfeststellungen, 2012, S. 401.

1426 Gleichzeitig könnte ein mit dem Determinismus besser zu vereinbarender kompatibilistischer Freiheitsbegriff zugrunde gelegt werden, der von einer Bestimmbarkeit durch Gründe ausgeht, jedoch letztlich auch gegen eine Naturunterworfenheit argumentiert: vgl. *Günther,* Die naturalistische Herausforderung des Schuldstrafrechts, in: Institut für Kriminalwissenschaften und Rechtsphilosophie Frankfurt a.M. (Hg.), Jenseits des rechtsstaatlichen Strafrechts, 2007, S. 89 f.; vgl. auch *Walde,* Willensfreiheit und Hirnforschung, 2006; *Ellscheid/Hassemer,* Strafe ohne Vorwurf, in: Lüderssen/Sack (Hg.), Abweichendes Verhalten II, Bd. 1, 1975, S. 267; s. auch

Grundgesetzes überhaupt ein konstitutives Merkmal des Rechts: „sich selbst zur Rechtsbefolgung – oder auch zur Rechtsverletzung – zu bestimmen“.[1427] Anders könne auch eine rechtsstaatliche auf Menschen- und Grundrechten als subjektive Rechte gegründete Demokratie nicht funktionieren.[1428] Im Schuldbegriff spiegelt sich folglich das normative Selbstverständnis der Gesellschaft wider und bestimmt ihn.[1429] Er ist dementsprechend auch maßgeblich in Art. 1 Abs. 1 GG verankert ist.

III. Bewertung der Sicherungsverwahrung im Rahmen des Schuldstrafrechts

Schuld und Strafgerechtigkeit verhindern eine zukunftsgerichtete Orientierung am Täter, wie sie in der Sicherungsverwahrung zum Ausdruck kommt. Die Strafgerechtigkeit schließt jede Form von Prävention, sei sie auf den einzelnen Täter oder die Gesellschaft insgesamt gerichtet, oder andere Zweckmäßigkeitsüberlegungen aus. Da die Schuld sich auf eine invariante *conditio humana* bezieht, verdeckt die zurechnungsfähige ‚Person‘ im Recht die ‚Persönlichkeit‘ des Täters, an die die Sicherungsverwahrung anknüpft. Die Verknüpfung von voller Schuldfähigkeit und Gefährlichkeit kann vor diesem Hintergrund nur als eklatanter Widerspruch

Müller-Dietz, Grundfragen des strafrechtlichen Sanktionensystems, 1979, S. 10 ff. und *Kaufmann,* Dogmatische und kriminalpolitische Aspekte des Schuldgedankens im Strafrecht, in: Baumann (Hg.), Programm für ein neues Strafgesetzbuch, 1968, S. 57 f.

1427 Vgl. *Günther,* Die naturalistische Herausforderung des Schuldstrafrechts, in: Institut für Kriminalwissenschaften und Rechtsphilosophie Frankfurt a.M. (Hg.), Jenseits des rechtsstaatlichen Strafrechts, 2007, S. 72; vgl. hierzu auch den anschaulichen Aufsatz von *Kiesow,* Wo kein Wille, da kein Recht?, in: Calliess u.a. (Hg.), Soziologische Jurisprudenz. Festschrift für Gunther Teubner, S. 333 ff.

1428 *Günther,* Die naturalistische Herausforderung des Schuldstrafrechts, in: Institut für Kriminalwissenschaften und Rechtsphilosophie Frankfurt a.M. (Hg.), Jenseits des rechtsstaatlichen Strafrechts, 2007, S. 72; vgl. *Höffe,* Kategorische Rechtsprinzipien, 1990, S. 145 ff.

1429 Vgl. dazu BVerfGE v. 30. Juni 2009, 2 BvE 2/08 u.a., Rn. 364 (Lissabon-Urteil); BVerfGE v. 19. März 2013, 2 BvR 2628/10 u.a., Rn. 53 ff. (Absprachen-Urteil); vgl. auch *Günther,* Die naturalistische Herausforderung des Schuldstrafrechts, in: Institut für Kriminalwissenschaften und Rechtsphilosophie Frankfurt a.M. (Hg.), Jenseits des rechtsstaatlichen Strafrechts, 2007, S. 86; zum Urteil des Bundesverfassungsgerichts und den Auswirkungen *Sander,* „Der alte Deal ist tot, es lebe der neue Deal?“, NJW-aktuell 32/2013, S. 14.

gewertet werden. Präventive Maßregeln im Hinblick auf nicht-zurechnungsfähige Straftäter haben nach der Konzeption *Kant*s im Strafrecht ebenso nichts zu suchen.[1430] Auch das vom Bundesverfassungsgericht zur Rechtfertigung der Sicherungsverwahrung aufgerufene gemeinschaftsgebundene Menschenbild scheint vor diesem Hintergrund eine Verzerrung des Prinzips der Gleichheit zu sein.

C. Rechtfertigungsbrüche

Das autonome Subjekt und das Allgemeinwohl markieren als das Vorausgesetzte und das Unberücksichtigte die Brüche im Rechtfertigungszusammenhang des Schuldstrafrechts, die sich in der Krise des liberalen Rechtsstaats manifestiert haben. Sie werden nun herausgearbeitet.

I. Zur Stabilitätsbedingung im Politischen: Das vorausgesetzte autonome Subjekt

Das dem Schuldstrafrecht zugrunde liegende Rechts-Staats-Modell muss die Politik auf möglichst wenige kollektiv bindende Entscheidungen begrenzen, denen kein Zweck in sich selbst zukommt, „sondern nur ein *Instrument* zur rechtlichen Regelung äußerer Konflikte zwischen den Individuen" darstellen.[1431] Darin liegt sowohl eine qualitative als auch quantitative Begrenzung staatlicher Eingriffe in die Gesellschaft.[1432] Das Recht besteht aus einem relativ feststehenden Set an Normen, deren Anwendung sich in Einzeleingriffen zum Zweck der Wahrung und Wiederherstellung des Rechts erschöpft.[1433] Das setzt jedoch voraus, dass die

1430 Dass dies nach *Kant* Aufgabe der Polizei ist, könnte daraus abgeleitet werden, dass er ihr die Gewährleistung der „öffentlichen *Sicherheit, Gemächlichkeit* und *Anständigkeit*" zuweist: Metaphysik der Sitten [1797/1798], Werkausgabe Bd. VIII, hg. v. Weischedel, 1977, S. 445.

1431 *Hirsch,* Die zwei Seiten der Entpolitisierung, 2007, S. 14, Hervorhebung im Original.

1432 *Hirsch,* Die zwei Seiten der Entpolitisierung, 2007, S. 12; *Grimm,* Der Wandel der Staatsaufgaben und die Krise des Rechtsstaats, in: ders. (Hg.), Wachsende Staatsaufgaben – sinkende Steuerungsfähigkeit des Rechts, 1990, S. 295.

1433 Vgl. Grimm, Der Wandel der Staatsaufgaben und die Krise des Rechtsstaats, in: ders. (Hg.), Wachsende Staatsaufgaben – sinkende Steuerungsfähigkeit des Rechts, 1990, S. 295.

Gesellschaft normativ konstruiert ist. Nicht nur der Staat, sondern auch die Gesellschaft als Zusammenschluss von Individuen müssen demnach vernünftig sein. Die Rechts- und damit auch die Staatsbegründung haben eine „moralisch-funktionale Doppelnatur“, die die praktische Philosophie *Kants* mit seiner Rechtslehre jedenfalls insoweit verschränkt, dass die politische Gesetzgebung durch die Vernunft gebunden wird.[1434] Letztlich muss sich das Recht darauf verlassen, dass jedes Subjekt die Verbindlichkeit des allgemeinen ethischen Gesetzes (der Freiheit) „in sich selbst (ohne Akzeptieren externer Autoritäten) feststellen könne“.[1435] Darauf basiert auch die Unterstellung grundsätzlichen Rechtsgehorsams.[1436] Was schon beim anspruchsvollen Begriff der Schuld deutlich wurde, wird nochmals bestätigt. Zwar bezieht sich das Recht auf die Handlungsfreiheit. Es muss jedoch die Autonomie des Subjekts als Bedingung für das Funktionieren des Rechts-Staats-Modells voraussetzen. Dadurch wird das Andere – die zügellose Gewalt, die Un-Ordnung – als Vorher des Rechts im Naturzustand verortet.[1437] Im Rechtszustand ist das Sein daher dem Sollen strikt untergeordnet und hat nur im Rahmen der Rechtsordnung eine Existenzberechtigung (Hierarchie von Vernunft und Sinnlichkeit).[1438] Oder anders: Die „rechtliche Geordnetheit“ ist eine Grundkategorie alles sozialen Geschehens.[1439]

Das Austauschverhältnis von Recht, Staat und Gesellschaft ist in diesem Sinne wie folgt: Der Staat stellt dem durch Volkssouveränität hergestellten und abgesicherten (Vernunft-)Recht seine Macht zur Verfügung und unterwirft sich ihm. Gleichzeitig stellt das (Vernunft-)Recht die prinzipielle Folgebereitschaft der

---

1434 *Günther,* Der Wandel der Staatsaufgaben und die Krise des regulativen Rechts, in: Grimm (Hg.), Wachsende Staatsaufgaben – sinkende Steuerungsfähigkeit des Rechts, 1990, S. 55; zur Beziehung zwischen *Kants* praktischer Philosophie und seiner Rechtslehre: *Vesting,* Rechtswissenschaftliche Beobachtung des Rechtssystems: Einheitsbildung und Differenzerzeugung, in: Trute u.a. (Hg.), Allgemeines Verwaltungsrecht – zur Tragfähigkeit eines Konzepts, 2008, S. 238; *Menke,* Subjektive Rechte: Zur Paradoxie der Form, Zeitschrift für Rechtssoziologie 29 (2008), S. 83, 89.

1435 Vgl. *Luhmann,* Das Recht der Gesellschaft, 1995, S. 485.

1436 Vgl. *Hirsch,* Die zwei Seiten der Entpolitisierung, 2007, S. 13, der jedoch davon ausgeht, dass es nur guter Bürger und nicht guter Menschen bedürfe, um politisch vernünftigen Rechtsgehorsam anzuerkennen.

1437 Vgl. *Menke,* Subjektive Rechte: Zur Paradoxie der Form, Zeitschrift für Rechtssoziologie 29 (2008), S. 82.

1438 Vgl. *Menke,* Subjektive Rechte: Zur Paradoxie der Form, Zeitschrift für Rechtssoziologie 29 (2008), S. 82.

1439 Vgl. *Weber,* Wirtschaft und Gesellschaft, 5. Aufl., 1980, S. 397.

Rechtsunterworfenen (Gesellschaft), den Verzicht auf die eigene Gewaltausübung, im Staat her, aber primär weil es vernünftig ist. In diesem streng vernunftrechtlichen Sinne bedarf es auch nur sehr eingeschränkt eines Verfassungsgerichts zur Absicherung des Rechtsstaates.[1440] Hierin zeigt sich, dass die beschriebene gesellschaftsvertragliche Konstituierung des Staates durch die Zuerkennung des rechtlich konstituierten Gewaltmonopols von einem auf Dauer gestellten Verweis auf die Vernünftigkeit des Staates, seines Rechts und auch seiner ‚Bürger' lebt. Die Fragilität der Rechts-Staats-Organisation bedarf demnach der Stabilisierung durch Vernunft, die durch das autonome Subjekt vermittelt wird.

II. Zur Stabilitätsbedingung im Privaten: Das unberücksichtigte Allgemeinwohl

Bei der Begründung des Rechts über das allgemeine Gesetz der Freiheit bleibt die Erzeugung, Förderung und Sicherung von Allgemeinwohl notwendigerweise unberücksichtigt. Sie wird damit allein den Individuen überantwortet. Die Folgewirkungen dieser ‚Auslassung' können nur durch den Wechsel zu einer soziologischen Perspektive in Gänze erfasst werden. Die soziologische Betrachtungsweise des Rechts eröffnet die Möglichkeit, jenseits normativer Verbindlichkeit die Umsetzung der Rechtsidee in empirische Rechtstechnik zu beobachten. Hierfür wird der Begriff der formalen Rationalität des Rechts benutzt und die Folgen der Umstellung auf subjektive Rechte beschrieben. Im Anschluss wird erklärt, auf welche Art und Weise die liberale Theorie den Ersatz für das vom Rechtsbegriff der Freiheit nicht thematisierte Allgemeinwohl bildet. Danach werden die gesellschaftlichen Konsequenzen und Rückwirkungen auf das Recht dargestellt, die die formal-rationale Rechtskonzeption zur Folge hat.

1. Die formale Rationalität des Rechts und das subjektive Recht

Die (Straf-)Rechtsidee, die Legitimität durch die Orientierung an Freiheit als regulativer Idee ermöglicht, kann in den Funktionsweisen des Rechts als formal-rationale

---

1440 Vgl. dazu die Kritik am Richterstaat bei *Forsthoff*, Die Bindung an Gesetz und Recht, in: ders., Rechtsstaat im Wandel, 2. Aufl., 1976, S. 122 ff.; *ders.*, Rechtsstaat oder Richterstaat, in: ders., Rechtsstaat im Wandel, 2. Aufl., 1976, S. 243 ff. Auch *Habermas* sieht in einem prozeduralistischen Rechtsverständnis als modernem Nachfolger des Vernunftrechts das Verfassungsgericht auf eine restriktive Rolle festgelegt: Faktizität und Geltung, 1998, S. 529.

Rechtskonzeption beschrieben werden, mit der zugleich die Umstellung auf subjektive Rechte einhergeht.[1441] Die Begrifflichkeit einer formal-rationalen Rechtskonzeption geht auf *Max Weber* zurück, der damit die Qualität der im Rechtsschöpfungs- und Rechtsfindungsprozess angewandten Normen beschreibt.[1442] Er unterscheidet diese von anderen Rechtskonzeptionen, insbesondere einer material-rationalen Rechtskonzeption.[1443] Die Rechtskonzeptionen sind jeweils als analytisch verwendbare Idealtypen zu verstehen.[1444] *Weber* deutet die Entwicklung des Rechts als Geschichte eines Rationalisierungsprozesses hin zu einer formalen Rationalität.[1445] Formal-rational ist das Recht, wenn es materiell-rechtlich und prozessual ausschließlich an generell gefasste Tatbestandsmerkmale anknüpft.[1446] Diese werden dem Prinzip nach durch logische Sinndeutung erschlossen und als rechtlich relevante Merkmale in streng abstrakte Regeln gegossen.[1447] Leitbild formaler Rationalität im Recht ist das Konditionalprogramm.[1448] Die Normanwendung folgt aus analytischer Begrifflichkeit und deduktiver Strenge, wofür es des Rückgriffs auf professionelles Wissen von Rechtsexperten bedarf.[1449] Durch die Abstraktion besteht ein Bedarf an Systematisierung, die die Rechtssätze mittels Logik in einen widerspruchslosen Zusammenhang bringen.[1450] Als technisch rationale Maschine, „gewährt er [der Rechtsformalismus]

1441 Vgl. *Theile,* Wirtschaftskriminalität und Strafverfahren, 2009, S. 7 ff.; *Teubner,* Reflexives Recht, Archiv für Rechts- und Sozialphilosophie 68 (1982), S. 14 f., 23 f.; *Vesting,* Rechtswissenschaftliche Beobachtung des Rechtssystems: Einheitsbildung und Differenzerzeugung, in: Trute u.a. (Hg.), Allgemeines Verwaltungsrecht – zur Tragfähigkeit eines Konzepts, 2008, S. 233 ff.; *Luhmann,* Das Recht der Gesellschaft, 1995, S. 481 ff.

1442 *Weber,* Wirtschaft und Gesellschaft, 5. Aufl., 1980, S. 396 f.; vgl. auch *Theile,* Wirtschaftskriminalität und Strafverfahren, 2009, S. 5.

1443 Vgl. dazu in diesem Teil, 2. Kapitel, B. I.

1444 *Weber,* Wirtschaft und Gesellschaft, 5. Aufl., 1980, S. 396 f.; vgl. auch *Theile,* Wirtschaftskriminalität und Strafverfahren, 2009, S. 5.

1445 *Weber,* Wirtschaft und Gesellschaft, 5. Aufl., 1980, S. 504 f.; vgl. *Raiser,* Grundlagen der Rechtssoziologie, 6. Aufl., 2013, S. 97 f.

1446 *Weber,* Wirtschaft und Gesellschaft, 5. Aufl., 1980, S. 396, vgl. auch *Teubner,* Reflexives Recht, Archiv für Rechts- und Sozialphilosophie 68 (1982), S. 24.

1447 *Weber,* Wirtschaft und Gesellschaft, 5. Aufl., 1980, S. 396.

1448 Vgl. *Luhmann,* Das Recht der Gesellschaft, 1995, S. 195 ff.

1449 *Weber,* Wirtschaft und Gesellschaft, 5. Aufl., 1980, S. 396 f., 459; vgl. auch *Habermas,* Überlegungen zum evolutionären Stellenwert des modernen Rechts, in: ders., Zur Rekonstruktion des Historischen Materialismus, 1976, S. 263; *Teubner/Willke,* Kontext und Autonomie, Zeitschrift für Rechtssoziologie 5 (1984), S. 20.

1450 *Weber,* Wirtschaft und Gesellschaft, 5. Aufl., 1980, S. 397.

dem einzelnen Rechtsinteressenten das relative Maximum an Spielraum für seine Bewegungsfreiheit und insbesondere für die rationale Berechnung der rechtlichen Folgen und Chancen seines Zweckhandelns".[1451]

Begleitet wird die formale Rationalisierung durch die Umstellung auf subjektive Rechte, die als „Juridifizierung von Willkür", Freiheit gewähren und zugleich als deren Bedingung einschränken.[1452] Formalrecht ermöglicht dadurch private Ordnungen.[1453] Freiheit im Rechtssinn ist aktuelle und potentielle Rechte haben.[1454] Sie sind eine Machtquelle, die jeden ermächtigen und gegen Störungen absichern.[1455] Die „Ordnungsleistung des Formalrechts" ist demnach „nur negativ im Sinne einer Begrenzung prinzipiell gewährter subjektiver Rechte"; es „ordnet keine konkreten Pflichten und inhaltlichen Verhaltensregeln an."[1456] Freiheitseinschränkungen erscheinen dann in der Rechtsform der Einschränkung von subjektiven Rechten.[1457] Rechtsverhältnisse werden dadurch personalisiert.[1458] Im rechtlichen Verfahren steht die Person für die allgemeine Rechtsfähigkeit.[1459] Die Person im Recht dekomponiert soziale Bindungen, Pflichten und Hilfserwartungen.[1460] Eine die formal-rationale Rechtskonzeption umsetzende formale Justiz generiert einen Reflexionsstopp im Hinblick auf bestehende Machtverhältnisse im Rechtsstaat.[1461] Die Freiheit und Gleichheit des Individuums als Subjekt des Rechts – entsprechend der Rechtsidee – werden ‚quasi' *a priori* durch Generalisierung vorausgesetzt. Mit diesem Mechanismus kann sich das Recht auch im Verfahren gegen Machtpositionen der Kontrahenten immunisieren.[1462] Durch die Überordnung des Sollens gegenüber dem Sein und die Seinsvergessenheit des Rechts wird für den ‚Schwächeren' die

1451 *Weber,* Wirtschaft und Gesellschaft, 5. Aufl., 1980, S. 469.

1452 *Luhmann,* Das Recht der Gesellschaft, 1995, S. 291; vgl. auch *Weber,* Wirtschaft und Gesellschaft, 5. Aufl., 1980, S. 397 ff.; *Habermas,* Faktizität und Geltung, 1998, S. 109 ff.

1453 *Teubner,* Reflexives Recht, Archiv für Rechts- und Sozialphilosophie 68 (1982), S. 24.

1454 *Weber,* Wirtschaft und Gesellschaft, 5. Aufl., 1980, S. 398 f.

1455 *Weber,* Wirtschaft und Gesellschaft, 5. Aufl., 1980, S. 398 f.

1456 *Teubner,* Reflexives Recht, Archiv für Rechts- und Sozialphilosophie 68 (1982), S. 24.

1457 *Luhmann,* Das Recht der Gesellschaft, 1995, S. 291.

1458 Vgl. *Luhmann,* Das Recht der Gesellschaft, 1995, S. 291 ff.

1459 *Luhmann,* Das Recht der Gesellschaft, 1995, S. 291 f.

1460 *Luhmann,* Das Recht der Gesellschaft, 1995, S. 292.

1461 Vgl. *Weber,* Wirtschaft und Gesellschaft, 5. Aufl., 1980, S. 470.

1462 *Brunkhorst,* Heterarchie und Demokratie, in: ders./Niesen (Hg.), Das Recht der Republik, 1999, S. 385.

Gleichheit seiner Verhandlungsposition gegenüber dem ‚Stärkeren', sei es der Staat oder eine andere Macht, gewährleistet.[1463] Die Verhinderung sozialer Responsivität ist somit Programm und kann – wenn sie doch geschieht – als Korruption oder nicht legalisierbare soziale Einflüsse auf das Recht wahrgenommen werden.[1464]

2. Die liberale Theorie als Ersatz für Gerechtigkeit im Recht

In der Begründung des Rechts durch die Autonomie des Einzelnen, die allein die Verbindlichkeit des Rechts herstellen kann, wird aber nicht berücksichtigt, dass „die Freiheit, die die Träger subjektiver Rechte haben (müssen), nicht die Freiheit der Autonomie [ist], sondern individuelle oder private Willkür."[1465] Die Konstituierung des Rechts über Autonomiesphären verleiht dem Individuum die Macht über den ihm zugewiesenen Möglichkeitsspielraum bzw. sein Eigentum nach Belieben zu verfügen – im Guten oder im Schlechten.[1466] Dadurch wird der Andere nicht mehr als Bedingung der eigenen Freiheit, sondern nur als deren Grenze gedacht.[1467] „Das Recht verliert daher mit seiner Umstellung auf subjektive Rechte die Bestimmung, Instrument zur Durchsetzung substanzieller Gerechtigkeitsvorstellungen zu sein."[1468] Diese Lücke wird durch die liberale Theorie geschlossen.[1469] Die gerechte und effiziente Verteilung von Gütern könne durch die Gesetze des Marktes, durch Angebot und Nachfrage, hergestellt werden.[1470]

1463 Vgl. *Brunkhorst,* Heterarchie und Demokratie, in: ders./Niesen (Hg.), Das Recht der Republik, 1999, S. 385; s. auch *Menke,* Recht und Gewalt, 2. Aufl., 2012, S. 20 ff.

1464 Vgl. *Luhmann,* Das Recht der Gesellschaft, 1995, S. 292.

1465 *Menke,* Subjektive Rechte: Zur Paradoxie der Form, Zeitschrift für Rechtssoziologie 29 (2008), S. 89; *Luhmann,* Das Recht der Gesellschaft, 1995, S. 291; vgl. auch *Weber,* Wirtschaft und Gesellschaft, 5. Aufl., 1980, S. 397 ff.; *Habermas,* Faktizität und Geltung, 1998, S. 109 ff.

1466 *Menke,* Subjektive Rechte: Zur Paradoxie der Form, Zeitschrift für Rechtssoziologie 29 (2008), S. 90; s. auch *Teubner/Willke,* Kontext und Autonomie, Zeitschrift für Rechtssoziologie 5 (1984), S. 20 und *Luhmann,* Das Recht der Gesellschaft, 1995, S. 466; *ders.,* Subjektive Rechte. Zum Umbau des Rechtsbewusstseins für die moderne Gesellschaft, in: ders., Gesellschaftsstruktur und Semantik, Bd. 2, 1981, S. 74.

1467 *Buckel,* Subjektivierung und Kohäsion, 2007, S. 219.

1468 *Menke,* Subjektive Rechte: Zur Paradoxie der Form, Zeitschrift für Rechtssoziologie 29 (2008), S. 89.

1469 Vgl. Teubner, Die anonyme Matrix, Der Staat 2006, S. 166.

1470 Vgl. *Günther,* Der Wandel der Staatsaufgaben und die Krise des regulativen Rechts, in: Grimm (Hg.), Wachsende Staatsaufgaben – sinkende Steuerungsfähigkeit des Rechts, 1990, S. 58.

Umgekehrt ist das Formalrecht in Bezug auf eine entwickelte Marktgesellschaft rational, weil es die „Erschließung, Mobilisierung und zweckmäßige Allokation von natürlichen Ressourcen und Arbeitskraft fördert“.[1471] Es findet eine für das Recht latent bleibende Verschränkung mit der liberalen Theorie insoweit statt, dass für die Mehrung und gerechte Verteilung von Wohlstand der Markt bzw. die Wirtschaft auf freie Rechtssubjekte angewiesen ist.[1472] Das Rechtssystem erbringt dadurch Leistungen für das ökonomische System, das wiederum durch die freie Entfaltung des Wettbewerbs soziale Gerechtigkeit herstellen soll und so gleich freie Subjekte hervorbringt.[1473] Denn inwieweit durch allgemeine, subjektive Rechte, die vornehmlich als Vertragsfreiheit firmieren, „auch im praktischen Ergebnis eine Zunahme der individuellen Freiheit in der Bestimmung der Bedingungen der eigenen Lebensführung dargeboten worden oder inwieweit trotzdem, und zum Teil vielleicht in Verbindung damit, eine Zunahme der zwangsmäßigen Schematisierung der Lebensführung eingetreten ist, dies kann durchaus nicht aus der Entwicklung der Rechtsformen allein abgelesen werden […], [denn es] gewährleistet an sich in keiner Art, daß diese formalen Möglichkeiten auch tatsächlich jedermann zugänglich seien.“[1474]

Erst durch die liberale Theorie wird das Bild einer Gesellschaftsorganisation von ‚gleich Freien‘ vervollständigt, die aus Rechtsstaat und liberaler Markt-Gesellschaft besteht. Hierdurch wird deutlich, dass der Rechtsstaat nicht nur das autonome Subjekt voraussetzt, sondern zugleich von einer vernünftigen (markt-) gesellschaftlichen Ordnung lebt, die er nur mittels Einzeleingriffen gegen Störungen dieser Ordnung abschirmen muss.[1475] Diese Ordnung bleibt aber im Rechtsstaat unthematisiert. Sie gerät gar nicht erst in den Blick rechtlicher Kommunikation. Steuerungstheoretisch reformuliert heißt das, das formal-rationale Recht schafft

---

1471 *Habermas,* Überlegungen zum evolutionären Stellenwert des modernen Rechts, in: ders., Zur Rekonstruktion des Historischen Materialismus, 1976, S. 262; vgl. *Teubner,* Reflexives Recht, Archiv für Rechts- und Sozialphilosophie 68 (1982), S. 24.

1472 *Günther,* Der Wandel der Staatsaufgaben und die Krise des regulativen Rechts, in: Grimm (Hg.), Wachsende Staatsaufgaben – sinkende Steuerungsfähigkeit des Rechts, 1990, S. 58.

1473 *Weber,* Wirtschaft und Gesellschaft, 5. Aufl., 1980, S. 440; *Günther,* Der Wandel der Staatsaufgaben und die Krise des regulativen Rechts, in: Grimm (Hg.), Wachsende Staatsaufgaben – sinkende Steuerungsfähigkeit des Rechts, 1990, S. 58.

1474 *Weber,* Wirtschaft und Gesellschaft, 5. Aufl., 1980, S. 439.

1475 Vgl. *Grimm,* Der Wandel der Staatsaufgaben und die Krise des Rechtsstaats, in: ders. (Hg.), Wachsende Staatsaufgaben – sinkende Steuerungsfähigkeit des Rechts, 1990, S. 295.

lediglich gesellschaftliche Rahmenbedingungen, in denen sich der gesellschaftliche Prozess entfalten kann.[1476] Eine nachträgliche Intervention aufgrund gesellschaftlicher Folgewirkungen umfasst dieses Modell nicht, die Steuerungsfunktion ist daher abstrakt und stark reduziert.

3. Gesellschaftliche Konsequenzen und Rückwirkungen auf das Recht

Die ‚soziale Frage' der um 1900 weitgehend ausdifferenzierten Industriegesellschaft zerbricht dieses harmonische Konstrukt eines liberalen Rechtsstaats.[1477] Die durch das formal-rationale Recht mit hervorgetriebenen autonomen Selbststeuerungsprozesse führen in der Gesamtentwicklung zu einer gesamtgesellschaftlichen Desintegration aufgrund eines zentrifugalen Auseinanderstrebens gesellschaftlicher Lebens- und Handlungsbereiche, die in den Sozialwissenschaften auf den Begriff einer funktional ausdifferenzierten Gesellschaft gebracht wird.[1478] Die materiale Eigenbedeutung formaler rechtlicher Garantien,[1479] die im Ideal des Rechtsstaates aufgehen, kann die Gesellschaft nicht in dem Sinne stabilisieren, dass die Aufrechterhaltung sozialer Ordnung zum Wohle aller gewährleistet ist.[1480] Innerer sozialer Unfrieden, zunehmender Problemdruck und rivalisierende Herrschaftsansprüche führen zu einer ‚Repolitisierung' der sozialen Friedensverhältnisse.[1481]

Die ‚soziale Frage' belegt die Idealität bzw. utopische Hoffnung auf Vernunft. Die daraus resultierenden tatsächlichen Ungleichheiten und Unfreiheiten entziehen dem formal-rationalen Recht die Legitimation, dessen Stärke es ursprünglich war, sich den Tatsächlichkeiten gegenüber zu verschließen. Von einem formal-rationalen Recht kann keine Re-Integration der verschiedenen gesellschaftlichen

---

1476 Vgl. *Albrecht,* Prävention als problematische Zielbestimmung im Kriminaljustizsystem, KritV 1986, S. 57.

1477 Vgl. *Zumbansen,* Ordnungsmuster im Wohlfahrtsstaat, 2000, S. 188; *Calliess,* Prozedurales Recht, 1999, S. 53; vgl. auch *Grimm,* Entscheidungsfolgen als Rechtsgründe, in: Teubner (Hg.), Entscheidungsfolgen als Rechtsgründe, 1995, S. 141.

1478 *Willke,* Staatliche Intervention als Kontextsteuerung, KritV 1988, S. 218; vgl. dazu im 3. Teil, 2. Kapitel, A.

1479 *Böck*enförde, Entstehung und Wandel des Rechtsstaatsbegriffs, in: ders., Recht, Staat, Freiheit, 1991, S. 166.

1480 Vgl. hierzu *Luhmann,* Soziologie des Risikos, 1991, S. 80, der die „liberale Ideologie" als „ein verdecktes Programm für die Umstellung der Gesellschaft auf Risiken" versteht – mit den daraus resultierenden Folgeprobleme, vgl. in diesem Teil, 2. Kapitel, C. II. 2 und im 3. Teil, 1. Kapitel, A. I.

1481 *Wiethölter,* Entwicklung des Rechtsbegriffs, Jahrbuch für Rechtssoziologie und Rechtstheorie 8 (1982), S. 40.

Lebens- und Handlungsbereiche ausgehen.[1482] Die ‚soziale Frage‘ offenbart, dass das allgemeine Gesetz der Freiheit inhaltlich bestimmt ist, weil es ein Handeln aus gewährleisteten sozialen Positionen ist.[1483] Das Recht wird folglich auf die Faktizität der wirtschaftlichen und sozialen Abhängigkeiten gestoßen.[1484] Anders gesagt: Das Recht ist auf direkte und indirekte strukturelle Kopplungen mit seiner Umwelt angewiesen, die gleichzeitig nicht als Grund für die Geltung des Rechts zur Verfügung stehen.[1485] Das Individuum als Subjekt und daher Fluchtpunkt für die Begründung seiner eigenen Rechte verdeckt nur diese Abhängigkeiten des Rechtssystems.[1486] Das formal-rationale Recht sichert die gesellschaftlichen Machtstrukturen ab und ist insoweit konservativ.

III. Konsequenzen für das Schuldstrafrecht und die Legitimation der Sicherungsverwahrung

Das Schuldstrafrecht wird durch die Konfrontation mit den gesellschaftlichen Bedingungen des Rechts und damit auch des Strafens auf die „Aporien des Schuldvorwurfs“ gestoßen.[1487] Der Legitimationszusammenhang zwischen Strafe und Schuld im Sinne individueller Vorwerfbarkeit bleibt hinter der Praxis des Strafrechts zurück bzw. geht an dieser Praxis gänzlich vorbei.[1488] Die Schuld

---

1482 *Theile,* Wirtschaftskriminalität und Strafverfahren, 2009, S. 11.

1483 *Wiethölter,* Entwicklung des Rechtsbegriffs, Jahrbuch für Rechtssoziologie und Rechtstheorie 8 (1982), S. 42; vgl. auch *Müller,* Juristische Methodik und Politisches System, 1976, S. 49; *Menke,* Recht und Gewalt, in: Calliess u.a. (Hg.), Soziologische Jurisprudenz. Festschrift für Gunther Teubner, 2009, S. 87.

1484 Vgl. *Zumbansen,* Ordnungsmuster im Wohlfahrtsstaat, 2000, S. 188, s. auch *Menke,* Subjektive Rechte: Zur Paradoxie der Form, Zeitschrift für Rechtssoziologie 29 (2008), S. 84 f.

1485 *Luhmann,* Das Recht der Gesellschaft, 1995, S. 538; vgl. auch *Albrecht,* Das Strafrecht auf dem Weg vom liberalen Rechtsstaat zum sozialen Interventionsstaat, KritV 1988, S. 184.

1486 *Luhmann,* Das Recht der Gesellschaft, 1995, S. 538; *Menke,* Subjektive Rechte: Zur Paradoxie der Form, Zeitschrift für Rechtssoziologie 29 (2008), S. 86.

1487 *Ellscheid/Hassemer,* Strafe ohne Vorwurf, in: Lüderssen/Sack (Hg.), Abweichendes Verhalten II, Bd. 1, 1975, S. 266 ff.; vgl. auch *Calliess,* Theorie der Strafe im demokratischen und sozialen Rechtsstaat, 1974, S. 180 ff.

1488 Vgl. *Ellscheid/Hassemer,* Strafe ohne Vorwurf, in: Lüderssen/Sack (Hg.), Abweichendes Verhalten II, Bd. 1, 1975, S. 267; *Wiethölter,* Rechtswissenschaft, 1968, S. 76 ff.

bzw. deren Voraussetzung, die menschliche Freiheit, kann im Strafprozess nicht aufgeklärt werden.[1489] Sie ergibt sich letztlich nur aus einer „Differenz zwischen gedachtem Durchschnittsverhalten und realisiertem Verhalten", die den Täter in seinen individuellen Zusammenhängen ausblendet.[1490] Eine solche Schuldtheorie erweist sich demnach als Fiktion, die es jedoch ermöglicht, das Verbrechen vom gesellschaftlichen Kontext zu lösen und „eine heile Ordnung dort zu sehen, wo in Wirklichkeit eine Reproduktion des Bösen eingerichtet ist."[1491] An diesen kriminalpolitisch-ideologischen Interessen richten sich die Exkulpationsmöglichkeiten aus; sie sind nicht Teil eines juristischen Rasters, das die Grenzen der Strafbarkeit anhand der individuellen Vorwerfbarkeit bestimmt.[1492] *Wiethölter* sieht Strafe dementsprechend als „Reaktion auf ‚Gesellschaftsfeindlichkeit' [an], die ‚Schuld' ist in Wahrheit *Nichtanpassung* an die ‚Wertungen' der ‚Gesellschaft'."[1493] Die Legitimation des Schuldstrafrechts ist damit zerstört. Das Strafrecht erscheint als das Recht des Mächtigen – als Gewalt. Aus dieser Perspektive wird der gegen die Maßregeln vorgebrachte Vorwurf des „Etikettenschwindels" gegen das Schuldprinzip gewendet.[1494] Es halte für seine eigene Durchbrechung keine Kriterien bereit, die es aber z.B. im Hinblick auf schuldlos handelnde Verletzer kraft

---

1489 *Ellscheid/Hassemer,* Strafe ohne Vorwurf, in: Lüderssen/Sack (Hg.), Abweichendes Verhalten II, Bd. 1, 1975, S. 270; vgl. *Kaufmann,* Schuldprinzip und Verhältnismäßigkeit, in: Warda u.a. (Hg.), Festschrift für Richard Lange, 1976, S. 30, der im Folgenden jedoch die Ansicht vertritt, dass der sozialethische Vorwurf nicht eliminierbar ist und ebenso den Maßregeln anhaftet, S. 36; s. auch *Zipf,* Kriminalpolitik, 2. Aufl., 1980, S. 63; vgl. zudem v. Liszt, Der Zweckgedanke im Strafrecht [1883], 3. Aufl., 1968, S. 27, s. dazu in diesem Teil, 2. Kapitel, C. III.

1490 *Ellscheid/Hassemer,* Strafe ohne Vorwurf, in: Lüderssen/Sack (Hg.), Abweichendes Verhalten II, Bd. 1, 1975, S. 270.

1491 *Ellscheid/Hassemer,* Strafe ohne Vorwurf, in: Lüderssen/Sack (Hg.), Abweichendes Verhalten II, Bd. 1, 1975, S. 276; vgl. *Albrecht,* Kriminologie. Eine Grundlegung zum Strafrecht, 4. Aufl., 2010, S. 72, der aber ebenfalls auf die freiheitsschützende Dimension einer solchen wissenschaftlich nicht widerlegbaren Kategorie hinweist, S. 120; s. zudem *Calliess,* Theorie der Strafe im demokratischen und sozialen Rechtsstaat, 1974, S. 119 f., 135.

1492 *Ellscheid/Hassemer,* Strafe ohne Vorwurf, in: Lüderssen/Sack (Hg.), Abweichendes Verhalten II, Bd. 1, 1975, S. 275; vgl. auch *Albrecht,* Unsicherheitszonen des Schuldstrafrechts, GA 1983, S. 196 f.

1493 *Wiethölter,* Rechtwissenschaft, 1968, S. 96.

1494 *Ellscheid/Hassemer,* Strafe ohne Vorwurf, in: Lüderssen/Sack (Hg.), Abweichendes Verhalten II, Bd. 1, 1975, S. 278 f.; vgl. auch die grundsätzlichen Ausführungen bei NK-StGB *Pollähne,* 4. Aufl., 2013, § 61 Rn. 13.

Rechtsgüterschutz haben müsste.[1495] So gesehen sind die Aporien des Schuldvorwurfs für den Konflikt über die Sicherungsverwahrung verantwortlich.[1496] Dieser Konflikt könne grundsätzlich nur durch die Eliminierung des Schuldgedankens gelöst werden, aber nicht durch die Eliminierung der Sicherungsverwahrung – ohne dass diese dadurch bereits prinzipiell gerechtfertigt wäre.[1497] Infolgedessen wäre auch das absolute Rückwirkungsverbot entkräftet bzw. müsste sich in einem anderen Rechtfertigungszusammenhang als sinnvoll erweisen.

D. Verfassungsrechtliche Anknüpfungspunkte

Trotz der benannten Rechtfertigungsbrüche darf nicht verkannt werden, dass das Schuldstrafrecht im Grundgesetz verankert ist. Der Rechtsstaat als die Symbiose zwischen der Rechtsidee und der Herrschaftsform ist das Fundament des Grundgesetzes.[1498] Als Organisationsprinzip des Staates ist die Rechtsstaatlichkeit im Grundgesetz in Art. 20 Abs. 3 normiert. Dort wird die Legislative an die „verfassungsmäßige Ordnung" sowie die Exekutive und die Judikative an „Gesetz und Recht" gebunden. Damit soll gewährleistet werden, „dass staatliche Macht nach den Vorgaben und in den Grenzen des Rechts organisiert ist und ausgeübt wird."[1499] Mit dem Verweis auf die verfassungsgemäße Ordnung wird das Recht in den Dienst der Grundrechte und somit in die Entfaltung der Freiheit jedes einzelnen Staatsbürgers gestellt. Die Grundrechte erscheinen hier jedoch nur in ihrer Dimension als Abwehrrechte gegen den Staat.[1500]

Die Vorstellung vom Menschen als zur Freiheit, Verantwortlichkeit und Selbstbestimmung befähigten Wesen ist Inhalt der Menschenwürdegarantie in Art. 1

1495 *Ellscheid/Hassemer,* Strafe ohne Vorwurf, in: Lüderssen/Sack (Hg.), Abweichendes Verhalten II, Bd. 1, 1975, S. 278 f.

1496 Vgl. *Ellscheid/Hassemer,* Strafe ohne Vorwurf, in: Lüderssen/Sack (Hg.), Abweichendes Verhalten II, Bd. 1, 1975, S. 276 ff.

1497 Vgl. *Ellscheid/Hassemer,* Strafe ohne Vorwurf, in: Lüderssen/Sack (Hg.), Abweichendes Verhalten II, Bd. 1, 1975, S. 276 ff.

1498 *Grimm,* Der Wandel der Staatsaufgaben und die Krise des Rechtsstaats, in: ders. (Hg.), Wachsende Staatsaufgaben – sinkende Steuerungsfähigkeit des Rechts, 1990, S. 296.

1499 *Grzeszick* in Maunz/Dürig, Komm. z. GG, Art. 20 Rn. VI 1.

1500 *Pieroth/Schlink,* Grundrechte. Staatsrecht II, 28. Aufl., 2012, Rn. 76 f., hinzu kommen Anspruchs-, Schutz-, Leistungs- und Verfahrensrechte sowie staatsbürgerliche Recht, vgl. Rn. 78 ff.

Abs. 1 GG.[1501] In Art. 1 Abs. 1 GG, Art. 2 Abs. 1 GG und im Rechtsstaatsprinzip (Art. 20 Abs. 3 GG) ist das daran anknüpfende Schuldprinzip verfassungsrechtlich verankert und sichert das Schuldstrafrecht ab.[1502] Das verfassungsrechtlich verankerte Prinzip der Strafgesetzlichkeit in Art. 103 Abs. 2 GG, das in der Verfassungsrechtsprechung zur Sicherungsverwahrung in seiner Ausprägung als absolutes Rückwirkungsverbots eingehend diskutiert wurde, verstärkt die allgemeinen Standards der Freiheitssicherung, die schon in der Idee des Rechtsstaats angesprochen wurden, insbesondere die allgemeine Verfassungs- und Gesetzmäßigkeit (Art. 20 Abs. 3 GG).[1503] In seinen vier Ausprägungen – neben dem absoluten Rückwirkungsverbot noch das Bestimmtheitsgebot, das Analogie- und das Gewohnheitsrechtsverbot – markiert das Strafgesetzlichkeitsprinzip, dass das Strafrecht in gesteigertem Maße eine formale Rationalität ausgebildet hat. Zum einen ermöglicht das Bestimmtheitsgebot eine Umsetzung der Kriterien analytischer Begrifflichkeit und deduktiver Strenge.[1504] Zum anderen ist strikte Tatbestandsorientierung bei der Normanwendung eindeutiges Programm der Strafgesetzlichkeit.[1505]

Die Verstärkung der allgemeinen Gesetzesbindung im Prinzip der Strafgesetzlichkeit und seine verfassungsrechtliche Verankerung machen zugleich deutlich, dass die Legitimation des Strafrechts zu einem viel höheren Grade mit der Ausgestaltung als formal-rationale Rechtskonzeption verwoben ist, als das für andere Rechtsgebiete gilt. Die Strafe sei von anderen staatlichen Eingriffen grundlegend unterschieden und bedürfe besonderer materieller sowie verfahrensmäßiger Eingrenzungen, da Strafe einen missbilligenden Zugriff auf die Persönlichkeit durch den Schuldvorwurf darstelle, d.h. die staatliche Wertung und die Persönlichkeit werden unmittelbar zueinander in Beziehung gesetzt.[1506] Strafrecht gilt als die

---

1501 BVerfGE v. 30. Juni 2009, 2 BvE 2/08 u.a., Rn. 364 (Lissabon-Urteil).

1502 Vgl. BVerfGE v. 30. Juni 2009, 2 BvE 2/08 u.a., Rn. 364 (Lissabon-Urteil); BVerfGE v. 19. März 2013, 2 BvR 2628/10 u.a., Rn. 53 ff. (Absprachen-Urteil); vgl. *Fischer,* Strafgesetzbuch und Nebengesetze, 60. Aufl., 2013, Vor § 13 Rn. 8.

1503 *Schmidt-Aßmann* in Maunz/Dürig, Komm. z. GG, Art. 103 Rn. 164; vgl. zu den anderen rechtsstaatlichen Garantien, die in Art. 103 Abs. 2 GG umfasst sind, Rn. 167.

1504 Vgl. *Theile,* Wirtschaftskriminalität und Strafverfahren, 2009, S. 9.

1505 Vgl. *Theile,* Wirtschaftskriminalität und Strafverfahren, 2009, S. 9.

1506 BVerfGE v. 19. März 2013, 2 BvR 2628/10 u.a., Rn. 54 (Absprachen-Urteil); *Schmidt-Aßmann* in Maunz/Dürig, Komm. z. GG, Art. 103 Rn. 165. Vorsicht ist geboten, diesen missbilligenden Zugriff als „sittlichen Tadel" zu werten, weil es die für einen liberalen und demokratischen Rechtsstaat konstitutive Trennung von Moral, Sittlichkeit und Recht aufhebt, so *Günther,* Schuld und kommunikative

einschneidenste Maßnahme des Staates und soll deswegen auch *ultima ratio* des Staates sein.[1507] Durch den Schuldbegriff bleibt es mit seiner vernunftrechtlichen, rechtsphilosophischen Orientierung eng verknüpft.[1508] So zeichne sich auch die Strafrechtsdogmatik im Unterschied zu anderen Dogmatiken durch ihre Aufgabe aus, „möglichst große in ihren Ergebnissen nachvollziehbare Gebiete vertretbarer Wertrationalität zu schaffen", um Irrtümer über das zu Tuende und zu Unterlassende gar nicht erst aufkommen zu lassen.[1509] Nützlichkeit, Effizienz und gesellschaftspolitische Ziele seien eher anderen Dogmatiken vorbehalten.[1510] Die Strafrechtsdogmatik würde ansonsten zusammen mit der Polizeirechtsdogmatik zu einer allgemeinen „Verbrechensbekämpfungswissenschaft" verknüpft.[1511] Das Schuldstrafrecht gewinnt im Grundgesetz noch dadurch an Bedeutung, dass es durch seine Verankerung in Art. 1 GG und Art. 20 GG an der Ewigkeitsgarantie des Art. 79 Abs. 3 GG partizipiert.

E. Fazit

Ohne dass die Schuld als Voraussetzung von Strafbarkeit aus dem Strafgesetzbuch bzw. deren verfassungsrechtliche Anknüpfungspunkte getilgt worden wären, gilt heute nichtsdestotrotz nach „ganz herrschender Meinung des strafrechtlichen Schrifttums", dass *„metastaatlich* verankerte Gerechtigkeitslehren, denen zufolge Vergeltung um ihrer selbst willen ausgeübt wird," nicht mehr zur Legitimation von

---

Freiheit, 2005, S. 2; siehe auch die Kritik bei *Haas,* Strafbegriff, Staatsverständnis und Prozessstruktur, 2008, S. 414 f.

1507 *Albrecht,* Kriminologie. Eine Grundlegung zum Strafrecht, 4. Aufl., 2010, S. 317 ff.; *Hassemer,* Kennzeichen und Krisen des modernen Strafrechts, ZRP 1992, S. 380.

1508 *Albrecht,* Das Strafrecht auf dem Weg vom liberalen Rechtsstaat zum sozialen Interventionsstaat, KritV 1988, S. 182.

1509 *Schulz,* Die Strafrechtsdogmatik nach dem Ende der vor- und außerjuristischen Gerechtigkeit, in: Engel/Schön (Hg.), Das Proprium der Rechtswissenschaft, 2007, S. 155.

1510 *Schulz,* Die Strafrechtsdogmatik nach dem Ende der vor- und außerjuristischen Gerechtigkeit, in: Engel/Schön (Hg.), Das Proprium der Rechtswissenschaft, 2007, S. 155.

1511 *Schulz,* Die Strafrechtsdogmatik nach dem Ende der vor- und außerjuristischen Gerechtigkeit, in: Engel/Schön (Hg.), Das Proprium der Rechtswissenschaft, 2007, S. 155; vgl. zur dahingehenden Entwicklung des Strafrechts insbesondere *Albrecht,* Der Weg in die Sicherheitsgesellschaft, 2010, S. 149 ff.; *ders.,* Kriminologie. Eine Grundlegung zum Strafrecht, 4. Aufl., 2010, S. 63 ff.

Strafe dienen können.[1512] Das liegt in der Erkenntiskritik *Kant*s in der „Kritik der reinen Vernunft" begründet, nach der sich die Mehrheit der Rechtswissenschaft positivistischen Rechtsauffassungen zuwandte, worauf auch im nächsten Kapitel bei *v. Liszt* noch zurückgekommen wird.[1513] Die Aufrechterhaltung der Schuld im Strafrechtssystem legt zwar einen Unterschied von Schuld und Vergeltung nahe,[1514] aber in einem *demokratischen* Rechtsstaat scheint es jedenfalls unmöglich zu sein, dass eine transzendente Instanz die Begründung für die Strafgewalt des Staates liefern könne.[1515] Die Freiheit der Bürger könne nur eingeschränkt werden, wenn die praktischen Bedürfnisse derselben bzw. die Zwecksetzung des staatlichen Verbundes es erfordert, d.h. zum Zweck von Rechts- und Gesellschaftsschutz.[1516] So schreibt auch *Kaufmann,* dass die *staatliche* Strafe „primär ein soziales, sozialethisches Phänomen [ist] und erst sekundär ein individualethisches,

---

1512 *Haas,* Strafbegriff, Staatsverständnis und Prozessstruktur, 2008, S. 237 m.w.N., Hervorhebung durch Verfasserin; vgl. auch *Ellscheid/Hassemer,* Strafe ohne Vorwurf, in: Lüderssen/Sack (Hg.), Abweichendes Verhalten II, Bd. 1, 1975, S. 271 f.; *Klug,* Abschied von Kant und Hegel, in: Baumann (Hg.), Programm für ein neues Strafgesetzbuch, 1968, S. 36 ff. und *Roxin,* Strafrecht. Allgemeiner Teil, 4. Aufl., 2006, S. 88 ff., der die Strafbegrenzungsfunktion trotz seiner konsequenten Umsetzung des Präventionsgedankens im Strafrecht nur mittels des Schuldprinzips gewahrt sieht. Daher bleibt für den Schuldgedanken als Limitation Raum. S. zu den Anfängen dieser Auffassung *v. Liszt,* Der Zweckgedanke im Strafrecht [1883], 3. Aufl., 1968, S. 22, s. dazu in diesem Teil, 2. Kapitel, C. III; vgl. jedoch *Naucke,* Einführung: Rechtstheorie und Staatsverbrechen, in: Binding/Hoche, Die Freigabe der Vernichtung lebensunwerten Lebens (1920), 2006, S. LXIV, der in kritischer Absicht einen „nicht-säkularen Begriff des Unrechts" fordert.

1513 Vgl. zur Bedeutung *Kants Kaufmann,* Problemgeschichte der Rechtsphilosophie, in: ders./Hassemer/Neumann (Hg.), Einführung in Rechtsphilosophie und Rechtstheorie der Gegenwart, 8. Aufl., 2011, S. 56 ff.; s. dazu auch in diesem Teil, 2. Kapitel, C. III. 1. b) aa).

1514 S. noch weitergehend zur Entsprechung von Schuld und Resozialisierung: *Kaufmann,* Dogmatische und kriminalpolitische Aspekte des Schuldgedankens im Strafrecht, in: Baumann, (Hg.), Programm für ein neues Strafgesetzbuch, 1968, S. 63 f., 69.

1515 Vgl. *Calliess,* Theorie der Strafe im demokratischen und sozialen Rechtsstaat, 1974, S. 199 ff.; *Haas,* Strafbegriff, Staatsverständnis und Prozessstruktur, 2008, S. 236, der dafür als Argument auch die Differenz von Recht und Moral in liberalen Rechtsstaaten heranzieht, S. 414, vgl. auch *Klug,* Abschied von Kant und Hegel, in: Baumann (Hg.), Programm für ein neues Strafgesetzbuch, 1968, S. 40 f.

1516 So mit Verweis auf *Gallas* und *Roxin: Haas,* Strafbegriff, Staatsverständnis und Prozessstruktur, 2008, S. 236 f.

und darum muß sie in erster Linie auch von ihrer mitmenschlichen, gesellschaftlichen Bedeutung her verstanden werden.“[1517] Zudem gebiete gerade die „Achtung vor der Menschenwürde“ der Gesellschaft, „nicht *einfach* zwecklos vergeltend zurückzuschlagen, sondern die Resozialisierung zu versuchen.“[1518] Dies und die dargestellten Mängel der Schuld als Maßprinzip, die zudem gesellschaftliche Zusammenhänge von abweichendem Verhalten ausblendet, müssen demzufolge in letzter Konsequenz zur Umstellung auf ein einspuriges System von Maßregeln führen, das nicht nur die Vergeltung, sondern auch die Schuld – jedenfalls als Bezugspunkt für das Strafmaß – hinter sich lässt.[1519] Ein Strafrecht ohne Schuldvorwurf ist dann ein Recht der *défense sociale.*[1520] Damit ist bereits das wesentliche Argument benannt, das den Wechsel zum Präventionsparadigma im Strafrecht begleitete und im nächsten Kapitel in einen größeren Entwicklungszusammenhang gestellt wird. *Hassemer* betont, dass der verfassungsrechtlich abgestützte Grund für das Präventionsparadigma im Strafrecht darin liege, dass der Staat unter Legitimationszwang im Hinblick auf die realen Folgen des Strafrechts gesetzt werde, welche sonst illegitimerweise unthematisiert blieben.[1521]

1517 *Kaufmann,* Dogmatische und kriminalpolitische Aspekte des Schuldgedankens im Strafrecht, in: Baumann, (Hg.), Programm für ein neues Strafgesetzbuch, 1968, S. 59.

1518 *Klug,* Abschied von Kant und Hegel, in: Baumann (Hg.), Programm für ein neues Strafgesetzbuch, 1968, S. 36 ff.; s. aber zur Zweischneidigkeit der Resozialisierung *Kaufmann,* Dogmatische und kriminalpolitische Aspekte des Schuldgedankens im Strafrecht, in: Baumann, (Hg.), Programm für ein neues Strafgesetzbuch, 1968, S. 65, weil die Möglichkeit besteht, dass sie in Dressur, Abrichtung, Züchtigung umschlägt; zum fehlenden Gegensatz von Schuld und Resozialisierung, s. S. 68 f.

1519 Vgl. NK-StGB *Hassemer/Neumann,* 4. Aufl., 2013, Vorbem. zu § 1 Rn. 57 ff., 300 ff.; *Ellscheid/Hassemer,* Strafe ohne Vorwurf, in: Lüderssen/Sack (Hg.), Abweichendes Verhalten II, Bd. 1, 1975, S. 281 ff.; vgl. demgegenüber *Kaufmann,* Dogmatische und kriminalpolitische Aspekte des Schuldgedankens im Strafrecht, in: Baumann, (Hg.), Programm für ein neues Strafgesetzbuch, 1968, S. 56 ff.

1520 *Ellscheid/Hassemer,* Strafe ohne Vorwurf, in: Lüderssen/Sack (Hg.), Abweichendes Verhalten II, Bd. 1, 1975, S. 266 ff., 281 ff.; vgl. zum Begriff der Sozialschädlichkeit *Amelung,* Rechtsgüterschutz und Schutz der Gesellschaft, 1972, S. 350 ff.; s. auch *Hassemer,* Einführung in die Grundlagen des Strafrechts, 2. Aufl., 1990, S. 25 ff.

1521 *Hassemer,* Sicherheit durch Strafrecht, HRRS 2006, S. 131.

2. Kapitel: Das Präventionsstrafrecht – Interventionen im demokratischen Rechts- und Sozialstaat

Das Präventionsstrafrecht als Rechtfertigungszusammenhang, auf das das Bundesverfassungsgericht in seiner Rechtsprechung zur Sicherungsverwahrung rekurriert und das durch das Argument der Zweispurigkeit auf der Rechtsfolgenseite bei den Maßregeln der Besserung und Sicherung verstärkt wird, muss ebenfalls in einen Kontext zum dazugehörigen Staats- und Rechtsverständnis gestellt werden. Es geht hier demnach *nicht* um die Reproduktion von strafrechtswissenschaftlichen Präventionstheorien als Legitimationsquelle des Strafrechts. Vielmehr wird der Fokus darauf gelegt, wie das strafrechtliche Präventionskonzept in den demokratischen Rechts- und Sozialstaat eingebettet ist und so die Sicherungsverwahrung rechtfertigt. Als positives Recht ist es *abstrakt* durch seine demokratische Legitimation gerechtfertigt. *Konkret* muss es vor dem verfassungsrechtlichen Verhältnismäßigkeitsgrundsatz bestehen können, wobei im Rahmen der konkreten Rechtfertigung auch die Frage behandelt wird, wann die konkrete Rechtfertigung hinter der abstrakten Rechtfertigung zurücktreten muss. Letzteres geschieht vornehmlich mit dem Begriff der Einschätzungsprärogative des Gesetzgebers, an der sich der Streit um das Vorrangverhältnis zwischen Politik und Recht entfacht, welches im liberalen Rechtsstaatsmodell noch eindeutig für das Recht entschieden worden war.[1522] Der verfassungsrechtliche Aufstieg des Verhältnismäßigkeitsgrundsatzes und der damit einhergehende Wandel des Grundrechtsverständnisses werden nur verständlich, wenn der Wandel vom formal-rationalen zu einem material-rationalen Recht nachvollzogen wird. In der Umstellung auf ein material-rationales, zweckorientiertes Recht liegen zugleich die Rechtfertigungsbrüche, die in der Einleitung als Krise formaler Rechtsrationalität bzw. als kontinuierliche Erosion des Rechtsstaats bezeichnet wurden. Die Krise ist aber nur vollständig erfasst, wenn zur Rechtsstaatskrise noch die Steuerungskrise und die Wohlfahrtsstaatskrise hinzugenommen werden, die ebenfalls durch die Umstellung auf ein material-rationales Recht verursacht werden.[1523]

1522 Vgl. *Calliess,* Prozedurales Recht, 1999, S. 108; *Ladeur,* Kritik der Abwägung in der Grundrechtsdogmatik, 2004, S. 82.

1523 Vgl. *Calliess,* Prozedurales Recht, 1999, S. 13.

A. Die Entwicklung des sozialen Interventionsstaats als Antwort auf die Probleme des liberalen Rechtsstaats

Mit der Erkenntnis, dass die Ordnungsleistung der freiheitlichen Marktgesellschaft nicht ausreicht, um die Gesellschaft zum Wohle aller zu stabilisieren, wird der Staat zum Fixpunkt für diese Ordnungsleistung – die Sicherung des Friedens *und* bzw. *durch* die Herstellung von Allgemeinwohl.[1524] Zunächst werden hier die Anknüpfungspunkte im Staatsgefüge für den Umbau des liberalen Rechtsstaats zum sozialen Interventionsstaat herausgearbeitet. Im Anschluss werden seine Charakteristika benannt. In einem letzten Schritt werden die Auswirkungen auf das Verhältnis von Recht und Politik beschrieben, die einerseits das Recht dynamisieren und die andererseits die Demokratie(theorie) zum legitimen Geltungsgrund des Rechts aufsteigen lassen.

I. Anknüpfungspunkte für den Umbau zum sozialen Interventionsstaat

Das Gewaltmonopol des Staates macht den Staat zu dem Adressaten für die Bearbeitung bzw. Behebung der sozialen Probleme. Es begründet seine *Allzuständigkeit* für die Erhaltung eines (rechtlich) geordneten Zustands und ist somit Entwicklungsvoraussetzung für den sozialen Interventionsstaat.[1525] Das Gewaltmonopol des Staates als Friedens- oder Ordnungsgarant stand auch am Anfang der Überwindung der Unübersichtlichkeit des Naturzustandes im Zentrum der Staatslehre.[1526] Der Staat sollte nach *Hobbes* zum „*sterbliche[n] Gott*" werden, „dem wir unter dem ewigen Gott allein Frieden und Schutz zu verdanken haben".[1527] Die Legitimation und Rationalität des Staates begründete sich folglich zunächst nicht in der Freiheitsgewähr des Einzelnen, sondern in dessen Schutz. Die Gleichzeitigkeit

1524 Vgl. *Grimm,* Entscheidungsfolgen als Rechtsgründe, in: Teubner (Hg.), Entscheidungsfolgen als Rechtsgründe, 1995, S. 141 f.

1525 Vgl. *Di Fabio,* Risikoentscheidungen im Rechtsstaat, 1994, S. 43; *Seiler,* Der souveräne Verfassungsstaat zwischen demokratischer Rückbindung und überstaatlicher Einbindung, 2005, S. 66 ff.

1526 Vgl. *Zumbansen,* Ordnungsmuster im modernen Wohlfahrtsstaat, 2000, S. 35.

1527 *Hobbes,* Leviathan [1651], Übersetzung von Mayer, Reclam-Ausgabe, 1970, S. 155; s. dazu *Zabel,* Kulturen der Kontrolle, KritV 2011, S. 21.

von Sicherheit und Bedrohung gehört ideengeschichtlich zum konstitutiven Teil der Ordnung des modernen Staates.[1528] *Zabel* bezeichnet das als das „hobbessche *Leistungs-Legitimations-Paradigma*".[1529] Es ging nicht um das Recht des Staates, sondern um Sicherheitspolitik als politische Theorie; die Sicherheitsleistung legitimierte die Herrschaft.[1530] Die *hobbes*ianische ‚Vernunft' wirkt lediglich im Zusammenschluss der Einzelnen, die im Gesellschaftsvertrag ihren Ausdruck findet. Das Leistungs-Legitimations-Paradigma arbeite jedoch gegen eine Selbstbehauptungs- und Machtsteigerungslehre, weil es an die Schutzleistung für den Einzelnen gebunden sei und so „der immanenten Logik von Konflikt und Intervention, von Gewalt und Vorbeugung einen transparenten Normkontext" zur Seite stelle.[1531]

Das ist auch der Ausgangspunkt und somit die Voraussetzung für die *Kant*ische Freiheitsphilosophie. *Kant* vollzieht *nur* einen „Paradigmenwechsel innerhalb des Paradigmas", indem er die Sicherheitsgewähr des Staates mit der Freiheitsgewähr des Einzelnen verknüpft.[1532] Das wird ebenso an der Bewertung des Widerstandsrechts durch *Kant* erkennbar: In der kategorischen Ablehnung des Widerstandsrechts offenbart sich die große Bedeutung, die *Kant* dem Staat als Sicherheitsgarant zuschreibt. Die realen Ausgangsbedingungen für die Erörterung der Legitimität eines Widerstandsrechts werden zudem durch die (zu) harmonische Konstruktion von Freiheit, Staat und Individuum verdeckt.[1533] Auch *Böckenförde* betont aus demselben Grund, dass der Staat „als maßgeblichen Träger der Rechtsbildung" begriffen werden muss, „der durch die Herstellung der *Normallage* – des innerstaatlichen Friedenszustandes – erst die Bedingung

1528 *Krasmann,* Der Feind an den Grenzen des Rechtsstaats, in: Kerchner/Schneider (Hg.), Foucault. Diskursanalyse in der Politik, 2006, S. 243; vgl. auch *Kreissl,* Überlegungen zur Kritik des kriminologischen Gewaltdiskurses, in: Krasmann/Scheerer (Hg.), Die Gewalt in der Kriminologie, Kriminologisches Journal, 6. Beiheft, 1997, S. 190.

1529 *Zabel,* Kulturen der Kontrolle, KritV 2011, S. 22, Hervorhebungen im Original.

1530 *Zabel,* Kulturen der Kontrolle, KritV 2011, S. 21 f.; vgl. *Di Fabio,* Risikoentscheidungen im Rechtsstaat, 1994, S. 36 f.

1531 *Zabel,* Kulturen der Kontrolle, KritV 2011, S. 22.

1532 *Zabel,* Kulturen der Kontrolle, KritV 2011, S. 23.

1533 Vgl. zum Erfordernis eines verfassungsrechtlich gesicherten Widerstandsrechts *Albrecht,* Der Weg in die Sicherheitsgesellschaft, 2010, S. 1040; s. auch *Voß/Albrecht/Renz/Misselwitz/Dellwo,* Von der Rationalität des Rechts zur Irrationalität der Sicherheit – Reflexionen über Widerstandsformen in Sicherheitsgesellschaften, KritV 2010, S. 137 ff.; s. auch *Calliess,* Theorie der Strafe im demokratischen und sozialen Rechtsstaat, 1974, S. 208.

für die Normgeltung des gesetzlichen Rechts schafft."[1534] Wer den Rechtsstaat nicht nur als einen Teil staatlicher Ordnung, sondern als Ganzes nimmt, lässt ein „,introvertiertes' rechtsstaatliches Denken" entstehen, „das die Bedingungen der Möglichkeit des Rechtsstaats außer acht läßt" – so *Böckenförde.*[1535] In dieser dem Rechtsstaat immanenten Verschränkung von Freiheits- und Sicherheitsgewähr liegt der Keim für seine Umwandlung in einen sozialen Interventionsstaat.

II. Der soziale Interventionsstaat

Der soziale Interventionsstaat ist die moderne Form des *Hobbes'*schen ‚Sicherheitsstaates'. Er dient hier als Überbegriff für seine unterschiedlichen Ausprägungen als Wohlfahrtsstaat, Vorsorgestaat, Gewährleistungsstaat oder auch Sicherheitsstaat. Er stellt sich den Herausforderungen gesellschaftlicher Problemlagen, die erstmals durch die Industrialisierung sichtbar wurden. In der politischen Theorie werden die Anfänge dieser Staatsform unter dem Begriff des Wohlfahrtsstaates abgehandelt, während die anderen Begriffe den krisenbedingten Umbau des Wohlfahrtsstaates seit den 1980cr Jahren in neue Staatsmodelle fassen und kritisch reflektieren wollen. Im Strafrecht wird das unter dem Topos der Wende zum Präventionsstaat verhandelt.[1536] Der Begriff des Sozialstaates meint demgegenüber weniger. Er gehört vielmehr als Verfassungsbegriff (Art. 20 Abs. 1, 28 Abs. 1 Satz 1 GG) zur Debatte um die rechtlichen Konsequenzen des Wohlfahrtsstaates, die sich unter anderem im Spannungsverhältnis von Rechts- und Sozialstaat spiegeln.[1537]

1534 *Böckenförde,* Entstehung und Wandel des Rechtsstaatsbegriffs, in: ders., Recht, Staat, Freiheit, 1991, S. 169, Hervorhebung durch Verfasserin.

1535 *Böckenförde,* Entstehung und Wandel des Rechtsstaatsbegriffs, in: ders., Recht, Staat, Freiheit, 1991, S. 169.

1536 Vgl. insbes. *Albrecht,* Prävention als problematische Zielbestimmung im Kriminaljustizsystem, KritV 1986, S. 55 ff.; *ders.,* Der Weg in die Sicherheitsgesellschaft, 2010, S. 149 ff.

1537 Vgl. in diesem Kapitel B. II., III. und C.; s. *Forsthoff,* Verfassungsprobleme des Sozialstaates, in: ders., Rechtsstaat im Wandel, 2. Aufl., 1976, S. 50 ff.; dazu *Zumbansen,* Ordnungsmuster im modernen Wohlfahrtsstaat, 2000, S. 106 ff., der die Debatte zur (Un-)vereinbarkeit von Rechtsstaat und Sozialstaat rekonstruiert. Vgl. auch *Heinig,* Zur Normativität des Sozialstaates, in: Bung/Valerius/Ziemann (Hg.), Normativität und Rechtskritik, ARSP Beiheft Nr. 114, 2007, S. 138 ff.

Der Wohlfahrtsstaat steht für umfassende Daseinsvorsorge.[1538] Er zielt auf die „Minimierung sozialer Risiken“, auf die „Dämpfung sozialer Ungleichheiten durch staatliche Garantien der Statussicherung“, auf die „Absicherung beruflicher Karrieren und die Öffnung sozialer Aufstiegsperspektiven“.[1539] Seine Ideale waren Vollbeschäftigung, soziale Teilhabe, Massenkonsum und eine Sozialpartnerschaft, die vom ‚Arbeitnehmer‘ als sozial und beruflich Aufstiegswilligen gepflegt wurde.[1540] Der Wohlfahrtsstaat ging von der Annahme aus, „dass soziale Probleme wie Armut, Krankheit und Arbeitslosigkeit auf soziale Ursachen zurückzuführen seien, die mit entsprechenden Techniken ermittelt und neutralisiert werden könnten.“[1541] Im Wohlfahrtsstaat entfaltet sich eine Logik der Kompensation, die die Nachteile einer bestimmten Ordnung des Lebens für den Einzelnen ausgleichen soll.[1542] Seine Ausrichtung gewinnt die Kompensationslogik in einem universalen gesellschaftlichen Integrations- bzw. Inklusionsanspruch.[1543]

In diesem Inklusionsanspruch entspricht der Wohlfahrtstaat der Demokratie.[1544] Demokratische Legitimation ist grundsätzlich inklusiv und weist daher immer schon einen Bezug auf den Anderen im demokratischen Verfahren auf.[1545] Die *faktische* Herstellung von Freiheit und Gleichheit ist folglich das Programm des demokratischen Rechtsstaates, wodurch er zwangsläufig zum Wohlfahrtsstaat ausgebaut wurde. Die Ausweitung der Staatsaufgaben im sozialen Interventionsstaat sei demnach das „bloß konsequente Weiterdenken der bürgerlich-liberalen Verfassungsprinzipien“.[1546]

1538 *Forsthoff,* Verfassungsprobleme des Sozialstaates, in: ders., Rechtsstaat im Wandel, 2. Aufl., 1976, S. 52; Grimm, Verfassungsrechtliche Anmerkungen zum Thema Prävention, KritV 1986, S. 40 ff.; *Calliess,* Prozedurales Recht, 1999, S. 53; vgl. auch *Vogel,* Der Nachmittag des Wohlfahrtsstaats, Mittelweg 36 (2004), S. 39.

1539 *Vogel,* Der Nachmittag des Wohlfahrtsstaats, Mittelweg 36 (2004), S. 39; vgl. auch *Albrecht,* Der Weg in die Sicherheitsgesellschaft, 2010, S. 144.

1540 *Albrecht,* Der Weg in die Sicherheitsgesellschaft, 2010, S. 144; *Vogel,* Der Nachmittag des Wohlfahrtsstaats, Mittelweg 36 (2004), S. 39.

1541 *Singelnstein/Stolle,* Die Sicherheitsgesellschaft, 3. Aufl., 2012, S. 25 f.

1542 *Luhmann,* Die politische Theorie im Wohlfahrtsstaat, 1981, S. 8.

1543 *Vogel,* Der Nachmittag des Wohlfahrtsstaats, Mittelweg 36 (2004), S. 40; *Albrecht,* Der Weg in die Sicherheitsgesellschaft, 2010, S. 144; vgl. auch *Luhmann,* Die politische Theorie im Wohlfahrtsstaat, 1981, S. 25 ff.

1544 Vgl. *Habermas,* Faktizität und Geltung, 1998, S. 490 ff.; kritisch *Heinig,* Zur Normativität des Sozialstaates, in: Bung/Valerius/Ziemann (Hg.), Normativität und Rechtskritik, ARSP Beiheft Nr. 114, 2007, S. 143 f.

1545 *Brunkhorst,* Heterarchie und Demokratie, in: ders./Niesen (Hg.), Das Recht der Republik, 1999, S. 377.

1546 *Calliess,* Prozedurales Recht, 1999, S. 54 f.

Denn sie seien nur da verwirklicht, „wo jenseits bürgerlicher Formalprinzipien auch die materiellen Voraussetzungen der Wahrnehmung dieser Freiheiten gewährleistet seien.“[1547] Das Inklusionsgebot erfordert Interventionen, um den Ungleichheiten faktischer Chancen zu begegnen.[1548] Dadurch kommt dem Staat „eine Gesamtverantwortung für Bestand und Entwicklung der Gesellschaft in sozialer, ökonomischer und kultureller Hinsicht [... zu], die keinen Lebensbereich mehr ausspart.“[1549]

In der Entwicklung des sozialen Interventionsstaats bildet sich das Gewaltmonopol zu einem Steuerungsmonopol weiter. Der Staat hat einen umfassenden *Steuerungsanspruch,* der durch die Instrumentalisierung des Gesetzes als *Steuerungsmedium* umgesetzt wird. Das legitime, an individueller Freiheit orientierte Recht der Vernunft wird marginalisiert, weil ihm seine umfassende Ordnungskompetenz abhanden gekommen ist. Das Recht übernimmt so immer mehr die Funktion von Sozialgestaltung, die Funktion von Konflikt- und Schadensregulierung in einer sich der Idee nach selbst steuernden liberalen Gesellschaft verblasst dabei zunehmend.[1550] Durch diesen umfassenden Anspruch der Sozialgestaltung reagiert der Wohlfahrtsstaat nicht mehr nur auf sozialen Anforderungsdruck, sondern entwickelt eine Eigendynamik, die diesen Anforderungsdruck selbst mit produziert.[1551] Die Staatsaufgaben werden dadurch prinzipiell grenzenlos; alle Themen sind politisierbar.

III. Die Politisierung des Rechts: Positivierung und Demokratisierung

1. Zur Kontingenz des positiven Rechts

Der soziale Interventionsstaat verschiebt das Verhältnis von Recht und Politik. Die Umstellung auf ein Steuerungsmedium dynamisiert das Recht. Dadurch wird die quantitative Begrenzung staatlicher Eingriffe durch Recht aufgegeben. Es

1547 *Calliess,* Prozedurales Recht, 1999, S. 54 f.

1548 Vgl. *Luhmann,* Die politische Theorie im Wohlfahrtsstaat, 1981, S. 27; *Vogel,* Der Nachmittag des Wohlfahrtsstaats, Mittelweg 36 (2004), S. 40.

1549 *Grimm,* Entscheidungsfolgen als Rechtsgründe, in: Teubner (Hg.), Entscheidungsfolgen als Rechtsgründe, 1995, S. 141.

1550 Vgl. auch zur Ausbildung der Sozialgestaltungsfunktion: *Denninger,* Der Präventions-Staat, KJ 1988, S. 6.

1551 *Zumbansen,* Ordnungsmuster im modernen Wohlfahrtsstaat, 2000, S. 65; *Luhmann,* Die politische Theorie im Wohlfahrtsstaat, 1981, S. 9; *Calliess,* Prozedurales Recht, 1999, S. 53.

wird *positiv* und gilt qua Entscheidung.[1552] Die Rationalisierung von Herrschaft im Staat ist Folge der Kontingenz positiven Rechts bzw. politische Herrschaft bedingte das Kontingentwerden des Rechts.[1553] Mit dem Verlust der Vernunft bleibt ein ‚leeres' Gesetz zurück, dass durch vielerlei Inhalte befüllt werden kann.[1554] Dies stößt einen Prozess der Verrechtlichung an, der immer mehr Sozialbereiche rechtlicher Regulierung unterwirft und zu einer „Bürokratisierung der Welt" führt.[1555] Die Inhalte werden durch das politische System hergestellt, weil es sich der Rechts*form* zur Umsetzung seiner Steuerungsziele bedient. Das Recht wird mit dem politischen System gekoppelt. Es muss eine Instanz geschaffen werden, die Komplexität für das Recht reduziert; die über das, was Recht sein soll, entscheidet.[1556]

Das Recht wird zum Gesetz, auch die Verfassung und Menschenrechte sind in diesem Sinne positiv. Die spezifische Normativität der Normen, ihre Geltung, ist durch die Ineinssetzung von Recht und Staat abhängig von staatlich sanktionierter Gewalt (Staatszentrierung).[1557] Das Gewaltmonopol wandelt sich vom Entstehungsgrund des Staates (Gesellschaftsvertrag) als legitimem Rechtsdurchsetzer zum Geltungsgrund des Rechts überhaupt. Das ist der Übergang vom Rechtsstaat zum Gesetzgebungsstaat.[1558] Was übrig bleibt, ist der Staat als „oberste[r] Garant des von ihm – in Gesetzesform – geschaffenen Rechts"; der Staat wird zum Herrscher über Autorität und Geltung des Rechts.[1559] Die in der *kant*ischen Rechtslehre mögliche relativ stabile Balance zwischen Staat, Recht und Freiheit der Individuen verschiebt sich dadurch (wieder) zugunsten des Staates, der Recht *und*

1552 *Luhmann,* Das Recht der Gesellschaft, 1995, S. 38.

1553 Vgl. *Luhmann,* Die Gesellschaft der Gesellschaft, Bd. 1, 1998, S. 329, Fn. 241; vgl. auch *Böckenförde,* Das Bild vom Menschen in der Perspektive der heutigen Rechtsordnung, in: ders., Recht, Staat, Freiheit, 1991, S. 63 f.

1554 Zur Leere des Gesetzes vgl. *Fögen,* Das Lied vom Gesetz, 2007, S. 103 ff.; vgl. im strafrechtlichen Kontext zum Gesetz als leerer Form: *Naucke,* Die Aushöhlung der strafrechtlichen Gesetzlichkeit durch den relativistischen, politisch aufgeladenen strafrechtlichen Positivismus, in: ders., Gesetzlichkeit und Kriminalpolitik, 1999, S. 266.

1555 *Teubner,* Verrechtlichung, in: Kübler (Hg.), Verrechtlichung von Wirtschaft, Arbeit und sozialer Solidarität, 1985, S. 290.

1556 *Luhmann,* Legitimation durch Verfahren, 1983, S. 147; vgl. 3. Teil, 2. Kapitel, A. III. 3. b).

1557 Vgl. *Vesting,* Rechtstheorie, 2007, S. 78 f.

1558 Vgl. *Vesting,* Rechtstheorie, 2007, S. 78 ff.; *Zumbansen,* Ordnungsmuster im modernen Wohlfahrtsstaat, 2000, S. 64; s. auch *Naucke,* Kants Kritik der empirischen Rechtslehre, 1996, S. 185 ff., 193.

1559 *Vesting,* Rechtstheorie, 2007, S. 79.

Freiheit in seiner Wohlfahrtsorientierung erst konstituiert. Die Selbstbindung des Staates und damit die Vernünftigkeit seines gesetzten Rechts sind dann willkürlich in seiner Hand. Recht und Gewalt fallen folglich am höchsten Punkt der Rechtsquellenhierarchie zusammen.[1560] Das Gesetz ist demnach „inhaltlich beliebig, aber gleichwohl streng verpflichtendes Instrument in der Hand politischer Macht".[1561] Der Primat des Rechts ist zerstört. Dem Recht fehlt ein Geltungsgrund jenseits politischer Macht.

2. Zur Demokratisierung als Ersatz für die Vernunft

Die Suche nach einem neuen legitimen Geltungsgrund des Rechts unter den Bedingungen der Positivierung mag zwar theoretisch hoffnungslos zersplittert sein.[1562] In den Routinen des demokratischen Rechtsstaats wird die legitimationstheoretische Dimension des kontingenten positiven Rechts jedoch primär der Demokratietheorie als *politischer* Theorie überantwortet.[1563] Auf diese freiheitsfreundliche und demokratieermöglichende Seite des modernen positiven Rechts verweist *Habermas,* der hier zur Präzisierung der legitimationstheoretischen Dimension der Demokratie für das Recht herangezogen wird.[1564] Wird die Positivierung des Recht unter dem Begriff seiner Demokratisierung verhandelt, wird deutlich, warum der heutige Staat auch nach dem Zerfall transzendenter Rechtsbegründungen und dem Einzug des positiven Rechts immer noch von seiner vorausgesetzten Vernünftigkeit zehrt.[1565] Nunmehr wird die Rationalität des Rechts in das politische Verfahren

---

1560 *Vesting,* Rechtstheorie, 2007, S. 81.

1561 *Naucke,* Die Aushöhlung der strafrechtlichen Gesetzlichkeit durch den relativistischen, politisch aufgeladenen strafrechtlichen Positivismus, in: ders., Gesetzlichkeit und Kriminalpolitik, 1999, S. 267 f.

1562 Diese Suche ist hoffnungslos zersplittert: *Fischer-Lescano,* Globalverfassung, 2005, S. 60; *Fögen,* Das Lied vom Gesetz, 2007, S. 114 f., vgl. dazu auch *Buckel,* Subjektivierung und Kohäsion, 2007, S. 22 f.

1563 Vgl. *Vesting,* Rechtstheorie, 2007, S. 78 ff.; *Teubner,* Selbstsubversive Gerechtigkeit, Zeitschrift für Rechtssoziologie 29 (2008), S. 10; s. auch *Eidenmüller,* Rechtswissenschaft als Realwissenschaft, JZ 1999, S. 56.

1564 *Habermas,* Faktizität und Geltung, 1998, S. 502; *Niesen/Eberl,* Demokratischer Positivismus, in: Buckel/Christensen/Fischer-Lescano (Hg.), Neue Theorien des Rechts, 2. Aufl., 2009, S. 3; vgl. zu den Zusammenhängen von reflexivem Recht und einer institutionalisierten prozeduralen Legitimation: *Teubner,* Reflexives Recht, Archiv für Rechts- und Sozialphilosophie 68 (1982), S. 44.

1565 Vgl. *Menke,* Subjektive Rechte: Zur Paradoxie der Form, Zeitschrift für Rechtssoziologie 29 (2008), S. 83.

verlegt und ist nicht mehr im Recht selbst angesiedelt. Die gesellschaftliche Rationalität, die das allgemeine Gesetz als „formal-rationale Einheit des Mannigfaltigen" in der Rechtsstaatstheorie gewonnen hatte, wird so jedoch letztlich mit der Form des real existierenden Parlamentarismus gleichgesetzt.[1566]

Nichtsdestotrotz soll die Demokratie reale Freiheit ermöglichen, indem sie die wohlfahrtsstaatliche Idee der Inklusion und des Ausgleichs ungleicher Chancen, also Gerechtigkeit, durch die Verknüpfung von privater und öffentlicher Autonomie herstellt.[1567] Damit wird auch das Recht als Steuerungsmedium legitimiert. Denn das moderne Recht „verschiebt die normativen Zumutungen vom moralisch entlasteten Einzelnen auf die Gesetze, die die Kompatibilität der Handlungsfreiheiten sichern."[1568] Danach bedarf es nicht mehr des autonomen Subjekts als Stabilitätsbedingung im Politischen. Auf diese Weise soll zudem das spannungsreiche Verhältnis zwischen Volkssouveränität und der Bewahrung von Menschenrechten in Einklang gebracht werden.[1569] In der Verfassungstheorie wird dieses Problem dadurch bearbeitet, dass den Grundrechten neben ihrer subjektiv-rechtlichen Seite nunmehr eine objektiv-rechtliche Funktion zukommen soll.[1570] Darauf beruht auch der Aufstieg des Verhältnismäßigkeitsgrundsatzes zum Zentrum der verfassungsrechtlichen Prüfung.

In der Demokratietheorie wird das problematische Verhältnis dadurch aufgelöst, dass dem „*Modus der Ausübung politischer Autonomie*" in der Demokratie ein normativer Gehalt beigemessen wird, „der nicht schon durch die Form allgemeiner Gesetze, sondern erst durch die Kommunikationsform diskursiver

---

1566 *Vesting,* Rechtswissenschaftliche Beobachtung des Rechtsystems: Einheitsbildung und Differenzerzeugung, in: Trute u.a. (Hg.), Allgemeines Verwaltungsrecht – zur Tragfähigkeit eines Konzepts, 2008, S. 237, 243; vgl. auch *Luhmann,* Subjektive Rechte. Zum Umbau des Rechtsbewusstseins für die moderne Gesellschaft, in: ders., Gesellschaftsstruktur und Semantik, Bd. 2, 1981, S. 97.

1567 Vgl. *Habermas,* Faktizität und Geltung, 1998, S. 110 ff.

1568 *Habermas,* Faktizität und Geltung, 1998, S. 110.

1569 *Habermas,* Faktizität und Geltung, 1998, S. 111.

1570 Vgl. zur objektiv-rechtlichen Funktion der Grundrechte: *Pieroth/Schlink,* Grundrechte. Staatsrecht II, 28. Aufl., 2012, Rn. 91 ff.; in der Verfassungsrechtsprechung war hierfür die Lüth-Entscheidung wegweisend: BVerfGE 7, 198 ff.; vgl. *Christensen/Fischer-Lescano,* Das Ganze des Rechts, 2007, S. 53 ff. Dass das Verhältnis von objektiv-rechtlicher und subjektiv-rechtlicher Funktion der Grundrechte nicht so einfach harmonisiert werden kann und in der Rechtsdogmatik gerade umstritten ist, wird in diesem Kapitel unter B. und C. I. behandelt. Vgl. dazu auch *Di Fabio,* Risikoentscheidungen im Rechtsstaat, 1994, S. 44 f.

Meinungs- und Willensbildung gesichert wird.“[1571] Die „rechtsförmige Institutionalisierung der Prozesse der Rechtssetzung“ liefert die Legitimität des Rechts und verbürgt seine Rationalität – auch im Sinne eines Ausgleichs von subjektiv- und objektiv-rechtlicher Dimension der Grundrechte, die nach der Umstellung des Rechts auf Positivität nur noch in der Rechtsgenese gefunden werden kann.[1572] Auf diese Weise wird ermöglicht, das Zusammenleben mit Mitteln des positiven Rechts legitim zu regeln.[1573] Dadurch könnte die Demokratie auch mit der „anheimgestellten Selbstmobilisierung der Privatleute“ bzw. ihrer rein strategischen Betätigung umgehen.[1574] Die divergierenden Interessen könnten durch rechtsförmige *Verfahren* kanalisiert und damit abgestimmt werden.[1575] Die (markt-)gesellschaftliche Ordnung wird ebenfalls von der Herstellung von Allgemeinwohl bzw. der Re-Integration der auseinanderstrebenden Lebens- und Handlungsbereiche als Stabilitätsbedingung im Privaten entlastet. Die von der Vernunft zurückgelassene, ‚leere‘ Hülle des Gesetzes wird durch den demokratischen, verfassungsrechtlich eingefassten Diskurs besetzt, der eine neue, *kommunikative* Vernunft repräsentiert.[1576] Somit entsteht ein Äquivalent für die Vernunft: das demokratische Gesetz fungiert als neues Geltungssymbol. Der demokratische Konsens, nicht nur als Mehrheits-, sondern Grundkonsens der Gesellschaft soll nunmehr Stabilität verbürgen und die inhaltliche Beliebigkeit eines streng verpflichtenden Gesetzes erscheint in einem anderen Licht.[1577]

Der Staat als durch politische Macht hergestellte Organisationseinheit soll die objektiv-rechtlichen Implikationen des subjektiven Rechts zur Entfaltung bringen.[1578] Erst dadurch kann der Staatsbürger von der Herstellung sozialer Ordnung

---

1571 *Habermas,* Faktizität und Geltung, 1998, S. 133, Hervorhebungen im Original.

1572 *Brunkhorst/Niesen,* Vorwort, in: dies. (Hg.), Das Recht der Republik, 1999, S. 10; vgl. *Habermas,* Faktizität und Geltung, 1998, S. 167, 349 ff.

1573 *Habermas,* Faktizität und Geltung, 1998, S. 151.

1574 *Brunkhorst/Niesen,* Vorwort, in: dies. (Hg.), Das Recht der Republik, 1999, S. 11; vgl. auch *Habermas,* Faktizität und Geltung, 1998, S. 165.

1575 Brunkhorst/Niesen, Vorwort, in: dies. (Hg.), Das Recht der Republik, 1999, S. 11; vgl. auch *Habermas,* Faktizität und Geltung, 1998, S. 165.

1576 Vgl. *Habermas,* Faktizität und Geltung, 1998, S. 349 ff.

1577 Vgl. auch *Grzeszick* in Maunz/Dürig, Komm. z. GG, Art. 20 Rn. II 48; *Habermas,* Faktizität und Geltung, 1998, S. 165.

1578 *Habermas,* Faktizität und Geltung, 1998, S. 167: „Dieser *interne Zusammenhang des Rechts mit politischer Macht* spiegelt sich in den objektiv-rechtlichen Implikationen des subjektiven Rechts, auf die wir schon gestoßen sind“ (Hervorhebungen im Original).

restlos entlastet werden.[1579] Auch hier wird der Staat nur als eine effektive Organisations- und Durchsetzungsgewalt für das legitime, demokratische Recht benötigt.[1580] „Im demokratischen Rechtsstaat als der Behausung einer sich selbst organisierenden Rechtsgemeinschaft, bleibt nämlich der symbolische Ort der diskursiv verflüssigten Souveränität *leer.*"[1581] Die politische Öffentlichkeit der Demokratie wird frei von interessegeleiteter Vermachtung gedacht, auch wenn diese Möglichkeit grundsätzlich besteht und durch basisdemokratische Verfahren verstärkt abgefangen werden soll.[1582] Die *Selbst*bindung im positivistischen Rechtsstaat ist jedoch nur noch als Paradox reformulierbar,[1583] weil der Staat das Recht hervorbringt, das ihn selbst rechtfertigt und Gewalt und Recht am höchsten Punkt der Rechtsquellenhierarchie zusammenfallen.[1584] Im Prinzip ist aber im demokratischen Rechtsstaat – jedenfalls vordergründig – die ideale Rechtsstaatskonzeption erhalten geblieben. Die Freiheit hat nur ihren Status als regulative Idee eingebüßt und wurde durch ein demokratisches Gesetz ersetzt, das von dem Verweis auf eine kommunikative Vernunft seine Legitimation und Stabilität erfährt.

Der Rechtsstaat bleibt als Herrschaftsform erhalten,[1585] der dem Integrationsanspruch des Wohlfahrtsstaates dienen bzw. die sozialintegrative Kraft des Rechts entfalten muss, jedoch weiterhin in seiner Funktionsweise unverzichtbarer Bestandteil der Rationalisierung von Herrschaft ist.[1586] Demnach führe auch nicht die zunehmende „Verrechtlichung" zum Freiheitsverlust, sondern die Entrechtlichungstendenzen ermöglichten illegitime politische wie soziale Herrschaft.[1587] Die Verschränkung von Rechtsstaatlichkeit und Demokratie lässt die Gesetzesbindung noch wichtiger werden. Sie ist nicht nur zentraler Dreh- und Angelpunkt

---

1579 Vgl. *Habermas,* Faktizität und Geltung, 1998, S. 165.

1580 *Niesen/Eberl,* Demokratischer Positivismus, in: Buckel/Christensen/Fischer-Lescano (Hg.), Neue Theorien des Rechts, 2. Aufl., 2009, S. 7.

1581 *Habermas,* Faktizität und Geltung, 1998, S. 534.

1582 *Habermas,* Faktizität und Geltung, 1998, S. 492, 533.

1583 *Grimm,* Der Wandel der Staatsaufgaben und die Krise des Rechtsstaats, in: ders. (Hg.), Wachsende Staatsaufgaben – sinkende Steuerungsfähigkeit des Rechts, 1990, S. 293; *Zumbansen,* Ordnungsmuster im Wohlfahrtsstaat, 2000, S. 277; s. *Habermas,* Faktizität und Geltung, 1998, S. 165, der darin kein Paradox sieht, weil das nur der Fall wäre, wenn man sich das Rechtssystem selbstreferentiell vorstellt.

1584 *Zumbansen,* Ordnungsmuster im Wohlfahrtsstaat, 2000, S. 277.

1585 Vgl. *Böckenförde,* Entstehung und Wandel des Rechtsstaatsbegriffs, in: ders., Recht, Staat, Freiheit, 1991, S. 169.

1586 *Habermas,* Faktizität und Geltung, 1998, S. 208 ff., 516 ff.

1587 Vgl. *Niesen/Eberl,* Demokratischer Positivismus, in: Buckel/Christensen/Fischer-Lescano (Hg.), Neue Theorien des Rechts, 2. Aufl., 2009, S. 14 f.

der uneingeschränkten Verrechtlichung von Herrschaft, sondern auch Medium politischer Einheitsbildung in einer Gesellschaft, „deren Institutionen ganz auf den Modus pluralistischer Repräsentation und Interessenabwägung eingestellt sind."[1588] Die Legitimität ist demzufolge insbesondere von der Möglichkeit einer strikten Gesetzesbindung abhängig.

B. Der Verhältnismäßigkeitsgrundsatz als konkrete Rechtfertigung der einzelnen Steuerungsgesetze

Erfährt das positive Recht über seine Demokratisierung eine allgemeine Legitimation, wird nun die konkrete Rechtfertigung durch den verfassungsrechtlich verankerten Verhältnismäßigkeitsgrundsatz dargestellt. Im Rahmen des Verhältnismäßigkeitsgrundsatzes werden die Grundrechte als Gesamtheit einer objektiven Werteordnung[1589] begriffen und nicht mehr nur als individuelle Abwehrrechte gegen den Staat angesehen. Unter der Rechtsprechung des Bundesverfassungsgerichts ist es „zu der entscheidenden materiellen Vorgabe im Bereich des verfassungsrechtlichen Rechtsstaatsprinzips geworden."[1590] Dieser Bedeutungszuwachs ist auf die Indienstnahme des Rechts als Steuerungsmedium zurückzuführen, mit dem sich auch der Argumentationsmodus des Rechts ändern musste.[1591] Die Veränderung, die das Recht dadurch erfahren hat, wird zunächst mit der *Weber*'schen Kategorie einer materialen Rationalität des Rechts verdeutlicht. Die Umsetzung materialer Rationalität im Strafrecht führt zu einem Präventionsstrafrecht, dessen Dimensionen hier allgemein dargestellt werden. Danach wird der Verhältnismäßigkeitsgrundsatz als konkrete Rechtfertigung der Steuerungsgesetze behandelt.

1588 *Vesting,* Rechtswissenschaftliche Beobachtung des Rechtsystems: Einheitsbildung und Differenzerzeugung, in: Trute u.a. (Hg.), Allgemeines Verwaltungsrecht – zur Tragfähigkeit eines Konzepts, 2008, S. 245.

1589 Vgl. noch einmal die Lüth-Entscheidung: BVerfGE 7, 198 ff.; dazu *Christensen/Fischer-Lescano,* Das Ganze des Rechts, 2007, S. 53 ff.

1590 *Grzeszick* in Maunz/Dürig, Komm. z. GG, Art. 20 Rn. VII 107; vgl. auch *Schlink,* Der Grundsatz der Verhältnismäßigkeit, in: Badura/Dreier (Hg.), Festschrift 50 Jahre Bundesverfassungsgericht, 2001, S. 445.

1591 *Teubner,* Folgenorientierung, in: ders. (Hg.), Entscheidungsfolgen als Rechtsgründe, 1995, S. 12; vgl. *Grimm,* Entscheidungsfolgen als Rechtsgründe, in: Teubner (Hg.), Entscheidungsfolgen als Rechtsgründe, 1995, S. 149 ff. und *Denninger,* Der Präventions-Staat, KJ 1988, S. 9.

I. Die materiale Rationalität des wohlfahrtsstaatlichen Rechts

Die Instrumentalisierung des Gesetzes als Steuerungsmedium bringt einen neuen Rechtstypus – das regulatorische Recht – hervor.[1592] Die mit diesem Rechtstypus einhergehenden Veränderungen werden wiederum mit den Rechtskategorien von *Weber* beobachtet. Das regulatorische Recht lässt sich auf den von *Weber* eingeführten Begriff einer „Materialisierung des Formalrechts" beziehen.[1593] Mit seiner Unterscheidung von formaler und materialer Rechtsrationalität können die Wirkungen der Ablösung oder Überlagerung der formalen Rationalität des klassischen rechtsstaatlichen Rechts von einer materialen sozialstaatlichen Orientierung analysiert werden.[1594] Im Gegensatz zur oben beschriebenen[1595] formal-rationalen Rechtskonzeption ist das Recht material-rational, wenn bei Entscheidungen „Normen anderer qualitativer Dignität als logische Generalisierungen von abstrakten Sinndeutungen [...] Einfluß haben sollen: ethische Imperative oder utilitaristische oder andere Zweckmäßigkeitsregeln oder politische Maximen".[1596] Dadurch wird die im Formalrecht vorherrschende Regelorientierung durch Zweckorientierung überlagert, die „der strikten Anwendung präzise definierter Rechtsnormen [...] eher offen definierte Standards und vage Generalklauseln" gegenüberstellt.[1597] Der Zweck im Recht bedingt auch die Umstellung auf die teleologische Methode.[1598] *Weber* sah darin eine Gefahr für die formale Rationalität des Rechts, dessen Autonomie durch zunehmende Verweisungen auf politische Opportunität, moralische Maximen und ökonomische Rationalität in Frage gestellt sei.[1599] Sie würden „sowohl den Formalismus des äußeren Merkmals wie denjenigen der logischen

1592 *Teubner,* Verrechtlichung, in: Kübler (Hg.), Verrechtlichung von Wirtschaft, Arbeit und sozialer Solidarität, 1985, S. 291.

1593 *Teubner,* Verrechtlichung, in: Kübler (Hg.), Verrechtlichung von Wirtschaft, Arbeit und sozialer Solidarität, 1985, S. 291, 304.

1594 *Teubner,* Verrechtlichung, in: Kübler (Hg.), Verrechtlichung von Wirtschaft, Arbeit und sozialer Solidarität, 1985, S. 291, 304.

1595 Vgl. in diesem Teil, 1. Kapitel, C. II. 1.

1596 *Weber,* Wirtschaft und Gesellschaft, 5. Aufl., 1980, S. 397.

1597 *Teubner/Willke,* Kontext und Autonomie, Zeitschrift für Rechtssoziologie 5 (1984), S. 21; *Calliess,* Prozedurales Recht, 1999, S. 19.

1598 *Teubner,* Verrechtlichung, in: Kübler (Hg.), Verrechtlichung von Wirtschaft, Arbeit und sozialer Solidarität, 1985, S. 309; *Calliess,* Prozedurales Recht, 1999, S. 20.

1599 *Weber,* Wirtschaft und Gesellschaft, 5. Aufl., 1980, S. 397; vgl. *Teubner/Willke,* Kontext und Autonomie, Zeitschrift für Rechtssoziologie 5 (1984), S. 22.

Abstraktion durchbrechen".[1600] Jedoch könnten diese anti-formalen Tendenzen der steten Rationalitätssteigerung im Recht nichts anhaben – so *Weber*.[1601]

Durch den Ausbau des sozialen Interventionsstaates erscheint allerdings heute die „Materialisierung des Formalrechts" als dominanter, irreversibler Prozess.[1602] Das Recht muss sich materialisieren, will es soziale Positionen – Freiheit und Gleichheit – gewähren; sie verwirklichen, herstellen, produzieren.[1603] „In seiner objektiven Funktion wird also Recht von Autonomiegarantien auf wohlfahrtsstaatliche Interventionen umgepolt."[1604] Das Recht versucht nun auf gesellschaftliche Prozesse direkt zuzugreifen und bedient sich dabei linearer Kausalvorstellungen und Zweck-Mittel-Relationen.[1605] Die Rechtfertigung verschiebt sich dadurch zwangsläufig von Autonomie auf Regulierung.[1606] Darin ist die Umorientierung des Rechts von der Gewährleistung von Rechtssicherheit auf unmittelbare Rechtsgütersicherheit begründet.[1607] Für *Luhmann* zeichnet sich in den Umbrüchen einer sich formierenden Weltgesellschaft schon ab, „daß die weitere Entwicklung nicht von der Normtreue des positiven Rechts in bezug auf überpositive, gesamtmenschliche Erwartungsvorgaben abhängt, sondern von Problemlösungsfähigkeiten, die als Kapazitäten für Analyse und Entscheidung, für lernende Umstrukturierung und Anpassung von Programmen in das Rechtssystem sowohl kategorial als auch institutionell eingebaut werden müssen."[1608] Recht ist

---

1600 *Weber*, Wirtschaft und Gesellschaft, 5. Aufl., 1980, S. 397.

1601 *Weber*, Wirtschaft und Gesellschaft, 5. Aufl., 1980, S. 505 ff.; dazu *Raiser*, Grundlagen der Rechtssoziologie, 6. Aufl., 2013, S. 99.

1602 *Teubner*, Verrechtlichung, in: Kübler (Hg.), Verrechtlichung von Wirtschaft, Arbeit und sozialer Solidarität, 1985, S. 306; vgl. zu den Ablösungsprozessen einer Materialisierung des Formalrechts: *Teubner*, Reflexives Recht, Archiv für Rechts- und Sozialphilosophie 68 (1982), S. 13 ff.

1603 *Wiethölter*, Entwicklung des Rechtsbegriffs, Jahrbuch für Rechtssoziologie und Rechtstheorie 8 (1982), S. 42.

1604 *Teubner/Willke*, Kontext und Autonomie, Zeitschrift für Rechtssoziologie 5 (1984), S. 22; vgl. für das Strafrecht: *Albrecht*, Kriminologie. Eine Grundlegung zum Strafrecht, 4. Aufl., 2010, S. 23.

1605 *Teubner/Willke*, Kontext und Autonomie, Zeitschrift für Rechtssoziologie 5 (1984), S. 22.

1606 *Teubner*, Verrechtlichung, in: Kübler (Hg.), Verrechtlichung von Wirtschaft, Arbeit und sozialer Solidarität, 1985, S. 309.

1607 *Denninger*, Der Präventions-Staat, KJ 1988, S. 1 ff.

1608 *Luhmann*, Rechtssoziologie, 3. Aufl., 1987, S. 341.

dann primär ein sozialtechnologisches Steuerungsinstrument.[1609] Der innere Verweisungszusammenhang von Recht auf Recht verlagert sich auf eine Verweisung von Recht auf andere gesellschaftliche Anschlussmöglichkeiten.[1610] Das Recht öffnet sich insoweit kognitiver Lernerfahrung (Kognitivierung). Es will die Folgen seiner Entscheidungen nun mit bedenken (Folgenorientierung).[1611] Der Methodendualismus von Sein und Sollen wird brüchig. Da das material-rationale Recht direkt auf gesellschaftliche Prozesse zugreifen will, verliert es auch seine universalistische Orientierung und wird partikularistisch, d.h. Rechtsnormen orientieren sich auch wieder an gesellschaftlichen Rollenzusammenhängen.[1612] Gleichzeitig bedarf es in seinen Vollzügen ständiger Verwaltung, damit der Zweck verwirklicht werden kann.[1613] Das verstärkt noch einmal den Zugriff auf die geregelten Bereiche und bedeutet einen generell erhöhten Kontrollbedarf.

II. Die strafrechtliche Materialisierung: Entwicklung des Präventionsparadigmas

Bei der strafrechtlichen Materialisierung wird nun zunächst die strafrechtliche Eigenheit im Wandel dargestellt, die maßgeblich mit der rechtsphilosophischen Grundorientierung zusammenhängt. Danach werden die Anknüpfungspunkte für den Wandel des Strafrechts herausgearbeitet. Schließlich wird sich dem modernen präventiven Steuerungsanspruch des Strafrechts zugewandt.

1. Zur strafrechtlichen Eigenheit im Wandel

Ein umfassender Funktionswandel trat im Strafrecht erst sehr spät ein und ist durch seine Eigenheit geprägt, die auf der starken Verwobenheit mit seiner

1609 *Mastronardi,* Funktionales Recht, in: Meier-Schatz (Hg.), Die Zukunft des Rechts, 1999, S. 175.

1610 *Teubner/Willke,* Kontext und Autonomie, Zeitschrift für Rechtssoziologie 5 (1984), S. 22 f.

1611 Vgl. *Teubner,* Verrechtlichung, in: Kübler (Hg.), Verrechtlichung von Wirtschaft, Arbeit und sozialer Solidarität, 1985, S. 310; *Calliess,* Prozedurales Recht, 1999, S. 20.

1612 *Teubner/Willke,* Kontext und Autonomie, Zeitschrift für Rechtssoziologie 5 (1984), S. 22.

1613 *Wiethölter,* Entwicklung des Rechtsbegriffs, Jahrbuch für Rechtssoziologie und Rechtstheorie 8 (1982), S. 42.

vernunftrechtlichen, rechtsphilosophischen Orientierung beruht.[1614] Durch die auch in der Strafrechtsdogmatik nach wie vor betonten Sonderstellung des Strafrechts, die sich im Schuldprinzip und in Art. 103 Abs. 2 GG verfassungsrechtlich widerspiegelt, vollzieht sich der Wandel mehr subkutan. Insbesondere der von Art. 103 Abs. 2 GG mit umfasste Bestimmtheitsgrundsatz stellt eine Grenze gegenüber der Einbeziehung sozialstaatlicher Parameter ins Strafrecht im Sinne einer Materialisierung dar. Der Verweis auf die (selbstbestimmten) Adressaten des Rechts, für den die strafrechtliche Sanktion erkennbar und vorhersehbar sein muss,[1615] spricht gegen eine zu starke Partikularisierung und Vervielfältigung strafrechtlicher Normen. Im Strafrecht können deshalb grundsätzlich nicht dieselben Argumentationsfiguren zur Konkretisierung, Anpassung und Relativierung des Bestimmtheitsgebots herangezogen werden wie in anderen Rechtsgebieten.[1616] Da das Grundrechtsverständnis eine materielle Prägung angenommen hat und die Grundrechte im Rahmen der Prüfung der Verhältnismäßigkeit als Gesamtheit einer objektiven Werteordnung betrachtet werden, wirkt sich diese Materialisierung unweigerlich auch auf die verfassungsrechtliche Prüfung von Strafgesetzen aus. Es hat große Bedeutung für das Strafrecht, ob das Grundrechtsverständnis eher formell oder materiell geprägt ist.[1617] Durch eine materielle Aufladung des Grundrechtsverständnisses werden die Möglichkeiten der Verabschiedung von Strafgesetzen vervielfacht. Die Grundrechte lassen neben ihrer Begrenzungsfunktion nunmehr Kriminalisierungen in einem anderen Licht erscheinen – als Verwirklichung der Grundrechte im Sinne der objektiven Werteordnung.[1618] Auch unter verschärfter Prinzipienorientierung und trotz eines starken vernunftrechtlichen Bezugs im Verfassungstext öffnet sich das Strafrecht seiner Materialisierung.[1619] Das ist gleichbedeutend mit einer Strafrechts*ausweitung.*

1614 *Albrecht,* Prävention als problematische Zielbestimmung im Kriminaljustizsystem, KritV 1986, S. 58.

1615 *Schmidt-Aßmann* in Maunz/Dürig, Komm. z. GG, Art. 103 Rn. 179; vgl. auch *Albrecht,* Die vergessene Freiheit, 3. Aufl., 2011, S. 59 f.

1616 *Schmidt-Aßmann* in Maunz/Dürig, Komm. z. GG, Art. 103 Rn. 185.

1617 *Zipf,* Kriminalpolitik, 2. Aufl., 1980, S. 31.

1618 Vgl. hierzu das Beispiel bei *Zipf,* Kriminalpolitik, 2. Aufl., 1980, S. 31.

1619 Vgl. zur Schwächung der Strafgesetzlichkeit auch *Naucke,* Gesetzlichkeit und Kriminalpolitik, in: ders., Gesetzlichkeit und Kriminalpolitik, 1999, S. 232 ff.; *ders.,* Die Aushöhlung der strafrechtlichen Gesetzlichkeit durch den relativistischen, politisch aufgeladenen strafrechtlichen Positivismus, in: ders., Gesetzlichkeit und Kriminalpolitik, 1999, S. 260 ff.

Der Wandel der Rechtskonzeption vollzieht sich im Strafrecht zwischen den Polen eines repressiv-limitierenden und eines präventiv-gestaltenden Strafrechtsmodells, wobei letzteres im Kern nichts anderes ist als das bereits erwähnte Recht der *défense sociale.*[1620] Das Präventionsmodell geht davon aus, dass direkte und ergebnisorientierte Steuerung auch mittels strafrechtlicher Interventionen in gesellschaftliche Lebens- und Handlungsbereiche möglich ist.[1621] Damit geht ein Perspektivenwechsel von der Vergangenheit auf die Zukunft einher, der auf der Legitimationsebene auch das Schuldprinzip marginalisiert.[1622] Begleitet wird der Wandel zwangsläufig von einer Abkehr der das formal-rationale Strafrecht prägenden Vergeltungsphilosophie hin zu Straftheorien, die die Legitimation der Strafe in seiner neuen präventiven Ausrichtung sehen. Die präventiven Straftheorien führen daher zu einer internen Differenzierung, die den modernen präventiven Steuerungsanspruch konstituieren. Ebenso wie bereits im Rechtsstaat Anknüpfungspunkte für den Umbau zum sozialen Interventionsstaat vorhanden waren, können auch in der Geschichte des Strafrechts Anknüpfungspunke identifiziert werden, die den Aufstieg des Präventionsparadigmas begünstigten.

2. Anknüpfungspunkte für den Wandel des Strafrechts

Auch wenn ein umfassender Funktionswandel des Strafrechts erst sehr spät eintrat, kann das folgenorientierte Präventionskonzept an eine lange Geschichte anknüpfen. Es handelt sich im Prinzip nur um eine moderne Form der Idee, dass Strafe kollektive Nützlichkeit entfaltet, indem es der Aufrechterhaltung von Ordnung dient. Das Strafrecht ist demnach Mittel die *Sicherheit* der Bürger zu gewährleisten. Als solches kann es auch als Sicherheitsstrafrecht[1623] bezeichnet werden. Es steht in direktem Zusammenhang zum *hobbes'*schen Leistungs-Legitimations-Paradigma.[1624] Er lieferte das Grundmuster und beschrieb das

---

1620 Vgl. zur Terminologie *Albrecht,* Prävention als problematische Zielbestimmung im Kriminaljustizsystem, KritV 1986, S. 58.

1621 Auf die Wirtschaftskriminalität bezogen: *Theile,* Wirtschaftskriminalität und Strafverfahren, 2009, S. 12.

1622 *Theile,* Wirtschaftskriminalität und Strafverfahren, 2009, S. 13.

1623 So in kritischer Verwendung *Naucke,* Die robuste Tradition des Sicherheitsstrafrechts, KritV 2010, S. 129 ff.; eher affirmativ trotz Impetus rechtsstaatlicher Begrenzung: *Hassemer,* Sicherheit durch Strafrecht, HRRS 2006, S. 130 ff.

1624 Vgl. für das Sicherheitsstrafrecht *Naucke,* Die robuste Tradition des Sicherheitsstrafrechts, KritV 2010, S. 129; allgemeiner vgl. in diesem Kapitel A. I.; *Zabel,*

politische Klima des Sicherheitsstrafrechts.[1625] Das große Interesse des Menschen an einem sicheren Leben erzeugt und rechtfertigt den Staat, der Sicherheit mittels Strafrecht herstellt.[1626] Dem Staat war gesellschaftsvertraglich schon immer ein Schutzauftrag für die Sicherheit der Bürger und letztlich als Verlängerung dieses Auftrags auch für den Bestand des Staates eingeschrieben, der *latent* selbst im repressiv-limitierenden Strafrechtsmodell vorhanden ist. Das lässt sich nicht nur an *Kant*s allgemeinem Rechtsstaatsbegriff, sondern auch an seinem materiellen Verbrechensbegriff festmachen, weil die Frage der Strafwürdigkeit im Begriff der „öffentlichen Verbrechen" dadurch beeinflusst wird, ob das „gemeine Wesen" betroffen ist.[1627]

An diesen Zusammenhang knüpfen die präventiven Vordenker an. Daher ist die Idee, dass *Strafe* kollektive Nützlichkeit haben solle bzw. der Aufrechterhaltung der Ordnung diene, schon seit der Aufklärung in die Legitimationszusammenhänge des Strafrechts verwoben.[1628] Im Ringen um ein säkularisiertes Strafrecht hatte auch *Cesare Beccaria* Legitimation und Limitation des Strafrechts aus dem „Gedanken der kollektiven Nützlichkeit staatlicher Sanktionen" gewonnen.[1629] Darin steckte der Keim zu einer Neubegründung des Strafrechts auf dem Boden gesellschaftlicher Effektivität, die seine Kritik an einem inhumanen Strafrecht in den Hintergrund treten ließ.[1630] Die Sicherheit des Bürgers war die manifeste Argumentationslinie in der Konturierung des Strafrechts.[1631] Die zutage tretende Härte eines zweckmäßigen Sicherheitsstrafrechts sollte durch die Parameter Notwendigkeit und Verhältnismäßigkeit (lediglich) korrigiert werden.[1632] Auch *P.J.A.*

Kulturen der Kontrolle, KritV 2011, S. 22; vgl. auch *Groenemeyer,* Wege der Sicherheitsgesellschaft, in: ders. (Hg.), Wege der Sicherheitsgesellschaft, 2010, S. 8 f.

1625 *Naucke,* Die robuste Tradition des Sicherheitsstrafrechts, KritV 2010, S. 129.

1626 *Naucke,* Die robuste Tradition des Sicherheitsstrafrechts, KritV 2010, S. 129.

1627 Vgl. 2. Teil, 1. Kapitel, B. I.

1628 Vgl. *Vormbaum,* Einführung in die moderne Strafrechtsgeschichte, 2. Aufl., 2011, S. 25 ff.; *Naucke,* Die robuste Tradition des Sicherheitsstrafrechts, KritV 2010, S. 129 ff.

1629 *Küper,* Cesare Beccaria und die kriminalpolitische Aufklärung des 18. Jahrhunderts, JuS 1968, S. 551 f.; *Naucke,* Die Modernisierung des Strafrechts durch Beccaria, in: ders., Über die Zerbrechlichkeit des rechtsstaatlichen Strafrechts, 2000, S. 27; *Sander,* Grenzen instrumenteller Vernunft im Strafrecht, 2007, S. 9 f.

1630 *Naucke,* Die Modernisierung des Strafrechts durch Beccaria, in: ders., Über die Zerbrechlichkeit des rechtsstaatlichen Strafrechts, 2000, S. 27; *Sander,* Grenzen instrumenteller Vernunft im Strafrecht, 2007, S. 10.

1631 *Naucke,* Die robuste Tradition des Sicherheitsstrafrechts, KritV 2010, S. 130.

1632 *Naucke,* Die robuste Tradition des Sicherheitsstrafrechts, KritV 2010, S. 130.

Feuerbach wollte mit seiner „Theorie des psychologischen Zwangs" die Zweckmäßigkeit der Strafe befördern, indem die Strafandrohung abschreckend auf alle Tatgeneigten wirken sollte.[1633] Diese generalpräventive Zielsetzung der Abschreckung durch harte Sanktionen legitimierte die Strafandrohung durch den intendierten Gesellschaftsschutz.[1634] In der Folge wurde die Frage nach der Zulässigkeit von Strafe als begrenzendes Moment auf die Sanktionsebene reduziert.[1635] Selbst die Mehrzahl der Anhänger der „klassischen Schule" vertraten – beschränkt auf die Normebene – Präventionsmodelle.[1636] Die „klassische Schule", deren Protagonist *Karl Binding* war, befürwortete zwar im „Schulenstreit" gegen die „moderne Schule" um *Franz v. Liszt*[1637] die Vergeltung der Tat durch repressive Strafe.[1638] Sie bewegte sich also auf den ersten Blick in den Fahrwässern des repressiv-limitierenden Strafrechtsmodells. Die prinzipielle Gegensätzlichkeit der beiden Positionen ist jedoch zweifelhaft, weil eben jene „Forderung nach gesellschaftlicher Sicherheit und Stabilität durch Verbrechensminderung" von beiden Schulen unbestritten war.[1639]

Allerdings ist der traditionelle Anspruch kollektiver Nützlichkeit vom modernen Steuerungsanspruch des Strafrechts insoweit verschieden, als der Mensch und die Gesellschaft *invariante Größen* darstellten – ähnlich *Kant*s Vorstellung einer invarianten *conditio humana*. Die Vorstellung der Nützlichkeit rekurrierte auf einen abstrakten, der Strafe zugeschriebenen Abschreckungsmechanismus.[1640] Eine

---

1633 Vgl. *Naucke,* Feuerbach – ein liberaler Strafrechtler?, in: ders., Über die Zerbrechlichkeit des rechtsstaatlichen Strafrechts, 2000, S. 187; vgl. zu *Feuerbach* auch die differenzierte Auseinandersetzung von *Naucke,* Paul Johann Anselm von Feuerbach, in: ders., Über die Zerbrechlichkeit des rechtsstaatlichen Strafrechts, 2000, S. 159 ff.; dazu auch *Sander,* Grenzen instrumenteller Vernunft im Strafrecht, 2007, S. 11 f.

1634 *Naucke,* Die robuste Tradition des Sicherheitsstrafrechts, KritV 2010, S. 130; *ders.,* Feuerbach – ein liberaler Strafrechtler?, in: ders., Über die Zerbrechlichkeit des rechtsstaatlichen Strafrechts, 2000, S. 187 f.

1635 *Sander,* Grenzen instrumenteller Vernunft im Strafrecht, 2007, S. 11.

1636 *Frommel,* Präventionsmodelle in der deutschen Strafzweck-Diskussion, 1987, S. 42.

1637 Zu *v. Liszt* s. in diesem Kapitel C. III. 1.

1638 S. *Naucke,* „Schulenstreit"?, in: Herzog/Neumann (Hg.), Festschrift für Winfried Hassemer, 2010, S. 559.

1639 *Naucke,* „Schulenstreit"?, in: Herzog/Neumann (Hg.), Festschrift für Winfried Hassemer, 2010, S. 563; *Müller,* Verbrechensbekämpfung im Anstaltsstaat, 2004, S. 293 f.

1640 Vgl. zu *Beccaria* bei *Vormbaum,* Einführung in die moderne Strafrechtsgeschichte, 2. Aufl., 2011, S. 33; *Küper,* Cesare Beccaria und die kriminalpolitische Aufklärung des 18. Jahrhunderts, JuS 1968, S. 550 f.

zukunftsgerichtete aktive Veränderung gesellschaftlicher Strukturen war damit nicht intendiert, sondern die Aufrechterhaltung des *status quo* einer (naturrechtlich vorgeschriebenen) gesellschaftlichen Ordnung.[1641] Es ging damals jedenfalls nicht um den konkreten Inhalt des materiellen Strafrechts im Hinblick auf eine gesellschaftliche Steuerungswirkung. Erst mit der Positivierung des Rechts, die im Strafrecht durch *Binding* eingeleitet wurde, konnte die Zwecksetzung selbst zum Gegenstand des rechtlichen Diskurses werden.[1642] Der Begriff der Rechtsverletzung wird in der Folge durch den Begriff der Rechtsgutsverletzung als Ausgangspunkt für die Frage nach der Strafwürdigkeit ersetzt.[1643] Bereits diese Umstellung auf den Rechtsgutsbegriff öffnet das Strafrecht für eine Zweckorientierung.[1644] Dem Denken in der Kategorie des Rechtsguts entspricht dann eine Präventionslogik, die auf den hinter dem Rechtsgut stehenden Schutzzweck zugreift.[1645] Durch die soeben beschriebene Materialisierung des Verfassungsrechts konnte sich der Begriff des Rechtsguts von einem negativen in ein positives Kriterium der Kriminalisierung verwandeln.[1646] Die Tradition des Sicherheitsstrafrechts bildet so den Ausgangspunkt für die Entfaltung eines modernen präventiv-gestaltenden Strafrechtsmodells. *v. Liszt* machte schließlich auch auf der Sanktionsebene den Zweckgedanken zu *dem* Fluchtpunkt rechtlicher Argumentation.[1647]

3. Der moderne präventive Steuerungsanspruch

Das moderne präventiv-gestaltende Strafrechtsmodell geht von dem „produziert-produzierbaren Charakter gesellschaftlicher Realität" aus.[1648] Es verschreibt

---

1641 Vgl. *Albrecht,* Prävention als problematische Zielbestimmung im Kriminaljustizsystem, KritV 1986, S. 56.

1642 *Albrecht,* Prävention als problematische Zielbestimmung im Kriminaljustizsystem, KritV 1986, S. 56; *Naucke,* Die Aushöhlung der strafrechtlichen Gesetzlichkeit durch den relativistischen, politisch aufgeladenen strafrechtlichen Positivismus, in: ders., Gesetzlichkeit und Kriminalpolitik, 1999, S. 261 f.; *ders.,* Einführung: Rechtstheorie und Staatsverbrechen, in: Binding/Hoche, Die Freigabe der Vernichtung lebensunwerten Lebens. Ihr Maß und ihre Form (1920), 2006, S. IX ff.

1643 Vgl. hierzu *Amelung,* Rechtsgüterschutz und Schutz der Gesellschaft, 1972, S. 52 ff. m.w.N.; *Sander,* Grenzen instrumenteller Vernunft im Strafrecht, 2007, S. 13.

1644 *Kubink,* Strafen und ihre Alternativen im zeitlichen Wandel, 2002, S. 82 ff.

1645 *Sander,* Grenzen instrumenteller Vernunft im Strafrecht, 2007, S. 13.

1646 *Hassemer,* Kennzeichen und Krisen des modernen Strafrechts, ZRP 1992, S. 380.

1647 Vgl. zu *v. Liszt* in diesem Kapitel C. III. 1.

1648 *Albrecht,* Prävention als problematische Zielbestimmung im Kriminaljustizsystem, KritV 1986, S. 57 f.

sich seinem material-rationalen Charakter entsprechend einer empirischen Methodologie und realisiert seine Ausrichtung auf Empirie insbesondere im Konzept der Folgenorientierung.[1649] Im engeren strafrechtlichen Bereich liefern die gängigen Präventionstheorien grobe Orientierungspunkte für die Entwicklung des strafrechtlichen Steuerungsanspruchs. Sie geben auch eine grobe interne Differenzierung der strafrechtlichen Normenmuster und Wirkungsweisen an. Über die Tragweite der Prävention gibt jedoch ihre Verknüpfung mit dem Risikobegriff Auskunft.

a) Prävention und Risiko

Das Präventionsmodell muss – um die Tragweite der Prävention zu ermessen – in einen Zusammenhang mit der Karriere des Risikobegriffs gestellt werden, der strafrechtlich mit der analytischen Kategorie des Präventionsstaats verknüpft wird.[1650] Mit dem Begriff des Risikos „wird die berechenbare Wahrscheinlichkeit eines Schadenseintritts umschrieben, die dadurch kalkulierbar sein soll, dass Ereignisse in einer gewissen Häufigkeit in einer bestimmten Population auftreten."[1651] Risiko ist daher die Inkaufnahme eines im Prinzip vermeidbaren Schadens im Rahmen einer Entscheidung, wenn ihn „die Kalkulation der Schadenswahrscheinlichkeit und der etwaigen Schadenshöhe als vertretbar erscheinen lassen."[1652] Die Basis dieser Kalkulation bildet die Formel, nach der Risiko das Produkt von Schadenshöhe und Schadenswahrscheinlichkeit ist.[1653] Es handelt sich folglich zunächst um die „*kontrollierte Extension* des Bereichs rationalen Handelns".[1654]

Normabweichung als Risiko wahrzunehmen, bedeutet nun die Vergesellschaftung von Devianz.[1655] Die Gesamtheit der Bevölkerung gerät abhängig von Strukturen,

---

1649 *Hassemer,* Kennzeichen und Krisen des modernen Strafrechts, ZRP 1992, S. 379.

1650 Vgl. zum Risikobegriff die soziologischen Analysen von *Beck,* Weltrisikogesellschaft, 2007 und *Luhmann,* Soziologie des Risikos, 1991; vgl. zum Präventionsstaat *Albrecht,* Der Weg in die Sicherheitsgesellschaft, 2010, S. 149 ff.; *Singelnstein/Stolle,* Die Sicherheitsgesellschaft, 3. Aufl., 2012, S. *61* ff.; *Denninger,* Der Präventions-Staat, KJ 1988, S. 1 ff.; s. auch *Calliess,* Prozedurales Recht, 1999, S. 55 ff.

1651 *Singelnstein/Stolle,* Die Sicherheitsgesellschaft, 3. Aufl., 2012, S. 34.

1652 *Luhmann,* Soziologie des Risikos, 1991, S. 22.

1653 Vgl. *Luhmann,* Soziologie des Risikos, 1991, S. 22; *Bechmann,* Einleitung – Risiko ein neues Forschungsfeld, in: ders. (Hg.), Risiko und Gesellschaft, 2. Aufl., 1997, S. IX.

1654 *Luhmann,* Soziologie des Risikos, 1991, S. 22, Hervorhebungen durch Verfasserin.

1655 *Albrecht,* Prävention als problematische Zielbestimmung im Kriminaljustizsystem, KritV 1986, S. 57 f.

Situation, Lagen und Orten in den Fokus sozialer Kontrolle.[1656] Devianz wird als Risikosachverhalt rekonstruiert und die Techniken sozialer Kontrolle richten sich am empirisch, also statistisch Normalen aus.[1657] Folglich beziehen sie sich nicht mehr auf konkrete schadensträchtige Situationen, sondern nur auf eine statistische Wahrscheinlichkeit solcher schadensträchtigen Situationen.[1658]

Dieses Problem ist auch schon bei der Kritik der Gefährlichkeit im ersten Teil angesprochen worden und in seinen Konsequenzen für den potentiell gefährlichen Straftäter dargestellt worden.[1659] Abweichendes Verhalten wird unter der Ägide der Prävention vom Symptom für ein individuelles oder sozialstrukturelles Defizit zu einem Bekämpfungs-Fixpunkt.[1660] Im System sozialer Kontrolle wird Prävention zu einer „umfassende[n] offensive[n] *sozialtechnologische[n] Kontrollstrategie*, die weit über das traditionelle strafrechtliche Entscheidungsprogramm hinausgreift".[1661] Prävention ist daher flächendeckend und gruppenrelevant.[1662] Das zeigt einen „Paradigmenwechsel sozialer Kontrolle" an, der das gesamte Kriminaljustizsystem präventiv aufrüstet und damit die Einflusssphäre staatlich organisierter Kontrolle zunehmend steigert.[1663] Auf dieser Basis formuliert auch das Strafrecht einen umfassenden gesellschaftlichen Steuerungsanspruch, der es zu einem Teil des *Systems sozialer Kontrolle* werden lässt. Das Strafrecht ist dann ein Instrument der Beherrschung von (Human-)Risiken[1664] und stellt somit Sicherheit her bzw. bewahrt sie.[1665] Folglich erscheint der Anspruch der Strafrechtsdogmatik, sich nicht mit der Polizeirechtsdogmatik zu einer „Verbrechensbekämpfungswissenschaft" zu verschwistern, nahezu unmöglich.

1656 *Singelnstein/Stolle,* Die Sicherheitsgesellschaft, 3. Aufl., 2012, S. 32.

1657 *Singelnstein/Stolle,* Die Sicherheitsgesellschaft, 3. Aufl., 2012, S. 34, 63 ff.

1658 *Singelnstein/Stolle,* Die Sicherheitsgesellschaft, 3. Aufl., 2012, S. 34.

1659 Vgl. 1. Teil, 3. Kapitel, B. I. 2. c) bb).

1660 *Singelnstein/Stolle,* Die Sicherheitsgesellschaft, 3. Aufl., 2012, S. 36.

1661 *Albrecht,* Prävention als problematische Zielbestimmung im Kriminaljustizsystem, KritV 1986, S. 55, Hervorhebungen im Original; vgl. auch *Legnaro,* Konturen der Sicherheitsgesellschaft, Leviathan 1997, S. 273.

1662 *Calliess,* Prozedurales Recht, 1999, S. 60.

1663 *Albrecht,* Prävention als problematische Zielbestimmung im Kriminaljustizsystem, KritV 1986, S. 58 ff.

1664 Vgl. zur Fokussierung der Prävention auf Humanrisiken *Grimm,* Verfassungsrechtliche Anmerkungen zum Thema Prävention, KritV 1986, S. 44; s. auch *Legnaro,* Konturen der Sicherheitsgesellschaft, Leviathan 1997, S. 273.

1665 *Hassemer,* Sicherheit durch Strafrecht, HRRS 2006, S. 134, der die Umrisse eines „rechtsstaatlichen Sicherheitsstrafrechts" entwickeln möchte, S. 143.

b) Zur Systemebene der Prävention – die Tatbestandsseite

Auf der Systemebene der Prävention geben die Theorien der Generalprävention Auskunft über die konkrete Gestalt des strafrechtlichen Steuerungsanspruchs. Zur umfassenden auf die Lösung von Systemkonflikten abzielenden, funktionalen Sichtweise auf das Strafrecht hat insbesondere die positive *General*prävention als Legitimation eine hohe Affinität.[1666] Sie hebt gerade die Normstabilisierungsfunktion der Strafgesetze *allgemein* hervor und erhebt damit einen Anspruch auf globalen Gesellschaftsschutz.[1667] Hier ist auch die negative Generalprävention zu verorten, die aber gegenüber der positiven Generalprävention aus der Mode gekommen ist. Mit dieser abstrakt gehaltenen Wirkungsweise kann sich das Strafrecht an allgemeinen steuerungstheoretischen Überlegungen orientieren und sich z.B. als Kontextsteuerung darstellen.[1668] Auf diese Art und Weise wird das Prinzip einer Ordnung durch Selbstbindung abgesichert. Gestützt durch die generalpräventive Legitimationsschiene führt der strafrechtliche Steuerungsanspruch zu zahlreichen Neukriminalisierungen.[1669] Diese können insbesondere anhand des ausufernden Nebenstrafrechts belegt werden, aber auch spätestens seit den 1970er Jahren ist das Kernstrafrecht davon betroffen.[1670] Herausragende Beispiele sind das Wirtschaftsstrafrecht und das Umweltstrafrecht, aber auch die Organisierte Kriminalität, Drogen, Datenverarbeitung, Steuern und der Außenhandel sind Gebiete strafgesetzlicher Neuerungen.[1671]

1666 Vgl. *Albrecht,* Kriminologie. Eine Grundlegung zum Strafrecht, 4. Aufl., 2010, S. 46 f.; *Theile,* Wirtschaftskriminalität und Strafverfahren, 2009, S. 13 f.

1667 Vgl. *Albrecht,* Kriminologie. Eine Grundlegung zum Strafrecht, 4. Aufl., 2010, S. 46 f.; *Theile,* Wirtschaftskriminalität und Strafverfahren, 2009, S. 13 f.

1668 Vgl. hierzu kritisch im Hinblick auf die strafrechtlichen Möglichkeiten *Albrecht,* Das Strafrecht auf dem Weg vom liberalen Rechtsstaat zum sozialen Interventionsstaat, KritV 1988, S. 187 ff.

1669 Vgl. grundlegend zum Steuerungsanspruch des Strafrechts im zeitlichen Wandel: *Albrecht,* Kriminologie. Eine Grundlegung zum Strafrecht, 4. Aufl., 2010, S. 63 ff.; *Hassemer,* Kennzeichen und Krisen des modernen Strafrechts, ZRP 1992, S. 381; *Theile,* Wirtschaftskriminalität und Strafverfahren, 2009, S. 12 f.

1670 Vgl. *Albrecht,* Kriminologie. Eine Grundlegung zum Strafrecht, 4. Aufl., 2010, S. 63 ff.; *Hassemer,* Kennzeichen und Krisen des modernen Strafrechts, ZRP 1992, S. 381; *Theile,* Wirtschaftskriminalität und Strafverfahren, 2009, S. 12 f.

1671 Vgl. zum Wirtschaftsstrafrecht insbesondere *Theile,* Wirtschaftskriminalität und Strafverfahren, 2009, S. 10 ff.; vgl. auch *Albrecht,* Das Strafrecht auf dem Weg vom liberalen Rechtsstaat zum sozialen Interventionsstaat, KritV 1988, S. 187 ff.; s. zudem *Hassemer,* Kennzeichen und Krisen des modernen Strafrechts, ZRP 1992, S. 381.

Im Wirtschaftsstrafrecht als Beispiel dieser Entwicklung wird die Tendenz instrumenteller Indienstnahme des Strafrechts noch verstärkt. Im Vergleich zu außerstrafrechtlichen Steuerungsalternativen wird es als geringere Belastung angesehen, „da der einzelne anders als etwa bei wirtschaftsverwaltungsrechtlichen Aufsichts- und Kontrollmaßnahmen dem strafrechtlichen Zugriff durch normkonformes Verhalten ausweichen könne".[1672] Unter diesem Einfluss wandelt sich das Strafrecht umfassend, das nunmehr *sola* oder *prima ratio* und nicht mehr *ultima ratio* für die Lösung gesellschaftlicher Konflikte ist.[1673] Der Rechtsgüterschutz weitet sich zu einem Institutionenschutz aus, der statt Individual- auch vermehrt Universalrechtsgüter in den Blick nimmt. Darüber hinaus reduziert er mittels des Konstrukts abstrakter Gefährdungsdelikte die Bestrafungsvoraussetzungen, um in den komplexen Zusammenhängen überhaupt noch eine Zurechnung auf einzelne Personen zu ermöglichen.[1674]

c) Zur Individualebene der Prävention – die Rechtsfolgenseite

Die systemische Ebene der Prävention ist nur die eine Seite des präventiv-gestaltenden Strafrechtskonzepts. Die andere Seite ist die Individualebene, auf der sich Prävention am einzelnen Straftäter ausrichtet und zur Neukonstituierung der Sanktionen führt. Sobald sich das Strafrecht von seiner formalen Rationalität abwendet und sich an seinen Folgen für die Gesellschaft orientiert, treten zwangsläufig die Probleme der empirischen Bestimmung angemessener Sanktionsformen auf.[1675] Im Zuge der „Materialisierung des Formalrechts" entwickelt sich auch auf der Sanktionsebene ein zweckorientiertes, konkretes Programm, das ebenfalls auf außerrechtliches Wissen zugreift und sich damit in die allgemeine Rechtsentwicklung einfügt.[1676] Vorreiter dieser Entwicklung war *v. Liszt,* der in seinem Marburger Programm von 1882 bereits die wesentlichen Eckpunkte der heutigen Maßregeln

1672 *Theile,* Wirtschaftskriminalität und Strafverfahren, 2009, S. 14 m.w.N.; vgl. auch *Albrecht,* Das Strafrecht auf dem Weg vom liberalen Rechtsstaat zum sozialen Interventionsstaat, KritV 1988, S. 199 mit Verweis auf die BT-Drs. 10/318, S. 11 zum 2. WiKG.

1673 *Hassemer,* Kennzeichen und Krisen des modernen Strafrechts, ZRP 1992, S. 380; *Theile,* Wirtschaftskriminalität und Strafverfahren, 2009, S. 13.

1674 Vgl. *Hassemer,* Kennzeichen und Krisen des modernen Strafrechts, ZRP 1992, S. 381.

1675 *Albrecht,* Prävention als problematische Zielbestimmung im Kriminaljustizsystem, KritV 1986, S. 57.

1676 Vgl. *Albrecht,* Prävention als problematische Zielbestimmung im Kriminaljustizsystem, KritV 1986, S. 57.

und der Sicherungsverwahrung formulierte.[1677] Gesellschaftssteuerung ist auf der Individualebene lediglich implizit vorhanden. Legitimationstheoretisch sind hier die spezialpräventiven Theorien der Resozialisierung und der (einfältigen) Sicherung relevant. Die Gefährlichkeit des Straftäters ist der „Verweisungsbegriff", der außerrechtliche Bezüge in das Strafrecht einführt und es auf das Individuum hin materialisiert.[1678]

Das am Individuum ausgerichtete präventiv-gestaltende Strafrechtskonzept bedingt auch die Aufspaltung des Sanktionensystems in Strafen und Maßregeln. Es führt daher zur Etablierung der Sicherungsverwahrung, wobei der Gedanke der Individualprävention ebenso auf der ersten Spur, insbesondere bei der Aussetzung des Strafrestes zur Bewährung gemäß §§ 57, 57a StGB zum Tragen kommt. Diese Vermischung von Strafe und Maßregel ist Ausdruck der strafrechtlichen Wende hin zum Präventionsparadigma. Aufgrund dessen schrumpft der Unterschied von Strafe und Maßregeln auf eine bei der Strafe geltende *gesetzliche Vermutung* zusammen, nach der die ‚Schuldstrafe' die in der Tat zu Tage getretene Gefährlichkeit beseitigt hat bzw. beseitigen wird (und zur Not noch die Möglichkeit, auf Führungsaufsicht zurückzugreifen, besteht).[1679]

In der Hinwendung zum *Täterstrafrecht* wird meist ein Fortschritt gesehen, weil darin eine sozialstaatlich-wohlmeinende Orientierung am Individuum zum Ausdruck käme, „das nun nicht mehr ausschließlich repressiv sanktioniert, sondern im Sinne sozialstaatlicher Zwecksetzung resozialisierend behandelt werden kann."[1680] Das hängt damit zusammen, dass auf dem Höhepunkt wohlfahrtsstaatlicher Ausrichtung Prävention primär Resozialisierung und Re-Integration des Verurteilten bedeutete, wobei zum anerkannten Wissen gehörte, dass die gesellschaftlichen Verhältnisse für Delinquenz ursächlich seien.[1681] Dies war aber nicht immer so. Unter dem Nationalsozialismus, der die Maßregeln letztlich einführte, wurde die Vorstellung einer genetischen Disposition zur Kriminalität vertreten, die zwangsläufig keine Resozialisierung ermöglichte.[1682] Die Reformulierung von

---

1677 Vgl. in diesem Kapitel C. III. 1.

1678 Vgl. abstrakt zum „Verweisungsbegriff": *Christensen/Fischer-Lescano,* Das Ganze des Rechts, 2007, S. 176.

1679 Vgl. *Roxin,* Strafrecht. Allgemeiner Teil, 4. Aufl., 2006, S. 97; s. § 68f StGB.

1680 *Albrecht,* Das Strafrecht auf dem Weg vom liberalen Rechtsstaat zum sozialen Interventionsstaat, KritV 1988, S. 184.

1681 Vgl. *Albrecht,* Der Weg in die Sicherheitsgesellschaft, 2010, S. 39 ff., 142 ff.; *Singelnstein/Stolle,* Die Sicherheitsgesellschaft, 3. Aufl., 2012, S. 25; *Kubink,* Strafen und ihre Alternativen im zeitlichen Wandel, 2002, S. 408 ff., 742 f.

1682 Vgl. in diesem Kapitel C. III. 2. b).

Prävention im Kontext von Risiko hat nun ein weiteres Mal die Individualprävention verändert. Die Ausschaltung von Risikofaktoren rückt ebenfalls zwangsläufig die Sicherung politisch in den Fokus, was sich in der im ersten Kapitel des ersten Teils beschriebenen gesetzgeberischen Entwicklung zur Sicherungsverwahrung bereits angedeutet hat.

III. Der Verhältnismäßigkeitsgrundsatz als (verfassungsrechtlicher) Maßstab des materialisierten Rechts

Der Verhältnismäßigkeitsgrundsatz ist der Maßstab des materialisierten Rechts, weil er jenseits von formaler Rationalität, der Subsumtion unter Tatbestände im Sinne klarer Konditionalprogramme, Konfliktstrukturierungen und -lösungen ermögliche und so Rationalität in der *Sache* verbürge – so *Schlink*.[1683] Er stelle damit in jeder Entscheidung die geschützten Grundrechtsbereiche einzelfallbezogen neu her und dränge so auf Grundrechtsverwirklichung.[1684] Im Unterschied zum formal-rationalen Recht werden beim Verhältnismäßigkeitsgrundsatz die verschiedenen Normen nur noch als Abwägungsgesichtspunkte in einer umfassenden Abwägung aller betroffenen Interessen berücksichtigt.[1685] Der grundrechtliche Vorbehalt ist zum Vorbehalt des verhältnismäßigen Gesetzes geworden.[1686] Er gilt im Organisationsrecht, durch die Drittwirkungsrechtsprechung im Zivilrecht und im Strafrecht für strafprozessuale Eingriffe, das Ob und Wie des Strafens, für die Maßregeln sowie den Strafvollzug.[1687] Der Verhältnismäßigkeitsgrundsatz gilt

---

1683 *Schlink,* Der Grundsatz der Verhältnismäßigkeit, in: Badura/Dreier (Hg.), Festschrift 50 Jahre Bundesverfassungsgericht, 2001, S. 464; vgl. auch *Bae,* Der Grundsatz der Verhältnismäßigkeit im Maßregelrecht des StGB, 1985, S. 85.

1684 Vgl. *Calliess,* Prozedurales Recht, 1999, S. 101.

1685 *Calliess,* Prozedurales Recht, 1999, S. 65.

1686 *Schlink,* Der Grundsatz der Verhältnismäßigkeit, in: Badura/Dreier (Hg.), Festschrift 50 Jahre Bundesverfassungsgericht, 2001, S. 445 f.; vgl. auch *Grzeszick* in Maunz/Dürig, Komm. z. GG, Art. 20 Rn. VII 107; zum Siegeszug des Verhältnismäßigkeitsgrundsatzes bzw. der Abwägung auf transnationaler Ebene vgl. *Fischer-Lescano,* Mäßigung der Verhältnismäßigkeit, in: Calliess (Hg.), Transnationalisierung des Rechts, erscheint 2014, Manuskript, S. 4 ff.

1687 *Schlink,* Der Grundsatz der Verhältnismäßigkeit, in: Badura/Dreier (Hg.), Festschrift 50 Jahre Bundesverfassungsgericht, 2001, S. 445 f.; vgl. auch *Grzeszick* in Maunz/Dürig, Komm. z. GG, Art. 20 Rn. VII 107.

nicht nur für den Gesetzgeber, sondern auch – hier war er ursprünglich beheimatet – für die Verwaltung, die jedoch durch die gesetzlich festgelegten Zweck- sowie Mittelge- und -verbote gebunden ist.[1688] Im Strafrecht betont *Hassemer* als Befürworter der Prävention bzw. der *défense sociale,* dass durch die konsequente Begründung strafrechtlicher Reaktionen im Verhältnismäßigkeitsgrundsatz staatliche Reaktionen gegenüber dem Verbrecher rechtsstaatlich begrenzt werden könnten und daher selbst das Schuldprinzip obsolet sei.[1689]

1. (Verfassungs-) rechtliche Ableitung der Verhältnismäßigkeit

Der Verhältnismäßigkeitsgrundsatz ist als Prüfungsmaßstab zwar nicht explizit im Grundgesetz festgeschrieben. Er hat aber zahlreiche Anknüpfungspunkte in der Verfassung und eine lange, bis zu *Aristoteles* zurückreichende Tradition.[1690] Die Verhältnismäßigkeit ist eng mit der Gerechtigkeitsidee verknüpft, die einen angemessenen Ausgleich der Interessen fordert.[1691] Verfassungsrechtlich stützt sich der Verhältnismäßigkeitsgrundsatz auf Art. 1 GG, den allgemeinen Gleichheitssatz (Art. 3 Abs. 1 GG), das Rechtsstaatsprinzip (Art. 20 Abs. 3 GG), die Wesensgehaltsgarantie (Art. 19 Abs. 2 GG) und/oder die Grundrechte.[1692]

2. Der Verhältnismäßigkeitsgrundsatz im Verfassungsrecht: Das Verhältnis von Demokratie und Grundrechten

Im Verhältnis zu den Grundrechten stellt der Verhältnismäßigkeitsgrundsatz eine Regel dar, der im Kollisionsfall in der Lage dazu ist, die Grundrechte als Prinzipien zu optimieren bzw. abzuwägen, und der einen sachgerechten Ausgleich

1688 *Pieroth/Schlink,* Grundrechte. Staatsrecht II, 28. Aufl., 2012, Rn. 280 ff.; vgl. zur unterschiedlichen Bindung des Verhältnismäßigkeitsgrundsatzes von Verwaltung und Gesetzgeber auch *Degenhart,* Staatsrecht I. Staatsorganisationsrecht, 28. Aufl., 2012, Rn. 400 f.

1689 *Ellscheid/Hassemer,* Strafe ohne Vorwurf, in: Lüderssen/Sack (Hg.), Abweichendes Verhalten II, Bd. 1, 1975, S. 266 ff., 281 ff.; vgl. auch *Calliess,* Theorie der Strafe im demokratischen und sozialen Rechtsstaat, 1974, S. 187.

1690 Vgl. *Albrecht,* Die vergessene Freiheit, 3. Aufl., 2011, S. 91 f.; kritisch zur mangelnden Begründung durch das Bundesverfassungsgericht *Schlink,* Der Grundsatz der Verhältnismäßigkeit, in: Badura/Dreier (Hg.), Festschrift 50 Jahre Bundesverfassungsgericht, 2001, S. 446; vgl. auch *Alexy,* Theorie der Grundrechte, 1986, S. 103 f.

1691 Vgl. *Albrecht,* Die vergessene Freiheit, 3. Aufl., 2011, S. 91 f.

1692 *Grzeszick* in Maunz/Dürig, Komm. z. GG, Art. 20 Rn. VII 108; *Clérico,* Die Struktur der Verhältnismäßigkeit, 2001, S. 19 m.w.N.

zwischen widerstreitenden Interessen herbeiführen kann – so *Alexy*.[1693] Er enthielte Kriterien, „um zu bestimmen, ob im *konkreten Fall* das beeinträchtigte Grundrecht so weit wie möglich realisiert worden ist.“[1694] Als solcher zielt der Verhältnismäßigkeitsgrundsatz auf denselben freiheitsermöglichenden Gehalt des positiven Rechts wie die Demokratie. Es geht um einen Ausgleich der subjektiv-rechtlichen mit der objektiv-rechtlichen Seite der Grundrechte, was in der Demokratietheorie als Ausgleich zwischen Menschenrechten und Volkssouveränität firmiert.[1695] Grundsätzlich wird durch die Unterscheidung von höherstufigem und einfachem Gesetz in das positive Recht eine reflexive Struktur eingebaut, die ebenso demokratische Gerechtigkeit herstelle.[1696] Die reflexive Struktur entfaltet das Paradox der Selbstbindung des Staates und ergänzt so die klassische Gewaltenteilung des Rechtsstaats.

Der Verhältnismäßigkeitsgrundsatz muss jedoch zum Demokratieprinzip ins Verhältnis gesetzt werden, zur abstrakten Legitimation der Steuerungsgesetze. Dementsprechend müsse der Verhältnismäßigkeitsgrundsatz eine regelhafte, rationale – dogmatische – Bindung des Bundesverfassungsgerichts an das Verfassungsrecht ermöglichen – so jedenfalls die Forderung, damit das Bundesverfassungsgericht nicht nur die demokratische Meinung gegen seine eigene Meinung austausche.[1697] Hier geht es folglich um die Vorrangfrage zwischen Politik und Recht bzw. um die Kompetenzgrenzen des Bundesverfassungsgerichts, die das Bundesverfassungsgericht zumeist im Verweis auf die Einschätzungsprärogative des Gesetzgebers zum Ausdruck bringt. Im Hinblick auf die abstrakte Legitimation des positiven Rechts durch den demokratischen Gesetzgeber wird

---

1693 *Alexy,* Theorie der Grundrechte, 1986, S. 100 ff.; *Clérico,* Die Struktur der Verhältnismäßigkeit, 2001, S. 20, m.w.N.; vgl. auch z.B. BVerfGE 23, 127 (133 f.); *Degenhart,* Staatsrecht I. Staatsorganisationsrecht, 28. Aufl., 2012, S. 160, siehe zur Unterscheidung von Regel und Prinzip: *Alexy,* Theorie der Grundrechte, 1986, S. 71 ff.; vgl. zudem *Calliess,* Prozedurales Recht, 1999, S. 93 ff., insbes. 98 ff.

1694 *Clérico,* Die Struktur der Verhältnismäßigkeit, 2001, S. 18, Hervorhebung durch Verfasserin; vgl. auch *Degenhart,* Staatsrecht I. Staatsorganisationsrecht, 28. Aufl., 2012, Rn. 399.

1695 Vgl. aber die Kritik *Habermas'* an der Umsetzung durch die Wertejudikatur: Faktizität und Geltung, 1998, S. 309 ff.

1696 *Brunkhorst,* Heterarchie und Demokratie, in: ders./Niesen, Das Recht der Republik, S. 377; vgl. auch *Luhmann,* Das Recht der Gesellschaft, 1995, S. 472 ff.

1697 Vgl. die Kritik bei *Schlink,* Der Grundsatz der Verhältnismäßigkeit, in: Badura/Dreier (Hg.), Festschrift 50 Jahre Bundesverfassungsgericht, 2001, S. 453 f., 462; vgl. zum Problem der Kontrollkompetenz des Verfassungsgerichts *Alexy,* Theorie der Grundrechte, 1986, S. 495 ff.; s. auch *Calliess,* Prozedurales Recht, 1999, S. 102 ff.

zudem betont, dass es sich um eine formelle Prüfung handele, die inhaltliche Wertung erst durch die Prüfung herstelle.[1698] Um eine umfassende Legitimation des *status quo* der verfassungsgerichtlichen Praxis zu verhindern, sei die Verhältnismäßigkeitsprüfung nur eine notwendige, aber keine hinreichende grundrechtliche Legitimitätsbedingung.[1699] Sie wird zwar durch die Kontrollkompetenz des Gerichts gegenüber Legislative und Exekutive im Rahmen der Gewaltenteilung vervollständigt, jedoch würde die „Gewährleistung der Grundrechte und die Respektierung des Willens des demokratisch legitimierten Gesetzgebers eine Bindung des Rechtsanwenders an Regeln" erfordern.[1700] Um subjektive Wertungen aus der verfassungsrechtlichen Praxis herauszuhalten, wird grundsätzlich ein „methodischer Rechtspositivismus" vertreten, der aufgrund von Gesetzesbindung, Präjudiz und Dogmatik nicht jedes Argument im juristischen Diskurs zulässt.[1701] Dieser „methodische Rechtspositivismus" muss demnach im Zusammenhang mit der Funktion formaler Rationalität im Recht gesehen werden. Durch die Anknüpfung an den Rechtstext bzw. den Tatbestand der Norm und dessen Auslegung sollen die Tugenden des formal-rationalen Rechts im material-rationalen Recht bewahrt werden.

3. Komponenten der Verhältnismäßigkeit

Im Verlauf der Verfassungsrechtsprechung haben sich drei Komponenten der Verhältnismäßigkeit herauskristallisiert, über die dogmatisch weitestgehend Einigkeit besteht:[1702] die Geeignetheit, die Erforderlichkeit und die Verhältnismäßigkeit i.e.S. (oder Proportionalität).[1703] Sie sollen die vom Gesetzgeber (bzw. der Verwaltung)

1698 *Clérico,* Die Struktur der Verhältnismäßigkeit, 2001, S. 22.

1699 *Clérico,* Die Struktur der Verhältnismäßigkeit, 2001, S. 22.

1700 S. *Clérico,* Die Struktur der Verhältnismäßigkeit, 2001, S. 23, die gerade die Entfaltung einer Dogmatik von Regeln bei der Verhältnismäßigkeitsprüfung zum Ziel hat. Vgl. hierzu die Kritik zur Verhältnismäßigkeit i.e.S. bei *Pieroth/Schlink,* Grundrechte. Staatsrecht II, 28. Aufl., 2012, Rn. 303 ff., die eine Rationalisierungschance der Verhältnismäßigkeit i.e.S. in der Inkorporierung von dogmatisch ausgearbeiteten bzw. ausarbeitbaren einzelnen Zumutbarkeitsaspekten wie Vertrauensschutz bzw. Rückwirkungsverbot sehen.

1701 Vgl. dazu *Müller/Christensen,* Juristische Methodik, Bd. I, 10. Aufl., 2009, S. 112 ff.; *Calliess,* Prozedurales Recht, 1999, S. 97; s. affirmativ *Forsthoff,* Zur Problematik der Verfassungsauslegung, in: ders., Rechtsstaat im Wandel, 2. Aufl., 1976, S. 174.

1702 *Grzeszick* in Maunz/Dürig, Komm. z. GG, Art. 20 Rn. VII 110.

1703 BVerfGE 30, 292 (316): „Nach dem Grundsatz der Verhältnismäßigkeit muß das vom Gesetzgeber eingesetzte Mittel geeignet und erforderlich sein, um den

angenommene Zweck-Mittel-Relation rechtlicher Überprüfung zugänglich machen. Bezugspunkt der drei Elemente der Verhältnismäßigkeit „ist der mit dem staatlichen Verhalten jeweils verfolgte legitime Zweck".[1704] Er wird von der Legislative bestimmt und Verwaltung und Rechtsprechung sind an ihn gebunden.[1705] Der Zweck kann Legitimität beanspruchen, solange er sich im durch das Verfassungsrecht gezogenen Rahmen hält, der zum Beispiel durch qualifizierte Gesetzesvorbehalte bei Grundrechten explizit abgesteckt wird.[1706] Gleichfalls muss das vom Staat eingesetzte Mittel, das Ziel zu erreichen, als solches legitim sein.[1707] Die Frage der Legitimität des Zwecks oder des eingesetzten Mittels ist jedoch jenseits von expliziten verfassungsrechtlichen Vorgaben und definitiven Verboten der Folter, der Sklaverei und der ‚Rassendiskriminierung' von der konkreten Prüfung der drei Komponenten der Verhältnismäßigkeit schwierig zu trennen und daher als ‚Vorprüfung' kaum relevant.[1708] Im Folgenden werden daher nur diese drei Komponenten der Verhältnismäßigkeit detailliert dargestellt.

a) Geeignetheit

Das Gebot der Geeignetheit bestimmt, dass das Mittel den Zweck fördern muss: „*Geeignetheit* bedeutet, dass der Zustand, den der Staat durch den Eingriff schafft, und der Zustand, in dem der verfolgte Zweck als verwirklicht zu betrachten ist, in einem durch bewährte Hypothesen über die Wirklichkeit vermittelten Zusammenhang stehen."[1709] Bei der Geeignetheitsprüfung handelt es sich der Definition

erstrebten Zweck zu erreichen. Das Mittel ist geeignet, wenn mit seiner Hilfe der gewünschte Erfolg gefördert werden kann; es ist erforderlich, wenn der Gesetzgeber nicht ein anderes, gleich wirksames, aber das Grundrecht nicht oder doch weniger fühlbar einschränkendes Mittel hätte wählen können." BVerfGE 67, 157 (173): „Die in Frage stehende Grundrechtsbegrenzung muß im engeren Sinne verhältnismäßig sein, das heißt in angemessenem Verhältnis zu dem Gewicht und der Bedeutung des Grundrechts stehen."

1704 *Grzeszick* in Maunz/Dürig, Komm. z. GG, Art. 20 Rn. VII 111.

1705 *Grzeszick* in Maunz/Dürig, Komm. z. GG, Art. 20 Rn. VII 111.

1706 *Grzeszick* in Maunz/Dürig, Komm. z. GG, Art. 20 Rn. VII 111; *Pieroth/Schlink,* Grundrechte. Staatsrecht II, 28. Aufl., 2012, Rn. 289 ff.; *Degenhart,* Staatsrecht I. Staatsorganisationsrecht, 28. Aufl., 2012, Rn. 402.

1707 *Pieroth/Schlink,* Grundrechte. Staatsrecht II, 28. Aufl., 2012, Rn. 289.

1708 Vgl. *Clérico,* Die Struktur der Verhältnismäßigkeit, 2001, S. 64 ff.

1709 *Pieroth/Schlink,* Grundrechte. Staatsrecht II, 28. Aufl., 2012, Rn. 293, Hervorhebung im Original.

nach um eine *empirische* Prüfung der Zweck-Mittel-Relation.[1710] Dabei reicht es aus, „daß das Mittel die Wahrscheinlichkeit erhöht, daß der angestrebte Erfolg zumindest teilweise eintritt."[1711] Es handelt sich demzufolge lediglich um eine Evidenzkontrolle, ob die Maßnahme „schlechthin", „grundsätzlich" oder „objektiv" ungeeignet ist, weil sie auf einer offensichtlich fehlsamen Prognose beruht.[1712]

In der Anerkennung eines weiten gesetzgeberischen Gestaltungsspielraums bei der Bestimmung geeigneter Maßnahmen zur Verfolgung seiner Ziele wird das Verhältnis der verfassungsgerichtlichen Kontrollkompetenz zur Einschätzungsprärogative des Gesetzgebers bestimmt.[1713] Hier kommt das eben angesprochene Verhältnis zum Demokratieprinzip zum Tragen, das dem demokratisch legitimierten Willen des Gesetzgebers Vorrang einräumt.[1714] Zudem wird der Vertrauensvorsprung mit der oft schwierigen Beurteilung der komplexen empirischen Zusammenhänge begründet, die bei den Regelungen in Rede stehen.[1715] Je mehr jedoch der personale Kernbereich eines Grundrechts betroffen sei, desto höher werde auch die verfassungsgerichtliche Kontrolldichte des Beurteilungs- und Prognosespielraums des Gesetzgebers ausfallen.[1716] Dogmatisch seien die verursachten grundrechtlichen Beeinträchtigungen allerdings besser auf der Ebene der Erforderlichkeit bzw. der Verhältnismäßigkeit i.e.S. zu verorten.[1717] Es gehe lediglich um die Überprüfung einer positiven Beziehung zwischen Mittel und Zweck.[1718]

Deutlich wird schon hier, dass die Geeignetheitsprüfung nicht nur von empirischen Fragestellungen geleitet ist. Die empirische Überprüfung der Zweck-Mittel-Relation tritt hinter die normative Fragestellung des grundsätzlichen Verhältnisses von Legislative und Judikative zurück. Das Demokratieprinzip ist hier das Argument, das die Kontrolldichte des Bundesverfassungsgerichts grundsätzlich bestimmt. Die Konkretisierung auf den Einzelfall erscheint jedoch schwierig. Deswegen besteht grundsätzlich die Gefahr, dass hinter der Entscheidung für die Einschätzungsprärogative des Gesetzgebers andere, unbenannte Argumente stehen, z.B. wenn eine materielle

---

1710 *Clérico,* Die Struktur der Verhältnismäßigkeit, 2001, S. 28.

1711 *Grzeszick* in Maunz/Dürig, Komm. z. GG, Art. 20 Rn. VII 112.

1712 Z.B. BVerfGE 81, 156 (192); *Clérico,* Die Struktur der Verhältnismäßigkeit, 2001, S. 49 m.w.N.; *Degenhart,* Staatsrecht I. Staatsorganisationsrecht, 28. Aufl., 2012, Rn. 404.

1713 Vgl. *Clérico,* Die Struktur der Verhältnismäßigkeit, 2001, S. 49.

1714 Vgl. *Clérico,* Die Struktur der Verhältnismäßigkeit, 2001, S. 39 f.

1715 *Pieroth/Schlink,* Grundrechte. Staatsrecht II, 28. Aufl., 2012, Rn. 297.

1716 BVerfGE 50, 290 (332 f.); vgl. *Alexy,* Theorie der Grundrechte, 1986, S. 495 ff.

1717 So *Clérico,* Die Struktur der Verhältnismäßigkeit, 2001, S. 56 f.

1718 *Clérico,* Die Struktur der Verhältnismäßigkeit, 2001, S. 56 f.

Vorprüfung im Stillen ergeben hat, dass an der gesetzgeberischen Abwägung nichts auszusetzen ist.[1719]

b) Erforderlichkeit

Das Gebot der Erforderlichkeit ergänzt die Geeignetheit um die komplexere Frage der Komparation von Mitteln.[1720] Es handelt sich damit auch um einen Teil der *empirisch* zu überprüfenden Zweck-Mittel-Relation.[1721] Erforderlichkeit – oder auch Notwendigkeit genannt – bedeutet, „daß es keinen Zustand gibt, den der Staat ohne großen Aufwand ebenfalls schaffen kann, der für den Bürger weniger belastend ist und der mit dem Zustand, in dem der verfolgte Zweck als verwirklicht zu betrachten ist, ebenfalls in einem durch bewährte Hypothesen über die Wirklichkeit vermittelten Zusammenhang steht."[1722] Die Prüfung der Erforderlichkeit ist demnach zweigeteilt und umfasst die Prüfung der Gleichgeeignetheit der Mittel sowie die Bestimmung des milderen Mittels.[1723] Es handelt sich folglich um einen doppelten Vergleich, „nämlich in Bezug auf die Förderung des Zieles durch die alternativen Mittel im Vergleich zu dem Grad der Förderung des Zieles durch das eingesetzte Mittel, und in bezug auf den Grad der Intensität der Beeinträchtigung der verfassungsrechtlichen Prinzipien oder der Belastung des Betroffenen durch andere geeignete Mittel im Vergleich zu dem eingesetzten Mittel."[1724]

Bei der Prüfung der Gleichgeeignetheit wird die prinzipiell endlose Suche nach alternativen Mitteln durch Praktikabilitätserwägungen begrenzt. Die Prüfung wird auf die Ausführungen des Beschwerdeführers und die in Fachkreisen diskutierten Alternativen beschränkt.[1725] Dadurch, dass die Geeignetheitsprüfung bereits keine allzu hohen Anforderungen an den Beweis der Zweck-Mittel-Relation stellt, setzt sich dies im Vergleichsmaßstab fort.[1726] Da die alternativen Mittel grundsätzlich *in jeder Hinsicht* gleich geeignet sein sollen, werden hier auch Verwaltungs- und Kostenerwägungen einbezogen, die aber prinzipiell erst bei der Erwägung

---

1719 Vgl. *Calliess,* Prozedurales Recht, 1999, S. 105.

1720 *Clérico,* Die Struktur der Verhältnismäßigkeit, 2001, S. 74.

1721 *Clérico,* Die Struktur der Verhältnismäßigkeit, 2001, S. 74.

1722 *Pieroth/Schlink,* Grundrechte. Staatsrecht II, 28. Aufl., 2012, Rn. 295; vgl. BVerfGE 81, 156 (192).

1723 *Clérico,* Die Struktur der Verhältnismäßigkeit, 2001, S. 74 f.

1724 *Clérico,* Die Struktur der Verhältnismäßigkeit, 2001, S. 75.

1725 BVerfGE 40, 196 (223); *Clérico,* Die Struktur der Verhältnismäßigkeit, 2001, S. 77.

1726 *Clérico,* Die Struktur der Verhältnismäßigkeit, 2001, S. 79.

milderer Mittel erörtert werden bzw. dort hingehören.[1727] Bei der Prüfung der Gleichgeeignetheit wirkt sich zwangsläufig der Beurteilungs- und Prognosespielraum des Gesetzgebers auf die Prüfung der Erforderlichkeit insgesamt aus. Dem Gesetzgeber steht ein weiter Spielraum bei der Beurteilung der Geeignetheit zu und davon hängt ab, ob er auf das mildere Mittel verwiesen werden kann.[1728] Auch hier kommt demnach das demokratietheoretisch entschiedene Verhältnis von Legislative und Judikative maßgeblich zum Tragen.[1729]

An den Bundesverfassungsgerichtsentscheidungen zur Sicherungsverwahrung kann gut nachverfolgt werden, welchen hohen Stellenwert das Merkmal der Gleichgeeignetheit für das Ergebnis der verfassungsrechtlichen Verhältnismäßigkeitsprüfung hat. Im Jahr 2004 hatten die Richter noch im Sinne der Gleichgeeignetheit geurteilt, dass eine nicht-stationäre Maßnahme bei der Bewertung der Erforderlichkeit der Sicherungsverwahrung nicht berücksichtigt werden dürfe, weil sie nicht gleichgeeignet sei.[1730] Im Jahr 2011 betonten die Richter demgegenüber, dass der präventive Freiheitsentzug ein Sonderopfer sei.[1731] Bei der Prüfung im Einzelfall verwiesen sie immerhin ausdrücklich darauf, dass die Führungsaufsicht als milderes Mittel in Betracht zu ziehen sei und sich mit der Frage auseinandergesetzt werden müsse, ob und inwieweit der Gefährlichkeitsgrad des jeweiligen Beschwerdeführers darüber reduziert werden könne.[1732]

Wird durch die Prüfung der Gleichgeeignetheit bereits die Wahl zwischen alternativen Mitteln begrenzt, ist im zweiten Schritt zu prüfen, welche Maßnahme die geschützte Rechtsposition am wenigsten belastet.[1733] Dabei sind die Eigenart der betroffenen Rechtspositionen, die Intensität der Verkürzung der Rechtspositionen, die Anzahl der Betroffenen, aber auch günstige Einwirkungen auf andere Rechtspositionen und Nebenwirkungen einzubeziehen.[1734] Bewährte dogmatische Figuren, die die Eingriffsintensität in Stufen ordnen, sind die Unterscheidung der Beschränkung nach *Ob* und *Wie* sowie beim Ob zwischen unbeeinflussbaren und

1727 *Grzeszick* in Maunz/Dürig, Komm. z. GG, Art. 20 Rn. VII 114; *Clérico,* Die Struktur der Verhältnismäßigkeit, 2001, S. 81 f. und 111 ff.

1728 Vgl. BVerfGE 81, 156 (192 f.); *Degenhart,* Staatsrecht I. Staatsorganisationsrecht, 28. Aufl., 2012, Rn. 405.

1729 Vgl. *Clérico,* Die Struktur der Verhältnismäßigkeit, 2001, S. 75 f.

1730 Vgl. 1. Teil, 1. Kapitel, D. V. 1. b) aa).

1731 Vgl. 1. Teil, 4. Kapitel, A. II.

1732 Vgl. 1. Teil, 4. Kapitel, A. II. und zu den Vorgaben des Bundesverfassungsgerichts im Rahmen der Weitergeltungsanordnung vgl. 1. Teil, 3. Kapitel, B. III.

1733 *Grzeszick* in Maunz/Dürig, Komm. z. GG, Art. 20 Rn. VII 115.

1734 *Grzeszick* in Maunz/Dürig, Komm. z. GG, Art. 20 Rn. VII 115.

beeinflussbaren Beschränkungen.[1735] Eine Relationierung der Wirksamkeit und der Intensität der Beeinträchtigung kommt nicht in Betracht, d.h. weder kann eine Alternative mit größerer Wirksamkeit bei gleicher Beeinträchtigung noch eine Alternative mit geringerer Wirksamkeit bei wesentlich geringeren Folgen berücksichtigt werden.[1736] Diese Abwägung unterfällt gerade der Einschätzungsprärogative des Gesetzgebers und folgt aus dem Prüfungspunkt der Gleichgeeignetheit.[1737] Deutlich wird hier, dass bei der Vielzahl der in Rechnung zu stellenden Positionen beim Vergleich der Mittel, die den Zweck gleich geeignet fördern, sich aus strukturellen und epistemischen Gründen nicht immer das mildeste Mittel bestimmen lässt.[1738] Darauf wird im dritten Teil noch ausführlich zurückgekommen.[1739]

Um im Zweifel nicht immer für die Einschätzungsprärogative des Gesetzgebers zu votieren, bedarf es entweder einer Lösung im Rahmen der Verhältnismäßigkeit i.e.S. mittels Abwägung oder einer Ergänzung der Erforderlichkeit durch Zusatzregeln. Solche Zusatzregeln können aber im Rahmen eines methodischen Positivismus letztlich auch nur aus einer Abwägung der verfassungsrechtlichen Rahmenbedingungen gewonnen werden.[1740] Eine intensivere Kontrolle der empirischen Prämissen der Zweck-Mittel-Relation entgegen der weiten Einschätzungsprärogative des Gesetzgebers kann folglich *nur* als Resultat einer Abwägung rekonstruiert werden.[1741] Auch die Berücksichtigung der Kosten und des Verwaltungsaufwands beim Mittelvergleich, der schon im Rahmen der Gleichgeeignetheit eine Rolle spielt, ist ohne Abwägung nicht zu bewerkstelligen.[1742] Daraus lässt sich schon hier schlussfolgern, dass das Empirische bei der Zweck-Mittel-Relation einen ungeklärten Status hat und maßgeblich durch normative Abwägungsentscheidungen bestimmt wird. Was für die Verschlungenheit der Gesetzesmerkmale auf der einfachgesetzlichen Ebene der Sicherungsverwahrung gilt, gilt auch bei der Prüfung des Verhältnismäßigkeitsgrundsatzes auf Verfassungsebene: Das Verhältnis von Sein und Sollen ist unklar.

1735 *Pieroth/Schlink,* Grundrechte. Staatsrecht II, 28. Aufl., 2012, Rn. 306 f.

1736 *Grzeszick* in Maunz/Dürig, Komm. z. GG, Art. 20 Rn. VII 116.

1737 *Grzeszick* in Maunz/Dürig, Komm. z. GG, Art. 20 Rn. VII 116.

1738 Vgl. *Clérico,* Die Struktur der Verhältnismäßigkeit, 2001, S. 91; *Alexy,* Theorie der Grundrechte, 1986, S. 497.

1739 Vgl. dazu den 3. Teil, einführend dort 1. Kapitel, A. I.

1740 Vgl. *Clérico,* Die Struktur der Verhältnismäßigkeit, 2001, S. 91 f. und die konkreten Vorschläge von Zusatzregeln, S. 92 ff.

1741 *Clérico,* Die Struktur der Verhältnismäßigkeit, 2001, S. 108.

1742 Vgl. *Clérico,* Die Struktur der Verhältnismäßigkeit, 2001, S. 129 und 137 ff.

c) *Verhältnismäßigkeit i.e.S. als Abwägung*

Die Abwägung, die bereits in den ersten zwei Merkmalen eine (verdrängte) Bedeutung annimmt, wird im letzten Merkmal, der Verhältnismäßigkeit i.e.S. oder Proportionalität, nun ausdrücklich entfaltet. Sie ist das entscheidende Merkmal der Verhältnismäßigkeitsprüfung, da eine Abwägung bei der Geeignetheit und der Erforderlichkeit aufgrund der argumentativen Inbezugnahme der gesetzgeberischen Einschätzungsprärogative bereits stattfindet. Infolgedessen tritt die empirische Überprüfung der Zweck-Mittel-Relation hinter die Abwägung zurück. Es handelt sich dabei um einen Abwägungsprozess von Gütern oder Interessen, der auf die Verfassung als Ganzes, als Werteordnung abzielt, um im Einzelfall Grundrechtskollisionen entscheidbar zu machen.[1743] Der Grundgedanke hinter den Abwägungsmodellen ist der von *Konrad Hesse* formulierte Ansatz praktischer Konkordanz, der auf der Wertungsjurisprudenz als Theorie fußt:[1744] „[V]erfassungsrechtlich geschützte Rechtsgüter müssen in der Problemlösung einander so zugeordnet werden, dass jedes von ihnen Wirklichkeit gewinnt."[1745] Das ist der Ort, an dem die objektiv-rechtliche und die subjektiv-rechtliche Dimension der Grundrechte in Einklang gebracht werden sollen, indem die Einheit der Verfassung als „sichere[r] Garant einer die widerspruchsvollen Strebungen vereinheitlichende Totalität des gesellschaftlichen Handelns" firmiert.[1746] Die Einheit der Verfassung wird an die Stelle der Freiheit als regulative Idee gesetzt.

Bei der Abwägung sind die Rechtspositionen nicht nur abstrakt zu bewerten, sondern in einem zweiten Schritt ist die Intensität der konkreten Betroffenheit durch die Maßnahme zu ermitteln.[1747] Des Weiteren werden hier auch teilweise das Gleichheitsgebot, das allgemeine Rückwirkungsverbot und der Vertrauensschutz

---

1743 Vgl. *Pieroth/Schlink*, Grundrechte. Staatsrecht II, 28. Aufl., 2012, Rn. 299 ff.; *Clérico*, Die Struktur der Verhältnismäßigkeit, 2001, S. 144 ff.

1744 Vgl. *Fischer-Lescano*, Kritik der praktischen Konkordanz, KJ 2008, S. 167.

1745 *Hesse*, Grundzüge des Verfassungsrechts der Bundesrepublik Deutschland, 20. Aufl., 1995, Rn. 72, der betont, dass es sich dabei um keine abstrakte, sondern am Einzelfall orientierte Abwägung handelt.

1746 Vgl. *Christensen/Fischer-Lescano*, Das Ganze des Rechts, 2007, S. 83, die die Unmöglichkeit des Unterfangens herausarbeiten; s. auch *Denninger*, Verfassungsrechtliche Schlüsselbegriffe, in: Broda u.a. (Hg.), Festschrift für Rudolf Wassermann, 1985, S. 281 f.; vgl. affirmativ *Hesse*, Grundzüge des Verfassungsrechts der Bundesrepublik Deutschland, 20. Aufl., 1995, Rn. 71.

1747 *Degenhart*, Staatsrecht I. Staatsorganisationsrecht, 28. Aufl., 2012, Rn. 407.

als rechtliche Argumente bei der Abwägung berücksichtigt.[1748] Das Bundesverfassungsgericht hat die objektiv-rechtliche Funktion der Grundrechte und den darin enthaltenen Verweis auf die Werteordnung der Verfassung im Lüth-Urteil[1749] entwickelt. Damit begründete es die grundrechtliche Auslegung und die mittelbare Drittwirkung der Grundrechte im Privatrecht.[1750] Die Abwägung wird in der Rechtsprechung des Bundesverfassungsgerichts besonders dann virulent, wenn es – wie auch bei der Sicherungsverwahrung – von „mehrpoligen Grundrechtsverhältnissen" bzw. „Grundrechtskollisionen" ausgeht, in denen der Staat seiner aus den Grundrechten erwachsenden Schutzfunktion nachkommt.[1751]

Auch *Ellscheid* und *Hassemer* gehen davon aus, dass der Verhältnismäßigkeitsgrundsatz die Tendenz zu zweckrationalem hoheitlichen Handeln durch wertrationale Überlegungen eingrenze.[1752] Im Wege praktischer Konkordanz als Ausdruck eines Wertepluralismus könnten sich die Grundrechte des Täters *und* der Schutz der Allgemeinheit voll entfalten.[1753] Zudem könne dabei ebenso das irrationale Vergeltungsbedürfnis der Gesellschaft als ein Faktor innerhalb des wertrationalen Systems bewertet werden.[1754] Letzteres würde das Schuldprinzip gänzlich obsolet machen und ein einspuriges Maßregelsystem müsste sich dann zwischen den Anforderungen von Zweckmäßigkeit und Gerechtigkeit, kriminalpolitischer Wirksamkeit und rechtsstaatlicher Garantien bewähren.[1755] Der Verhältnismäßigkeitsgrundsatz, insbesondere die Abwägung ermögliche so eine

---

1748 Vgl. *Pieroth/Schlink*, Grundrechte. Staatsrecht II, 28. Aufl., 2012, Rn. 305; *Schlink*, Der Grundsatz der Verhältnismäßigkeit, in: Badura/Dreier (Hg.), Festschrift 50 Jahre Bundesverfassungsgericht, 2001, S. 458 ff.

1749 BVerfGE 7, 198 ff.

1750 Vgl. *Pieroth/Schlink*, Grundrechte. Staatsrecht II, 28. Aufl., 2012, Rn. 99; *Christensen/Fischer-Lescano*, Das Ganze des Rechts, 2007, S. 53 ff.

1751 Vgl. *Pieroth/Schlink*, Grundrechte. Staatsrecht II, 28. Aufl., 2012, Rn. 101 ff.; BVerfGE v. 4. Mai 2011, 2 BvR 2365/09 u.a., Rn. 93, vgl. zur Kritik an den Schutzpflichten in Bezug auf die Sicherungsverwahrung im 3. Teil, 3. Kapitel, A. III. 2. c).

1752 *Ellscheid/Hassemer*, Strafe ohne Vorwurf, in: Lüderssen/Sack (Hg.), Abweichendes Verhalten II, Bd. 1, 1975, S. 284 ff.

1753 *Ellscheid/Hassemer*, Strafe ohne Vorwurf, in: Lüderssen/Sack (Hg.), Abweichendes Verhalten II, Bd. 1, 1975, S. 284 ff.

1754 *Ellscheid/Hassemer*, Strafe ohne Vorwurf, in: Lüderssen/Sack (Hg.), Abweichendes Verhalten II, Bd. 1, 1975, S. 284 ff.

1755 Vgl. NK-StGB *Hassemer/Neumann*, 4. Aufl., 2013, Vorbem. zu § 1 Rn. 57 ff., 300 ff.

rationale Diskussion über ein Strafrecht, das die Verantwortung für den Rechtsgüterschutz sowohl des Verletzers als auch des Verletzten bzw. der Gesellschaft übernimmt.[1756]

In diesen Zusammenhang ist auch die Kritik von *Hörnle* am EGMR-Urteil einzuordnen, die dem EGMR ein „altmodisch-schlichtes Grundrechtsverständnis" vorwirft und dem Bundesverfassungsgericht zu seiner Distanzierung vom EGMR im Hinblick auf „mehrpolige Grundrechtsverhältnisse" gratuliert.[1757] Die Reichweite des Rückwirkungsverbots könne danach nur über seinen Zweck mittels einer teleologischen Auslegung erschlossen werden.[1758] Die phänomenologisch-vergleichende Auslegungsmethode des EGMR wäre dafür nicht hinreichend, denn eine abwägungsresistente Rechtsfolgenbestimmung sei keine Selbstverständlichkeit, sondern bedürfe der Erklärung.[1759] Nach dieser Ansicht bestehen dann auch keine Einwände gegen die rückwirkende Entfristung der Sicherungsverwahrung sowie gegen die nachträgliche Sicherungsverwahrung – soweit das Abstandsgebot eingehalten werde.[1760] Diese „neuerdings häufig zu vernehmende Betonung der Multipolarität der Grundrechtsbeziehung" geht jedoch an der Sache vorbei.[1761] Es ist „immer schon ein Missverständnis gewesen, dass die Grundrechte oder zivilrechtlichen Positionen in der liberalen Ordnung primär individuelle Handlungs*räume* zuordnen sollen."[1762] Vielmehr geht und ging es schon immer um Koordination von Beziehungen und Ordnungsleistung durch subjektive Rechte.[1763] Die Multipolarität ist den Grundrechten sowieso eingeschrieben. Im Bezug auf *Hörnle* heißt das, dass die Multipolarität als Argument nicht so einfach gegen ein „altmodisch-schlichtes Grundrechtsverständnis" gewendet werden kann und schon die Sicherungsverwahrung rechtfertigt. Grundsätzlich sind damit aber die Eckpunkte der Rechtfertigung der Sicherungsverwahrung im Rahmen des Präventionsstrafrechts benannt.

1756 *Ellscheid/Hassemer,* Strafe ohne Vorwurf, in: Lüderssen/Sack (Hg.), Abweichendes Verhalten II, Bd. 1, 1975, S. 273, 288.

1757 *Hörnle,* Der Streit um die Sicherungsverwahrung, NStZ 2011, S. 489.

1758 *Hörnle,* Der Streit um die Sicherungsverwahrung, NStZ 2011, S. 489 f.

1759 *Hörnle,* Der Streit um die Sicherungsverwahrung, NStZ 2011, S. 489 f.

1760 *Hörnle,* Der Streit um die Sicherungsverwahrung, NStZ 2011, S. 491.

1761 *Ladeur,* Kritik der Abwägung in der Grundrechtsdogmatik, 2004, S. 62.

1762 *Ladeur,* Kritik der Abwägung in der Grundrechtsdogmatik, 2004, S. 62.

1763 Vgl. *Ladeur,* Kritik der Abwägung in der Grundrechtsdogmatik, 2004, S. 62 ff., vgl. auch *Calliess,* Prozedurales Recht, 1999, S. 120.

IV. Bewertung der Sicherungsverwahrung im Rahmen des Präventionsstrafrechts

Im Rahmen des Präventionsstrafrechts ist eine Rechtfertigung der Sicherungsverwahrung möglich. Das Ergebnis ist jedoch uneindeutig, weil die Abwägung in jeder Entscheidung die geschützten Grundrechtsbereiche einzelfallbezogen neu herstellt und die bei der Abwägung in Bezug genommenen Werte daher zwangsläufig variieren können. Das zeigt sich an der unterschiedlichen verfassungsgerichtlichen Bewertung der Sicherungsverwahrung im Jahr 2004 und 2011. Beide Urteile bezogen sich auf das Argument der Zweispurigkeit und berücksichtigten daher keine schuldstrafrechtlichen Argumente bei der Bewertung der Sicherungsverwahrung. Trotzdem kamen sie zu teilweise erheblich divergierenden Ergebnissen.

C. Rechtfertigungsbrüche

Im Präventionsstrafrecht führt zunächst die Kritik der Abwägung auf die Spur der Rechtfertigungsbrüche. Jene Kritik weist daraufhin, dass die Trennung von Kognitivität und Normativität, von Sein und Sollen, auf die der Verhältnismäßigkeitsgrundsatz durch die Trennung von zweck- und wertrationalen Argumenten rekurriert, nicht länger möglich ist. Dadurch nehmen die empirischen Argumente einen unklaren, nicht reflektierten Status ein. Die Auswirkungen, die dieses Problem nach sich zieht, werden zumeist unter den Begriff der *Rechtsstaatskrise* gefasst.[1764] Des Weiteren führt der im material-rationalen Recht vorausgesetzte Regulationserfolg in eine doppelte Legitimationskrise. Zum einen bleibt der Regulationserfolg aus und zum anderen wird versucht, diesen immer mehr durch Zwang abzusichern. Diese doppelte Legitimationskrise firmiert auch unter den Begriffen der *Steuerungskrise* und der *Sozialstaats*- bzw. *Wohlfahrtsstaatskrise*.[1765] Der unter dem Paradigma der Risikogesellschaft generell zu verzeichnende Stimmungswechsel von Resozialisierung hin zur Sicherung konkretisiert diese krisenhaften Tendenzen für das Strafrecht. Die Dringlichkeit

---

1764 Zur Erosion des Rechtsstaats aus strafrechtlicher Perspektive: *Albrecht,* Der Weg in die Sicherheitsgesellschaft, 2010, S. 149 ff.; vgl. *ders.,* Kriminologie. Eine Grundlegung zum Strafrecht, 4. Aufl., 2010, S. 63 ff. und S. 401 ff.; vgl. *Calliess,* Prozedurales Recht, 1999, S. 60 ff.

1765 *Albrecht,* Kriminologie. Eine Grundlegung zum Strafrecht, 4. Aufl., 2010, S. 68; *Calliess,* Prozedurales Recht, 1999, S. 69 ff.

einer Auseinandersetzung mit diesen Rechtfertigungsbrüchen wird abschließend in einer Betrachtung der zeitlichen Koinzidenz der Einführung der Maßregeln als genuines Präventionsstrafrecht mit dem Nationalsozialismus vor Augen geführt. Dort wird auch deren geistiger Vater *v. Liszt* kritisch in den Blick genommen wird. Dies belegt die Möglichkeit machtpolitischer Instrumentalisierung der Sicherungsverwahrung, die sich bereits bei der Darstellung der Entwicklung der Gesetzgebung zur Sicherungsverwahrung im ersten Teil aufgedrängt hat.

I. Zur Kritik der Abwägung

In der Kritik der Abwägung wird zunächst das Problem der Einheit der Verfassung in den Blick genommen, von dem die Abwägung grundsätzlich ihre Festigkeit in den unterschiedlichen Wertgewichtungen erfahren müsste. Als nächstes wird die Trennung von zweckrationalen und wertrationalen Argumenten hinterfragt, um im Anschluss daran den Status empirischer Argumente und das Verhältnis von Recht und Politik in der Abwägung zu untersuchen.

1. Zur Einheit der Verfassung

So zentral die Abwägung für das Ergebnis des Rechtsfindungsprozesses ist, so problematisch wird sie bei näherer Betrachtung. Abwägungsentscheidungen sind nur begrenzt rationalisierbar und dadurch dem Dezisionismus-Einwand ausgesetzt.[1766] Um diesem Einwand entgegenzuwirken, wird versucht, Abwägungsregeln aus den Grundrechten abzuleiten[1767] oder traditionsreiche Dogmatiken im Verfassungsrecht zur Rationalisierung der Abwägung zu nutzen.[1768] Diese Versuche können – wie

---

1766 *Grzeszick* in Maunz/Dürig, Komm. z. GG, Art. 20 Rn. VII 118; *Clérico,* Die Struktur der Verhältnismäßigkeit, 2001, S. 249; *Müller/Christensen,* Juristische Methodik, Bd. I, 10. Aufl., 2009, S. 79 ff.; vgl. auch die Kritik bei *Christensen/Fischer-Lescano,* Das Ganze des Rechts, 2007, S. 69 ff. und bei *Fischer-Lescano,* Kritik der praktischen Konkordanz, KJ 2008, S. 166 ff.; auf die Irrationalität weist auch *Habermas* hin: Faktizität und Geltung, 1998, S. 316.

1767 Vgl. z.B. *Alexy,* Theorie der Grundrechte, 1986, S. 100 ff.; *Clérico,* Die Struktur der Verhältnismäßigkeit, 2001, S. 146 ff.

1768 Vgl. *Pieroth/Schlink,* Grundrechte. Staatsrecht II, 28. Aufl., 2012, Rn. 305; *Schlink,* Der Grundsatz der Verhältnismäßigkeit, in: Badura/Dreier (Hg.), Festschrift 50 Jahre Bundesverfassungsgericht, 2001, S. 458 ff.; zum Nutzen einer Abwägungsdogmatik vgl. auch *Clérico,* Die Struktur der Verhältnismäßigkeit, 2001, S. 140 ff.

bereits angemerkt – unter dem Begriff des „methodischen Positivismus“ zusammengefasst werden. Der Dezisionismuseinwand lässt sich jedoch nicht entkräften. Die Einheit der Verfassung bräuchte ein Zentrum, von dem die heterogenen Rechtsgüter miteinander in Einklang zu bringen wären.[1769] Dieses ist aber zu unbestimmt, als dass es eine inhaltliche Ausfüllung durch den Rechtsanwender verhindern könnte.[1770] *Wiethölter* weist darauf hin, dass „[j]edes Kollisionsrecht [...] prinzipiell in der Gefahr [steht], statt der Güter-‚Abwägung‘ schlicht ‚Guts‘-Abwägung zu betreiben, d.h. allgemeiner: ein Interesse avanciert zugleich – als allgemeines (jedenfalls allgemeineres) – zum Schiedsrichter über sich selbst und die Konkurrenten.“[1771] Der Austausch der Freiheit durch die Einheit der Verfassung als regulative Idee kann folglich nicht das halten, was er verspricht. Die Abwägung ist als „rhetorische Fassade“ entlarvt.[1772] Als Normprogramm kann sie die von ihr postulierten Bindungen praktisch nicht einlösen.[1773] „Was als Bindung an eine vorgegebene Ordnung der Gerechtigkeit auftreten möchte,“ ist (vorläufig) nur durch „die selbstverantwortliche Setzung von Normtexten durch den Rechtsanwender“ erklärbar.[1774] Das heißt, die Abwägung „ist nichts Bestimmendes, sondern etwas durch andere Praktiken bestimmtes“.[1775]

Auch *Böckenförde*s Versuch, das Einheitsproblem als Problem der „Bedingungen der Möglichkeit des Rechtsstaats“ zu reformulieren, und allein auf das Bestehen des Staates als politischer Machteinheit zu setzen, die die Voraussetzung für eine rechtsstaatliche Freiheitsordnung sei, ist wenig aussichtsreich.[1776] Nach *Böckenförde* bedürfe es „eines einigenden Bandes, einer homogenitätsverbürgenden Kraft, die

---

1769 *Christensen/Fischer-Lescano,* Das Ganze des Rechts, 2007, S. 166 ff.; vgl. auch *Maurer/Renner,* Kollisionsrechtliches Denken in der Rechtstheorie, in: Schramm u.a. (Hg.), Konflikte im Recht – Recht der Konflikte, 2010, S. 207, die die Einheitsidee durch die gesellschaftliche Fragmentierung zerstört sehen.

1770 *Christensen/Fischer-Lescano,* Das Ganze des Rechts, 2007, S. 169 f.; vgl. auch zum Problem von Einheitsstiftung und Zweckbegriff: *Luhmann,* Zweckbegriff und Systemrationalität, 6. Aufl., 1999, S. 92.

1771 *Wiethölter,* Begriffs- und Interessenjurisprudenz, in: Lüderitz/Schröder (Hg.), Internationales Privatrecht und Rechtsvergleichung im Ausgang des 20. Jahrhunderts, 1977, S. 256.

1772 *Christensen/Fischer-Lescano,* Das Ganze des Rechts, 2007, S. 173; *Müller/Christensen,* Juristische Methodik, Bd. I, 10. Aufl., 2009, S. 81.

1773 *Christensen/Fischer-Lescano,* Das Ganze des Rechts, 2007, S. 169.

1774 *Christensen/Fischer-Lescano,* Das Ganze des Rechts, 2007, S. 170.

1775 *Christensen/Fischer-Lescano,* Das Ganze des Rechts, 2007, S. 357.

1776 *Böckenförde,* Entstehung und Wandel des Rechtsstaatsbegriffs, in: ders., Recht, Staat, Freiheit, 1991, S. 168.

dieser Freiheit vorausliegt und den Staat als politische Einheit erhält."[1777] Jedoch macht „die soziale Differenzierung […] den alten Zusammenhang von Einheitsstiftung (Systembildung) und Rechtfertigung im Zweckbegriff [in jeder Hinsicht, C.S.] fragwürdig."[1778] Schon vor dem Hintergrund der Globalisierung wird einsichtig, dass wenig Aussicht auf eine homogenitätsverbürgende Kraft besteht und der politische Reduktionismus in seiner identitären Komponente heikel ist.[1779]

2. Zur Verschränkung von zweckrationalen und wertrationalen Argumenten: Recht als sachbestimmtes Ordnungsmodell

Ein weiteres Problem der Abwägung ist, dass die Trennung von zweckrationalen und wertrationalen Argumenten – wie es die Wertungsjurisprudenz nahe legt – im material-rationalen Recht nicht aufrechterhalten werden kann. Dies wurde bereits bei der Geeignetheit und Erforderlichkeit in Bezug auf die Einschätzungsprärogative des Gesetzgebers deutlich. Die Verhältnismäßigkeitsprüfung beruht letztlich primär auf einer Abwägung und die empirische Überprüfung der Zweck-Mittel-Relation tritt dahinter zurück. Das liegt daran, dass die Prüfung der Zweck-Mittel-Relation als Frage „nach den Ursachen, die einen Zweck verwirklichen, und nach deren nichtbezweckten Folgen […] den Sinn [hat], den Negationsbereich der Zwecksetzung aufzuklären, […] aber an dem vorausgesetzten Werturteil nichts [ändert]."[1780] Im Rahmen der Prüfung der Geeignetheit und der Erforderlichkeit kann das Werturteil, das der demokratisch legitimierte Gesetzgeber getroffen hat und auf dem die Zweck-Mittel-Relation beruht, nur im Verweis auf andere, der Zweck-Mittel-Relation heterogen gegenüberstehende Werte bzw. Rechtspositionen zurückgenommen werden.[1781] Im Umkehrschluss kann bei der

1777 *Böckenförde,* Entstehung und Wandel des Rechtsstaatsbegriffs, in: ders., Recht, Staat, Freiheit, 1991, S. 169.

1778 *Luhmann,* Zweckbegriff und Systemrationalität, 6. Aufl., 1999, S. 92; vgl. zu den historischen Verläufen der Debatte um die Einheit der Rechtsordnung und die Grundrechte zwischen *Hans Kelsen, Rudolf Smend* und *Carl Schmitt: Christensen/ Fischer-Lescano,* Das Ganze des Rechts, 2007, S. 24 ff.; vgl. auch *Christensen/ Lerch,* Performanz. Die Kunst, Recht geschehen zu lassen, in: Lerch (Hg.), Die Sprache des Rechts, Bd. 3, Recht vermitteln, 2005, S. 62.

1779 Vgl. dazu *Fischer-Lescano/Teubner,* Regime-Kollisionen, 2006.

1780 *Luhmann,* Zweckbegriff und Systemrationalität, 6. Aufl., 1999, S. 45.

1781 Vgl. *Wiethölter,* Sozialwissenschaftliche Modelle im Wirtschaftsrecht, KJ 1985, S. 133 f.; a.A. *Schlink,* Der Grundsatz der Verhältnismäßigkeit, in: Badura/Dreier (Hg.), Festschrift 50 Jahre Bundesverfassungsgericht, 2001, S. 456 ff.

(empirischen) Prüfung der Zweck-Mittel-Relation ein Ins-Verhältnis-setzen von Rechtspositionen nicht umgangen werden.

Dasselbe gilt im Ergebnis für die Abwägung, bei der die empirischen Argumente zur Zweck-Mittel-Relation nicht unberücksichtigt bleiben können. Wirklichkeit und Recht stehen nicht „an sich" beziehungslos nebeneinander; die Rechtsnorm als Befehl hat keinen sachleeren Willen.[1782] Ansonsten würde die alte Hierarchie zwischen Vernunft und Sinnlichkeit nur reprodziert, die durch die Materialisierung des Formalrechts obsolet geworden ist. Das gilt schon aus dem Grund, weil die Rechtfertigung durch den instrumentellen Charakter der Gesetze auch vom Regulationserfolg abhängen muss. Wofür der *Weber'*sche Tatbestand einer „Materialisierung des Formalrechts" bereits sensibilisiert hatte, bestätigt die Kritik des Verhältnismäßigkeitsgrundsatzes: „Recht hat genuin mit Wirklichkeit zu tun und ist auf sie verwiesen", d.h. jeder Gesetzestext enthält ein (kodifiziertes) Wirklichkeitsmodell, auf das es rekurriert.[1783] Teilweise ist der Wirklichkeitsbezug auch expliziter, wenn über „Verweisungsbegriffe" typisierte Annahmen über die Wirklichkeit in Bezug genommen werden – so auch bei der Sicherungsverwahrung mit dem Begriff der Gefährlichkeit.[1784] Das Verhältnis von Recht zur Welt, von der Sache zur Norm der Entscheidung ist ein komplexes Wechselspiel; beide sind gleichermaßen wesentlicher Bestandteil rechtlicher Normativität.[1785] *Christensen* und *Fischer-Lescano* bezeichnen das Recht daher als „sachbestimmtes Ordnungsmodell".[1786] Der Begriff des sachbestimmten Ordnungsmodells als semantischer Ausdruck dieses Wechselspiels wird im dritten Teil Ausgangspunkt der

1782 *Müller/Christensen,* Juristische Methodik, Bd. I, 10. Aufl., 2009, S. 117; vgl. auch *Habermas,* Faktizität und Geltung, 1998, S. 525 ff.

1783 *Christensen/Fischer-Lescano,* Das Ganze des Rechts, 2007, S. 176; *Teubner,* Reflexives Recht, Archiv für Rechts- und Sozialphilosophie 68 (1982), S. 55 ff.

1784 *Christensen/Fischer-Lescano,* Das Ganze des Rechts, 2007, S. 176.

1785 *Christensen/Fischer-Lescano,* Das Ganze des Rechts, 2007, S. 183; s. auch *Willke,* Heterotopia, 2003, S. 78; vgl. hierzu *Luhmann,* Zweckbegriff und Systemrationalität, 6. Aufl., 1999, S. 343 ff., der die Trennung von empirischer und normativer Wissenschaft in Zweifel zieht. S. auch *Frey,* Vom Subjekt zur Selbstreferenz, 1989, S. 92; vgl. zudem aus der Perspektive der Hermeneutik *Hassemer,* Tatbestand und Typus, 1968, S. 12, 109 ff.

1786 *Christensen/Fischer-Lescano,* Das Ganze des Rechts, 2007, S. 183; vgl. *Müller,* Juristische Methodik und Politisches System, 1976, S. 94; *Wiethölter* spricht von einem dualistischen Rechtsbegriff, demgegenüber der liberal-rechtsstaatliche Rechtsbegriff monistisch ist: Entwicklung des Rechtsbegriffs, Jahrbuch für Rechtssoziologie und Rechtstheorie 8 (1982), S. 56; s. auch *Calliess,* Theorie der Strafe im demokratischen und sozialen Rechtsstaat, 1974, S. 49 ff., 200 f.

weiteren Überlegungen zu einem adäquaten Rechtfertigungszusammenhang als Ersatz für das Schuld- und Präventionsstrafrecht sein.

3. Zum Status empirischer Argumente und zum Verhältnis von Politik und Recht

Bei der Abwägung fließen die empirischen Argumente über die zweite Stufe der Eingriffsintensität ein.[1787] Die empirischen Argumente werden allerdings trotz ihrer Wichtigkeit oft als „Schmuggelware" gehandelt.[1788] Das liegt auch an dem nach wie vor herrschenden methodischen Rechtspositivismus, der sachhaltige Implikationen der Rechtsnormen und ihrer Regelungsbereiche eliminiert.[1789] Dadurch kann die Rechtsentscheidung frei von subjektiven Wertungen dargestellt und weiterhin am *Ideal des allgemeinen Gesetzes* festgehalten werden – jedenfalls soll der methodische Rechtspositivismus zumindest eine gleichmäßige Rechtsanwendung gewährleisten.[1790] Wenn im Recht die Suche nach dem Unbestreitbaren, dem Unverfügbaren notwendig ist, dann bringt nämlich der Verweis auf sich ständig wandelnde empirische Argumente zu viel Varietät in die Rechtsentscheidungen hinein, ohne dass geklärt wäre, wie die Konsistenz der Rechtsentscheidungen noch hergestellt werden kann.[1791] Die schwierige Frage ist dann, ab wann sich gesellschaftliche Verhältnisse oder (natur-)wissenschaftliche Forschungsergebnisse so grundlegend verändert haben, dass sie auf die Formulierung der Rechtsnorm durchschlagen.[1792] Diese Frage stellt sich gerade auch im Zusammenhang mit der fortschreitenden Flexibilisierung der Anordnungsvoraussetzungen der Sicherungsverwahrung, die ehemals als notwendig angesehene Formalisierungen verabschiedet. Indem empirische Argumente als „Schmuggelware" gehandelt werden, wird eine Auseinandersetzung mit der für das Recht als konstitutiv

---

1787 *Christensen/Fischer-Lescano,* Das Ganze des Rechts, 2007, S. 173 f.

1788 *Christensen/Fischer-Lescano,* Das Ganze des Rechts, 2007, S. 174; *Müller/Christensen,* Juristische Methodik, Bd. I, 10. Aufl., 2009, S. 81.

1789 Vgl. *Müller/Christensen,* Juristische Methodik, Bd. I, 10. Aufl., 2009, S. 114.

1790 Vgl. *Müller/Christensen,* Juristische Methodik, Bd. I, 10. Aufl., 2009, S. 114.

1791 Zu den Begriffen von Varietät und Redundanz in der juristischen Argumentation: *Luhmann,* Juristische Argumentation, in: Teubner (Hg.), Entscheidungsfolgen als Rechtsgründe, 1995, S. 28 f.; vgl. auch *Teubner,* Reflexives Recht, Archiv für Rechts- und Sozialphilosophie 68 (1982), S. 36; zum Gerechtigkeitsproblem des modernen Rechts: *ders.,* Selbstsubversive Gerechtigkeit, Zeitschrift für Rechtssoziologie 29 (2008), S. 16.

1792 *Christensen/Fischer-Lescano,* Das Ganze des Rechts, 2007, S. 179 f.

gedachten Unterscheidung von Normativität und Kognitivität bzw. Sollen und Sein umgegangen.[1793] Die Auflösung dieser Unterscheidung wird auch als ein Grund dafür gewertet, dass die Juristen dem Nationalsozialismus und seinen Begriffen wenig entgegenzusetzen wussten.[1794] Die Legitimationstheorie behält daher die Verknüpfung von Normativität und Kognitivität im Sinne einer prozeduralen Rechtsintervention dem demokratischen Gesetzgeber vor.[1795]

In der Analyse des Verhältnismäßigkeitsgrundsatzes wird jedoch deutlich, dass das Verweisungsverhältnis zwischen Politik und Recht nicht so hergestellt wird, wie es der demokratische Rechtsstaat behauptet bzw. wie es in der Verfassung, insbesondere im Gewaltenteilungsprinzip niedergelegt ist. Weder die dem Gesetzgeber zugewiesene Einschätzungsprärogative noch die Abwägung sind das, für was sie sich ausgeben. Sie stehen sich unversöhnlich gegenüber. Wenn das Bundesverfassungsgericht die Einschätzungsprärogative des Gesetzgebers ernstnehmen würde, könnte es zu einem „sachbestimmten Ordnungsmodell“ wenig beitragen. Der demokratische Gesetzgeber hätte eben bereits alles gesagt. Abwägungen sind „*Regelsetzungen,* die sich lediglich in dem Grad der Abstraktion der aufgestellten Regel von gesetzgeberischen Normbegründungsdiskursen unterscheiden.“[1796] Die *wert*bezogene Abwägung – teilweise auch noch getarnt als Stimmigkeitskontrolle – wiederholt implizit den Vorgang des Gesetzgebers der Herstellung einer legitimen Zweck-Mittel-Relation als einer (methodisch unangeleiteten) Mischung aus rechtlichen und tatsächlichen Argumenten – aber formuliert in der *quaestio iuris.*[1797] Dadurch wird die funktionale Gewaltenteilung hintergangen, die mittels des allgemeinen Gesetzes eine zeitliche Differenzierung und organisatorische Trennung zwischen normsetzender und normanwendender Gewalt konstituiert(e).[1798]

1793 Vgl. Teubner, Folgenkontrolle und responsive Dogmatik, Rechtstheorie 6 (1975), S. 180.

1794 Vgl. *Lepsius,* Die gegensatzaufhebende Begriffsbildung, 1994, S. 364 ff., 380, wobei die in den Rechtsentscheidungen ausgemachte Verschränkung von Sein und Sollen nicht zwangläufig mit dem Rekurs auf ein „Wirklichkeitsverständnis des objektiv-werthaften Seins“ (S. 375) einhergehen muss. Dies wird insbesondere durch einen differenztheoretischen Ansatz verhindert, s. dazu den 3. Teil.

1795 Vgl. *Habermas,* Faktizität und Geltung, 1998, S. 183 und *Schlink,* Der Grundsatz der Verhältnismäßigkeit, in: Badura/Dreier (Hg.), Festschrift 50 Jahre Bundesverfassungsgericht, 2001, S. 455 f. und vgl. zur Verknüpfung von Normativität und Kognitivität *Christensen/Fischer-Lescano,* Das Ganze des Rechts, 2007, S. 189 f.

1796 *Calliess,* Prozedurales Recht, 1999, S. 103.

1797 Vgl. *Christensen/Fischer-Lescano,* Das Ganze des Rechts, 2007, S. 188 f.; *dies.,* Auctoritatis interpositio, Der Staat 2005, S. 237.

1798 *Calliess,* Prozedurales Recht, 1999, S. 63.

Generalklauseln und Maßnahmegesetze als Leitbilder materialer Normen treten an die Stelle des allgemeinen Gesetzes und verändern dessen Form. Sie bringen das paradoxe Phänomen einer fortschreitenden Entrechtlichung trotz allseits beklagter Verrechtlichung hervor, weil bereits eine Generalklausel die Formalität des ganzen Gesetzbuches aufheben kann.[1799] Verrechtlichung und Entrechtlichung sind demnach zwei Seiten derselben Medaille. Da die Verknüpfung von Normativität und Kognitivität im Sinne einer prozeduralen Rechtsintervention im demokratischen Rechtsstaat zudem dem Gesetzgeber anheimgestellt ist, wird diese Verknüpfung im Rechtsbetrieb unsichtbar und dadurch erst recht unkontrollierbar.[1800]

Diese Tatsache der Unkontrollierbarkeit findet sich in der aus demokratietheoretischer wie auch rechtsstaatlicher Sicht formulierten Problematisierung der Bindungsschwäche regulativen Rechts wieder: Das regulative Recht weite einerseits die richterliche Rechtsfortbildung zur impliziten Gesetzgebung aus und andererseits befördere es eine Verselbständigung des Verwaltungssystems vom demokratischen Gesetzgebungsprozess; der politische Gesetzgeber würde marginalisiert.[1801] Die rechtsstaatliche Auseinandersetzung mit diesem Problem führt – jedenfalls im Strafrecht – zu einer Rückbesinnung auf die Rationalität des formalen Rechts gekoppelt an eine *kant*isch verstandene Freiheits- und Schuldphilosophie.[1802] Die demokratietheoretische Lösung wird dementsprechend in einer fortschreitenden Demokratisierung gesehen. Die politische Öffentlichkeit soll nicht nur in der steuernden Verwaltung mobilisiert werden, sondern auch in der Form öffentlicher Rechtskritik für die Justiz.[1803] Das Verfassungsgericht müsse hingegen auf eine restriktive Rolle festgelegt werden.[1804] Zudem müsse der Staat nach wie vor

---

1799 *Calliess,* Prozedurales Recht, 1999, S. 62 ff., 64.

1800 Vgl. *Fischer-Lescano,* Mäßigung der Verhältnismäßigkeit, in: Calliess (Hg.), Transnationalisierung des Rechts, erscheint 2014, Manuskript, S. 8 f.

1801 Vgl. *Habermas,* Faktizität und Geltung, 1998, S. 521; *Zumbansen,* Ordnungsmuster im Wohlfahrtsstaat, 2000, S. 105; *Günther,* Der Wandel der Staatsaufgaben und die Krise des regulativen Rechts, in: Grimm (Hg.), Wachsende Staatsaufgaben – sinkende Steuerungsfähigkeit des Rechts, 1990, S. 64.

1802 Vgl. u.a. *Naucke,* Einführung: Rechtstheorie und Staatsverbrechen, in: Binding/Hoche, Die Freigabe der Vernichtung lebensunwerten Lebens (1920), 2006, S. LXIV; *ders.,* Schwerpunktverlagerungen im Strafrecht, KritV 1993, S. 160 ff.; *Albrecht,* Die Vergessene Freiheit, 3. Aufl., 2011; *ders.,* Kriminologie. Eine Grundlegung zum Strafrecht, 4. Aufl., 2010, S. 102 ff.

1803 *Habermas,* Faktizität und Geltung, 1998, S. 530 ff., 533.

1804 *Habermas,* Faktizität und Geltung, 1998, S. 529.

das öffentliche Interesse wahrnehmen und dürfe sich nicht mit der Position eines Teilnehmers bei der ‚Verwaltung' der Gesellschaft zufrieden geben.[1805]

Wenn das Verfassungsgericht als reflexive Instanz nicht ganz abgeschafft werden soll und gleichzeitig auf dem der Verhältnismäßigkeit zugrunde liegenden Rechtsverständnis beharrt wird, bleibt das mit dem Etikett des Dezisionismus oder der Bindungsschwäche regulativen Rechts versehene Moment der Rechtsentscheidung immanent.[1806] Die Abwägung ist dann der Ort, an dem sich das Bundesverfassungsgericht gegen den demokratischen Gesetzgeber prinzipiell durchsetzen kann bzw. könnte. Dabei handelt es sich letztlich um eine andere Art von Gewaltenteilung zwischen Rechtssystem und politischem System.[1807] Jedoch verhindert die „technizistische Prinzipiensprache des Rechtssystems [...], dass die gesellschaftlichen Realwidersprüche angemessen in die quaestio iuris übersetzt werden können".[1808] Sie ist blind gegenüber der eigentlichen Konfliktsituation, weil sie keine Instrumente zur Erfassung der ‚Wirklichkeit' bereithält.[1809] Deswegen ist die Vorstellung fehlerhaft, dass die wertrationalen Argumente die zweckrationalen Argumente zugunsten der Entfaltung der Grundrechte eingrenzen würden. Hier kristallisiert sich heraus, dass der *Ort* und der *Status* des Empirischen beim Verhältnismäßigkeitsgrundsatz unklar sind. Die Zweck-Mittel-Relation kommt ohne Rekurs auf Empirie nicht aus, sondern rechtfertigt sie maßgeblich. Durch die normativ zugewiesenen Rollen bei der Rechtsgenese hat die Empirie im verfassungsgerichtlichen Verfahren jedoch einen unklaren rechtlichen Überprüfungsstatus und bei der ‚genuin' rechtlichen Werte-Abwägung bleibt sie offiziell ebenso unberücksichtigt.

1805 *Habermas,* Faktizität und Geltung, 1998, S. 532.

1806 Vgl. *Habermas,* Faktizität und Geltung, 1998, S. 183 und *Schlink,* Der Grundsatz der Verhältnismäßigkeit, in: Badura/Dreier (Hg.), Festschrift 50 Jahre Bundesverfassungsgericht, 2001, S. 455 f., die das dezisionistische Moment auf demokratische Foren begrenzen möchten.

1807 Vgl. *Luhmann,* Recht der Gesellschaft, 1995, S. 477; vgl. auch *Fögen,* Das Lied vom Gesetz, 2007, S. 47 ff.

1808 *Fischer-Lescano,* Kritik der praktischen Konkordanz, KJ 2008, S. 173, 175; *ders.,* Mäßigung der Verhältnismäßigkeit, in: Calliess (Hg.), Transnationalisierung des Rechts, erscheint 2014, Manuskript, S. 8.

1809 *Fischer-Lescano,* Kritik der praktischen Konkordanz, KJ 2008, S. 173, 175; *ders.,* Mäßigung der Verhältnismäßigkeit, in: Calliess (Hg.), Transnationalisierung des Rechts, erscheint 2014, Manuskript, S. 8.

II. Zum vorausgesetzten Regulationserfolg

Das Ausbleiben des vorausgesetzten Regulationserfolges betrifft nicht nur den genuin rechtlichen Rechtfertigungszusammenhang des Präventionsstrafrechts im Verhältnismäßigkeitsgrundsatz, sondern ebenso dessen demokratietheoretische Dimension. Es bringt institutionelle Pathologien des politischen Prozesses an den Tag, gegen die das demokratische Verfahren anscheinend nicht immunisiert werden kann.[1810] Übernimmt das Bundesverfassungsgericht der Idee nach die Ausfallbürgschaft für Fälle, in denen der politische Prozess versagt,[1811] bringt die folgende Kritik am material-rationalen Recht zum Ausdruck, dass der Verhältnismäßigkeitsgrundsatz hierfür nicht unbedingt tauglich ist. Dies gilt trotz der Tatsache, dass sich das Bundesverfassungsgericht – wie im vorherigen Abschnitt herausgearbeitet – prinzipiell im Rahmen der Abwägung gegen politische Entscheidungen durchsetzen kann. Das Versagen des Verhältnismäßigkeitsgrundsatzes im Angesicht von politischen Pathologien gewinnt durch die Einbeziehung der (Außen-)Perspektive einer kritischen Kriminalwissenschaft Plastizität.

1. Rechtsgeltung und Steuerungsversagen

Die Verschränkung der Rechtfertigung im Verhältnismäßigkeitsgrundsatz mit dem Regulationserfolg bei gleichzeitig abnehmender Entscheidungskonsistenz bringt die Rechtsgeltung und den Staat in Bedrängnis. Schließlich ist der Staat durch sein Gewaltmonopol ‚Hüter' der Rechtsgeltung. Das Steuerungsversagen des (Wohlfahrts-)Staates angesichts komplexer globalisierter Prozesse wird schon seit längerem als Legitimationskrise behandelt.[1812] Wenn Steuerungsziele nicht erreicht werden und die Folgebereitschaft der Bürger wegbricht – soweit sie überhaupt vorher als gegeben unterstellt werden konnte, muss das Steuerungsmedium Recht um der Rechtssicherheit willen, auch im Sinne des Steuerungserfolgs, immer mehr durch Zwang abgesichert werden. Davon zeugt der immense Zuwachs strafrechtlicher Normen, die das Strafrecht zur Reparaturanstalt der Gesellschaft stilisieren.[1813]

1810 Beispiele politischer Pathologien auch bei *Calliess,* Prozedurales Recht, 1999, S. 189 f., 209 f.

1811 *Calliess,* Prozedurales Recht, 1999, S. 209.

1812 Vgl. *Albrecht,* Kriminologie. Eine Grundlegung zum Strafrecht, 4. Aufl., 2010, S. 68; *Zumbansen,* Ordnungsmuster im Wohlfahrtsstaat, 2000, S. 274.

1813 Dass dies tatsächlich so ist, kann daran fest gemacht werden, dass der Staat seit der Krise seiner Wohlfahrtsorientierung immer mehr auf das Strafrecht als Steuerungsmittel zurückgreift: s. hierzu umfassend *Albrecht,* Kriminologie. Eine Grundlegung

Die Rechtssicherheit – und das heißt im Kontext von Steuerung durch Recht letztlich die Gesetzestreue der Normunterworfenen[1814] – muss um der Staats-Rechts-Ordnung willen unbedingt hergestellt und gewahrt bleiben. Rechtssicherheit und Staatssicherheit werden dadurch *un*unterscheidbar.

Der Staat kann die gerechten Zwecke bzw. Steuerungsziele hinter seiner Selbsterhaltung und damit der Erhaltung des Rechts zum Verschwinden bringen.[1815] Somit kann die Bestandssicherung des Rechts-Staates zum (alleinigen) Zweck des Rechts avancieren und ist von Gewalt nicht mehr zu unterscheiden. Diese Tatsache wird auch unter dem Schlagwort „Paternalismus des Staates" behandelt, der zur Sozialstaats- bzw. Wohlfahrtsstaatskrise führt.[1816] Folgerichtig ist es mehr als zweifelhaft, dass das *hobbes'*sche Leistungs-Legitimations-Paradigma bzw. modern formuliert: die vom Staat zu gewährleistende Normallage *Böckenförde*s gegen eine Selbstbehauptungs- und Machtsteigerungslehre gewendet werden kann, die die Unterscheidbarkeit von Rechtssicherheit und Staatssicherheit gewährleisten würde. Aufgrund des latent immer vorhandenen Leistungs-Legitimations-Paradigmas ist dieses Problem dem Rechts-Staat insgesamt immanent. Die einzelfallbezogene Abwägung steht in diesem Zusammenhang *prinzipiell* in der Gefahr, sich in einen repressiven Mechanismus zu verwandeln.[1817] Dieser Mechanismus verkehrt die ursprünglich freiheitssichernde Funktion der Grundrechte in ihr Gegenteil, weil über den „Kniff der Schutzpflichtenlehre"

---

zum Strafrecht, 4. Aufl., 2010, S. 63 ff.; *ders.,* Der Weg in die Sicherheitsgesellschaft, 2010, S. 667 ff.

1814 Vgl. *Grimm,* Verfassungsrechtliche Anmerkungen zum Thema Prävention, KritV 1986, S. 45, deswegen wird der Mensch immer mehr als Humanrisiko wahrgenommen.

1815 Vgl. *Menke,* Recht und Gewalt, 2. Aufl., 2012, S. 53, der hier diese Gewalt allein dem Recht zuschreibt. Vgl. dazu auch die Analyse von *Albrecht* zum „nach-präventiven Strafrecht": Abschied vom Recht, vor*gänge* 46 (2007), S. 27 ff. und *ders.,* Der Weg in die Sicherheitsgesellschaft, 2010, S. 667 ff.

1816 Vgl. *Habermas,* Faktizität und Geltung, 1998, S. 490 ff.; *Calliess,* Prozedurales Recht, 1999, S. 70 ff.

1817 *Fischer-Lescano,* Kritik der praktischen Konkordanz, KJ 2008, S. 167; *ders.,* Mäßigung der Verhältnismäßigkeit, in: Calliess (Hg.), Transnationalisierung des Rechts, erscheint 2014, Manuskript, S. 6; vgl. auch *Günther,* Der Wandel der Staatsaufgaben und die Krise des regulativen Rechts, in: Grimm (Hg.), Wachsende Staatsaufgaben – sinkende Steuerungsfähigkeit des Rechts, 1990, S. 64; zur Kritik der Schutzpflichten auch *Ladeur,* Kritik der Abwägung in der Grundrechtsdogmatik, 2004, S. 62 f.; vgl. auch *Di Fabio,* Risikoentscheidungen im Rechtsstaat, 1994, S. 48 ff.

die Rechtkonflikte immer zugleich staatsbezogene Spannungslagen sind.[1818] In *Wiethölter*s Worten: Das subjektive Recht als Bezugspunkt der Steuerungsinstrumente birgt eine „Grenzwert-Ambivalenz".[1819] Nach *Wiethölter* entsteht diese Ambivalenz, wenn sich eine politische Mehrheit von Grundrechtsinhabern, die auf die „Gewährung von (neuen!?) Positionen" pochen, und eine politische Minderheit von Grundrechtsinhabern gegenüberstehen, „die schlicht auf Gewährleistung von (alten!?) Positionen pochen".[1820] Die „*Rechts*-Frage" ist dann, wie die „*Verfassungs*-Grundrechte" als subjektive Abwehrrechte bzw. „subjektive Herrschaftspositionen" sich zu der objektiven Dimension der Grundrechte bzw. „zu *Verfassungs*-Recht als Kompetenz-, Organisations- und Verfahrensregelungen gesamtgesellschaftlicher Herrschaftsverhältnisse" verhalten.[1821] Wenn „Konsens und Normalität (Homogenität)" – eine Koexistenz in Frieden – bröckelt, dann tritt eine Angewiesenheit auf „Ausnahmezustände" und „Maßnahmen" zu Tage, die entweder zur totalitären Gesellschaft oder zum autoritären Staat verlängert werden kann.[1822]

Im Strafrecht spricht *Hassemer* in Anlehnung an die „Dialektik der Aufklärung" von *Horkheimer* und *Adorno* von der „Dialektik der Prävention", die auf die Ambivalenz der Zweck- bzw. Präventionsorientierung im Strafrecht verweist.[1823] Wenn Legitimation und Limitation des Strafrechts aus dem Gedanken der kollektiven Nützlichkeit im Sinne von Prävention gewonnen werden, dann steht neben der intendierten Förderung von Humanität bzw. Säkularität im

---

1818 *Fischer-Lescano*, Kritik der praktischen Konkordanz, KJ 2008, S. 167; *ders.*, Mäßigung der Verhältnismäßigkeit, in: Calliess (Hg.), Transnationalisierung des Rechts, erscheint 2014, Manuskript, S. 6.

1819 *Wiethölter*, Entwicklung des Rechtsbegriffs, Jahrbuch für Rechtssoziologie und Rechtstheorie 8 (1982), S. 44; vgl. *Denninger*, Verfassungsrechtliche Schlüsselbegriffe, in: Broda u.a. (Hg.), Festschrift für Rudolf Wassermann, 1985, S. 285.

1820 *Wiethölter*, Entwicklung des Rechtsbegriffs, Jahrbuch für Rechtssoziologie und Rechtstheorie 8 (1982), S. 44; vgl. *Denninger*, Verfassungsrechtliche Schlüsselbegriffe, in: Broda u.a. (Hg.), Festschrift für Rudolf Wassermann, 1985, S. 285.

1821 *Wiethölter*, Entwicklung des Rechtsbegriffs, Jahrbuch für Rechtssoziologie und Rechtstheorie 8 (1982), S. 44, Hervorhebungen im Original.

1822 *Wiethölter*, Entwicklung des Rechtsbegriffs, Jahrbuch für Rechtssoziologie und Rechtstheorie 8 (1982), S. 44.

1823 *Hassemer*, Entwicklungslinien des deutschen Strafrechts von der Nachkriegszeit bis heute, Quaderni Fiorentini XXXVI (2007), S. 1234; vgl. insbesondere auch *Naucke*, NS-Strafrecht, in: ders., Über die Zerbrechlichkeit des rechtsstaatlichen Strafrechts, 2000, S. 364; s. zudem *Kubink*, Strafen und ihre Alternativen im zeitlichen Wandel, 2002, S. 740 f.

Sinne rechtsstaatlicher Kritik am Strafrecht immer auch die Beförderung von Effektivität im Strafrecht.[1824] Die Effektivität bringt unweigerlich das Problem der *Selbstbegrenzung* des Strafrechts zugunsten der Grundrechte des Einzelnen mit sich.[1825] Die Entwicklung der Maßregeln der Besserung und Sicherung, insbesondere der Sicherungsverwahrung wie sie im ersten Teil dargestellt wurde, verdeutlicht die Ambivalenz präventiven Strafrechts zwischen Resozialisierung und Sicherung.[1826] Am Ende der 1990er Jahre hat dies zu einer verstärkten Orientierung an Sicherung bzw. Sicherheit um jeden Preis geführt.[1827] Der EGMR hat dieser Sicherheitsorientierung um jeden Preis ein anspruchsvolles, aus den Menschenrechten abgeleitetes Konzept von Prävention entgegengesetzt, das auf Resozialisierung eingeschworen wurde.[1828]

Der Punkt des Umschlagens, an dem (gefährliche) Ausnahmezustände entstehen bzw. für das Strafrecht das Resozialisierungsziel hinter die Sicherheit soweit zurücktritt, dass Menschenrechte betroffen sind, ist vom Verhältnismäßigkeitsgrundsatz selbst jedoch nicht erkennbar. Insbesondere kann durch die Prüfung der Gleichgeeignetheit der Mittel gegen das effektivste Mittel im Angesicht drohender Gefahren auch in der Abwägung kein Argument richtig greifen. Das wurde an den Entscheidungen zur Sicherungsverwahrung aus dem Jahr 2004 mehr als deutlich.[1829] Die material-rationalen Normen zeichnen sich gerade dadurch aus, sich an den wechselnden empirischen Gegebenheiten auszurichten. Dabei bleibt die Frage, wann eine Ausrichtung an den wechselnden empirischen Gegebenheiten gerechtfertigt ist und wann nicht, ebenso unbeantwortet wie die Frage nach

---

1824 Vgl. *Naucke,* Schwerpunktverlagerungen im Strafrecht, KritV 1993, S. 144 ff.; *Albrecht,* Kriminologie. Eine Grundlegung zum Strafrecht, 4. Aufl., 2010, S. 402 ff.; *Hassemer,* Entwicklungslinien des deutschen Strafrechts von der Nachkriegszeit bis heute, Quaderni Fiorentini XXXVI (2007), S. 1232 ff.; *Sander,* Grenzen instrumenteller Vernunft im Strafrecht, 2007, S. 16 ff.; s. auch *Kubink,* Strafen und ihre Alternativen im zeitlichen Wandel, 2002, S. 741.

1825 Vgl. *Naucke,* Schwerpunktverlagerungen im Strafrecht, KritV 1993, S. 144 ff.; *Albrecht,* Kriminologie. Eine Grundlegung zum Strafrecht, 4. Aufl., 2010, S. 402 ff.; *Hassemer,* Entwicklungslinien des deutschen Strafrechts von der Nachkriegszeit bis heute, Quaderni Fiorentini XXXVI (2007), S. 1232 ff.; *Sander,* Grenzen instrumenteller Vernunft im Strafrecht, 2007, S. 16 ff.; s. auch *Kubink,* Strafen und ihre Alternativen im zeitlichen Wandel, 2002, S. 741.

1826 Vgl. zur Ambivalenz der Maßregeln bzw. des gesamten zweckmäßigen Strafrechtssystems *Naucke,* Strafrecht, 10. Aufl., 2002, S. 104 ff.

1827 Vgl. im 1. Teil, 1. Kapitel, D.

1828 Vgl. im 1. Teil, 2. Kapitel.

1829 Vgl. im 1. Teil, 1. Kapitel, D. V.

dem unklaren Status empirischer Argumente. Im nächsten Abschnitt wird mithilfe kritischer Kriminalwissenschaft verfolgt, welche Konsequenzen die mangelnde Reflektion auf den Status des Empirischen bzw. auf diesen Umschlagpunkt im Verhältnismäßigkeitsgrundsatz nach sich zieht.

2. Die (Außen-) Perspektive einer kritischen Kriminalwissenschaft: *punitive turn* und Sicherheitsgesellschaft

In der kritischen Kriminologie und in der kritischen Straf(rechts-)theorie wird in Werken wie „Der Weg in die Sicherheitsgesellschaft“[1830] dokumentiert, wie nah sich Deutschland – nicht nur was die Sicherungsverwahrung anbelangt – an diesem Umschlagpunkt von sinnvollen Präventionskonzepten in Menschenrechtsverletzungen im Strafrecht bewegt. Hierfür werden die ‚Regulationserfolge‘ der Prävention in ihren unterschiedlichen Dimensionen auf den Prüfstand gestellt und die Auswirkungen der Misserfolge herausgearbeitet.

a) Zum Regulationserfolg auf der Systemebene der Prävention

Auf der oben angesprochenen Systemebene der Prävention[1831] liegt die Annäherung an den Umschlagpunkt gerade daran, dass der strafrechtliche Regulationserfolg sich schon empirisch kaum erweisen lässt und dem verstärkten Einsatz des Strafrechts dadurch die Legitimation entzogen wird. Die kritischen Analysen zur Generalprävention kommen hinsichtlich deren tatsächlichen Effektivität zu einem negativen Ergebnis. Die Generalprävention in ihrer negativen Ausrichtung auf Abschreckung ist empirisch kaum nachweisbar.[1832] In ihrer positiven Ausrichtung auf gesellschaftliche Normstabilisierung ist die tatsächliche Effektivität empirisch gar nicht erst zugänglich.[1833] Die positive Generalprävention ist noch weiteren erheblichen Zweifeln ausgesetzt. Insbesondere im Wirtschaftsstrafrecht lässt sich

1830 *Albrecht,* Der Weg in die Sicherheitsgesellschaft, 2010; *Singelnstein/Stolle,* Die Sicherheitsgesellschaft, 3. Aufl., 2012; vgl. zudem den Sammelband *Groenemeyer (Hg.),* Wege der Sicherheitsgesellschaft. Transformationen der Konstruktion und Regulierung innerer Unsicherheiten, 2010 und zur USA: *Garland,* Kultur der Kontrolle, 2008.

1831 Vgl. in diesem Kapitel, B. II. 3. b).

1832 *Albrecht,* Kriminologie. Eine Grundlegung zum Strafrecht, 4. Aufl., 2010, S. 59 ff., vgl. auch *Singelnstein/Stolle,* Die Sicherheitsgesellschaft, 3. Aufl., 2012, S. 28 ff.

1833 *Albrecht,* Kriminologie. Eine Grundlegung zum Strafrecht, 4. Aufl., 2010, S. 59 ff., vgl. auch *Singelnstein/Stolle,* Die Sicherheitsgesellschaft, 3. Aufl., 2012, S. 28 ff.

beobachten, dass der ausufernde Steuerungsanspruch auf prozessualer Ebene zur Außerkraftsetzung der Normen durch Opportunitätsvorschriften und Informalisierung – sei es durch exekutivisches Recht oder durch die Absprachen – führt.[1834] Das Strafrecht muss aufgrund seiner streng formalen Verfahrensausrichtung (Legalitätsprinzip, Prinzip materieller Wahrheit, Prinzipien des *fair trail*) hinter dem Anspruch globaler Gesellschaftssteuerung zurückbleiben. Wenn strafrechtliche Verfahren in der Informalität der Absprache abgewickelt werden, kann sich die normstabilisierende Funktion des Strafrechts wohl kaum entfalten. Es kann nicht mehr eindeutig angegeben werden, was strafbar ist und was nicht. Das Strafrecht soll jedoch gerade mit „unstreitigen Erwartungen" zu tun haben.[1835] Die Verabschiedung der Gleichmäßigkeit der Unrechtsvergeltung bereitet zudem aufgrund der Eigenheit des Strafrechts, des missbilligenden Zugriffs auf die Persönlichkeit, auf der Legitimationsebene sehr viel größere Probleme als in anderen Rechtsgebieten.

Eine Kompensation dieser Nachteile durch Steuerungserfolge, die der Logik wohlfahrtsstaatlicher Intervention folgen, ist auf der Systemebene der Prävention allerdings nicht ersichtlich. Der Steuerungsanspruch des Strafrechts hat sich längst von einem realen zu einem nur noch symbolischen Zugriff entwickelt, weil begründeter Zweifel an der instrumentellen Steuerungsfähigkeit des Strafrechts besteht.[1836] Als solches erzeugt es lediglich einen symbolischen Wert, indem es „Sinnbilder und scheinbare Lösungsmuster gegenüber gesellschaftlichen Problemen" zur Verfügung stellt.[1837] Das Kriminaljustizsystem antwortet darauf mit administrativer Rationalisierung.[1838] Es koppelt sich ab „von den verfassungsrechtlichen Prinzipien gleicher, schuldangemessener und damit gerechter Rechtsanwendung."[1839] Der symbolische Wert der Normen lässt sich offensichtlich nicht

---

1834 Vgl. die Untersuchung von *Theile,* Wirtschaftskriminalität und Strafverfahren, 2009, S. 285 ff.; vgl. für das Jugendstrafrecht *Albrecht,* Exekutivisches Recht, in: ders. (Hg.), Informalisierung des Rechts, 1990, S. 7 ff.; s. auch *ders.,* Der Weg in die Sicherheitsgesellschaft, 2010, S. 675; *Fornauf,* Die Marginalisierung der Unabhängigkeit der Dritten Gewalt im System des Strafrechts, 2010, S. 101 ff.

1835 Vgl. *Luhmann,* Das Recht der Gesellschaft, 1995, S. 139.

1836 *Albrecht,* Kriminologie. Eine Grundlegung zum Strafrecht, 4. Aufl., 2010, S. 71; vgl. auch *Calliess,* Prozedurales Recht, 1999, S. 76 f.

1837 *Albrecht,* Kriminologie. Eine Grundlegung zum Strafrecht, 4. Aufl., 2010, S. 71; vgl. hierzu die Analyse im Bereich des Wirtschaftsstrafrechts von *Theile,* Wirtschaftskriminalität und Strafverfahren, 2009.

1838 *Albrecht,* Kriminologie. Eine Grundlegung zum Strafrecht, 4. Aufl., 2010, S. 74.

1839 *Albrecht,* Kriminologie. Eine Grundlegung zum Strafrecht, 4. Aufl., 2010, S. 74.

rechtsstaatlich operationalisieren. Dann kann er aber auch demokratisch kaum gerechtfertigt werden.[1840]

b) Zum Regulationserfolg auf der Individualebene der Prävention

Auf der Individualebene der Prävention liegt der Fall etwas anders. Ende der 1970er Jahre verbreiteten sich ausgehend von den USA Einsichten zur Resozialisierung, die ihren gemeinsamen Nenner im (katastrophalen) Scheitern des ehandlungsmodells fanden.[1841] Bemerkenswert war, dass sich dabei konstruktivistische Perspektiven kritischer Kriminologie mit rechtsphilosophischer Kritik des Utilitarismus und neokonservativen Ansätzen zur Rechtfertigung harter Strafen verbanden.[1842] Vom jetzigen Standpunkt aus wird konstatiert, dass die *politischen* Konsequenzen dieser heterogenen Kritik der Resozialisierung sich hauptsächlich aus dem neokonservativen Lager speisten und vom Sozialstaat in den „Strafstaat" führten (so genannter *punitive turn)* – diametral entgegen der Hauptstoßrichtung der (links-)liberalen Kritik.[1843] Auch für Deutschland wird in der Kriminal- und Sicherheitspolitik dieser deutliche Schwenk nachgezeichnet, der sich statistisch an der gestiegenen Gefängnispopulation und an den steigenden Verwahrzeiten im Gefängnis nachweisen lässt.[1844] Zudem legen die Tendenzen, dem Feindstrafrecht

1840 Vgl. hierzu aber *Hassemer,* Sicherheit durch Strafrecht, HRRS 2006, S. 130 ff., der ein rechtsstaatliches Sicherheitsstrafrecht konturiert, das nach *Hassemer* auch auf gefühlte Bedrohungen reagieren muss und es somit den Anschein hat, dass symbolisches Strafrecht auch demokratisch gerechtfertigt werden könnte.

1841 *Garland,* Kultur der Kontrolle, 2008, S. 126 ff., 132; zur Kritik am Resozialisierungskonzept s. *Albrecht,* Spezialprävention angesichts neuer Tätergruppen, ZStW 97 (1985), S. 834 ff.; vgl. zur Ablösung des sozial-integrativen Strafrechts vom Präventionsstrafrecht *ders.,* Der Weg in die Sicherheitsgesellschaft, 2010, S. 145 ff.; *Singelnstein/Stolle,* Die Sicherheitsgesellschaft, 3. Aufl., 2012, S. 28 ff.

1842 *Garland,* Kultur der Kontrolle, 2008, S. 124 ff.

1843 *Garland,* Kultur der Kontrolle, 2008, S. 141, auf den auch der Begriff des *punitive turns* zurückgeht; vgl. dazu *Sack,* Der weltweite „punitive Turn", in: Groenemeyer (Hg.), Wege der Sicherheitsgesellschaft, 2010, S. 169 f.; *Groenemeyer,* Wege der Sicherheitsgesellschaft, in: ders. (Hg.), Wege der Sicherheitsgesellschaft, 2010, S. 14.

1844 *Sack,* Der weltweite „punitive Turn", in: Groenemeyer (Hg.), Wege der Sicherheitsgesellschaft, 2010, S. 178 ff. m.w.N.; vgl. zur restriktiven Lockerungspraxis bei lebenslanger Freiheitsstrafe: *Albrecht/Baltzer/Krehl,* Der schwierige Weg der Dritten ewalt zwischen Freiheit und Sicherheit, Forensische Psychiatrie, Psychologie, Kriminologie 2010, S. 15; s. auch *Albrecht,* Die Bedrohung der Dritten Gewalt durch irrationale Sicherheitspolitik, DRiZ 1998, S. 327 ff.; vgl. zudem *Singelnstein/Stolle,* Die Sicherheitsgesellschaft, 3. Aufl., 2012, S. 59 f.; *Barton,* Prognosegutachten,

eine Rechtfertigung zu verleihen, beredtes Zeugnis über den *punitive turn* – auch in Deutschland – ab.[1845] Dass sich letztlich die harten politischen Strategien der *incapacitation* – wofür in Deutschland im Übrigen die Sicherungsverwahrung als beispielhaft gilt[1846] – durchsetzten, ist bereits ein Indiz dafür, dass „die Dialektik von Aufstieg und Fall der Resozialisierung mit einer allgemeineren Geschichte verknüpft ist."[1847] *Albrecht* schreibt zur Resozialisierung, dass sie „primär nicht rechtspolitisch [gescheitert sei], sondern [...] durch die *ökonomische Entwicklung* und gewaltige *Transformationsprozesse* innerhalb der Gesellschaft".[1848] Die Veränderungen der Produktions- und Arbeitsverhältnisse in einer globalisierten Welt befördern ein neo-liberales Paradigma, das der ökonomischen Logik die unangefochtene Spitzenposition zuweist und gleichzeitig zur Privatisierung staatlicher Aufgaben führt.[1849] Dadurch entstehen prekäre Lebensverhältnisse, weil der Einzelne sich immer mehr auf sich selbst zurückgeworfen sieht und das soziale Sicherheitsnetz zerfällt.[1850]

Neurobiologie, Sicherungsverwahrung, in: ders. (Hg.), „... weil er für die Allgemeinheit gefährlich ist!", 2006, S. 11 f. und *Kunz,* Die Sicherung als gefährlich eingestufter Rechtsbrecher, in: ders. (Hg.), „... weil er für die Allgemeinheit gefährlich ist!", 2006, S. 71 ff.

1845 S. zur Rechtfertigung *Jakobs,* Feindstrafrecht? – Eine Untersuchung zu den Bedingungen von Rechtlichkeit, HRRS 2006, S. 289 ff.; *Jakobs,* Bürgerstrafrecht und Feindstrafrecht, HRRS 2004, S. 88 ff.; zu den Konsequenzen *Sack,* Der weltweite „punitive Turn", in: Groenemeyer (Hg.), Wege der Sicherheitsgesellschaft, 2010, S. 180; *Krasmann,* Der Feind an den Grenzen des Rechtsstaats, in: Kerchner/Schneider (Hg.), Foucault. Diskursanalyse in der Politik, 2006, S. 233 ff.; vgl. auch *Albrecht,* „Krieg gegen den Terror" – Konsequenzen für ein rechtsstaatliches Strafrecht, ZStW 177 (2005/2006), S. 852 ff.; *Hassemer,* Sicherheit durch Strafrecht, HRRS 2006, S. 134 ff.

1846 *Frommel,* „Eene meene muh – drin bist Du". Zur Wiederkehr der Sicherungsstrafe in der gegenwärtigen Diskussion, KJ 1995, S. 226 ff.; *Kunz,* Die Sicherung als gefährlich eingestufter Rechtsbrecher, in: Barton (Hg.), „... weil er für die Allgemeinheit gefährlich ist!", 2006, S. 85, der die Sicherungsverwahrung als Beispiel für exkludierendes Feindstrafrecht ausweist.

1847 *Garland,* Kultur der Kontrolle, 2008, S. 131, 145.

1848 *Albrecht,* Kriminologie. Eine Grundlegung zum Strafrecht, 4. Aufl., 2010, S. 57, Hervorhebungen im Original.

1849 *Albrecht,* Der Weg in die Sicherheitsgesellschaft, 2010, S. 667 f.; *Singelnstein/Stolle,* Die Sicherheitsgesellschaft, 3. Aufl., 2012, S. 17 ff.; *Garland,* Kultur der Kontrolle, 2008, S. 151 ff.

1850 *Albrecht,* Der Weg in die Sicherheitsgesellschaft, 2010, S. 668; *Singelnstein/Stolle,* Die Sicherheitsgesellschaft, 3. Aufl., 2012, S. 122.

Dies muss zudem in einen Kontext mit der bereits thematisierten Karriere des Risikobegriffs gestellt werden. Zunächst stand Risiko für die *kontrollierte* Extension des Bereichs rationalen Handelns. Dem Risiko liegt jedoch eine veränderte Zeitsemantik der modernen Gesellschaft zugrunde, nach der die Aufmerksamkeit mehr und mehr der Zukunft gewidmet wird.[1851] Diese Veränderung ist darauf zurückzuführen, dass sich der Mensch zum Herrscher über seinen Lebensweg machte.[1852] Das Risiko ist somit die Kehrseite der Freiheit.[1853] Die sich in der Zukunft eröffnenden vielfältigen Möglichkeitsräume sind in ihrer Verwirklichung abhängig von gegenwärtig zu treffenden Entscheidungen.[1854] So wird „die Zukunft [...] als Kolonie der Gegenwart erobert".[1855] Die Zukunft übernimmt die Führungsrolle in der gesellschaftlichen Zeitorientierung und die Entscheidung wird zum tragenden Konstitutionselement der Zukunft.[1856] Entscheidungen im Hinblick auf eine entscheidungsabhängige Zukunft zu treffen, bedeutet jedoch strukturell bedingte Selbstverunsicherung, die sich nur noch im Begriff des Risikos fassen lässt.[1857] So verändert das Risiko die Welt, da Zustände und Ereignisse, die früher als durch die Natur oder das Schicksal bestimmte Geschehnisse begriffen wurden, nun auf Entscheidungen zugerechnet werden.[1858] Insoweit ist der Mechanismus der Zurechnung zwischen Risiken und Entscheidungen zirkulär.[1859] Die durch die Komplexitätssteigerung eröffneten Möglichkeitsräume schaffen dann den (verdeckten) Zwang, die Gegenwart als Entscheidung oder als Versäumnis von Entscheidungen zu verstehen.[1860] Das Risiko wird selbstreferentiell – mit der Folge, dass das Unterlassen einer Entscheidung sowie das Treffen einer Entscheidung

---

1851 *Luhmann,* Soziologie des Risikos, 1991, S. 52, 80; *Evers,* Umgang mit Unsicherheit, in: Bechmann (Hg.), Risiko und Gesellschaft, 2. Aufl., 1997, S. 344.

1852 *Evers,* Umgang mit Unsicherheit, in: Bechmann (Hg.), Risiko und Gesellschaft, 2. Aufl., 1997, S. 344; *Beck,* Weltrisikogesellschaft, 2007, S. 21.

1853 *Lepsius,* Risikosteuerung durch Verwaltungsrecht, VVDStRL 63 (2004), S. 266; negativ gewendet bei *Luhmann,* Soziologie des Risikos, 1991, S. 80.

1854 *Evers,* Umgang mit Unsicherheit, in: Bechmann (Hg.), Risiko und Gesellschaft, 2. Aufl., 1997, S. 344.

1855 *Beck,* Weltrisikogesellschaft, 2007, S. 375.

1856 *Bechmann,* Risiko als Schlüsselkategorie der Gesellschaftstheorie, KritV 1991, S. 219; *Luhmann,* Soziologie des Risikos, 1991, S. 54.

1857 *Luhmann,* Die Politik der Gesellschaft, 2002, S. 433.

1858 *Luhmann,* Soziologie des Risikos, 1991, S. 55, 130.

1859 *Luhmann,* Soziologie des Risikos, 1991, S. 55, 130.

1860 *Luhmann,* Soziologie des Risikos, 1991, S. 54 ff.

riskant sind.[1861] Risiken sind folglich unvermeidbar.[1862] Das Risiko bezeichnet dann die „*Notwendigkeit* einer Entscheidung unter Mangel an Information."[1863] Neben der durch die Globalisierung und das neo-liberale Paradigma hervorgebrachten Prekarität tritt eine strukturell bedingte gesellschaftliche Verunsicherung.[1864]

Der Begriff Risikogesellschaft thematisiert diese *her*gestellte und *auf Dauer* gestellte Unsicherheit, die ein Bewusstsein für die Unkontrollierbarkeit und Nicht-Kompensierbarkeit von Risiken – insbesondere auch beim einzelnen Individuum – schafft.[1865] Das Risiko als wissenschaftlich erfasste Wahrscheinlichkeit lässt „eigenerfahrungsloses Allgemeinwissen" zum Zentrum der Eigenerfahrung werden.[1866] Durch dieses theoretisch bestimmte ‚Wirklichkeitsbewusstsein' wird Risiko für den Einzelnen zur Spekulation und durch seine Unsichtbarkeit vertieft sich das Gefühl der Unsicherheit in der Gesellschaft.[1867] Die Universalisierung des Risikobewusstseins steigert in demselben Maße die Relevanz der Sicherheitsthematik. Sicherheit wird zum Komplementärbegriff von Risiko[1868] und zwar als individuelles Bedürfnis und weniger als kollektives Anliegen.[1869] Damit wird Sicherheit zu einem „Régime des täglichen sozialen Lebens".[1870] Zwar ist die Kriminalitätsfurcht nicht die zentrale Angst in der Bevölkerung.[1871] Der *punitive turn*

1861 Das so genannte Risikoparadoxon: *Bechmann,* Einleitung: Risiko – ein neues Forschungsfeld, in: ders. (Hg.), Risiko und Gesellschaft, 2. Aufl., 1997, S. XXIV.

1862 *Luhmann,* Soziologie des Risikos, 1991, S. 37.

1863 *Luhmann,* Soziologie des Risikos, 1991, S. 52, Hervorhebung durch Verfasserin.

1864 *Singelnstein/Stolle,* Die Sicherheitsgesellschaft, 3. Aufl., 2012, S. 38.

1865 *Beck,* Weltrisikogesellschaft, 2007, S. 26 und S. 40: „Durch die ‚Reflexivität der Ungewißheit' wird die Unbestimmbarkeit des Risikos in der Gegenwart zum ersten Mal für die gesamte Gesellschaft grundlegend, [...]". Vgl. zur Kriminologie als Zuarbeiter für diese Unsicherheit: *Kreissl,* Überlegungen zur Kritik des kriminologischen Gewaltdiskurses, in: Krasmann/Scheerer (Hg.), Die Gewalt in der Kriminologie, Kriminologisches Journal, 6. Beiheft, 1997, S. 195.

1866 *Beck,* Politische Wissenstheorie der Risikogesellschaft, in: Bechmann (Hg.), Risiko und Gesellschaft, 2. Aufl., 1997, S. 321.

1867 *Beck,* Politische Wissenstheorie der Risikogesellschaft, in: Bechmann (Hg.), Risiko und Gesellschaft, 2. Aufl., 1997, S. 322 f.

1868 *Bechmann,* Risiko als Schlüsselkategorie der Gesellschaftstheorie, KritV 1991, S. 216.

1869 *Singelnstein/Stolle,* Die Sicherheitsgesellschaft, 3. Aufl., 2012, S. 23.

1870 *Legnaro,* Konturen der Sicherheitsgesellschaft, Leviathan 1997, S. 271; *Singelnstein/Stolle,* Die Sicherheitsgesellschaft, 3. Aufl., 2012, S. 122; *Kunz,* Die Sicherung als gefährlich eingestufter Rechtsbrecher, in: Barton (Hg.), „... weil er für die Allgemeinheit gefährlich ist!", 2006, S. 74.

1871 *Singelnstein/Stolle,* Die Sicherheitsgesellschaft, 3. Aufl., 2012, S. 40; vgl. auch *Legnaro,* Konturen der Sicherheitsgesellschaft, Leviathan 1997, S. 277 ff.

lässt sich jedoch insoweit erklären, dass die Kriminalitätsfurcht als Katalysator für soziale Zukunfts- und Existenzängste fungiert.[1872] Während letztere schwierig zu begreifen und zu bearbeiten sind, ist Kriminalität ein leicht fassbares und vermeintlich einfach zu bearbeitendes Problemfeld, das eine Projektionsfläche für soziale und existentielle Ängste bietet, die aus gesellschaftlichen Transformationsprozessen resultieren.[1873]

Durch eben diesen symbolischen ‚Wert' strafrechtlicher Normen lässt sich das Sicherheitsgefühl relativ einfach durch die Politik herstellen. Dadurch setzt der Staat an die Stelle seines Versprechens auf soziale Inklusion das Versprechen individueller Sicherheit.[1874] Das Versprechen individueller Sicherheit durch Verschärfung strafrechtlicher Normen ist dann ein beliebtes, wenn auch nicht immer erfolgreiches Mittel im Wahlkampf.[1875] Durch die Alternativlosigkeit eines Individualismus, der den einzelnen Menschen auf sich selbst zurückwirft, kann das Individuum für einfache Lösungsvorschläge mobilisiert werden.[1876] Die Sicherheitsgesellschaft als Sinnbild dieser Dynamik kann dann als Kehrseite des religiösen Fundamentalismus angesehen werden und ist in diesem Sinne selbst fundamentalistisch.[1877] Der *punitive turn* auf der Individualebene der Prävention kann zudem auch als Folge evolvierender Ausweichstrategien der Kriminalpolitik zu ihrem gesellschaftssteuernden Versagens auf der Systemebene interpretiert werden. Diese Ausweichstrategien legen die Annahme einer Dialektik von Machtdiffusion und Machtkonzentration nahe, die sich in *Garland*s These zu den Widersprüchen der offiziellen Kriminologie wieder findet.[1878] Bereits Ende

---

1872 *Singelnstein/Stolle,* Die Sicherheitsgesellschaft, 3. Aufl., 2012, S. 40; vgl. auch *Legnaro,* Konturen der Sicherheitsgesellschaft, Leviathan 1997, S. 277 ff.

1873 *Singelnstein/Stolle,* Die Sicherheitsgesellschaft, 3. Aufl., 2012, S. 40.

1874 *Singelnstein/Stolle,* Die Sicherheitsgesellschaft, 3. Aufl., 2012, S. 42 f.

1875 Vgl. *Albrecht,* Der politische Gebrauchswert des Jugendstrafrechts, StV 2008, S. 154 ff.; *ders.,* Kriminologie. Eine Grundlegung zum Strafrecht, 4. Aufl., 2010, S. 71 ff.; *Singelnstein/Stolle,* Die Sicherheitsgesellschaft, 3. Aufl., 2012, S. 57 ff.; s. auch *Kreissl,* Überlegungen zur Kritik des kriminologischen Gewaltdiskurses, in: Krasmann/Scheerer (Hg.), Die Gewalt in der Kriminologie, Kriminologisches Journal, 6. Beiheft, 1997, S. 184.

1876 Vgl. *Brunkhorst,* Heterarchie und Demokratie, in: ders./Niesen (Hg.), Das Recht der Republik, 1999, S. 380.

1877 *Brunkhorst,* Heterarchie und Demokratie, in: ders./Niesen (Hg.), Das Recht der Republik, 1999, S. 379 f.; vgl. zum Wiedererstarken von Fundamentalismen *Fuchs,* Die Psyche, 2005, S. 95 ff.

1878 *Garland,* Kultur der Kontrolle, 2008, S. 253; vgl. *Groenemeyer,* Wege der Sicherheitsgesellschaft, in: ders. (Hg.), Wege der Sicherheitsgesellschaft, 2010, S. 15.

der 1980er Jahre wurden diese Widersprüche von *Albrecht* parallel für die Strafrechtsentwicklung formuliert.[1879] *Albrecht* beschrieb damals die „*eigentümlichen Ambivalenzen*" im „Kontrollmodus des sozialen Interventionsstaates".[1880] Diese sind durch repressive Verschärfungen im Bereich spezifischer strafrechtlicher Erfassungsgebiete auf der einen Seite und präventiv-gestaltender, eher wohlfahrtsstaatlich formierter Interventionsstrategien auf der anderen Seite gekennzeichnet.[1881] Nach der These *Garland*s bestehen dementsprechend die „*Kriminologie des Selbst,* die Täter als normale, rational handelnde Konsumenten, wie wir es sind, betrachtet" und die „*Kriminologie des Anderen,* des bedrohlichen Außenseiters, des angsteinflößenden Fremden, des Ausgeschlossenen und Verbitterten" nebeneinander.[1882] Die Logik der unaufgeregten Regulation von Risiken und Schäden einerseits und die Konstruktion medialer Bedrohungsszenarien und Sündenböcke gefolgt von moralischen Paniken andererseits schließen den „Mittelweg" der „einstmals vorherrschenden wohlfahrtsstaatlichen Kriminologie [aus], in deren Augen der Täter benachteiligt und mangelhaft sozialisiert war und die es in die Verantwortung des Staates legte, in der Sozial- wie in der Strafrechtspolitik positive Schritte einzuleiten, die Abhilfe schaffen."[1883]

Unter diesen Umständen wird verständlich, warum die negative Individualprävention, deren Regulationserfolg auf den *ersten* Blick unabweisbar ist, gegenüber der Resozialisierung mit ihrem unsicheren ‚Regulationserfolg' verstärkt zur Geltung kam und kommt. Die Einschränkung des Gesetzgebers und des Bundesverfassungsgerichts, nur den ‚wirklich' gefährlichen Straftäter von solchen Maßnahmen erfasst wissen zu wollen, sensibilisiert bereits dafür, dass der Regulationserfolg nicht so unabweisbar ist, wie es auf den ersten Blick scheint. Es kommt gerade darauf an, den ‚gefährlichen' Straftäter zu identifizieren. Die empirische Frage der

---

1879 *Albrecht,* Das Strafrecht auf dem Weg vom liberalen Rechtsstaat zum sozialen Interventionsstaat, KritV 1988, S. 187 ff.

1880 *Albrecht,* Das Strafrecht auf dem Weg vom liberalen Rechtsstaat zum sozialen Interventionsstaat, KritV 1988, S. 203, Hervorhebungen im Original; vgl. *Legnaro,* Konturen der Sicherheitsgesellschaft, Leviathan 1997, S. 272, der von Mechanismen spricht, die Grenzen von Inklusion und Exklusion herstellen.

1881 *Albrecht,* Das Strafrecht auf dem Weg vom liberalen Rechtsstaat zum sozialen Interventionsstaat, KritV 1988, S. 203.

1882 *Garland,* Kultur der Kontrolle, 2008, S. 253, 258, Hervorhebungen im Original.

1883 *Garland,* Kultur der Kontrolle, 2008, S. 254; vgl. dazu auch *Groenemeyer,* Wege der Sicherheitsgesellschaft, in: ders. (Hg.), Wege der Sicherheitsgesellschaft, 2010, S. 15, Fn. 15 und *Singelnstein/Stolle,* Die Sicherheitsgesellschaft, 3. Aufl., 2012, S. 65 ff.

Gefährlichkeit lässt sich jedoch ohne die zugrunde liegende Wertentscheidung nicht beantworten. Denn die Kritik des Verhältnismäßigkeitsgrundsatzes hat gezeigt, dass die Interpretation als *Erfolg* von der zugrunde liegenden Wertentscheidung abhängt. Die negative Individualprävention kann nur um den Preis der Überbewertung der Sicherheit gegenüber der Freiheit als Regulationserfolg bezeichnet werden. Demgegenüber ist die Betonung von Resozialisierung einer Höherbewertung der Freiheit des Individuums geschuldet.

Das im ersten Teil beschriebene Prognoseproblem der falschen Positiven[1884] kann nur mit Blick auf die Abwägung von Freiheit und Sicherheit entschieden werden. Folglich wird durch die unter dem Topos der Sicherheitsgesellschaft analysierte Strafrechtsentwicklung die freiheitsermöglichende Seite demokratischer Gesetzgebung nachhaltig in Frage gestellt. Inwiefern der Sicherungsverwahrung in ihrer Grundkonzeption eine resozialisierende Tendenz unterstellt bzw. neu angetragen werden kann, wird dadurch nicht beantwortet. Die im ersten Teil dokumentierte, beispiellose Ausweitung der Sicherungsverwahrung muss jedoch in diesem Kontext der Überbewertung der Sicherheit gegenüber der Freiheit gesehen werden. An dieser Stelle kann allerdings nicht darüber Auskunft gegeben werden, ob bzw. wann der Umschlagpunkt erreicht wurde, an dem die Regelungen zur Sicherungsverwahrung unter dem Radar der Rechtspraxis – jedenfalls der des Bundesverfassungsgerichts – Menschenrechte verletzten, weil die vom EGMR und vom Bundesverfassungsgericht in Bezug genommenen Rechtfertigungszusammenhänge beide die hier im zweiten Teil dargestellten Rechtfertigungsbrüche aufweisen.

III. *v. Liszt* und der Nationalsozialismus

Die Rechtfertigungsbrüche des Präventionsstrafrechts werden nun für die Maßregeln, speziell die Sicherungsverwahrung konkretisiert. Hierfür werden die Arbeiten des geistigen Urhebers *v. Liszt* und die Entwicklung der Maßregeln im Nationalsozialismus analysiert. Im Hinblick auf *v. Liszt* werden die erkenntnistheoretischen und (rechts-)philosophischen Implikationen seiner Lehre beleuchtet und zu den soeben dargestellten Rechtfertigungsbrüchen ins Verhältnis gesetzt. Die Auseinandersetzung mit der Entwicklung des *v. Liszt*'schen spezialpräventiven Ansatzes im Nationalsozialismus ermöglicht es sodann, der These von der „Grenzwert-Ambivalenz“ des material-rationalen (Straf-)Rechts Plastizität zu

---

1884 Vgl. im 1. Teil, 3. Kapitel, B. I. 2. c) bb).

verleihen. Daran können die Bedingungen dokumentiert werden, die die Inanspruchnahme des *v. Liszt*'schen Sanktionenrechts als Instrument des totalitären Staates ermöglichten.

1. Spezialpräventive Ausrichtung des Strafrechts durch *v. Liszt*

Wenn die historischen Anknüpfungspunkte für die Maßregeln untersucht werden, so kristalliert sich schnell *v. Liszt* als Urheber der Gefährlichkeitsdoktrin bzw. der Maßregeln und somit auch der Sicherungsverwahrung heraus. Zwar gab es individualpräventive Theorien schon um 1800.[1885] Diese wurden jedoch insbesondere durch die Kritik von *P.J.A. v. Feuerbach* und seiner Theorie vom psychologischen Zwang in den Hintergrund gedrängt und fanden daher keine wirkmächtige Resonanz in der damaligen Strafrechtswissenschaft.[1886] Außerdem wurde die globale Sicherung der bürgerlichen Gesellschaft zu dieser Zeit von der „Polizey" besorgt.[1887] Für sie war das Strafrecht nur ein Teil ihres Instrumentariums, um die öffentliche Ordnung zu gewährleisten und daher standen noch andere polizeyliche Sicherungsmittel zur Verfügung – wie die Einweisung in Besserungsanstalten oder spezialisierte ‚Irrenhäuser'.[1888] Das strafrechtliche System der Zweispurigkeit von Strafe und Maßregeln, wie es im Gesetz gegen gefährliche Gewohnheitsverbrecher erstmalig seinen Ausdruck gefunden hat, ist ideengeschichtlich viel enger mit der „modernen Schule" Ende des 19., Anfang des 20. Jahrhunderts und dem „Schulenstreit" verknüpft, der zwischen eben jener modernen und der klassischen Schule geführt wurde.[1889]

Richtungsweisend für die straftheoretische bzw. kriminalpolitische Richtung der modernen Schule war das von *v. Liszt* verfasste „Marburger Programm" aus

1885 Vgl. dazu ausführlich *Dessecker,* Gefährlichkeit und Verhältnismäßigkeit, 2004, S. 32 ff.

1886 Vgl. *Dessecker,* Gefährlichkeit und Verhältnismäßigkeit, 2004, S. 32 ff.; vgl. zu *Feuerbach: Naucke,* Paul Johann Anselm von Feuerbach, in: ders., Über die Zerbrechlichkeit des rechtsstaatlichen Strafrechts, 2000, S. 159 ff.

1887 *Dessecker,* Gefährlichkeit und Verhältnismäßigkeit, 2004, S. 43 ff.

1888 *Dessecker,* Gefährlichkeit und Verhältnismäßigkeit, 2004, S. 43 ff. – die Parallelen zur Entwicklung des Strafrechts im sozialen Interventionsstaat sind nicht zu leugnen.

1889 Vgl. zur Bedeutung *v. Liszt*s als Ideengeber für die Zweispurigkeit: *Frisch,* Das Marburger Programm und die Maßregeln der Besserung und Sicherung, ZStW 94 (1982), S. 565 ff., 574 f.; *Dessecker,* Gefährlichkeit und Verhältnismäßigkeit, 2004, S. 57 ff.; *Sander,* Grenzen instrumenteller Vernunft im Strafrecht, 2007, S. 91 ff.

dem Jahr 1882. Er hatte in diesem Programm, das den Titel „Der Zweckgedanke im Strafrecht" trägt, zu dem Widerstreit von absoluten und relativen Theorien, „Vergeltung" und „Rechtsgüterschutz", Vergangenheitsorientierung und Zukunftsbezug, im Strafrecht Stellung genommen.[1890] Ziel seiner Ausführungen war eine „Vereinigungstheorie", denn letztlich sei „Strafe [...] *Prävention durch Repression;* oder [...] *Repression durch Prävention*".[1891] Obwohl er in diesem Programm explizit eine Zweck*strafe* vertrat, finden sich zentrale Gedanken zur Ausgestaltung der Zweck*strafe* in den heutigen *„Maßregeln* der Besserung und Sicherung" wieder.[1892] Es ist – wie bereits angedeutet – als Kompromiss zwischen den Positionen des Schulenstreits zu verstehen, dass die Zweckstrafe unter dem Titel der „Maßregeln" in das Strafgesetzbuch Eingang fand.[1893] *v. Liszt* selbst hatte diesen Kompromiss in seinem Beitrag „Die deterministischen Gegner der Zweckstrafe" angeboten: die zweckmäßige Bestrafung könnte „Sicherungsmaßregel und Arbeitshaus" genannt werden.[1894] Seine Gegner aus der ‚klassischen Schule' träten sowieso nur für Etikettenschonung ein und hätten grundsätzlich nichts gegen präventive Maßregeln einzuwenden, die sich an der Gefährlichkeit des einzelnen Straftäters ausrichteten.[1895] Im Folgenden werden nun zunächst das Programm der Schutzstrafe und die Kategorisierung von Straftätern durch *v. Liszt* dargestellt, um anschließend die erkenntnistheoretischen und (rechts-) philosophischen Implikationen der *v. Liszt'*schen Lehre herauszuarbeiten und um die benannten Rechtfertigungsbrüche im Präventionsstrafrecht bei *v. Liszt* konkret zu identifizieren.

a) Das Programm der Schutzstrafe und die Kategorisierung von Straftätern

Auch wenn *v. Liszt* seinen straftheoretischen Ansatz als „Vereinigungstheorie" proklamierte, reiht er sich damit grundsätzlich in die an Nützlichkeit und damit *Prävention* orientierten Straftheorien ein. Das Neue seiner Vereinigungstheorie

---

1890 Als Vortrag 1882 gehalten, erstmals erschienen in: ZStW III (1883), S. 1 ff., *v. Liszt,* Der Zweckgedanke im Strafrecht [1883], 3. Aufl., 1968, S. 5, 39.

1891 *v. Liszt,* Der Zweckgedanke im Strafrecht [1883], 3. Aufl., 1968, S. 7, im Original sind die Hervorhebungen gesperrt.

1892 Vgl. hierzu die Ausführungen bei *Frisch,* Das Marburger Programm und die Maßregeln der Besserung und Sicherung, ZStW 94 (1982), S. 583 ff.

1893 S. dazu in diesem Kapitel, C. III. 2. a) aa).

1894 ZStW 13 (1893), S. 368.

1895 *v. Liszt,* Die deterministischen Gegner der Zweckstrafe, ZStW 13 (1893), S. 368; vgl. darin übereinstimmend *Naucke,* „Schulenstreit"?, in: Herzog/Neumann (Hg.), Festschrift für Winfried Hassemer, 2010, S. 559; s. *Frommel,* Präventionsmodelle in der deutschen Strafzweck-Diskussion, 1987, S. 97.

beschränkte sich auf die Herleitung der Rechtfertigung eines *Maßes* der Strafe aus dem Zweckgedanken.[1896] Mit der Rechtfertigung der „Schutzstrafe" statuierte er das Präventionsparadigma auf der Sanktionsebene. Damit verlagerte er die Diskussion von der dogmatischen Schuldlehre in eine Sanktionenlehre, die seiner Annahme nach auf einer *kriminalpolitischen* Argumentation fußt. Insofern beinhalte sie primär gesellschaftliche Nützlichkeitserwägungen im Hinblick auf Verbrechensbekämpfung. Nicht die „unbeugsamen allgemeinen Regeln des Gesetzes", sondern „die klugen, dem Einzelfalle sich anpassenden, Erwägungen der Politik" sollen hier maßgebend sein.[1897] Im Hinblick auf die vorherige Analyse des material-rationalen (Straf-)Rechts sei an dieser Stelle bereits angefügt, dass der Gegensatz von Politik und Recht, wie er von *v. Liszt* dargestellt wird, so nicht (mehr) existiert. Auf der Grundlage der oben herausgearbeiteten und begründeten Vorstellung von Recht als *sachbestimmtem Ordnungsmodell*[1898] heißt das, dass *v. Liszt* den Menschen zum Forschungsobjekt des Strafrechts machte – mit dem Ziel der Verbrechensreduktion. Das Strafrecht wird von der ‚Sache Mensch', von seiner Gefährlichkeit für die Gesellschaft bestimmt.

Das am Zweckgedanken orientierte Strafmaß fragt demnach nicht „was verdient der Diebstahl, die Notzucht, der Mord, der Meineid?", sondern „was hat *dieser* Dieb, *dieser* Mörder, *dieser* falsche Zeuge, *dieser* Frauenschänder verdient?"[1899] Denn nur so ergebe sich ein Strafmaß für den konkreten Täter – das erklärte Ziel der Vergeltung.[1900] Gleichzeitig könne effektiver Rechtsgüterschutz betrieben werden.[1901] Auch die Idee einer proportionalen Gerechtigkeit sei für die konkrete Strafzumessung untauglich.[1902] Sie sei erstens relativ zum etablierten Strafensystem und zweitens huldige sie „mehr oder weniger bewußt" einem „idealen Subjektivismus", dem es nicht gelinge, die Schuld der konkreten Tat festzusetzen.[1903] Diese Kritik wurde bereits im vorherigen Kapitel gegen das Schuldstrafrecht ins Feld geführt.[1904] Ausgehend von den drei „möglichen wesentlichen Wirkungen der

1896 *v. Liszt,* Der Zweckgedanke im Strafrecht [1883], 3. Aufl., 1968, S. 21.
1897 Diese Unterscheidung von Recht und Politik findet sich bei *v. Liszt,* Die deterministischen Gegner der Zweckstrafe, ZStW 13 (1893), S. 360.
1898 Vgl. in diesem Kapitel, C. I. 2. und 3.
1899 *v. Liszt,* Der Zweckgedanke im Strafrecht [1883], 3. Aufl., 1968, S. 38, im Original sind die Hervorhebungen gesperrt.
1900 Vgl. *v. Liszt,* Der Zweckgedanke im Strafrecht [1883], 3. Aufl., 1968, S. 38.
1901 Vgl. *v. Liszt,* Der Zweckgedanke im Strafrecht [1883], 3. Aufl., 1968, S. 38.
1902 *v. Liszt,* Der Zweckgedanke im Strafrecht [1883], 3. Aufl., 1968, S. 24 ff., 27.
1903 *v. Liszt,* Der Zweckgedanke im Strafrecht [1883], 3. Aufl., 1968, S. 24 ff., 27.
1904 Vgl. in diesem Teil, 1. Kapitel, C. III.

Strafe und damit zugleich [… den] möglichen Formen des Rechtsgüterschutzes durch Strafe" – Besserung, Abschreckung und Unschädlichmachung – bestimmte *v. Liszt „drei Kategorien von Verbrechern* […]:

1. Besserung der besserungsfähigen und besserungsbedürftigen Verbrecher;
2. Abschreckung der nicht besserungsbedürftigen Verbrecher;
3. Unschädlichmachung der nicht besserungsfähigen Verbrecher."[1905]

Ist die (wenigstens zeitweise) Unschädlichmachung eine *unabweisliche* Wirkung der Freiheitsstrafe, sind die zwei anderen Wirkungen – Besserung und Abschreckung – wie im vorherigen Abschnitt dargelegt, bis heute höchst umstritten.[1906] Dessen ungeachtet wurden diese Wirkungen von *v. Liszt* mit Verweis auf „das unverlierbare Verdienst der relativen Theorien" als feststehende, unhinterfragbare Tatsache zum Ausgangspunkt seiner Überlegungen gemacht.

Die Gruppe der Unverbesserlichen bildet sich – so *v. Liszt* – aus dem „Gewohnheitsverbrechertum".[1907] Zwar fehle noch „genaue Kenntnis" desselben, vorläufig könnten aber die „Ziffern der *Rückfallstatistik*" herangezogen werden, denn die Unverbesserlichen machten die Mehrheit der Rückfälligen aus.[1908] Schon damals konnte offensichtlich nicht zwischen Gefährlichkeit und Rückfälligkeit hinreichend differenziert werden. Zu den Delikten gewohnheitsmäßiger Begehung zählte er „Diebstahl, Hehlerei, Raub, Erpressung, Betrug, Brandstiftung, Sachbeschädigung, gewaltsame Unzucht und Unzucht gegen Kinder".[1909] Zum Gesellschaftsschutz müsse die Strafe „*Einsperrung auf Lebenszeit* (bzw. auf unbestimmte Zeit)" lauten, denn sie könnten nicht „nach Ablauf von einigen Jahren gleich einem Raubtier auf das Publikum" losgelassen werden.[1910] Konkret schlug er Unschädlichmachung nach der dritten Verurteilung vor – ohne jedoch „jede Hoffnung auf Rückkehr in die Gesellschaft" auszuschließen.[1911] Todesstrafe schien *v. Liszt* dann entbehrlich zu sein.[1912]

1905 *v. Liszt,* Der Zweckgedanke im Strafrecht [1883], 3. Aufl., 1968, S. 31, im Original sind die Hervorhebungen gesperrt.
1906 Vgl. in diesem Kapitel C. III.
1907 *v. Liszt,* Der Zweckgedanke im Strafrecht [1883], 3. Aufl., 1968, S. 32.
1908 *v. Liszt,* Der Zweckgedanke im Strafrecht [1883], 3. Aufl., 1968, S. 32 f., im Original ist die Hervorhebung gesperrt.
1909 *v. Liszt,* Der Zweckgedanke im Strafrecht [1883], 3. Aufl., 1968, S. 33 f.
1910 *v. Liszt,* Der Zweckgedanke im Strafrecht [1883], 3. Aufl., 1968, S. 33, im Original sind die Hervorhebungen gesperrt.
1911 *v. Liszt,* Der Zweckgedanke im Strafrecht [1883], 3. Aufl., 1968, S. 34.
1912 *v. Liszt,* Der Zweckgedanke im Strafrecht [1883], 3. Aufl., 1968, S. 36.

Die Ähnlichkeiten zur heutigen Sicherungsverwahrung treten deutlich hervor. Bei der zunächst sachlichen Beschreibung der ‚Unverbesserlichen' darf aber der sprachliche Ton der Ausführungen nicht unterschlagen werden[1913] – auch wenn manche diesen als zeitabhängig und daher als unbeachtlich interpretieren.[1914] Der Ton ist von einer Rigidität mit militärischen und medizinischen Untertönen geprägt:[1915] Das „Gewohnheitsverbrechertum" sei der „Krebsschaden", der „[w]ie ein krankes Glied den ganzen Organismus vergiftet".[1916] Für *v. Liszt* bildeten „Bettler und Vagabunden, Prostituierte beiderlei Geschlechts und Alkoholisten, Gauner und Halbweltmenschen im weitesten Sinne, geistig und körperlich Degenerierte [! …] das Heer der grundsätzlichen Gegner der Gesellschaftsordnung".[1917] Die von ihm für unentbehrlich gehaltenen Maßnahmen im Vollzug reichen vom „Verlust der bürgerlichen Ehren" über „Prügelstrafe" bis zu „Dunkelarrest" und „strengem Fasten".[1918] Die Ablehnung der Todesstrafe scheint vor diesem Hintergrund einer ‚allgemeinen Menschenfreundlichkeit' geschuldet zu sein, die sich aus den theoretischen Erwägungen jedenfalls nicht konsequent ergibt.

Die Besserungsbedürftigen setzen sich auch aus Tätern der benannten gewohnheitsmäßig begangenen ‚Katalogtaten' zusammen.[1919] Es seien Individuen, die „durch vererbte und erworbene Anlagen zum Verbrechen hinneigen […], aber noch nicht rettungslos verloren [… sind]."[1920] Sie sind in Besserungsanstalten einzuweisen; die Dauer des Freiheitsentzuges soll zwischen einem und fünf Jahren liegen sowie eine anschließende Polizeiaufsicht umfassen.[1921] Hier soll Prügelstrafe „unbedingt ausgeschlossen" sein; „Arbeit und Elementarunterricht sind als Mittel zur Stärkung der Widerstandskraft zur Anwendung zu bringen" – so *v. Liszt.*[1922]

1913 Vgl. *Naucke,* Die Kriminalpolitik des Marburger Programms 1882, ZStW 94 (1982), S. 529.

1914 Keine bzw. eine geringe Bedeutung misst *Frisch* den „Überzogenheiten und Schärfen" zu: Das Marburger Programm und die Maßregeln der Besserung und Sicherung, ZStW 94 (1982), S. 582; s. auch *Radbruch,* Franz v. Liszt – Anlage und Umwelt, in: Kaufmann (Hg.), Gustav Radbruch. Gesamtausgabe, Bd. 16, Biographische Schriften, 1988, S. 45 f.

1915 *Naucke,* Die Kriminalpolitik des Marburger Programms 1882, ZStW 94 (1982), S. 529.

1916 *v. Liszt,* Der Zweckgedanke im Strafrecht [1883], 3. Aufl., 1968, S. 32.

1917 *v. Liszt,* Der Zweckgedanke im Strafrecht [1883], 3. Aufl., 1968, S. 32.

1918 *v. Liszt,* Der Zweckgedanke im Strafrecht [1883], 3. Aufl., 1968, S. 34.

1919 *v. Liszt,* Der Zweckgedanke im Strafrecht [1883], 3. Aufl., 1968, S. 34 f.

1920 *v. Liszt,* Der Zweckgedanke im Strafrecht [1883], 3. Aufl., 1968, S. 34 f.

1921 *v. Liszt,* Der Zweckgedanke im Strafrecht [1883], 3. Aufl., 1968, S. 35.

1922 *v. Liszt,* Der Zweckgedanke im Strafrecht [1883], 3. Aufl., 1968, S. 35.

Die dritte Gruppe der Gelegenheitsverbrecher zeichne sich dadurch aus, dass die „begangene Tat eine Episode, eine durch überwiegend äußere Einflüsse hervorgebrachte Verirrung“ ist, bei denen wegen geringer Wiederholungsgefahr eine „systematische Besserung“ zwecklos sei.[1923] Das Strafmaß soll sechs Monate bis zehn Jahre umfassen.[1924] Eine fakultative Aberkennung der bürgerlichen Ehrenrechte soll möglich sein.[1925] Die Strafe soll „lediglich die Autorität des übertretenen Gesetzes herstellen“.[1926] Sie diene der Abschreckung und scheint demnach aus generalpräventiven Gesichtspunkten gerechtfertigt.[1927] Für diese Gruppe biete es sich dann auch an, kompromisshaft die Vergeltung als Strafwirkung aufrechtzuerhalten, da spezialpräventive Strafwirkungen nicht erforderlich seien. „[E]ine derartige Aufteilung des Strafrechts [wäre] wissenschaftlich unhaltbar“, doch als legislatorischer Kompromiss wäre *v. Liszt* damit durchaus zufrieden.[1928]

b) Erkenntnistheoretische und (rechts-)philosophische Implikationen der v. Liszt'schen Lehre

Für das Programm der Schutzstrafe und für die Kategorisierung der Straftäter in die drei Gruppen fehlt in der bisherigen Darstellung eine hinreichende Begründung. Um die Argumentation von *v. Liszt* weiter zu erhellen, werden im Folgenden die erkenntnistheoretischen und (rechts-)philosophischen Annahmen beleuchtet, die dem Werk *v. Liszt*s zugrunde liegen und es prägen. Dabei wird der Fokus auf die Interpretation des Verhältnisses von Sein und Sollen gelegt, d.h. die Art und Weise der Berücksichtigung empirischer Aussagen. So kann dem Status empirischer Argumente bei *v. Liszt* auf die Spur gekommen und eine Parallele zu den bisher benannten Rechtfertigungsbrüchen des Präventionsstrafrechts hergestellt werden. Zudem wird ebenso das Verhältnis von Rechtssicherheit und Staatssicherheit bzw. von Recht und Politik untersucht. Zwar war *v. Liszt* schwerpunktmäßig an den Problemen der Kriminalpolitik interessiert und daher finden sich in seinem Werk keine mit *Binding* vergleichbaren Äußerungen zu rechtstheoretischen Fragen.[1929] Aus seinen Texten lassen sich allerdings hinreichende Aussagen

1923 *v. Liszt,* Der Zweckgedanke im Strafrecht [1883], 3. Aufl., 1968, S. 36.
1924 *v. Liszt,* Der Zweckgedanke im Strafrecht [1883], 3. Aufl., 1968, S. 36.
1925 *v. Liszt,* Der Zweckgedanke im Strafrecht [1883], 3. Aufl., 1968, S. 36.
1926 *v. Liszt,* Der Zweckgedanke im Strafrecht [1883], 3. Aufl., 1968, S. 36.
1927 *v. Liszt,* Der Zweckgedanke im Strafrecht [1883], 3. Aufl., 1968, S. 36.
1928 *v. Liszt,* Die deterministischen Gegner der Zweckstrafe, ZStW 13 (1893), S. 367.
1929 Vgl. zu den Einschränkungen *Frommel,* Präventionsmodelle in der deutschen Strafzweck-Diskussion, 1987, S. 59.

über seine erkenntnistheoretischen und (rechts-)philosophischen Grundannahmen treffen.

aa) Antispekulativ und positivistisch

Zunächst lehnte *v. Liszt* eine metaphysische Deutung der Strafe ab.[1930] Da er jedoch die „empirische Existenz“ der Strafe erforsche, bliebe eine metaphysische Deutung daneben grundsätzlich möglich.[1931] Nur: „die Wissenschaft hört auf, wo die Metaphysik beginnt“.[1932] Folglich musste *v. Liszt* auch die „Vergeltungsstrafe“ als Maßprinzip der Strafe ablehnen. Seiner Ansicht nach könne sowieso „keine metaphysische Grundlegung der Strafe imstande [… sein], das Prinzip des Strafmaßes abzugeben“,[1933] weil Schuld sich ohne Ansehung des Täters nicht bestimmen lassen könne.[1934] Deshalb lässt sich seine Position u.a. als antispekulativ bezeichnen.[1935] Mit seiner antispekulativen Haltung reiht sich *v. Liszt* in die positivistischen Rechtsauffassungen seiner Zeit ein.[1936] Im Zuge der Erkenntniskritik *Kants* in der „Kritik der reinen Vernunft“ wandte sich dem folgend die Mehrheit der Rechtswissenschaft der Empirie zu.[1937] Nicht die aus der reinen praktischen Vernunft abgeleitete, oben dargestellte transzendentale Rechtsidee als Metaphysik der Freiheit sollte in der Rechtswissenschaft wirkmächtig werden,[1938]

1930 *v. Liszt,* Der Zweckgedanke im Strafrecht [1883], 3. Aufl., 1968, S. 8, 11.

1931 *v. Liszt,* Der Zweckgedanke im Strafrecht [1883], 3. Aufl., 1968, S. 10 f.

1932 *v. Liszt,* Der Zweckgedanke im Strafrecht [1883], 3. Aufl., 1968, S. 8.

1933 *v. Liszt,* Der Zweckgedanke im Strafrecht [1883], 3. Aufl., 1968, S. 22.

1934 So auch *Ellscheid/Hassemer,* Strafe ohne Vorwurf, in: Lüderssen/Sack (Hg.), Abweichendes Verhalten II, Bd. 1, 1975, S. 270.

1935 Vgl. *Frommel,* Präventionsmodelle in der deutschen Strafzweck-Diskussion, 1987, S. 114.

1936 Vgl. *Schmidt,* Einführung in die Geschichte der deutschen Strafrechtspflege, 3. Aufl., 1965, S. 365, der *v. Liszt* dem naturalistischen Positivismus zuordnet, so auch *Ziemann,* Neukantianisches Strafrechtsdenken, 2009, S. 94 ff.; str. s. *Frommel,* Präventionsmodelle in der deutschen Strafzweck-Diskussion, 1987, S. 95.

1937 Vgl. zur Bedeutung *Kants Kaufmann,* Problemgeschichte der Rechtsphilosophie, in: ders./Hassemer/Neumann (Hg.), Einführung in Rechtsphilosophie und Rechtstheorie der Gegenwart, 8. Aufl., 2011, S. 56 ff.; vgl. die erkenntnistheoretische Bezugnahme bei *v. Liszt,* Die deterministischen Gegner der Zweckstrafe, ZStW 13 (1893), S. 338; vgl. auch *Vormbaum,* Einführung in die moderne Strafrechtsgeschichte, 2. Aufl., 2011, S. 121 f.

1938 Wobei nicht übersehen werden darf, dass die philosophische Begründung der Menschenrechte stark von *Kants* Prinzip der sittlichen Autonomie der Person beeinflusst ist: s. *Kaufmann,* Problemgeschichte der Rechtsphilosophie, in: ders./Hassemer/

sondern *Kant*s Beweis, dass „eine inhaltliche Metaphysik *niemals* allgemein gültig […] sein kann".[1939]

Der Positivierung des Rechts entspricht so der Positivismus in der Rechtswissenschaft. Im Gegensatz zur historischen Rechtsschule, deren Positivismus eng an die Begrifflichkeit im Gesetz bzw. die Rechtsquellen anknüpfte, steht *v. Liszt* in der Tradition eines rechtsphilosophischen Positivismus, der durch Beobachtung oder Experiment Gesetzmäßigkeiten der Natur oder des sozialen Lebens herausarbeiten möchte, um daraus Recht ableiten zu können.[1940] Vertreter dieser Richtung und gleichzeitig Vordenker für *v. Liszt* war *v. Jhering,* der mit seinen Werken „Der Kampf ums Recht" (1872) und „Der Zweck im Recht" (1877/1884) die zentralen Stichworte für das Marburger Programm lieferte.[1941] Ebenso gehört *Merkel,* der Schöpfer der „Allgemeinen Rechtslehre", in diese Linie.[1942] Er entwickelte induktiv vom positiven Recht aus das Allgemeine und konfrontierte diese interne Betrachtungsweise mit einer externen.[1943] Im Schulenstreit stellte *Merkel*s Lehre eine vermittelnde Position zwischen Zweckmäßigkeits- und Vergeltungsvorstellungen dar, die auch *v. Liszt* beeinflusste.[1944] Die Ableitung richtigen Rechts aus

---

Neumann (Hg.), Einführung in Rechtsphilosophie und Rechtstheorie der Gegenwart, 8. Aufl., 2011, S. 61; vgl. *Höffe,* Kategorische Rechtsprinzipien, 1990, S. 126 ff.

1939 *Kaufmann,* Problemgeschichte der Rechtsphilosophie, in: ders./Hassemer/Neumann (Hg.), Einführung in Rechtsphilosophie und Rechtstheorie der Gegenwart, 8. Aufl., 2011, S. 57 ff., 59, Hervorhebung durch Verfasserin; vgl. in diesem Teil, 1. Kapitel, C. III.

1940 Zum Begriff des „rechtsphilosophischen Positivismus": *Müller,* Der Begriff der Generalprävention im 19. Jahrhundert, 1984, S. 317.

1941 *Radbruch,* Franz v. Liszt – Anlage und Umwelt, in: Kaufmann (Hg.), Gustav Radbruch. Gesamtausgabe, Bd. 16, Biographische Schriften, 1988, S. 33; *Vormbaum,* Einführung in die moderne Strafrechtsgeschichte, 2. Aufl., 2011, S. 125; vgl. zur strafrechtlichen Bedeutung von *v. Jhering: Müller,* Der Begriff der Generalprävention im 19. Jahrhundert, 1984, S. 317 ff.; vgl. die Bezugnahme auf *v. Jhering* in *v. Liszt,* Der Zweckgedanke im Strafrecht [1883], 3. Aufl., 1968, S. 10, 19.

1942 *Frommel,* Präventionsmodelle in der deutschen Strafzweck-Diskussion, 1987, S. 49; vgl. zur Bedeutung der „Allgemeinen Rechtslehre" *Kaufmann,* Problemgeschichte der Rechtsphilosophie, in: ders./Hassemer/Neumann (Hg.), Einführung in Rechtsphilosophie und Rechtstheorie der Gegenwart, 8. Aufl., 2011, S. 76.

1943 *Frommel,* Präventionsmodelle in der deutschen Strafzweck-Diskussion, 1987, S. 49; vgl. *Kaufmann,* Problemgeschichte der Rechtsphilosophie, in: ders./Hassemer/Neumann (Hg.), Einführung in Rechtsphilosophie und Rechtstheorie der Gegenwart, 8. Aufl., 2011, S. 76.

1944 *Müller,* Der Begriff der Generalprävention im 19. Jahrhundert, 1984, S. 344; *Frommel,* Präventionsmodelle in der deutschen Strafzweck-Diskussion, 1987, S. 43.

dem *positiven Rechtsstoff* lehnte er demgegenüber ab, ebenso wie eine Negierung jeglicher Erkenntnismöglichkeit von *richtigem* Recht.[1945]

bb) Seine Empiriebegriffe und das Verhältnis von Sein und Sollen

Für die Erkenntnis richtigen Rechts verwendete *v. Liszt* zwei unterschiedliche Empiriebegriffe. Mit ihnen begründete er die Strafe als *Rechts*form und deren konkrete Ausgestaltung als Zweckstrafe.[1946] Bei der Bezugnahme auf den Bestrafungstrieb sowie die Kategorisierung der „Verbrecherkategorien" stützte er sich auf einen naturwissenschaftlichen Empiriebegriff, dem die Vorstellung über einen kausalen Ursache-Wirkungszusammenhang der Welt zugrunde liegt.[1947] Bei dem anderen Empiriebegriff handelt es sich um einen entwicklungsgeschichtlichen Empiriebegriff, der auch *Merkel*s externe Betrachtungsweise als Teil der Allgemeinen Rechtslehre bestimmte.[1948] Er kann mit dem Begriff einer „entwicklungsgeschichtlichen Gesellschaftstheorie der Ethik und des Rechts" präzisiert werden.[1949] Aus letzterem heraus bestimmt sich auch sein Verhältnis von Sein und Sollen. Dieser wird nun als erstes dargestellt. Im Anschluss folgt eine Auseinandersetzung mit *v. Liszts* naturwissenschaftlichem Empiriebegriff.

(1) Zum entwicklungsgeschichtlichen Empiriebegriff

Der entwicklungsgeschichtliche Empiriebegriff setzt voraus, dass die Entwicklung im Sinne eines Fortschritts gedacht wird.[1950] Ihn benötigte *v. Liszt,* um den Zweckgedanken in das Recht einzuführen. Diese Sichtweise ermögliche eine „Synthese der kausalen und der Wertbetrachtung",[1951] durch den der Methodendualismus

---

1945 *v. Liszt,* Das „richtige Recht" in der Strafgesetzgebung, ZStW 26 (1906), S. 554 f.

1946 Vgl. *Naucke,* Die Kriminalpolitik des Marburger Programms 1882, ZStW 94 (1982), S. 534, der die Notwendigkeit empirischer Triebwahrheit der Notwendigkeit geschichtlicher Entwicklungen gegenüberstellt.

1947 Vgl. *Naucke,* Die Kriminalpolitik des Marburger Programms 1882, ZStW 94 (1982), S. 534.

1948 *Frommel,* Präventionsmodelle in der deutschen Strafzweck-Diskussion, 1987, S. 56, zu den Unterschieden zwischen *Merkel* einerseits und *v. Liszt* sowie *v. Jhering* andererseits s. S. 56 f.; *v. Liszt* nimmt auf *Adolf Merkel*s Entwicklungstheorie Bezug in: Das „richtige Recht" in der Strafgesetzgebung, ZStW 26 (1906), S. 556.

1949 *Frommel,* Präventionsmodelle in der deutschen Strafzweck-Diskussion, 1987, S. 56.

1950 *v. Liszt,* Der Zweckgedanke im Strafrecht [1883], 3. Aufl., 1968, S. 19; *ders.,* Das „richtige Recht" in der Strafgesetzgebung II, ZStW 27 (1907), S. 94.

1951 *v. Liszt,* Das „richtige Recht" in der Strafgesetzgebung II, ZStW 27 (1907), S. 94.

zwischen Sein und Sollen zumindest teilweise aufgehoben werde.[1952] *v. Liszt* brachte das wie folgt auf den Punkt: „das Seinsollende kann ausschließlich aus dem Seienden abgeleitet werden. [...] Indem wir das Seiende als ein geschichtlich Gewordenes betrachten und darnach das Werdende bestimmen, erkennen wir das Seinsollende."[1953] Dadurch wird die *Zukunftsperspektive* in das Recht hineingetragen. Das Werdende ist das Seinsollende[1954] und um dieses zu verwirklichen bzw. zu fördern, bedürfe es der Zwecksetzung. In der „Hemmung oder Förderung eines von menschlicher Willkür unabhängigen Entwicklungsganges" durch „unsere menschliche Zwecksetzung" liegt das normative Element *v. Liszt*s, wobei der Entwicklungsgang grundsätzlich als Fortschritt angesehen wird.[1955] Aus der Betrachtung der Entwicklungsgeschichte gewinnt er so das richtige Recht. *Formal* muss richtiges Recht daher zweckmäßig sein.[1956] *Inhaltlich* wird es durch den entwicklungsgeschichtlich vorgegebenen Zweck bestimmt.[1957] Aus einer Degeneration sei demnach deren Verhinderung zu folgern, aus dem kriminellen Rückfall dessen Ausschluss durch Haft.[1958] *v. Liszt* blieb aber ein Differenzierungskriterium dafür schuldig, wie er die Degeneration vom Fortschritt überhaupt unterscheiden wollte.

Auf das Strafrecht im Ganzen angewendet heißt das: Ursprünglich – vor allem Recht – war die Strafe (notwendige) Triebhandlung zur Selbsterhaltung und damit unbewusst zur Arterhaltung.[1959] Erst die „Erfahrung erschließ[e] das Verständnis der Zweckmäßigkeit der Strafe."[1960] Durch den Zweckgedanken werde die Triebhandlung zur Willenshandlung,[1961] die der Staat als Unbeteiligter und damit unabhängiger Dritter in eine objektivierte Strafe überführe, denn erst jetzt in Ansehung der Entwicklung ist eine „Erkenntnis der Lebensbedingungen der staatlichen

---

1952 *v. Liszt,* Das „richtige Recht" in der Strafgesetzgebung II, ZStW 27 (1907), S. 91: Hier spricht *v. Liszt* von einer „Synthese zwischen dem Seienden und dem Seinsollenden"; vgl. dazu *Schmidt,* Einführung in die Geschichte der deutschen Strafrechtspflege, 3. Aufl., 1965, S. 367 f.; *Radbruch,* Franz v. Liszt – Anlage und Umwelt, in: Kaufmann (Hg.), Gustav Radbruch. Gesamtausgabe, Bd. 16, Biographische Schriften, 1988, S. 36 f.

1953 *v. Liszt,* Das „richtige Recht" in der Strafgesetzgebung, ZStW 26 (1906), S. 556.

1954 *v. Liszt,* Das „richtige Recht" in der Strafgesetzgebung, ZStW 26 (1906), S. 556.

1955 *v. Liszt,* Das „richtige Recht" in der Strafgesetzgebung, ZStW 26 (1906), S. 556.

1956 *v. Liszt,* Das „richtige Recht" in der Strafgesetzgebung, ZStW 26 (1906), S. 555.

1957 *v. Liszt,* Das „richtige Recht" in der Strafgesetzgebung, ZStW 26 (1906), S. 555.

1958 Vgl. *Walter,* Gustav Radbruch und die Kriminologie, JZ 2009, S. 432.

1959 *v. Liszt,* Der Zweckgedanke im Strafrecht [1883], 3. Aufl., 1968, S. 7 ff.

1960 *v. Liszt,* Der Zweckgedanke im Strafrecht [1883], 3. Aufl., 1968, S. 6 und 13.

1961 *v. Liszt,* Der Zweckgedanke im Strafrecht [1883], 3. Aufl., 1968, S. 15.

Gemeinschaft", gegen die sich das Verbrechen richtet, möglich.[1962] Für *v. Liszt* wird dadurch die *Rationalität* der Strafe verbürgt. Sie gewinne „Maß und Ziel"[1963] gegenüber der „instinktiv-zweckmäßigen" Triebhandlung, der das Ungestüme und Ungezügelte innewohne.[1964] Der entwicklungsgeschichtliche Empiriebegriff rechtfertigt somit den Zweckgedanken im Straf*recht* und auch das Maß der *Strafe* aus dem Zweckgedanken herzuleiten, sei „durch die Geschichte vorgezeichnete Bahn" bereits ausreichend begründet.[1965] Der Zweckgedanke im Strafrecht bewirke *unabhängig* von den konkreten geschichtlichen Umständen eine immer größere Vervollkommnung des Rechtsgüterschutzes auf einer „Bahn des Fortschrittes".[1966] Das Maß der Strafe würde vollkommen, weil der Zweckgedanke „Anpassung des Mittels an den Zweck und möglichste Sparsamkeit in seiner Verwendung" verlange.[1967] Der entwicklungsgeschichtliche Empiriebegriff reicht demnach aus, um den Zweckgedanken im Strafrecht zu rechtfertigen. Er verweist auf die Prüfungselemente der Geeignetheit und der Erforderlichkeit beim Verhältnismäßigkeitsgrundsatz.

(2) Zum naturwissenschaftlichen Empiriebegriff: Bestrafungstrieb und Determinismus

Nach der Darstellung des entwicklungsgeschichtlichen Empiriebegriffs bleibt die Frage, welche Stellung der naturwissenschaftliche Empiriebegriff daneben noch einnimmt. Er bezieht sich zum einen auf die „Notwendigkeit empirischer Triebwahrheit"[1968] als Ausgangspunkt der entwicklungsgeschichtlichen Deutung, die letztlich zur Rechtfertigung der Zweckstrafe führt. Zum anderen ist damit die Hinwendung zu einem deterministischen Menschenbild gemeint, das als naturwissenschaftlich-empirischer Anknüpfungspunkt für die Sanktionsebene fungieren soll. Anders ist eine auf dem Ursache-Wirkungsprinzip aufbauende Zweckstrafe nicht

---

1962 *v. Liszt,* Der Zweckgedanke im Strafrecht [1883], 3. Aufl., 1968, S. 16.

1963 *v. Liszt,* Der Zweckgedanke im Strafrecht [1883], 3. Aufl., 1968, S. 18.

1964 *v. Liszt,* Der Zweckgedanke im Strafrecht [1883], 3. Aufl., 1968, S. 15 ff.

1965 *v. Liszt,* Der Zweckgedanke im Strafrecht [1883], 3. Aufl., 1968, S. 21.

1966 *v. Liszt,* Der Zweckgedanke im Strafrecht [1883], 3. Aufl., 1968, S. 19: „Trotz allen Wechsels in dem Umkreise der als *Verbrechen* bezeichneten Handlungen, trotz alles Schwankens in der Zusammensetzung und Gliederung des *Strafensystems* wird die Anpassung der Strafe an ihren Zweckgedanken: Rechtsgüterschutz zu sein, im Laufe der geschichtlichen Entwicklung einer immer größeren Vervollkommnung zugeführt" (Hervorhebungen im Original gesperrt).

1967 *v. Liszt,* Der Zweckgedanke im Strafrecht [1883], 3. Aufl., 1968, S. 27 f.

1968 *Naucke,* Die Kriminalpolitik des Marburger Programms 1882, ZStW 94 (1982), S. 534.

zu begründen. Bei der Rechtfertigung der Zweckstrafe konstatierte *v. Liszt* – in der antispekulativen Linie bleibend –, dass strafrechtliche Zurechnung sich nur am *empirischen Charakter* des Menschen orientieren könne.[1969] Denn eine an der Auffindung von Willensfreiheit orientierte, gerechte Zurechnung muss an jeglicher Erkenntnismöglichkeit scheitern.[1970]

Sein Gewährsmann hierfür sei *Kant*, der zwischen der empirischen Seite des Menschen als der Natur zugehörig und der intelligiblen von Raum und Zeit unabhängigen Seite unterschied, die das Nebeneinander von menschlicher Naturunterworfenheit und Autonomie erklären sollte.[1971] *v. Liszt* schrieb dementsprechend, dass das „Gesetz der Kausalität“ die „Form des Erkennens“ ist, sonst wärenWissenschaft, Erfahrung, Erkenntnis nicht möglich.[1972] Demzufolge habe „jede menschliche Handlung ihre Ursache in irgend einem sinnfälligen Ereignisse [...], das seinerseits als Wirkung verursacht ist.“[1973] Die Möglichkeit menschlicher Autonomie und die Ausrichtung der strafrechtlichen Zurechnung hierauf werden unter Anknüpfung an die Philosophie *Arthur Schopenhauer*s negiert.[1974] Wenn es keine Willensfreiheit gibt, sei der Mensch verantwortlich, weil er kein anderer *gewesen* ist und nicht weil er anders hätte handeln können.[1975] Die Schutzstrafe ist hieraus logische Konsequenz. Darin begründet sich auch die Hinwendung zu der in der „That bewiesenen Gesinnung“.[1976] Die „Stellung [des Täters] zur Rechtsordnung, seine ganze Vergangenheit und was sie für die Zukunft erwarten läßt, soll bestimmend sein für Art und Maß der Strafe.“ In der Tradition des Vergeltungsgedanken würde diese Erkenntnis zu einer Milderung bzw. Abschaffung der Strafe führen. Eine Abschaffung des Strafrechts kam für *v. Liszt* jedoch schon deshalb

---

1969 *v. Liszt,* Der Zweckgedanke im Strafrecht [1883], 3. Aufl., 1968, S. 27; s. auch ders., Die deterministischen Gegner der Zweckstrafe, ZStW 13 (1893), S. 338.

1970 *v. Liszt,* Der Zweckgedanke im Strafrecht [1883], 3. Aufl., 1968, S. 27; s. auch *ders.,* Die deterministischen Gegner der Zweckstrafe, ZStW 13 (1893), S. 338.

1971 *v. Liszt,* Der Zweckgedanke im Strafrecht [1883], 3. Aufl., 1968, S. 27; vgl. *Kant,* Kritik der reinen Vernunft 2 [1781/1789], Werkausgabe Bd. IV, hg. v. Weischedel, 1974, S. 502 f.; s. dazu *Vormbaum,* Einführung in die moderne Strafrechtsgeschichte, 2. Aufl., 2011, S. 123.

1972 *v. Liszt,* Die deterministischen Gegner der Zweckstrafe, ZStW 13 (1893), S. 337.

1973 *v. Liszt,* Die deterministischen Gegner der Zweckstrafe, ZStW 13 (1893), S. 337.

1974 *Vormbaum,* Einführung in die moderne Strafrechtsgeschichte, 2. Aufl., 2011, S. 123 f.; *Müller,* Der Begriff der Generalprävention im 19. Jahrhundert, 1984, S. 342.

1975 *Vormbaum,* Einführung in die moderne Strafrechtsgeschichte, 2. Aufl., 2011, S. 124.

1976 *v. Liszt,* Die deterministischen Gegner der Zweckstrafe, ZStW 13 (1893), S. 354.

nicht in Betracht, weil es – entwicklungsgeschichtlich belegt – schon immer zur Menschheit gehört habe und somit *empirisch* unabweislich sei.[1977]

Strafrechtliche Verantwortlichkeit sei – so *v. Liszt* – „normale Bestimmbarkeit durch Motive".[1978] Dem liegt ein psychologisch-empirischer Begriff von Willensfreiheit im Gegensatz zur Willensfreiheit im Sinne von Autonomie zugrunde.[1979] Dadurch gewinnt die Strafe wieder ihre empirische Berechtigung: in der „Empfänglichkeit [des Verbrechers] für die durch die Strafe bezweckte Motivsetzung".[1980] Dieses Kausalverhältnis, das sei hier noch einmal betont, ist nach wie vor höchst umstritten. Durch die Auseinandersetzung mit den zwei unterschiedlichen Empiriebegriffen lässt sich nun der Status des Empirischen bei *v. Liszt* bestimmen.

cc) Der Status des Empirischen bei *v. Liszt*

Der entwicklungsgeschichtliche Empiriebegriff, den *v. Liszt* für die Rechtfertigung des Zweckgedankens im Straf*recht* und als Strafmaß überhaupt benötigt, ist ohne Anleihen bei der *Hegel'*schen Geschichtsphilosophie nicht herzustellen.[1981] Der Fortschrittsglaube ist vor-empirisch. Daran ändert auch seine Äußerung nichts, dass „der letzte Zweck wie die erste Ursache verborgen ist und verborgen bleiben wird".[1982] Denn die in dieser Aussage enthaltene Einschätzung der Zeitabhängigkeit richtigen Rechts hat praktisch keine Auswirkungen auf *v. Liszt*s Ableitungen bzw. den darin zum Tragen kommenden uneingeschränkten Wahrheitsanspruch. *Naucke* formuliert daher, dass die Evolutionslehre zu „selbstsicher" auftritt.[1983] Der Fortschrittsglaube ermöglicht eine Unabhängigkeit von konkreten geschichtlichen Umständen. Dadurch wird gerade das Empirische an *v. Liszt*s Methode zweifelhaft, denn es ermöglicht Aussagen über Kriminalität und Kriminalisierung ohne induktiv nach Kriterien für solche Aussagen zu suchen.[1984] Folglich findet eine Beweislastumkehr statt; die Frage nach der tatsächlichen Entwicklung wird „bis

1977 Vgl. *Müller,* Der Begriff der Generalprävention im 19. Jahrhundert, 1984, S. 343.

1978 *v. Liszt,* Die deterministischen Gegner der Zweckstrafe, ZStW 13 (1893), S. 342.

1979 *Frommel,* Präventionsmodelle in der deutschen Strafzweck-Diskussion, 1987, S. 94 f.

1980 *v. Liszt,* Die deterministischen Gegner der Zweckstrafe, ZStW 13 (1893), S. 343.

1981 Vgl. *Naucke,* Die Kriminalpolitik des Marburger Programms 1882, ZStW 94 (1982), S. 534; *Müller,* Der Begriff der Generalprävention im 19. Jahrhundert, 1984, S. 318.

1982 *v. Liszt,* Das „richtige Recht" in der Strafgesetzgebung II, ZStW 27 (1907), S. 94.

1983 *Naucke,* Die Kriminalpolitik des Marburger Programms 1882, ZStW 94 (1982), S. 529.

1984 *Frommel,* Präventionsmodelle in der deutschen Strafzweck-Diskussion, 1987, S. 68.

zum Beweis des Gegenteils" hintangestellt.[1985] Auf der *Norm*ebene heißt das, dass die Ausgestaltung der strafrechtlichen Tatbestände sich – wie auch schon von seinen rechtsgüterschutzorientierten Vorgängern postuliert – an einem aus sich selbst heraus nicht konkretisierbaren Präventionsparadigma[1986] ausrichtet. Der allgemeine und unbestimmte Bezugspunkt und Zweck des Rechts sei, das „Zusammenleben der Menschen" zu sichern,[1987] was gleichbedeutend mit der „Aufrechterhaltung der Rechtsordnung" ist.[1988] Wenn *v. Liszt* schreibt, dass das Phänomen des „vagabundierenden Gaunertum" „sozialethisch" festgestellt werden müsse, offenbart sich darin dieser gesellschaftlich disponible Nützlichkeitsbezug.[1989] Diese freie Disponibilität kann letztlich nur *politisch,* durch Ausübung von Macht konkretisiert werden. Eine naturwissenschaftliche oder sonstige empirische Festigkeit ist durch *v. Liszts* Konzept nicht zu gewinnen – jedenfalls nicht auf der Tatbestandsebene.

Auch auf der Ebene der Rechtsfolgen wird die spezialpräventive, empirisch ausgerichtete Sicht durch eine grundsätzliche generalpräventive Sicht überlagert. Die einzige Rechtfertigung der Strafe für einen Deterministen liege in „ihrer Notwendigkeit für die Aufrechterhaltung der Rechtsordnung".[1990] Hieran wird wiederum deutlich, dass die Hinwendung zum Täter und die damit einhergehende ‚kriminalanthropologische', ‚naturwissenschaftliche' Erforschung der Täterpersönlichkeit immer zweitrangig gegenüber kriminalpolitischen, auf Empirie nicht angewiesenen Bekämpfungsformeln ist.[1991] Letztere bedürfen nur einer *politischen* Identifikation des Verbrechers als Gesellschaftsfeind. Ersteres, die Erforschung der Täterpersönlichkeit mittels „Kriminalanthropologie" und „systematischer Massenbeobachtung", ist dann auch für die Einteilung in seine

---

1985 *Frommel,* Präventionsmodelle in der deutschen Strafzweck-Diskussion, 1987, S. 68; vgl. auch *Müller,* Verbrechensbekämpfung im Anstaltsstaat, 2004, S. 301, der von einem großen Zirkelschluss spricht, weil die kriminologische Forschung sich an bürokratisch-justiziell vorsortierten Tätergruppen orientierte.

1986 Vgl. zur Unbestimmtheit von Prävention und dem Bedarf an erfahrungswissenschaftlicher Analyse von Kriminalitätsursachen *Albrecht,* Kriminologie. Eine Grundlegung zum Strafrecht, 4. Aufl., 2010, S. 21 ff.; s. zudem *Kubink,* Strafen und ihre Alternativen im zeitlichen Wandel, 2002, S. 300 ff.

1987 *v. Liszt,* Das „richtige Recht" in der Strafgesetzgebung II, ZStW 27 (1907), S. 94.

1988 *v. Liszt,* Das „richtige Recht" in der Strafgesetzgebung, ZStW 26 (1906), S. 555.

1989 *v. Liszt,* Der Zweckgedanke im Strafrecht [1883], 3. Aufl., 1968, S. 32.

1990 *v. Liszt,* Die deterministischen Gegner der Zweckstrafe, ZStW 13 (1893), S. 349; *ders.,* Das „richtige Recht" in der Strafgesetzgebung, ZStW 26 (1906), S. 555.

1991 Vgl. die Kritik bei *Kubink,* Strafen und ihre Alternativen im zeitlichen Wandel, 2002, S. 100 ff.

drei Verbrecherkategorien im Prinzip entbehrlich.[1992] Bei der Dringlichkeit des Problems – Bekämpfung des Gewohnheitsverbrechertums – dürfe die Politik nicht dazu verurteilt sein, auf die empirische Forschung warten zu müssen.[1993] Der Aufbau eines „wissenschaftlichen Systems der Politik"[1994] erweist sich damit durch dessen generalpräventive Unterminierung schon als im Ansatz gescheitert. Es handelt sich um „Begriffskriminalpolitik".[1995] Die entwicklungsgeschichtlich hergeleitete Synthese von Seiendem und Seinsollendem ermöglicht offensichtlich kein theoretisch nachvollziehbares, spezifiziertes Verhältnis von Norm- und Erfahrungswissenschaften. Das, was sich beim entwicklungsgeschichtlichen Empiriebegriff schon herauskristallisiert hat, gilt auch für die am Determinismus ausgerichtete Sanktionenlehre. Die von *v. Liszt* so geschätzte naturwissenschaftliche Methode erscheint nur als Blendwerk, um den politischen Bekämpfungsformeln an Gewicht zu verleihen.[1996]

Um es noch einmal auf das bei der Kritik der Abwägung herausgearbeitete Verhältnis von Zweck- und Wertrationalität zu beziehen: Die von *v. Liszt* getroffene Wertentscheidung fällt eindeutig zugunsten der Aufrechterhaltung der Rechtsordnung aus, die gleichbedeutend mit der Staatssicherheit ist. Die ‚Empirie' der Zweck-Mittel-Relation unterliegt folglich dieser Wertentscheidung. Mangels anderer, heterogener Werte fehlt eine Begrenzung der Verbrechungsbekämpfung völlig. *Schmidt* schreibt nun in Verteidigung von *v. Liszt*, dass der Zweckgedanke zur Beschränkung der Kriminalpolitik sehr wohl taugt, weil er „nicht mit *beliebige[m] Inhalt* erfüllbar" sei, sondern „inhaltlich durch die kriminalistische Sachaufgabe bestimmt [sei], die die wissenschaftliche Kriminalpolitik dem Staate stellt".[1997] Dem ist allerdings entgegenzuhalten, dass dies im Ansatz schon nicht

---

1992 *v. Liszt,* Der Zweckgedanke im Strafrecht [1883], 3. Aufl., 1968, S. 29: „Die Kriminalstatistik wird an diesen Ergebnissen nichts oder nur wenig ändern." Grundsätzlich weist er ihr aber einen hohen Erkenntniswert zu: *ders.,* Die deterministischen Gegner der Zweckstrafe, ZStW 13 (1893), S. 334 f.; Kritik an dem Fehlen empirischer Fundierung der Gruppenbildung äußert auch *Frisch,* Das Marburger Programm und die Maßregeln der Besserung und Sicherung, ZStW 94 (1982), S. 575.

1993 *v. Liszt,* Der Zweckgedanke im Strafrecht [1883], 3. Aufl., 1968, S. 32.

1994 *v. Liszt,* Das „richtige Recht" in der Strafgesetzgebung II, ZStW 27 (1907), S. 95.

1995 Vgl. *Frommel,* Präventionsmodelle in der deutschen Strafzweck-Diskussion, 1987, S. 192.

1996 Vgl. *Frommel,* Präventionsmodelle in der deutschen Strafzweck-Diskussion, 1987, S. 82.

1997 *Schmidt,* Franz von Liszt und die heutige Problematik des Strafrechts, in: Festschrift für v. Gierke, 1950, S. 219, Hervorhebungen im Original gesperrt.

glücken konnte, weil *v. Liszt* der empirischen Forschung erst gar keine ernstzunehmende Chance einräumte, die Kausalbeziehung zwischen Verbrechen und Strafe bzw. die gesellschaftsschädigende Wirkung abweichenden Verhaltens aufzuklären.[1998] Die Sanktionenlehre *v. Liszt*s bleibt nicht nur hinter ihrem (naturwissenschaftlich-)empirischen Anspruch zurück, sondern koppelt ihn politisch opportun wieder davon ab. Wenn „Gerechtigkeit im Strafrecht [...] die Einhaltung des durch den Zweckgedanken erforderten Strafmaßes" ist,[1999] weil nur das die *notwendige* Strafe ist, die *„das völlige Gebundensein der Strafgewalt"* herstellt,[2000] dann hat *v. Liszt* Gerechtigkeit in seinem Modell entgegen seinem erklärten Willen zur Utopie werden lassen. Tatbestandsseite und Rechtsfolgenseite werden dabei dergestalt verkoppelt, dass die politische Gewichtung des Tatbestandes über die Gefährlichkeit des „Verbrechers" vor-entscheidet. An diesem Punkt kommen ein weiteres Mal Zweifel auf, ob das *Hobbes*'sche Leistungs-Legitimations-Paradigma, in das sich *v. Liszt*s Konzept ausgesprochen gut einfügt, tatsächlich gegen eine Selbstbehauptungs- und Machtsteigerungslehre arbeitet.

dd) Staatsverständnis

Begründet schon diese „Begriffskriminalpolitik" die Allmacht des Staates, so verstärkt sich die Tendenz noch durch *v. Liszt*s Staatsverständnis: Nach seinem Verständnis ermöglicht der Staat eine „unbefangene, affektlose Betrachtung der gemachten Erfahrungen", die zu einer „Erkenntnis des Zusammenhanges zwischen Rechtsgüterwelt, Verbrechen und Strafe" führe.[2001] Der Staat sei „hoheitsvolle Übermacht und affektlose Objektivität".[2002] Er könne die „*Lebensbedingungen* der staatlichen Gemeinschaft und der in ihr befaßten einzelnen, gegen welche sich das Verbrechen richtet", erkennen und danach Rechtsgüter konzipieren.[2003] Der Zweckgedanke, dessen Letztgrund die Selbst- und Arterhaltung des Menschen sei, ist somit

---

1998 Vgl. hierzu auch die Ausführungen von *Naucke* zum Verhältnis von Wissenschaft und Politik: Die Kriminalpolitik des Marburger Programms 1882, ZStW 94 (1982), S. 549 f.

1999 *v. Liszt,* Der Zweckgedanke im Strafrecht [1883], 3. Aufl., 1968, S. 27.

2000 *v. Liszt,* Der Zweckgedanke im Strafrecht [1883], 3. Aufl., 1968, S. 27, Hervorhebungen im Original gesperrt; zur Möglichkeit der Bindung der Strafgewalt durch den Zweckgedanken kritisch: *Naucke,* Die Kriminalpolitik des Marburger Programms 1882, ZStW 94 (1982), S. 539 ff.

2001 *v. Liszt,* Der Zweckgedanke im Strafrecht [1883], 3. Aufl., 1968, S. 16.

2002 *v. Liszt,* Der Zweckgedanke im Strafrecht [1883], 3. Aufl., 1968, S. 16.

2003 *v. Liszt,* Der Zweckgedanke im Strafrecht [1883], 3. Aufl., 1968, S. 16, Hervorhebung im Original gesperrt.

(legitimatorische) Basis des Staates, weil er die *Rationalität des Zweck-Mittel-Verhältnisses* verbürgt.[2004] Erst die erfahrungsgeleitete Einsicht aus dem unabhängigen Standpunkt des Staates ermögliche die Verwandlung der *Gewalt* in *Recht.*[2005] Die Überführung des Zweckgedankens in die Rechtsform, von der Trieb- zur Willenshandlung, sei nur durch den Staat möglich; er ist Voraussetzung für Recht.[2006] Folgerichtig ist er für die Umsetzung und Erfüllung jenes Zweckgedankens zuständig: „Die Staatsgewalt hat das Schwert der Gerechtigkeit in die Hand genommen, um die Rechtsordnung zu schützen gegen den Frevler, der an ihr sich vergreift.“[2007] Der Staat wird dadurch zum Substitut für die fehlende naturwissenschaftliche Fundierung der Zweck-Mittel-Relation im Strafrecht. Er hat das Wissensmonopol inne und weiß es folglich sowieso besser, was der Gesellschaft in Sachen Verbrechensbekämpfung Not tut.

ee) Vorrangverhältnis zwischen Recht und Politik

Eine Klärung des Vorrangverhältnisses zwischen Recht und Politik bei *v. Liszt* verdeutlicht noch einmal das Verhältnis von Rechtssicherheit zur Staatssicherheit bzw. die Stellung der Politik in seinem straf(rechts-)theoretischen System. Bisher konnte festgestellt werden, dass die Anwendung der naturwissenschaftlich-empirischen Methode bei der *Rechts*gestaltung keine Begrenzung der Kriminalpolitik in seinem System darstellen kann und wohl auch nicht soll. Das Verhältnis von Recht und Politik ist damit noch nicht endgültig beschieden. Fraglich bleibt, ob das *Recht selbst* unübersteigbare Grenzen für die Kriminalpolitik beinhaltet. Folglich müsste sich die Staatssicherheit doch hinter der Rechtssicherheit einreihen. *Schmidt* formuliert die Frage dahingehend um, ob *v. Liszt* als Vertreter eines Machtstaates oder eines Rechtsstaates gelten muss.[2008] In dieser begrifflichen Gegenüberstellung ist der Machtstaat jener Staat, der sich „selbst als obersten Wert [sieht] und damit das Recht setzt, seinen Willen nach reinen Zweckgesichtspunkten zu bestimmen und zu verwirklichen, […] er [wird] auch die Strafrechtspflege

---

2004 Vgl. *Müller,* Der Begriff der Generalprävention im 19. Jahrhundert, 1984, S. 339.

2005 *v. Liszt,* Der Zweckgedanke im Strafrecht [1883], 3. Aufl., 1968, S. 19: „So gebiert die Gewalt, wenn sie sich mit Einsicht und Selbstüberwindung paart, das Recht.“ *v. Liszt* zitiert hier *v. Jhering.*

2006 Vgl. *Naucke,* Die Kriminalpolitik des Marburger Programms 1882, ZStW 94 (1982), S. 527.

2007 *v. Liszt,* Der Zweckgedanke im Strafrecht [1883], 3. Aufl., 1968, S. 19.

2008 *Schmidt,* Franz von Liszt und die heutige Problematik des Strafrechts, in: Festschrift für v. Gierke, 1950, S. 203.

ausschließlich als Instrument seines kalten Zweckdenkens betrachten und sie überall einsetzen, wo ihm das für bestimmte politische Zwecke nützlich scheint, und er wird vor allem auch für Art und Weise, *wie* er die Strafgewalt wirken läßt, lediglich die Staatsräson maßgebend sein lassen."[2009] Anhand der Definition des Machtstaates und im Vergleich zum oben beschriebenen Rechtsstaat lässt sich überprüfen, wie sich *v. Liszt* zu diesen Alternativen verhält.

v. Liszt negierte grundsätzlich nicht die „Selbstbeschränkung der Strafgewalt".[2010] Das Strafrecht sei die „magna charta des Verbrechers".[2011] Gleichzeitig sei jedoch „die völlige Einstimmung des Einzelwillens in den Allgemeinwillen als Ideal aufgegeben".[2012] *Schmidt* beschreibt diese Selbstbeschränkung in *v. Liszt*s Zwecktheorie wie folgt: Seine Strafrechtsdogmatik würde den „Bezirk, innerhalb dessen der Einsatz einer kriminalpolitisch stark intensivierten staatlichen Verbrechensbekämpfung soll erfolgen dürfen, möglichst eindeutig" bestimmen.[2013] Hier komme folglich der Unterschied zwischen *nullum crimen sine lege* und *nulla poena sine lege* zum Tragen.[2014] Ersterer bezieht sich auf die Normebene und benennt die „Voraussetzungen für den Eintritt der Strafgewalt des Staates [...] nach Rechtsgrundsätzen", an dem die Kriminalpolitik nicht rütteln darf.[2015] Letzterer bezieht sich nur auf die Strafzumessung bzw. Sanktionsebene und würde, folgerichtig angewendet, ausschließlich absolute Strafdrohungen fordern.[2016] Der Grundsatz sei daher sowieso schon untauglich und müsse durch eine Orientierung an rein kriminalpolitischen Erwägungen ersetzt werden.[2017] Zusammengefasst heißt das, dass die Staatsgewalt keine Gefahr für die Einzelnen darstellt, solange

2009 *Schmidt,* Franz von Liszt und die heutige Problematik des Strafrechts, in: Festschrift für v. Gierke, 1950, S. 204.

2010 *v. Liszt,* Der Zweckgedanke im Strafrecht [1883], 3. Aufl., 1968, S. 19.

2011 *v. Liszt,* Der Zweckgedanke im Strafrecht [1883], 3. Aufl., 1968, S. 15; vgl. auch *ders.,* Über den Einfluss der soziologischen und anthropologischen Forschungen auf die Grundbegriffe des Strafrechts, in: ders., Strafrechtliche Vorträge und Aufsätze, Zweiter Band, 1905, S. 80.

2012 *v. Liszt,* Der Zweckgedanke im Strafrecht [1883], 3. Aufl., 1968, S. 15; vgl. auch *ders.,* Über den Einfluss der soziologischen und anthropologischen Forschungen auf die Grundbegriffe des Strafrechts, in: ders., Strafrechtliche Vorträge und Aufsätze, Zweiter Band, 1905, S. 80.

2013 *Schmidt,* Franz von Liszt und die heutige Problematik des Strafrechts, in: Festschrift für v. Gierke, 1950, S. 217.

2014 *v. Liszt,* Die deterministischen Gegner der Zweckstrafe, ZStW 13 (1893), S. 365.

2015 *v. Liszt,* Die deterministischen Gegner der Zweckstrafe, ZStW 13 (1893), S. 365.

2016 *v. Liszt,* Die deterministischen Gegner der Zweckstrafe, ZStW 13 (1893), S. 365.

2017 *v. Liszt,* Die deterministischen Gegner der Zweckstrafe, ZStW 13 (1893), S. 365.

gegen ihre Normen nicht opponiert wird. Ist der Einzelne erst einmal als Krimineller identifiziert, kann er ohne *rechtliche* Selbstbeschränkung in letzter Konsequenz als unverbesserlicher Abweichler im Namen einer effektiven Kriminalpolitik „unschädlich" gemacht werden. Selbst dieser eindeutig bestimmte Bereich ist jederzeit änderbar, weil die Normen durch die Politik an den *status quo* der Gesellschaft und deren Nöte angepasst werden können.

Eine ‚Begrenzung' der (staatlichen) Kriminalpolitik erfolgt demgemäß lediglich durch das Strafgesetzbuch und nur auf der Tatbestandsseite. Die Verfasstheit politischer Macht durch Recht steht dabei nicht auf dem Programm.[2018] *v. Liszt* trennte zwar zwischen Strafrechtsdogmatik und allein am Zweckgedanken ausgerichteter Kriminalpolitik. Er schwor daher die Strafrechtsdogmatik bemerkenswerter Weise nicht teleologisch auf das Ziel effektiver Verbrechensbekämpfung ein.[2019] Die Kriminalpolitik hat jedoch trotzdem den Vorrang gegenüber der Dogmatik.[2020] Bestätigt wird das durch *v. Liszts* Definition der Schuld als dogmatischen Begriff, der auf diesem gesellschaftlichen Nützlichkeitsbezug basiert. Schuld sei *„der aus der begangenen Tat erkennbare Mangel der für das gesellschaftliche Zusammenleben erforderlichen sozialen Gesinnung."*[2021] Im Umkehrschluss habe der Täter demnach eine „verbrecherische (antisoziale) Gesinnung."[2022] Das Wort „antisozial" impliziert wiederum eine kriminalpolitische Betrachtung, mit der gesellschaftliche Problemlagen als strafrechtlich relevant eingestuft werden sollen.[2023] Da – wie gezeigt werden konnte – auf eine naturwissenschaftlich-empirische Begrenzung kriminalpolitischer Nützlichkeitserwägungen nicht zu hoffen ist, bleibt machtpolitische Beliebigkeit in der Behandlung des Straftäters mittels des Zweckgedankens übrig – auch wenn *v. Liszt* nicht müde wird, zu betonen, dass seine Ansichten „auf der empirischen Grundlage der Lebenserscheinungen"

2018 Vgl. *Naucke,* Die Kriminalpolitik des Marburger Programms 1882, ZStW 94 (1982), S. 541.

2019 *Frommel,* Präventionsmodelle in der deutschen Strafzweck-Diskussion, 1987, S. 78.

2020 *Frommel,* Präventionsmodelle in der deutschen Strafzweck-Diskussion, 1987, S. 76; *v. Liszt,* Das „richtige Recht" in der Strafgesetzgebung II, ZStW 27 (1907), S. 95.

2021 *v. Liszt,* Lehrbuch des deutschen Strafrechts, 14./15. Aufl., 1905, S. 158, Hervorhebungen im Original gesperrt.

2022 *v. Liszt,* Lehrbuch des deutschen Strafrechts, 14./15. Aufl., 1905, S. 159.

2023 *Frommel,* Präventionsmodelle in der deutschen Strafzweck-Diskussion, 1987, S. 95; *v. Liszt* bezeichnet dementsprechend seine Zwecktheorie als „begriffsnotwendig nicht deskriptiv, sondern normativ": Das „richtige Recht" in der Strafgesetzgebung II, ZStW 27 (1907), S. 95.

aufbauten.[2024] Ergebnis der Zweckorientierung im Strafrecht ist folglich die uneingeschränkte Politisierung des Strafrechts im Sinne einer Unterwerfung des Individuums unter beliebige vom Staat zu formulierende Zwecke. Damit obliegt es dem Staat, den Begriff „Verbrechen“ im Sinne seiner Vorstellung von Verbrechensbekämpfung mit Inhalt zu füllen.[2025] Je nach politischer Gewichtung der Gefährlichkeit des Verbrechens bzw. Verbrechers für die gesellschaftliche Ordnung bleibt im Zweifel immer die Unschädlichmachung.

Teilweise wird zwar vertreten, dass die machtpolitische Beliebigkeit durch den *sozialen Gedanken* im Konzept *v. Liszt*s begrenzt werde.[2026] Denn bei ihm heißt es: „Die Bekämpfung des Verbrechens in seinen gesellschaftlichen Wurzeln ist nicht die eigentliche Aufgabe der Kriminalpolitik“, sondern „eine kräftige und zielbewußte *Sozialpolitik* gar manche Quelle des Verbrechens verstopfen wird.“[2027] Eine gute Sozialpolitik sei also die beste Kriminalpolitik. Darf die Fortschrittlichkeit des Gedankens ihm im Grundsatz nicht abgesprochen werden, so sind bei *v. Liszt* Sozialpolitik und Kriminalpolitik jedoch nur zwei „vikariierende Reaktionsformen“, die beide das gemeinsame Ziel der zweckmäßigen Verbrechensbekämpfung haben.[2028] Die sozialpolitischen Vorschläge sind ebenso rigide.[2029] Sie erweitern vielmehr das Instrumentarium der Kriminalpolitik, anstatt diese durch den sozialen Gedanken zu begrenzen.[2030] Es bleibt dabei, welche Interessen sich zu einem Zweck des Rechts formen, ist abhängig von den Machtkonstellationen im Staat.[2031]

Zusammenfassend kann festgestellt werden, dass der Staat einerseits aktiv die Lebensbedingungen mitgestaltet, weil er zum Träger des Zweckgedankens

---

2024 Vgl. *v. Liszt,* Die deterministischen Gegner der Zweckstrafe, ZStW 13 (1893), S. 361.

2025 Vgl. *Naucke,* Die Kriminalpolitik des Marburger Programms 1882, ZStW 94 (1982), S. 536.

2026 Vgl. z.B. *Zipf,* Kriminalpolitik, 2. Aufl., 1980, S. 32 ff.; *Calliess,* Theorie der Strafe im demokratischen und sozialen Rechtsstaat, 1974, S. 129 f.

2027 *v. Liszt,* Die deterministischen Gegner der Zweckstrafe, ZStW 13 (1893), S. 361 f., Hervorhebung im Original gesperrt.

2028 *Naucke,* Die Kriminalpolitik des Marburger Programms 1882, ZStW 94 (1982), S. 543.

2029 *Naucke,* Die Kriminalpolitik des Marburger Programms 1882, ZStW 94 (1982), S. 543 f.

2030 *Naucke,* Die Kriminalpolitik des Marburger Programms 1882, ZStW 94 (1982), S. 543 f.

2031 Vgl. *Naucke,* Die Kriminalpolitik des Marburger Programms 1882, ZStW 94 (1982), S. 538.

wird.[2032] Er ist (sozialer) Interventionsstaat. Andererseits wirkt in der Darstellung des Staates durch *v. Liszt* die *Hegel'*sche Überhöhung desselben als Ausdruck der sittlichen Idee nach, weil er „Objektivität", sogar „Gerechtigkeit" verbürgt.[2033] Folglich ist *Naucke* zuzustimmen, wenn er darauf hinweist, dass bei *v. Liszt* zweckmäßige Kriminalpolitik identisch mit zweckmäßigem Strafrecht ist.[2034] Das Strafrecht teilt die Grenze der Kriminalpolitik nur mit, es zieht sie nicht autonom.[2035] Im Hinblick auf die oben dargestellte Auseinandersetzung mit dem material-rationalen Recht[2036] könnte auch gesagt werden, dass die oben beschriebene Rechtsstaatskrise von *v. Liszt* nicht als Krise bezeichnet werden würde, sondern er die klugen, dem Einzelfall angepassten Rechtserwägungen begrüßen würde. *v. Liszt* selbst schreibt sogar: „Freiheit ist ein relativer Begriff, und in politischen Fragen gibt es keine durch die Logik unverrückbar gezogenen Grenzen."[2037] Es kann daher nicht bestätigt werden, dass *v. Liszt* als „großer Strafrechtsdogmatiker" die „Rechtsidee, d.h. letzten Endes […] Gerechtigkeit", die „mit der Rechtssicherheit verschwistert" ist, verwirklicht hat – wie *Schmidt* formuliert.[2038] Der Staat ist im *v. Liszt'*schen straf(rechts-)theoretischen System omnipotent, auch wenn er ihn nicht als Machtstaat, sondern als durch Erfahrung geleiteten, ‚weisen' Staat sehen wollte. Recht spielt demgegenüber höchstens eine dienende Rolle.

c) Fazit: Machtpolitik der Gefährlichkeit

Die Darstellung der *v. Liszt'*schen Straf(rechts-)theorie als ideengeschichtlicher Ausgangspunkt der Gefährlichkeitsdoktrin im Strafrechtssystem offenbart die (macht-)politische Beliebigkeit der Kategorie der Gefährlichkeit, die – jedenfalls zum damaligen Zeitpunkt – der Unterscheidung der einzelnen Straftätertypen zugrunde lag. Das fügt sich grundsätzlich in die Kritik der materiellen Voraussetzungen der Sicherungsverwahrung ein, die im ersten Teil referiert wurde. Gleichzeitig wird das allgemeine Gesetz durch Abwägungen im Einzelfall ersetzt. Das

2032 *v. Liszt,* Der Zweckgedanke im Strafrecht [1883], 3. Aufl., 1968, S. 339; vgl. *Naucke,* Die Kriminalpolitik des Marburger Programms 1882, ZStW 94 (1982), S. 536.

2033 Vgl. *Müller,* Der Begriff der Generalprävention im 19. Jahrhundert, 1984, S. 339 f.

2034 *Naucke,* Die Kriminalpolitik des Marburger Programms 1882, ZStW 94 (1982), S. 541.

2035 Vgl. *Naucke,* Die Kriminalpolitik des Marburger Programms 1882, ZStW 94 (1982), S. 541.

2036 Vgl. in diesem Kapitel, C. I. und II.

2037 *v. Liszt,* Die deterministischen Gegner der Zweckstrafe, ZStW 13 (1893), S. 358.

2038 So aber *Schmidt,* Franz von Liszt und die heutige Problematik des Strafrechts, in: Festschrift für v. Gierke, 1950, S. 215 ff.

Straf*recht* tritt gegenüber einer lediglich machtbestimmten Kriminalpolitik zurück. Die klare und theoretisch konsequente Tendenz sieht *v. Liszt* selbst darin, dass Strafgesetzbuch auf den folgenden Paragraphen zu reduzieren: „Jeder gemeingefährliche Mensch ist im Interesse der Gesamtheit solange als nötig unschädlich zu machen."[2039] Es darf jedoch nicht unterschlagen werden, dass er an anderer Stelle schreibt: „Die Strafgesetzbücher werden nicht ersetzt werden durch den einzigen Paragraphen: ‚Der Gemeingefährliche wird unschädlich gemacht.'"[2040] Er überlässt die Entscheidung darüber wohl der Entwicklungsgeschichte des Fortschritts, die es prinzipiell besser weiß.

Die darin zum Ausdruck kommende und vielfach betonte Ambivalenz seiner Äußerungen – zwischen den Polen Sozialpolitik und Kriminalpolitik, Strafrechtsdogmatiker und Kriminalpolitiker, Menschenfreund und Beförderer menschenverachtender Methoden im Strafrecht bzw. Strafvollzug – wird sich letztlich nicht zu einer Seite auflösen lassen. Wenn aber seine Straf(rechts-)theorie in der antispekulativen, entwicklungsgeschichtlichen Linie konsequent zu Ende gedacht wird, bleibt nur die zweckmäßige Strafe übrig, das Recht wurde verabschiedet.[2041] *v. Liszt* würde dann für eine reine *Straf*theorie stehen, die zu den Voraussetzungen, wann etwas gemeingefährlich ist, nichts beizutragen weiß – außer politisch eingebrachter Meinung zum *status quo* von Kriminalität in der Gesellschaft. Die Gefährlichkeit ist in *v. Liszt*s Konzept konturlos. Der außerrechtliche Bezug ist rein (macht-)politisch, weil die empirischen Grundlagen seines Programms mehr als vage waren. Das Verhältnis von Empirie und Normativität im Sinne einer Fortschrittsgeschichte taugte ebenso wenig als Konzept dafür, die rechtliche Rezeption außerrechtlicher Bezüge zu konkretisieren. Die Auseinandersetzung mit den historischen Wurzeln der Gefährlichkeitsdoktrin stützt demnach die Kritiker der Sicherungsverwahrung.

2. Zur nationalsozialistischen Vereinnahmung der Maßregeln

In diesem Abschnitt wird sich nun mit der Frage nach der nationalsozialistischen Vereinnahmung der Maßregeln bzw. des dahinter stehenden *v. Liszt*'schen Konzepts

---

2039 *v. Liszt,* Über den Einfluss der soziologischen und anthropologischen Forschungen auf die Grundbegriffe des Strafrechts, in: ders., Strafrechtliche Vorträge und Aufsätze, Zweiter Band, 1905, S. 80.

2040 *v. Liszt,* Die deterministischen Gegner der Zweckstrafe, ZStW 13 (1893), S. 358.

2041 Vgl. *Naucke,* Die Kriminalpolitik des Marburger Programms 1882, ZStW 94 (1982), S. 535; vgl. auch *Vormbaum,* Aktuelle Bezüge nationalsozialistischer Strafgesetzgebung, in: Ostendorf (Hg.), Strafverfolgung und Strafverzicht, 1992, S. 81.

befasst. Diese Fragestellung wird hier im Kontext der „Grenzwert-Ambivalenz" des material-rationalen Rechts verhandelt. Sie kann jedoch ebenso an die strafrechtswissenschaftliche Forschung anknüpfen, die sich der Existenz von Rudimenten nationalsozialistischen Strafrechts im heutigen Strafrecht zuwandte bzw. nach Parallelen zwischen der damaligen und der heutigen Rechtsentwicklung sucht.[2042] Bei den Maßregeln drängt sich diese Frage besonders auf, weil der *gesetzgeberische* Anfang der Gefährlichkeitsdoktrin und der Zweispurigkeit des Sanktionensystems *der Form* nach ein nationalsozialistischer war.[2043] Zudem basiert die jetzige Ausgestaltung der Maßregeln nach wie vor – trotz nachhaltiger Umgestaltung durch das Erste und Zweite Strafrechtsreformgesetz von 1969 – auf der Regelung aus dem Jahr 1933 bzw. näherte sich die Sicherungsverwahrung bis zum durch den EGMR eingeleiteten Wendepunkt der ursprünglichen, nationalsozialistischen Fassung wieder an.[2044] Im Rahmen der nachträglichen Sicherungsverwahrung hatte der aktuelle Gesetzgeber den nationalsozialistischen Gesetzgeber sogar noch übertroffen.[2045] Inwiefern der gesetzgeberische Anfang die Maßregeln mit dem Verdikt belegt, nationalsozialistisches Gedankengut zu sein, ist in der Strafrechtswissenschaft jedoch hoch umstritten.

Daher wird sich zunächst mit den unterschiedlichen Positionen in der Strafrechtswissenschaft auseinandergesetzt. Auf dieser Grundlage wird danach an die oben benannten Rechtfertigungsbrüche, insbesondere die „Grenzwert-Ambivalenz" des material-rationalen Rechts angeknüpft und diese auf die Entwicklung der Maßregeln während des Nationalsozialismus bezogen. Im Strafrecht arbeitet vornehmlich *Naucke* diese Ambivalenz im Hinblick auf die totalitäre Vereinnahmung heraus: das Präventionsstrafrecht als Rechtsform steht für eine jederzeitige

---

2042 Vgl. *Vormbaum,* Aktuelle Bezüge nationalsozialistischer Strafgesetzgebung, in: Ostendorf (Hg.), Strafverfolgung und Strafverzicht, 1992, S. 73; *Naucke,* NS-Strafrecht, in: ders., Über die Zerbrechlichkeit des rechtsstaatlichen Strafrechts, 2000, S. 366 ff., 374 ff.; *ders.,* Strafrecht, 10. Aufl., 2002, S. 105; vgl. dazu *Kubink,* Strafen und ihre Alternativen im zeitlichen Wandel, 2002, S. 298 ff., 749 ff., der die NS-Phase als Extremform der Materialisierung bezeichnet.

2043 Zwar gab es die Unterscheidung von Maßregeln und Strafen bereits im Allgemeinen Preußischen Landrecht, sie war jedoch nur wenige Jahre in Kraft und wurde zugunsten der (einspurigen) Strafe wieder aufgehoben. Im RStGB von 1871 waren keine Maßregeln vorgesehen. Vgl. *Kinzig,* Die Sicherungsverwahrung auf den Prüfstand, 1996, S. 9; *Dessecker,* Gefährlichkeit und Verhältnismäßigkeit, 2004, S. 27 ff., 31.

2044 Vgl. zur Gesetzgebungsentwicklung: 1. Teil, 1. Kapitel.

2045 Vgl. zur Gesetzgebungsentwicklung: 1. Teil, 1. Kapitel, D. VI.

Pervertierbarkeit offen.[2046] Die Operationsweise eines solchen Strafrechts eröffnet folglich die Möglichkeit, Diener eines demokratischen Rechtsstaates *und* eines totalitären Staates zu sein.[2047]

a) Die Maßregeln zwischen unbedenklicher Kontinuität, nationalsozialistischem Missbrauch und bedenklicher Kontinuität

Zunächst werden hier die konsentierten Entwicklungslinien der Maßregeln als Ausgangspunkt für die strafrechtswissenschaftliche Kontroverse dargestellt, um im Anschluss die unterschiedlichen Postionen in der Strafrechtswissenschaft zum totalitären Gehalt der Maßregeln herauszuarbeiten. In der Auseinandersetzung mit den Positionen einer unbedenklichen Kontinuität und des nationalsozialistischen Missbrauchs der Maßregeln wird vor dem Hintergrund der Rechtfertigungsbrüche des material-rationalen Rechts deutlich, dass nur die Position einer bedenklichen Kontinuität diese Rechtfertigungsbrüche ernst nimmt.

aa) Ausgangspunkt der strafrechtswissenschaftlichen Kontroverse: Die Entwicklungslinien der Maßregeln

Die Diskussion um den nationalsozialistischen Gehalt der Maßregeln entfacht sich an der Interpretation der Entwicklungslinien, die vor der Machtergreifung bereits bestanden. Zwar war der gesetzgeberische Anfang der Zweispurigkeit des strafrechtlichen Rechtsfolgensystems der Form nach ein nationalsozialistischer. Ebenso ist aber auch die Tatsache belegt, dass neben *v. Liszt* als ideengeschichtlichem Anknüpfungspunkt bereits der (mehr oder weniger) demokratische Gesetzgeber deren Einführung betrieb. So war die Zweispurigkeit von Strafen und Maßregeln auch vor 1933 Gegenstand zahlreicher Gesetzentwürfe.[2048] Als konzeptioneller Kompromiss im Schulenstreit geht die Idee schuldunabhängiger Maßregeln im

---

2046 *Naucke,* NS-Strafrecht, in: ders., Über die Zerbrechlichkeit des rechtsstaatlichen Strafrechts, 2000, S. 364; vgl. auch *Vormbaum,* Aktuelle Bezüge nationalsozialistischer Strafgesetzgebung, in: Ostendorf (Hg.), Strafverfolgung und Strafverzicht, 1992, S. 73; *Kubink,* Strafen und ihre Alternativen im zeitlichen Wandel, 2002, S. 745 ff., 748.

2047 *Naucke,* NS-Strafrecht, in: ders., Über die Zerbrechlichkeit des rechtsstaatlichen Strafrechts, 2000, S. 364; vgl. auch *Vormbaum,* Aktuelle Bezüge nationalsozialistischer Strafgesetzgebung, in: Ostendorf (Hg.), Strafverfolgung und Strafverzicht, 1992, S. 73; *Kubink,* Strafen und ihre Alternativen im zeitlichen Wandel, 2002, S. 745 ff., 748.

2048 Vgl. dazu die Auseinandersetzung mit den Gesetzentwürfen *Kubink,* Strafen und ihre Alternativen im zeitlichen Wandel, 2002, S. 146 ff.

Rahmen eines dualistischen Sanktionensystems auf *Carl Stooss* zurück, der für die Schweiz ein einheitliches Strafgesetzbuch erarbeiten sollte.[2049] 1909 wurde der erste Vorentwurf zu einem deutschen Strafgesetzbuch von der vom Reichsjustizamt eingesetzten Sachverständigenkommission vorgelegt, der ebenso ein dualistisches Sanktionensystem mit Maßregeln der Besserung und Sicherung vorsah, aber für die Gruppe der Gewohnheitsverbrecher lediglich eine Strafschärfung beinhaltete.[2050] Eine Unterbringung für „gewerbs- und gewohnheitsmäßige und für die Rechtssicherheit gefährliche Verbrecher" vergleichbar der Sicherungsverwahrung sieht erst der „Gegenentwurf zum Vorentwurf eines deutschen Strafgesetzbuchs" von *Kahl, v. Liszt, v. Lilienthal* und *Goldschmidt* vor.[2051] Der Kommissionsentwurf von 1913, der als Grundlage aller späteren Entwürfe bis zum Ende der Weimarer Republik gilt, fasste die „Maßregeln der Besserung und Sicherung" erstmals in einem selbständigen Abschnitt zusammen und nahm ebenfalls die Sicherungsverwahrung als Maßregel auf.[2052] Es folgten weitere Gesetzentwürfe 1919, 1922, 1925 (Reichsratsvorlage), 1927 und 1930, die alle mehr oder weniger in gesetzestechnischen Einzelheiten variierend „Maßregeln der Besserung und Sicherung"

2049 Vgl. Art. 31 des Vorentwurfs zu einem Schweizerischen Strafgesetzbuch. Neue Fassung der Expertenkommission (April 1908), 1909, der die Verwahrung von Gewohnheitsverbrechern vorsieht; dazu *Sander,* Grenzen instrumenteller Vernunft im Strafrecht, 2007, S. 95; *Dessecker,* Gefährlichkeit und Verhältnismäßigkeit, 2004, S. 70 ff.

2050 Vgl. § 42 (Arbeitshaus), § 43 (Wirtshausverbot, Trinkerheilanstalt), § 65 (Verwahrung in einer öffentlichen Heil- und Pflegeanstalt bei Schuldunfähigkeit oder verminderter Schuldfähigkeit), § 89 (Strafschärfung für gewerbs- und gewohnheitsmäßige Verbrecher, die in besonderen, für sie ausschließlich bestimmten Strafanstalten untergebracht werden sollten) des Vorentwurfs zu einem Deutschen Strafgesetzbuch, bearbeitet von der hierzu bestellten Sachverständigen-Kommission, veröffentlicht auf Anordnung des Reichs-Justizamts, 1909; vgl. *Dessecker,* Gefährlichkeit und Verhältnismäßigkeit, 2004, S. 80 ff.; *Schewe,* Die Geschichte der Sicherungsverwahrung, 1999, S. 35 ff.

2051 S. *Kahl, v. Liszt, v. Lilienthal, Goldschmidt,* Gegenentwurf zum Vorentwurf eines deutschen Strafgesetzbuchs, 1911, § 98.

2052 §§ 95 ff. des Kommissionsentwurfs von 1913 abgedruckt in: *Schubert (Hg.),* Entwürfe der Strafrechtskommission zu einem Deutschen Strafgesetzbuch und zu einem Einführungsgesetz (1911–1914), S. 275 ff.; *Schubert,* Einführung in die Edition, in: ders. (Hg.), Protokolle der Kommission für die Reform des Strafgesetzbuches (1911–1913), Bd. 1, S. XI ff., XXXIV; s. dazu *Dessecker,* Gefährlichkeit und Verhältnismäßigkeit, 2004, S. 82.

enthielten und deren fester Bestandteil auch die Sicherungsverwahrung gegen gefährliche Gewohnheitsverbrecher war.[2053]

Von diesen Maßregeln waren 1946 lediglich die Maßregel der Entmannung[2054] und die erst 1941 eingeführte Todesstrafe für „gefährliche Gewohnheitsverbrecher"[2055] im Zuge der Entnazifizierung durch die Alliierten aus dem Gesetz gestrichen worden.[2056] Auch die Möglichkeit nachträglicher Verhängung der Sicherungsverwahrung, die sich in den Übergangsvorschriften des Gewohnheitsverbrechergesetzes befand (Art. 5 Abs. 2),[2057] war als rechtsstaatswidrig klassifiziert und aufgrund dieser verfassungsrechtlichen Bedenken gestrichen worden.[2058] Hierbei handelte es sich aus damaliger Sicht also um „Normen mit unzweifelhaft nationalsozialistischem Charakter".[2059] Insbesondere die Sicherungsverwahrung war auch immer wieder im Verdacht, „ausschließlich nationalsozialistische Willkürmaßregel" zu sein.[2060] Die Thematisierung des dunklen Erbes beschränkte sich

2053 Vgl. §§ 88 ff. des Gesetzentwurfs von 1919, §§ 42 ff. des Gesetzentwurfs von 1922 und der Reichsratsvorlage von 1925, §§ 55 ff. des Gesetzentwurfs von 1927 abgedruckt in: *Schubert/Regge (Hg.),* Quellen zur Reform des Straf- und Strafprozeßrechts, Abt. I, Bd. 1, S. 26 ff., 149 ff., 205 ff., 443 f.; §§ 55 ff. des Gesetzentwurfs von 1930 abgedruckt in: *Schubert (Hg.),* Quellen zur Reform des Straf- und Strafprozeßrechts, Abt. I., Bd. 3, 4. Teil, S. 476 ff.; vgl. dazu *Dessecker,* Gefährlichkeit und Verhältnismäßigkeit, 2004, S. 78 ff.

2054 Eingeführt durch das „Gesetz gegen gefährliche Gewohnheitsverbrecher und über Maßregeln der Sicherung und Besserung" vom 24. November 1933, RGBl. 1933 I, S. 996; zu den Entwicklungslinien, die auch hier in die Weimarer Zeit reichen: *Dessecker,* Gefährlichkeit und Verhältnismäßigkeit, 2004, S. 90 f.

2055 Eingeführt durch das „Gesetz zur Änderung des Reichsstrafgesetzbuches" vom 4. September 1941, RGBl. 1941 I, S. 549.

2056 Art. I und Art. II Nr. 2 Kontrollratsgesetz Nr. 11 vom 30. Januar 1946.

2057 RGBl. 1933 I, S. 999.

2058 Vgl. *Rzepka,* Sicherheits- statt Rechtsstaat – Teil 2, Recht & Psychiatrie 2003, S. 192; *Laubenthal,* Die Renaissance der Sicherungsverwahrung, ZStW 116 (2004), S. 735.

2059 Vgl. *Vormbaum,* Aktuelle Bezüge nationalsozialistischer Strafgesetzgebung, in: Ostendorf (Hg.), Strafverfolgung und Strafverzicht, 1992, S. 72 f.

2060 *Krebs,* Zur Durchführung der Maßregel Sicherungsverwahrung nach den Bestimmungen des Entwurfs eines Strafvollzugsgesetzes 1973, in: Ehrhardt/Göppinger (Hg.), Straf- und Maßregelvollzug, 1974, S. 122; vgl. auch *Schewe,* Die Geschichte der Sicherungsverwahrung, 1999, S. 78 ff., *Frommel,* Verbrechensbekämpfung im Nationalsozialismus, in: Stolleis (Hg.), Die Bedeutung der Wörter, 1991, S. 53 ff.; *dies.,* „Eene meene muh – drin bist Du". Zur Wiederkehr der Sicherungsstrafe in der gegenwärtigen Diskussion, KJ 1995, S. 230; *Sander,* Grenzen instrumenteller

jedoch auf die Wissenschaft. Wie bereits im ersten Teil beschrieben, wurden die Maßregeln 1953 in der BRD zunächst in das Strafgesetzbuch in der Version von 1933 übernommen.[2061] Erst durch die Reformgesetzgebung von 1969 wurden sie umgestaltet, die u.a. das Arbeitshaus[2062] aus dem Strafgesetzbuch strich und sich einer Restriktion der Sicherungsverwahrung zuwandte.[2063] Die Rechtsprechung hatte sich dieser Linie entsprechend schon früh mit der Sicherungsverwahrung und dem Inhalt des Gewohnheitsverbrechergesetzes abgefunden.[2064] Demgegenüber wurde in der DDR die Sicherungsverwahrung durch höchstrichterliches Urteil unanwendbar.[2065] Sie sei als Ausdruck der Lehre vom Tätertyp „faschistisch" und eine Abkoppelung sei hiervon nicht möglich.[2066] Hier beginnt nun die strafrechtliche Kontroverse um den nationalsozialistischen Gehalt der Maßregeln.

bb) Kontinuität und Diskontinuität: Zum Missbrauch der Maßregeln durch den Nationalsozialismus

Die Positionen in der (Straf-)Rechtswissenschaft, die den Maßregeln eine ‚totalitäre Unbedenklichkeitsbescheinigung' ausstellen, gehen grundsätzlich davon aus, dass sie jedenfalls im Kern kein nationalsozialistisches Gedankengut enthalten.[2067] Die Unbedenklichkeitsbescheinigung für die Gefährlichkeitsdoktrin und

---

Vernunft im Strafrecht, 2007, S. 100 f.; *Kinzig,* Die Sicherungsverwahrung auf dem Prüfstand, 1996, S. 26 ff.

2061 BGBl. 1953 I, S. 735 ff., 1083 ff.; vgl. 1. Teil, 1. Kapitel, B.

2062 Vgl. zur Entwicklung der Maßregel: *Ayass,* Die „korrektionelle Nachhaft". Zur Geschichte der strafrechtlichen Arbeitshausunterbringung in Deutschland, Zeitschrift für Neuere Rechtsgeschichte 15 (1993), S. 184 ff.

2063 S. zur Reformgesetzgebung aus dem Jahr 1969 die Sicherungsverwahrung betreffend: 1. Teil, 1. Kapitel, C.

2064 Vgl. 1. Teil, 1. Kapitel, B.

2065 Entscheidung des Obersten Gerichts vom 23. Dezember 1952 (3 Ust III 28/52), Neue Justiz 1953, S. 55.

2066 Entscheidung des Obersten Gerichts vom 23. Dezember 1952 (3 Ust III 28/52), Neue Justiz 1953, S. 55.

2067 *Müller-Christmann,* Die Maßregeln der Besserung und Sicherung, JuS 1990, S. 802; *Pieroth,* Gesetzgebungskompetenz- und Grundrechtsfragen der nachträglichen Sicherungsverwahrung, JZ 2002, S. 923; so auch der Sachverständige *Skirl,* Stellungnahme zum Entwurf eines Gesetzes zur Neuordnung des Rechts der Sicherungsverwahrung, Protokoll der 28. Sitzung des Rechtsausschusses des Bundestages vom 10. November 2010, Öffentliche Anhörung, S. 22; vgl. hierzu kritisch *Schewe,* Die Geschichte der Sicherungsverwahrung, 1999, S. 12 f. m.w.N.; *Werle,* Justiz-Strafrecht und polizeiliche Verbrechensbekämpfung im Dritten Reich, 1989, S. 86.

insbesondere für die umstrittene Sicherungsverwahrung fußt auf der Betonung der vor 1933 bestehenden Entwicklungslinien, seien es die ideengeschichtlichen Vorläufer eines als liberal geltenden *v. Liszt* oder die Gesetzentwürfe aus dem Kaiserreich und der Weimarer Republik.[2068] Nicht nur auf dem Gebiet der gesetzlich verankerten Sicherungsverwahrung, sondern für die Strafrechtswissenschaft als Ganzes formuliert diese Position eine politisch unverfängliche Kontinuität, eine rein strafrechtswissenschaftliche Kontinuität, die „von Veränderungen in den politischen Verhältnissen nicht affiziert wird und daher auch politische und moralische Bewertungen abweisen kann.“[2069]

Implizit bestätigt wird das von den Autoren, die sich mit der von den Nationalsozialisten 1933 verabschiedeten Fassung der „Maßregeln der Sicherung und Besserung“, insbesondere der Fassung der Sicherungsverwahrung auseinandergesetzt haben. Aufgrund eines konkreten Vergleichs der Vorentwürfe zur Strafrechtsreform mit dem Gewohnheitsverbrechergesetz konnten sie aufzeigen, dass die Regelungen zur Sicherungsverwahrung entgrenzt wurden.[2070] Dazu zählen die nunmehr obligatorische Anordnung der Sicherungsverwahrung,[2071] eine geringere Anzahl an Vorverurteilungen, die – jedenfalls theoretisch – mit der Verlagerung des Anordnungsschwerpunkts auf die Täterpersönlichkeit verbunden ist,[2072]

2068 *Frisch,* Das Marburger Programm und die Maßregeln der Besserung und Sicherung, ZStW 94 (1982), S. 573 f.; *Schmidt,* Einführung in die Geschichte der deutschen Strafrechtspflege, 3. Aufl., 1965, S. 430 f.; vgl. auch BVerfGE 109, 133 (135) und 109, 190 (214).

2069 *Marxen,* Die rechtsphilosophische Begründung der Straftatlehre im Nationalsozialismus, in: Rottleuthner (Hg.), Recht, Rechtsphilosophie und Nationalsozialismus, ARSP Beiheft Nr. 18, 1983, S. 58.

2070 Vgl. *Schewe,* Die Geschichte der Sicherungsverwahrung, 1999, S. 34 ff.; *Kinzig,* Die Sicherungsverwahrung auf dem Prüfstand, 1996, S. 7 ff.; *Dessecker,* Gefährlichkeit und Verhältnismäßigkeit, 2004, S. 89 ff.; *Werle,* Justiz-Strafrecht und polizeiliche Verbrechensbekämpfung im Dritten Reich, 1989, S. 87, 96; *Müller,* Das Gewohnheitsverbrechergesetz vom 24. November 1933, 1997, S. 99 ff.; *Kammeier,* Maßregelvollzugsrecht: Kommentar, 3. Aufl., 2010, S. 9 f.; *Rzepka,* Sicherheits- statt Rechtsstaat – Teil 2, Recht & Psychiatrie 2003, S. 192; s. auch *Mayer,* Behandlung der Rezidivisten (gefährlichen Gewohnheitsverbrecher) im deutschen Strafrecht, ZStW 80 (1968), S. 151.

2071 Dies war auch im Entwurf von 1919 der Fall: s. § 100 abgedruckt in: *Schubert/Regge (Hg.),* Quellen zur Reform des Straf- und Strafprozessrechts, Bd. 1, 1995, S. 29.

2072 In der Praxis erscheint die Anwendung der Sicherungsverwahrung eher als Automatismus, d.h. bei hinreichenden Vorstrafen wird der Hang und die Gefährlichkeit daraus automatisch gefolgert: vgl. *Frommel,* Verbrechensbekämpfung im

der Verzicht auf Vikariierung,[2073] die Einführung einer fakultativen Verwahrung ohne Vorstrafen[2074] und der Verzicht auf das Erfordernis einer neuen Anordnung nach Ablauf von drei Jahren.[2075] Demgegenüber tendierten die Beteiligten im Gesetzgebungsverfahren der Weimarer Zeit eher dazu, zumindest auf die Sicherungsverwahrung ganz zu verzichten bzw. die formellen Anforderungen höher zu schrauben.[2076] In diesem Kontext könne dann gerade nicht ignoriert werden, dass erst dem NS-Regime mit „seinen weniger skrupulösen rechtspolitischen Maximen, seiner größeren Hermetik und seiner durch kein Wählervotum unterbrochenen Herrschaftskontinuität" die Umsetzung der Maßregeln und der auch damals höchst umstrittenen Sicherungsverwahrung gelang.[2077] Noch in den Verhandlungen des Reichstags zum RStGB-Entwurf von 1927 befürchteten die Vertreter aller Parteien mit Ausnahme der deutschnationalen DNVP eine missbräuchliche Verwendung des Instituts der Sicherungsverwahrung.[2078] Nicht nur symbolisch bedeutsam sei auch die veränderte Terminologie. Handelte es sich in den

Nationalsozialismus, in: Stolleis (Hg.), Die Bedeutung der Wörter, 1991, S. 56. Hinzu kommt, dass als Auffangkategorie die polizeiliche Vorbeugehaft zur Verfügung stand, die die Polizei immer dann anwenden konnte, wenn nach ihrer Auffassung nicht das gewünschte Ergebnis im Urteil festgehalten wurde: vgl. *Werle,* Justiz-Strafrecht und polizeiliche Verbrechensbekämpfung im Dritten Reich, 1989, S. 512 ff.

2073 S. § 48 des Entwurfs von 1922 und der Reichsratsvorlage von 1925 abgedruckt in: *Schubert/Regge (Hg.),* Quellen zur Reform des Straf- und Strafprozessrechts, Bd. 1, 1995, S. 150 und 206.

2074 Vgl. § 20a Abs. 2 des Gewohnheitsverbrechergesetzes, RGBl. I, S. 955.

2075 Vgl. hierzu umfassend die Auswertung bei *Kinzig,* Die Sicherungsverwahrung auf dem Prüfstand, 1996, S. 27 und bei *Schewe,* Die Geschichte der Sicherungsverwahrung, 1999, S. 43 ff.

2076 Vgl. § 59 des Entwurfs von 1927, der eine Verurteilung zum Tode oder zu Zuchthaus für die Verhängung der Sicherungsverwahrung neben den Voraussetzungen des § 78 vorsah, abgedruckt in: *Schubert/Regge (Hg.),* Quellen zur Reform des Straf- und Strafprozessrechts, Bd. 1, 1995, S. 443 und 445; s. *Kinzig,* Die Sicherungsverwahrung auf dem Prüfstand, 1996, S. 27; zum Widerstand gegen die „liberale" Strafrechtsreform aus der antiliberalen Strafrechtswissenschaft s. aber *Marxen,* Der Kampf gegen das liberale Strafrecht, 1975, S. 76 ff.

2077 *Vormbaum,* Aktuelle Bezüge nationalsozialistischer Strafgesetzgebung, in: Ostendorf (Hg.), Strafverfolgung und Strafverzicht, 1992, S. 88 f.; vgl. auch *Sander,* Grenzen instrumenteller Vernunft im Strafrecht, 2007, S. 100 f.

2078 Plenardebatte vom 21. und 22. Juni 1922, ausführlich beschrieben bei *Müller,* Verbrechensbekämpfung im Anstaltsstaat, 2004, S. 198 ff.

Vorentwürfen noch um die „Maßregeln der Besserung und Sicherung“,[2079] wurden sie im Gewohnheitsverbrechergesetz zu den Maßregeln der „Sicherung und Besserung“.[2080] Die Nationalsozialisten isolierten aus dem Gesamtpaket der Reformpläne ein besonders repressives Element und betonten noch zusätzlich den autoritären Schutzgedanken.[2081] Der *qualitative* Unterschied zwischen den Vorentwürfen und dem nationalsozialistischen Gesetz liege demnach insbesondere im Fehlen eines flankierenden Resozialisierungsstrafvollzugs, zu dem die Regelungen zum bedingten Straferlass gehören.[2082]

Jedem dieser Argumente, die für eine nationalsozialistische Neuformulierung der Sicherungsverwahrung ins Feld geführt werden, ist ihre Berechtigung kaum abzusprechen. Demgegenüber erstaunen Positionen, die wegen der politisch unverfänglichen, strafrechtswissenschaftlichen Kontinuität gar nicht erst die Umsetzung ihrer Gedanken in Gesetze in den Blick nehmen. Es ist allerdings fraglich, welche Schlüsse für die heutige Rechtsentwicklung daraus zu ziehen sind. Der Konnex zwischen der Einführung und Ausgestaltung der Sicherungsverwahrung durch die Nationalsozialisten und den heutigen Vorschriften ist zwar trotz der Reformen von 1969 immer noch erhalten[2083] und seit 1998 wurde sich kontinuierlich der nationalsozialistischen Regelung wieder angenähert[2084] bzw. geht der *status quo* im Bereich der nachträglichen Sicherungsverwahrung noch deutlich über die Regelungen der Nationalsozialisten hinaus.[2085] Nichtsdestotrotz sind die Regelungen mittlerweile mehrfach demokratisch abgesichert und jedenfalls verfassungsgerichtlich bestätigt worden.[2086]

2079 Vgl. die Vorentwürfe aus der Weimarer Zeit abgedruckt in: *Schubert/Regge (Hg.),* Quellen zur Reform des Straf- und Strafprozessrechts, Bd. 1, 1995, S. 26 (1919), 149 (1922), 205 (1925), 443 (1927).

2080 RGBl. 1933 I, S. 996.

2081 *Müller*, Das Gewohnheitsverbrechergesetz vom 24. November 1933, 1997, S. 44 f.; *Sander,* Grenzen instrumenteller Vernunft im Strafrecht, 2007, S. 99 f.

2082 *Müller,* Das Gewohnheitsverbrechergesetz vom 24. November 1933, 1997, S. 45; vgl. exemplarisch im Entwurf von 1922 §§ 35 ff. abgedruckt in: *Schubert/Regge (Hg.),* Quellen zur Reform des Straf- und Strafprozessrechts, Bd. 1, 1995, S. 149. An dieser Stelle sei angemerkt, dass auch mit der Föderalismusreform ein Trend zur Aufwertung des Schutzes der Allgemeinheit eingesetzt hat: vgl. *Albrecht,* Kriminologie. Eine Grundlegung zum Strafrecht, 4. Aufl., 2010, S. 298 f.

2083 Vgl. *Kinzig,* Die Sicherungsverwahrung auf dem Prüfstand, 1996, S. 28.

2084 Vgl. zu dem durch das Gesetz von 1998 eingefügten § 66 Abs. 3 StGB: *Schewe,* Die Geschichte der Sicherungsverwahrung, 1999, S. 134.

2085 *Sander,* Grenzen instrumenteller Vernunft im Strafrecht, 2007, S. 199 ff.

2086 Vgl. zur Gesetzgebungsentwicklung: 1. Teil, 1. Kapitel.

In der Darstellung der Gesetzgebungs- und Verfassungsrechtsprechungsentwicklung der BRD bis zur Zäsur durch den EGMR wurde deutlich, dass – zumindest seit 1969 – die Sicherungsverwahrung durch ihr Ziel effektiver Verbrechensbekämpfung legitimiert wird, soweit sie ‚wirklich' gefährliche Straftäter von der Gesellschaft fernhält und diese Fähigkeit wird ihr auch zugesprochen.[2087]

Vor dem Hintergrund lässt sich aus der nationalsozialistischen Vergangenheit dann auch nicht die Argumentation für eine Abschaffung ableiten.[2088] Dabei wird insbesondere auf die Differenz zwischen Gesetzestext und Gesetzesanwendung verwiesen.[2089] Der Nationalsozialismus habe das geschriebene Strafrecht durch mehr oder weniger offizielle Instanzen des Regimes immer wieder unterlaufen.[2090] Die Untersuchung *Werle*s belegt dies eindrücklich, weil er den Änderungen des Gesetzestexts durch das Gewohnheitsverbrechergesetz die Mechanismen polizeilicher Verbrechensbekämpfung gegenüberstellt. Trotz willfähriger Umsetzung der Instrumente zur Verbrechensbekämpfung durch die Justiz wurde die polizeiliche Vorbeugungshaft auch nach Abschluss eines strafgerichtlichen Verfahrens zur ‚Korrektur' justizieller Entscheidungen *ohne* Protest von justizieller Seite benutzt.[2091] Die Position eines nationalsozialistischen Missbrauchs der Maßregeln

---

2087 Vgl. zu den konkreten Argumentationssträngen 1. Teil, 1. Kapitel.

2088 Keiner der folgenden Autoren möchte die Sicherungsverwahrung wegen ihrer nationalsozialistischen Vorbelastung dann auch abschaffen: *Schewe,* Die Geschichte der Sicherungsverwahrung, 1999, S. 42, 184 ff., der auch explizit auf das verantwortungsbewusste Verhalten der Strafgerichte im Umgang mit der Sicherungsverwahrung verweist, das die grundsätzlichen Bedenken an der Legitimation in den Hintergrund treten ließen, S. 188; *Dessecker,* Gefährlichkeit und Verhältnismäßigkeit, 2004, S. 96 ff., der eine Differenzierung von Normtext und Rechtsanwendung für ausschlaggebend hält, vgl. dazu auch *Werle,* Justiz-Strafrecht und polizeiliche Verbrechensbekämpfung im Dritten Reich, 1989, S. 733; s. auch *Kinzig,* Die Sicherungsverwahrung auf dem Prüfstand, 1996, S. 28, 34 ff., 588 ff. 600, der den Verzicht auf die Sicherungsverwahrung auf eine empirische Bestandsaufnahme der Sicherungsverwahrung stützt, die die Rechtfertigung der Sicherungsverwahrung durch die Wahrung des überwiegenden Interesses der Gesellschaft an der Verhütung von Straftaten wegen der Probleme des Normprogramms und der Prognoseschwierigkeiten als nicht hinreichend erscheinen lässt.

2089 Vgl. *Dessecker,* Gefährlichkeit und Verhältnismäßigkeit, 2004, S. 96; *Werle,* Justiz-Strafrecht und polizeiliche Verbrechensbekämpfung im Dritten Reich, 1989, S. 733 f., der die Probleme der Gesetzesbindung im demokratischen Rechtsstaat selbstverständlich auch sieht.

2090 *Dessecker,* Gefährlichkeit und Verhältnismäßigkeit, 2004, S. 96.

2091 *Werle,* Justiz-Strafrecht und polizeiliche Verbrechensbekämpfung im Dritten Reich, 1989, S. 512 ff.; vgl. auch die Bestandsaufnahme von *Hellmer,* Der Gewohnheitsverbrecher und die Sicherungsverwahrung 1934–1945, 1961.

lebt daher implizit vom Glauben an die unverbrüchliche Idee des Rechtsstaats mit der Betonung seiner formalen Seite, der Gesetzesbindung: „Mit der Verneinung jeder normativen Bindung der politischen Führung ist das gesamte nationalsozialistische Verbrechensbekämpfungsrecht im Verhältnis zu rechtsstaatlichen Anforderungen Un-Recht.“[2092] Im Umkehrschluss entspricht „[d]ie Beseitigung dieser Eigenständigkeit [des Strafrechts gegenüber polizeilich umgesetzter Kriminalpolitik, C.S.] und die Ablösung der Gesetzesbindung durch Bindungen anderer Art [...] der Realität *und* dem Anspruch des totalitären Staates.“[2093] Diese Position blendet einerseits die Rechtfertigungsbrüche des Schuldstrafrechts im (liberalen) Rechtsstaat aus und andererseits die Leere, die das von der Vernunft zurückgelassene Gesetz im nur noch formalen Rechtsstaat auszeichnet, und gerade deswegen für vielerlei Inhalte zur Verfügung steht.[2094]

Diese Argumente führen demnach alle auf eine Position der *Diskontinuität* hin,[2095] die die Zeit nationalsozialistischer Herrschaft von 1933 bis 1945 als Bruch in der strafrechtlichen Entwicklungsgeschichte wahrnimmt, der durch die Konstituierung eines demokratischen Rechtsstaats geheilt wurde.[2096] Aus dieser Position heraus sind zwar auch die oben bereits beschriebenen Entwicklungen im gewaltenteiligen demokratischen Rechtsstaat kritisierbar. Das „*Ethos* der Legalität [... als] Sicherung individueller Freiheit durch Bindung staatlicher Macht an das Recht“ wird gegen die Tendenzen zur Aushöhlung der Gesetzlichkeit des

2092 *Werle,* Justiz-Strafrecht und polizeiliche Verbrechensbekämpfung im Dritten Reich, 1989, S. 734, ebenso *Wolf,* Befreiung des Strafrechts vom nationalsozialistischen Denken?, JuS 1996, S. 191.

2093 *Werle,* Justiz-Strafrecht und polizeiliche Verbrechensbekämpfung im Dritten Reich, 1989, S. 734.

2094 Vgl. in diesem Teil, 1. Kapitel, C. und 2. Kapitel, A. III. und *Calliess,* Prozedurales Recht, 1999, S. 45, der auch den formellen Gesetzesbegriff dafür verantwortlich macht, dass das Gesetz wehrlos gegen gesetzliches Unrecht ist. S. auch *Naucke,* Die Aushöhlung der strafrechtlichen Gesetzlichkeit durch den relativistischen, politisch aufgeladenen strafrechtlichen Positivismus, in: ders., Gesetzlichkeit und Kriminalpolitik, 1999, S. 267 f.

2095 Auch wenn *Werle* betont, die Kontinuitäts-Debatte nicht aus den Augen verlieren zu wollen: Justiz-Strafrecht und polizeiliche Verbrechensbekämpfung im Dritten Reich, 1989, S. 734.

2096 Vgl. *Marxen,* Das Problem der Kontinuität in der neueren deutschen Strafrechtsgeschichte, KritV 1990, S. 287; *Naucke,* NS-Strafrecht, in: ders., Über die Zerbrechlichkeit des rechtsstaatlichen Strafrechts, 2000, S. 361; s. dazu in diesem Kapitel, A. III.

Strafrechts in Stellung gebracht.[2097] Ausgeblendet wird dabei jedoch die unumkehrbare Entwicklung des liberalen Rechtsstaats zu einem sozialen Interventionsstaat, die sich durch die *Krise des liberalen Rechtsstaats* und seiner Rechtfertigungsbrüche erklären lässt. Ohne die in ihrer Staatswirklichkeit diskredierte Freiheitsmetaphysik ist zudem fraglich, ob der dann *formale* Rechtsstaat die Voraussetzung wider die Totalitarisierung ist, weil das ‚leere' Gesetz letztlich wehrlos gegen gesetzliches Unrecht ist.[2098]

Trotzdem kann die Rechtspervertierung im NS-Staat nicht einseitig dem Positivismus zugerechnet werden, weil ganz pragmatisch eine positivistische Bindung für NS-Gesetze galt und für vorrevolutionäre Gesetze eben nicht.[2099] Denn letztendlich ging es um die Durchsetzung des Nationalsozialismus in allen Lebensbereichen.[2100] Jedoch waren nationalsozialistische Gesetze – jedenfalls im Strafrecht – nicht dafür geeignet, eine strikte Gesetzesbindung durchzusetzen.[2101] Dies kann bereits an der Programmschrift von *Dahm* und *Schaffstein* „Liberales oder autoritäres Strafrecht?" verdeutlicht werden, die zwar auch eine „gewisse Bindung des Richters" forderten, um „dem Staate die Handhabung dieses Machtmittels [zu] sichern".[2102] Sie betonten jedoch gleichzeitig, dass „[w]ichtiger als das beste Gesetz [...] der Geist [ist], in dem es angewendet wird, ist die

2097 *Werle,* Justiz-Strafrecht und polizeiliche Verbrechensbekämpfung im Dritten Reich, 1989, S. 735, Hervorhebung durch Verfasserin. Das Wort Ethos belegt, dass die Freiheit nicht mehr regulative Idee sein kann, sondern nur noch als kulturelles Hintergrundverständnis dienen kann, daher handelt es sich auch um den *formalen* Rechtsstaat, der gegen Totalitarisierung in Stellung gebracht wird, vgl. dazu auch die Argumentation bei *Wolf,* Befreiung des Strafrechts vom nationalsozialistischen Denken?, JuS 1996, S. 194 f., der dem Rechtsstaat den willkürlichen Richterstaat gegenüberstellt.

2098 Vgl. auch *Calliess,* Prozedurales Recht, 1999, S. 45, der gerade die formale Komponente des Rechtsstaats dafür verantwortlich macht, dass der Staatsapparat für die Zwecke des Nationalsozialismus eingenommen werden konnte.

2099 *Kaufmann,* Rechtsphilosophie und Nationalsozialismus, in: Rottleuthner (Hg.), Recht, Rechtsphilosophie und Nationalsozialismus, ARSP Beiheft Nr. 18, 1983, S. 15.

2100 *Kaufmann,* Rechtsphilosophie und Nationalsozialismus, in: Rottleuthner (Hg.), Recht, Rechtsphilosophie und Nationalsozialismus, ARSP Beiheft Nr. 18, 1983, S. 15.

2101 Vgl. die sogleich unter b) folgende Auseinandersetzung mit der Lehre vom normativen Tätertyp.

2102 *Dahm/Schaffstein,* Liberales oder autoritäres Strafrecht?, 1933, S. 52.

Stellung des Richters, des Strafvollzugspraktikers zum Staate."[2103] Dieser Verweis auf den „Geist der Rechtsanwendung" als außerrechtlicher Bezug in der Rechtsanwendung und die klare Tendenz zur Maßnahmegesetzgebung und zur Aushebelung des Strafgesetzlichkeitsprinzips[2104] im Nationalsozialismus führt mehr auf eine Parallele zum material-rationalen Recht des sozialen Interventionsstaates hin.

cc) Zur bedenklichen Kontinuität der strafrechtlichen Materialisierung im Nationalsozialismus

Die Ablehnung der Positionen einer Diskontinuität in der Strafrechtsentwicklung durch den Einbruch des Nationalsozialismus führt zu einer Position, die die „bedenkliche Kontinuität" in der Entwicklung von der strafrechtlichen Materialisierung hin zum nationalsozialistischen Strafrecht verfolgt.[2105] Für das Maßregelrecht bedeutet das, dass im Folgenden die Lehren von *v. Liszt* mit nationalsozialistischen Lehren konfrontiert werden. Die bereits geäußerte Kritik an *v. Liszt* gewinnt dadurch einen plastischeren Gehalt und die Durchlässigkeit der spezialpräventiven Ausrichtung des Strafrechts im System der Zweispurigkeit für *reine* Machtpolitik wird weiter verdeutlicht.[2106] Die These einer „bedenklichen Kontinuität" bezieht nicht erneut

---

2103 *Dahm/Schaffstein,* Liberales oder autoritäres Strafrecht?, 1933, S. 55.

2104 Vgl. die Gesetzgebungsentwicklung zum Rückwirkungsverbot: 1. Teil, 1. Kapitel.

2105 Vgl. hierzu mit unterschiedlichen Akzenten die Beiträge von *Frommel,* Verbrechensbekämpfung im Nationalsozialismus, in: Stolleis (Hg.), Die Bedeutung der Wörter, 1991, S. 47 ff.; *dies.,* Von der Strafrechtsreform zur „Rechtserneuerung", in: Rottleuthner (Hg.), Recht, Rechtsphilosophie und Nationalsozialismus, ARSP Beiheft Nr. 18, 1983, S. 45 ff.; *dies.,* Die Bedeutung der Tätertypenlehre bei der Entstehung des § 211 StGB im Jahre 1941, JZ 1980, S. 559 ff.; *Marxen,* Das Problem der Kontinuität in der neueren deutschen Strafrechtsgeschichte, KritV 1990, S. 287 ff.; *ders.,* Die rechtsphilosophische Begründung der Straftatlehre im Nationalsozialismus, in: Rottleuthner (Hg.), Recht, Rechtsphilosophie und Nationalsozialismus, ARSP Beiheft Nr. 18, 1983, S. 55 ff.; *Vormbaum,* Aktuelle Bezüge nationalsozialistischer Strafgesetzgebung, in: Ostendorf (Hg.), Strafverfolgung und Strafverzicht, 1992, S. 71 ff.; *Sander,* Grenzen instrumenteller Vernunft im Strafrecht, 2007, S. 204 ff.; vgl. ebenfalls die Studie von *Kubink,* Strafen und ihre Alternativen im zeitlichen Wandel, 2002, zusammenfassend S. 295 ff., 739 ff.

2106 Vgl. *Frommel,* Verbrechensbekämpfung im Nationalsozialismus, in: Stolleis (Hg.), Die Bedeutung der Wörter, 1991, S. 56; vgl. zur heutigen politischen Logik der Verbrechensbekämpfung umfassend: *Albrecht,* Der Weg in die Sicherheitsgesellschaft, 2010, S. 667 ff.

Position im „Historikerstreit“ für die eine oder die andere Seite.[2107] Sie sieht sich vielmehr einer Totalitarismustheorie verpflichtet, die versucht anhand historischer Manifestationen – Nationalsozialismus, Faschismus, Stalinismus, Kommunismus – die Merkmale eines totalitären Regimes herauszuarbeiten.[2108] Dabei muss die „Abhängigkeit des Totalitarismusansatzes von politisch-historischen Konstellationen“ bei den einzelnen Zugangsweisen kritisch in den Blick genommen werden.[2109] Das Links-Rechts-Schema verleitet zu Angleichungen totalitärer Regime durch die Rechten und Herausstellung der Unterschiede durch die Linken.[2110] Aus dem *Vergleichen* sollen jedoch Abstraktionen gewonnen werden, die mit einem Gleich*setzen* nichts gemein haben[2111] – insbesondere die *Shoa* kann und soll nicht normalisiert.[2112] Vielmehr erzwingt diese „Menschheitskatastrophe“ eine Auseinandersetzung mit den damaligen Bedingungen, die zur „staatlich angekündigte[n], bürokratisch durchgeführte[n] Aussonderung“ und der „umfassende[n], mit industriellen Mitteln ins Werk gesetzte[n] Vernichtung eines nach askriptiv zugeschriebenen Merkmalen

---

2107 Die Kontroverse wurde durch einen nicht gehaltenen Vortrag *Ernst Noltes* und *Habermas'* schriftliche Reaktion ausgelöst: vgl. dazu *Augstein u.a.*, „Historikerstreit“. Die Dokumentation der Kontroverse um die Einzigartigkeit der nationalsozialistischen Judenvernichtung, 1987.

2108 Vgl. hierzu die Übersicht über den Stand der Totalitarismusforschung bei *Jesse,* Die Totalitarismusforschung im Streit der Meinungen, in: ders. (Hg.), Totalitarismus im 20. Jahrhundert, 2. Aufl., 1999, S. 9 ff.

2109 *Jesse,* Die Totalitarismusforschung im Streit der Meinungen, in: ders. (Hg.), Totalitarismus im 20. Jahrhundert, 2. Aufl., 1999, S. 11.

2110 *Habermas,* Die Bedeutung der Aufarbeitung der Geschichte der beiden deutschen Diktaturen für den Bestand der Demokratie in Deutschland und Europa, in: Deutscher Bundestag (Hg.), Materialen der Enquete-Kommission „Aufarbeitung von Geschichte und Folgen der SED-Diktatur in Deutschland“. Formen und Ziele der Auseinandersetzung mit den beiden Diktaturen in Deutschland, Bd. IX, 1995, S. 689.

2111 Vgl. *Jesse,* Die Totalitarismusforschung im Streit der Meinungen, in: ders. (Hg.), Totalitarismus im 20. Jahrhundert, 2. Aufl., 1999, S. 11; s. auch *Bracher,* Die Bedeutung der Aufarbeitung der Geschichte der beiden deutschen Diktaturen für den Bestand der Demokratie in Deutschland und Europa, in: Deutscher Bundestag (Hg.), Materialen der Enquete-Kommission „Aufarbeitung von Geschichte und Folgen der SED-Diktatur in Deutschland“. Formen und Ziele der Auseinandersetzung mit den beiden Diktaturen in Deutschland, Bd. IX, 1995, S. 681 f.

2112 Vgl. auch *Aly,* Logik des Grauens, Die Zeit v. 1. Juni 2006, S. 59, der sich für eine Historisierung des Holocaust ausspricht, ohne die zentrale Verantwortung der Deutschen zu relativieren.

definierten inneren Feindes“ geführt haben.[2113] Dazu gehören auch die in Lagern ermordeten sog. „Kriminellen“, die weder als Gruppe noch als einzelne Opfer des Nationalsozialismus identifikationsfähig sind.[2114]

Es wird hier zwar kein Systemvergleich zu anderen totalitären Regimen angestrebt. Dennoch wird betont, dass es bei der Herausarbeitung von Kontinuitätslinien nicht um eine Relativierung und Verharmlosung der Ereignisse des „möderischen nationalsozialistischen Jahrzwölfts“ geht,[2115] sondern um die Freisetzung eines kritischen Reflexionspotentials für die heutige Rechtsentwicklung und Rechtstheorie.[2116] Die These einer „bedenklichen Kontinuität“ ermöglicht so gegenüber der einseitigen Betonung des im Nationalsozialismus verloren gegangenen „Ethos der Legalität“, dem Problem des material-rationalen Rechts im Verhältnis von Zweck- und Wertrationalität auf die Spur zu kommen, in welchem die Tatsache der Sachbestimmtheit des Rechts als Ordnungsmodell ihren Ausdruck gefunden hat. Zudem darf nicht verkannt werden, dass die totalitären Regime post*demokratische* Systeme waren.[2117] Die Perspektive der kritischen Kriminologie holt diese beunruhigende Tatsache durch die Erforschung der Entwicklung einer Sicherheitsgesellschaft in das Bewusstsein zurück, da sie allein durch demokratische Verfahren anscheinend nicht eingehegt werden kann.

2113 *Habermas,* Die Bedeutung der Aufarbeitung der Geschichte der beiden deutschen Diktaturen für den Bestand der Demokratie in Deutschland und Europa, in: Deutscher Bundestag (Hg.), Materialen der Enquete-Kommission „Aufarbeitung von Geschichte und Folgen der SED-Diktatur in Deutschland“. Formen und Ziele der Auseinandersetzung mit den beiden Diktaturen in Deutschland, Bd. IX, S. 687 f.

2114 *Frommel,* Verbrechensbekämpfung im Nationalsozialismus, in: Stolleis (Hg.), Die Bedeutung der Wörter, 1991, S. 56; s. auch *Mayer,* Behandlung der Rezidivisten (gefährlichen Gewohnheitsverbrecher) im deutschen Strafrecht, ZStW 80 (1968), S. 155; vgl. die Zahlen der ins KZ überführten Sicherungsverwahrten und der dort zu Tode gekommenen bei *Hellmer,* Der Gewohnheitsverbrecher und die Sicherungsverwahrung 1934–1945, 1961, S. 371 ff.

2115 Vgl. ebenso *Sander,* Grenzen instrumenteller Vernunft im Strafrecht, 2007, S. 205, das Zitat stammt aus der FAS vom 8. Mai 2005, S. 1 zum 60. Jahrestag des Kriegsendes.

2116 Vgl. dazu *Wielsch,* Die Verheißungen des Totalitarismus, Rechtshistorisches Journal 1997, S. 492 ff.; *ders.,* Totalitarismustheorie revisited…, Rechtshistorisches Journal 1998, S. 60 ff.

2117 Vgl. *Wielsch,* Die Verheißungen des Totalitarismus, Rechtshistorisches Journal 1997, S. 494.

b) Entwicklung der spezialpräventiven Ansätze im Nationalsozialismus: v. Liszts Gefährlichkeitsdoktrin und die normative Tätertypologie

Die nationalsozialistische „Rechtserneuerung" war von Anfang an als konsequente Umbildung des überkommenen Tatstrafrechts in Richtung eines Täterstrafrechts gedacht, „das in großem Ausmaß mit Hilfe von Gesinnungsmerkmalen die dauerhaft niedrige, gemeine, verwerfliche oder gefährliche Gesinnung des jeweiligen Tätertyps charakterisieren sollte."[2118] Das wird durch die Umstellung auf die Sichtweise des Verbrechens als Pflichtverletzung begleitet, das den Nachweis einer Rechtsgutsverletzung nicht mehr benötigt; es ist Willensstrafrecht.[2119] Es versteht sich als Gegenstück zu § 2 RStGB, der die rechtsschöpferische Bestrafung von Taten ermöglichte, die „nach gesundem Volksempfinden" eine solche verdienen.[2120] Die Tätertypologie wird insofern normativ gewendet und soll sicherstellen, dass nicht die, die ihrer Gesinnung nach ‚würdig' waren, bestraft wurden.[2121] Gleichzeitig konnte die Persönlichkeitswertung in der Zusammenschau mit § 2 RStGB ebenso strafbarkeitsbegründend wirken.[2122] Die Subjektivierung im Strafrecht sollte die persönliche Inpflichtnahme des Einzelnen für die Gemeinschaft bzw. den Staat unterstützen.[2123] Schließlich war man aber auch bereit, sich von der

---

2118 *Frommel,* Die Bedeutung der Tätertypenlehre bei der Entstehung des § 211 StGB im Jahre 1941, JZ 1980, S. 560; vgl. dazu auch die Ausführung von *Werle* zum Gemeinschaftsfremdengesetz: Justiz-Strafrecht und polizeiliche Verbrechensbekämpfung im Dritten Reich, 1989, S. 621 ff., 653 ff.; vgl. z.B. *Freisler,* Gedanken über das Gesetz zur Änderung des Reichsstrafgesetzbuches, Deutsche Justiz 103 (1941), S. 929 ff.

2119 *Wolf,* Befreiung des Strafrechts vom nationalsozialistischen Denken?, JuS 1996, S. 194; vgl. *Marxen,* Der Kampf gegen das liberale Strafrecht, 1975, S. 182 ff.

2120 RGBl. 1935 I, S. 839: „§ 2 Bestraft wird, wer eine Tat begeht, die das Gesetz für strafbar erklärt oder die nach dem Grundgedanken eines Strafgesetzes und nach gesundem Volksempfinden Bestrafung verdient. Findet auf die Tat kein bestimmtes Strafgesetz unmittelbar Anwendung, so wird die Tat nach dem Gesetz bestraft, dessen Grundgedanke auf sie am besten zutrifft."

2121 *Dahm,* Der Tätertyp im Strafrecht, 1940, S. 27 f.; vgl. dazu *Frommel,* Die Bedeutung der Tätertypenlehre bei der Entstehung des § 211 StGB im Jahre 1941, JZ 1980, S. 560.

2122 *Freisler,* Gedanken über das Gesetz zur Änderung des Reichsstrafgesetzbuches, Deutsche Justiz 103 (1941), S. 934 f.; vgl. *Werle,* Justiz-Strafrecht und polizeiliche Verbrechensbekämpfung im Dritten Reich, 1989, S. 712; *Schewe,* Die Geschichte der Sicherungsverwahrung, 1999, S. 68.

2123 *Marxen,* Der Kampf gegen das liberale Strafrecht, 1975, S. 191.

Tätertypologie zu lösen, um abschrecken zu können.[2124] Diese kurze Skizzierung des Programms nationalsozialistischer Strafrechtserneuerung zeigt ein uneindeutiges Bild im Hinblick auf die Kontinuitätsthese. Dass die *v. Liszt*'sche Konzeption keine Widerstände gegen eine machtpolitische Inanspruchnahme bereithält, kann einerseits an den Entwicklungen eines ausgesprochenen Täterstrafrechts während des Nationalsozialismus verdeutlicht werden. Andererseits scheint die normative Wendung der Tätertypologie der naturalistischen Ausrichtung *v. Liszt*s zu widersprechen.

Gegen die Zusammenhänge von Spezialprävention und nationalsozialistischer Indienstnahme spricht in erster Linie die gegen die moderne Schule gerichtete (nationalsozialistische) Betonung einer Abkehr von der als ‚sozial-liberal' diffamierten Vergangenheit, weil sie das Strafrecht allmählich auflöse.[2125] Das „rationalistisch-indivdualistische Denken" habe zur Parteinahme für den Verbrecher geführt und zur Erschütterung der Staatsautorität beigetragen.[2126] Die Staatsautorität werde jedoch gerade durch die von der modernen Schule abgelehnte Todesstrafe verwirklicht.[2127] In der Todesstrafe tritt „die Idee der absoluten Priorität des Staates gegenüber dem Einzelnen [...] am sinnfälligsten in Erscheinung".[2128] Dem „sozial-liberalen Strafrecht" wurde vorgeworfen, einerseits den Sicherungsgedanken zurückzustellen und andererseits den Erziehungsgedanken nur insoweit zu verwirklichen, „als er sich in einer Abschwächung des Strafübels zugunsten des einzelnen Rechtsverbrechers auswirken konnte."[2129] *v. Liszt*s Täterlehre galt als prototypisch für eine abzulehnende „naturalistische" oder „rationalistische" Betrachtungsweise, dessen Konsequenz ein „Wertzerfall" sei.[2130]

2124 *Dahm,* Der Tätertyp im Strafrecht, 1940, S. 38.

2125 *Dahm/Schaffstein,* Liberales oder autoritäres Strafrecht?, 1933, S. 11; vgl. *Frommel,* Die Bedeutung der Tätertypenlehre bei der Entstehung des § 211 StGB im Jahre 1941, JZ 1980, S. 561; zur antiliberalen Kritik der modernen Schule vgl. *Marxen,* Der Kampf gegen das liberale Strafrecht, 1975, S. 41 ff.

2126 *Dahm/Schaffstein,* Liberales oder autoritäres Strafrecht?, 1933, S. 4; vgl. *Marxen,* Der Kampf gegen das liberale Strafrecht, 1975, S. 189 ff.

2127 *Dahm/Schaffstein,* Liberales oder autoritäres Strafrecht?, 1933, S. 19; vgl. auch *Freisler,* Gedanken über das Gesetz zur Änderung des Reichsstrafgesetzbuches, Deutsche Justiz 103 (1941), S. 930 f.

2128 *Dahm/Schaffstein,* Liberales oder autoritäres Strafrecht?, 1933, S. 19.

2129 *Dahm/Schaffstein,* Liberales oder autoritäres Strafrecht?, 1933, S. 20; vgl. auch *Dahm,* Der Tätertyp im Strafrecht, 1940, S. 43.

2130 *Dahm/Schaffstein,* Liberales oder autoritäres Strafrecht?, 1933, S. 24 f.; vgl. *Frommel,* Die Bedeutung der Tätertypenlehre bei der Entstehung des § 211 StGB im Jahre 1941, JZ 1980, S. 561.

Die naturalistisch-positivistische Methode sei in ihrem Bestreben, zu berechenbaren Größen zu gelangen, der formalen Logik als Mittel zur Auslegung, Abgrenzung und Systematisierung von Begriffen im juristischen Bereich vergleichbar.[2131] Diese Einschätzung führte dazu, dass dem kriminologischen Tätertypus ein normativer Tätertypus gegenübergestellt wurde, der nach der Auffassung *Dahm*s „ein der Volksanschauung und der Betrachtung des dem Gesetzgeber vorschwebenden Täterbildes entnommenes Werturteil“ enthielte.[2132] Nach *Mezger* liege „echte Tätertypik“ überall dort vor, „wo die Gesinnung des Täters bei der Beurteilung der Tat eine entscheidende Rolle spielt“.[2133] Der Täter werde nicht als Individuum, sondern als „Volksgenosse“, als „Glied der Gemeinschaft“ wahrgenommen.[2134] Deswegen handele es sich auch nicht um einen spezialpräventiven Tätertyp.[2135] Vielmehr sei es ein repressiver Tätertyp, der die Strafe zur Kennzeichnung des Täters als „gemeinschaftswidrig handelnden Volksgenossen“ nutze.[2136] Er sei dafür da, dem Täter „seinen Rang in der Gemeinschaft anzuweisen, oder auch seinen Ausschluß aus der Gemeinschaft zum Ausdruck zu bringen“.[2137] In diesem Zusammenhang wird von einer „Ethisierung des Strafrechts“ im Dritten Reich gesprochen.[2138]

Auf den ersten Blick scheint damit tatsächlich die Kontinuitätslinie gebrochen zu sein. Wenn jedoch die Polemik beiseite gelassen wird, sind die Verbindungslinien sehr wohl zu erkennen. Zunächst ist eine Entgegensetzung des kriminologischen und des normativen Tätertyps nicht ohne weiteres einsichtig. Wenn *Dahm* nach dem „sozialen Sinngehalt der Tat“ und der „Prägung, die sie dem Täter in der Gemeinschaft verleiht“, den normativen „sozialen Tätertyp“ konstituiert,[2139] dann lässt sich ein Unterschied zu *v. Liszt*s Aufzählung der Unverbesserlichen, die „das

2131 *Marxen,* Der Kampf gegen das liberale Strafrecht, 1975, S. 46.

2132 *Dahm,* Der Tätertyp im Strafrecht, 1940, S. 27 f.; vgl. *Bockelmann,* Studien zum Täterstrafrecht. 1. Teil, 1939, S. 86 ff., der eine naturalistische Lösung des Täterproblems für unmöglich hält, S. 141.

2133 *Mezger,* Tatstrafe und Täterstrafe, insbesondere im Kriegsstrafrecht, ZStW 60 (1941), S. 358.

2134 *Dahm,* Der Tätertyp im Strafrecht, 1940, S. 28.

2135 *Dahm,* Der Tätertyp im Strafrecht, 1940, S. 29.

2136 Dahm, Der Tätertyp im Strafrecht, 1940, S. 29.

2137 *Dahm,* Der Tätertyp im Strafrecht, 1940, S. 29.

2138 Vgl. dazu *Marxen,* Der Kampf gegen das liberale Strafrecht, 1975, S. 145 f.; *Frommel,* Die Bedeutung der Tätertypenlehre bei der Entstehung des § 211 StGB im Jahre 1941, JZ 1980, S. 563.

2139 *Dahm,* Der Tätertyp im Strafrecht, 1940, S. 28.

Heer der grundsätzlichen Gegner der Gesellschaftsordnung"[2140] bilden, nicht wirklich erkennen. *Mezger* bezeichnet zudem den normativen oder – wie er sagt – den tatbestandlichen Tätertyp auch als Gebilde mit „höchstem ‚Realitätswert'".[2141] Im Einzelfall könnten auch tatbestandlicher und kriminologischer Tätertyp zusammenfallen.[2142] Der kriminologische Teil des Tätertyps sei nach *Mezger* erst dann tangiert, wenn nach dem Vorleben des Täters gefragt werde.[2143]

Dieses tatsächliche Ineinanderfließen der Tätertypen beruht auf der Überschätzung der naturalistischen Herangehensweise *v. Liszt*s, wie sie im vorherigen Abschnitt bereits herausgearbeitet wurde. Der naturwissenschaftliche Empiriebegriff tritt hinter den entwicklungsgeschichtlichen Empiriebegriff zurück. Die kriminalpolitische Konturierung von Tätertypen hängt daher auch bei *v. Liszt* in der (politischen) Luft. Die „Gegner der Gesellschaftsordnung" werden durch eine Art sozialethischer Betrachtung bzw. einfacher durch die Weltanschauung konstituiert.[2144] Auch *v. Liszt* forderte die „ausschlaggebende Berücksichtigung der verbrecherischen Gesinnung".[2145] Wie sollte sich auch sonst der Unterschied zwischen den drei Tätertypen manifestieren können. Im Prinzip findet in der Fortentwicklung durch die Nationalsozialisten nur ein Austausch der Weltanschauung statt. Die völkische Weltanschauung setzt sich an die Stelle der als ‚liberal-sozial' bezeichneten Weltanschauung. Die Verlegung des Seinsollende in das Werdende unterlegt der Zweckorientierung *v. Liszt* zwangsläufig eine Ethisierung, weil die Zweckrationalität immer von einer getroffenen Wertentscheidung abhängt.

2140 *v. Liszt,* Der Zweckgedanke im Strafrecht [1883], 3. Aufl., 1968, S. 32.

2141 *Mezger,* Tatstrafe und Täterstrafe, insbesondere im Kriegsstrafrecht, ZStW 60 (1941), S. 360.

2142 *Mezger,* Tatstrafe und Täterstrafe, insbesondere im Kriegsstrafrecht, ZStW 60 (1941), S. 364.

2143 *Mezger,* Tatstrafe und Täterstrafe, insbesondere im Kriegsstrafrecht, ZStW 60 (1941), S. 365.

2144 Nicht verschwiegen werden soll hier, dass diese Argumentation auch der Kritik von *Dahm/Schaffstein,* Liberales oder autoritäres Strafrecht?, 1933, S. 13 ff. zugrunde liegt, die die Verweichlichung des Strafrechts dem sozialen bzw. sozialistischen Gedankengut zuschreiben.

2145 *v. Liszt,* Nach welchen Grundsätzen ist die Revision des Strafgesetzbuchs in Aussicht zu nehmen?, in: ders., Strafrechtliche Vorträge und Aufsätze, Zweiter Band, 1905, S. 377 ff.; *ders,* Über den Einfluss der soziologischen und anthropologischen Forschungen auf die Grundbegriffe des Strafrechts, in: ders., Strafrechtliche Vorträge und Aufsätze, Zweiter Band, 1905, S. 88 f.; vgl. dazu *Sander,* Grenzen instrumenteller Vernunft im Strafrecht, 2007, S. 29 f.

Die Konvergenz beider Wertvorstellungen liegt zudem darin begründet, dass beide die Staatssicherheit bzw. ‚Volkssicherheit' über den Wert des Individuums stellen. Eine explizite Anknüpfung der nationalsozialistischen Strafrechtswissenschaftler unterbleibt demnach hauptsächlich aus politischen Frontstellungen. Werden die von *v. Liszt* zur Verbrechensbekämpfung empfohlenen Mittel der Besserung und Sicherung betrachtet, so ist die Bezeichnung dieser als liberal mehr als zweifelhaft.[2146] Eindrücklich bestätigt wird das dadurch, dass die Verteidiger der Strafrechtsreform aus der Weimarer Zeit immer wieder darauf hinwiesen, dass das Marburger Programm mit seinem Gedanken der Besserung und Sicherung in Weg und Ziel ein illiberaler, wenn nicht antiliberaler Gedanke sei.[2147] Im Übrigen wurde die Ablehnung der Todesstrafe durch *v. Liszt* im Hinblick auf seine theoretischen Grundlagen bereits als inkonsequent dargetan.[2148] Eine liberale Straftheorie ist demgegenüber durch die Intention charakterisiert, eine Theorie der Begrenzung der Strafgewalt zu sein.[2149] Insbesondere die Verurteilung zu unbestimmter Strafe ist somit vom liberalen Standpunkt aus eine unerträgliche Erweiterung des Machtbereichs des Staates zulasten des persönlichen Freiheitsraums.[2150] Die Zweckorientierung der Strafe bedingt generell eine Betonung der Interessen des überindividuellen Kollektivs gegenüber dem Schutz individueller Freiheit.[2151] Durch die Subjektivierung und Ausrichtung an der Persönlichkeit kann die freiheitsschützende Funktion des formalen Prinzips „gleich Freier“ nicht aufrechterhalten werden.[2152]

Dahm und *Schaffstein* bestätigen das: sie fordern nicht die Abkehr von Spezialprävention, sondern „echte Spezialprävention“, die das „Gleichgewicht zwischen

---

2146 Diese Zweifel melden auch an: *Sander,* Grenzen instrumenteller Vernunft im Strafrecht, 2007, S. 97 f.; *Marxen,* Der Kampf gegen das liberale Strafrecht, 1975, S. 266 f.

2147 S. dazu *Marxen,* Der Kampf gegen das liberale Strafrecht, 1975, S. 159 ff.

2148 Vgl. in diesem Kapitel, C. III. 1. a).

2149 *Frommel,* „Eene meene muh – drin bist Du“. Zur Wiederkehr der Sicherungsstrafe in der gegenwärtigen Diskussion, KJ 1995, S. 231; *Vormbaum,* Aktuelle Bezüge nationalsozialistischer Strafgesetzgebung, in: Ostendorf (Hg.), Strafverfolgung und Strafverzicht, 1992, S. 73 f., der im Umkehrschluss die Kriterien der Ausweitung und Verschärfung des Strafrechts als Folie für die Überprüfung von Normen aus der NS-Zeit nutzt. Vgl. auch *Marxen,* Der Kampf gegen das liberale Strafrecht, 1975, S. 263 ff.

2150 *Marxen,* Der Kampf gegen das liberale Strafrecht, 1975, S. 266.

2151 *Marxen,* Der Kampf gegen das liberale Strafrecht, 1975, S. 271.

2152 S. dazu die Ausführungen in diesem Teil, 1. Kapitel, A. I. 1.; vgl. *Marxen,* Der Kampf gegen das liberale Strafrecht, 1975, S. 270.

Erziehung und Sicherung" wiederherstellen soll.[2153] Insbesondere die Sicherungsverwahrung eigne sich dazu trefflich.[2154] Außerdem müsste die Überbetonung der Umwelteinflüsse bei der Entstehung von Kriminalität zurückgedrängt werden.[2155] Gleichzeitig müssten die Erkenntnisse aus den Vererbungsgesetzen – die „genetische Ungleichheit der Menschen" – in den Vordergrund gestellt werden.[2156] Der Nationalsozialismus kommt daher offensichtlich auch nicht ohne die Fundierung in einem naturwissenschaftlich-empirischen Konzept aus.[2157] Im Hinblick auf den Status des Empirischen wirft das die Frage auf, inwiefern die Politik die Wissenschaft instrumentalisiert und die grundsätzliche politische Wertausrichtung über die Berücksichtigung von wissenschaftlichen Aussagen vorab entscheidet. Die Forderung nach stärkerer Betonung der Vererbungsgesetze verdeutlicht auch die hintergründigen Verflechtungen des Gewohnheitsverbrechergesetzes zu „rassehygienischen Maßnahmen".[2158]

Tatsächlich lebte die sozial-liberale Seite der (kriminologischen) Täterorientierung von der unwiderleglichen Vermutung der „Besserungsfähigkeit aller Verbrecher".[2159] *v. Liszt* lässt sich in seiner programmatischen Ausrichtung jedoch nicht auf diese sozial-liberale Richtung festschreiben, sondern sie ist vielmehr *Radbruch*s Verdienst.[2160] Nichtsdestotrotz wollte *Radbruch* in dem unter seiner Federführung entstandenen Gesetzentwurf von 1922 ein „scharfes Durchgreifen gegen das Gewohnheitsverbrechertum" mit zeitlich unbestimmter Sicherungsverwahrung auf den Weg bringen.[2161] Nach alledem konnte auch *Bockelmann*

2153 *Dahm/Schaffstein,* Liberales oder autoritäres Strafrecht?, 1933, S. 45.

2154 *Dahm/Schaffstein,* Liberales oder autoritäres Strafrecht?, 1933, S. 45.

2155 *Dahm/Schaffstein,* Liberales oder autoritäres Strafrecht?, 1933, S. 16; vgl. zu *v. Liszt*s Ansicht, dass das Verbrechen aus der sozialen Situation des Täters entspringt: *Radbruch,* Franz v. Liszt – Anlage und Umwelt, in: Kaufmann (Hg.), Gustav Radbruch. Gesamtausgabe, Bd. 16, Biographische Schriften, 1988, S. 41.

2156 *Dahm/Schaffstein,* Liberales oder autoritäres Strafrecht?, 1933, S. 16; vgl. auch *Radbruch,* Franz v. Liszt – Anlage und Umwelt, in: Kaufmann (Hg.), Gustav Radbruch. Gesamtausgabe, Bd. 16, Biographische Schriften, 1988, S. 41.

2157 Vgl. dazu *Kubink,* Strafen und ihre Alternativen im zeitlichen Wandel, 2002, S. 741.

2158 Vgl. *Müller,* Das Gewohnheitsverbrechergesetz vom 24. November 1933, 1997, S. 35 ff.

2159 Insoweit ist ihnen (wohl oder übel) zuzustimmen: *Dahm/Schaffstein,* Liberales oder autoritäres Strafrecht?, 1933, S. 16.

2160 Vgl. *Neumann,* Gustav Radbruchs Beitrag zur Strafrechtsreform, KJ 2004, S. 434 ff.

2161 S. die Bemerkungen zum Entwurf von 1927, S. 49 abgedruckt in: *Schubert/Regge (Hg.),* Quellen zur Reform des Straf- und Strafprozessrechts, Abt. I, Bd. 1, S. 193.

die Lehren *v. Liszt*s verteidigen.[2162] Er wies darauf hin, dass die „Knochenerweichung" des Strafrechts erst nach ihm in Gang gesetzt wurde.[2163] Unter dem Vorzeichen täterorientierter Sicherung sind moralische Diffamierung als Ethisierung des Strafrechts und (scheinbar) zweckrational motivierte Zuschreibung als dessen präventive Instrumentalisierung sowieso austauschbar.[2164] Beide führen zur Ausgrenzung der Person.

3. Fazit

Wird der spezialpräventive Ansatz *v. Liszt*s und die Entwicklung des Strafrechts im Nationalsozialismus unter der Klammer des material-rationalen Rechts verhandelt, veranschaulicht diese Auseinandersetzung die Verwobenheit von Zweck- und Wertrationalität und deren Konsequenz einer „Grenzwert-Ambivalenz" des material-rationalen Rechts. Dadurch, dass *v. Liszt* der „Aufrechterhaltung der Rechtsordnung", also der Staatssicherheit, den höchsten Wert zuschreibt, können die Mittel der Verbrechensbekämpfung äußerst rigide ausfallen. Darin liegt auch die offensichtlichste Konvergenz zum nationalsozialistischen Strafrecht, das – ebenfalls im Sinne *v. Liszt*s – flexibel ausgerichtet war. Das kritische Reflexionspotential für die heutige Rechtsentwicklung und Rechtstheorie, das aus dieser der Totalitarismustheorie verpflichteten Analyse gewonnen werden kann, ist der Anstoß nach einer neuen (verfassungsrechtlichen) Rechtsargumentation bzw. Methodik zu suchen, die dem Recht als sachbestimmtem Ordnungsmodell gerecht wird und den Status des Empirischen im Verhältnis von Sein und Sollen erhellen kann.

IV. Konsequenzen für das Präventionsstrafrecht und die Legitimation der Sicherungsverwahrung

Das Präventionsstrafrecht ist ebenso mit Rechtfertigungsmängeln besetzt wie das Schuldstrafrecht. In letzter Konsequenz vermag es gegen die totalitäre Ausrichtung des Rechts aus sich selbst heraus keine Gegenmittel bereitzuhalten. Der Abbau der

---

2162 *Bockelmann,* Studien zum Täterstrafrecht, 1. Teil, 1939, S. 86 f., Fn. 1; vgl. zur mangelnden Abgrenzung der zum *v. Liszt*'schen Lager zählenden Reformer *Kubink,* Strafen und ihre Alternativen im zeitlichen Wandel, 2002, S. 296.

2163 *Bockelmann,* Studien zum Täterstrafrecht, 1. Teil, 1939, S. 86 f., Fn. 1.

2164 Vgl. *Frommel,* „Eene meene muh – drin bist Du". Zur Wiederkehr der Sicherungsstrafe in der gegenwärtigen Diskussion, KJ 1995, S. 231.

rechtsstaatlichen Begrenzungen bei der Sicherungsverwahrung bzw. deren Flexibilisierung kann danach in einen Zusammenhang mit der Wahrung von Rechtsgeltung um jeden Preis gestellt werden. Dabei liegt ebenso der Verdacht nahe, dass das politische System das Recht und die Wissenschaften zur Erforschung der menschlichen Psyche bzw. das Gesundheitssystem seinen Funktionsimperativen der Machterhaltung unterworfen hat. In den kritischen Kriminalwissenschaften wird das mit der Entwicklung einer Sicherheitsgesellschaft verbunden, die auf massive Steuerungsprobleme nur noch symbolisch reagiert. Von diesem Standpunkt aus ist die Rückbesinnung auf die Rationalität des formalen Rechts gekoppelt an eine *kant*isch verstandene Freiheits- und somit Schuldphilosophie im Strafrecht plausibel. Sie zeigt eine Begrenzungsperspektive gegen das symbolische Risikostrafrecht auf, das selbst noch die Abspaltung eines Feindstrafrechts zu begründen vermag. Ein an kriminalpolitischen Bedürfnissen orientiertes Präventionsstrafrecht ist zu dieser Begrenzung nicht in der Lage.[2165] Für die aus der Begrenzungsperspektive formulierten „staatskritischen Absolutheitsregeln"[2166] bedarf es aber der Metaphysik, weil die „sozial bessernde Strafgesetzgebung und Strafgesetzhandhabung in kritischer Absicht mit einem fundamentalen, *nichtsäkularen* Begriff des Unrechts konfrontiert" wird.[2167] Das ist ein reines, a-empirisches und a-politisches Strafrecht,[2168] wogegen der Metaphysik-Vorwurf der Präventionstheoretiker nach wie vor Geltung beanspruchen kann. Vor allem

---

2165 S. insbes. *Naucke,* Über die Zerbrechlichkeit des rechtsstaatlichen Strafrechts, 2000; *ders.,* Einführung: Rechtstheorie und Staatsverbrechen, in: Binding/Hoche, Die Freigabe der Vernichtung lebensunwerten Lebens (1920), 2006, S. XLIV ff.; *Albrecht,* Kriminologie. Eine Grundlegung zum Strafrecht, 4. Aufl., 2010, S. 51 ff.; *ders.,* Der Weg in die Sicherheitsgesellschaft, 2010, S. 930 f.; *ders.,* Die vergessene Freiheit, 3. Aufl., 2011.

2166 *Naucke,* Einführung: Rechtstheorie und Staatsverbrechen, in: Binding/Hoche, Die Freigabe der Vernichtung lebensunwerten Lebens (1920), 2006, S. LII; *Albrecht,* Der Weg in die Sicherheitsgesellschaft, 2010, insbes. Teil 7.

2167 *Naucke,* Einführung: Rechtstheorie und Staatsverbrechen, in: Binding/Hoche, Die Freigabe der Vernichtung lebensunwerten Lebens (1920), 2006, S. LXIV, Hervorhebungen durch Verfasserin und *ders.,* Die Kriminalpolitik des Marburger Programms 1882, ZStW 95 (1982), S. 546 und 564, der hier einmal von „Strafbefreiungsdogmatik" und von Strafrecht als „Verbrechensbekämpfungsbegrenzungsrecht" spricht; vgl. auch *Sander,* Grenzen instrumenteller Vernunft im Strafrecht, 2007, S. 15; *Marxen,* Der Kampf gegen das liberale Strafrecht, 1975, S. 263.

2168 Vgl. *Naucke,* „Schulenstreit"?, in: Herzog/Neumann (Hg.), Festschrift für Winfried Hassemer, 2010, S. 561; *ders.,* Kants Kritik der empirischen Rechtslehre, 1996, S. 185 ff.

blendet es die Tatsache aus, dass das Recht ein sachbestimmtes Ordnungsmodell ist. Ohne Ansehung der Welt, wie sie ist, ist kein Recht mehr herzustellen, zu recht-fertigen.[2169] Die *conditio humana,* die *Kant* als erfahrungsgesättigtes Modell seiner Rechtslehre implizit zugrunde legt und aus der er den Rechtsstaat entwickelt – wiederum die Möglichkeit eines „Volk von Teufeln" im Blick behaltend,[2170] hat sich durch die Explosion des Wissens über den Menschen und die Gesellschaft verändert. Für das Strafrecht heißt das, dass die Wirkungen der verhängten Sanktionen vor dem Hintergrund des darüber angehäuften Wissens ausschließlich durch den Verweis auf das Schuldprinzip nicht unberücksichtigt bleiben können. Zur *konkreten* Ausgestaltung strafrechtlicher Sanktionen hat die *Kant*ische Freiheitsphilosophie jedoch nichts beizutragen.[2171]

2169 Die Schreibweise verweist auf *Wiethölter*s Annäherung an ein richtiges, positives Recht, vgl. seinen Aufsatz Recht-Fertigungen eines Gesellschafts-Rechts, in: Joerges/Teubner (Hg.), Rechtsverfassungsrecht, 2003, S. 13 ff.

2170 Vgl. in diesem Teil, 1. Kapitel, A. und B., vgl. auch *Ladeur,* Kritik der Abwägung in der Grundrechtsdogmatik, 2004, S. 51.

2171 Vgl. dazu *Calliess,* Theorie der Strafe im demokratischen und sozialen Rechtsstaat, 1974, S. 209: „Die in den Straftatbeständen rechtsstaatlich beschriebenen ‚Eingriffsbedingungen' in den ‚Bereich' der Persönlichkeitsentfaltung lassen nur die Reaktion auf die Tat und nicht auch die Inter-aktion mit dem Täter zu."

Fazit zum 2. Teil: Zum Dilemma strafrechtlicher Rechtfertigungszusammenhänge

Der zweite Teil zu den zwei konkurrierenden Rechtfertigungszusammenhängen im Strafrecht, dem Schuldstrafrecht einerseits und dem Präventionsstrafrecht andererseits, offenbart eine dilemmatische Situation im Strafrecht. Weder der eine noch der andere Rechtfertigungszusammenhang kann überzeugen. Dementsprechend kann weder aus dem Schuldstrafrecht noch aus dem Präventionsstrafrecht ein Bewertungsmaßstab für die Entwicklung der Gesetzgebung und Rechtsprechung zur Sicherungsverwahrung gewonnen werden.[2172] An dieser Stelle muss demnach an das Gemeinsame der Kritiken des Schuldstrafrechts und des Präventionsstrafrechts angeknüpft werden: daran, dass das Recht auf einem Verweisungsverhältnis zwischen Recht und Gesellschaft beruht.

Das Schuldstrafrecht ebenso wie das Präventionsstrafrecht reproduzieren einerseits die gesellschaftlichen (Macht-)Verhältnisse. Andererseits beinhalten beide Rechtfertigungszusammenhänge einen widerständigen Part, der versucht, dem Menschen in seinen diversen Verflechtungen zu seiner Umwelt gerecht zu werden, sei es durch die Andienung eines unhintergehbaren Rechts auf Freiheit oder den Versuch, diese Freiheit für jeden Wirklichkeit werden zu lassen. *Wiethölter* beschreibt dieses Verweisungsverhältnis als die „doppelte Umkonstruktion (Transformation) von Recht".[2173] Recht ist einerseits Produkt der Gesellschaft wie andererseits die Gesellschaft ein Produkt des Rechts ist.[2174] Dadurch ist das Recht weder durch die „philosophische Begründungsidee der bürgerlichen rechtsstaatlichen Gesellschaft (die Gesellschaft ist danach am Maßstab von

2172 Vgl. zu diesem Dilemma auch *Calliess,* Theorie der Strafe im demokratischen und sozialen Rechtsstaat, 1974, S. 177 ff.

2173 *Wiethölter,* Sozialwissenschaftliche Modelle im Wirtschaftsrecht, KJ 1985, S. 132; vgl. auch *ders.,* Entwicklung des Rechtsbegriffs, Jahrbuch für Rechtssoziologie und Rechtstheorie 8 (1982), S. 56, der wegen dieser Entwicklung von einem „dualistischen Rechtsbegriff" ausgeht.

2174 *Wiethölter,* Sozialwissenschaftliche Modelle im Wirtschaftsrecht, KJ 1985, S. 132; vgl. auch *Teubner,* Verrechtlichung, in: Kübler (Hg.), Verrechtlichung von Wirtschaft, Arbeit und sozialer Solidarität, 1985, S. 291, der das moderne regulatorische Recht als politisiert und vergesellschaftet bezeichnet.

Recht zu verwirklichen!)“ noch durch die „antibürgerliche Bewegung (Recht ist ‚Überbau‘ einer als Widerspruchsverhältnis von Produktivkraftständen und Produktionsverhältnissen zu begreifenden ‚Basis‘ und im Wege der revolutionären gesellschaftlichen Sprengung zu beseitigen und bis dahin lediglich auszunutzen)“ adäquat abbildbar.[2175] Das ist der Realwiderspruch des Rechts, „dass weder ein präexistentes Rechtssystem ein gesellschaftliches Außen repräsentiert noch ein präkonstituiertes gesellschaftliches Signifakt, für das was rechtens ist, existiert.“[2176] Die Ausgangslage der doppelten Umkonstruktion von Recht ist aber mithilfe von Modellen schwierig zu bearbeiten.[2177] Diese Fragestellung bewegt sich im Schnittfeld von empirischer und normativer Forschung und zieht die Trennung beider Bereiche in Zweifel.[2178] Der Methodendualismus von Sein und Sollen ist unter diesen Umständen nicht aufrechtzuerhalten. Das hat insbesondere die Kritik des Verhältnismäßigkeitsgrundsatzes gezeigt. Das Verweisungsverhältnis zwischen Recht und Gesellschaft wurde daher im zweiten Teil bereits mit dem Begriff des sachbestimmten Ordnungsmodells eingefasst. Anstatt auf die utopische Hoffnung einer Abschaffung des Strafrechts zu setzen,[2179] wird

2175 *Wiethölter,* Sozialwissenschaftliche Modelle im Wirtschaftsrecht, KJ 1985, S. 132; vgl. auch *Teubner,* Reflexives Recht, Archiv für Rechts- und Sozialphilosophie 68 (1982), S. 18 f.

2176 *Christensen/Fischer-Lescano,* Das Ganze des Rechts, 2007, S. 132.

2177 *Wiethölter,* Sozialwissenschaftliche Modelle im Wirtschaftsrecht, KJ 1985, S. 132; vgl. auch *Calliess,* Theorie der Strafe im demokratischen und sozialen Rechtsstaat, 1974, S. 51.

2178 Vgl. hierzu *Luhmann,* Zweckbegriff und Systemrationalität, 6. Aufl., 1999, S. 343 ff. Die Abgrenzung von empirischer und normativer Forschung beruht auf der unter dem Einfluss der Kritik der reinen Vernunft stehenden Trennung und Überordnung eines rein praktischen vernünftigen Sollens über ein Sein, d.h. aus Sollsätzen können keine Seinssätze deduziert werden und umgekehrt, S. 346; vgl. zum Unterschied und zu den Gemeinsamkeiten von juristisch-dogmatischer und soziologisch-empirischer Betrachtungsweise auch *Raiser,* Grundlagen der Rechtssoziologie, 6. Aufl., 2013, S. 6 ff.; vgl. *Calliess,* Theorie der Strafe im demokratischen und sozialen Rechtsstaat, 1974, S. 28 ff., 62 ff., 200 f., der die Trennung im Strafrecht überwinden will; s. auch *Amelung,* Rechtsgüterschutz und Schutz der Gesellschaft, 1972, S. 366 f.; *Theile,* Das Verhältnis zwischen Zuschreibung und Fakten im Unternehmensstrafrecht, in: Kempf/Lüderssen/Volk (Hg.), Unternehmensstrafrecht, 2012, S. 179.

2179 Ebenso *Albrecht,* Spezialprävention angesichts neuer Tätergruppen, ZStW 97 (1985), S. 833; vgl. dazu auch *Hassemer,* Einführung in die Grundlagen des Strafrechts, 2. Aufl., 1990, S. 329 ff.

im Folgenden der Versuch unternommen, das Strafrecht speziell die Sicherungsverwahrung mit einer „kritischen Systemtheorie“[2180] zu konfrontieren. Sie hält ein Instrumentarium dafür bereit, das Recht als sachbestimmtes Ordnungsmodell in seinem Verweisungsverhältnis zwischen (Straf-)Recht und Gesellschaft zu durchdringen. Kritische Systemtheorie als eine das Recht einbeziehende, aber übergreifende Gesellschaftstheorie[2181] umfasst neben einem normativ gehaltvollen Konzept des Rechts die tangierten Bereiche der Politik, der Wissenschaft und des Menschen.

2180 Vgl. zum Begriff einer kritischen Systemtheorie die einführende Erläuterung im 3. Teil, 1. Kapitel, B. und *Fischer-Lescano,* Kritische Systemtheorie Frankfurter Schule, in: Calliess u.a. (Hg.), Soziologische Jurisprudenz. Festschrift für Gunther Teubner, 2009, S. 49 ff.

2181 Vgl. *Wiethölter,* Sozialwissenschaftliche Modelle im Wirtschaftsrecht, KJ 1985, S. 131.

3. Teil: Die Sicherungsverwahrung im Spiegel kritischer Systemtheorie

Der dritte Teil wird durch Vorüberlegungen zur Verortung kritischer Systemtheorie im Recht eingeleitet. Zum einen werden allgemein die Relevanz und die Einflussschneisen von Gesellschaftstheorie im Recht aufgezeigt. Zum anderen werden der Begriff „kritische Systemtheorie" und die dahinter stehende Theoriesynthese einführend kurz erläutert. Danach folgt ein Kapitel über die Parameter kritischer Systemtheorie, die dem Recht als sachbestimmtem Ordnungsmodell ein systemtheoretisches Verständnis von Gerechtigkeit andienen. Dieses systemtheoretische Verständnis von Gerechtigkeit ermöglicht einen neuen methodischen Zugriff bei der Entscheidung von Rechtskonflikten, mit dem sich prozedurale Richtlinien für die Verknüpfung von Recht und Nicht-Recht formulieren lassen. Diese kritisch-systemtheoretische Perspektive wird im letzten Kapitel für das Sanktionensystem des Strafrechts konkretisiert. Darauf aufbauend werden die Regelungen zur Sicherungsverwahrung und der (höchst-)richterliche Umgang mit ihr bewertet. Zugleich stellt die Theorie damit ein Deutungsmuster für die im ersten Teil beschriebene Entwicklung der Sicherungsverwahrung zur Verfügung.

Der dritte Teil wird von der These getragen, dass kritische Systemtheorie einen Beurteilungsmaßstab für die Sicherungsverwahrung zur Verfügung stellen kann und sich daraus die Eckpfeiler einer gerechten Maßregel ableiten lassen. Diese These wird durch die folgenden Unterthesen und Argumente gestützt, die in den folgenden Kapiteln entfaltet werden: *Erstens* muss ein solcher Bewertungsmaßstab aufgrund der doppelten Umkonstruktion des Rechts vom Verhältnismäßigkeitsgrundsatz ausgehen, weil dieser durch die Verschränkung von zweck- und wertrationalen Argumenten das entscheidende Verbindungsstück zwischen „(auch lautlosen) Gesellschaftstheorien und Rechtsentscheidungen" liefert.[2182] Das kann *zweitens* nur auf der Ebene der Rechtsmethodik geschehen, die die Anwendung des Verhältnismäßigkeitsgrundsatzes anleitet. Dafür muss *drittens* der Verhältnismäßigkeitsgrundsatz von einem werttheoretischen Blindflug auf eine kritisch-systemtheoretische Reflexion systemischer Rationalitätsgrenzen umgestellt werden. Das Verhältnis von Wissen und Nicht-Wissen im Recht kann nur so adäquat abgebildet und der Wirklichkeitsbezug des Rechts sinnvoll in der rechtlichen

2182 Vgl. *Wiethölter,* Sozialwissenschaftliche Modelle im Wirtschaftsrecht, KJ 1985, S. 132.

Argumentation verortet werden. Die kritisch-systemtheoretische Reflexion systemischer Rationalitätsgrenzen kann Auskunft darüber geben, wann welche Empirie im Recht Berücksichtigung finden muss und wann nicht. Die aktuelle Anwendungsform des Verhältnismäßigkeitsgrundsatzes führt demgegenüber „zu einer wirklichkeitsfremden Fehlrahmung sozialer Konflikte im Recht“, die den Verhältnismäßigkeitsgrundsatz in ein Repressionsinstrument verwandelt, das der Mäßigung bedarf.[2183] Das läuft *viertens* auf eine Prozeduralisierung des Wissens hinaus, die die Einschätzungspärogative des Gesetzgebers relativiert. Hierfür bedarf es der Formulierung von – notwendigerweise immer nur vorläufigen, reversiblen – Kollisionsregeln, anhand derer Wissenszusammenhänge in das Recht inkorporiert werden.

Für das Strafrecht und die Sicherungsverwahrung heißt das *fünftens,* dass Schuld und Gefährlichkeit im Strafrecht nur als rechtsinterne, notwendig defizitäre Bilder des Rechts vom Menschen verstanden werden dürfen. Schuld und Gefährlichkeit speisen sich aus unterschiedlichen Wissenszusammenhängen und müssen daher zunächst auf ihre Funktionalität hin befragt werden. Mittels eines kritisch-systemtheoretischen Reflexionsbegriffs lassen sich dann *sechstens* die Grenzen erschließen, die der Funktionalität beider Bilder im Hinblick auf die Eigen-Rechte des Menschen gezogen werden müssen, um dem Menschen – so weit wie möglich – *gerecht* zu werden. Das ermöglicht schließlich eine Bewertung der Sicherungsverwahrung und die Formulierung eines systemtheoretischen Gegenvorschlags, der die (Re-)Formalisierung des Maßregelrechts einfordert. Er beruht auf der kritisch-systemtheoretisch angeleiteten Suche nach Kollisionsregeln für die Nutzung unterschiedlicher Wissenszusammenhänge im Recht. Der systemtheoretische Gegenvorschlag zur Sicherungsverwahrung beruht folglich auf einer kritisch-systemtheoretisch gewendeten Verhältnismäßigkeitsprüfung. Die kritisch-systemtheoretische Reflexion ist zudem die Basis für die Formulierung einer konkreten (vorläufigen) Kollisionsregel über die Nutzung der im Strafrecht vorhandenen Bilder vom Menschen, die im Rahmen der verfassungsrechtlichen Prüfung die Zuordnung der Sicherungsverwahrung unter die zwei möglichen Strafrechts-Regimes auf der Rechtsfolgenseite bestimmen müsste. Die Entscheidung über die Zuordnung der Sicherungsverwahrung zu einer der zwei Spuren ist somit in eine unbenannte Verhältnismäßigkeitsprüfung eingekleidet.

2183 *Fischer-Lescano,* Mäßigung der Verhältnismäßigkeit, in: Calliess (Hg.), Transnationalisierung des Rechts, erscheint 2014, Manuskript, S. 3.

1. Kapitel: Vorüberlegungen zur Verortung kritischer Systemtheorie im Recht

Die Vorüberlegungen stellen auf einer abstrakten Ebene klar, inwiefern kritische Systemtheorie als Gesellschaftstheorie etwas zum Gegenstand Recht beitragen kann. Anknüpfungspunkt ist das im zweiten Teil aus den Rechtfertigungsbrüchen des Schuldstrafrechts und des Präventionsstrafrechts zusammengetragene neue Rechtsverständnis, das dort als *sachbestimmtes Ordnungsmodell* bezeichnet wurde. Der Begriff erfasst das Verweisungsverhältnis zwischen Recht und Gesellschaft, die doppelte Umkonstruktion des Rechts. Zudem wird im ersten Kapitel kurz dargelegt, was unter der Theoriesynthese „kritische Systemtheorie" zu verstehen ist.

A. Zur Relevanz von Gesellschaftstheorie im Recht

Der Relevanz der Gesellschaftstheorie im Recht wird sich zunächst durch das Problem der Sachbestimmung des Rechts in Verknüpfung mit dem Problem der Konstruktion von Wirklichkeit genähert. Es wird herausgearbeitet, dass die dem Rechtskonflikt zugrunde liegende ‚Sache' Verhandlungsmasse wird bzw. eine Frage von Wissen und Nicht-Wissen ist. In einem nächsten Schritt wird herausgearbeitet, auf welche Art und Weise Gesellschaftstheorie etwas zur Frage des Verhältnisses von Nicht-Wissen und Wissen beitragen kann. Schließlich wird die Gesellschaftstheorie in der Rechtsproduktion normativ verortet.

I. Das Problem der Sachbestimmung des Rechts und der Konstruktion von Wirklichkeit

Im zweiten Teil hat sich herauskristallisiert, dass aufgrund der Materialisierung des Formalrechts und der damit einhergehenden Verquickung von Recht und Empirie bzw. Sollen und Sein von einem anderen Rechtsverständnis ausgegangen werden muss und zwar von dem eines sachbestimmten Ordnungsmodells. Ebenso hat sich gezeigt, dass die Wirklichkeit, auf die das Recht in der Form empirischer Argumente verweist, einen unklaren Überprüfungsstatus im Recht hat. Im Begriff der Risikogesellschaft und bei der Auseinandersetzung mit dem Nationalsozialismus hat sich zudem angedeutet, dass ‚Wirklichkeit' generell bereits eine Frage der Perspektive ist. Auch die Kritik von ‚Gefährlichkeitsprognosen' im ersten Teil ist getragen von dieser Einsicht. Das in der Folge von Zwecksetzungen bzw. Zweckrationalität entstandene Risiko[2184] verweist auf eine Fülle von Nicht-Wissen, die jede Entscheidung aufgrund des strukturell bedingten Mangels an ausreichenden Informationen riskant macht. Die Entscheidung über die Gefährlichkeit eines Straftäters demonstriert diese Riskanz – nur mit dem Unterschied, dass das Risiko eines Rückfalls *im Einzelfall* tatsächlich durch Wegsperren für die Gesellschaft außerhalb der Mauern auf Null reduziert werden kann, was selbstverständlich mit immensen Kosten für den einzelnen Straftäter verbunden ist. Das Problem der Sachbestimmung und der Konstruktion von Wirklichkeit wird im Folgenden mit einer vertieften Auseinandersetzung mit dem Risikobegriff verdeutlicht.

Auch wenn es beim Risiko ursprünglich um die kontrollierte Extension des Bereichs rationalen Handelns ging, ist das Risiko entgegen dieser ursprünglichen Intention nicht berechenbar. Die Ungewissheit der Zukunft kann nicht durch ein Mehr an Wissen überwunden werden, sondern geht aus einem Mehr an Wissen gerade hervor.[2185] Konstituiert die Entscheidung erst das Risiko als berechenbare Größe, muss im Prozess der Entscheidung auch die Aussicht auf zukünftige Entscheidungen miteinbezogen werden und eine Berechenbarkeit der Zukunft löst sich im Paradigma der Entscheidungsabhängigkeit der Zukunft wieder auf.[2186] Die Einschätzung von Risiken ist folglich gegenwartsabhängig.[2187] Es gehört „zur Riskanz des Risikos, daß die Einschätzung mit der Zeit variiert".[2188] Entscheidend ist, dass die Form des Risikos wahrscheinlich/unwahrscheinlich die Zukunft auf eine fiktive Form bringt, die als solche nie eintreten kann.[2189] Das Risiko nutzt gerade die Unbestimmtheit der Zukunft, um die Gegenwart zu strukturieren.[2190]

2184 Vgl. *Luhmann,* Die Politik der Gesellschaft, 2002, S. 146, die Zukunft wird durch Zwecksetzung erst konstruiert und somit entscheidungsfähig.

2185 *Beck,* Weltrisikogesellschaft, 2007, S. 22; *Bechmann,* Risiko als Schlüsselkategorie der Gesellschaftstheorie, KritV 1991, S. 222; vgl. *Calliess,* Prozedurales Recht, 1999, S. 58.

2186 *Luhmann,* Organisation und Entscheidung, 2000, S. 187; *ders.,* Die Politik der Gesellschaft, 2002, S. 147.

2187 *Luhmann,* Soziologie des Risikos, 1991, S. 50.

2188 *Luhmann,* Soziologie des Risikos, 1991, S. 51.

2189 *Luhmann,* Soziologie des Risikos, 1991, S. 80 f.; vgl. auch Krasmann, Der Feind an den Grenzen des Rechtsstaats, in: Kerchner/Schneider (Hg.), Foucault. Diskursanalyse in der Politik, 2006, S. 240.

2190 *Luhmann,* Soziologie des Risikos, 1991, S. 80.

Die Unbestimmtheit der Zukunft schafft einen Spielraum für gegenwärtige Festlegungen, der (natur-)wissenschaftlich nicht auf *eine* mögliche Entscheidung zugespitzt werden kann. Das kann an der Festlegung des *cut off*-Wertes veranschaulicht werden, an dem die negative Gefährlichkeitsprognose ‚schlagartig' in eine positive Gefährlichkeitsprognose umschlägt und der im statistischen Mittelfeld letztlich willkürlich gesetzt werden muss.[2191] Das Risiko wird dadurch zu einer Kategorie, die „dies- und jenseits der klaren Unterscheidung von Wissen und Nichtwissen, wahr und falsch, gut und böse"[2192] liegt. Oder in den Worten *Marquards*: „Wo alles fließt, zwingt jedes Durchhalten von Handlungen zu Fiktionen."[2193] „Die Grenze von Realität und Traum löst sich auf am Horizont der untergehenden Zweckrationalität."[2194]

Die Fiktivität der Risikoeinschätzung verdeutlicht das Versagen wissenschaftlich-technischer (Kausalitäts-)Rationalität mit ihrem Anspruch auf Objektivität.[2195] Risiken werden strukturell aufgrund der eingenommenen Perspektive über- oder als nicht wahrgenommene Risiken unterbewertet. Dies offenbart die Kontextabhängigkeit allen Wissens.[2196] Zur Veranschaulichung kann auch die Tatsache herangezogen werden, dass in der Risikoforschung selbst Aussagen von höchst unterschiedlicher Validität gemacht werden, die ihre Abhängigkeit von der Sozialdimension und unterschiedlichen Werthaltungen nicht verschleiern können.[2197] Es gibt keinen Weg zurück „in die ‚Unmittelbarkeit' eines Verhältnisses zur Natur oder einer mit sich selbst identischen Gemeinschaft".[2198] Die im zweiten Teil

2191 Vgl. 1. Teil, 3. Kapitel, B. I. 2. c) bb); vgl. zudem zum Mittelfeld-Problem: *Frisch,* Prognoseentscheidungen im Strafrecht, 1983, S. 49 ff., der sich Prognoseentscheidungen im Strafrecht gerade auch unter dem Aspekt der normativen Relevanz empirischen Wissens und der Entscheidung bei Nichtwissen nähert, aber dabei keine gesellschaftstheoretischen Parameter in Bezug nimmt.

2192 *Beck,* Weltrisikogesellschaft, 2007, S. 22.

2193 *Marquard,* Zeitalter der Weltfremdheit? Beitrag zur Analyse der Gegenwart, in: ders., Apologie des Zufälligen, 1986, S. 85; dazu *Bechmann,* Risiko als Schlüsselkategorie der Gesellschaftstheorie, KritV 1991, S. 225.

2194 *Bechmann,* Risiko als Schlüsselkategorie der Gesellschaftstheorie, KritV 1991, S. 225.

2195 *Beck,* Politische Wissenstheorie der Risikogesellschaft, in: Bechmann (Hg.), Risiko und Gesellschaft, 2. Aufl., 1997, S. 307.

2196 Vgl. *Calliess,* Prozedurales Recht, 1999, S. 58.

2197 Vgl. *Luhmann,* Soziologie des Risikos, 1991, S. 230; dazu auch *Scherzberg,* Risikosteuerung durch Verwaltungsrecht, VVDStRL 63 (2004), S. 228 f. m.w.N.

2198 *Ladeur,* Das Umweltrecht der Wissensgesellschaft, 1995, S. 52; *Luhmann* spricht davon, dass „in allem, was geschieht die Differenz von Wissen und Nichtwissen

konstatierte Steuerungskrise[2199] veranschaulicht das Wissensproblem der Risikogesellschaft. Aber auch der im Nationalsozialismus vollzogene Austausch der wissenschaftlichen Ansätze zur Entstehung von Kriminalität zeigt, dass die Möglichkeit der Auswahl bestimmter Wissenszusammenhänge eine bedeutende Machtquelle ist. Der Nationalsozialismus brachte gegen die Überbetonung der Umwelteinflüsse die „genetische Ungleichheit der Menschen“ in Stellung und bestimmte dadurch das Verhältnis von Resozialisierung und Sicherung. *Gustav Radbruch* fasste dieses Problem in einem Aufsatz zu *v. Liszt* bereits in folgende Worte: „Man verschloss sich der Einsicht, dass auch Kriminalpolitik Politik sei, und kämpfte den eminent politischen Kampf um die Strafrechtsreform und die Straftheorien unter pseudowissenschaftlichen Masken aus.“[2200]

Nichtsdestotrotz oder vielleicht gerade deswegen wird die Gesellschaft immer mehr zu einer wissensbasierten Gesellschaft. Von einer solchen lässt sich sprechen, „wenn die Strukturen und Prozesse der materiellen und symbolischen Reproduktion einer Gesellschaft so von wissensabhängigen Operationen durchdrungen sind, daß Informationsverarbeitung, symbolische Analyse und Expertensysteme gegenüber anderen Faktoren der Reproduktion vorrangig werden.“[2201] Das Wissenschaftssystem wird dadurch nicht zum Primat der Gesellschaft, sondern alle Funktionssysteme werden mehr und mehr in ihren Operationen an eine Wissensbasierung gebunden.[2202] So auch das Recht, dass sich zu einem sachbestimmten Ordnungsmodell entwickelt hat. Da der Gesetzesbegriff durch die Materialisierung in einen durch Kausalitäten und Zwecke bestimmten Operationsraum hineingestellt wird, steigt die Bedeutung der Generierung von Wissensbeständen, die die Problemlösungsfähigkeit evaluieren und retrospektiv auf den Prüfstand stellen können.[2203] Wenn dann nach den Maßstäben der Gewinnung historischer

als Differenz reproduziert [wird]“, Organisation und Entscheidung, 2000, S. 187, Hervorhebungen im Original.

2199 Vgl. im 2. Teil, 2. Kapitel, C. II.

2200 *Radbruch,* Franz v. Liszt – Anlage und Umwelt, in: Kaufmann (Hg.), Gustav Radbruch. Gesamtausgabe, Bd. 16, Biographische Schriften, 1988, S. 30; dazu *Neumann,* Gustav Radbruchs Beitrag zur Strafrechtsreform, KJ 2004, S. 434.

2201 *Willke,* Supervision des Staates, 1997, S. 12 f.

2202 *Willke,* Supervision des Staates, 1997, S. 33.

2203 Vgl. *Teubner,* Verrechtlichung, in: Kübler (Hg.), Verrechtlichung von Wirtschaft, Arbeit und sozialer Solidarität, 1985, S. 311 und *Vesting,* Rechtswissenschaftliche Beobachtung des Rechtsystems: Einheitsbildung und Differenzerzeugung, in: Trute u.a. (Hg.), Allgemeines Verwaltungsrecht – zur Tragfähigkeit eines Konzepts, 2008, S. 243 f., der die „empiristische“ oder „naturalistische“ Wende

Erfahrungsgesetze gefragt wird, die diese Folgenorientierung im Recht leiten sollen, offenbart sich der „sehr schwankende Boden der allgemeinen Wissenschaftstheorie", der sich gleichzeitig in „Zonen politischer Beweislast" befindet.[2204] Der Begriff des Risikos bringt die daraus resultierende Unsicherheit zum Ausdruck.

Verschiedene Wirklichkeitsmodelle konkurrieren untereinander.[2205] Wissenschaftliche Erkenntnisse werden so im Gesetzgebungsverfahren zu einem Konstrukt des politischen Systems, das ihnen eine Autorität verleiht, die sie im wissenschaftlichen Kontext gar nicht hat.[2206] Demnach erschafft die politisch konstruierte Teleologie eine Wirklichkeit, die immer auch anders sein könnte.[2207] Plastizität gewinnt diese These, wenn das Gesetzgebungsverfahren zur Einführung der nachträglichen Sicherungsverwahrung im JGG betrachtet wird. Bei der Verankerung der nachträglichen Sicherungsverwahrung im JGG standen lediglich zwei von acht Experten der Neuregelung im Rechtsausschuss positiv gegenüber. Im Rahmen von genuinen Risikoentscheidungen wird das noch deutlicher: Die Fiktivität der Zukunft hat zur Folge, dass die Definitionsmacht über diese Zukunft zur entscheidenden Machtquelle wird. Die Fiktivität eröffnet gerade den Spielraum für soziale Verständigungen, die das größere Gewicht der Sozialdimension begründen.[2208] Diese Definitionsmacht existiert ebenso im Recht. Auch das Rechtssystem rekurriert – aber wegen der vom Recht eingeräumten Einschätzungsprärogative des Gesetzgebers mehr unbewusst als bewusst – auf Wirklichkeitsmodelle und nimmt so teil an der Konstruktion von Wirklichkeit. Ohne einen festen (nicht positiven) Kernbestand von Recht lässt sich „kontroverse Urteilsbildung im Sozialbereich", also z.B. die Verständigung über Risikofaktoren, jedoch nicht mehr

in der Verwaltungsdogmatik kritisch in den Blick nimmt. Vgl. auch *Zumbansen,* Ordnungsmuster im modernen Wohlfahrtsstaat, 2000, S. 71.

2204 *Wiethölter,* Entwicklung des Rechtsbegriffs, Jahrbuch für Rechtssoziologie und Rechtstheorie 8 (1982), S. 47; vgl. auch *Teubner,* Die Episteme des Rechts, in: Grimm (Hg.), Wachsende Staatsaufgaben – sinkende Steuerungsfähigkeit des Rechts, 1990, S. 137; *Di Fabio,* Risikoentscheidungen im Rechtsstaat, 1994, S. 8.

2205 Vgl. *Wiethölter,* Entwicklung des Rechtsbegriffs, Jahrbuch für Rechtssoziologie und Rechtstheorie 8 (1982), S. 50.

2206 *Luhmann,* Soziologie des Risikos, 1991, S. 228 ff.

2207 Vgl. *Teubner,* Die Episteme des Rechts, in: Grimm (Hg.), Wachsende Staatsaufgaben – sinkende Steuerungsfähigkeit des Rechts, 1990, S. 135.

2208 Vgl. *Luhmann,* Soziologie des Risikos, 1991, S. 81.

zu „Sachverhalts-(‚Tatsachen'-)Elementen nicht kontroverser Urteilsbildung im Rechtsbereich" stilisieren.[2209] Der „pluralistischen Werturteilsbildung" in allen Sozialproblembereichen steht keine „*einheitliche* (Wert-)Urteilsbildung" im spezifischen Rechtsproblembereich mehr gegenüber.[2210] Die Rechtsentscheidung unterscheidet sich daher höchstens graduell aber nicht qualitativ von einer politischen Entscheidung.[2211] Die schwierige, durch die Gleichzeitigkeit von Sachbestimmung des Rechts und kontingenter Wirklichkeitskonstruktion aufgeworfene Frage ist, wie der Bereich von partiellem Wissen und der Topos des Nicht-Wissens im Recht in Beziehung zueinander gesetzt werden kann. Es geht darum, die Definitionsmacht bzw. „Fiktionskompetenz" des Staates[2212] zu kontrollieren sowie zugleich die eigene, rechtliche Definitionsmacht zu reflektieren und sich selbst daraufhin zu beschränken.[2213] Hier soll nun die Gesellschaftstheorie als Vermittler zwischen Wissen und Nicht-Wissen auftreten.

2209 *Wiethölter,* Sozialwissenschaftliche Modelle im Wirtschaftsrecht, KJ 1985, S. 136, vgl. auch *ders.,* Begriffs- und Interessenjurisprudenz, in: Lüderitz/Schröder (Hg.), Internationales Privatrecht und Rechtsvergleichung im Ausgang des 20. Jahrhunderts, 1977, S. 231.

2210 *Wiethölter,* Sozialwissenschaftliche Modelle im Wirtschaftsrecht, KJ 1985, S. 136, vgl. auch *ders.,* Begriffs- und Interessenjurisprudenz, in: Lüderitz/Schröder (Hg.), Internationales Privatrecht und Rechtsvergleichung im Ausgang des 20. Jahrhunderts, 1977, S. 231; s. auch *Menke,* Subjektive Rechte: Zur Paradoxie der Form, Zeitschrift für Rechtssoziologie 29 (2008), S. 82 ff.; *Fischer-Lescano/Christensen,* Auctoritatis interpositio, Der Staat 2005, S. 217 f.; vgl. *Luhmann,* Das Recht der Gesellschaft, 1995, S. 493, der aber darauf hinweist, dass das Recht trotzdem die Aufgabe hat, sich in Wert-Konfliktfällen durch die Übersetzung in die *quaestio iuris* an die Stelle einer hoffnungslosen Bemühung um Ermittlung oder Herstellung eines gesellschaftlichen Wertekonsenses zu setzen.

2211 Vgl. *Müller/Christensen,* Juristische Methodik, Bd. I, 10. Aufl., 2009, S. 44; vgl. auch *Wiethölter,* Rechtswissenschaft, 1968, S. 37 ff., 57; *Luhmann,* Das Recht der Gesellschaft, 1995, S. 481; s. zudem *Habermas,* Faktizität und Geltung, 1998, S. 526.

2212 *Ladeur,* Kritik der Abwägung in der Grundrechtsdogmatik, 2004, S. 29, je nach Rechtsbereich können durch zunehmende Vermischung von öffentlich und privat auch Fiktionskompetenzen anderer Subsysteme treten.

2213 Vgl. *Wielsch,* Die epistemische Analyse des Rechts, JZ 2009, S. 77, der bereits auf gesellschaftstheoretischer Ebene, die Leitfrage „Wie ist soziale Ordnung möglich?" durch die Frage „Wie wird soziales Wissen generiert?" austauschen möchte.

II. Gesellschaftstheorie als Vermittler zwischen Wissen und Nicht-Wissen im Recht

Die in diesen Abschnitt zu prüfende These ist, dass die Gesellschaftstheorie als Vermittler zwischen Wissen und Nicht-Wissen die Grenzen rechtlicher Rationalität wie auch anderer systemischer Rationalitäten aufzeigen und damit letztlich neuer Maßstab richtigen, positiven (Straf-)Rechts sein kann. Sie soll sozusagen den Anwendungsbereich kritischer Systemtheorie im Recht eröffnen. Damit nimmt die Arbeit die von *Albrecht* konstatierte *„gesellschaftstheoretische Abstinenz der deutschen Strafrechtswissenschaft"* als Herausforderung an, bei der Abhilfe mitzuwirken.[2214] Hierfür wird sich zunächst mit der Kritik *Naucke*s auseinandergesetzt. Seine Kritik bezieht sich auf die „juristischen Relevanz der Sozialwissenschaften", die auch bei der Berücksichtigung von Gesellschaftstheorie im Recht Beachtung finden muss.[2215] Die Auseinandersetzung mit *Naucke* rückt die Kritikpunkte in den Fokus, die bei der Nutzung von Gesellschaftstheorie im Recht zu berücksichtigen sind. Voraussetzung für die Inkorporierung sozialwissenschaftlicher Erkenntnisse in das Recht ist nach *Naucke* zunächst, dass von dem Grundsatz der Allgemeinheit rechtlicher Regelungen nicht abgerückt werden darf.[2216] Dieser Grundsatz muss durch die Sachbestimmtheit des Rechts – das hat sich bereits im zweiten Teil angedeutet – zumindest modifiziert werden.[2217] Er kritisiert weiterhin, dass mit den Sozialwissenschaften „diffizile werttheoretische Probleme kurzerhand für gelöst erklärt werden."[2218] Dadurch würden „unter der Überschrift ‚Sozialwissenschaften' Richtigkeitsansprüche an das vorhandene positive Recht [herangetragen], und zwar unter ausdrücklicher Umgehung gesetzgeberischer Körperschaften und prozessualer Institutionen".[2219] Für den Richter bedeutet das aber, dass er nicht lernen solle, empirisch zu denken, sondern im Detail in eigener Verantwortung

---

2214 *Albrecht,* Das Strafrecht auf dem Weg vom liberalen Rechtsstaat zum sozialen Interventionsstaat, KritV 1988, S. 182, Hervorhebungen im Original; neben *Albrecht* sich ebenfalls in diesen Fahrwassern bewegend z.B. Theile, Wirtschaftskriminalität und Strafverfahren, 2009; eine gesellschaftstheoretische Durchdringung des Strafrechts mahnt auch *Sack* an: Juristen im Feindrechtsstaat, vor*gänge* 46 (2007), S. 18 ff.

2215 *Naucke,* Über die juristische Relevanz der Sozialwissenschaften, 1972, der in der Schrift insbesondere die empirischen Sozialwissenschaften in den Blick nimmt.

2216 Vgl. *Naucke,* Über die juristische Relevanz der Sozialwissenschaften, 1972, S. 20 f.

2217 Vgl. dazu unten im 2. Kapitel, B. II. 2. und B. III.

2218 *Naucke,* Über die juristische Relevanz der Sozialwissenschaften, 1972, S. 64.

2219 *Naucke,* Über die juristische Relevanz der Sozialwissenschaften, 1972, S. 50.

normativ zu denken.[2220] Die Kluft zwischen Sein und Sollen dürfe – so *Naucke* – nicht zugeschüttet werden.[2221] Das Bindeglied zwischen empirischer Bestandsaufnahme und wissenschaftlich aufgemachter Forderung an den Gesetzgeber sei die eigene subjektive Vernunft, die eigens begründete, verteidigte und verantwortete Zweckmäßigkeitserwägung.[2222] *Naucke*s Ansicht nach beruhe die Hinwendung zu einer sozialwissenschaftlichen Gerechtigkeitsdiskussion nur auf dem Versuch der Vermeidung von Naturrecht und Dezisionismus.[2223] Letztlich sei der sozialwissenschaftlich fundierte rechtswissenschaftliche Beitrag zu gerechteren Verhältnissen nicht größer als der rechtsphilosophisch fundierte Beitrag.[2224] Für beide müsse gelten, dass „sie nicht Wahrheiten, sondern Vorschläge und Möglichkeiten für parlamentarische Mehrheitsentscheidungen liefern."[2225]

Der Hinweis *Naucke*s, dass die „Kluft" zwischen Sein und Sollen nicht zugeschüttet werden darf, ist wichtig, um zu verdeutlichen, was die Gesellschaftstheorie für das Recht leisten kann und was sie nicht kann. Die Inkorporierung von Gesellschaftstheorie in das Recht muss von der Materialisierung des Rechts abgegrenzt werden. Die Materialisierung des Rechts, die u.a. auf jenes sozialwissenschaftliche Wissen direkt rekurriert, ist auf philosophisch-theoretischer Ebene als Rückfall hinter *Kant*s Kritizismus zu werten.[2226] Der Rekurs auf Gesellschaftstheorie kann *nicht* bestimmte Rechtsinhalte vorgeben, sondern die auf Gesellschaftstheorie aufbauende Rationalität des Rechts orientiert sich vielmehr an der „nicht-empirische[n] Komponente des liberalen Gesetzesbegriffs, seine[r] Verweisung auf gesellschaftliche Rationalität".[2227] *Ladeur* beschreibt diese gesellschaftliche Rationalität dahingehend,

---

2220 *Naucke,* Über die juristische Relevanz der Sozialwissenschaften, 1972, S. 65, Fn. 75.

2221 *Naucke,* Über die juristische Relevanz der Sozialwissenschaften, 1972, S. 66.

2222 *Naucke,* Über die juristische Relevanz der Sozialwissenschaften, 1972, S. 66 f.

2223 *Naucke,* Über die juristische Relevanz der Sozialwissenschaften, 1972, S. 67.

2224 *Naucke,* Über die juristische Relevanz der Sozialwissenschaften, 1972, S. 68.

2225 Naucke, Über die juristische Relevanz der Sozialwissenschaften, 1972, S. 68.

2226 *Calliess,* Prozedurales Recht, 1999, S. 268; vgl. auch *Luhmann,* Das Recht der Gesellschaft, 1995, S. 148 und *Teubner,* Die Episteme des Rechts, in: Grimm (Hg.), Wachsende Staatsaufgaben – sinkende Steuerungsfähigkeit des Rechts, 1990, S. 138 f.; s. zudem *Müller/Christensen,* Juristische Methodik, 10. Aufl., 2009, S. 513.

2227 *Vesting,* Rechtswissenschaftliche Beobachtung des Rechtsystems: Einheitsbildung und Differenzerzeugung, in: Trute u.a. (Hg.), Allgemeines Verwaltungsrecht – zur Tragfähigkeit eines Konzepts, 2008, S. 244; vgl. *Ladeur,* Kritik der Abwägung in der Grundrechtsdogmatik, 2004, S. 16, er spricht von „der durch die Grundrechte zu garantierenden ‚Eigenverfassung' gesellschaftlicher Selbstorganisation", vgl. auch S. 52; zum Begriff Eigenverfassung *Teubner,* Globale Zivilverfassungen, Zeitschrift für ausländisches öffentliches Recht und Völkerrecht 63 (2003), S. 1 ff. Hier befindet sich

dass „[d]as liberale Rechtsmodell […] systematisch mit den Grenzen menschlicher Erkenntnis [rechnet], indem es eher auf die distribuierte Vernunft der Individuen setzt, und nicht auf das ‚Expertenwissen' des Staates."[2228] Damit rekurriert er auf „die durch die Grundrechte zu garantierende ‚Eigenverfassung' gesellschaftlicher Selbstorganisation der Wirtschaft, der Medien etc."[2229] In Analogie zu dieser nicht-empirischen Komponente des liberalen Gesetzesbegriffs soll Gesellschaftstheorie das Recht bei der Verhältnisbestimmung von Wissen und Nicht-Wissen im Recht anleiten. Der Einführung empirischer Argumente in die rechtliche Argumentation wird durch die Zugrundelegung eines gesellschaftstheoretisch fundierten Rationalitätsbegriffs ermöglicht und überprüfbar.

Dieser gesellschaftstheoretisch fundierte Rationalitätsbegriff soll im Hinblick auf die Grenze von Wissen und Nicht-Wissen die Stellung empirischer Argumente in der rechtlichen Argumentation bestimmen bzw. Entscheidungs- oder ‚Fiktionskompetenzen' über Wirklichkeitskonstruktionen zuweisen können. Die Herstellung rechtlicher Gesellschafts-Rationalität mittels Gesellschaftstheorie verweist somit letztlich auf Theorien der Gerechtigkeit und die Entscheidbarkeit normativer Fragen, die nunmehr durch das Problem der Vermittlung von Wissen und Nicht-Wissen im Recht maßgeblich beeinflusst werden.[2230] Das Konzept der Freiheitssicherung durch demokratische Legitimation, inhaltliche Allgemeinheit und Anwendungsgleichheit des Gesetzes muss an die neuen gesellschaftlichen Bedingungen angepasst werden.[2231] Die Teilnahme des Rechts an der Wirklichkeits*konstruktion* ist unhintergehbar geworden und dadurch haben sich die normativen Fragestellungen radikal verändert. Die Frage ist nun, wie das Recht dem Nicht-Rechtlichen, dem Ausgeschlossenen, dem Nicht-Normalen gerecht werden kann.[2232]

---

der ‚Geheimgang' zu einer machtkritischen Strafrechtstheorie (vgl. im Fazit zum 3. Teil), die gerade die Empirieabhängigkeit des positiven Rechts auf der Grundlage von *Kant*s Rechtsbegriff kritisiereren, vgl. *Naucke,* Kants Straftheorie, in: ders., Über die Zerbrechtlichkeit des rechtsstaatlichen Strafrechts, 2000, S. 66 ff., *ders.,* Kants Kritik der empirischen Rechtslehre, 1996, S. 185 ff.; vgl. zur (Pseudo-)Empirie im Recht auch *Schulz,* Die Strafrechtsdogmatik nach dem Ende der vor- und außerjuristischen Gerechtigkeit, in: Engel/Schön (Hg.), Das Proprium der Rechtswissenschaft, 2007, S. 153 f.

2228 *Ladeur,* Kritik der Abwägung in der Grundrechtsdogmatik, 2004, S. 53.

2229 *Ladeur,* Kritik der Abwägung in der Grundrechtsdogmatik, 2004, S. 16.

2230 Vgl. zu den unterschiedlichen Rationalitätsebenen *Teubner,* Reflexives Recht, Archiv für Rechts- und Sozialphilosophie 68 (1982), S. 23; s. auch *Calliess,* Prozedurales Recht, 1999, S. 22 f., 202.

2231 Vgl. *Calliess,* Prozedurales Recht, 1999, S. 118.

2232 *Wiethölter,* Sozialwissenschaftliche Modelle im Wirtschaftsrecht, KJ 1985, S. 126 ff.; *ders.,* Recht-Fertigungen eines Gesellschafts-Rechts, in: Joerges/Teubner (Hg.),

Die Abgrenzung individualer Freiheitssphären verfehlt diese (neue) Rechts- bzw. Gerechtigkeitsfrage, weil das aus dem Freiheitsbegriff abgeleitete Recht – wie in den Rechtfertigungsbrüchen zum Schuldstrafrecht herausgearbeitet[2233] – systematisch mit der Vernunft des Menschen rechnet. Es kann folglich die gesellschaftliche Wirklichkeit individualer Freiheit nicht richtig in Bezug nehmen und Fragen der Verletzung nicht-menschlicher Eigenrechte der Natur höchstens mittelbar in den Blick nehmen. *Fischer-Lescano* schreibt, dass der „Sein-Sollen-Fehlschluss" gerade darin liegt, „dass das Recht seine gesellschaftliche Umwelt als Seiende behandelt, dass es von real existierenden Subjekten aus denkt, denen subjektive Rechte zugewiesen sind."[2234] Die distribuierte Vernunft der Individuen wird daher im Folgenden mittels kritischer Systemtheorie in einen systemischen Reflexionsbegriff umgeschrieben. Dieser entspricht dem *status quo* einer (post-)modernen, funktional ausdifferenzierten Gesellschaft und kann Wissen und Nicht-Wissen im Recht verknüpfen. Es geht demzufolge nicht um Rechtserkenntnis durch praktische Vernunft, die unter der Bedingung der Verknüpfung von Recht und ‚Wirklichkeit' nur getarnte subjektive Vernunft wäre, sondern um die Kompatibilisierung von idiosynkratischen Rationalitätsperspektiven und Wirklichkeitskonstruktionen sowie der Eigenrechte der Umwelt, zu der auch der Mensch selbst gehört.[2235]

Die (post-)moderne, funktional ausdifferenzierte Gesellschaft kann selbst nur ein *Modell* der Gesellschaft sein, das durch die kritische Systemtheorie hergestellt wird. Deshalb ist der systemische Reflexionsbegriff in die Idee eines Entwicklungsmodells des Rechts bzw. der Gesellschaft einzubetten, einer evolutionären Perspektive auf das Recht und die Gesellschaft. Der Topos des Nicht-Wissens, das Fehlen eines idealen Beobachterstandpunkts verpflichtet auf eine evolutionäre Perspektive, um die Modelle der Gesellschaft und des Rechts bzw. eine aus der Verknüpfung beider Modelle gewonnene Gerechtigkeitsperspektive revisibel

---

Rechtsverfassungsrecht, 2003, S. 13 ff.; *Teubner,* Die anonyme Matrix, Der Staat 2006, S. 161 ff.; *ders.,* Selbstsubversive Gerechtigkeit, Zeitschrift für Rechtssoziologie 29 (2008), S. 9 ff.; *Christensen/Fischer-Lescano,* Das Ganze des Rechts, 2007, insbes. S. 198 ff.; *Menke,* Recht und Gewalt, 2. Aufl., 2012, S. 34 ff.

2233 Vgl. im 2. Teil, 1. Kapitel, C. I.

2234 *Fischer-Lescano,* Mäßigung der Verhältnismäßigkeit, in: Calliess (Hg.), Transnationalisierung des Rechts, erscheint 2014, Manuskript, S. 10.

2235 Zur Unmöglichkeit von Rechts*erkenntnis*: *Christensen/Fischer-Lescano,* Das Ganze des Rechts, 2007, S. 221; *Luhmann,* Das Recht der Gesellschaft, 1993, S. 217; vgl. zur Kompatibilisierung von Rationalitätsperspektiven und Eigenrechten der Umwelt *Teubner,* Die anonyme Matrix, Der Staat 2006, S. 168 ff. und noch einmal *Christensen/Fischer-Lescano,* Das Ganze des Rechts, 2007, S. 242 ff.

zu halten und der ‚tatsächlichen' Entwicklung anpassen zu können.[2236] *Calliess* beschreibt die gesellschaftstheoretisch angeleitete Aufgabe des Rechts dahingehend, dass „[r]echtliches Entscheiden [...] also einerseits auf prozeßhafte Selbstrevision angelegt werden [muss] *(Lernfähigkeit des Rechts),* andererseits soll das Recht durch die Konstruktion ‚kommunikativer Unterbrecher' und den Einbau von ‚Stopregeln' gegen sich selbst verstärkende Diskurse die Lernfähigkeit anderer Systeme aufrechterhalten und steigern sowie die Durchlässigkeit verschiedener Sprachspiele ermöglichen *(Lernfähigkeit durch Recht).*"[2237] Eine evolutionäre Perspektive einnehmen heißt auch, dass sich in der Rekonstruktion der Entwicklungen, die zu Krisen geführt haben, Bedingungen möglicher Krisenüberwindung finden lassen.[2238]

Deswegen war die im ersten Teil analysierte, hoch umstrittene Sicherungsverwahrung zunächst in den Kontext der im zweiten Teil dargestellten Rechtfertigungszusammenhänge und Rechtfertigungsbrüche zu stellen. Hier wurden die Krise formaler Rechtsrationalität bzw. die kontinuierliche Erosion des Rechtsstaats sowie die Krise des liberalen Rechtsstaats im ausgehenden 19. Jahrhundert in Bezug genommen. Die dort gewonnenen Einsichten werden bei der systemtheoretischen Kritik der Sicherungsverwahrung wieder aufgenommen. Zudem begründet die evolutionäre Perspektive auch bereits die Auswahl kritischer Systemtheorie als Gesellschaftstheorie, weil sie eine Evolutionstheorie ist und damit das Problem des Nicht-Wissens bearbeiten kann. Hier sollte nunmehr deutlich geworden sein, dass die Hinwendung zur Gesellschaftstheorie nicht nur in dem Versuch der Vermeidung von Naturrecht und Dezisionismus besteht, sondern die Gerechtigkeitsfrage heutigen Rechts auf andere Art und Weise neu gestellt wird.

2236 Vgl. *Ladeur,* Kritik der Abwägung in der Grundrechtsdogmatik, 2004, S. 33.

2237 *Calliess,* Prozedurales Recht, 1999, S. 134 f., Hervorhebungen im Original; vgl. *Wiethölter,* Begriffs- und Interessenjurisprudenz, in: Lüderitz/Schröder (Hg.), Internationales Privatrecht und Rechtsvergleichung im Ausgang des 20. Jahrhunderts, 1977, S. 255, der betont, dass das Recht sich selbst belehren können muss, also selbstreflexives Recht sein muss; vgl. auch *Luhmann,* Rechtssoziologie, 3. Aufl., 1987, S. 341.

2238 Vgl. *Wiethölter,* Sozialwissenschaftliche Modelle im Wirtschaftsrecht, KJ 1985, S. 128; *Teubner,* Reflexives Recht, Archiv für Rechts- und Sozialphilosophie 68 (1982), S. 13 f.; *ders.,* Ökonomie der Gabe, in: Korschorke/Vismann (Hg.), Widerstände der Systemtheorie, 1999, S. 207; vgl. auch *Fögen,* Das Lied vom Gesetz, 2007, S. 115 f. s. zur Evolution des Rechts/der Gerechtigkeit auch: *Steinhauer,* Gerechtigkeit als Zufall, 2007; s. zudem *Teubner,* Der Umgang mit Rechtsparadoxien: Derrida, Luhmann, Wiethölter, in: Joerges/ders. (Hg.), Rechtsverfassungsrecht, 2003, S. 31, der darauf hinweist, dass Krisen nur zeitweilig aufgeschoben werden können.

Mit dem Vorwurf *Nauckes*, die Hinwendung zur Gesellschaftstheorie bedeute, demokratische Institutionen zu unterlaufen, wird sich im Verlauf des dritten Teils ebenso auseinandergesetzt.

III. Normativer Ort für die Entfaltung von Gesellschaftstheorie

Normativer Ort für die Entfaltung von Gesellschaftstheorie ist primär der – auch für die Sicherungsverwahrung einfachgesetzlich wie verfassungsrechtlich geltende – Rechtsgrundsatz der Verhältnismäßigkeit. Er stellt das „*praktisch* entscheidende Verbindungsstück zwischen (auch lautlosen) Gesellschaftstheorien und Rechtsentscheidungen dar, indem er sich zugleich [...] historisch-sozialen Transformationen wie auch zeitgenössischen Funktionsweisen wie nicht zuletzt Modellmustern und Modellbauern ‚öffnet'".[2239] Grund hierfür ist die im zweiten Teil beschriebene Verschränkung von zweck- und wertrationalen Argumenten. Sie hat zur Folge, dass immer schon eine inhaltliche Theorie zum streitgegenständlichen Sach- bzw. Sozialbereich der rechtlichen Entscheidung (unthematisiert) zugrunde liegt.[2240] In der Verwendungsweise des Verhältnismäßigkeitsgrundsatzes steckt ein komplettes gesellschaftstheoretisches Programm, weil im Verhältnismäßigkeitsgrundsatz „immer schon [eine] vorvermittelte allgemeine Entscheidung über die Zu-Ordnung von Sachverhalten an ein bestimmtes Recht im Wege der Anknüpfung, als Qualifikation der Rechts-Antworten auf Sozial-Fragen" enthalten ist.[2241]

2239 *Wiethölter,* Sozialwissenschaftliche Modelle im Wirtschaftsrecht, KJ 1985, S. 132; vgl. auch *Calliess,* Prozedurales Recht, 1999, S. 138.

2240 Vgl. auch noch einmal *Wiethölter,* Sozialwissenschaftliche Modelle im Wirtschaftsrecht, KJ 1985, S. 133, 139; im Strafrecht wurde dieses Problem mit der Hermeneutik und dem Begriff des Vorverständnisses bearbeitet, vgl. *Hassemer,* Tatbestand und Typus, 1968, insbes. S. 109 ff.; dazu Lüderssen, Die empirische Seite des rechtlichen, insbesondere des strafrechtlichen Werturteils, in: ders./Sack (Hg.), Abweichendes Verhalten II, Bd. 1, S. 139 ff. Da es hier jedoch um eine gesellschaftstheoretische, genauer: kritisch-systemtheoretische Auseinandersetzung mit dieser Verknüpfung von Recht und Wirklichkeit unter dem Topos des Nichtwissens geht, werden diese Arbeiten im Folgenden nicht weiter in Bezug genommen. Aus strafvollzuglicher Sicht: *Müller-Dietz,* Grundfragen des strafrechtlichen Sanktionensystems, 1979, S. 95 ff., 106.

2241 *Wiethölter,* Sozialwissenschaftliche Modelle im Wirtschaftsrecht, KJ 1985, S. 139.

Die Qualifikationstheorie bestimmt unter Verweis auf eine inhaltliche Theorie der Wirklichkeit einen unter mehreren möglichen Normenkomplex zur Lösung von Sozialfragen, die wiederum von der Auswahl unter oberste Wertungs-Alternativen abhängt.[2242] Veranschaulicht werden kann das Verhältnis von Qualifikationstheorie und Normenkomplex auch am Argument der Zweispurigkeit in der Rechtsprechung des Bundesverfassungsgerichts zur Sicherungsverwahrung. Das Bundesverfassungsgericht hat – trotz der vielen Argumente die für eine Gleichbehandlung von Strafe und Sicherungsverwahrung sprechen – die Sicherungsverwahrung den Maßregeln zugeschlagen, da es sich hinsichtlich der Bewertung der Sicherungsverwahrung von deterministischen Gefährlichkeitstheorien und nicht von einer indeterministischen Schuldtheorie hat leiten lassen. Wegen der Zweispurigkeit im Strafrecht gibt es auf Rechtsfolgenseite nur zwei mögliche (inhaltliche) Theorien, zwischen denen – subventioniert durch (lautlose) Gesellschaftstheorie – entschieden werden kann. Der Reformgesetzgeber von 1969 hatte noch ganz anders als das Bundesverfassungsgericht geurteilt. Er wollte die Sicherungsverwahrung dem Rückwirkungsverbot unterstellen und tendierte damit zur anderen Seite der Zweispurigkeit.

Die hinter dieser Entscheidung stehende Qualifikationstheorie, die das genutzte Wirklichkeitsmodell bestimmt hat, müsste – das ist die Forderung kritischer Systemtheorie – im Hinblick auf das Verhältnis von Wissen und Nicht-Wissen, die Kontingenz jeglicher Wirklichkeitskonstruktion reflektiert werden.[2243] Unter der Prämisse der Sachbestimmtheit des Rechts und der Konstruktion von Wirklichkeit geht es folglich bei der Anwendung des Verhältnismäßigkeitsgrundsatzes um die (reflektierte) Recht-Fertigung von *Kollisionsregeln,* die Gegenstände des Rechts mit einer inhaltlichen Theorie zur Wirklichkeit um der ‚Sache' willen bzw. zur Lösung des vor das Recht gebrachten Konflikts verknüpfen.[2244]

2242 *Wiethölter,* Sozialwissenschaftliche Modelle im Wirtschaftsrecht, KJ 1985, S. 139.

2243 Vgl. *Fischer-Lescano,* Mäßigung der Verhältnismäßigkeit, in: Calliess (Hg.), Transnationalisierung des Rechts, erscheint 2014, Manuskript, S. 7.

2244 *Wiethölter,* Sozialwissenschaftliche Modelle im Wirtschaftsrecht, KJ 1985, S. 139, vgl. auch *ders.,* Begriffs- und Interessenjurisprudenz, in: Lüderitz/Schröder (Hg.), Internationales Privatrecht und Rechtsvergleichung im Ausgang des 20. Jahrhunderts, 1977, S. 230, der darauf hinweist, dass es diesbzgl. um einen System-Zusammenhang von (inhaltlicher) Theorie und (formaler) Methodologie geht; vgl. dazu *Teubner,* Der Umgang mit Rechtsparadoxien: Derrida, Luhmann, Wiethölter, in: Joerges/ders. (Hg.), Rechtsverfassungsrecht, 2003, S. 26; s. auch *ders.,* Recht als autopoietisches System, 1989, S. 123 ff.; *Frey,* Vom Subjekt zur Selbstreferenz, 1989, S. 102 f. und

Der Begriff Recht-Fertigung zeigt das damit verbundene rechtskreative Moment an, das nicht durch die Normen selbst determiniert werden kann und gerade dadurch den Rechtsstaat und seine Idee von Gewaltenteilung in Bedrängnis bringt.[2245] Ohne solche „gesellschafts-theoretische und methoden-theoretische Reflexionsarbeit“ an Kollisionsregeln kann – so *Wiethölter* – ein „Rechts-Grundsatz-Recht [...] nichts anderes sein (werden) [...] als *‚politische Jurisprudenz‘* (‚funktionierende‘ Natur-der-Sache-Jurisprudenz als Leben und Handeln ‚funktionierender‘ Juristen)“.[2246] Dem (politischen) Blindflug einer werttheoretischen Abwägung ist hier demnach diese Reflexionsarbeit unter Zuhilfenahme kritischer Systemtheorie entgegenzustellen.

IV. Konsequenzen für die Bewertung der Sicherungsverwahrung und ihrer Entwicklung

Diese gesellschafts-theoretische und methoden-theoretische Reflexionsarbeit wird nach der Darstellung der allgemeinen Parameter kritischer (Rechts-)Systemtheorie im dritten Kapitel für die Sicherungsverwahrung angestrengt und eine Kollisionsregel formuliert. Auf dieser Grundlage können die Entscheidungen des Bundesverfassungsgerichts und des EGMR kritisch in den Blick genommen und bewertet werden. Hierfür müssen die Abwägungspositionen vor dem Hintergrund der zugrunde liegenden Wirklichkeitskonstruktion – des gefährlichen Straftäters – betrachtet werden. Die Wirklichkeitskonstruktion des gefährlichen Straftäters strukturiert die Abwägung des Freiheitsanspruchs des Straftäters mit dem Allgemeinwohl bzw. der Sicherheit der Allgemeinheit maßgeblich und muss anhand des systemischen Reflexionsbegriffs bewertet werden. Durch die gesellschaftstheoretische Aufarbeitung der Entscheidungen entsteht dann auch ein Deutungsmuster für die Gesetzgebungs- und Rechtsprechungsentwicklung zur Sicherungsverwahrung. Hierbei werden die Einsichten in die Rechtfertigungsbrüche des Präventionsstrafrechts und

---

Fischer-Lescano, Mäßigung der Verhältnismäßigkeit, in: Calliess (Hg.), Transnationalisierung des Rechts, erscheint 2014, Manuskript, S. 14.

2245 Vgl. zum rechtskreativen Moment aus der Perspektive der Hermeneutik: *Hassemer,* Tatbestand und Typus, 1968, S. 135.

2246 *Wiethölter,* Begriffs- und Interessenjurisprudenz, in: Lüderitz/Schröder (Hg.), Internationales Privatrecht und Rechtsvergleichung im Ausgang des 20. Jahrhunderts, 1977, S. 250, Hervorhebungen im Original; vgl. *Luhmann,* Das Recht der Gesellschaft, 1995, S. 548, der nicht erwartet, dass eine Verbesserung auf der Ebene der Reflexionstheorie eine grundsätzliche Verbesserung bieten kann.

des Schuldstrafrechts berücksichtigt sowie neben einer Umpolung juristischer Argumentation anhand gesellschaftstheoretischer Einsichten auch Empfehlungen an den demokratischen Gesetzgeber ermöglicht.

B. Zur Theoriesynthese „kritische Systemtheorie“

Der Begriff „kritische Systemtheorie“ ist ein relativ neuer Begriff, der grundsätzlich die Synthese von Kritischer Theorie und Systemtheorie konstatiert bzw. an dieser Synthese arbeitet.[2247] Es geht danach um die Entfaltung eines kritisch-emanzipativen Potentials der Systemtheorie *Luhmann*s, das in den Kontingenzen und der politischen Umstrittenheit der Anschlusszusammenhänge ruht und insbesondere durch die dekonstruktive Lektüre der Systemtheorie offen gelegt wird.[2248] Die Theoriesynthese „kritische Systemtheorie“ kann ebenfalls bereits in *Wiethölter*s Zugang zu seinen rechtstheoretischen Überlegungen verwurzelt werden, die er in ein Referenzdreieck von Wissenschaftstheorie, Wissenschaftssoziologie und Wissenschaftsgeschichte stellt.[2249] Damit bezieht er sich auf den Begriff des Paradigmas, der das eine jeweilige Forschergemeinschaft beherrschende Grundmuster ausdrückt und die Möglichkeiten einer revolutionären Ablösung des Paradigmas als Arbeit an

---

2247 Vgl. dazu den Sammelband von *Amstutz/Fischer-Lescano (Hg.),* Kritische Systemtheorie, 2013; *Fischer-Lescano,* Kritische Systemtheorie Frankfurter Schule, in: Calliess u.a. (Hg.), Soziologische Jurisprudenz. Festschrift für Gunther Teubner, 2009, S. 49 ff.; s. auch die Schriften von *Teubner* zur Gerechtigkeit, insbesondere: Ökonomie der Gabe, in: Koschorke/Vismann (Hg.), Widerstände der Systemtheorie, 1999, S. 199 ff.; *ders.,* Die anonyme Matrix, Der Staat 2006, S. 161 ff.; *ders.,* Selbstsubversive Gerechtigkeit, Zeitschrift für Rechtssoziologie 29 (2008), S. 9 ff., vgl. auch *Menke,* Subjektive Rechte: Zur Paradoxie der Form, Zeitschrift für Rechtssoziologie 29 (2008), S. 81 ff., 106 und *Stäheli,* Sinnzusammenbrüche, 2000.

2248 Vgl. *Amtstutz/Fischer-Lescano,* Einleitung, in: dies (Hg.), Kritische Systemtheorie, 2013, S. 9; *Fischer-Lescano,* Kritische Systemtheorie Frankfurter Schule, in: Calliess u.a. (Hg.), Soziologische Jurisprudenz. Festschrift für Gunther Teubner, 2009, S. 50; *ders.,* Systemtheorie als kritische Gesellschaftstheorie, in: Amstutz/ders. (Hg.), Kritische Systemtheorie, 2013, S. 15 f.; vgl. auch *Stäheli,* Sinnzusammenbrüche, 2000.

2249 *Wiethölter,* Begriffs- und Interessenjurisprudenz, in: Lüderitz/Schröder (Hg.), Internationales Privatrecht und Rechtsvergleichung im Ausgang des 20. Jahrhunderts, 1977, S. 219 ff.; *ders.,* Sozialwissenschaftliche Modelle im Wirtschaftsrecht, KJ 1985, S. 127 f.

Kritik und Krise des bisherigen Paradigmas darstellt.[2250] In seinem kollisionsrechtlichen Denken, das daher prinzipiell durch die Gesellschaftstheorie subventioniert ist, sucht er in der Kollision unterschiedlicher gesellschaftstheoretischer Ansätze nach einer Supertheorie-Orientierung, die letztlich auch als kritische Systemtheorie oder systemtheoretische Kritik bezeichnet werden kann.[2251] Auch *Teubner* vermeidet die Entscheidung zwischen Theorielagern, sondern arbeitet an den „sachlichen Übereinstimmungen“ und „heimlichen Konvergenzen“.[2252] Sofern die anscheinend unversöhnlichen Standpunkte als komplementäre Perspektiven verstanden werden, könnte daraus nach *Teubner* ein umfassenderes Modell entwickelt werden, „das einer um die Rationalität des Rechts bemühten soziologischen Jurisprudenz weiterführende Orientierungsleitlinien vermitteln kann“.[2253] Dabei wird ebenfalls eine Theoriesynthese vollzogen, die grundsätzlich nahe legt, dass jede (Gesellschafts-) Theorie in die Systemtheorie eingeschrieben werden kann.[2254] Die konkreten Öffnungen der Systemtheorie zu ihrer kritischen Lesart sind Schwerpunkt des nächsten Kapitels.

2250 *Wiethölter*, Begriffs- und Interessenjurisprudenz, in: Lüderitz/Schröder (Hg.), Internationales Privatrecht und Rechtsvergleichung im Ausgang des 20. Jahrhunderts, 1977, S. 220 f.

2251 *Teubner*, Der Umgang mit Rechtsparadoxien: Derrida, Luhmann, Wiethölter, in: Joerges/ders. (Hg.), Rechtsverfassungsrecht, 2003, S. 26.

2252 *Teubner*, Reflexives Recht, Archiv für Rechts- und Sozialphilosophie 68 (1982), S. 16.

2253 *Teubner*, Reflexives Recht, Archiv für Rechts- und Sozialphilosophie 68 (1982), S. 16 f.

2254 Vgl. dazu die unterschiedlichen Ansätze in *Amstutz/Fischer-Lescano (Hg.)*, Kritische Systemtheorie, 2013.

2. Kapitel: Die Parameter einer kritischen Systemtheorie für das (Straf-)Recht

Im Folgenden werden zunächst die erkenntnistheoretischen Grundlagen der allgemeinen Systemtheorie nach *Niklas Luhmann* benannt, die das Problem der Konstruktion von Wirklichkeit abstrakt fassen. Diesem Problem wurde sich im ersten Kapitel bereits über die Risikokategorie genähert. Die erkenntnistheoretischen Grundlagen bilden das Fundament für die Einführung empirischer Argumente in die rechtliche Argumentation. Daraus lässt sich ein systemischer Reflexionsbegriff ableiten, der für jedes System abstrakt angibt, wann es im Hinblick auf die Gesellschaft rational operiert. Im Umkehrschluss werden ebenso die Bedingungen benannt, die irrationale Operationen der Systeme im Hinblick auf die Gesellschaft begünstigen. Zudem wird über den systemtheoretischen Begriff der strukturellen Kopplung einsichtig, wie distribuiertes Wissen in der Gesellschaft[2255] systemisch genutzt werden kann. Beides zusammengenommen gibt eine Richtung vor, wie Nicht-Wissen und Wissen im (Rechts-)System rational verknüpft werden können, wobei diese Rationalität immer vor dem Hintergrund des unhintergehbaren Ausgangsparadoxes jedes Systems gesehen werden muss. Die Grundlagen werden im darauf folgenden Abschnitt für einen (normativen) Gerechtigkeitsbegriff im Rechtssystem konkretisiert. Er füllt im Prinzip die Leere aus, die die Freiheit (im formal-rationalen Recht) bzw. die Werteordnung (im material-rationalen Recht) als regulative Ideen zurückgelassen haben und er wird dem Recht als sachbestimmten Ordnungsmodell gerecht.

A. Zu den (erkenntnistheoretischen) Grundlagen der Systemtheorie und deren Bedeutung für einen systemischen Reflexionsbegriff

Ausgangspunkt der systemtheoretischen Deutung der Gesellschaft ist deren funktionale Differenzierung, die inkompatible, kollidierende Rationalitäten hervorbringt,

2255 Vgl. hierzu *Ladeur*, Das Umweltrecht der Wissensgesellschaft, 1995, S. 270, der die Lernfähigkeit des Rechts durch die Bildung und Erhaltung „wissensgenerierender intra- und interorganisationaler Beziehungsnetzwerke“ in eine komplexitätsgerechte Form bringen will. Vgl. auch das Konzept des *gemeinsamen Wissens* bei *Vesting*, Rechtstheorie, 2007, S. 122 ff.

deren Integration durch keine Meta-Instanz mehr geleistet werden kann. Die funktionale Differenzierung der Gesellschaft bedingt so die Verabschiedung der Ontologie als Beschreibungsfolie der Welt.[2256] Für diesen Sachverhalt steht der Begriff der ‚Postmoderne', unter dem sich „ästhetische, moralische, intellektuelle Reflexion[en] zum Problem des Ausfalls von Leitdifferenzen, metaphysischen Instanzen oder wie immer nichtdekomponierbaren Orientierungsrichtlinien" versammeln.[2257] Es ist die „Einsicht in die nicht hierarchisierbare Perspektivenvielfalt" – auch Polykontexturalität genannt.[2258] ‚Objekte' wie auch ‚Subjekte' – nicht nur die Kategorie des Risikos – konstituieren sich danach erst durch die eingenommene Perspektive. Die Systemtheorie ordnet sich damit in die vielgestaltige Strömung des Konstruktivismus ein. Da ein unabhängiger, transzendenter Standpunkt nicht gewonnen werden kann und jede Erkenntnismöglichkeit in der Immanenz der Gesellschaft verbleibt,[2259] ist die Systemtheorie mit ihrer unendlichen Vervielfältigung des Weltmöglichen *als Theorie der Gesellschaft* gefasst.[2260] Die Welt kann nur im alleinig-umfassenden Sinnsystem Gesellschaft artikuliert werden. Es gibt keinen Anfang, sondern es wird immer schon auf bestehende Sinnstrukturen zurückgegriffen, die in Semantiken komprimiert werden.[2261] Daraus folgt eine Verschmelzung von Erkenntnistheorie und Gesellschaftstheorie im Sinne einer „sozialen Erkenntnistheorie".[2262] Zwar ist jede Erkenntnis kritisierbar und Wahrheit ist nicht herstellbar. Wenn die Gesellschaft jedoch als Ansammlung von Systemen bzw. Beobachtern beobachtet wird, die Wirklichkeiten konstruieren und demnach jedes

---

2256 *Clam,* Was heißt, sich an Differenz statt an Identität orientieren?, 2002, S. 33 f.; vgl. *Fuchs,* Die Erreichbarkeit der Gesellschaft, 1992, S. 66 und *Baecker,* Form und Formen der Kommunikation, 2005, S. 22 f.

2257 *Fuchs,* Die Erreichbarkeit der Gesellschaft, 1992, S. 33.

2258 *Fuchs,* Die Erreichbarkeit der Gesellschaft, 1992, S. 33; *ders.,* Die Psyche, 2005, S. 116, der Begriff geht auf *Gotthard Günther* zurück.

2259 Vgl. *Luhmann,* Die Wissenschaft der Gesellschaft, 1992, S. 97 f., es geht um die Umstellung von Was-Fragen auf Wie-Fragen.

2260 *Clam,* Was heißt, sich an Differenz statt an Identität orientieren?, 2002, S. 37; der Sinnbegriff nimmt in der Systemtheorie eine zentrale Stellung ein: Sinn ist eine nicht negierbare, differenzlose Kategorie, s. *Luhmann,* Soziale Systeme, 1987, S. 96; dazu *Stäheli,* Sinnzusammenbrüche, 2000, S. 22, 64 ff.; vgl. in diesem Kapitel, A. III. 2.

2261 Vgl. *Vesting,* Kein Anfang und kein Ende, Jura 2001, S. 300.

2262 Vgl. *Teubner,* Die Episteme des Rechts, in: Grimm (Hg.), Wachsende Staatsaufgaben – sinkende Steuerungsfähigkeit des Rechts, 1990, S. 119, der die Verbindungslinien zum Poststrukturalismus von *Michel Foucault* und zur kritischen Theorie von *Jürgen Habermas* verdeutlicht.

für sich epistemisches Subjekt[2263] ist, wird einerseits Wissen über deren Funktions- und Strukturzusammenhänge erzeugt.[2264] Andererseits wird es möglich, erkenntnistheoretisch über das Phänomen der Latenz zu sprechen.[2265] Letzteres heißt nicht nur, dass die Grenzen aller Erkenntnisbemühungen einsichtig sind, sondern dass Latenz zum Zentralproblem sozialer Produktion von Wissen wird.[2266] Deswegen muss sich das Recht zum Verhältnis von Nicht-Wissen und Wissen verhalten. Zur Erfassung der Polykontexturalität muss die Systemtheorie Differenz(ierungs)theorie, Kommunikations- und Evolutionstheorie zugleich sein.[2267] Es sind verschiedene Einstiegstore in die Gesamttheorie, weil sie alle auf Kontingenz aufbauen.[2268] Im Folgenden wird sich der Systemtheorie über ihren differenztheoretischen Ausgangspunkt genähert.

I. Zur Differenz von System/Umwelt

Indem sich die Systemtheorie an Differenz orientiert, wird sie zu „einer epistemologischen Matrix de-ontologisierter wissenschaftlicher Beobachtung“,[2269] die radikal mit der Ontologie bricht. Das differenztheoretische Instrumentarium entwickelt *Luhmann* mit Hilfe des Formenkalküls von *George Spencer Brown.*[2270] Es bedeutet die Umstellung von Objekten (Substantialität) auf Unterscheidungen (Kontingenz), die immer vollzogen werden müssen und nicht einfach als Sachverhalt vorhanden sind.[2271] Jeder Wahrnehmung bzw. systemtheoretisch gesprochen:

2263 Vgl. *Teubner,* Die Episteme des Rechts, in: Grimm (Hg.), Wachsende Staatsaufgaben – sinkende Steuerungsfähigkeit des Rechts, 1990, S. 130, ein epistemisches Subjekt verfügt nicht unbedingt über epistemische Autonomie, sondern kann auch von anderen Epistemen abhängig sein, vgl. S. 130 f.

2264 *Luhmann,* Die Wissenschaft der Gesellschaft, 1992, S. 91.

2265 *Luhmann,* Die Wissenschaft der Gesellschaft, 1992, S. 91, mit Latenz sind die beobachtbaren Unbeobachtbarkeiten gemeint, das Wissen des Nicht-Wissens, vgl. S. 92.

2266 *Luhmann,* Die Wissenschaft der Gesellschaft, 1992, S. 91, die Unbeobachtbarkeiten werden beobachtbar durch einen Schemawechsel.

2267 *Luhmann,* Die Gesellschaft der Gesellschaft, Bd. 2, 1998, S. 1138.

2268 *Luhmann,* Die Gesellschaft der Gesellschaft, Bd. 2, 1998, S. 1138.

2269 *Clam,* Was heißt, sich an Differenz statt an Identität orientieren?, 2002, S. 9.

2270 *Luhmann,* Die Gesellschaft der Gesellschaft, Bd. 1, 1998, S. 60.

2271 *Luhmann,* Die Gesellschaft der Gesellschaft, Bd. 1, 1998, S. 60; *ders.,* Soziale Systeme, 1987, S. 26 ff.; *ders.,* Die Paradoxie der Form, in: Baecker (Hg.), Kalkül der Form, 1993, S. 197 ff. Damit ist auch die Zeitvorstellung eine andere: es handelt

jeder Beobachtung liegt demnach eine Unterscheidung zugrunde, die die Beobachtung erst ermöglicht und das ‚Objekt' wie auch das ‚Subjekt' konstruiert. Dabei kann Recht und Unrecht, Mann und Frau, rechts und links unterschieden werden. Die möglichen Unterscheidungen sind prinzipiell unendlich. Wenn eine andere Unterscheidung verwendet würde, würde etwas anderes gesehen bzw. beobachtet werden. Ein *imaginierter Beobachter* konstituiert durch Unterscheidung und Bezeichnung einer Seite eine von vielen möglichen Welten. Das Beobachten ist demnach „der operative Vollzug einer Unterscheidung durch Bezeichnung der einen (und nicht der anderen) Seite."[2272] Die beiden Komponenten des Unterscheidens und Bezeichnens können operativ nicht getrennt werden – auch wenn sie nicht zu einer Einheit verschmelzen.[2273] Die Unterscheidung ist daher immer eine *Zwei-Seiten-Form,* aber Operationen sind nur von der Innenseite, von der bezeichneten Seite aus möglich.[2274] Der Beobachter (System) ist *imaginär,* weil er die Differenz von bezeichneter (System) und unbezeichneter Seite (Umwelt) ist.[2275] Imaginär heißt nicht irreal und folgenlos, sondern der Beobachter ist immer die prozessierte Differenz und kein verkörpertes Subjekt oder Objekt (System = System/Umwelt).[2276] Insofern entsteht mit Beobachtung gleichzeitig ein System (als Differenz System/Umwelt); sie sind ko-konstitutiv.[2277]

Soziale Systeme wie das Rechtssystem symbolisieren ihre (differentielle) Einheit über den Code.[2278] Im Rechtssystem ist der Code Recht/Unrecht.[2279] Er entscheidet, ob ein Ereignis zum System oder zur Umwelt gehört.[2280] Die Anwendung des Codes wird durch die Programme gesteuert, d.h. im Rechtssystem z.B. durch die parlamentarisch verabschiedeten Gesetze.[2281] Der Code ist wiederum von der

sich um eine punktualisierte Zeit, die die Vorstellung dynamischer Systemstabilität hervorbringt, S. 199; vgl. dazu auch *Vesting,* Rechtstheorie, 2007, S. 61 ff.

2272 *Luhmann,* Die Wissenschaft der Gesellschaft, 1992, S. 84.

2273 *Luhmann,* Wie lassen sich latente Strukturen beobachten?, in: Watzlawick/Krieg (Hg.), Das Auge des Betrachters, 2008, S. 64; *ders.,* Die Paradoxie der Form, in: Baecker (Hg.), Kalkül der Form, 1993, S. 201.

2274 *Luhmann,* Die Gesellschaft der Gesellschaft, Bd. 1, 1998, S. 61 ff.

2275 *Fuchs,* Der Sinn der Beobachtung, 2004, S. 16; vgl. *Vesting,* Kein Anfang und kein Ende, Jura 2001, S. 300 ff. und *Stäheli,* Sinnzusammenbrüche, 2000, S. 34.

2276 *Fuchs,* Der Sinn der Beobachtung, 2004, S. 16, der daher zur Verdeutlichung in seinen Texten von „Unjekt" spricht.

2277 *Fuchs,* Der Sinn der Beobachtung, 2004, S. 16.

2278 *Luhmann,* Das Recht der Gesellschaft, 1995, S. 165 ff.

2279 *Luhmann,* Das Recht der Gesellschaft, 1995, S. 168 f.

2280 *Luhmann,* Das Recht der Gesellschaft, 1995, S. 168 f.

2281 *Luhmann,* Das Recht der Gesellschaft, 1995, S. 204 ff.

System/Umwelt-Differenz zu unterscheiden, die im Rechtssystem durch Recht/Nicht-Recht gekennzeichnet wird und letztlich die Differenz von Sollen und Sein ersetzt.[2282] Das System ist durch die Form der Beobachtung strukturell an seiner Umwelt orientiert und könnte ohne Umwelt nicht bestehen.[2283] Durch die Gleichung System = System/Umwelt ist jedoch epistemologisch der unmittelbare Zugang zur Außenwelt, zu einer objektiven Erkenntnis verwehrt. Das System konstruiert seine Umwelt selbst.

Die Systemtheorie entspricht insoweit anderen konstruktivistischen Ansätzen. In der Systemtheorie wird nicht das Sein einer wirklichen Welt ergründet, die unbeobachtet existiert, sondern Wirklichkeiten sind Beobachtungsresultate.[2284] Das Problem, Recht als sachbestimmtes Ordnungsmodell rechtlich zu dogmatisieren und das Verhältnis von Nicht-Wissen und Wissen im Recht zu bestimmen, wird durch die Systemtheorie in ein Form-Problem zwischen Recht und Nicht-Recht transformiert und dadurch mit den Mitteln der Systemtheorie bearbeitbar.[2285] Das Nicht-Recht als Gegenseite von Recht ermöglicht gerade das Verhältnis von Nicht-Wissen und Wissen einzufassen. Das Nicht-Recht wird durch die im Folgenden näher ausgeführte Verquickung von System und Umwelt als Differenz und Voraussetzung der Konstruktion von Wirklichkeit entfaltet. Zugleich liefert die System/Umwelt-Differenz eine Erklärung für die zunehmende Wissensbasierung der funktional ausdifferenzierten Gesellschaft. Um erfolgreich zu sein, muss das System neben der (stupiden) Anwendung seines Codes seine System/Umwelt-Differenz prozessieren. Die System/Umwelt-Differenz repräsentiert das Wissen des Systems über seine Umwelt im Gegensatz zur systemspezifischen Verkettung der eigenen Operationen durch den Code. Die Gleichzeitigkeit von Code und System/Umwelt-Differenz im System macht die Sachbestimmung des Rechts unhintergehbar und ermöglicht als abstraktes Modell die Vergleichbarkeit verschiedenster Systeme. Dadurch wird auch verständlich, warum rechtliche und politische Entscheidungen sich nur noch graduell voneinander unterscheiden.

2282 Vgl. zum Unterschied von Code und System/Umwelt-Differenz *Stäheli,* Sinnzusammenbrüche, 2000, S. 49, Fn. 13; siehe auch *Calliess,* Prozedurales Recht, 1999, S. 196.

2283 *Luhmann,* Soziale Systeme, 1987, S. 35.

2284 *Fuchs,* Der Sinn der Beobachtung, 2004, S. 15.

2285 Vgl. *Christensen/Fischer-Lescano,* Das Ganze des Rechts, 2007, S. 231; s. auch *Menke,* Subjektive Rechte: Zur Paradoxie der Form, Zeitschrift für Rechtssoziologie 29 (2008), S. 81 ff.

II. Zur Paradoxie und der Politik der Entparadoxierung

In der Elementaroperation des Beobachtens steckt das selbstimplikative Moment der Systemtheorie, das die Systemtheorie nur als Theorie selbstreferentieller Systeme möglich macht und zur Einführung des Begriffs der Autopoiesis führt.[2286] Autopoiesis bedeutet, dass ein System zur Herstellung *eigener* Operationen auf das Netzwerk *eigener* Operationen angewiesen ist.[2287] Systeme operieren im Selbstkontakt, sie haben keine andere Form für Umweltkontakt als Selbstkontakt.[2288] Zugleich bedeutet dies, dass sich am ‚Grund' jeder Unterscheidung, jedes Systems eine *Paradoxie* verbirgt.[2289] Die Annahme, dass Gesellschaft auf fundamentalen Paradoxien, Antagonismen, Antinomien aufgebaut ist, verbindet die Systemtheorie mit Kritischer Theorie wie auch mit dem Dekonstruktivismus.[2290] Die Paradoxie lässt sich für jedes System und abhängig vom Blickwinkel spezifizieren. Für das Rechtssystem liegt die Paradoxie darin begründet, dass nicht entschieden werden kann, ob es Recht oder Unrecht ist, den Code Recht/Unrecht auf die Welt anzuwenden.[2291] Auf die Elementaroperation des Beobachtens bezogen erwächst die Paradoxie daraus, dass das Beobachten eine Zweiheit als Einheit aktualisiert, in einem Zuge sozusagen.[2292] Je nachdem, ob es sich um Fremd- oder Selbstbeobachtung handelt, wird das System-Selbst oder die Umwelt zur Einheit

---

2286 Vgl. *Luhmann,* Soziale Systeme, 1987, S. 24 ff., 60; *ders.,* Die Wissenschaft der Gesellschaft, 1992, S. 84; zum Unterschied von Selbstreferenz und Autopoiesis vgl. *Teubner,* Hyperzyklus in Recht und Organisation, in: Haferkamp/Schmid (Hg.), Sinn, Kommunikation und soziale Differenzierung, 1987, 94 ff.

2287 *Luhmann,* Soziale Systeme, 1987, S. 59 ff.; vgl. auch *Calliess,* Prozedurales Recht, 1999, S. 146.

2288 *Luhmann,* Soziale Systeme, 1987, S. 59 ff.; vgl. auch *Calliess,* Prozedurales Recht, 1999, S. 146.

2289 *Luhmann,* Die Paradoxie der Form, in: Baecker (Hg.), Kalkül der Form, 1993, S. 198.

2290 Vgl. zu den Verbindungslinien insgesamt: *Fischer-Lescano,* Kritische Systemtheorie Frankfurter Schule, in: Calliess u.a. (Hg.), Soziologische Jurisprudenz. Festschrift für Gunther Teubner, 2009, S. 50; *ders.,* Systemtheorie als kritische Gesellschaftstheorie, in: Amstutz/ders. (Hg.), Kritische Systemtheorie, 2013, S. 15 f.; vgl. *Teubner,* Ökonomie der Gabe, in: Koschorke/Vismann (Hg.), Widerstände der Systemtheorie, 1999, S. 200.

2291 Vgl. *Luhmann,* Das Recht der Gesellschaft, 1995, S. 72, 170, das Rechtsparadox wird durch die Differenzierung von Codierung und Programmierung entfaltet, vgl. dazu S. 165 ff.

2292 *Luhmann,* Die Wissenschaft der Gesellschaft, 1992, S. 95.

zusammengezogen, obwohl das System-Selbst wie auch die Umwelt nur in der Unterscheidung von System/Umwelt existiert.

Die Unterscheidung kann sich in ihrem Vollzug folglich nicht als Unterscheidung sehen; das ist der blinde Fleck einer jeden Unterscheidung.[2293] Der blinde Fleck kann nur durch einen weiteren Beobachter sichtbar gemacht werden, für den jedoch das Gleiche gilt: auch er fundiert sich über einen blinden Fleck, den er selbst nicht thematisieren kann.[2294] Unter dem Gesichtspunkt der Polykontexturalität der Gesellschaft ist dann die Frage, ob bzw. wie die einzelnen Perspektiven, die untereinander nicht in eine Hierarchie eingefügt werden können, in einer mehrwertigen Logik abgebildet werden können.[2295] Dies wäre nur möglich, wenn entschieden werden könnte, welche Perspektive bzw. – in einer funktional ausdifferenzierten Gesellschaft – welcher Code jeweils der maßgebliche ist.[2296] Der binäre Code Recht/Unrecht – wie auch jeder andere Code eines sozialen Systems – müsste demnach um einen dritten Wert, den Rejektionswert ergänzt werden.[2297] Dieser Rejektionswert oszilliert unvermeidlich zwischen Innen und Außen.[2298] Da jedoch jeder Code als Rejektionswert aller anderen Codes dient, läuft auch das auf eine Paradoxie auf: die Paradoxie der *unitas multiplex.*[2299]

Für den Beobachter ist die Welt folglich ein „temporalisierbares Paradox".[2300] Es kann mit dem Unterscheiden nicht angefangen werden, ohne schon unterschieden zu haben.[2301] Damit ist gemeint, dass sich jede Unterscheidung über einen blinden Fleck fundiert. Das heißt auch, dass sich jede Beobachtung durch

2293 *Luhmann,* Die Wissenschaft der Gesellschaft, 1992, S. 85.

2294 *Luhmann,* Die Wissenschaft der Gesellschaft, 1992, S. 85; *Fuchs,* Die Erreichbarkeit der Gesellschaft, 1992, S. 55 f.

2295 Vgl. *Luhmann,* Die Codierung des Rechtssystems, Rechtstheorie 17 (1986), S. 181 f.; s. dazu *Calliess,* Prozedurales Recht, 1999, S. 194.

2296 *Luhmann,* Die Codierung des Rechtssystems, Rechtstheorie 17 (1986), S. 182; *Calliess,* Prozedurales Recht, 1999, S. 194.

2297 *Luhmann,* Die Codierung des Rechtssystems, Rechtstheorie 17 (1986), S. 181 f., der Begriff des Rejektionswertes geht auf *Gotthard Günther* zurück; vgl. zu einer mehrwertigen Logik und dem Rejektionswert *Frey,* Vom Subjekt zur Selbstreferenz, 1989, S. 53 ff.; s. auch *Calliess,* Prozedurales Recht, 1999, S. 194.

2298 *Luhmann,* Die Codierung des Rechtssystems, Rechtstheorie 17 (1986), S. 184 f.

2299 *Calliess,* Prozedurales Recht, 1999, S. 194; *Luhmann,* Die Codierung des Rechtssystems, Rechtstheorie 17 (1986), S. 184 f., 188; vgl. auch *Christensen/Fischer-Lescano,* Das Ganze des Rechts, 2007, S. 205, es gibt keine Superrationalität, welche die Teilrationalitäten in ihre jeweiligen Schranken weist.

2300 *Luhmann,* Die Wissenschaft der Gesellschaft, 1992, S. 93.

2301 Vgl. *Luhmann,* Die Wissenschaft der Gesellschaft, 1992, S. 84.

operative Naivität auszeichnet.[2302] In ihrem Vollzug ist es der Beobachtung nicht möglich, sich selbst als wahr oder unwahr zu identifizieren.[2303] Das ist eine strikt kognitive Limitation.[2304] Jede Unterscheidung ist eine Selektion. Um Unberücksichtigtes sehen zu können, muss eine andere Unterscheidung getroffen werden, die wiederum einen blinden Fleck produziert.[2305] Daraus erklärt sich die Aufforderung *George Spencer-Browns* „Triff eine Unterscheidung."[2306] Denn nur wenn „man den Befehl ausführt, kann man beobachten. Und wenn nicht, dann nicht."[2307] Nur nachträglich bzw. von einem anderen Beobachter kann die benutzte Unterscheidung sichtbar gemacht werden. Wenn die Unterscheidung auf ihren blinden Fleck, das ausgeschlossene Dritte gestoßen wird, verliert sie ihre operative Naivität und verunsichert sich dadurch selbst. Der blinde Fleck symbolisiert demnach das Nicht-Wissen, das bereits bei der Kategorie des Risikos als Selbstverunsicherung herausgearbeitet wurde. Das Nicht-Wissen bzw. die Unbeobachtbarkeit hat in der Systemtheorie folglich eine konstitutive Funktion; es ermöglicht erst die Beobachtung.[2308] Allein deswegen kann das Operieren des Rechtssystems schon per se nicht wie im Rechtspositivismus als erkenntnisförmige Anwendung einer durchgängig transparenten und lückenlosen Ordnung konstruiert werden.[2309] Der Bezug auf die Umwelt ist dem Rechtssystem als komplexes Verhältnis zwischen Wissen und Nicht-Wissen eingeschrieben und zerstört die Idee von der Einheit der Rechtsordnung.

Jedes Beobachten ist somit eine paradoxe Operation. Der Beobachter einer Beobachtung bzw. eines Systems kommt nicht umhin, die Paradoxie zu beobachten.[2310] Diese Beobachtung *zweiter Ordnung* macht die Differenzierung von System und Umwelt sichtbar und macht so auf die Virtualität der Einheit des Systems, d.h. auf seine paradoxe Verfassung, aufmerksam.[2311] Die Paradoxie

---

2302 *Luhmann,* Die Wissenschaft der Gesellschaft, 1992, S. 85 f.

2303 *Luhmann,* Die Wissenschaft der Gesellschaft, 1992, S. 85 ff.

2304 *Luhmann,* Wie lassen sich latente Strukturen beobachten?, in: Watzlawick/Krieg (Hg.), Das Auge des Betrachters, 2008, S. 68.

2305 *Luhmann,* Die Gesellschaft der Gesellschaft, Bd. 1, 1998, S. 187.

2306 *Spencer-Brown,* Laws of Form – Gesetze der Form, 1997, S. 3.

2307 *Luhmann,* Die Paradoxie der Form, in: Baecker (Hg.), Kalkül der Form, 1993, S. 201.

2308 Vgl. *Vesting,* Rechtstheorie, 2007, S. 72.

2309 *Vesting,* Rechtstheorie, 2007, S. 72; vgl. auch *Christensen/Fischer-Lescano,* Das Ganze des Rechts, 2007, S. 218.

2310 *Luhmann,* Die Wissenschaft der Gesellschaft, 1992, S. 95.

2311 Vgl. *Stäheli,* Sinnzusammenbrüche, 2000, S. 46.

ist folglich „unmögliche Figur einer Letztbegründung".[2312] Sie ist unbedingtes Wissen, eine transzendentale Notwendigkeit.[2313] Die relevante Unterscheidung für den Beobachter zweiter Ordnung ist demzufolge die Unterscheidung von Paradoxie und Entparadoxierung.[2314] Diese Unterscheidung kennzeichnet, dass das System, um operieren zu können, einen Weg aus dem lähmenden Zirkel der Paradoxie finden muss. Paradox werden heißt deswegen auch „Verlust von Bestimmbarkeit, also der Anschlussfähigkeit für weitere Operationen".[2315] Für *Luhmann* wird demnach die Frage nach der Anschlussfähigkeit zum zentralen Theorieproblem.[2316] Anschlussfähigkeit wird bei *Luhmann* durch die Unterscheidung von Operation und Beobachtung ermöglicht.[2317] Das Autopoiesis-Konzept bewirkt auf der operativen Ebene einen Automatismus der Schließung, der wiederum das Folgeproblem der Öffnung bzw. der Verbindung nach sich zieht.[2318]

Diesem Automatismus der Schließung setzt kritische Systemtheorie das *politische Moment* der Entparadoxierung im Hiatus zwischen Operation – Struktur – Operation entgegen.[2319] Dieser Hiatus als unüberbrückbare Lücke zwischen Operation und Struktur entsteht, weil jede Operation vom Ausgangsparadox des Systems heimgesucht wird. Die Struktur kann deswegen den Anschluss von Operation an Operation nicht determinieren. Strukturen können „nur einen verdichteten

---

2312 *Stäheli,* Sinnzusammenbrüche, 2000, S. 15; *Teubner,* Ökonomie der Gabe, in: Koschorke/Vismann (Hg.), Widerstände der Systemthcorie, 1999, S. 207.

2313 *Teubner,* Ökonomie der Gabe, in: Koschorke/Vismann (Hg.), Widerstände der Systemtheorie, 1999, S. 207; vgl. *Luhmann,* Die Paradoxie der Form, in: Baecker (Hg.), Kalkül der Form, 1993, S. 211.

2314 *Luhmann,* Die Wissenschaft der Gesellschaft, 1992, S. 98.

2315 *Luhmann,* Soziale Systeme, 1987, S. 59

2316 *Stäheli,* Sinnzusammenbrüche, 2000, S. 37.

2317 Vgl. *Luhmann,* Soziale Systeme, 1987, S. 62; dazu kritisch *Stäheli,* Sinnzusammenbrüche, 2000, S. 36 ff.

2318 Zum Verhältnis von Offenheit und Geschlossenheit vgl. *Luhmann,* Soziale Systeme, 1987, S. 605 ff.; *ders.,* Die Wissenschaft der Gesellschaft, 1992, S. 304; krit. *Teubner,* Selbstsubversive Gerechtigkeit, Zeitschrift für Rechtssoziologie 29 (2008), S. 26 und in diesem Kapitel, B. II. 1.; vgl. zudem die Kritik bei *Stäheli,* Sinnzusammenbrüche, 2000, S. 39 ff.

2319 *Stäheli,* Sinnzusammenbrüche, 2000, S. 230 ff.; *Fischer-Lescano/Christensen,* Auctoritatis Interpositio, Der Staat 2005, S. 235; *dies.,* Das Ganze des Rechts, 2007, S. 238; vgl. auch *Teubner,* Selbstsubversive Gerechtigkeit, Zeitschrift für Rechtssoziologie 29 (2008), S. 23 f.

Möglichkeitsraum schaffen, in dem dann eine neue Operation ‚geschieht'."[2320] Darin liegt der Grund für die stetige Selbstveränderung des Systems, also die Möglichkeit systemischer Evolution zwischen Redundanz und Varietät. Das politische Moment dieser Entparadoxierung gerät jedoch nur in den Blick, wenn die Beobachtungsweisen von Dekonstruktion und Systemtheorie kombiniert werden und die Paradoxie ernst genommen wird, weil systemtheoretisch das Recht entweder seine Autonomie behauptet oder untergeht.[2321] Im Zwischenraum von Operation und Struktur liegt der blinde Fleck der Systemtheorie selbst, deswegen geht an ihr das politische Moment der Entscheidung vorbei.[2322] Das politische Moment steckt im Treffen einer Entscheidung in einer unentscheidbaren Situation; als solches muss es von der Politik als System getrennt werden.[2323] Hier eröffnet sich ein Raum, in dem die Autopoiesis des Systems unterbrochen wird und neben der Auswechslung von Code-Antonymen oder gar ganzer Codes auch die unauffälligere Re-Definition beider Codewerte möglich ist.[2324] *Christensen* und *Fischer-Lescano* nennen diesen Vorgang in Bezug auf das Recht *Zweitcodierung.*[2325]

Nur solange der Code erhalten bleibt, läuft die Autopoiesis ungehindert ab. Die Umwelt wird in die Programme des Systems eingeschrieben und auf den Code bezogen, also nur nach den Bedingungen des Systems transformiert.[2326] Die Besetzung des Codes kann demgegenüber als *hegemonialer Prozess* verstanden werden, „der auf dem Scheitern vorhergehender Versuche, die Paradoxie des Systems zu entparadoxieren, basiert, das heißt die Arche-Gewalt (Ur-Gewalt) des

---

2320 *Teubner,* Selbstsubversive Gerechtigkeit, Zeitschrift für Rechtssoziologie 29 (2008), S. 24.

2321 *Fischer-Lescano/Christensen,* Auctoritatis Interpositio, Der Staat 2005, S. 238; vgl. auch *Teubner,* Ökonomie der Gabe, in: Koschorke/Vismann (Hg.), Widerstände der Systmtheorie, S. 199 ff.

2322 Vgl. *Teubner,* Selbstsubversive Gerechtigkeit, Zeitschrift für Rechtssoziologie 29 (2008), S. 26; *Christensen/Fischer-Lescano,* Das Ganze des Rechts, 2007, S. 234 f.; *Stäheli,* Sinnzusammenbrüche, 2000, S. 230 ff.

2323 *Stäheli,* Sinnzusammenbrüche, 2000, S. 261; vgl. auch *Teubner,* Verfassungsfragmente, 2012, S. 175 ff.

2324 *Stäheli,* Sinnzusammenbrüche, 2000, S. 283.

2325 *Christensen/Fischer-Lescano,* Das Ganze des Rechts, 2007, S. 239; *dies.,* Auctoritatis Interpositio, Der Staat 2005, S. 233.

2326 Vgl. *Christensen/Fischer-Lescano,* Das Ganze des Rechts, 2007, S. 205 f.; *Teubner,* Altera Pars Audiatur, in: Pawlowski/Roellecke (Hg.), Der Universalitätsanspruch des demokratischen Staates, ARSP Beiheft Nr. 65, 1996, S. 211.

Codes durch Prozesse der Normalisierung zu tilgen."[2327] Die hegemoniale Macht ist dann die Kraft der Entparadoxierung.[2328] Daraus folgt notwendigerweise, dass das (Rechts-)System selbst nur hegemonial geschlossen werden kann.[2329] Die Paradoxie zu invisibilisieren oder schlicht zu leugnen, bedeutet daher, (semantische) Macht zu erzeugen. Damit ist letztlich derselbe Sachverhalt gemeint, der auch mit den Begriffen Definitionsmacht oder Verdinglichung bzw. Versachlichung ausgedrückt wird. Das ist ein Punkt an dem sich Systemtheorie mit Kritischer Theorie erster Generation verbindet, die gegen die Verdinglichung als ein Vergessen gesellschaftlicher *Real*widersprüche votierte.[2330] Denn Paradoxien treten nicht als „Störungen in der idealen Welt des Denkens" auf, sondern bringen als „Realparadoxien in der Gesellschaft die Verhältnisse zum Tanzen".[2331] Die vom Recht zu entscheidenden Kollisionen sind damit nichts anderes als „Epiphänomena von Paradoxien".[2332] Die Politik der Entparadoxierung bedeutet für die Geschlossenheit des Systems, dass sie eine praktische Frage ist, die sich in jeder Operation stellen kann.[2333]

III. Konsequenzen für die Konstruktion von Wirklichkeit

Die Konsequenzen, die sich für die Konstruktion von Wirklichkeit aus dem differenztheoretischen Ausgangspunkt der Systemtheorie und der zentralen Platzierung

2327 *Stäheli,* Sinnzusammenbrüche, 2000, S. 288; vgl. zur Inkorporierung des Hegemonie-Begriffs bei der Rechtsentwicklung krit. *Luhmann,* Das Recht der Gesellschaft, 1995, S. 494, jedenfalls müssten Entwicklungsanalysen in einen viel offeneren Kontext der Evolutionstheorie überführt werden.

2328 *Christensen/Fischer-Lescano,* Das Ganze des Rechts, 2007, S. 238; *Stäheli,* Sinnzusammenbrüche, 2000, S. 230 ff.

2329 Vgl. *Buckel,* Körper und Psyche in der Matrix des Rechts, in: Calliess u.a. (Hg.), Soziologische Jurisprudenz. Festschrift für Gunther Teubner, 2009, S. 22, die Schließung wird durch eine hegemoniale Selbstbeschreibung erzeugt, vgl. in diesem Kapitel, B. III.

2330 *Fischer-Lescano,* Kritische Systemtheorie Frankfurter Schule, in: Calliess u.a. (Hg.), Soziologische Jurisprudenz. Festschrift für Gunther Teubner, 2009, S. 56 f.

2331 *Teubner,* Der Umgang mit Rechtsparadoxien: Derrida, Luhmann, Wiethölter, in: Joerges/ders. (Hg.), Rechtsverfassungsrecht, 2003, S. 31; *ders.,* Recht als autopoietisches System, 1989, S. 17.

2332 *Teubner,* Der Umgang mit Rechtsparadoxien: Derrida, Luhmann, Wiethölter, in: Joerges/ders. (Hg.), Rechtsverfassungsrecht, 2003, S. 27.

2333 Vgl. für das Rechtssystem *Christensen/Fischer-Lescano,* Das Ganze des Rechts, 2007, S. 237.

der Paradoxie ergeben, werden zuerst anhand des Begriffs des *re-entry* und des Sinns als systemübergreifendem Medium diskutiert. Durch diese Vorarbeit kann anschließend dargestellt werden, wie ein System unter Berücksichtigung der Gesellschaft und seiner weiteren gesellschaftsexternen Umwelt rational handeln kann. Es geht hier letztlich um die Selbstbegrenzung des Systems an seiner Umwelt.

1. ‚Wirkliche' Umwelt als systeminterner imaginärer Raum

Mit diesen differenztheoretischen Weichenstellungen wird Wirklichkeit bzw. Realität (im autopoietischen Normfall) auf die „systeminternen widerständigen Verdichtungen" reduziert.[2334] Die ‚Realität' bzw. ‚Wirklichkeit' wird *systemintern* gebildet.[2335] Der Widerstand wird nicht in der Außenwelt erzeugt, *„sondern ausschließlich in der rekursiven Vernetzung der Systemoperationen selbst."*[2336] D.h. dass allein das System darüber entscheiden kann, was als Problem auf seinem Bildschirm erscheint. Die Bearbeitung des Problems ist an die vom System benutzte Unterscheidung gebunden. Die Systemtheorie ordnet sich mit dieser Vorstellung jedoch gerade nicht einem „radikalen Konstruktivismus" zu, sondern es handelt sich vielmehr um einen „reflektierten Rekonstruktivismus".[2337] Das System ‚erfindet' nicht willkürlich eine soziale Realität, sondern es setzt die Existenz der Umwelt voraus, die es aber nur autonom mittels Modellen der Wirklichkeit unter dem Eindruck von Umweltstörungen aufbauen kann.[2338] Es muss eine „plausible Relation" zwischen Erklärung und Erklärtem bestehen, eine Art „Schlüssel-Schloss-Verhältnis".[2339]

2334 *Clam,* Was heißt, sich an Differenz statt an Identität orientieren?, 2002, S. 40, Fn. 38.

2335 *Luhmann,* Die Gesellschaft der Gesellschaft, Bd. 1, 1998, S. 538.

2336 *Luhmann,* Die Gesellschaft der Gesellschaft, Bd. 1, 1998, S. 538, Hervorhebungen im Original.

2337 *Willke,* Systemtheorie I: Grundlagen, 7. Aufl., 2006, S. 159; vgl. *Teubner,* Die Episteme des Rechts, in: Grimm (Hg.), Wachsende Staatsaufgaben – sinkende Steuerungsfähigkeit des Rechts, 1990, S. 128.

2338 Für das Rechtssystem *Luhmann,* Das Recht der Gesellschaft, 1995, S. 440; *Teubner,* Die Episteme des Rechts, in: Grimm (Hg.), Wachsende Staatsaufgaben – sinkende Steuerungsfähigkeit des Rechts, 1990, S. 128.

2339 *Willke,* Systemtheorie I: Grundlagen, 7. Aufl., 2006, S. 159.

Diese plausible Relation wird durch den Begriff des *re-entry* ermöglicht.[2340] *Luhmann* baut hierfür auch auf die Trennung der Ebenen von Operation und Beobachtung auf.[2341] Zunächst müsste sich ein System durch Operationen und deren Verknüpfung bilden – als basale Selbstreferenz der Elemente, die die autopoietische Reproduktion ermöglichen.[2342] *Stäheli* bezeichnet diese operative Ebene als S/U1-Unterscheidung, bei der die Umwelt (U1) unmarkiert bleibt und die reine Operativität des Systems (S) nur eine *implizite* Grenze schafft.[2343] Für Beobachtungen bedarf es eines ersten *re-entry (re-entry 1),* d.h. die Unterscheidung tritt in das durch sie Unterschiedene wieder ein.[2344] Der *durch* das System produzierte Unterschied kann so *im* System als Unterschied beobachtet werden.[2345] *Stäheli* sieht hierfür den Begriff der S/U2-Unterscheidung vor.[2346] Dadurch werden Operationen der Selbstbeschreibung und Selbstbeobachtung möglich, die die System/Umwelt-Differenz im System selbst verwenden.[2347] Selbstbeobachtung ist demnach ein Verfahren, das die Entscheidung über die Systemzugehörigkeit der Operationen durch den *re-entry* ermöglicht.[2348] Zur Selbstbeschreibung wird die Selbstbeobachtung, „wenn sie semantische Artefakte produziert, auf die sich weitere Kommunikationen beziehen können und mit denen die Einheit des Systems

2340 Den Begriff des *re-entry* übernimmt *Luhmann* auch von *George Spencer-Brown* vgl. *Luhmann,* Soziale Systeme, 1987, S. 230; s. auch *ders.,* Die Realität der Massenmedien, 4. Aufl., 2009, S. 19 f.; zu einer Stufenfolge von *re-entries* s. auch *Menke,* Subjektive Rechte: Zur Paradoxie der Form, Zeitschrift für Rechtssoziologie 29 (2008), S. 85, Fn. 3.

2341 Vgl. *Luhmann,* Soziale Systeme, 1987, S. 230, 596 ff.; vgl. zum ungeklärten Verhältnis beider Ebenen im vorherigen Abschnitt des Kapitels, A. II. und *Stäheli,* Sinnzusammenbrüche, 2000, S. 30 ff.

2342 *Luhmann,* Soziale Systeme, 1987, S. 600 f.; *ders.,* Die Realität der Massenmedien, 4. Aufl., 2009, S. 19, wobei basale Selbstreferenz immer schon mit dem Unterschied von Selbst- und Fremdreferenz operiert.

2343 *Stäheli,* Sinnzusammenbrüche, 2000, S. 32 ff.

2344 Vgl. *Stäheli,* Sinnzusammenbrüche, 2000, S. 33.

2345 *Luhmann,* Die Gesellschaft der Gesellschaft, Bd. 1, 1998, S. 45.

2346 *Stäheli,* Sinnzusammenbrüche, 2000, S. 32.

2347 Vgl. *Luhmann,* Soziale Systeme, 1987, S. 230.

2348 *Luhmann,* Soziale Systeme, 1987, S. 618. Daher können die Ebenen der autopoietischen Reproduktion und der Operation der Selbstbeobachtung kaum getrennt werden; es handelt sich demnach eher um eine analytische Unterscheidung, vgl. S. 230; *Stäheli,* Sinnzusammenbrüche, 2000, S. 36 ff.

bezeichnet wird."[2349] Hier öffnet sich nun das Feld *politischer* Artikulation, weil die Selbstbeschreibung jene Instanz des Systems ist, die Paradoxien formuliert und Strategien zu ihrer Lösung entwickelt.[2350]

Bei der S/U2-Unterscheidung bleibt die Umwelt (U2) jedoch noch unberücksichtigt.[2351] Sie ist nur als „Negativkorrelat" vorhanden.[2352] Um die Umwelt zu spezifizieren, bedarf es eines weiteren *re-entry (re-entry 2)* und zwar auf der Seite der Umwelt.[2353] Damit wäre die S/U3-Unterscheidung gebildet. Sie ermöglicht es dem System, Irritationen in der systemintern rekonstruierten Umwelt (U3) wahrzunehmen.[2354] Hier öffnet sich ein *imaginärer Raum,* der dem System zumindest bildadäquate Entscheidungen unter Einbeziehung der Umwelt ermöglicht.[2355] Irritationen haben daher einen ambivalenten Status. Es sind Geräusche, die von draußen kommen, wie ihnen Informationen abgewonnen werden, ist allerdings eine Eigenleistung des Systems.[2356] Die Erfahrbarkeit eines noch nicht spezifizierten Ereignisses macht die Irritation zu einer „Restkategorie", die sich auch nicht ganz der autopoietischen Geschlossenheit des Systems beugen will.[2357] Das ist ein weiteres Argument für die Modifikation der *Luhmann'*schen Autopoiesisvorstellung. Die weitere Annäherung an diese Restkategorie durch den *re-entry 3* wird erst im Folgenden noch eingehend dargestellt.

2349 *Luhmann,* Soziale Systeme, 1987, S. 618. Die Einheit bzw. Identität des Systems ist wiederum eine paradoxe Repräsentation, weil sie durch Differenzbildung erzeugt wird, vgl. *Fuchs,* Das System SELBST, 2010, S. 63.

2350 *Stäheli,* Sinnzusammenbrüche, 2000, S. 221, vgl. *Christensen/Fischer-Lescano,* Das Ganze des Rechts, 2007, S. 223.

2351 *Stäheli,* Sinnzusammenbrüche, 2000, S. 32.

2352 *Stäheli,* Sinnzusammenbrüche, 2000, S. 32.

2353 Vgl. *Menke,* Subjektive Rechte: Zur Paradoxie der Form, Zeitschrift für Rechtssoziologie 29 (2008), S. 85, Fn. 3.

2354 *Stäheli,* Sinnzusammenbrüche, 2000, S. 32.

2355 Vgl. *Teubner,* Selbstsubversive Gerechtigkeit, Zeitschrift für Rechtssoziologie 29 (2008), S. 19.

2356 *Luhmann,* Die Wissenschaft der Gesellschaft, 1992, S. 288; *Stäheli,* Sinnzusammenbrüche, 2000, S. 42.

2357 *Stäheli,* Sinnzusammenbrüche, 2000, S. 42 ff.; vgl. *Luhmann,* Die Wissenschaft der Gesellschaft, 1992, S. 307, der aber die Autopoiesis des Systems unangetastet lässt.

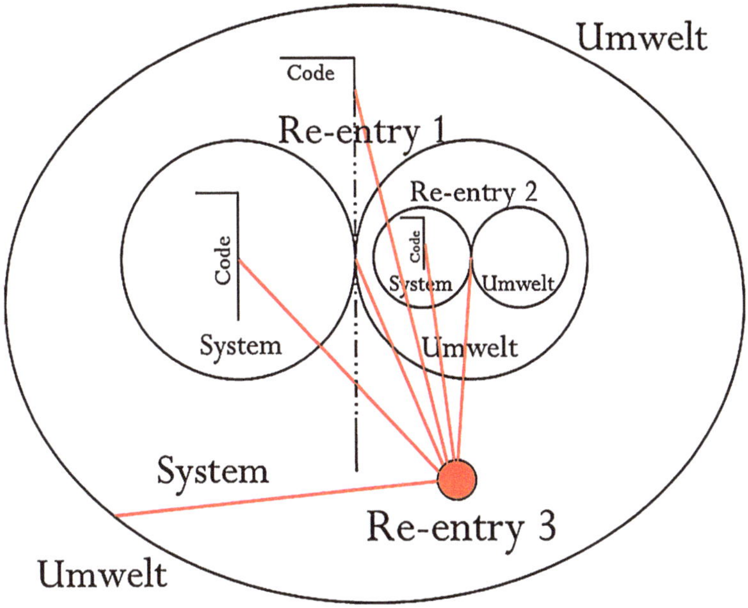

Eigene Darstellung

2. Sinn als systemübergreifendes Medium

Der Sinnbegriff sichert unter diesen Umständen komplexer, systembezogener Wirklichkeitskonstruktion die Kontinuität bzw. Anschlussfähigkeit.[2358] Sinn konstituiert sich über die Differenz von Aktualität und Möglichkeit; er ist „laufendes Aktualisieren von Möglichkeiten".[2359] Wenn eine sinnhafte Selektion vorgenommen wird, beinhaltet sie einen Überschuss von Verweisungen auf weitere Möglichkeiten des Erlebens und Handelns.[2360] Durch den Überschuss an Verweisungen ist Sinn basal instabil.[2361] Ihm ist ein Zwang zur Selbstveränderung inhärent, der folglich die paradoxe Situation einer unentscheidbaren Entscheidung widerspiegelt.[2362] Er ist nach *Luhmann* jedoch eine nicht negierbare, eine differenzlose Kategorie,

2358 *Stäheli,* Sinnzusammenbrüche, 2000, S. 35.
2359 *Luhmann,* Soziale Systeme, 1987, S. 100.
2360 *Luhmann,* Soziale Systeme, 1987, S. 93.
2361 Vgl. *Luhmann,* Soziale Systeme, 1987, S. 100 f.
2362 Vgl. *Luhmann,* Soziale Systeme, 1987, S. 100 f.

weil ihre Negation selbst Sinn voraussetzt.[2363] Für alle Sinn verarbeitenden Systeme wird er zur *Weltform,* die die Differenz von Umwelt und System übergreift.[2364] „Die Welt erscheint so gleichsam als involvierte Unsichtbarkeit; oder auch als Hinweis auf eine nur rekursiv mögliche Erschließung."[2365] Sie ist der Rahmen, in dem verschiedene Beobachter dasselbe verschieden unterscheiden können.[2366] Dadurch entsteht der „paradoxe *Gedanke einer die soziale Welt* [...] *als Letzthorizont umfangenden Welt*".[2367]

Zugleich bedarf es eines Fremdbeobachters, für den in seiner Umwelt eine Pluralität von System/Umwelt-Unterscheidungen erkennbar wird, die eine quasi-objektive Umwelt für verschiedene Systeme darstellt.[2368] Realität ist folglich ein Effekt der Beobachtung bzw. ein Effekt beobachtender Systeme.[2369] Das Beobachten verändert die Welt.[2370] Es bilden sich „fungierende Ontologien".[2371] Die Übersetzungen der pluralen Beobachterperspektiven werden durch das übergreifende Medium Sinn ermöglicht, an die jede Beobachtung gebunden ist.[2372] Systemgrenzen und Umwelten sind so in sinnhafte Strukturen und Prozesse einbeziehbar.[2373] Dadurch werden nicht nur flüchtige Ereignisse im System miteinander verwoben, sondern auch Anknüpfungen für (systemexterne) Kommunikation zur Verfügung gestellt, die in die Theoriebegriffe der strukturellen Kopplungen und der Interferenz gekleidet werden.[2374] Es entsteht ein „Horizont der Horizonte",[2375] wobei aber daran erinnert werden muss, dass es keine „Super-Sinn-Instanz" gibt.[2376] In der

---

2363 *Luhmann,* Soziale Systeme, 1987, S. 96.

2364 *Luhmann,* Soziale Systeme, 1987, S. 95.

2365 *Luhmann,* Die Wissenschaft der Gesellschaft, 1992, S. 93.

2366 *Luhmann,* Die Tücke des Subjekts und die Frage nach dem Menschen, in: ders., Soziologische Aufklärung, Bd. 6, 3. Aufl., 2008, S. 157.

2367 *Clam,* Was heißt, sich an Differenz statt an Identität orientieren?, 2002, S. 83, Hervorhebungen im Original.

2368 *Stäheli,* Sinnzusammenbrüche, 2000, S. 34 ff.; vgl. *Luhmann,* Die Paradoxie der Form, in: Baecker (Hg.), Kalkül der Form, 1993, S. 203 f.

2369 *Fuchs,* Der Sinn der Beobachtung, 2004, S. 14.

2370 *Luhmann,* Die Wissenschaft der Gesellschaft, 1992, S. 75.

2371 *Fuchs,* Der Sinn der Beobachtung, 2004, S. 11, das gilt für die Beobachtung erster Ordnung.

2372 *Fuchs,* Der Sinn der Beobachtung, 2004, S. 63.

2373 *Luhmann,* Soziale Systeme, 1987, S. 64.

2374 Vgl. in diesem Kapitel, A. III. 3. b).

2375 *Stäheli,* Sinnzusammenbrüche, 2000, S. 67.

2376 Der Begriff wurde von *Teubner* verwandt und gilt insbesondere für die Differenz von Bewusstsein und Kommunikation: Die anonyme Matrix, Der Staat 2006,

Beobachtung der Systeme verwischt sich dadurch zwangsläufig „die Unterscheidung der Welt, wie sie ist, und der Welt, wie sie beobachtet wird.“[2377]

3. Zur Gesellschafts-Rationalität als ökologischer Rationalität und deren Mittel struktureller Kopplungen

Nunmehr kann herausgearbeitet werden, wann ein System rational im Hinblick auf seine Umwelten, also ökologisch rational, handelt. Ökologische Rationalität wird von bloßer Systemrationalität abgegrenzt. Um ökologisch rational handeln zu können, bedient sich das System struktureller Kopplungen mit anderen Systemen. Der Begriff der strukturellen Kopplungen wird daher im Folgenden dargestellt. Zudem wird näher erläutert, warum die Systemtheorie ein Modell für die doppelte Umkonstruktion des Rechts liefert.

a) Zur ökologischen Rationalität

Vor diesem Hintergrund der Konstruktion von Wirklichkeit gewinnt die Selbstbeschreibung bzw. Selbstbeobachtung des Systems erst dann eine *Gesellschafts*-Rationalität, „wenn der Begriff der Differenz selbstreferentiell benutzt, das heißt, *wenn auf die Einheit der Differenz reflektiert wird.*“ [2378] Es geht nicht mehr um Handlungs- oder Wertrationalität, sondern um die „Selbstreflexion des Systems“.[2379] Das ist jedoch eine paradoxe Operation. *Menke* bezeichnet die Selbstreflexion des Systems als *re-entry 3,* bei dem im Vollzug der Leitunterscheidung (Code) des Systems die Differenz von System und Umwelt mitreflektiert wird.[2380] Das ist der systemische Reflexionsbegriff, der bereits in der vorherigen Abbildung der *re-entries* dargestellt wurde. Auf die „Einheit der Differenz“ zu reflektieren, bedeutet demnach, die Einsicht zu haben, dass die Welt sich nur in der paradoxalen Einheit ihrer Unterscheidungen verbirgt.[2381] Die „Weltlogik“ kann daher nur eine „Logik des eingeschlossenen ausgeschlossenen Drittens“ sein.[2382]

S. 181; vgl. auch *Teubner,* Die Episteme des Rechts, in: Grimm (Hg.), Wachsende Staatsaufgaben – sinkende Steuerungsfähigkeit des Rechts, 1990, S. 134 f.

2377 *Luhmann,* Die Realität der Massenmedien, 4. Aufl., 2009, S. 20.

2378 *Luhmann,* Soziale Systeme, 1987, S. 640, Hervorhebungen im Original.

2379 *Luhmann,* Soziale Systeme, 1987, S. 642 ff.

2380 *Menke,* Subjektive Rechte: Zur Paradoxie der Form, Zeitschrift für Rechtssoziologie 29 (2008), S. 85, Fn. 3.

2381 *Luhmann,* Soziale Systeme, 1987, S. 283.

2382 *Luhmann,* Soziale Systeme, 1987, S. 285.

Für das Verhältnis von Wissen und Nicht-Wissen folgt daraus, dass Wissen unter der Voraussetzung der Einsicht in dessen paradoxale Verfassung genutzt werden kann. Deswegen muss Wissen grundsätzlich revisionsoffen gehalten werden und der Nutzung selbst Schranken auferlegt werden. Dies entspricht der Einsicht einer evolutionären Perspektive.

Genau an dieser Stelle wird Recht für die Etablierung einer Gesellschafts-Rationalität wichtig, wenn es sich mithilfe seines Begriffs von Gerechtigkeit darauf ausrichtet, seine eigene Lernfähigkeit und die anderer Systeme herzustellen. Recht als Form-Problem von Recht und Nicht-Recht aufzufassen, heißt demzufolge auch, mit der Paradoxie zu arbeiten. Das System findet den Ausweg aus der paradoxalen Schleife, wenn es beginnt, seine Wirkungen auf die Umwelt an den Rückwirkungen auf sich selbst zu kontrollieren.[2383] Deshalb ist Gesellschafts-Rationalität *ökologische* Rationalität. Das System muss seine Definitionsmacht und die Auswirkungen auf seine Umwelt reflektieren.[2384] Das System bedarf aber der Geschlossenheit und der autopoietischen Reproduktion, um an sich selbst lernen zu können.[2385] Die Geschlossenheit des Systems wird daher für die Gewährleistung ökologischer Rationalität zum normativen Postulat.[2386] Erst durch die Distanz zu anderen Systemen, wie z.B. der Politik, kann es Konflikte gesellschaftsadäquat lösen, indem es sich auch die Folgen selbst zurechnen kann.

Systemrationalität ist demgegenüber eine zum System verdichtete Zweckrationalität, indem „die Funktion zum unverwechselbaren Bezugspunkt der Selbstreferenz [des Systems] gemacht wird".[2387] Mit Hilfe der binären Codierung wird die unendliche Reproduzierbarkeit des Systems durch das Oszillieren zwischen den Codewerten erreicht; das System kann sich nicht durch Zweckerreichung zum Stillstand bringen.[2388] Der Herstellung ökologischer Rationalität steht dementsprechend die Eigenrationalitätsmaximierung verschiedener weltweit agierender

2383 *Luhmann,* Soziale Systeme, 1987, S. 642 ff.; dazu *Wielsch,* Die epistemische Analyse des Rechts, JZ 2009, S. 70.

2384 Vgl. zum Begriff ökologische Rationalität *Wielsch,* Die epistemische Analyse des Rechts, JZ 2009, S. 73, 77.

2385 *Luhmann,* Das Recht der Gesellschaft, 1995, S. 568, der das Rechtssystem daher als Immunsystem beschreibt.

2386 Dagegen *Luhmann,* Das Recht der Gesellschaft, 1995, S. 454, der die Minimalbedingungen der Autopoiesis als faktische, nicht normative Bedingungen verstanden wissen will. Sein Verständnis des Rechts als Immunsystems der Gesellschaft offenbart jedoch einen normativen Gehalt der Autopoiesis, vgl. S. 565 ff.

2387 *Luhmann,* Die Gesellschaft der Gesellschaft, Bd. 2, 1998, S. 748.

2388 *Luhmann,* Die Gesellschaft der Gesellschaft, Bd. 2, 1998, S. 749.

Funktionssysteme entgegen, die in der erfolgreichen Funktionsspezifizierung angelegt ist.[2389] Die Eigenrationalitätsmaximierung der Funktionssysteme wird noch durch die Inhibierung von Risikoerwägungen in jedem System übertroffen.[2390] Da die Risiken von hochspezialisierten Funktionssystemen übernommen werden, werden sie nur eindimensional als teilsystemspezifische Probleme wahrgenommen und die Umweltauswirkungen der systemspezifischen Risikobearbeitung verkannt.[2391] Die jeweiligen Systeme haben durch die riskante Funktionsausrichtung Schwierigkeiten, reflexive Mechanismen zu erwerben, die die (schädlichen) Auswirkungen auf die Umwelt des Systems erkennen, rezipieren und daraus system-immanente Schranken bilden können.

Das historische Modell der Selbstbeschränkung der Politik durch eine Verfassung gibt Auskunft darüber, dass erst die Erfahrung der Katastrophe oder – das ist die Hoffnung – der ‚nur' Beinahe-Katastrophe Mechanismen der systemimmanenten Beschränkung möglich macht.[2392] Die ökologische Rationalität im Sinne einer *pluralen* Selbstbeschränkung muss das material-rationale Recht (neu) lernen, weil es keinen eigenen Reflexionsmodus für die Inkorporierung von Wissen im Recht hat – außer dem Verweis auf die *einseitige* Einschätzungsprärogative des Gesetzgebers, die im Verhältnismäßigkeitsgrundsatz zentral zum Tragen kommt. Im Recht müssen Anknüpfungspunkte identifiziert werden, die einerseits die Lernfähigkeit des Rechts ermöglichen und die andererseits auch der Politik und anderen Subsystemen der Gesellschaft neue Schranken auferlegen – im Sinne einer Lernfähigkeit durch Recht. Letztlich muss jedoch jedes System durch (rechtlich angeleitete) Konstitutionalisierungsprozesse diese Selbstbeschränkung *selbst* lernen.[2393]

Für das Strafrecht ist hierfür die Reflektionskraft aus der strafrechtswissenschaftlichen Auseinandersetzung mit dem Nationalsozialismus als *Erfahrung der Katastrophe* nicht zu unterschätzen. Die Totalitarismustheorie kann bei der

---

2389 *Fischer-Lescano/Teubner*, Fragmentierung des Weltrechts, in: Albert/Stichweh (Hg.), Weltstaat und Weltstaatlichkeit, 2007, S. 41 f.; *ders.*, Regime-Kollisionen, 2006, S. 28.

2390 Vgl. *Bechmann*, Risiko als Schlüsselkategorie der Gesellschaftstheorie, KritV 1991, S. 222 f.

2391 *Fischer-Lescano/Teubner*, Regime-Kollisionen, 2006, S. 31.

2392 *Teubner*, Verfassungen ohne Staat? Zur Konstitutionalisierung transnationaler Regimes, Law Zone 2010, S. 34.

2393 Vgl. *Teubner*, Verfassungsfragmente, 2012, S. 120 ff.; *ders.*, Altera Pars Audiatur, in: Pawlowski/Roellecke (Hg.), Der Universalitätsanspruch des demokratischen Staates, ARSP Beiheft Nr. 65, 1996, S. 207.

rechtlichen Selbstbeschränkung und der rechtlich angeleiteten Beschränkung anderer Systemrationalitäten wertvolle Einsichten zur Verfügung stellen.[2394] *Teubner* identifiziert bereits solche Konstitutionalisierungsprozesse auf weltgesellschaftlicher Ebene durch die Emergenz einer Vielzahl von Zivilverfassungen.[2395] Der Bezug auf den Sinnbegriff bei der Rekonstruktion von Umwelt legt aber grundsätzlich nahe, dass bei der Selbstbeschränkung im Hinblick auf die Eigenrechte der Umwelt ein Unterschied zwischen gesellschafts*interner* und gesellschafts*externer* Realität gemacht werden muss. Die gesellschafts*externe* Realität kann nicht auf die gleiche Art und Weise wie gesellschafts*interne* Realität sinnhaft erschlossen werden.

b) Zur strukturellen Kopplung

In der gesellschafts*internen* Umwelt setzt der Begriff der strukturellen Kopplung am Problem des Auseinanderdriftens unterschiedlicher Systemrationalitäten an, die gerade die Herstellung ökologischer Rationalität konterkarieren.[2396] Strukturelle Kopplungen entstehen deshalb erst, „wenn die funktionale Differenzierung des Gesellschaftssystems so weit fortgeschritten ist, daß Trennung und Zusammenhang der Funktionssysteme ein Problem bilden und die Paradoxie der Einheit des Ganzen, das aus Teilen besteht, auf strukturelle Kopplungen abgeladen werden und dadurch Form erhalten."[2397] Da das psychische System als ‚Teil' des Menschen auch Sinn prozessiert, gibt es dementsprechend auch strukturelle Kopplungen zwischen psychischen und sozialen Systemen.[2398] Durch strukturelle Kopplungen sind System-zu-System-Beziehungen möglich, die die Ausbildung ökologischer Rationalität (zumindest) unterstützen können.[2399] Der Begriff der strukturellen Kopplung von autopoietischen Systemen ist auch ein Modell, das die doppelte Umkonstruktion des Rechts, also die Einwirkung der Gesellschaft bzw. deren Subsysteme auf das Recht und die Einwirkung des Rechts auf die Subsysteme der Gesellschaft darstellbar macht.

2394 Vgl. *Wielsch,* Die Verheißungen des Totalitarismus, Rechtshistorisches Journal 1997, S. 524.

2395 *Teubner,* Globale Zivilverfassungen, Zeitschrift für ausländisches öffentliches Recht und Völkerrecht 63 (2003), S. 6.

2396 *Luhmann,* Das Recht der Gesellschaft, 1995, S. 446; vgl. *Calliess,* Prozedurales Recht, 1999, S. 182.

2397 *Luhmann,* Das Recht der Gesellschaft, 1995, S. 446.

2398 Vgl. *Luhmann,* Die Form „Person", in: ders., Soziologische Aufklärung, Bd. 6, 3. Aufl., 2008, S. 146.

2399 Vgl. *Calliess,* Prozedurales Recht, 1999, S. 182; vgl. dazu auch *Theile,* Wirtschaftskriminalität und Strafverfahren, 2009, S. 310 ff.

Voraussetzung für die Emergenz von strukturellen Kopplungen ist zunächst, dass sich das System in Peripherie und Zentrum ausdifferenziert.[2400] Zur Konkretisierung muss der Begriff der strukturellen Kopplung zudem vom Begriff der operativen Kopplung abgrenzt werden: Es sind Gegenbegriffe.[2401] Mit operativen Kopplungen wird einerseits die Produktion von Operationen des Systems durch Operationen des Systems bezeichnet und andererseits „eine momenthafte Kopplung von Operationen des Systems mit solchen, die das System der Umwelt zurechnet".[2402] Demgegenüber sind strukturelle Kopplungen vorhanden, „wenn ein System bestimmte Eigenarten seiner Umwelt dauerhaft voraussetzt und sich strukturell darauf verlässt."[2403] Die strukturelle Kopplung ist demnach eine Zwei-Seiten-Form, weil sie Umweltkontakte zugleich ein- und ausschließt.[2404] Vergleichbar mit den Sinnesorganen des Menschen ermöglicht erst die Beschränkung von Umweltkontakten Resonanzfähigkeit.[2405] Durch die momenthafte, operative Kopplung in der Peripherie des Systems wird die strukturelle Kopplung ermöglicht bzw. setzt die operative Kopplung ähnliche Strukturen bereits voraus.[2406]

Im Verhältnis von Recht und Politik treffen sich rechtliche und politische Autopoiesis im Moment der Gesetzgebung, um anhand des zeitlichen Ereignisses parallel je verschiedenen Sinn zu prozessieren.[2407] Die Verfassung ist danach die strukturelle Kopplung von Recht und Politik, weil sie in Anknüpfung an dieses momenthafte Zusammentreffen von rechtlicher und politischer Autopoiesis ermöglicht, dass „das positive Recht zum politischen Gestaltungsmittel und zugleich das Verfassungsrecht zum rechtlichen Instrument der Disziplinierung von Politik" wird.[2408] Dies erklärt auch die jeweiligen Freiheitsgrade der Politik, Recht machtorientiert zu generieren, und des Rechts, dieses aus sich selbst

---

2400 Vgl. *Calliess,* Prozedurales Recht, 1999, S. 149, 151; s. zu Zentrum und Peripherie im Rechtssystem *Luhmann,* Das Recht der Gesellschaft, 1995, S. 297 ff.

2401 *Luhmann,* Das Recht der Gesellschaft, 1995, S. 440.

2402 *Luhmann,* Das Recht der Gesellschaft, 1995, S. 440 f.

2403 *Luhmann,* Das Recht der Gesellschaft, 1995, S. 441.

2404 *Luhmann,* Das Recht der Gesellschaft, 1995, S. 441.

2405 *Luhmann,* Das Recht der Gesellschaft, 1995, S. 441.

2406 Vgl. *Calliess,* Prozedurales Recht, 1999, S. 151 ff., der das Phänomen der momenthaften Kopplung im Anschluss an *Teubner* Interferenz nennt, vgl. zum Begriff Interferenz *Teubner,* Die Episteme des Rechts, in: Grimm (Hg.), Wachsende Staatsaufgaben – sinkende Steuerungsfähigkeit des Rechts, 1990, S. 134 f. Strukturelle Kopplungen werden durch Ko-Evolution ermöglicht, a.a.O., S. 126, 130 ff.

2407 *Calliess,* Prozedurales Recht, 1999, S. 152.

2408 *Luhmann,* Das Recht der Gesellschaft, 1995, S. 470.

heraus zu bewerten.[2409] Strukturelle Kopplungen wirken so gegen Korruption bzw. Zweitcodierung im Sinne direkter Einflussnahme und setzen an die Stelle eine differenzierte Form von Einfluss und Nicht-Einfluss der Umwelt auf das Recht und umgekehrt.[2410] Der Einbau der Differenz von Verfassungsrecht und einfach-gesetzlichem Recht in das positive Recht bedeutet so einerseits die Zukunfts- und Umweltoffenheit des Rechts durch laufende Veränderung, also auch durch die Inkorporierung von politisch vermitteltem Nicht-Recht bzw. Wirklichkeit in das Recht über seine Programme.[2411] Andererseits kann sich das Recht selbst für rechtswidrig erklären und damit die gesellschaftliche Beeinflussung zurückweisen (doppelte Umkonstruktion des Rechts).[2412]

Strukturelle Kopplungen lassen sich demnach grundsätzlich für einen Wissenstransfer unter der Prämisse der grundsätzlichen Mittelbarkeit von Wissen nutzen. Sie sind der Schlüssel zu einem ökologisch-rationalen Verhältnis von Wissen und Nicht-Wissen. Die Prämisse der grundsätzlichen Mittelbarkeit von Wissen verweist auf einen Kontrollbedarf dieses Wissenstransfers. Gleichzeitig wird die Pluralisierung von Wissensquellen notwendig, weil die strukturelle Kopplung als Zwei-Seiten-Form wiederum paradox verfasst ist und das politische Moment der Entparadoxierung durch strukturelle Kopplungen reflektiert werden muss. Die doppelte Umkonstruktion des Rechts lässt sich somit prinzipiell als Gründungsparadoxie beschreiben, die in der Anwendungssituation als Entscheidungsparadoxie auftaucht und als Form-Problem reformuliert werden muss.[2413] Da die gesellschafts*externe* Umwelt keinen Sinn prozessiert, müssen bei der Inbezugnahme der gesellschaftsexternen Umwelt durch Recht die Wissensquellen über diese Umwelt, seien sie im Recht selbst hergestellt oder aus anderen Subsystemen in das Recht importiert, einem schärferen Kontrollmaßstab unterzogen werden.

IV. Kommunikation: Der Mensch und das soziale System

Bei der Darstellung der systemtheoretischen Grundlagen darf das Verhältnis des Menschen zur Gesellschaft nicht fehlen. Zur Präzisierung des Verhältnisses wird

---

2409 *Luhmann,* Das Recht der Gesellschaft, 1995, S. 470.

2410 *Luhmann,* Das Recht der Gesellschaft, 1995, S. 445.

2411 *Luhmann,* Das Recht der Gesellschaft, 1995, S. 473 ff.

2412 *Luhmann,* Das Recht der Gesellschaft, 1995, S. 473 ff.

2413 *Christensen/Fischer-Lescano,* Das Ganze des Rechts, 2007, S. 224; vgl. ebenso *dies.,* Auctoritatis interpositio, Der Staat 2005, S. 220 ff.

Luhmanns Kommunikationsbegriff genutzt, der zugleich den Zwang zur Bildung sozialer Systeme erklärt. Die Systemtheorie als Kommunikationstheorie „schließt die naive Wirklichkeitsannahme aus, daß menschliche Akteure die Basiselemente der Gesellschaft darstellen."[2414] An die Stelle des autonomen erkennenden Subjekts treten kommunikative Prozesse.[2415] Da der systemtheoretische Kommunikationsbegriff auf der Kategorie Sinn aufbaut, kann er sich nicht auf die Übertragung von Informationen zwischen Personen beziehen, sondern es ist ein dreistelliger Selektionsprozess.[2416] Die Differenz von Information und Mitteilung ermöglicht als drittes Element der Kommunikation Verstehen.[2417] Erst die Differenz von Information und Mitteilung, deren Wahrnehmung bzw. Erfahrung durch Schrift und Buchdruck erzwungen werden, konstituieren Kommunikation.[2418] Im Kommunikationsbegriff spiegelt sich so die (doppelte) Kontingenz im Gegensatz zur Substantialität wider, weil die Differenz von Information und Mitteilung Selbstverunsicherung bedeutet. Jede Information kann demnach unter Verweis auf die Mitteilung bzw. den Mitteilenden in Zweifel gezogen und abgelehnt werden. Dadurch entsteht eine emergente Ebene, eine „Realität sui generis".[2419] Diese kann als dreistelliger Selektionsprozess „nicht auf *eine* sie begründende, wie immer beschaffene Subjektivität" bezogen werden.[2420] Ein (transzendentales) Subjekt kann daher in einer polykontexturalen Welt auch nicht mehr für einen konsistenten Weltzusammenhang sorgen.[2421] Der Mensch ist aus dem Sozialsystem der Gesellschaft ausgeschlossen – auch wenn ein ‚Teil' von ihm als psychisches

---

2414 *Teubner,* Die Episteme des Rechts, in: Grimm (Hg.), Wachsende Staatsaufgaben – sinkende Steuerungsfähigkeit des Rechts, 1990, S. 117.

2415 *Teubner,* Die Episteme des Rechts, in: Grimm (Hg.), Wachsende Staatsaufgaben – sinkende Steuerungsfähigkeit des Rechts, 1990, S. 119.

2416 *Luhmann,* Soziale Systeme, 1987, S. 193; *ders.*, Die Gesellschaft der Gesellschaft, Bd. 1, 1998, S. 194; vgl. *Fuchs,* Die Erreichbarkeit der Gesellschaft, 1992, S. 27.

2417 *Luhmann,* Soziale Systeme, 1987, S. 194 ff.

2418 Vgl. *Luhmann,* Soziale Systeme, 1987, S. 224.

2419 *Fuchs,* Die Erreichbarkeit der Gesellschaft, 1992, S. 30; vgl. *Luhmann,* Soziale Systeme, 1987, S. 199 f., 658.

2420 *Fuchs,* Die Erreichbarkeit der Gesellschaft, 1992, S. 30; vgl. *Luhmann,* Soziale Systeme, 1987, S. 199 f., 658.

2421 Vgl. *Luhmann,* Soziale Systeme, 1987, S. 656; *ders.,* Das Recht der Gesellschaft, 1995, S. 444; vgl. auch *Teubner,* Die Episteme des Rechts, in: Grimm (Hg.), Wachsende Staatsaufgaben – sinkende Steuerungsfähigkeit des Rechts, 1990, S. 120, der im Anschluss an *Habermas* feststellt, dass die „Bedingungen der Möglichkeit von Erkenntnis" vom Bewusstsein auf Kommunikation umdirigiert wurden.

System ebenso Sinn prozessiert und die Gesellschaft sich nur über Bewusstsein von ihrer Umwelt beeinflussen lassen kann.[2422] Das heißt folglich nicht, dass das Kommunikationssystem autark gegenüber seiner Umwelt ist; es ist auf Energie angewiesen, genauso wie es auf seine Umwelt referiert.[2423] Nichtsdestotrotz der Mensch, der im sozialen System als psychisches System oder als Körper adressiert wird, gehört zur gesellschafts*externen* Umwelt. Nur Kommunikation kann kommunizieren, nicht psychische Systeme miteinander.

Da Kommunikation ein derart komplexer, selbstverunsichernder Vorgang ist, muss die Kommunikation durch die Bildung sozialer Systeme konditioniert werden, die Selektionen anleiten.[2424] Die Bildung eines die Kommunikation begrenzenden Sozialsystems ist unvermeidlich.[2425] Aus der Entwicklung sozialer Systeme ergeben sich demzufolge diejenigen „Stützbedingungen, die es ermöglichen, in Bezug auf an sich Unwahrscheinliches Erwartungen zu bilden und das Unwahrscheinliche damit ins hinreichend Wahrscheinliche zu transformieren."[2426] Dass die Systembildung selbstreferentiell abläuft, beruht auf dem Komplexitätsdruck der Welt.[2427] Es bildet sich ein selbstreferentielles, autopoietisches System, weil Komplexität nicht adäquat abgebildet werden kann.[2428] Die Selbstreferentialität ist demnach nicht nur theoriebedingt, sondern findet ihre Entsprechung in der funktional ausdifferenzierten Gesellschaft. Dies ist nur als evolutiver Vorgang beschreibbar.[2429] Die Ordnung der Gesellschaft kann nicht als etwas Bestimmtes vorausgesetzt werden, sondern wird fortwährend neu ausgehandelt, kommunikativ gestaltet, erstritten oder verteidigt.[2430] Zufallsanlässe werden unvermeidlich in sinnhafte Information verwandelt und müssen sich in der Evolution bewähren.[2431] In der heutigen Gesellschaft wird die erfolgreichste bzw. folgenreichste Kommunikation über Kommunikationsmedien wie Macht,

---

2422 Vgl. zur Trennung von Mensch und Gesellschaft, psychischem und sozialen System: *Luhmann,* Soziale Systeme, 1987, S. 286 ff. und S. 92; s. auch *Fuchs,* Die Erreichbarkeit der Gesellschaft, 1992, S. 26 ff.

2423 *Luhmann,* Soziale Systeme, 1987, S. 200.

2424 *Luhmann,* Soziale Systeme, 1987, S. 236.

2425 *Luhmann,* Soziale Systeme, 1987, S. 223.

2426 *Luhmann,* Soziale Systeme, 1987, S. 223.

2427 *Luhmann,* Soziale Systeme, 1987, S. 602.

2428 *Luhmann,* Soziale Systeme, 1987, S. 602.

2429 *Luhmann,* Soziale Systeme, 1987, S. 236.

2430 *Baecker,* Form und Formen der Kommunikation, 2005, S. 13.

2431 *Luhmann,* Soziale Systeme, 1987, S. 239.

Geld, Wahrheit, Liebe und Recht abgewickelt, die zur Ausdifferenzierung entsprechender Funktionssysteme geführt haben und die jeweils füreinander die gesellschafts*interne* Umwelt bilden.[2432] Als Letztes ist nun die Frage zu stellen, was die Systemtheorie für das Funktionssystem Wissenschaft bedeutet.

V. Die Wissenschaft als Beobachter

Durch die Systemtheorie entsteht aufgrund ihres differenztheoretischen Ausgangspunktes eine „quasi unbeschränkte Freizügigkeit der Beobachtung“[2433], die von der Wissenschaft als Beobachter genutzt werden kann. Sie ist vom Prinzip her auch schon in der Kritik des französischen Poststrukturalismus im Sinne der Aufdeckung epistemischer Diskurse angelegt, die die Ausschließung des ‚Anderen‘ befördern.[2434] Die systemtheoretisch aufgeschlüsselte Differenztheorie enthält jedoch darüber hinaus „die Theorie ihrer selbst in sich selbst“.[2435] Das macht sie zu einer „Supertheorie“.[2436] Jede Beobachtung mittels Differenz ist vorläufig und kann keine „richterliche Funktion über allen anderen beanspruchen.“[2437] Um einer Verdinglichung bzw. Re-Ontologisierung der Beobachterstandpunkte entgegenzuwirken, rückt die Pluralität der Beobachtungsperspektiven ins Zentrum der Theorie.[2438] Die Pluralität wird für die Wissenschaft quasi zu einem *normativen* Postulat.[2439] Gerade die „Aufdeckung und Anbringung inkongruenter

2432 *Luhmann,* Soziale Systeme, 1987, S. 222, 604; vgl. *ders.,* Die Gesellschaft der Gesellschaft, Bd. 1, 1998, S. 190 ff.

2433 *Clam,* Was heißt, sich an Differenz statt an Identität orientieren?, 2002, S. 30.

2434 *Clam,* Was heißt, sich an Differenz statt an Identität orientieren?, 2002, S. 9, vgl. *Luhmann,* Die Gesellschaft der Gesellschaft, Bd. 1, 1998, S. 64; vgl. zu den Überschneidungen von Systemtheorie und Poststrukturalismus auch *Stäheli,* Sinnzusammenbrüche, 2000, S. 11 ff.

2435 *Clam,* Was heißt, sich an Differenz statt an Identität orientieren?, 2002, S. 9; vgl. *Luhmann,* Die Gesellschaft der Gesellschaft, Bd. 1, 1998, S. 64.

2436 Vgl. *Luhmann,* Soziale Systeme, 1987, S. 19; *Luhmann,* Die Paradoxie der Form, in: Baecker (Hg.), Kalkül der Form, 1993, S. 198; vgl. dazu auch *Stäheli,* Sinnzusammenbrüche, 2000, S. 13.

2437 *Luhmann,* Die Gesellschaft der Gesellschaft, Bd. 2, 1998, S. 1132.

2438 Vgl. *Clam,* Was heißt, sich an Differenz statt an Identität orientieren?, 2002, S. 29 ff.

2439 Vgl. *Clam,* Was heißt, sich an Differenz statt an Identität orientieren?, 2002, S. 29 ff.

Perspektiven an den Gegenstand"[2440] erzeugt Innovativität im Umgang mit den Problemen der Gesellschaft. Mit der Systemtheorie wird ein versuchsweises Angebot formuliert, dass sich in der Kommunikation bewähren muss. „Machen Sie es anders, ist die Aufforderung, aber mindestens ebenso gut."[2441]

Gesellschaftskritik wird dadurch erleichtert und erschwert – gleichzeitig. Im Rahmen einer differenztheoretischen Perspektive werden folglich keine Lösungen von Problemen mehr angestrebt, weil so die Hintergrundinformation der Selektivität jedes Lösungsvorschlags aus den Augen verloren wird.[2442] Ungelöste Probleme halten den Auswahlbereich möglicher anderer Selektionen bzw. ‚Lösungen' offen.[2443] Das eröffnet Kreativitätsspielräume in der Bearbeitung von Problemen und verhindert ideologische Verfestigungen, die das durch sie Ausgeschlossene, den blinden Fleck der Unterscheidung nicht einmal erahnen können. Dahinter steckt der dann nur noch mögliche „ethische Imperativ" von *Heinz v. Foerster:* „Act always so as to increase the number of choices."[2444] Darin ruht das kritisch-emanzipative Potential, das kritische Systemtheorie durch die Deutung der Paradoxie als politisches Moment entfaltet.[2445] Das ist bei den Empfehlungen an den demokratischen Gesetzgeber bezüglich der Sicherungsverwahrung im Blick zu behalten.

B. Zur Gerechtigkeit im Rechtssystem

Die genannten Parameter der Systemtheorie werden nun für das Recht konkretisiert. Das Recht ist zunächst als soziales System zu verstehen. Danach wird dargestellt, wie sich die Forderung gesellschaftlicher bzw. ökologischer Rationalität in die Idee von Gerechtigkeit einschreibt und sich in der rechtlichen Argumentation entfalten kann.

2440 *Clam,* Was heißt, sich an Differenz statt an Identität orientieren?, 2002, S. 29.

2441 *Luhmann,* Die Gesellschaft der Gesellschaft, Bd. 2, 1998, S. 1133.

2442 *Baecker,* Form und Formen der Kommunikation, 2005, S. 256.

2443 *Baecker,* Form und Formen der Kommunikation, 2005, S. 256.

2444 Zit. nach *Willke,* Systemtheorie I: Grundlagen, 7. Aufl., 2006, S. 168; vgl. dazu *Wielsch,* Die epistemsiche Analyse des Rechts, JZ 2009, S. 73, der dem Recht gerade die Aufgabe zuschreibt, Beobachtungsdiversität als Voraussetzung der Steigerung von Variationsfähigkeit zu ermöglichen und zu erhalten.

2445 Vgl. *Amstutz/Fischer-Lescano,* Einleitung, in: dies. (Hg.), Kritische Systemtheorie, 2013, S. 9 f.

I. Recht als soziales System

Die Anwendung der Systemtheorie auf das Recht bedeutet Recht als *soziales System* zu verstehen, das (mehr oder weniger)[2446] autopoietisch operiert.[2447] Durch seine Funktion, Erwartungen zu stabilisieren, die im Code Recht/Unrecht symbolisiert ist, unterscheidet es sich von anderer Kommunikation.[2448] Die Leistungen des Rechts, die es dadurch für seine innergesellschaftliche Umwelt erbringt, sind Verhaltenssteuerung und Konfliktlösung.[2449] Es ist kein Regelsystem, sondern ein System von miteinander verketteten Rechtsakten, die nur im Moment ihres Vollzugs existieren.[2450] An die Stelle eines hierarchischen, positivistischen Rechtssystemdenkens tritt die Vorstellung einer dynamischen, rekursiven, horizontalen Vernetzung von Operationen.[2451] Daraus folgt, dass Rechtssinn ständig transformiert und aufgeschoben wird; Rechtsentscheidungen sind nur provisorische Sinnfixierungen und keine Rechts*erkenntnis.*[2452] Die Rechtsentscheidung ist dann immer Vermittlung von Varietät *und* Redundanz.[2453]

2446 Damit ist der blinde Fleck des Autopoiesis-Konzeptes gemeint, der durch dekonstruktivistischen Anschlüsse bearbeitet wird und bereits in diesem Kapitel bei der Paradoxie und der Politik der Entparadoxierung, A. II., beschrieben wurde, dagegen *Luhmann,* Das Recht der Gesellschaft, 1995, S. 38 ff.

2447 Vgl. dazu das gleichnamige Buch von *Teubner,* Recht als autopoietisches System, 1989 und mit anderen Schwerpunkten sowie anderem Verständnis von Autopoiesis *Luhmann,* Das Recht der Gesellschaft, 1995; vgl. auch *Vesting,* Rechtstheorie, 2007, S. 59 ff. Im Folgenden wird jedoch primär auf *Teubner*s Rechtskonzept rekurriert, weil dessen kritische Wendung die Normativität in die Systemtheorie einführt.

2448 *Luhmann,* Das Recht der Gesellschaft, 1995, S. 124 ff.; *ders.,* Die Codierung des Rechtssystems, Rechtstheorie 17 (1986), S. 173 ff.; *Vesting,* Rechtstheorie, 2007, S. 63 ff.

2449 *Luhmann,* Das Recht der Gesellschaft, 1995, S. 156 ff., der Unterschied von Funktion und Leistung liegt in der Erreichbarkeit funktionaler Äquivalente, S. 160.

2450 *Luhmann,* Das Recht der Gesellschaft, 1995, S. 144; *Teubner,* Recht als autopoietisches System, 1989, S. 21 ff.; *ders.,* Die Episteme des Rechts, in: Grimm (Hg.), Wachsende Staatsaufgaben – sinkende Steuerungsfähigkeit des Rechts, 1990, S. 128; vgl. auch *Vesting,* Rechtstheorie, 2007, S. 57 ff.

2451 *Vesting,* Rechtstheorie, 2007, S. 68.

2452 *Vesting,* Rechtstheorie, 2007, S. 120; vgl. auch *Christensen/Lerch,* Performanz. Die Kunst, Recht geschehen zu lassen, in: Lerch (Hg.), Die Sprache des Rechts, Bd. 3, Recht vermitteln, 2005, S. 92; vgl. zum Begriff Sinn in diesem Kapitel, A. III. 2.

2453 Das wird durch die Begriffe Kondensierung und Konfirmierung von Sinn gekennzeichnet: *Luhmann,* Das Recht der Gesellschaft, 1995, S. 127, 214 ff.; *Vesting,* Rechtstheorie, 2007, S. 108.

Die Produktivität bzw. Verkettung wird durch die Unterscheidung von Codierung und Programmierung gewährleistet.[2454] Die (normativ gehaltvolle) Recht-Fertigung von Kollisionsregeln knüpft an diesen Tatbestand der rekursiven, horizontalen Vernetzung an, weil sie jenseits der Entfaltung von (Werte-)Hierarchien oder methodischem Positivismus Rechtskonflikte als Konflikte über Recht und Nicht-Recht entscheiden will.[2455] Bei der Recht-Fertigung von Kollisionsregel wird das Problem der Sachbestimmung des Rechts gerade als Form-Problem zwischen Recht und Nicht-Recht auffasst. Damit wird die Entparadoxierung der Entscheidungsparadoxie zum Gegenstand der Methodenlehre, weil jede Zwei-Seiten-Form grundsätzlich eine paradoxale Verfassung hat.[2456] Das Rechtssystem – wie auch jedes andere System – ist demnach als *epistemisches Subjekt* zu verstehen.[2457] Der Begriff des epistemischen Subjekts verweist auf die Differenz von System/Umwelt (= Recht/Nicht-Recht) bzw. von operativer Geschlossenheit/informationeller Offenheit des Systems sowie dessen Fähigkeit mittels struktureller Kopplungen Austauschverhältnisse zwischen Systemen zu errichten.[2458] Das Rechtssystem kann nicht in die ‚reale' Außenwelt ausgreifen, weil es als soziales System aus Kommunikationen besteht. Es ist den oben beschriebenen Konstruktionsbedingungen von Wirklichkeit als Umwelt des Rechts *im* Recht unterworfen.[2459] Das bedeutet insbesondere auch, dass Individuen im Rechtssystem nur kommunikative Konstrukte, semantische Artefakte sind, die keine Entsprechung im Menschen aus Fleisch und Blut finden.[2460] Die Konstruktionsbedingungen der Umwelt leiten demnach die Verhältnisbestimmung von Wissen und Nicht-Wissen im Recht an. Sie ermöglichen es, der Tatsache der

2454 *Luhmann,* Das Recht der Gesellschaft, 1995, S. 165 ff., 190; *ders.,* Die Codierung des Rechtssystems, Rechtstheorie 17 (1986), S. 194 ff.

2455 *Wiethölter,* Recht-Fertigungen eines Gesellschafts-Rechts, in: Joerges/Teubner (Hg.), Rechtsverfassungsrecht, 2003, S. 14; *Fischer-Lescano/Christensen,* Auctoritatis interpositio, Der Staat 2005, S. 214 f.; *Vesting,* Rechtstheorie, 2007, S. 95.

2456 Vgl. *Vesting,* Rechtstheorie, 2007, S. 119 ff.

2457 Vgl. zum Recht als epistemisches Subjekt *Teubner,* Die Episteme des Rechts, in: Grimm (Hg.), Wachsende Staatsaufgaben – sinkende Steuerungsfähigkeit des Rechts, 1990, S. 119, 127 ff.; vgl. auch *Vesting,* Rechtstheorie, 2007, S. 120 ff.

2458 Vgl. *Luhmann,* Soziale Systeme, 1987, S. 63 f.; *ders.,* Das Recht der Gesellschaft, 1995, S. 38 ff.; s. auch *Calliess,* Prozedurales Recht, 1999, S. 148.

2459 *Teubner,* Die Episteme des Rechts, in: Grimm (Hg.), Wachsende Staatsaufgaben – sinkende Steuerungsfähigkeit des Rechts, 1990, S. 128.

2460 *Teubner,* Die Episteme des Rechts, in: Grimm (Hg.), Wachsende Staatsaufgaben – sinkende Steuerungsfähigkeit des Rechts, 1990, S. 125.

Verknüpfung von empirischen und rechtlichen Argumenten im Recht Rechnung zu tragen und leiten die rechtliche Selbst- und Fremdbeschränkung im Hinblick auf die jeweiligen Umwelten an.

II. Gerechtigkeit im Rechtssystem

Die Frage nach der *Umweltadäquanz* rechtlicher Entscheidungen wird zum zentralen Fluchtpunkt der Suche nach Gerechtigkeit im Recht, weil das Recht und dessen Verhältnis zur ‚Wirklichkeit' in der kritischen Systemtheorie als Form-Problem von Recht und Nicht-Recht reformuliert wird. Der systemtheoretische Gerechtigkeitsbegriff ist aus diesem Grund eng mit dem systemischen Reflexionsbegriff verknüpft und auf die Herstellung von ökologischer Rationalität bezogen. Wie bereits ausgeführt[2461] heißt das, dass das Recht auch selbstbeschränkende Konstitutionalisierungsprozesse in anderen Subsystemen der Gesellschaft anleiten soll. Demgegenüber ist der Versuch direkter politischer Steuerung durch Recht – das hat die Steuerungskrise des Rechts belegt – aufgrund der Nicht-Beachtung fremder Systemrationalitäten zum Scheitern verurteilt.[2462] Die Forderung nach Umweltadäquanz des Rechts bezieht sich nicht nur auf die gesellschaftsinterne Umwelt des Rechts und das Problem der Steuerung von Wirtschaft und anderen Subsystemen der Gesellschaft. Sie ist ebenso beim rechtlichen Umgang mit gesellschaftsexterner Umwelt zu berücksichtigen. Letzteres ist für die Bewertung der Sicherungsverwahrung wichtig, weil sie den Menschen als gesellschaftsexterne Umwelt in Bezug nimmt.

Bevor sich der Sicherungsverwahrung im nächsten Kapitel konkret zugewandt wird, wird im Folgenden zunächst die Gerechtigkeit als Umweltadäquanz erläutert und deren Stellung im Rechtssystem aufgezeigt. Letzteres klärt auf, wie eine Methodenlehre funktionieren kann, die die Entparadoxierung der Entscheidungsparadoxie zum Gegenstand hat. Zugleich wird verdeutlicht, dass

2461 Vgl. in diesem Kapitel, A. III. 3. a) und im 1. Kapitel, A. II.

2462 *Teubner/Willke,* Kontext und Autonomie, Zeitschrift für Rechtssoziologie 6 (1984), S. 7 ff.; *Teubner,* Reflexives Recht, Archiv für Rechts- und Sozialphilosophie 68 (1982), S. 39 ff.; *ders.,* Altera Pars Audiatur, in: Pawlowski/Roellecke (Hg.), Der Universalitätsanspruch des demokratischen Staates, ARSP Beiheft Nr. 65, 1996, S. 212 ff.; vgl. zur Emergenz einer Vielzahl von Zivilverfassungen *ders.,* Globale Zivilverfassungen, Zeitschrift für ausländisches öffentliches Recht und Völkerrecht 63 (2003), S. 1 ff.

Gerechtigkeit eine empirisch identifizierbare Dynamik im Rechtssystem ist und dass die Überlegungen nicht im theoretischen, luftleeren Raum schweben.[2463]

1. Gerechtigkeit als Kontingenz- *und* Selbsttranszendenzformel

Die kritische (Rechts-)Systemtheorie, insbesondere in der Fassung von *Teubner*, stellt mit *und* gegen *Luhmann* die Gerechtigkeitsfrage des Rechtssystems neu. Am Anfang der Überlegungen über Gerechtigkeit steht die in den Grundlagen der Systemtheorie bereits entfaltete Einsicht, „dass die Kollision heutiger idiosynkratischer Sinnwelten eine Aussöhnung durch eine sozietale Rationalität, geschweige denn durch eine gesellschaftsübergreifende Gerechtigkeit ausschließt".[2464] Grundsätzlich kann die Gerechtigkeitsfrage daher in jedem System gestellt werden. Das führt dazu, dass die unterschiedlichen systembezogenen ‚Gerechtigkeiten' in einen Widerstreit zueinander treten.[2465] Im Rechtssystem ist die Gerechtigkeit aber eine *Selbstbeobachtung* der Einheit des Rechts auf der Ebene der Programme.[2466] Gerechtigkeit ist demnach im Rechtssystem nicht ein Wert unter vielen, sondern sie ist nach *Luhmann* Kontingenzformel.[2467]

Kontingenzformeln beziehen sich auf die Differenz von Unbestimmbarkeit und Bestimmbarkeit und machen dadurch kontinuierlich auf andere Möglichkeiten des Umgangs mit (Rechts-)Problemen aufmerksam.[2468] Damit verweist Gerechtigkeit als Kontingenzformel auf das Ausgangsparadox des Rechtssystems und wird gerade dann virulent, wenn die Selbstbeschreibung des Rechtssystems

---

2463 *Teubner*, Selbstsubversive Gerechtigkeit, Zeitschrift für Rechtssoziologie 29 (2008), S. 23, vgl. zur Einheit von Theorie und Praxis *Wiethölter*, Begriffs- und Interessenjurisprudenz, in: Lüderitz/Schröder (Hg.), Internationales Privatrecht und Rechtsvergleichung im Ausgang des 20. Jahrhunderts, 1977, S. 213 f., 223 f.

2464 *Teubner*, Selbstsubversive Gerechtigkeit, Zeitschrift für Rechtssoziologie 29 (2008), S. 12, der auch weitere Theorierichtungen benennt, die mit der Systemtheorie in diesem Punkt übereinstimmen.

2465 Vgl. *Teubner*, Selbstsubversive Gerechtigkeit, Zeitschrift für Rechtssoziologie 29 (2008), S. 13 ff.

2466 *Luhmann*, Das Recht der Gesellschaft, 1995, S. 217 f., das, was auf der Ebene des Codes auf eine Paradoxie aufläuft, ist auf der Ebene der Programme möglich; vgl. auch *Teubner*, Selbstsubversive Gerechtigkeit, Zeitschrift für Rechtssoziologie 29 (2008), S. 17.

2467 *Luhmann*, Das Recht der Gesellschaft, 1995, S. 214 ff.; zur Verortung der Kontingenzformel im System vgl. S. 218.

2468 *Luhmann*, Das Recht der Gesellschaft, 1995, S. 220.

bei der Entparadoxierung der Entscheidungsparadoxie versagt.[2469] Die Gerechtigkeits-Frage ist jedoch in jeder Rechtsentscheidung anwesend, weil Rechtsentscheidungen grundsätzlich zwischen Redundanz und Varietät vermitteln. Im Hiatus zwischen Operation – Struktur – Operation entsteht ein Moment fundamentaler Ungewissheit; also kann prinzipiell jede Rechtsentscheidung von ihrer paradoxalen Verfassung heimgesucht werden.[2470] In der permanenten Unterscheidungspraxis der Gleich-oder-ungleich-Behandlung von Einzelfällen nistet sich ein Raum der Kontingenz ein, da jenseits dogmatischer Gebilde die Frage der Subsumierbarkeit auftaucht, die nicht durch die Dogmatik selbst gelöst werden kann.[2471] Dies wird noch deutlicher, wenn die Von-Fall-zu-Fall-Offenheit der Werteabwägung im Rahmen der Verhältnismäßigkeitsprüfung in den Blick genommen wird.[2472] Die Problematisierung der Bindungsschwäche material-rationalen Rechts macht gerade auf diesen Moment der Unbestimmbarkeit rechtlicher Entscheidungen aufmerksam. Hier greift nun die Gerechtigkeit als Kontingenzformel ein. Sie ist ein „Schema der Suche nach Gründen oder Werten, die nur in der Form von Programmen Rechtsgeltung gewinnen können".[2473]

Da Recht eng mit der Idee der Selbstreflexion des (Rechts-)Systems im Sinne der Etablierung einer ökologischen Rationalität zusammenhängt, kann Gerechtigkeit nur als „adäquate Komplexität des konsistenten Entscheidens" verstanden werden.[2474] Die „Doppelformel juridischer Gerechtigkeit" ist demnach interne Konsistenz plus Responsivität gegenüber ökologischen Anforderungen.[2475] Diese ökologische Orientierung ist – wie schon mehrfach beschrieben – in die Differenz von System/Umwelt eingeschrieben.[2476] Die Verschränkung von Kognitivität und Normativität im Recht als sachbestimmtem Ordnungsmodell wird so durch die

---

2469 Vgl. *Luhmann,* Das Recht der Gesellschaft, 1995, S. 221.

2470 *Teubner,* Selbstsubversive Gerechtigkeit, Zeitschrift für Rechtssoziologie 29 (2008), S. 23 f.

2471 *Teubner,* Selbstsubversive Gerechtigkeit, Zeitschrift für Rechtssoziologie 29 (2008), S. 15 f.; *Fischer-Lescano/Christensen,* Auctoritatis interpositio, Der Staat 2005, S. 216.

2472 *Luhmann,* Das Recht der Gesellschaft, 1995, S. 479 f.

2473 *Luhmann,* Das Recht der Gesellschaft, 1995, S. 223.

2474 Vgl. *Luhmann,* Das Recht der Gesellschaft, 1995, S. 225.

2475 *Teubner,* Selbstsubversive Gerechtigkeit, Zeitschrift für Rechtssoziologie 29 (2008), S. 17.

2476 *Teubner,* Selbstsubversive Gerechtigkeit, Zeitschrift für Rechtssoziologie 29 (2008), S. 17.

Doppelformel juridischer Gerechtigkeit eingefangen.[2477] Die ökologische Orientierung steht dabei nur auf den ersten Blick in einem fundamentalen Widerspruch zur selbstreferentiellen Schließung des Rechtssystems, weil sie durch die oben bereits abstrakt beschriebenen Operationen des *re-entry* ermöglicht wird.[2478] Juridische Gerechtigkeit überwindet die operative Schließung auf der zweiten Ebene, der Ebene der Selbstbeobachtung, indem durch den *re-entry* die Unterscheidung Recht/Nicht-Recht (nicht Recht/Unrecht) in die Sequenz rechtlicher Operationen wieder eintritt.[2479] Sie ermöglicht eine Auseinandersetzung mit der Frage, „ob die rechtlichen Entscheidungen denjenigen Aspekten der Außenwelt gerecht werden, wie sie intern rekonstruiert worden sind".[2480] Hier öffnet sich der „imaginäre Raum" innerhalb des Rechts, der einerseits „großartige Perspektiven für juridische Kreativität in ihren Wirklichkeitskonstruktionen" bietet.[2481] Andererseits kann er bei der Frage ökologischer Adäquanz nur mit Fiktionen über die Außenwelt arbeiten – das ist das uneinholbare Defizit juridischer Gerechtigkeit.[2482] Die Frage nach der Gerechtigkeit des Rechtsaktes kann nur im Rechtssystem durch Mobilisierung seiner Rekursivität beantwortet werden.[2483]

2477 An dieser Stelle wird auch die von Luhmann postulierte klare Unterscheidung von Normen und Fakten (Selbst- und Fremdreferenz) modifiziert, vgl. *Luhmann,* Das Recht der Gesellschaft, S. 76 ff., vgl. dazu *Vesting,* Rechtstheorie, 2007, S. 65 ff., der aber die hinter dem Begriff des sachbestimmten Ordnungsmodells steckende Methode von *Müller/Christensen* ablehnt, S. 121. Hier wird der Begriff des sachbestimmten Ordnungsmodells durch die Verknüpfung mit dem *Teubner*'schen Gerechtigkeitsbegriff jedoch auf ein anderes Gleis gesetzt.

2478 Vgl. *Teubner,* Selbstsubversive Gerechtigkeit, Zeitschrift für Rechtssoziologie 29 (2008), S. 17.

2479 *Teubner,* Selbstsubversive Gerechtigkeit, Zeitschrift für Rechtssoziologie 29 (2008), S. 18 f.; vgl. *Menke,* Subjektive Rechte: Zur Paradoxie der Form, Zeitschrift für Rechtssoziologie 29 (2008), S. 85, Fn. 3, der das als *re-entry 3* bezeichnet.

2480 *Teubner,* Selbstsubversive Gerechtigkeit, Zeitschrift für Rechtssoziologie 29 (2008), S. 18 f.

2481 *Teubner,* Selbstsubversive Gerechtigkeit, Zeitschrift für Rechtssoziologie 29 (2008), S. 19.

2482 *Teubner,* Selbstsubversive Gerechtigkeit, Zeitschrift für Rechtssoziologie 29 (2008), S. 19.

2483 *Luhmann,* Das Recht der Gesellschaft, 1995, S. 223, weil Gerechtigkeit die Form einer rechtseigenen Selbstkontrolle annimmt, wird erst die Überwindung der Differenz von naturrechtlichen und positivistischen Rechtstheorien möglich, vgl. S. 217; s. auch *Teubner,* Selbstsubversive Gerechtigkeit, Zeitschrift für Rechtssoziologie 29 (2008), S. 20 f.

Teubner ist damit aber noch nicht am Ende seiner Auseinandersetzung. Er will nicht vor den Defizienzen des *re-entry* resignieren.[2484] Nach *Luhmann* muss Gerechtigkeit ihre Funktion *latent* erfüllen, da ihre Offenlegung auf das Ausgangsparadox des Rechts hinweisen würde.[2485] *Teubner* stellt demgegenüber (im Anschluss an *Derrida)* die Paradoxie in das Zentrum des Nachdenkens über Gerechtigkeit und baut dadurch die Gerechtigkeit von einer Kontingenzformel zu einer „Selbsttranszendenzformel" um.[2486] Im Gegensatz zu *Luhmann* will *Teubner* die Paradoxie nicht invisibilisieren, sondern Gerechtigkeit führt „die Kontingenz allen Rechts drastisch vor Augen [...]: Gerechtes Recht könnte/müsste anders sein!"[2487] Hier setzt die „Gerechtigkeitsirritation"[2488] ein, die eine normative Qualität, ein kritisch-emanzipatives Potential gewinnt. Zwar hält *Luhmann* für die Vermittlung von Varietät und Redundanz im Rechtssystem Gerechtigkeit als Kontingenzformel bereit.[2489] Die Leitunterscheidung der Systemtheorie System/Umwelt verhindert jedoch das „‚Zwischen' im Pertubationsgeschehen" näher zu analysieren.[2490] Das ist der blinde Fleck der Systemtheorie.[2491] Die Übersetzung von einem System in das andere verschwindet im blinden Fleck der System/Umwelt-Unterscheidung.[2492] „Luhmann sieht nur und kann nur sehen, was *innerhalb* der Grenzen des Rechts passiert und widmet seine Aufmerksamkeit nur den nach der Pertubation getroffenen Entscheidungen".[2493] Er begnügt sich mit

2484 *Teubner,* Selbstsubversive Gerechtigkeit, Zeitschrift für Rechtssoziologie 29 (2008), S. 26.

2485 *Luhmann,* Das Recht der Gesellschaft, 1995, S. 221.

2486 *Teubner,* Selbstsubversive Gerechtigkeit, Zeitschrift für Rechtssoziologie 29 (2008), S. 25 ff.

2487 *Teubner,* Selbstsubversive Gerechtigkeit, Zeitschrift für Rechtssoziologie 29 (2008), S. 16, 25.

2488 *Teubner,* Selbstsubversive Gerechtigkeit, Zeitschrift für Rechtssoziologie 29 (2008), S. 16.

2489 Vgl. *Luhmann,* Das Recht der Gesellschaft, 1995, S. 214 ff.; hierzu *Teubner,* Selbstsubversive Gerechtigkeit, Zeitschrift für Rechtssoziologie 29 (2008), S. 16 ff.; vgl. auch *Fischer-Lescano/Christensen,* Auctoritatis interpositio, Der Staat 2005, S. 230 f.

2490 *Teubner,* Selbstsubversive Gerechtigkeit, Zeitschrift für Rechtssoziologie 29 (2008), S. 26; *Christensen/Fischer-Lescano,* Das Ganze des Rechts, 2007, S. 234 f.; vgl. zum „Dazwischen" auch *Fögen,* Das Lied vom Gesetz, 2007, S. 110.

2491 *Teubner,* Selbstsubversive Gerechtigkeit, Zeitschrift für Rechtssoziologie 29 (2008), S. 26; *Christensen/Fischer-Lescano,* Das Ganze des Rechts, 2007, S. 234 f.

2492 *Christensen/Fischer-Lescano,* Das Ganze des Rechts, 2007, S. 235.

2493 *Teubner,* Selbstsubversive Gerechtigkeit, Zeitschrift für Rechtssoziologie 29 (2008), S. 26, Hervorhebung durch Verfasserin.

der Aufdeckung des problematischen Verhältnisses von Polykontexturalität und Gerechtigkeit[2494] als Paradoxie, die im Wertekonflikt der Abwägung aufscheint und verortet sie auch zentral als Gründungsparadoxie des Rechts im Rechtssystem. Er fordert allerdings mit Entschiedenheit, sie schnellstens zu verdrängen.[2495] Sie ist bei *Luhmann* nur *Movens* der Systembildung, weil er von der Paradoxie nicht mehr als Paralyse und Instabilität erwartet.[2496] Dann wird aber der Unterschied zu einer „auf Entscheidungskonsistenz abzielenden Logik der Präjudizienbindung und der Systematizität der Rechtsdogmatik“ (als rein formaler Gerechtigkeit) fraglich.[2497]

Teubner fordert dagegen mit *Derrida,* sich der verwirrenden Erfahrung des Rechtsparadoxes im Gerechtigkeitsdiskurs auszusetzen und an eben dieser Stelle die Sinngrenzen zu transzendieren.[2498] Das ist ein „reflexiver Akt der Selbstbeschreibung“, der die Grenze der rationalen Begründbarkeit erfahrbar und so auf das politische Moment der Paradoxie aufmerksam macht.[2499] Durch das Aufdecken der Irrationalität rechtlicher Entscheidungen wird die Gerechtigkeitsfrage nicht suspendiert, sondern die Anforderungen an Gerechtigkeit werden gesteigert.[2500] Für die Rechtsentscheidung hat das nach *Teubner* folgende praktische Konsequenz: „Veränderung der Situation als Entscheidung *sub specie aeternitatis* und nicht *sub specie societatis*“.[2501] Die Selbsttranszendierung des Rechts (ohne Gott oder transzendentale Vernunft) ist dann der Verweis auf das nichtsprachlich vermittelte, radikal Andere des Rechts, oder: das fundamentale

---

2494 Dieses problematische Verhältnis als Analyse gesellschaftlicher Fragmentierung lässt sich ebenso bei *Durkheim, Weber, Wittgenstein* und *Adorno* finden vgl. *Teubner,* Selbstsubversive Gerechtigkeit, Zeitschrift für Rechtssoziologie 29 (2008), S. 12.

2495 Vgl. *Teubner,* Selbstsubversive Gerechtigkeit, Zeitschrift für Rechtssoziologie 29 (2008), S. 26 f.

2496 *Teubner,* Selbstsubversive Gerechtigkeit, Zeitschrift für Rechtssoziologie 29 (2008), S. 10, 25.

2497 Vgl. *Teubner,* Selbstsubversive Gerechtigkeit, Zeitschrift für Rechtssoziologie 29 (2008), S. 17.

2498 *Teubner,* Selbstsubversive Gerechtigkeit, Zeitschrift für Rechtssoziologie 29 (2008), S. 27; vgl. auch *Fischer-Lescano/Christensen,* Auctoritatis interpositio, Der Staat 2005, S. 223 ff.; s. zudem *Fögen,* Das Lied vom Gesetz, 2007, S. 100 ff.

2499 *Teubner,* Selbstsubversive Gerechtigkeit, Zeitschrift für Rechtssoziologie 29 (2008), S. 24.

2500 Vgl. *Teubner,* Ökonomie der Gabe, in: Koschorke/Vismann (Hg.), Widerstände der Systemtheorie, 1999, S. 200.

2501 *Teubner,* Selbstsubversive Gerechtigkeit, Zeitschrift für Rechtssoziologie 29 (2008), S. 25.

Nicht-Wissen, das im Recht durch die Reflexion auf sein Paradox die Ungerechtigkeit, die Gewaltsamkeit jeder Rechtsentscheidung vor Augen führt.[2502] Es geht um die Verletzung der „inneren Unendlichkeit des einzelnen Menschen“ und anderer Eigen-Rechte der Umwelt durch die rechtliche Entscheidung.[2503] Auch wenn im Suchprozess der Gerechtigkeit folglich notwendigerweise immer neue Ungerechtigkeiten geschaffen werden, führt die Gerechtigkeit jedoch eine komparative Dimension ins Recht ein.[2504] Sie erlaubt es zwischen höheren und niederen Graden an Gerechtigkeit zu unterscheiden und utopische Energien im Recht zu begünstigen, die die Verweisungsüberschüsse auf die innere Unendlichkeit des Menschen, auf einen „Realitätsunterbau“ ‚zwischen‘ den Unterscheidungen als Anstoß für gerechtere Alternativen im Recht nutzen.[2505] So kann Gerechtigkeit rechtsintern als eine subversive Kraft wirken, die „gegen die natürlichen Tendenzen des Rechts, sich an Präjudiz, Routine, Sicherheit, Stabilität, Autorität und Tradition zu binden“, aufbegehrt.[2506]

2. Zur Umsetzung der Gerechtigkeit in rechtliche Argumentation: Die Unterscheidung Gerechtigkeit/Zweitcodierung

Das Ernstnehmen der Selbsttranszendierung des Rechts im Gerechtigkeitsdiskurs bedeutet, den Versuch zu unternehmen, Gerechtigkeit in der Immanenz des Rechts zu verwirklichen.[2507] Die Selbsttranszendierung muss sich den Anschlusszwängen

---

2502 *Teubner,* Selbstsubversive Gerechtigkeit, Zeitschrift für Rechtssoziologie 29 (2008), S. 28, vgl. auch *Menke,* Gewalt und Recht, 2. Aufl., 2012, S. 38 f.

2503 Vgl. *Teubner,* Selbstsubversive Gerechtigkeit, Zeitschrift für Rechtssoziologie 29 (2008), S. 30; vgl. auch *ders.,* Die anonyme Matrix, Der Staat 2006, S. 169 ff.; vgl. auch *Luhmann,* Die Soziologie und der Mensch, in: ders. Soziologische Aufklärung, Bd. 6, 3. Aufl., 2008, S. 252 ff.

2504 *Teubner,* Selbstsubversive Gerechtigkeit, Zeitschrift für Rechtssoziologie 29 (2008), S. 31.

2505 *Teubner,* Selbstsubversive Gerechtigkeit, Zeitschrift für Rechtssoziologie 29 (2008), S. 31; s. auch *Fischer-Lescano/Christensen,* Auctoritatis interpositio, Der Staat 2005, S. 230; zum Realitätsunterbau, der ein Verweis auf die Unsichtbarkeit der Welt in den Unterscheidungen ist, vgl. *Luhmann,* Soziale Systeme, 1987, S. 97; dazu *Stäheli,* Sinnzusammenbrüche, 2000, S. 71 ff.

2506 *Teubner,* Selbstsubversive Gerechtigkeit, Zeitschrift für Rechtssoziologie 29 (2008), S. 21.

2507 *Teubner,* Selbstsubversive Gerechtigkeit, Zeitschrift für Rechtssoziologie 29 (2008), S. 30.

des Rechts[2508] aussetzen und mit Hilfe *juristischer* Argumente eine Entscheidung suchen.[2509] Die rechtliche Begründung von Entscheidungen ist nicht nur als Anschluss*zwang* zu sehen, sondern sie ermöglicht gerade, den Gerechtigkeitsdiskurs im Recht zu entfalten. Da der Rechtssinn sich in den Rechtsentscheidung kontinuierlich verschiebt und transformiert, speichern die Begründungstexte der Gerichte „nicht einfach Vergangenheit, um sie der Gegenwart als mit sich identischen Sinn zur Verfügung zu stellen, sondern sie halten nicht aktualisierte Möglichkeiten fest und stellen sich neuen Kontexten zur Sinnverschiebung durch Lektüre bereit."[2510] Damit öffnen sie das Recht gerade für Außeneinflüsse und sein jeweils Unbeobachtbares.[2511] Die Begründung ist das Supplement der Rechtspraxis, die neben der Herstellung von Redundanz Varietät verbürgt und das Recht umweltsensibel macht.[2512] In der Begründung wird durch die „entscheidungsstrukturierende Kraft von Argumenten" die Vermittlung von Umweltsensibilität und juristischer Konsistenz möglich.[2513]

Die theoretische Betrachtung der Gerechtigkeit als Selbsttranszendenzformel muss daher durch die Beobachtung ergänzt werden, wie die Entscheidung die Argumente im Verfahren berücksichtigt.[2514] Dann wird sichtbar, dass wenn „die Begründung als Supplement der Entscheidung die Argumente der Verfahrensbeteiligten aufnimmt, [...] sie damit den gewaltsamen Charakter der Entscheidung [relativiert]."[2515] Diese dekonstruktivistische Lesart des Paradoxes verdeutlicht, dass das Ausgangsparadox des Rechtssystems nicht zwangsläufig zum Dezisionismus führt.[2516] Der konfliktuelle Charakter des Rechtsverfahrens ermöglicht somit gerade auch die Aufnahme fremden ‚Wissens' bzw. fremder Wissensperspektiven in den Rechtsprozess (als rechtsinterne Rekonstruktion), die den Eigen-Welten und

---

2508 *Teubner* benennt hierfür den Entscheidungs-, Begründungs- und Normierungszwang: Selbstsubversive Gerechtigkeit, Zeitschrift für Rechtssoziologie 29 (2008), S. 29 ff.

2509 *Teubner,* Selbstsubversive Gerechtigkeit, Zeitschrift für Rechtssoziologie 29 (2008), S. 30; vgl. *Christensen/Fischer-Lescano,* Das Ganze des Rechts, 2007, S. 232 ff.

2510 *Christensen/Fischer-Lescano,* Das Ganze des Rechts, 2007, S. 234; vgl. *dies.,* Auctoritatis interpositio, Der Staat 2005, S. 223.

2511 *Christensen/Fischer-Lescano,* Das Ganze des Rechts, 2007, S. 234.

2512 *Christensen/Fischer-Lescano,* Das Ganze des Rechts, 2007, S. 235; *dies.,* Auctoritatis interpositio, Der Staat 2005, S. 231.

2513 *Christensen/Fischer-Lescano,* Das Ganze des Rechts, 2007, S. 235.

2514 *Christensen/Fischer-Lescano,* Das Ganze des Rechts, 2007, S. 235.

2515 *Christensen/Fischer-Lescano,* Das Ganze des Rechts, 2007, S. 236.

2516 *Christensen/Fischer-Lescano,* Das Ganze des Rechts, 2007, S. 232 ff.; *dies.,* Auctoritatis interpositio, Der Staat 2005, S. 228 ff.

Eigen-Rechten der beteiligten Umwelten näher stehen.[2517] Durch die Begründung wird folglich die im Verfahren gefundene Regel für die Mitgestaltung durch die Beteiligten, einer kritischen Öffentlichkeit, der Politik etc. geöffnet.[2518] Sie kann durch Einlegung von Rechtsmitteln überprüft werden, Skandalisierungsprozesse in Gang setzen oder Gesetzesprojekte auf den Weg bringen.[2519] Die Begründung erschließt demnach auch einen Raum für demokratische Auseinandersetzung.

Die Paradoxie in den Mittelpunkt der Rechtssuche zu stellen, beinhaltet aber auch ein Risiko. Es macht „ein Stück der vom Gesetz nicht kontrollierbaren richterlichen Macht sichtbar" und führt damit „eine politische Dimension" in das Recht ein.[2520] Das politische Moment der Entscheidung ist jedoch unhintergehbar mit dem Gründungsparadox des Systems verbunden.[2521] Die Geschlossenheit des Rechtssystems ist dadurch eine praktische Frage, die sich in jedem Verfahren stellen kann.[2522] Damit das Recht nicht vom Austragungsort von Konflikten zum Vehikel der Durchsetzung von Macht wird, muss es bei jeder Rechtsentscheidung den Imperialismus anderer Rationalitäten – sei es das Kosten-Nutzen-Denken oder das militärische Kalkül der Bedrohung und Abwehr – von sich weisen, weil Macht, Effizienz, Wahrheit, Machbarkeit oder Sicherheit die Stelle der Gerechtigkeit einzunehmen suchen.[2523] Wegen der Parallelität von ökologischer Rationalität und Gerechtigkeit ist die Geschlossenheit des Rechtssystems im Sinne von Autonomie normatives Postulat.[2524] Demnach lassen sich in der Begründung

2517 *Teubner,* Die Episteme des Rechts, in: Grimm (Hg.), Wachsende Staatsaufgaben – sinkende Steuerungsfähigkeit des Rechts, 1990, S. 135 f., 140.

2518 *Christensen/Fischer-Lescano,* Das Ganze des Rechts, 2007, S. 236; vgl. *Luhmann,* Das Recht der Gesellschaft, 1995, S. 149 f.; vgl. auch *Theile,* Das Verhältnis zwischen Zuschreibung und Fakten im Unternehmensstrafrecht, in: Kempf/Lüderssen/Volk (Hg.), Unternehmensstrafrecht, 2012, S. 182 f.

2519 *Christensen/Fischer-Lescano,* Das Ganze des Rechts, 2007, S. 236.

2520 *Christensen/Fischer-Lescano,* Das Ganze des Rechts, 2007, S. 236; vgl. *Luhmann,* Das Recht der Gesellschaft, 1995, S. 568, der die Bedeutung der Differenzierung von Recht und Politik betont.

2521 *Christensen/Fischer-Lescano,* Das Ganze des Rechts, 2007, S. 237.

2522 *Christensen/Fischer-Lescano,* Das Ganze des Rechts, 2007, S. 237.

2523 *Christensen/Fischer-Lescano,* Das Ganze des Rechts, 2007, S. 238; vgl. zu Skandalisierungsprozessen und deren (verfassungs-)rechtlicher Verarbeitung *Fischer-Lescano,* Globalverfassung, 2005.

2524 Dagegen noch einmal *Luhmann,* Das Recht der Gesellschaft, 1995, S. 454, der die Minimalbedingungen der Autopoiesis als faktische, nicht normative Bedingungen verstanden wissen will. Sein Verständnis des Rechts als Immunsystem der Gesellschaft beinhaltet jedoch einen normativen Gehalt der Autopoiesis, vgl. S. 565 ff.

auch Anhaltspunkte dafür finden, ob das Gericht als Zentrum des Rechtssystems seiner Aufgabe gerecht geworden ist, die imperialistische Besetzung des Codes durch die Peripherie in der Rechtsentscheidung abzuwehren.[2525]

Eine solche Abwehr ist geglückt, wenn der Begriff des Rechts ein leerer Signifikant bleibt; dann erhält das Recht seine eigene Codierung aufrecht.[2526] Zweitcodiert wäre es, wenn der Begriff des Rechts durch eine andere Rationalität fixiert und damit der Gerechtigkeitsdiskurs aus seinem Moment fundamentaler Ungewissheit verdrängt würde.[2527] Die Zweitcodierung muss nicht explizit erfolgen. Sie kann sich „im Schatten der enthymematischen Struktur der Rechtsordnung" vollziehen.[2528] Das Enthymen beruht auf der Ableitung des Falls aus dem Allgemeinen, ohne dies explizit zu machen.[2529] Der Schluss des Enthymens lässt daher entscheidende Prämissen unerwähnt, weil sie sich – in der Regel – von selbst verstehen.[2530] Wenn die Figur jedoch zur Aufrechterhaltung zweifelhafter Prämissen genutzt wird, vollzieht sich die Usurpierung des Obersatzes durch die Macht.[2531] Das Aufscheinen der Paradoxie führt dann nicht zur Gerechtigkeitsfrage, sondern wird durch die Frage ersetzt, was unter den gesellschaftlichen Verhältnissen plausibel ist.[2532] Das ist nichts anderes als die von *Wiethölter* kritisch in den Blick genommene politische Jurisprudenz. Dem Recht droht infolgedessen die Vereinnahmung durch das Kosten-Nutzen-Denken, das militärische Kalkül der Bedrohung und Abwehr oder andere Rationalitäten.[2533]

2525 *Christensen/Fischer-Lescano,* Das Ganze des Rechts, 2007, S. 240.

2526 *Christensen/Fischer-Lescano,* Das Ganze des Rechts, 2007, S. 237; *dies.,* Auctoritatis interpositio, Der Staat 2005, S. 233.

2527 Vgl. *Christensen/Fischer-Lescano,* Das Ganze des Rechts, 2007, S. 238.

2528 *Christensen/Fischer-Lescano,* Das Ganze des Rechts, 2007, S. 238.

2529 *Christensen/Fischer-Lescano,* Das Ganze des Rechts, 2007, S. 238. Das Enthymem ist ein auf *Aristoteles* zurückgehender Begriff der Rhetorik „für ein Schlussverfahren, das nicht der logischen Deduktion, sondern der alltagssprachlichen Begründung und Durchsetzung von Meinungen dient". Daher müssen Argument und Schlussregel des Enthymems nicht wahr, sondern nur plausibel sein und erschließbare Beweisglieder bleiben häufig unausgesprochen. S. *Bußmann,* Lexikon der Sprachwissenschaft, 4. Aufl., 2008, S. 164.

2530 *Christensen/Fischer-Lescano,* Das Ganze des Rechts, 2007, S. 238.

2531 *Christensen/Fischer-Lescano,* Das Ganze des Rechts, 2007, S. 238.

2532 *Christensen/Fischer-Lescano,* Das Ganze des Rechts, 2007, S. 238.

2533 *Christensen/Fischer-Lescano,* Das Ganze des Rechts, 2007, S. 238.

Ebenso gelingt die Vereinnahmung, wenn die Konstruktionszusammenhänge von empirischen Zugriffen nicht reflektiert werden und wenn nicht beachtet wird, in welchem Systemzusammenhang sie entstanden sind und welcher Systemrationalität sie demnach folgen. Das Recht kommt nicht umhin, die Vielheit von konkurrierenden autonomen Epistemen im Recht zu berücksichtigen, auch und gerade um sich durch den Vergleich mit seiner eigenen Wirklichkeitskonstruktion den Eigen-Rechten der Umwelten durch die Vielheit der Perspektiven annähern zu können.[2534] Diese Berücksichtigung muss dementsprechend immer vor dem Hintergrund der Polykontexturalität, also der Kontingenz der zugrunde gelegten Wirklichkeitskonstruktion geschehen. Insbesondere die teleologische Auslegung birgt aber die Gefahr, dass tatsächlich massive Vorurteile, Wert- und Normvorstellungen rechtspolitischer, allgemeinpolitischer, moralischer und religiöser Art unreflektiert wirksam werden.[2535] An dieser Stelle wird auch deutlich, wie wichtig die in Art. 97 GG garantierte Unabhängigkeit der Richter ist und vor diesem Hintergrund müssen die Bestrebungen der Dritten Gewalt verstanden werden, sich nicht mehr von der Exekutive fremdverwalten zulassen, sondern eine selbstverwaltete Justiz zu institutionalisieren.[2536]

Die diskursive Praxis eröffnet so „einen neuen Raum der totalen Indeterminiertheit des Rechts“, der einerseits als juridischer Gerechtigkeitsdiskurs rekonstruiert werden kann.[2537] Andererseits entsteht damit ein (kommunikativer) ‚Ort‘, der zugleich Zweitcodierungen des Rechts, die Überwältigung der Eigenrationalität des Rechts durch andere Rationalitäten, sowie deren Beobachtung ermöglicht. In diesem kommunikativen Ort verweilt die Grenzwert-Ambivalenz des materialrationalen Rechts, die dort durch die juristische Argumentation anhand der Unterscheidung Gerechtigkeit/Zweitcodierung ebenso gebändigt werden kann. Dieser Zusammenhang von Gerechtigkeitsdiskurs und Zweitcodierung in der gerichtlichen Arbeit der Begründung von Rechtsentscheidungen offenbart, worum es

---

2534 Vgl. *Teubner,* Die Episteme des Rechts, in: Grimm (Hg.), Wachsende Staatsaufgaben – sinkende Steuerungsfähigkeit des Rechts, 1990, S. 130 f.; vgl. auch *Vesting,* Rechtstheorie, 2007, S. 120 ff.

2535 *Christensen/Fischer-Lescano,* Das Ganze des Rechts, 2007, S. 249.

2536 Vgl. *Albrecht,* Hoffnungen für eine Stärkung der Unabhängigkeit der Dritten Gewalt, KritV 2008, S. 340 ff.; *ders.,* Eine unabhängige Judikative als Gegengewicht zur Erosion europäischer Strafrechtsprinzipien?, KritV 2008, S. 39 ff.; *ders.,* Der Weg in die Sicherheitsgesellschaft, 2010, S. 931 ff.; *ders.,* Die Bedrohung der Dritten Gewalt durch irrationale Sicherheitspolitik, DRiZ 1998, S. 326 ff.

2537 Vgl. *Teubner,* Selbstsubversive Gerechtigkeit, Zeitschrift für Rechtssoziologie 29 (2008), S. 20.

im Recht gehen *soll:* Im Recht geht es um die „Pflege der Rechtsparadoxie", ihrer Erhaltung und Behandlung zugleich.[2538] *Wiethölter* konkretisiert das wie folgt: „Rechts-Gewinnung ist Begründung in Anwendung, eher ‚Herstellung' als ‚Darstellung', eher context of discovery als context of justification, eher Frage als Antwort, eher Möglichkeits-Findung als Wirklichkeits-Suche, eher Wahr-Nehmung als Wahr-Sagung (juristischer: eher Tatbestands-Problematisierung als Rechtsfolgen-Festsetzung), in diesen Hinsichten also ‚wirklich' Such-, Lern- und Entdeckungsarbeit."[2539] Im nächsten Abschnitt wird nun aufgezeigt, was das für die Bearbeitung von Grundrechtskonflikten im Rahmen der Prüfung der Verhältnismäßigkeit bedeutet.

III. Rückschlüsse für die Bearbeitung von Grundrechtskonflikten im Rahmen des Verhältnismäßigkeitsgrundsatzes: Recht-Fertigung von Kollisionsregeln

Die Umstellung auf eine systemtheoretische Betrachtung des Rechts als soziales System bedeutet für die Bearbeitung von Grundrechtskonflikten, dass – vor dem Hintergrund der Forderung nach Umweltadäquanz des Rechts – die Prüfung des Verhältnismäßigkeitsgrundsatzes nicht mehr durch die Wertungsjurisprudenz als Theorie und bisher hegemoniale Selbstbeschreibung sinnvoll strukturiert werden kann.[2540] Sie muss durch eine (paradoxie- und damit umweltadäquate) Selbstbeschreibung ersetzt werden, die die Recht-Fertigung von Kollisionsregeln für die Vermittlung von Recht und Nicht-Recht symbolisiert.[2541] Die (neu zu konstituierende) Selbstbeschreibung muss demnach die Entparadoxierung der Entscheidungsparadoxie in der Begründung anleiten und Orientierungspunkte für die

2538 *Wiethölter,* Recht-Fertigungen eines Gesellschafts-Rechts, in: Joerges/Teubner (Hg.), Rechtsverfassungsrecht, 2003, S. 19; vgl. dazu *Teubner,* Der Umgang mit Rechtsparadoxien: Derrida, Luhmann, Wiethölter, in: Joerges/ders. (Hg.), Rechtsverfassungsrecht, 2003, S. 25 ff.

2539 *Wiethölter,* Recht-Fertigungen eines Gesellschafts-Rechts, in: Joerges/Teubner (Hg.), Rechtsverfassungsrecht, 2003, S. 19.

2540 Vgl. *Christensen/Fischer-Lescano,* Das Ganze des Rechts, 2007, S. 191, 242 ff.; s. auch *dies.,* Auctoritatis interpositio, Der Staat 2005, S. 219 f.

2541 Vgl. *Christensen/Fischer-Lescano,* Das Ganze des Rechts, 2007, S. 191, 242 ff., die eine solche Theorie als *reflexive Grundrechtstheorie* bezeichnen; s. auch *dies.,* Auctoritatis interpositio, Der Staat 2005, S. 219 f.

Unterscheidung von Gerechtigkeit/Zweitcodierung zur Verfügung stellen, die im „Zwischen des Pertubationsgeschehens" virulent wird.[2542] Die durch die Paradoxie vorgenommene Verschiebung zulasten von Redundanz und zugunsten der Varietät rechtlicher Entscheidungen bedarf einer Restabilisierung in der Selbstbeschreibung. Für das System gibt es Schranken der Selbstinstabilisierung, deren Überschreitung zur Destruktion führt.[2543] Dieses Problem hat sich im ersten Teil im Verhältnis von Formalisierung und Flexibilisierung bei der Sicherungsverwahrung angedeutet. Abstrakt geht es dabei darum, die Wert- und Prinzipientheoreme durch sozialtheoretische Modellierung zu ersetzen. Außerdem ist die Perspektive der Grundrechtstheorie dahingehend zu erweitern, dass „Grundrechte als Bollwerke gegen gesellschaftliche Totalisierung" zu deuten sind und dass die Kommunikation von der Herrschaft durch Zentren zu emanzipieren ist, damit sie für Differenzierungen offen bleibt.[2544] Deswegen darf die Grundrechtstheorie nicht auf ein bestimmtes Menschenbild fixiert werden – auch weil es nicht umweltsensibel genug wäre.[2545]

Konkret läuft die Vermittlung von Recht und Nicht-Recht auf eine „Prozeduralisierung des Wissens" mittels multipler struktureller Kopplungen hinaus.[2546] Letztere wirken – wie oben bereits thematisiert bzw. mit Systemtheorie als

2542 Das ist selbstverständlich ein in die Rechtsevolution einzuschreibendes Projekt.

2543 *Luhmann,* Soziale Systeme, 1987, S. 81; vgl. *Teubner,* Dreiers Luhmann, in: Alexy (Hg.), Integratives Verstehen, S. 209.

2544 *Christensen/Fischer-Lescano,* Das Ganze des Rechts, 2007, S. 247 ff.; *Fischer-Lescano,* Mäßigung der Verhältnismäßigkeit, in: Calliess (Hg.), Transnationalisierung des Rechts, erscheint 2014, Manuskript, S. 14 ff.; vgl. *Teubner,* Globale Zivilverfassungen, Zeitschrift für ausländisches öffentliches Recht und Völkerrecht 63 (2003), S. 10; *Vesting,* Rechtstheorie, 2007, S. 123; vgl. dazu *Luhmann,* Grundrechte als Institution, 5. Aufl., 2009, S. 201 ff.

2545 *Christensen/Fischer-Lescano,* Das Ganze des Rechts, 2007, S. 249, 255; vgl. auch die Kritik eines Menschenbildes im Recht von *Wiethölter,* Rechtswissenschaft, 1968, S. 58 ff. und *Luhmann,* Die Tücke des Subjekts und die Frage nach dem Menschen, in: ders., Soziologische Aufklärung, Bd. 6, 3. Aufl., 2008, S. 159.

2546 Vgl. *Teubner,* Die Episteme des Rechts, in: Grimm (Hg.), Wachsende Staatsaufgaben – sinkende Steuerungsfähigkeit des Rechts, 1990, S. 141 ff.; *ders.,* Globale Zivilverfassungen, Zeitschrift für ausländisches öffentliches Recht und Völkerrecht 63 (2003), S. 18; s. auch *Calliess,* Das Tetralemma des Rechts, Zeitschrift für Rechtssoziologie 21 (2000), S. 294 ff.; *ders.,* Prozedurales Recht, 1999, S. 181 ff.; *Vesting,* Rechtstheorie, 2007, S. 122 ff.; *Christensen/Fischer-Lescano,* Das Ganze des Rechts, 2007, S. 182 und 184 ff.

Sozialtheorie modelliert[2547] – durch eine differenzierte Form von Einfluss und Nicht-Einfluss der Umwelt auf das Recht gegen Korruption bzw. Zweitcodierung im Sinne direkter Einflussnahme. Strukturelle Kopplungen setzen die Autonomie der beteiligten Systeme voraus.[2548] Das Recht kann nicht „die volle epistemische Autorität und Verantwortung für alle involvierten Wirklichkeitskonstruktionen übernehmen; gleichzeitig kann es jedoch nicht epistemische Autorität total an andere soziale Diskurse delegieren."[2549] Empirische Referenzen dürfen nicht Maßstab des Gesetzes sein. Ansonsten wäre das Recht an die Macht verkauft, aber sie müssen nach dem Maßstab des Gesetzes berücksichtigt werden.[2550] Sachstrukturen in der Umwelt des Rechtssystems müssen über den *re-entry* in das autonome System wiedereingeführt und in ein „überlappendes Netzwerk" von Rechtsargumenten übersetzt werden.[2551] Die Aufgabe des Rechts besteht mithin darin, „Bedingungen der Inkorporierung sozialen Wissens in den Rechtsprozeß festzulegen, indem es bestimmte prozedurale und methodologische Mindeststandards der gesellschaftlichen Wissensproduktion formuliert" und damit ökologische Rationalität verwirklicht.[2552] Prozedurale Mindeststandards der gesellschaftlichen Wissensproduktion zielen damit auf die rechtliche Beurteilung der Foren und Verfahren rechtsfremder Wissensproduktion ab. Methodologische Mindeststandards werden für Prognosegutachten von Experten bereits formuliert und auch das Bundesverfassungsgericht hat in seiner ersten Entscheidung aus dem Jahr 2004 deren Bedeutung hervorgehoben.[2553]

Die Bedingungen der Inkorporierung sozialen Wissens in den Rechtsprozess sind jedoch einer konditionalen Programmierung in Rechtssätzen weitgehend unzugänglich. Sie müssen daher in die juristische Argumentation verlegt werden

---

2547 Vgl. in diesem Kapitel, A. III. 3. b).

2548 *Calliess,* Prozedurales Recht, 1999, S. 186.

2549 *Teubner,* Die Episteme des Rechts, in: Grimm (Hg.), Wachsende Staatsaufgaben – sinkende Steuerungsfähigkeit des Rechts, 1990, S. 142.

2550 *Christensen/Fischer-Lescano,* Das Ganze des Rechts, 2007, S. 180, vgl. auch *Vesting*, Rechtstheorie, 2007, S. 125.

2551 *Vesting,* Rechtstheorie, 2007, S. 121.

2552 *Teubner,* Die Episteme des Rechts, in: Grimm (Hg.), Wachsende Staatsaufgaben – sinkende Steuerungsfähigkeit des Rechts, 1990, S. 142; vgl. dazu auch *Di Fabio,* Risikoentscheidungen im Rechtsstaat, 1994, S. 462.

2553 Vgl. *Boetticher u.a.,* Mindestanforderungen für Prognosegutachten, NStZ 2006, S. 537 ff. und BVerfGE 109, 133 (158), s. dazu 1. Teil, 1. Kapitel, D. V. 1.

und als eine Methodenlehre ausgearbeitet werden.[2554] Das Zweckprogramm des material-rationalen Rechts wird dementsprechend durch ein Relationierungsprogramm ausgetauscht, das die Prämissen für die Definition von Handlungsfeldern setzt, in denen Entscheidungen zu treffen sind.[2555] Das ist die Konkretisierung der von *Wiethölter* geforderten Reflexionsarbeit, die sich auf die Zuordnung von Sachverhalten an einen bestimmten Normenkomplex mittels einer Qualifiktionstheorie bezieht.[2556] Durch die Prozeduralisierung des Wissens können die im Recht genutzten Wirklichkeitsmodelle ans Licht geholt und in der Entscheidung bewertet werden. Das durch die multiplen strukturellen Kopplungen in das Recht aufgenommene dynamische „gemeinsame Wissen" wird somit als Selektionskriterium für Rechtsentscheidungen nutzbar.[2557] Die Defizienzen von Gefährlichkeitsprognosen können herausgearbeitet werden und bei der Entscheidung Berücksichtigung finden. Es geht damit einerseits um die Verknüpfung der Rechtswissenschaft mit den Nachbarwissenschaften wie Soziologie, Psychologie, Kriminologie, Ökonomie etc.[2558] Die Gerichte können andererseits ihre Prozeduralisierungstendenzen neben diesem universitär hergestellten Wissen auf plurale Wissensproduktionen gesellschaftlicher Institutionen – wie z.B. öffentliche Stiftungen, Parteien, Unternehmerverbände und Gewerkschaften, Behörden, Zeitungen, Non-Gouvernmental Organizations – stützen.[2559] Dem Gericht bleibt eine Letztkorrektur dieses Wissens im Hinblick auf die ‚innere Unendlichkeit der Umwelten', das fundamentale Nicht-Wissen vorbehalten, die insbesondere bei der Nutzung von Wissen über gesellschaftsexterne Umwelten wichtig ist.[2560] Dabei kann das Recht „im Wege des konstruktiven Missverstehens die Quellen dieses gesellschaftlichen, pluralen Rechts vermehren".[2561] Auch die – zumeist

---

2554 Vgl. *Calliess,* Prozedurales Recht, 1999, S. 200; *Vesting,* Rechtstheorie, 2007, S. 119 ff.; vgl. auch die Methodenlehre von *Müller/Christensen,* Juristische Methodik, 10. Aufl., 2009.

2555 *Willke,* Heterotopia, 2003, S. 135.

2556 Vgl. in diesem Teil das 1. Kapitel, A. III.

2557 *Vesting,* Rechtstheorie, 2007, S. 124.

2558 *Christensen/Fischer-Lescano,* Das Ganze des Rechts, 2007, S. 180.

2559 Vgl. *Teubner,* Die Episteme des Rechts, in: Grimm (Hg.), Wachsende Staatsaufgaben – sinkende Steuerungsfähigkeit des Rechts, 1990, S. 143; vgl. *Calliess,* Prozedurales Recht, 1999, S. 185.

2560 Vgl. *Teubner,* Die Episteme des Rechts, in: Grimm (Hg.), Wachsende Staatsaufgaben – sinkende Steuerungsfähigkeit des Rechts, 1990, S. 143; vgl. *Calliess,* Prozedurales Recht, 1999, S. 185.

2561 *Calliess,* Prozedurales Recht, 1999, S. 192.

von der Politik initiierte – Einrichtung pluralistischer Gremien kann Wissensquellen hervorbringen, sofern sie im relevanten Bereich hinreichend verankert sind und Autonomie beanspruchen können.[2562] Durch diese vermittelnde Ebene formaler Organisation werden strukturelle Kopplungen konkretisiert.[2563] Da Grenzen formaler Organisationen (Mitgliedschaft) teilweise quer zu den Grenzen der Kommunikationssysteme (Code-Bezug) verlaufen, bieten die Organisationen aufgrund dieser Ungleichzeitigkeit gerade Anknüpfungspunkte für die Nutzung „gemeinsamen Wissens" im Recht.[2564] Diese vielfältigen Abhängigkeiten des Rechts von Institutionen der Wissensproduktion generieren durch die Prozeduralisierung des Wissens eine neue Unabhängigkeit des Rechts.[2565]

Der Richter darf daher auf der einen Seite keinen *Übergriffsfehler* begehen, d.h. Alltagstheorien an die Stelle von differenziertem Wissen setzten.[2566] Auf der anderen Seite darf er auch keinen *Unterwerfungsfehler* begehen und „ein zu anderen Fragestellungen entwickeltes empirisches Wissen (Expertise) an die Stelle juristischer Maßstäbe setz[en]".[2567] Es geht demnach um eine Zusammenarbeit zwischen Juristen und nicht-juristischen Beteiligten, bei der die nicht-juristischen Beteiligten nicht an ihnen fremde normative Fragestellungen „gekettet" werden, sondern ‚nur' „die methodische und politische Verantwortung für das Ganze der rechtlichen Entscheidungsvorgänge" den normkonkretisierenden Juristen zukommt.[2568] Hier wird dieses methodische Programm nun mit *Calliess'* Begriff der *prozeduralen strukturellen Kopplungen* weiter ausgearbeitet, um die Kollisionsregeln für die Vermittlung von Recht und Nicht-Recht zu veranschaulichen.[2569] Dieser Begriff baut gerade auf die in diesem Kapitel unter A. gewonnenen Einsichten zur Möglichkeit einer ökologischen Rationalität auf. Er versucht die (Un-)Möglichkeit

---

2562 *Calliess,* Prozedurales Recht, 1999, S. 192.

2563 *Calliess,* Prozedurales Recht, 1999, S. 190.

2564 Vgl. *Calliess,* Prozedurales Recht, 1999, S. 191.

2565 Vgl. *Teubner,* Globale Zivilverfassungen, Zeitschrift für ausländisches öffentliches Recht und Völkerrecht 63 (2003), S. 17.

2566 *Christensen/Fischer-Lescano,* Das Ganze des Rechts, 2007, S. 175.

2567 *Christensen/Fischer-Lescano,* Das Ganze des Rechts, 2007, S. 175.

2568 *Müller/Christensen,* Juristische Methodik, 10. Aufl., 2009, S. 513; dazu *Christensen/Fischer-Lescano,* Das Ganze des Rechts, 2007, S. 175.

2569 *Calliess,* Prozedurales Recht, 1999, S. 185 ff., diesen Begriff der prozeduralen strukturellen Kopplung grenzt er von dem Begriff der formalen und der materialen strukturellen Kopplungen ab, vgl. S. 181 ff.; *ders.,* Das Tetralemma des Rechts, Zeitschrift für Rechtssoziologie 21 (2000), S. 295 f.

einer mehrwertigen Logik, die den Code Recht/Unrecht um den Rejektionswert ergänzt, als Entparadoxierungsstrategie zu operationalisieren.[2570]

Prozedurale strukturelle Kopplung bedeutet, „daß das Recht nach dem heterarchischen *Prinzip der potentiellen Führung* materielle Entscheidungen immer aus dem System importiert, das unter den gegebenen Umständen am besten zur rationalen Entscheidung eines Problems geeignet ist."[2571] Damit wird die Leerstelle in der Prüfung der Verhältnismäßigkeit mit einer Kollisionsregel besetzt, die Gegenstände des Rechts mit einer inhaltlichen Theorie, Normativität und Kognitivität verknüpft. Die prozeduralen strukturellen Kopplungen bestimmen gerade, welche der zur Auswahl stehenden Regelungen im Hinblick auf eine nach prozeduralen Gesichtspunkten ausgewählte, inhaltliche Theorie Anwendung finden sollen. Mit dem heterarchischen Prinzip der potentiellen Führung kann demnach die Entscheidung des Bundesverfassungsgerichts aus dem Jahr 2004 auf ihre ökologische Rationalität hin überprüft werden, die die Sicherungsverwahrung mit dem Argument der Zweispurigkeit unter die für Maßregeln geltenden Regeln und nicht unter die für Strafe geltenden Regeln subsumierte.

Prozedurale strukturelle Kopplungen beinhalten eine Reflexion auf die Grenzen der Rationalität des politischen Diskurses und die Fiktionskompetenz des Staates wird folglich notwendigerweise durch vielfältige Ankopplungen ersetzt.[2572] Im Rahmen der Prüfung des Verhältnismäßigkeitsgrundsatzes heißt das, dass das Argument der Einschätzungsprärogative des Gesetzgebers als *judicial self-restraint* pluralisiert und auf unterschiedlichste Institutionen bzw. Produktionsorte „gemeinsamen Wissens" bezogen wird.[2573] Dadurch wird der Umschlagpunkt sichtbar, an dem die Zweckorientierung Menschenrechte verletzt. Eine solche juristische Argumentation ist zwar nicht in einzelnen Verfassungsnormen niedergelegt. Sie findet jedoch institutionelle Unterstützung in dem in Art. 20 Abs. 2 GG normierten Grundsatz der Gewaltenteilung, der lediglich aus der nationalstaatlichen Einbettung gelöst und im Hinblick auf eine ökologische Rationalität, die der Staat nicht (mehr) verbürgen kann, (post-)modernisiert werden müsste.[2574] So

---

2570 Vgl. *Calliess,* Prozedurales Recht, 1999, S. 194 f.; krit. *Luhmann,* Die Codierung des Rechtssystems, Rechtstheorie 17 (1986), S. 188.

2571 *Calliess,* Prozedurales Recht, 1999, S. 186, Hervorhebungen im Original; vgl. dazu auch *Ladeur,* Kritik der Abwägung in der Grundrechtsdogmatik, 2004, S. 35 f.

2572 *Calliess,* Prozedurales Recht, 1999, S. 190; vgl. *ders.,* Das Tetralemma des Rechts, Zeitschrift für Rechtssoziologie 21 (2000), S. 296, 313.

2573 Vgl. *Calliess,* Prozedurales Recht, 1999, S. 200; vgl. auch *Frey,* Vom Subjekt zur Selbstreferenz, 1989, S. 104.

2574 Vgl. *Calliess,* Prozedurales Recht, 1999, S. 201.

würde auch in der Verfassungsinterpretation der Dezentrierung des Politischen Rechnung getragen, die durch die funktionale Differenzierung hervor getrieben wurde und die die Grenze zwischen Staat und Gesellschaft bzw. öffentlich und privat immer weiter verschwimmen lässt.[2575]

Die Rationalität der Wissensquellen, die das Recht für seine Entscheidungsfindung nutzt, steht selbstverständlich auch unter dem Vorbehalt, dass die von *Teubner* identifizierten Konstitutionalisierungsprozesse in den Subsystemen weiter Bestand haben und fortschreiten.[2576] Für eine *demokratische* Verfassung des Teilsystems ist dabei von Bedeutung, dass von der Normierung nicht nur der formal organisierte Bereich, sondern auch der Spontanbereich sowie das prekäre Verhältnis zwischen ihnen betroffen ist.[2577] Eine demokratische Verfassung scheint davon abzuhängen – so *Teubner*, „ob es gelingt, einen Dualismus von formal organisierter Rationalität und informaler Spontaneität als dynamisches Zusammenspiel [zu etablieren,] ohne den Primat des einen oder des anderen zu institutionalisieren."[2578] In der Politik stehen für diesen Dualismus die wechselseitigen Kontrollen des formal organisierten Bereichs von politischen Parteien und staatlicher Verwaltung sowie des Spontanbereichs von Wählerschaft, Interessengruppen und öffentlicher Meinung.[2579] Die Rationalität der Wissensquellen hängt gerade mit dem Stand solcher Konstitutionalisierungsprozesse zusammen und muss ebenso wie die Grenzen der Rationalität des politischen Prozesses vom Richter in seinen Entscheidungen reflektiert werden. Erst aus dieser Reflexion auf die Grenzen der Rationalität der Systeme ergeben sich die maßgeblichen Kollisionsregeln, die für gesellschaftsexterne und gesellschaftsinterne Umwelten jeweils andere sind.

Hier liegen auch die versteckten Querverweise zur Demokratietheorie *Habermas'*, weil die Rationalität, die *Habermas* in das politische Verfahren durch die

---

2575 *Teubner*, Globale Zivilverfassungen, Zeitschrift für ausländisches öffentliches Recht und Völkerrecht 63 (2003), S. 3 f.; vgl. auch *Calliess*, Prozedurales Recht, 1999, S. 188; vgl. zur Unterscheidung von Staat und Gesellschaft *Böckenförde*, Unterscheidung von Staat und Gesellschaft als Bedingung individueller Freiheit, 1973, insbes. S. 28 ff.; *Zumbansen*, Ordnungsmuster im modernen Wohlfahrtsstaat, 2000, S. 35.

2576 Vgl. *Teubner*, Globale Zivilverfassungen, Zeitschrift für ausländisches öffentliches Recht und Völkerrecht 63 (2003), S. 6; *ders.*, Verfassungsfragmente, 2012, S. 56 ff.

2577 *Teubner*, Globale Zivilverfassungen, Zeitschrift für ausländisches öffentliches Recht und Völkerrecht 63 (2003), S. 25 f.

2578 *Teubner*, Globale Zivilverfassungen, Zeitschrift für ausländisches öffentliches Recht und Völkerrecht 63 (2003), S. 26.

2579 *Teubner*, Globale Zivilverfassungen, Zeitschrift für ausländisches öffentliches Recht und Völkerrecht 63 (2003), S. 26.

rechtsförmige Institutionalisierung der Prozesse der Rechtssetzung und die diskurstheoretische Begründung der Grundrechte legt,[2580] auf andere (politische) Verfahren der Meinungsbildung und damit der Generierung von Wissen übertragen werden. Wenn der Richter das Argument der Einschätzungsprärogative des Gesetzgebers durch die Einschätzungsprärogative einer anderen nicht unmittelbar oder mittelbar demokratisch konstituierten Institution ersetzt, muss er bei der Begründung seiner Entscheidung dieses demokratietheoretische Argument immer reflektieren. Er muss demnach die Foren und Verfahren der Wissensgenerierung überprüfen.[2581] Erst dann kann das Recht den totalisierenden Tendenzen anderer Sozialsysteme Grenzen ziehen.[2582] Zudem muss er sich – nicht nur im Hinblick auf die Herstellung ökologischer Rationalität, sondern auch im Hinblick auf dieses demokratietheoretische Argument – den Rückwirkungen seiner im Verfahren hergestellten und begründeten Regel aussetzen, die er durch das Verhalten der Verfahrensbeteiligten und einer kritischen Öffentlichkeit erfährt. Gleichzeitig kann er dort zirkulierende Meinungen, wie z.B. die von der Politik und Teilen der Bevölkerung befürwortete dauerhafte Exklusion von Sexualstraftätern mithilfe der Sicherungsverwahrung, einem ‚Gerechtigkeitstest' unterziehen. Dadurch verbürgt der Richter zum einen die Lernfähigkeit des Rechts, weil er seine Wirkungen auf die Umwelt anhand der Rückwirkungen auf sich selbst registriert. Zum anderen ist die im Verfahren herzustellende Kollisionsregel davon abhängig, inwieweit andere Subsysteme durch Konstitutionalisierungsprozesse bereits ihre eigene Lernfähigkeit als Selbstbegrenzung institutionalisiert haben. Wendet das Bundesverfassungsgericht dieses Verfahren an, kann ihm demnach auch nicht der Vorwurf gemacht werden, dass es über seine Kompetenzgrenzen hinausgeht und einen ‚Richterstaat' installiert.

Dass die Nutzung prozeduraler struktureller Kopplungen bei der Begründung rechtlicher Entscheidungen *nicht* den Code desavouiert und somit *nicht* zur Zweitcodierung führt, begründet *Calliess* mit einer in das Recht eingelassenen Ebenendifferenzierung.[2583] Diese beruht auf der Differenzierung des Codes Recht/Unrecht

---

2580 Vgl. 2. Teil, 2. Kapitel, A. III. 2. und *Habermas,* Faktizität und Geltung, 1998, S. 151 ff., 212 ff. und 320.

2581 Vgl. für das Verhältnis von Recht und Politik in der Weltgesellschaft und die Bedeutung einer rechtlichen Grenzziehung *Fischer-Lescano,* Globalverfassung, 2005, S. 218 f.

2582 *Fischer-Lescano,* Globalverfassung, 2005, S. 219.

2583 *Calliess,* Prozedurales Recht, 1999, S. 193 ff.; *ders.,* Das Tetralemma des Rechts, Zeitschrift für Rechtssoziologie 21 (2000), S. 306 f.; krit. *Luhmann,* Die Codierung des Rechtssystems, Rechtstheorie 17 (1986), S. 188 ff.

von der Reflexion des Rechts auf seine Grenzen, die die Unterscheidung Recht/Nicht-Recht betrifft.[2584] Das Argument der Einschätzungsprärogative des Gesetzgebers, das Wissen ins Recht importiert, lautet dann „Recht, weil Politik" oder generalisierend: „Recht, weil Nicht-Recht".[2585] Dadurch wird der Code des Rechtssystems nicht desavouiert. Das Recht ordnet stattdessen einer rechtsfremden, aus der Umwelt stammenden Entscheidung oder einem Sachverhalt den Wert *Recht* und nicht den Wert *Unrecht* zu.[2586] Die prozeduralen strukturellen Kopplungen repräsentieren damit gerade die Selbstreflexion des Rechtssystems, die von *Menke* als *re-entry 3* bezeichnet wurde. Folglich verbürgen prozedurale strukturelle Kopplungen ökologische Rationalität. Dies gilt insbesondere dann, wenn sich die Systeme für die Beachtung ihres systemspezifischen Wissens im Recht weiter konstitutionalisieren. Das Argument der Einschätzungsprärogative muss aber stets in jedem Verfahren anhand gemachter Erfahrungen neu überprüft und begründet werden und so von seiner Nutzung lernen. Erst dann kontrolliert das Rechtssystem seine Wirkungen auf die Umwelt an den Rückwirkungen auf sich selbst und entscheidet rational. Damit diese Selbstreflexion des Rechtssystems nicht doch in eine Zweitcodierung umschlägt, müssen die aus den prozeduralen strukturellen Kopplungen gewonnenen Argumente im Konfliktfall hinter textbezogene Konkretisierungselemente zurücktreten.[2587] An diesem Punkt besteht folglich die Verbindung zum methodischen Positivismus.

Im einfachgesetzlichen Recht ist diese Ebenendifferenzierung in die Unterscheidung von formellem und materiellem Recht eingelassen.[2588] Das Zusammenspiel von formellen und materiellen Voraussetzungen bei der Sicherungsverwahrung lässt sich vor diesem Hintergrund dahingehend interpretieren, dass die formellen Voraussetzungen gerade die Grenzen der Rationalität von Gefährlichkeitsprognosen festlegen sollen. Durch die Reflexion auf strukturelle Kopplungen würde das im ersten Teil in der Gesetzgebungsentwicklung verfolgte Verhältnis von Formalisierung und Flexibilisierung einen festen Bezugspunkt bekommen, von dem aus sich die Regelungen zur Sicherungsverwahrung bewerten ließen. Der BGH machte von dieser rechtliche Argumentation Gebrauch, indem er teilweise wegen der zu kurzen Vollzugszeiten die Anordnung einer vorbehaltenen Sicherungsverwahrung

2584 *Calliess,* Prozedurales Recht, 1999, S. 196.

2585 Vgl. *Calliess,* Prozedurales Recht, 1999, S. 197; *ders.,* Das Tetralemma des Rechts, Zeitschrift für Rechtssoziologie 21 (2000), S. 301.

2586 Vgl. *Calliess,* Prozedurales Recht, 1999, S. 197.

2587 *Christensen/Fischer-Lescano,* Das Ganze des Rechts, 2007, S. 184.

2588 *Calliess,* Prozedurales Recht, 1999, S. 199.

ablehnte. Er war der Ansicht, dass das Vollzugsverhalten nicht für die solide Beurteilung der Gefährlichkeit des Straftäters ausreiche.

C. Fazit

Die Prozeduralisierung des Wissens nach dem heterarchischen Prinzip der potentiellen Führung ermöglicht die Entparadoxierung der Entscheidungsparadoxie. Sie wird durch die Bearbeitung der Verschleifung von Sein und Sollen im materialrationalen Recht mittels Systemtheorie artikulierbar und kann als Form-Problem von Recht/Nicht-Recht reformuliert werden. Prozedurale strukturelle Kopplungen stehen demnach zur Verfügung, um die von der Wertungsjurisprudenz hervorgebrachte argumentative Leerstelle im Verhältnismäßigkeitsgrundsatz, also die Zuordnung von Sachverhalten zu Normenkomplexen mittels einer inhaltlichen Theorie, einzunehmen. Die prozeduralen strukturellen Kopplungen werden durch die Forderung nach Umweltadäquanz angeleitet und damit von der Frage bestimmt, welcher potentielle Entscheidungsträger am ehesten ökologische Rationalität verbürgt. Durch eine solche Argumentation wird der Unterwerfungs- und Übergriffsfehler des Richters gebannt. Damit kann der von der regulären Prüfung des Verhältnismäßigkeitsgrundsatzes nicht erkennbare Umschlagpunkt, an dem effektive Gefahrenabwehr in Menschenrechtsverletzungen umschlägt, identifiziert werden. Die Identifikation des Umschlagpunkts beruht auf der Reflexion der Abhängigkeit der ‚empirischen' Prüfung der Zweck-Mittel-Relationen mittels einer bestimmten inhaltlichen Theorie von der Werteabwägung (und umgekehrt). Hierfür wird eine explizite Kollisionsregel aufgestellt.[2589]

In der Auseinandersetzung mit kritischer (Rechts-)Systemtheorie hat sich gezeigt, dass die Kritik *Naucke*s an der Vereinnahmung des Rechts durch die Sozialwissenschaften nicht für die Nutzung der Gesellschaftstheorie im Recht gilt. Es werden keine diffizilen werttheoretischen Probleme für gelöst erklärt, indem kritische Systemtheorie als Vermittler zwischen Wissen und Nicht-Wissen im Recht auftritt. Die Bearbeitung dieser diffizilen Probleme bekommt nur eine andere Richtung, indem kritische Systemtheorie eine Reflexion auf prozedurale strukturelle Kopplungen des Rechts mit anderen Subsystemen der Gesellschaft anstößt, um die identifizierte argumentative Leerstelle zu besetzen. Die Frage ist jetzt, auf welches subsystem-spezifische Wissen sich das Recht bei der Zuordnung von Sachverhalten zu Normenkomplexen beziehen soll. Folglich ist das Bindeglied

---

2589 Vgl. 2. Teil, 2. Kapitel, C. II. und III.

zwischen empirischer Bestandsaufnahme und rechtlicher Entscheidung nicht die subjektive Vernunft des Gerichts, sondern eine wertende Betrachtung über Rationalitätschancen. Deren Ergebnis ist die Zuschreibung von Definitionsmacht an ein bestimmtes Subsystem oder die Zurückweisung von rechtsfremder Definitionsmacht. Nichts anderes symbolisiert das Argument der Einschätzungsprärogative des Gesetzgebers, dass eben nur ausschließlich der Politik diese Definitionsmacht zuschreibt. Auf diese Art und Weise können empirische Argumente mit rechtlichen Argumenten verknüpft bzw. relationiert werden. Dem von *Naucke* als zentral angesehenen rechtsstaatlichen Grundsatz der Allgemeinheit rechtlicher Regelungen wird durch die Vorrangregel textbezogener Konkretisierungselemente vor empirischen Konkretisierungselementen Rechnung getragen. Dies ist insbesondere für die Anwendung einfachgesetzlicher Rechtsnormen wichtig, die gegenüber der Anwendung des Verhältnismäßigkeitsgrundsatzes auf Verfassungsebene einen geringeren Interpretationsspielraum aufweisen.

Im Strafrecht ist dieser Interpretationsspielraum im Hinblick auf den verfassungsrechtlich in Art. 103 Abs. 2 GG verankerten Bestimmtheitsgrundsatz ein noch geringerer. Die Interpretationsbedürftigkeit jeder Norm ist jedoch aufgrund der doppelten Umkonstruktion des Rechts bzw. der Verschleifung von Sein und Sollen unhintergehbar, insbesondere wenn durch Verweisungsbegriffe – wie die hangbedingte Gefährlichkeit – die Wirklichkeit direkt in Bezug genommen wird. Dies gilt auch, wenn im Rahmen einer (impliziten) Verhältnismäßigkeitsprüfung bei der Gesamtwürdigung der Taten und des Täters eine Entscheidung getroffen wird. Die Konsequenzen der Interpretationsbedürftigkeit für die Anwendung strafrechtlicher Tatbestände des besonderen Teils im Einklang mit Art. 103 Abs. 2 GG können nicht Gegenstand dieser Arbeit sein und bedürften einer eingehenderen Analyse. Da bei der wertenden Betrachtung über Rationalitätschancen bzw. -grenzen einzelner empirischer Argumente auch und gerade die Produktionsweisen, also die Foren und Verfahren der Wissensgenerierung, hinterfragt werden, kann das heterarchische Prinzip der potentiellen Führung auch vor dem Demokratieprinzip bestehen. Je weiter die Selbstkonstitutionalisierung der Subsysteme vorangeschritten ist, desto eher wird deren Wissen im Recht genutzt. Dadurch entsteht auch ein Druck auf die Subsysteme und die formalen Organisationen sich dementsprechend zu konstituieren, um nicht in der rechtlichen Bedeutungslosigkeit zu verschwinden.

3. Kapitel: Konsequenzen für die Recht-Fertigung der Sicherungsverwahrung

Mit diesen normativen Weichenstellungen im Rücken werden nun die die Abwägung mit strukturierenden Wirklichkeitsannahmen bei der verfassungsrechtlichen Bewertung der Sicherungsverwahrung anhand kritischer Systemtheorie auf ihre Umweltadäquanz und damit auf die Rationalität ihrer Konstruktionszusammenhänge befragt. Damit geht die Überprüfung des Arguments der gesetzgeberischen Einschätzungsprärogative mit Hilfe des heterarchischen Prinzips der potentiellen Führung einher, das in den Entscheidungen zur Sicherungsverwahrung genutzt wurde. Von diesem Standpunkt aus können die Argumentationen des Bundesverfassungsgerichts und des EGMR sowie die von ihnen gefundenen Kollisionsregeln mit den dahinter stehenden Qualifikationstheorien bewertet werden, die in der Entscheidung die Zuordnung des Sachverhalts zu einem bestimmten Normenkomplex anleiteten. Dies umfasst ein Deutungsmuster für die Entwicklung, die die Sicherungsverwahrung insbesondere seit 1998 genommen hat. Schließlich werden daraus Empfehlungen an den demokratischen Gesetzgeber für eine abermalige Revision der Regelungen zur Sicherungsverwahrung abgeleitet.

A. Systemtheoretische Interpretation der Abwägungsinhalte bei der Sicherungsverwahrung

Da sich die Regelungen zur Sicherungsverwahrung in erster Linie auf den (mehrfach) straffällig gewordenen Menschen beziehen und auf (kriminal-)politisch vermittelten Überlegungen zum Schutz der Bevölkerung vor solchen ‚gefährlichen' Menschen beruhen, ist zunächst danach zu fragen, auf welchem Konstruktionszusammenhang das Bild des ‚gefährlichen' Menschen beruht und welcher Funktion es damit dient. Die daran anschließende (Gerechtigkeits-)Frage ist, wie ein solches Recht der gesellschaftsexternen Umwelt, dem Menschen, adäquat sein kann und ihm damit *gerecht* wird. Dabei wird auch das Allgemeinwohl bzw. der Schutz der Bevölkerung als Rechtskategorie daraufhin befragt, ob sie die ökologische Rationalität der politischen Prozesse bei der gesetzgeberischen Ausformung der Sicherungsverwahrung verbürgen kann und somit ebenfalls *gerecht* ist. Zur Beantwortung dieser Fragen kann zum einen die im ersten Teil dargestellte Kritik an den Begriffen des Hangs zu erheblichen Straftaten und der Gefährlichkeit für die Allgemeinheit einbezogen werden.[2590] Zum anderen können die Rechtfertigungsbrüche, insbesondere die des Präventionsstrafrechts, in Bezug genommen werden.[2591]

I. Zum ‚gefährlichen' Menschen: Indeterminismus vs. Determinismus

Die Zweispurigkeit des Rechtsfolgensystems im Strafrecht beschränkt die Wirklichkeitsannahmen bzw. Deutungsmuster für deviantes Verhalten von Menschen auf zwei Versionen: die ‚indeterministische Schuldtheorie' einerseits und die ‚deterministische Gefährlichkeitstheorie' andererseits. Die Sicherungsverwahrung und die anderen Maßregeln verdanken sich einem ganz bestimmten kriminologischen Verständnis von der Entstehung kriminellen Verhaltens und damit einem spezifischen Menschenbild, das bereits *v. Liszt* für seine Sanktionenlehre formuliert hatte.[2592] Dieses konkurriert mit dem ebenfalls im zweiten Teil beschriebenen indeterministischen Menschenbild des Schuldstrafrechts, das letztlich als konstitutives Merkmal des Rechts überhaupt identifiziert wurde.[2593] Neben dieser vom zweispurigen Sanktionensystem bestimmten Unterscheidung von indeterministischem und deterministischem Menschenbild, also der Unterscheidung Schuld/Gefährlichkeit, existiert noch eine weitere Regel, die dieselbe Unterscheidung benutzt: Es ist die Unterscheidung von schuldfähig/schuldunfähig durch die §§ 20, 21 StGB, die gleichzeitig Voraussetzung der Anordnung einer Unterbringung im psychiatrischen Krankenhaus gemäß § 63 StGB sind, sofern die Gesamtwürdigung des Täters und seiner Taten ergibt, dass von ihm infolge seines Zustandes erhebliche rechtswidrige Taten zu erwarten sind und er deshalb für die Allgemeinheit gefährlich ist. Im Rahmen des § 63 StGB reicht demnach *eine* begangene rechtswidrige Tat aus. Die Grenze von Gefährlichkeit/Schuld verläuft indes nicht auf der Grenze von schuldfähig/schuldunfähig im Sinne der §§ 20, 21 StGB. Das Sanktionensystem kennt mit der Sicherungsverwahrung eine Maßregel, die die Möglichkeit von Schuld und Gefährlichkeit verknüpft.[2594]

2590 Vgl. im 1. Teil, 3. Kapitel, B. I. 2. a) und c).

2591 Vgl. im 2. Teil, 1. Kapitel, C. und 2. Kapitel, C.

2592 *Pollähne,* Kriminalprognostik zwischen richtigen Basisraten und falschen Positiven, in: Barton (Hg.), „... weil er für die Allgemeinheit gefährlich ist!“, 2006, S. 224; vgl. 2. Teil, 2. Kapitel, C. III. 1. b) bb) (2).

2593 Vgl. 2. Teil, 1. Kapitel, B. II. 2.

2594 Vgl. zu § 64 StGB die Ausführungen im 1. Teil, 3. Kapitel, B. I. 2. a), auch wenn sie ebenfalls keinen schuldunfähigen Straftäter voraussetzt, bedarf es jedoch einer

Daraus folgt zunächst, dass in die Sicherungsverwahrung ein dauerhafter Widerstreit zwischen indeterministischem und deterministischem Menschenbild eingelassen ist.[2595] Darauf wurde bereits im ersten Teil hingewiesen. Demnach hängt die Prognosemöglichkeit devianten Verhaltens bei der Sicherungsverwahrung, also die Gefährlichkeit des Menschen, unweigerlich mit dem Indeterminismus/Determinismusstreit zusammen, weil „[u]mso mehr es für möglich gehalten wird, dass sich der Täter aus freien Stücken zur Begehung einer kriminellen Tat entschieden hat, desto schwieriger muss die Prognose erscheinen, er werde dies wieder tun".[2596] Dieser bei der Sicherungsverwahrung offen zu Tage liegende Widerstreit ist ebenso in der Regelung des §§ 20, 21 StGB zur Schuldunfähigkeit präsent, weil letztlich auf der Grundlage eines indeterministischen Menschenbilds nicht angegeben werden kann, wann Schuldunfähigkeit tatsächlich vorliegt.[2597]

Kant unterschied daher zwischen der empirischen Seite des Menschen als der Natur zugehörig und der intelligiblen von Raum und Zeit unabhängigen Seite und überbrückte diese zwei Seiten mit dem (pseudo-empirischen) Begriff der Zurechnungsfähigkeit.[2598] Durch das Nebeneinander der Kausalität der Freiheit und der Kausalität der Natur im Menschen wird jedoch jeder Rechtsbruch von beiden Kausalitäten heimgesucht.[2599] Sie sind dann letztlich gleichwahrscheinlich und stehen damit in der Entscheidung über die Zurechnungsfähigkeit des Einzelnen im Widerstreit.[2600] Der Widerstreit wird nur anhand gesellschaftlich kontingenter Vorstellung über die Verstehbarkeit der Tat bearbeitet, die Einfluss auf die Rechtsentscheidung im Rahmen der Verhältnismäßigkeit bzw. bei der Entscheidung über

---

Suchterkrankung. Aufgrund ihres Sonderstatus' bleibt die Regelung hier im Folgenden unberücksichtigt.

2595 So auch *Krauth,* Die Hirnforschung und der gefährliche Mensch, 2008, S. 152 f.

2596 *Pollähne,* Kriminalprognostik zwischen richtigen Basisraten und falschen Positiven, in: Barton (Hg.), „... weil er für die Allgemeinheit gefährlich ist!", 2006, S. 224; vgl. auch *Müller-Dietz,* Grundfragen des strafrechtlichen Sanktionensystems, 1979, S. 10 ff.

2597 Vgl. 2. Teil, 1. Kapitel, B. II. und C.; vgl. *Krauth,* Die Hirnforschung und der gefährliche Mensch, 2008, S. 169 ff.

2598 Vgl. *Kant,* Kritik der reinen Vernunft 2 [1781/1789], Werkausgabe Bd. IV, hg. v. Weischedel, 1974, S. 502 f.; vgl. dazu *Krauth,* Die Hirnforschung und der gefährliche Mensch, 2008, S. 169 ff.

2599 Vgl. *Krauth,* Die Hirnforschung und der gefährliche Mensch, 2008, S. 139 ff.; vgl. auch *Foucault,* Die Geburt der Biopolitik [1978–1979], 2006, S. 358.

2600 Vgl. *Krauth,* Die Hirnforschung und der gefährliche Mensch, 2008, S. 139 ff.; vgl. auch *Foucault,* Die Geburt der Biopolitik [1978–1979], 2006, S. 358.

die Zweispurigkeit nehmen.[2601] Die Gleichzeitigkeit von Freiheit und Natur und damit deren Unentscheidbarkeit kann durch den Wechsel zu einer systemtheoretischen Perspektive produktiv bearbeitet werden. Ausgehend von der Tatsache, dass es sich beim indeterministischen und beim deterministischen Menschenbild nur um kommunikative Bilder des Rechts für die Umwelt ‚Mensch' handelt, wird zunächst im nächsten Abschnitt nach deren Funktionalität gefragt.[2602] Die Menschenbilder werden damit auf die Gesellschaft bezogen und können im darauf folgenden Abschnitt auf ihre Umweltadäquanz hin überprüft.

II. Die Funktionalität der Schuld, der Schuldunfähigkeit und der Gefährlichkeit im Rechtssystem

1. Zur Funktion des Rechtssystems

Die Funktionalität von Schuld, Schuldunfähigkeit und Gefährlichkeit im Rechtssystem gründet in der Unterscheidung von normativen und kognitiven Erwartungen, die sich aus der Funktion des Rechtssystems ergibt, Erwartungen kontrafaktisch zu stabilisieren.[2603] „Die Norm verspricht nicht ein normgemäßes Verhalten, sie schützt aber den, der dies erwartet."[2604] Das normative Erwarten ist somit die Innenseite und das kognitive Erwarten die Außenseite der im Rechtssystem verwendeten Form. Das Rechtssystem nimmt eine Selektion schützenswerter normativer Erwartungen vor und für alle anderen Erwartungen bürdet es dem Enttäuschten ein Lernen auf, weil er mit seinen Erwartungen keinen Rückhalt in der Gesellschaft findet.[2605] Hierfür ist jedoch Voraussetzung, „dass erwartet werden kann, dass normatives Erwarten normativ erwartet wird."[2606] Deswegen darf das Verhältnis von Varietät und Redundanz in den Rechtsentscheidungen nicht einseitig *zulasten* der Redundanz gehen. Die Begründung muss die Rechtsentscheidung verstehbar machen, damit normatives Erwarten weiterhin möglich bleibt.

2601 Die Gleichzeitigkeit wird in der Auseinandersetzung mit dem Merkmal der Verstehbarkeit der Tat eindrücklich von *Krauth* dokumentiert: Die Hirnforschung und der gefährliche Mensch, 2008, S. 149 ff.

2602 S. zur Unergiebigkeit des Indeterminismus/Determinismus-Streits auch *Naucke,* Strafrecht, 10. Aufl., 2002, S. 238 ff.

2603 *Luhmann,* Das Recht der Gesellschaft, 1995, S. 124 ff., 134 f.

2604 *Luhmann,* Das Recht der Gesellschaft, 1995, S. 135.

2605 Vgl. *Luhmann,* Das Recht der Gesellschaft, 1995, S. 137 f.

2606 *Luhmann,* Das Recht der Gesellschaft, 1995, S. 144.

Das schließt aber gerade nicht die Lernfähigkeit des Rechts aus. Vielmehr geht es darum, zur Abwicklung von Erwartungsenttäuschungen das Lernen und Nicht-Lernen im Recht nebeneinander zu pflegen und Normativität und Kognitivität auf die im zweiten Kapitel ausgeführte Art und Weise miteinander zu verknüpfen.[2607] Dabei muss nur die Funktion des Rechtssystems, Erwartung zu stabilisieren, im Blick behalten werden und deswegen muss sich der Gerechtigkeitsdiskurs auch den Zwängen des Rechtssystems unterwerfen.

Sanktionen wie die Strafe gehören vor diesem Hintergrund primär zum *symbolischen* Instrumentarium des Rechts, um sichtbar zu machen, was erwartet wird.[2608] Das Recht ist auf solche Symbolisierungen angewiesen, weil es sich auf die Zukunft bezieht, indem es Erwartungen stabilisiert und dadurch offene Zukunft in der Gegenwart bindet.[2609] *Luhmann* verortet daher die effektive Durchsetzung kollektiv bindender Entscheidungen im Politiksystem, weil das Recht Erwartungssicherheit gerade nur angesichts absehbarer, nicht zu verhindernder Erwartungsenttäuschungen ermöglicht.[2610] Das Problem der Durchsetzbarkeit von Normen ist nichtsdestotrotz Stabilitätsbedingung der Normprojektion.[2611] Normen lassen sich nur schwer durchhalten, wenn sie kaum Aussicht auf Erfüllung haben.[2612] An dieser Stelle entsteht demnach eine „gewisse Funktionssynthese von Politik und Recht", aber – so *Luhmann* – auf der Grundlage unterschiedlicher Funktionen.[2613]

Da das Strafrecht – jedenfalls in seinem Kern – nur mit unstreitigen Erwartungen zu tun hat, ist für das Strafrecht seine Durchsetzbarkeit jedoch essentiell.[2614] Diese Durchsetzbarkeit des Strafrechts hat Auswirkungen auf die ganze Gesellschaft, weil das Rechtssystem durch die Voraussetzung wechselseitiger Bestätigung im normativen Erwarten in eine motivationale Rechtskultur eingebettet ist.[2615] Diese Tatsache wurde implizit schon im ersten Kapitel des zweiten Teils angesprochen, in dem Autonomie als Stabilitätsbedingung der Gesellschaft identifiziert wurde.[2616] In diesem Zusammenhang der Erwartungsstabilisierung

---

2607 Vgl. auch *Luhmann,* Rechtssoziologie, 3. Aufl., 1987, S. 130; s. in diesem Teil, 2. Kapitel, B.
2608 *Luhmann,* Das Recht der Gesellschaft, 1995, S. 129 f, 135.
2609 *Luhmann,* Das Recht der Gesellschaft, 1995, S. 129 f.
2610 *Luhmann,* Das Recht der Gesellschaft, 1995, S. 152 f.
2611 *Luhmann,* Das Recht der Gesellschaft, 1995, S. 135.
2612 *Luhmann,* Das Recht der Gesellschaft, 1995, S. 135.
2613 *Luhmann,* Das Recht der Gesellschaft, 1995, S. 153.
2614 Vgl. *Luhmann,* Das Recht der Gesellschaft, 1995, S. 139, 152 f.
2615 Vgl. *Luhmann,* Das Recht der Gesellschaft, 1995, S. 148.
2616 Vgl. 2. Teil, 1. Kapitel, C. I.

wird nun die Funktionalität der Moraltheorie *Kant*s sichtbar, die sich gerade auf die motivationale Rechtskultur bezieht.[2617] Sind *unstreitige* Erwartungen nicht mehr hinreichend gesichert, erodiert diese motivationale Rechtskultur. Rechtsgeltung muss dann immer mehr durch (politischen) Zwang abgesichert werden, weil „Erwartungsunsicherheit [...] viel unerträglicher [ist] als das Erleben von Überraschungen und Enttäuschungen".[2618] An dieser Stelle wird im Strafrecht die Außenseite der Unterscheidung von normativem und kognitivem Erwarten virulent, die letztlich zur Implementierung von Maßregeln in das Strafrecht führt. Der symbolische Wert der Strafe scheint in manchen Fällen nicht auszureichen, um normatives Erwarten abzusichern. Auf der Grundlage dieser Funktionsbeschreibung des Rechtssystems und seiner Absicherung durch politisch vermittelten Zwang, lassen sich nun die Funktionen von Schuld und Gefährlichkeit konkretisieren.

2. Zur Erwartungsstabilisierung durch Schuld und Schuldunfähigkeit als Zwei-Seiten-Form

a) Schuld als ‚innere' Tatsache

Die Rechtskategorie der Schuld hängt eng mit der Form Person/Nicht-Person zusammen, die die strukturelle Kopplung von sozialen und psychischen Systemen ermöglicht.[2619] Einerseits dient die Person-Form der Selbstorganisation des sozialen Systems, indem sie das Verhaltensrepertoire der Teilnehmer einschränkt und damit das Problem der doppelten Kontingenz löst.[2620] Andererseits ermöglicht sie dem psychischen System, „am eigenen Selbst zu erfahren, mit welchen Einschränkungen im sozialen Verkehr gerechnet wird".[2621] *Schuld* ist dann die dominierende Enttäuschungserklärung für Personen, die ihr Verhaltensrepertoire

---

2617 Vgl. *Kreissl,* Überlegungen zur Kritik des kriminologischen Gewaltdiskurses, in: Krasmann/Scheerer (Hg.), Die Gewalt in der Kriminologie, Kriminologisches Journal, 6. Beiheft, 1997, S. 192; *Krasmann,* Der Feind an den Grenzen des Rechtsstaats, in: Kerchner/Schneider (Hg.), Foucault. Diskursanalyse in der Politik, 2006, S. 238.

2618 *Luhmann,* Das Recht der Gesellschaft, 1995, S. 151 f.; vgl. oben 2. Teil, 2. Kapitel, C. II.

2619 Vgl. *Luhmann,* Die Form „Person", in: ders., Soziologische Aufklärung, Bd. 6, 3. Aufl., 2008, S. 146.

2620 *Luhmann,* Die Form „Person", in: ders., Soziologische Aufklärung, Bd. 6, 3. Aufl., 2008, S. 145.

2621 *Luhmann,* Die Form „Person", in: ders., Soziologische Aufklärung, Bd. 6, 3. Aufl., 2008, S. 146.

nicht eingeschränkt haben.[2622] Schuld als Enttäuschungserklärung hat den Vorteil, dass sie als ‚innere' Tatsache gesehen wird und nicht die normative Struktur selbst in Zweifel zieht.[2623] Schuld und deren Sanktionierung trägt damit zur Stabilisierung des normativen Erwartens bei und dient so mittelbar der Aufrechterhaltung der motivationalen Rechtskultur. Letzteres wird im Strafrecht als positive Generalprävention bezeichnet.[2624] Die „evolutionäre Errungenschaft" der Kategorie Schuld liegt aber „nicht nur in der Verfeinerung von Zurechnungsweisen oder Motivationsmitteln, sondern vor allem darin, daß Schuld *Erlösung* ermöglicht – also in der Zeitdimension ein Ende der Folgen abweichenden Verhaltens in Aussicht stellt."[2625] Im Vergleich zu archaischen Rechtsordnungen, in denen es „für ein Herausfallen aus der Ordnung oft keine Möglichkeiten des Korrigierens und Wiedereinrenkens gab", bietet die moderne, komplexe Gesellschaft durch die variable, offene Zukunft einen Alternativenreichtum, der es erlaubt, „einen abweichenden Verlauf wieder in Ordnung einmünden zu lassen."[2626] Hier lassen sich demnach versteckte Querverbindungen von Schuld und *v. Foerster*s ethischem Imperativ ausmachen.

b) Schuldunfähigkeit als Scheitern der Enttäuschungserklärung

Wenn die Tat bzw. das Verhalten des Täters Unregelmäßigkeiten aufweisen, die die Zuschreibung von Schuld unplausibel erscheinen lassen, dann scheitert die Person-Form als strukturelle Kopplung von sozialem und psychischem System.

2622 *Luhmann,* Rechtssoziologie, 3. Aufl., 1987, S. 119.

2623 *Luhmann,* Rechtssoziologie, 3. Aufl., 1987, S. 119.

2624 Vgl. für eine systemtheoretisch geprägte Theorie der Generalprävention: *Jakobs,* Strafrecht. Allgemeiner Teil, 2. Aufl., 1993, S. 6 ff.

2625 *Luhmann,* Rechtssoziologie, 3. Aufl., 1987, S. 119, Hervorhebung im Original; vgl. dazu auch im Hinblick auf subjektive Rechte im Wohlfahrtsstaat *ders.,* Subjektive Rechte. Zum Umbau des Rechtsbewusstseins für die moderne Gesellschaft, in: ders., Gesellschaftsstruktur und Semantik, Bd. 2, 1981, S. 93: „Die Subjektivität des Individuums garantiert somit in den Augen der Behörde die Rekuperationsfähigkeit, die Erholfähigkeit, das Wieder-auf-eigene-Füße-gelangen-Können der Personen, an denen Probleme auftreten." Vgl. *Kaufmann,* Dogmatische und kriminalpolitische Aspekte des Schuldgedankens im Strafrecht, in: Baumann (Hg.), Programm für ein neues Strafgesetzbuch, 1968, S. 65; s. zudem *Calliess,* Theorie der Strafe im demokratischen und sozialen Rechtsstaat, 1974, S. 36, 182 f., der daraus freilich andere Schlussfolgerungen zieht.

2626 *Luhmann,* Rechtssoziologie, 3. Aufl., 1987, S. 119 f., vgl. dazu auch *Menke,* Gewalt und Recht, 2. Aufl., 2012, der dort durch die Analyse der griechischen Tragödien den Übergang von der Blutrache zur modernen Form des (Straf-)Rechts darstellt.

Das Recht bedarf demzufolge eines anderen Erklärungsinstrumentes dafür, dass – trotz der Unstreitigkeit der Erwartungen – diese enttäuscht wurden. Da das Kernstrafrecht nur mit unstreitigen Erwartungen zu tun hat, wird es sich in den seltensten Fällen hinsichtlich der Erfüllung des Tatbestands bzw. der Rechtswidrigkeit lernbereit zeigen und dort Varietät zulassen. Das Strafrecht hat hierfür aber die Unterscheidungen schuldfähig/schuldunfähig zur Verfügung. Die Person wird folglich gemäß der §§ 20, 21 StGB für schuldunfähig erklärt. Das *Straf*recht hält sich zur Lösung des Konflikts für unzuständig und es kommt zu einem Übergang von einer Wissensform in eine andere Form.[2627] Das Gesundheitssystem mit seiner Unterscheidung krank/gesund ist jetzt aufgerufen, das Verhalten des Straftäters anhand der in § 20 StGB niedergelegten körperlich-psychischen Zustände, einer krankhaften seelischen Störung, einer tiefgreifenden Bewusstseinsstörung, Schwachsinn oder einer schweren anderen seelischen Abartigkeit verstehbar zu machen, die die Einsichtsfähigkeit oder Steuerungsfähigkeit des Täters, seine normative Ansprechbarkeit, während der Tat blockierten. Dadurch wird das indeterministische Menschenbild durch das naturwissenschaftlich-kausale Verständnis der Medizin von Körper und Psyche abgelöst. Die Medizin erklärt bereitwillig die Nichtregierbarkeit des einzelnen Straftäters anhand seiner defekten Psyche oder/und seines defekten Körpers. Wenn der Täter normativ gar nicht ansprechbar war, dann ist das ebenso eine ‚innere' Tatsache, die die normative Struktur ebenfalls nicht in Zweifel zieht. Bei dem Übergang in die medizinische Wissensform ist jedoch zu bedenken, dass die forensischen Psychiater und Psychologen, wenn sie über die Frage individueller Schuld anhand der in § 20 StGB genannten Alternativen entscheiden, letztlich „den Juristen erlauben, Grundbegriffe ihrer Disziplin zu ‚versklaven'" und die Schuld normalerweise nichts als ein „trans-scientific issue" in der Psychiatrie darstellt.[2628] Das macht den Wechsel der Wissensform so schwierig, der aber in den Defizienzen des *re-entry* angelegt ist.

3. Zur Funktionalität der Gefährlichkeit

Die Funktionalität der Gefährlichkeit hängt demgegenüber eng mit der oben beschriebenen *Funktionssynthese von Recht und Politik* zusammen.[2629] Sie wird sichtbar, wenn diese Funktionssynthese von der Seite des politischen Systems aus

2627 Vgl. *Krauth,* Die Hirnforschung und der gefährliche Mensch, 2008, S. 139.

2628 *Teubner,* Die Episteme des Rechts, in: Grimm (Hg.), Wachsende Staatsaufgaben – sinkende Steuerungsfähigkeit des Rechts, 1990, S. 139.

2629 Vgl. in diesem Kapitel, A. II. 1.

betrachtet wird. Da die Rechtsdurchsetzung Stabilitätsbedingung der Rechtsgeltung ist, dürfen im Bereich unstreitiger Erwartungen kaum wiederholte schwere Rückfälle in Kauf genommen werden. Das ist letztlich nichts anderes als das Versprechen des Staates, das jeder Form effektiven Strafrechts zugrunde liegt – sei sie nun traditional oder modern – und auch bei *Kant* von der Funktion der Freiheitssicherung mit umfasst ist. Diese Tatsache wurde im zweiten Kapitel des zweiten Teils als das *Hobbes*'sche Leistungs-Legitimations-Paradigma bezeichnet. Systemtheoretisch gewendet, heißt das, dass das politische System durch das Medium Macht zusammengehalten wird. Politik funktioniert nur deshalb, weil die Möglichkeit der Durchsetzung der getroffenen Entscheidungen besteht – auch wenn bei vielfältigen Entscheidungen bewusst darauf verzichtet wird, die Alternative der Drohung mit Zwang zu wählen.[2630] Machtverlust bedeutet jedenfalls eine Begrenzung möglicher Thematiken und der Reichweite politischer Programme.[2631] Kompletter Machtverlust bedeutet den Zusammenbruch des politischen Systems.[2632] Das heißt, Macht „muß ständig gezeigt werden; sonst findet sie niemanden, der an sie glaubt und ihr von sich aus, Machteinsatz antizipierend, Rechnung trägt."[2633]

Zur Sichtbarmachung von Macht kann sich die Politik zwischen symbolischem und instrumentellem Gebrauch von Macht entscheiden.[2634] Diese Unterscheidung eröffnet einen erheblichen Spielraum politischen Taktierens,[2635] wobei im politischen System vorwiegend negative Sanktionen Grundlage der Demonstration von Macht sind.[2636] Negative Sanktionen werden über Drohungen kommuniziert und sind auf ihre (überwiegende) Nichtbenutzung angewiesen.[2637] Denn Macht funktioniert in dem Fall nur, wenn der Machthaber ebenso wie der Machtunterworfene negative Sanktionen vermeiden wollen.[2638] Das bedeutet, dass Macht verstärkt auf symbolische Reproduktion angewiesen ist, aber ihr Fundament im Gehorsam hat.[2639] Die Funktionssynthese von Recht

2630 *Luhmann,* Die Politik der Gesellschaft, 2002, S. 74 ff.
2631 *Luhmann,* Die Politik der Gesellschaft, 2002, S. 75.
2632 *Luhmann,* Die Politik der Gesellschaft, 2002, S. 75.
2633 *Luhmann,* Die Politik der Gesellschaft, 2002, S. 32.
2634 *Luhmann,* Die Politik der Gesellschaft, 2002, S. 32.
2635 *Luhmann,* Die Politik der Gesellschaft, 2002, S. 33.
2636 *Luhmann,* Die Politik der Gesellschaft, 2002, S. 45.
2637 Vgl. *Luhmann,* Die Politik der Gesellschaft, 2002, S. 46; *ders.,* Macht, 3. Aufl., 2003, S. 23.
2638 *Luhmann,* Die Politik der Gesellschaft, 2002, S. 47.
2639 *Luhmann,* Die Politik der Gesellschaft, 2002, S. 48.

und Politik besteht also auf der Seite der Politik darin, dass normatives Erwarten der Politik ermöglicht, Macht nur durch die Nutzung des rechtlichen Mediums zu erzeugen und zu erhalten – ohne die ständige Präsenz möglichen Zwangs und das Vorhalten von Zwangsmitteln.

Die Tatsache, dass sich das Recht im Rahmen der §§ 20, 21 StGB für unzuständig erklärt, hat aufgrund dessen zur politisch induzierten Veränderung des Strafrechts auf Rechtsfolgenseite geführt, weil bei fehlender normativer Ansprechbarkeit die Gefahr weiterer Straftaten prinzipiell möglich und plausibel erscheint. Ein solcher Machtverlust konnte vom politischen System nicht hingenommen werden. Dem hat sich das Recht geöffnet und war insoweit lernfähig. Im Angesicht des Scheiterns des normativen Erwartens beim einzelnen Straftäter hat es Varietät durch die Maßregeln der Besserung und Sicherung zugelassen. Sie greifen aber gerade über den engen Bereich der §§ 20, 21 StGB hinaus und erfassen auch den *zugleich* gefährlichen und schuldfähigen Straftäter. Die Implementierung der Maßregeln der Besserung und Sicherung ist demnach nur vollständig mit dem modernen utilitaristischen – wohlfahrtsstaatlichen – Ethos zu erklären, das verlangt, Folgen unter Kontrolle zu halten.[2640] Es ist daher auch dem Austausch der Legitimationsbegründungen rechtlicher Regelungen zurechenbar, die nicht mehr nur auf Autonomie, sondern auf Regulierung setzen.[2641] Hieraus erklärt sich auch, dass selbst auf der Seite der Schuldfähigkeit, Resozialisierungsmaßnahmen im Strafvollzug die Wiedereingliederung befördern sollen bzw. der gesamte Strafvollzug am Vollzugsziel der Resozialisierung (§ 2 Satz 1 StVollzG)[2642] ausgerichtet ist. Der Schuld als Re-Integration-Mechanismus wird vor diesem Hintergrund nicht mehr vertraut. Das wohlfahrtstaatliche Ethos hat jedoch zur Folge, dass in der Sicherungsverwahrung der Widerstreit zwischen Determinismus und Indeterminismus besonders präsent ist. Das legt den Verdacht ihrer Illegitimität nahe, der sich insbesondere in der im ersten Teil referierten Kritik der materiellen Voraussetzungen der Sicherungsverwahrung niederschlägt.[2643]

2640 Vgl. *Luhmann,* Inklusion und Exklusion, in: ders., Soziologische Aufklärung, Bd. 6, 3. Aufl., 2008, S. 229.

2641 Vgl. 2. Teil, 2. Kapitel, A. II. und B. I.

2642 Die Gesetzgebungskompetenz ist nach der Föderalismusreform auf die Länder übergegangen, dadurch wurden teilweise an der absoluten Vorrangstellung der Resozialisierung als Vollzugsziel Veränderungen vorgenommen. vgl. *Albrecht,* Kriminologie. Eine Grundlegung zum Strafrecht, 4. Aufl., 2010, S. 299.

2643 Vgl. im 1. Teil, 3. Kapitel, B. 2. a) bb) und c) bb).

III. Zur Gerechtigkeit der Schuld, der Schuldunfähigkeit und der Gefährlichkeit

Der vorherige Abschnitt hat gezeigt, dass bei der Konstruktion des ‚gefährlichen' Menschen aufgrund der zwei unterschiedlichen Formen schuldfähig/schuldunfähig und Schuld/Gefährlichkeit die Funktionssysteme des Rechts, der Politik und der Gesundheit, im speziellen der Psychiatrie wie auch der Psychologie, zusammenwirken. Mit dem oben ausgearbeiteten Begriff der prozeduralen strukturellen Kopplung[2644] wird nun das Zusammenwirken der Systeme anhand des heterarischen Prinzips der potentiellen Führung bewertet und neu bestimmt, indem die Rationalitätsgrenzen der beteiligten Systeme im Hinblick auf die Umweltadäquanz ihrer Entscheidungen ausgelotet werden. Es geht somit darum, den argumentativen Grenzverlauf der Selbstbeschränkung des Rechtssystems und der rechtlichen Fremdbeschränkung des politischen Systems und des Gesundheitssystems anhand der oben entwickelten Kriterien ökologischer Rationalität ausfindig zu machen, um dem Menschen als Umwelt der Gesellschaft im zweispurigen Rechtsfolgensystem des Strafrechts gerecht zu werden. Dafür wird zunächst die Person-Form untersucht, an die die Unterscheidung schuldfähig/schuldunfähig anknüpft. Danach wird sich dem Begriff der Gefährlichkeit als Außenseite der Form Schuld/Gefährlichkeit zwischen politischer und medizinischer Vereinnahmung zugewandt. Die Auseinandersetzung mit der Schuld, der Schuldunfähigkeit und der Gefährlichkeit ermöglicht schließlich eine Stellungnahme zur Grundkonzeption der Sicherungsverwahrung. Zum Schluss wird die Kollisionsregel nach dem heterarchischen Prinzip der potentiellen Führung formuliert, die die verfassungsrechtliche Überprüfung der Sicherungsverwahrung hätte leiten müssen.

1. Zur Gerechtigkeit der Form Person/Nicht-Person

Die der Schuld zugrunde liegende Person-Form als Zwei-Seiten-Form ermöglicht nicht nur dem psychischen System Selbstreflexion, indem das psychische System beide Seiten der Unterscheidung sehen und „das personentreue Verbleiben auf der einen Seite ebenso wie das Kreuzen der Grenze genießen [kann]".[2645] Durch den *re-entry 3* ist dem sozialen System eine solche Operation

2644 Vgl. in diesem Teil, 2. Kapitel, B. III.

2645 *Luhmann,* Die Form „Person", in: ders., Soziologische Aufklärung, Bd. 6, 3. Aufl., 2008, S. 146 f.

der Selbstreflexion ebenso möglich.[2646] Das Rechtssystem kann demnach von der einen Seite (Person) prinzipiell beide Seiten der Unterscheidung (Person/ Nicht-Person) sehen.[2647] Da das Rechtssystem in der *Form* subjektiver Rechte „seinen Willen nach Maßgabe privaten Wollens zurück[nimmt]“, hat es die Person-Form bereits selbstreflexiv eingesetzt und sich dem Menschen als Individuum und damit Nicht-Person genähert.[2648] Das subjektive Recht symbolisiert damit die Selbstreflexion des Rechtssystems. Es bedeutet grundsätzlich „die Anerkennung einer rechtlich nicht regelungsfähigen ‚Innenseite‘ der Rechte.“[2649] *Unabhängig* von *Kant*s Begründung der Schuld in der Autonomie des Subjekts verbürgt die Schuld *als Zwei-Seiten-Form schuldfähig/schuldunfähig* demnach die Selbstbeschränkung des Rechts an seinem radikal Anderen. Diese Unabhängigkeit von *Kant*s Begründung der Schuld in der Autonomie des Subjekts ist wichtig, um nicht dem Sein-Sollen-Fehlschluss aufzusitzen und von real existierenden Subjekten auszugehen, dessen Konsequenzen bereits in den Rechtfertigungsbrüchen des Schuldstrafrechts aufgezeigt wurden.[2650] Durch die Loslösung von der *Kant*ischen Begründung kann sich die Selbstbeschränkung, die in der Schuld als Zwei-Seiten-*Form* gründet, erst entfalten.

Das wird noch deutlicher, wenn sich mit *Jakobs* Verständnis der Person auseinandergesetzt wird, der in seinen Arbeiten ebenfalls an die *Luhmann*'sche Systemtheorie anknüpft, aber den differenztheoretischen Ausgangspunkt der Systemtheorie nicht berücksichtigt.[2651] Er schreibt z.B. zur Sicherungsverwahrung,

---

2646 Vgl. in diesem Teil, 2. Kapitel, A. III. 3.; s. auch *Menke,* Subjektive Rechte: Zur Paradoxie der Form, Zeitschrift für Rechtssoziologie 29 (2008), S. 93; s. auch *Luhmann,* Subjektive Rechte. Zum Umbau des Rechtsbewusstseins für die moderne Gesellschaft, in: ders., Gesellschaftsstruktur und Semantik, Bd. 2, 1981, S. 103.

2647 *Menke,* Subjektive Rechte: Zur Paradoxie der Form, Zeitschrift für Rechtssoziologie 29 (2008), S. 93.

2648 *Luhmann,* Subjektive Rechte. Zum Umbau des Rechtsbewusstseins für die moderne Gesellschaft, in: ders., Gesellschaftsstruktur und Semantik, Bd. 2, 1981, S. 66, dazu *Menke,* Subjektive Rechte: Zur Paradoxie der Form, Zeitschrift für Rechtssoziologie 29 (2008), S. 90 f.

2649 *Luhmann,* Subjektive Rechte. Zum Umbau des Rechtsbewusstseins für die moderne Gesellschaft, in: ders., Gesellschaftsstruktur und Semantik, Bd. 2, 1981, S. 91, 103.

2650 Vgl. *Fischer-Lescano,* Mäßigung der Verhältnismäßigkeit, in: Calliess (Hg.), Transnationalisierung des Rechts, erscheint 2014, Manuskript, S. 10 und im 2. Teil, 1. Kapitel, C. I.

2651 Vgl. z.B. *Jakobs,* Individuum und Person, ZStW 177 (2005), S. 248 ff.; *ders.,* Terroristen als Personen im Recht?, ZStW 117 (2005), S. 839 ff.; *ders.,* Rechtszwang und Personalität, Nordrhein-Westfälische Akademie der Wissenschaften, Vorträge G 418, 2008.

dass sie kein genuin instrumentales Zweckkonzept sei, weil die Sicherungsverwahrung zu Beginn verantwortlich ausgelöst werde: „Die Person macht sich schuldhaft gesellschaftsunfähig und wird deshalb entsprechend ‚behandelt'" – so *Jakobs.*[2652] In seiner Aussage wird Schuld zwangsläufig von einer Kategorie der Zuschreibung zu einer ontologischen Kategorie. Sie eignet sich dann trefflich dafür, die Sicherungsverwahrung zu legitimieren. Er vergisst dabei, dass die der Schuld zugrunde liegende Unterscheidung von konformem und abweichendem Verhalten eine systeminterne Differenzierung ist.[2653] Zur Person schreibt *Jakobs* dementsprechend, dass sie „sich nicht durch gutes Meinen herstellen [lässt], sondern sie hat Bedingungen, die auch fehlen können."[2654] Auch hier ontologisiert er das Person-Sein und begründet das Nicht-Person-Sein mit fehlenden Bedingungen, die in der ‚Nicht-Person' selbst vorhanden seien. Die Person-Form benutzt das Recht – auch wenn es sie nicht selbstreflexiv handhabt – aber gerade als systeminterne Unterscheidung. Die Person-Form ist an der Funktion des Rechtssystems orientiert und kann daher keine Aussagen über den ontologischen Status des psychischen Systems enthalten. *Jakobs* verkennt das selbstreflexive Moment der subjektiven Rechte, indem er die Adressierung normativen Erwartens an eine Person mit einer „kognitiven Mindestgarantie" verknüpft und daran auch noch die Unterscheidung von Bürgerstrafrecht und Feindstrafrecht anschließt.[2655] So verkehrt er die in der Person-Form vorhandene Gerechtigkeit in ihr Gegenteil.

Er negiert durch die Ontologisierung der Person-Form die nicht regelungsfähige Innenseite der Rechte. Die Behandlung von Nicht-Personen im *Jakobs'*schen Sinne als Feinde verfehlt daher die Bedeutung der Reflexion auf die Politik der Entparadoxierung in fundamentaler Weise und kann folglich nichts mit dem im zweiten Kapitel entwickelten Begriff der Gerechtigkeit zu tun haben.[2656] Da *Jakobs* darüber hinaus die Person-Form mit dem Begriff der kognitiven Mindestgarantie an der Dringlichkeit der Beseitigung von Gefahren ausrichtet und das Feindstrafrecht zur Aufrechterhaltung der Normgeltung für notwendig erachtet,[2657] benutzt er die Person-Form als Mittel, um sich kriminal*politischer* Probleme zu entledigen.

2652 *Jakobs,* Rechtszwang und Personalität, Nordrhein-Westfälische Akademie der Wissenschaften, Vorträge G 418, 2008, S. 44, vgl. auch *ders.,* Feindstrafrecht? – Eine Untersuchung zu den Bedingungen von Rechtlichkeit, HRRS 2006, S. 293.

2653 Vgl. *Luhmann,* Rechtssoziologie, 3. Aufl., 1987, S. 124.

2654 *Jakobs,* Rechtszwang und Personalität, Nordrhein-Westfälische Akademie der Wissenschaften, Vorträge G 418, 2008, S. 45.

2655 Vgl. *Jakobs,* Bürgerstrafrecht und Feindstrafrecht, HRRS 2004, S. 92.

2656 Vgl. in diesem Teil, 2. Kapitel, B. II.

2657 Vgl. *Jakobs,* Bürgerstrafrecht und Feindstrafrecht, HRRS 2004, S. 92.

Das bedeutet jedoch, dass die Systeme Recht und Politik bei *Jakobs* ineinander fallen. Die Funktionssynthese von Recht und Politik vollzieht sich nicht mehr auf der Grundlage verschiedener Funktionen. Die Anwendung der Person-Form als struktureller Kopplung von psychischem und sozialem System darf im Recht allerdings nicht politischen Funktionsimperativen folgen. Ansonsten wird Recht und Politik so miteinander vermengt, dass die Autonomie beider Systeme nicht mehr gewahrt ist.

Die Unterscheidung schuldfähig/schuldunfähig als strafrechtlicher Reformulierung der Person-Form kann – selbstreflexiv gewendet – nur den gerecht-fertigten Übergang von einer Wissensform in eine andere markieren, wenn sie am heterarchischen Prinzip potentieller Führung ausgerichtet ist. Mit der Unterscheidung schuldfähig/schuldunfähig soll nur ein Übergang zu einer anderen Wissensform im Recht ermöglicht werden, wenn eine Zuschreibung von Schuld unplausibel erscheint und nicht wenn sie politisch zur Machtdurchsetzung erwünscht ist. Für die andere Wissensform gelten dann auch die differenztheoretischen Grundannahmen. Die Unterscheidung des Gesundheitssystems gesund/krank, wie jede andere Unterscheidung auch, können keine Aussagen über den ontologischen Status des Menschen treffen. Deswegen wirkt die Selbstbeschränkung des Rechts durch die Schuld als Zwei-Seiten-Form einerseits in zeitlicher Hinsicht, weil die Anerkennung einer nicht regelungsfähigen Innenseite die prinzipielle Re-Integration des schuldigen Straffälligen ermöglicht und ihn so in begrenztem Umfang vor dem Anpassungsdruck der Umwelt schützt.[2658] Andererseits beschränkt sich das Recht in sachlicher Hinsicht, weil es die Unzuständigkeit des Strafrechts für Fälle von Schuldunfähigkeit bestimmt.[2659]

Diese Selbstbeschränkung des Rechts ist jedoch notwendig mängelbehaftet, weil die Selbstreflexion des Rechtssystems bzw. die Gerechtigkeit als Kontingenz- und Selbsttranszendenzformel eine paradoxe Operation ist. Der rechtliche Wechsel auf die Außenseite der Schuldunfähigkeit und der damit zusammenhängende Übergang von einer Wissensform in eine andere ist von den im zweiten Kapitel dargestellten Konstruktionsbedingungen von Wirklichkeit durch das Rechtssystem und seinen systeminternen Unterscheidungen bestimmt.[2660] Der rechtliche

---

2658 Vgl. zur Begrenzungsfunktion der Schuld: *Naucke,* Strafrecht, 10. Aufl., 2002, S. 241; *Albrecht,* Kriminologie. Eine Grundlegung zum Strafrecht, 4. Aufl., 2010, S. 119 ff.

2659 Vgl. *Naucke,* Strafrecht, 10. Aufl., 2002, S. 240, der betont, dass die Bestrafung eines schuldlos Handelnden „unerträglicher Strafterror“ ist.

2660 Vgl. in diesem Teil, 2. Kapitel, A. III.

Wechsel auf die Außenseite hängt maßgeblich von seiner Funktion ab, Erwartungen zu stabilisieren. *Krauth* deutet das im Hinblick auf die Funktionalität der Moraltheorie *Kant*s für das Recht so, dass die Natur bzw. der Körper nur vor der Folie eines historisch spezifischen Anforderungskatalogs an die Subjekte für die Nichtregierbarkeit des konkreten Straftäters im Sinne eines Scheiterns normativen Erwartens steht.[2661] Er plädiert demnach auch dafür, „im Rahmen gesellschaftlicher Auseinandersetzung mit Schuld die Bandbreite zulässiger Handlungsgründe zu erweitern und die falsche Isolierung des Subjekts aufzuheben", um „die Pathologien am Rande des Tatstrafrechts grundsätzlich anders, d.h. bis zu ihrem Verschwinden hin, [zu] denken."[2662] In diesen Kontext gehört auch die Kritik von *Ellscheid* und *Hassemer* am Schuldstrafrecht, die in der Schuld einen Reflektionsstopp auf gesellschaftliche Ungerechtigkeiten sehen, die dann illegitimerweise unthematisiert blieben.[2663]

Der Mangel in der rechtlichen Selbstbeschränkung liegt aber auch in der Person als sozialer Adresse begründet, weil sie immer selektiv operiert.[2664] D.h. „immer dann, wenn überhaupt von Adressenbildung die Rede ist (wenn Adressabilität sozial hergestellt wird), ist [... das Schema Inklusion/Exklusion] *als Schema* (also mit beiden Seiten der Unterscheidung) involviert."[2665] Die Unterscheidung Inklusion/Exklusion ist demnach die Art und Weise, „in der Menschen kommunikativ bezeichnet werden, wie sie [...] für Kommunikation als Personen relevant werden."[2666] Einschluss und Ausschluss sind ko-konstitutiv. *Krauth* verkennt daher, dass er durch die Negierung der Außenseite der Schuldfähigkeit dem Menschen auch nicht gerecht werden kann. Nach dem *heterarchischen* Prinzip der potentiellen Führung steht die Unterscheidung krank/gesund als Erklärung menschlichen Verhaltens gleichberechtigt neben dem Code des Rechtssystems – solange das Gesundheitssystem die Grenzen seines Wissens reflektiert bzw. das Recht diese Grenzen bei der Berücksichtigung medizinischen Wissens im Recht setzt. Dem Recht bleiben die Letztkorrektur und damit die Beschränkung des Gesundheitssystems vorbehalten. Letzteres ist die dem Prinzip der Prozeduralisierung des

---

2661 *Krauth,* Der Körper an der Grenze des Strafrechts, Krim. Journal 2008, S. 250; s. auch *Kreissl,* Überlegungen zur Kritik des kriminologischen Gewaltdiskurses, in: Krasmann/Scheerer (Hg.), Die Gewalt in der Kriminologie, Kriminologisches Journal, 6. Beiheft, 1997, S. 190.

2662 *Krauth,* Die Hirnforschung und der gefährliche Mensch, 2008, S. 179.

2663 Vgl. 2. Teil, 1. Kapitel, C. III.

2664 *Fuchs,* Der Eigen-Sinn des Bewusstseins, 2003, S. 24.

2665 *Fuchs,* Der Eigen-Sinn des Bewusstseins, 2003, S. 24.

2666 *Fuchs,* Der Eigen-Sinn des Bewusstseins, 2003, S. 25.

Wissens geschuldete rechtliche Einschränkung. Ebenso kann das Schema Inklusion/Exklusion nicht umgangen werden, indem die Person-Form verabschiedet wird. Wenn die Person-Form aufgelöst wird, erhält man nicht den Zugang zu einer wahrhaft befreiten Individualität zurück, „sondern bringt das, was man befreien wollte, zum Verschwinden.“[2667]

Das ist die differenztheoretische Einsicht darin, dass der ‚Realitätsunterbau‘, eine ‚wirkliche Wirklichkeit‘ (höchstens) ‚zwischen‘ den Unterscheidungen erfahrbar wird, aber niemals ohne eine getroffene Unterscheidung. Zwar wird dadurch die Struktur der sozialen Inklusion paradox, aber die Person-Form symbolisiert den prinzipiellen Anspruch des Menschen auf Inklusion.[2668] Wenn Schuld als *Unterscheidung* schuldfähig/schuldunfähig verstanden wird und nicht als etwas, was dem Menschen im Sinne des Determinismus/Indeterminismus-Streits tatsächlich anhaftet, verfängt auch die Kritik *Ellscheid*s und *Hassemer*s nicht mehr – jedenfalls sofern sie als Form selbstreflexiv eingesetzt und bei ihrem Vollzug die Unterscheidung System/Umwelt mitreflektiert wird *(re-entry 3)*. Denn dann ist die gesellschaftliche Dimension der Zuschreibung präsent. Der Akt der Zuschreibung ist folglich vom Versuch getragen, der Umwelt im imaginären Raum des Rechts so weit wie möglich gerecht zu werden. Die sozialen Bedingungen der Zuschreibung und somit auch die Kontingenz einer solchen Setzung reflektiert *Jakobs* demgegenüber nicht, weil er die Person-Form mit der Aufrechterhaltung der Rechtsgeltung kurzschließt. Damit hat er gerade keinen am heterarchischen Prinzip der potentiellen Führung ausgerichteten Wechsel vom Rechtscode in einen anderen Code vollzogen, sondern betreibt politische Jurisprudenz in dem Sinne, wie sie von *Wiethölter* definiert wurde.

Bei der Nutzung der Unterscheidung schuldfähig/schuldunfähig muss allerdings auch im Hinblick auf die Prozeduralisierung des Wissens berücksichtigt werden, dass sie durch den Normtext des § 20 StGB bestimmt ist. Die Fähigkeit des Rechts, „der Funktionsweise anderer – sozialer wie auch psychischer Systeme gerecht zu werden,“ hängt maßgeblich von den benutzten „Grundbegriffen“ ab.[2669] Auf diesen

---

2667 Vgl. *Menke,* Subjektive Rechte: Zur Paradoxie der Form, Zeitschrift für Rechtssoziologie 29 (2008), S. 97.

2668 *Menke,* Subjektive Rechte: Zur Paradoxie der Form, Zeitschrift für Rechtssoziologie 29 (2008), S. 87, 90; *Luhmann,* Subjektive Rechte. Zum Umbau des Rechtsbewusstseins für die moderne Gesellschaft, in: ders., Gesellschaftsstruktur und Semantik, Bd. 2, 1981, S. 98.

2669 *Wielsch,* Iustitia mediatrix, in: Calliess u.a. (Hg.), Soziologische Jurisprudenz. Festschrift für Gunther Teubner, 2009. S. 397; vgl. zum Verweisungsbegriff *Christensen/Fischer-Lescano,* Das Ganze des Rechts, 2007, S. 176 f.

Begriffen ruht die Autonomie des Rechts.[2670] Die Auseinandersetzung mit der seit dem 1. Januar 1975 geltenden Norm des § 20 StGB und ihrer Reformgeschichte bringt nun Schwierigkeiten ans Licht, die dort verwendeten Begrifflichkeiten einer sinnvollen Interpretation zuzuführen.[2671] Zudem leiden sie unter dem Mangel, dass sie einseitig auf psychiatrischem Sachverstand gegründet und psychologische und psychoanalytische Erklärungsansätze demgegenüber ausgegrenzt wurden.[2672] Hinzu kommt, dass die Regelung lediglich ein „Nadelöhr" für die Schuldunfähigkeit eröffnen und somit von vornherein einen sehr beschränkten Einfluss medizinisch-psychologischer Wissenschaften zugunsten der Freiheitsfiktion zulassen sollte.[2673] Die Psychiater *Rasch* und *Konrad* schreiben daher auch im Hinblick auf die an die Schuldunfähigkeitsbeurteilung anknüpfende Unterscheidung von § 63 StGB und § 66 StGB bei ‚gefährlichen' Straftätern, dass „[n]icht wenige der in der Sicherungsverwahrung Untergebrachten [...] sich wahrscheinlich wegen der bei ihnen bestehenden Persönlichkeitsanomalien in psychiatrischen Krankenhäusern befinden [würden], wenn nicht auf Seiten der Psychiater die Tendenz bestünde, Täter mit Persönlichkeitsstörungen von den Behandlungsmöglichkeiten der Psychiatrie auszuschließen. Letztlich scheint alles dem Zufall überlassen. Die in den verschiedenen Formen der Maßregelanordnung erfassten Personen sind kaum voneinander zu unterscheiden und sind in ihren psychischen Eigenarten und Möglichkeiten auch wiederum kaum anders als große Teile der Insassen der Strafvollzugsanstalten."[2674]

2670 *Wielsch,* Iustitia mediatrix, in: Calliess u.a. (Hg.), Soziologische Jurisprudenz. Festschrift für Gunther Teubner, 2009, S. 397.

2671 Instruktiv NK-StGB *Schild,* 4. Aufl., 2013, § 20 Rn. 21 ff.; vgl. auch *Schiemann,* Unbestimmte Schuldfähigkeitsfeststellungen, 2012, S. 178 ff., 231 ff., 266 f., 275 ff.; vgl. zu den Rationalitätsgrenzen auch *Albrecht,* Unsicherheitszonen des Schuldstrafrechts, GA 1983, S. 193 ff.; s. zudem *Müller-Dietz,* Grundfragen des strafrechtlichen Sanktionensystems, 1979, S. 2 ff.

2672 NK-StGB *Schild,* 4. Aufl., 2013, § 20 Rn. 23; zum Problem eines fehlenden allgemein akzeptierten Krankheitsbegriffs *Rasch/Konrad,* Forensische Psychiatrie, 3. Aufl., 2004, S. 47, 49 ff.

2673 *Schiemann,* Unbestimmte Schuldfähigkeitsfeststellungen, 2012, S. 401 f.; vgl. zur Reformdebatte auch *Günther,* Die naturalistische Herausforderung des Schuldstrafrechts, in: Institut für Kriminalwissenschaften und Rechtsphilosophie Frankfurt a.M. (Hg.), Jenseits des rechtsstaatlichen Strafrechts, 2007, S. 78 f.

2674 *Rasch/Konrad,* Forensische Psychiatrie, 3. Aufl., 2004, S. 138; vgl. dazu *Krauth,* Die Hirnforschung und der gefährliche Mensch, 2008, S. 151 ff.; vgl. zur Unbestimmtheit der §§ 20, 21 StGB: *Schiemann,* Unbestimmte Schuldfähigkeitsfeststellungen, 2012, S. 165 ff.; vgl. auch *Müller,* Verbrechensbekämpfung im Anstaltsstaat, 2004, S. 291, der in seiner historischen Betrachtung feststellt, dass

Vor diesem Hintergrund müsste grundsätzlich eine neue Anstrengung unternommen werden, den Grenzverlauf zwischen Schuldfähigkeit und Schuldunfähigkeit, zwischen Selbstbeschränkung des Rechts und Fremdbeschränkung des Gesundheitssystems neu zu definieren. Zudem markiert die Ausrichtung des Strafvollzugs auf das Vollzugsziel der Resozialisierung, dass die Unterscheidung von Strafvollstreckung und Strafvollzug – dem utilitaristischen Ethos des Präventionsparadigmas angepasst – die Unterscheidung schuldfähig/schuldunfähig im Strafvollzug nochmals mittels der Unterscheidung resozialisierungsbedürftig/ nicht-resozialisierungsbedürftig (auf der Seite der *schuldfähigen* Straftäter) variiert. Dadurch wird die Unterscheidung schuldfähig/schuldunfähig weiter differenziert und trotz prinzipieller Unterstellung normativer Ansprechbarkeit werden Hilfestellungen ermöglicht, die von der Unterscheidung schuldfähig/schuldunfähig allein nicht gedeckt wären. Dabei muss jedoch darauf geachtet werden, dass diese Hilfestellungen grundsätzlich auf freier Annahme durch die Vollzugsinsassen basieren und nicht das Zwangsinstrumentarium des Staates erweitern dürfen.[2675] Die Unterscheidung resozialisierungsbedürftig/nicht resozialisierungsbedürftig darf demzufolge *nicht* als Legitimationsverstärker für längeren Freiheitsentzug auf der Seite der Resozialisierungsbedürftigkeit missverstanden werden und Resozialisierung zum ideologischen Konstrukt degenerieren.[2676] Neben dieser Unterscheidung gilt für alle Vollzugsinsassen das Gebot der Minimierung von Haftschäden.[2677] Da die Unterscheidung resozialisierungsbedürftig/nicht-resozialisierungsbedürftig sich jedoch grundsätzlich unter das Schuld-Erlösungs-Paradigma einordnet, kann

---

das Psychopathie-Konzept entwickelt wurde, um den Rechtsbegriff der Unzurechnungsfähigkeit zu unterlaufen und die Irrenanstalten somit zu entlasten.

2675 Vgl. zu möglichen Hilfestellungen *Albrecht,* Zur sozialen Situation entlassener „Lebenslänglicher", 1977, S. 405 ff., der darauf hinweist, dass späteres Legalverhalten maßgeblich mit der sozialstrukturellen Platzierung und der Intensität von familiärer und sonstiger Unterstützung zusammenhängt, S. 389. Vgl. auch *ders.,* Spezialprävention angesichts neuer Tätergruppen, ZStW 97 (1985), S. 834 ff., 847, 857; vgl. zudem *Calliess,* Theorie der Strafe im demokratischen und sozialen Rechtsstaat, 1974, S. 163 ff., 168 f., der aber den Unterschied zwischen Strafe und Maßregeln relativiert, indem er beide Sanktionen als Lernprozesse kennzeichnet, S. 160 f. und 176 f.

2676 Vgl. *Albrecht,* Spezialprävention angesichts neuer Tätergruppen, ZStW 97 (1985), S. 838.

2677 *Albrecht,* Spezialprävention angesichts neuer Tätergruppen, ZStW 97 (1985), S. 846; *ders.,* Der Weg in die Sicherheitsgesellschaft, 2010, S. 142 ff.

es nicht von dem in den subjektiven Rechten symbolisierten Anspruch des Menschen auf Inklusion abgelöst werden.[2678]

Vor diesem Hintergrund legt die Diagnose von *Rasch* und *Konrad* nicht nur nahe, dass neue Anstrengungen unternommen werden müssen, den Grenzverlauf zwischen Schuldfähigkeit und Schuldunfähigkeit neu zu bestimmen. Auch ist die Unterscheidung resozialisierungsbedürftig/nicht resozialisierungsbedürftig dabei zu berücksichtigen. Das bedeutet insbesondere, dass Straftäter mit so genannten Sozialisationsdefiziten nicht auf einmal vorschnell auf die Seite der Schuldunfähigkeit verschoben und dadurch dem Schuld-Erlösungs-Paradigma entzogen werden dürfen. Hier wird auch deutlich, dass das Abstandsgebot zur Legitimation der Sicherungsverwahrung nur beschränkt tauglich ist. Es verwischt die differenzierten Unterscheidungen von schuldfähig/schuldunfähig und resozialisierungsbedürftig/nicht-resozialisierungsbedürftig mit dem Gebot der Minimierung von Haftschäden, die letztlich eine umweltadäquate Abstufung rechtlicher Selbstbeschränkung und rechtlicher Fremdbeschränkung ermöglichen sollen. Daher sieht auch *Streng* die berechtigte Gefahr, dass vermehrte Resozialisierungsbemühungen in der Sicherungsverwahrung zu einem Absinken der Standards im regulären Strafvollzug führen könnten.[2679] Die missglückte Fassung des Normtextes von § 20 StGB und der Bedarf, die Unterscheidung schuldfähig/schuldunfähig von der Unterscheidung resozialisierungsbedürftig/nicht-resozialisierungsbedürftig hinreichend abzugrenzen, ändert jedoch nichts daran, dass die Unterscheidung schuldfähig/schuldunfähig wie auch die Unterscheidung resozialisierungsbedürftig/nicht-resozialisierungsbedürftig grundsätzlich auf Umweltadäquanz hin angelegt sind. Wenn Schuld differenztheoretisch verstanden und sie dadurch ihrer Begründung im Subjekt entkleidet wird, wird erkennbar, dass Resozialisierung und Schuld gut miteinander harmonieren können.

2. Zur (Un-)Gerechtigkeit der Form Schuld/Gefährlichkeit

Die Unterscheidung schuldfähig/schuldunfähig wird im Bereich der Rechtsfolgen von der Unterscheidung Schuld/Gefährlichkeit abgelöst. Die Gefährlichkeit *muss* grundsätzlich als weitere Voraussetzung zur Schuldunfähigkeit hinzutreten, um eine Unterbringung des Straftäters auf der zweiten Spur zu rechtfertigen.

2678 Zu Menschenrechten und Strafvollzug vgl. *Albrecht,* Der Weg in die Sicherheitsgesellschaft, 2010, S. 147 f.

2679 *Streng,* Die Zukunft der Sicherungsverwahrung nach der Entscheidung des Bundesverfassungsgerichts, JZ 2011, S. 831.

Die Inbezugnahme der Gefährlichkeit im Rahmen der zu verhängenden Rechtsfolgen ist notwendig, weil die Unterbringung eines *un*gefährlichen schuldunfähigen Straftäters für die Rechtsdurchsetzung als Stabilitätsbedingung der Normprojektion keinerlei Mehrwert hat und sie sich daher grundsätzlich verbietet.[2680] Der Wechsel von der Unterscheidung schuldfähig/schuldunfähig zur Unterscheidung Schuld/Gefährlichkeit bei der Frage der zu verhängenden Rechtsfolgen hat die Möglichkeit eröffnet, Gefährlichkeit unabhängig von der Unterscheidung schuldfähig/schuldunfähig zu bestimmen. Somit konnte auch der schuldfähige *und* gefährliche Straftäter erfasst werden, für den die Maßregel der Sicherungsverwahrung vorgesehen ist.

Ist die Gerechtigkeit der Form schuldfähig/schuldunfähig leichter zu begründen, weil sie unabhängig von etwaigen Rechtsfolgen erörtert wurde, so hängt die Gerechtigkeit der Form Schuld/Gefährlichkeit von einer viel heikleren Frage ab. Die Frage ist, wie viel (rechtsförmige) physische Gewalt mittels Freiheitsentziehung nötig ist bzw. den in diesem Punkt zusammenlaufenden Systemen der Politik und des Rechts zugestanden werden darf, um die Stabilitätsbedingungen der Normprojektion aufrechtzuerhalten.[2681] Das ist wiederum abhängig von den Begründungen, die hierfür nach dem heterarchischen Prinzip der potentiellen Führung legitim sind. Im zweispurigen Rechtsfolgensystem sind die Freiheitsentziehung mittels Strafe und die Freiheitsentziehung mittels Maßregeln im Hinblick auf die symbolische Wirkung zur Stabilisierung der Norm letztlich funktional äquivalent. Der Staat (als Sinnbild der Funktionssynthese von Recht und Politik) könnte folglich auch auf der ersten Spur durch eine Erhöhung der Strafrahmen seine Macht demonstrieren. Die Annahme einer Nichtregierbarkeit der Psyche bzw. des Körpers des Menschen und die darauf aufbauende Annahme seiner *Gefährlichkeit* vermitteln dem Staat im Rahmen der zweiten Spur einen uneingeschränkten Zugriff auf den Körper des Menschen. Wenn der Mensch erst in den Fängen des Determinismus gelandet ist, bedarf er der Unterstützung und Heilung, die nicht mehr aus ihm selbst heraus möglich zu sein scheint. Die schuldhafte Person ist

---

2680 Vgl. BVerfGE 91, 1 (28), das dies im Rahmen der Prüfung des Art. 2 Abs. 2 Satz 2 GG zu § 64 StGB festgestellt hat; dazu *Dessecker,* Gefährlichkeit und Verhältnismäßigkeit, 2004, S. 204; vgl. auch *Frisch,* Das Marburger Programm und die Maßregeln der Besserung und Sicherung, ZStW 94 (1982), S. 579; vgl. zudem die Stellungnahme der *Deutschen Gesellschaft für Psychiatrie, Psychotherapie und Nervenheilkunde* zur Unterbringung nach dem ThUG, dargestellt in der BVerfGE v. 11. Juli 2013, 2 BvR 2302/11 und 2 BvR 1279/12, Rn. 43 ff.

2681 Damit ist der grundsätzliche Bedarf nach dieser Macht außer Zweifel gestellt.

und bleibt demgegenüber Herr über sich selbst und muss nach Strafende entlassen werden – resozialisiert oder nicht resozialisiert. Daher wird zunächst erörtert, ob die Freiheitsentziehung aufgrund von Gefährlichkeit die radikale Exklusion von Körpern zu Folge hat.

a) Zur Frage der radikalen Exklusion von Körpern durch Gefährlichkeit

Die Forderung *Krauth*s, die Pathologien am Rande des Tatstrafrechts bis zu ihrem Verschwinden zu denken, geht auf die Befürchtung der radikalen Exklusion von Körpern durch Gefährlichkeit zurück. Sie wird durch eine deterministische Vorstellung von abweichendem Verhalten prinzipiell ermöglicht und beruht auf einer Vorstellung von Politik, die *Agamben* am radikalsten auf den Punkt bringt.[2682] *Agamben* sagt, dass dem „nackten Leben [...] in der abendländischen Politik das einzigartige Privileg zu[kommt], das zu sein, auf dessen Ausschließung sich das Gemeinwesen der Menschen gründet."[2683] Danach würde Politik „beständig ‚höheres' von ‚niedrigerem' Leben trenn[en], genauer: sich als höheres durch den Akt der Verbannung des ‚bloßen Lebens' konstituier[en]".[2684] Die Funktionalität der Gefährlichkeit bildet sich gleichsam auf der Rückseite des *Foucault'*schen Begriffs der Bio-Politik. *Foucault* ging in seiner Analyse der (neoliberalen) Gesellschaftspolitik noch von der *Nicht*-Erforderlichkeit eines Mechanismus der allgemeinen Normalisierung und des Ausschlusses des Nicht-Normalisierbaren aus.[2685] *Agamben* sucht jedoch den „verborgenen Kreuzpunkt" zwischen den von *Foucault* analysierten politischen Techniken und den Technologien des Selbst, also den Prozeduren der Totalisierung und den Techniken der Individualisierung und findet ihn im „einschließenden Ausschluss" des „nackten Lebens".[2686] Die politische Inthronisierung der Psychiatrie müsste demnach vor dem Hintergrund eines solchen Verständnisses von Bio-Politik als

2682 Vgl. *Agamben,* Homo Sacer, 2002.

2683 *Agamben,* Homo Sacer, 2002, S. 17.

2684 *Balke,* Politische Existenz und „bloßes Leben", in: Brehl/Platt (Hg.), Feindschaft, 2003, S. 60, der *Agamben* in einen Zusammenhang mit *Carl Schmitt* bringt, S. 59; *Steinhauer,* Gestaltung des Rechts: Agamben, in: Buckel/Christensen/Fischer-Lescano (Hg.), Neue Theorien des Rechts, 2. Aufl., 2009, S. 213 ff.

2685 *Foucault,* Die Geburt der Biopolitik [1978–1979], 2006, S. 331 ff., 359; vgl. *Agamben,* Homo Sacer, 2002, S. 13 ff.

2686 *Agamben,* Homo Sacer, 2002, S. 14 ff.; vgl. dazu auch *Krasmann,* Der Feind an den Grenzen des Rechtsstaats, in: Kerchner/Schneider (Hg.), Foucault. Diskursanalyse in der Politik, 2006, S. 235 f.

(radikaler) Exklusions-Mechanismus verstanden werden.[2687] Die politische Inthronisierung der Psychiatrie diene der Disziplinierung der Machtunterworfenen und zwar einerseits durch Normalisierung und andererseits durch die Aussonderung der Nicht-Normalisierbaren.[2688]

Die Frage, die sich nun im Anschluss stellt, ist, ob durch die Anknüpfung von Sanktionen an die Unterscheidung schuldfähig/schuldunfähig das Urteil über deren prinzipielle Umweltadäquanz revidiert werden muss. Konkreter: ob *Agamben* letztlich Recht damit hat, dass „die ursprüngliche Einbeziehung des Lebewesens in die Sphäre des Rechts“, also die Beziehung zwischen Rechtlichem und Faktischem durch die Funktionssynthese von Recht und Politik nur als *souveräne Entscheidung über die Ausnahme* von der Regel rekonstruiert werden kann und diese Politisierung des Lebens der Berührungspunkt von Demokratie und Totalitarismus ist.[2689] Das hieße, dass die Inthronisierung der Psychiatrie in Gestalt der Maßregeln durch die Politik wie auch durch das Recht selbst Leben und Recht, Gefährlichkeit und Schuld originär trotz immanenter Unentscheidbarkeit von einander trennt. Die Psychiatrie säße demzufolge ihrer Instrumentalisierung auf, wenn sie es ermöglicht, ihr Wissen über die Verstehbarkeit von abweichendem Verhalten für das Wegschließen von Straftätern mittels des Begriffs der Gefährlichkeit zu nutzen.[2690] Darüber hinaus hieße es, dass an diesem Punkt bereits Demokratie und Totalitarismus ununterscheidbar werden.

Agamben missversteht allerdings in seiner Interpretation der Verschmelzung von Faktizität und Normativität die Beziehung zwischen der funktionalen Differenzierung von Recht, Politik und anderer Subsysteme *und* der Wirkung des Paradoxes für das Recht.[2691] Es stimmt zwar, dass die zur Form gewordene Selbstreflexion

---

2687 Vgl. *Balke,* Politische Existenz und „bloßes Leben“, in: Brehl/Platt (Hg.), Feindschaft, 2003, S. 59 ff.; vgl. auch *Krauth,* Die Hirnforschung und der gefährliche Mensch, 2008, S. 154.

2688 Vgl. *Balke,* Politische Existenz und „bloßes Leben“, in: Brehl/Platt (Hg.), Feindschaft, 2003, S. 59 ff.; vgl. auch *Krauth,* Die Hirnforschung und der gefährliche Mensch, 2008, S. 154.

2689 Vgl. *Agamben,* Homo sacer, 2002, S. 36 f., 128; vgl. zu *Agamben: Steinhauer,* Gestaltung des Rechts: Agamben, in: Buckel/Christensen/Fischer-Lescano (Hg.), Neue Theorien des Rechts, 2. Aufl., 2009, S. 201 ff.

2690 Vgl. *Agamben,* Homo sacer, 2002, S. 37; vgl. zu der fatalen Verschränkung von Strafrecht und Psychiatrie in den Personen *Binding* und *Hoche,* S. 145 ff.; dazu auch *Naucke,* Einführung: Rechtstheorie und Staatsverbrechen, in: Binding/Hoche, Die Freigabe der Vernichtung lebensunwerten Lebens. Ihr Maß und ihre Form (1920), S. VI ff.

2691 Nach *Menke*s Unterscheidung von Rechts-Modellen der Krise und Rechts-Modellen der Paradoxie vertritt *Agamben* ein Rechts-Modell der Krise, vgl. Subjektive Rechte:

des Rechts im subjektiven Recht instabil ist, weil der selbstreflexive Bezug auf das Recht ebenso destruktiv wie konstruktiv ist.[2692] Das ist gerade die Grenzwert-Ambivalenz des material-rationalen Rechts. Jedoch ermöglicht Gerechtigkeit als Kontingenz- und Selbsttranszendenzformel, die Unterscheidung Gerechtigkeit/Zweitcodierung als Zwei-Seiten-Form zu nutzen. In der juristischen Argumentation wird so eine Zweitcodierung durch das politische System (trotz Funktionssynthese) mittels prozeduraler struktureller Kopplungen abgewehrt. Die Autonomie des Rechtssystems kann eben nur eine praktische Frage sein, die sich in jedem Verfahren stellt. Die Tatsache, dass die Grenzwert-Ambivalenz eines materialisierten Formalrechts (auf verfassungsrechtlicher Ebene) nur in der juristischen Argumentation bearbeitet werden kann, aber nicht in feste Rechtsformen gegossen werden kann, scheint für *Agamben* ein „unaushaltbares Phänomen“ zu sein.[2693] Er sieht damit nicht, dass das generalisierte Argument der Einschätzungsprärogative als differenziertes Instrument der Inkorporierung fremden Wissens ins Recht die Umweltadäquanz des Rechtssystems und damit seine Gerechtigkeit steigern kann. Die Inklusion der Menschen in die Gesellschaft ist nur paradox mit der Form Person/Nicht-Person formulierbar. Das Recht hat aber mithilfe der Person-Form den Anspruch auf Inklusion des Menschen in die Gesellschaft als Desiderat auf die Form der subjektiven Rechte gebracht. Deswegen kann sich die rechtliche Argumentation immer wieder an dem Paradox abarbeiten und durch *differenzierte* Formen des Schemas Inklusion/Exklusion die Inklusion oder Re-Inklusion forcieren. Da das Schema Inklusion/Exklusion nicht durch die Verabschiedung der Person-Form umgangen werden kann, legt der differenztheoretische Ansatz nahe, dass das demokratische Prinzip der universellen Inklusion bei faktischer Exklusion von Teilen der Gesellschaft durch einen *variierbaren* einschließenden Ausschluss zu ersetzen ist.[2694]

Agamben verkennt daher das normative Postulat, das in der (differenztheoretisch ausbuchstabierten) Selbstreflexion des Rechts steckt. Die paradoxe Struktur der Inklusion von Person und Individuum wird durch die „Kraft der Gerechtigkeit“ hervorgetrieben.[2695] Seine Kritik ist vielmehr auf *Jakobs'* Deutung der Person und der daran anschließenden Unterscheidung von Bürger- und Feinstrafrecht

---

Zur Paradoxie der Form, Zeitschrift für Rechtssoziologie 29 (2008), S. 82 ff.; vgl. auch *Kiesow,* Ius sacrum, Rechtsgeschichte 2002, S. 66 ff.

2692 Vgl. *Menke,* Subjektive Rechte: Zur Paradoxie der Form, Zeitschrift für Rechtssoziologie 29 (2008), S. 98.

2693 Vgl. *Kiesow,* Ius sacrum, Rechtsgeschichte 2002, S. 69.

2694 *Baecker,* Form und Formen der Kommunikation, 2005, S. 258.

2695 *Menke,* Subjekte Rechte: Zur Paradoxie der Form, Zeitschrift für Rechtssoziologie 29 (2008), S. 107.

zugeschnitten. Eine mögliche Interpretation wäre dementsprechen, dass *Agamben* in *Jakobs,* aber nicht im Recht selbst seinen Antipoden findet. Denn – wie bereits im vorherigen Abschnitt gesehen – orientiert sich die Kategorie der kognitiven Mindestgarantie gerade an den politischen Verwendungsinteressen und nicht am Ziel struktureller Kopplung des psychischen mit dem sozialen System durch die Person-Form. Damit zielt *Jakobs* – bewusst oder unbewusst – jedoch auf eine strukturelle Korruption von Recht und Politik ab, die *Agamben* in Anlehnung an *Foucault* in den Begriff der Bio-Politik fasst.

Um die vorhandene Möglichkeit der radikalen Exklusion von Körpern durch den Begriff der Gefährlichkeit zu minimieren, müsste, um mit *Wiethölter* zu formulieren, ein „Projekt" angestrengt werden, dass „Verbote in Versuchungen verstrickt wie Versuchungen in Verbote".[2696] Da das Recht die Tiefendimensionen von kommunikativ-menschlichen Konflikten jedoch allenfalls erahnen kann, bleibt „als Richtungsangabe [...] nur das juridische Verbot, mit dessen Hilfe eine Selbstbegrenzung der Kommunikation möglich erscheint."[2697] Diese Selbstbegrenzung ist auf der ersten Spur durch den Re-Inklusion-Mechanismus der Schuld und dessen Abstützung im Strafgesetzlichkeitsprinzip schon gelungen, zumindest formuliert worden und verfassungsrechtlich abrufbar. Hierfür müssten bei der gesetzlichen Ausbuchstabierung der Maßregeln der Besserung und Sicherung funktionale Äquivalente geschaffen werden, die die Maßregeln in zeitlicher wie auch in sachlicher Hinsicht begrenzen. Die Prozeduralisierung des Wissens im Recht bedeutet somit auch eine Re-Formalisierung des Rechts. Dafür müssen im nächsten Schritt die ökologisch-rationalen Grenzverläufe des politischen Systems, des Rechtssystems und des Gesundheitssystems aufgezeigt werden, um die Grenzpflöcke zur rechtlichen Selbstbeschränkung und Fremdbeschränkung daran orientieren zu können.

b) Zu den ökologisch-rationalen Grenzverläufen des politischen Systems, des Rechtssystems und des Gesundheitssystems unter dem Begriff der Gefährlichkeit

Den ökologisch-rationalen Grenzverläufen der betroffenen Systeme unter dem Begriff der Gefährlichkeit wird sich anhand des heterarchischen Prinzips potentieller Führung unter Einbeziehung der im ersten Teil dargestellten Kritik an den

2696 *Wiethölter,* Recht-Fertigungen eines Gesellschafts-Rechts, in: Joerges/Teubner (Hg.), Rechtsverfassungsrecht, 2003, S. 21.

2697 *Teubner,* Die anonyme Matrix, Der Staat 2006, S. 186.

materiellen Voraussetzungen der Sicherungsverwahrung[2698] und der im zweiten Teil beschriebenen Außenperspektive kritischer Kriminologie[2699] genähert. Wie bereits zu Anfang des dritten Kapitels angemerkt, hängt die Prognosemöglichkeit devianten Verhaltens und damit die Möglichkeit der Identifizierung ‚gefährlicher' Straftäter unweigerlich mit dem Indeterminismus/Determinismus-Streit zusammen. Nunmehr wurden das indeterminstische und das deterministische Menschenbild mit der Funktion des Rechtssystems, Erwartungen zu stabilisieren, in Zusammenhang gebracht. Die Gefährlichkeit soll aufgrund der Funktionssynthese von Politik und Recht die schuldstrafrechtliche Unzuständigkeitserklärung durch die Inkorporierung psychiatrisch-psychologischen Sachverstands kompensieren. Daher muss sich an dieser Stelle mit den Rationalitätsgrenzen des Diskurses über Gefährlichkeit im Gesundheitssystem aus der (rechtlichen) Sicht des heterarchischen Prinzips potentieller Führung auseinandergesetzt werden.

Diese Auseinandersetzung liefert das argumentative Fundament, um Kollisionsregeln für die Inkorporierung von Wissenskomplexen in das Recht im Hinblick auf die Sicherungsverwahrung zu formulieren. Sie bestimmt auch zwangsläufig den Beurteilungsspielraum der Justizvollzugsanstalt im Rahmen von Lockerungsentscheidungen.[2700] In diesem Zusammenhang ist noch einmal zu betonen, dass diese Kollisionsregeln nicht als starre Vorrangregeln missverstanden werden dürfen. Sie hängen von den prozeduralen Bedingungen der Wissensgenerierung ab und müssen zu jedem Entscheidungszeitpunkt neu erarbeitet werden. Dabei geht es auch und gerade um die von *Albrecht* für das Thema „Resozialisierung" angemahnte „Sensibilisierung für die rechtlichen und faktischen Fragwürdigkeiten", die hier für den ‚gefährlichen' Straftäter herausgearbeitet werden.[2701] Die Rationalitätsgrenzen des Gesundheitssystems zeigen dann die politische bzw. rechtliche Vereinnahmung des Gesundheitssystems auf, um die Stabilitätsbedingungen der Normprojektion zulasten von Umweltadäquanz zu verstärken. Diese Vereinnahmung ist vor dem Hintergrund der Forderung ökologischer Rationalität illegitim.

2698 Vgl. im 1. Teil, 3. Kapitel, B. I. 2. a) bb) und c) bb).

2699 Vgl. im 2. Teil, 2. Kapitel, C. II. 2.

2700 Vgl. dazu *Albrecht/Baltzer/Krehl,* Der schwierige Weg der Dritten Gewalt zwischen Freiheit und Sicherheit, Forensische Psychiatrie, Psychologie, Kriminologie 2010, S. 12 ff.

2701 *Albrecht,* Spezialprävention angesichts neuer Tätergruppen, ZStW 97 (1985), S. 844.

Das Gesundheitssystem operiert mit der Unterscheidung gesund/krank. Diese Unterscheidung wird im Recht nur virulent, wenn die strukturelle Kopplung zwischen psychischem und sozialem System durch die Person-Form im Einzelfall nicht aufrechtzuerhalten ist. Für das Recht kann also nur eine solche Gefährlichkeit relevant werden, die im Gesundheitssystem aus einem *krankheitsbedingten* (probabilistischen) Determinismus abgeleitet wird. Aussagen, die grundsätzlich ein deterministisches Menschenbild postulieren, sind in diesem Kontext nicht weiterführend. Deswegen rekurrieren alle Maßregeln – jedenfalls vor ihrer beispiellosen Ausweitung – auf einen *gegenwärtigen Zustand,* auf dem die Gefährlichkeit beruhen muss.[2702] Nach den oben genannten Voraussetzungen struktureller Kopplungen, die gerade die Möglichkeit der Zweitcodierung verhindern sollen, darf das Gesundheitssystem die Frage nach der Gefährlichkeit nur stellen, wenn es eine Krankheit für das Scheitern der Person-Form verantwortlich macht, die auch grundsätzlich ohne die Übertretung von Strafgesetzen existiert bzw. als Krankheit klassifiziert wurde. Denn der ökologisch-rationale Mehrwert struktureller Kopplungen liegt gerade in der jeweiligen Autonomie der Systeme begründet. Die Krankheit muss folglich unabhängig von kriminalpolitischen bzw. strafrechtlichen Verwendungsinteressen im Gesundheitssystem klassifiziert worden sein. Auf dieser Grundlage müsste letztlich zunächst eine Expertenkommission aus Vertretern der unterschiedlichen Richtungen der Psychologie und der Psychiatrie sowie anderer therapeutischer Berufe sich einer Revision ihrer (für das Strafrecht) entwickelten Krankheitsbegriffe öffnen. Diese sind insbesondere von dem weiten Störungsbegriff der Klassifikationssysteme ICD-10 und DSM-IV zu unterscheiden.[2703] Dabei wären die Fehler zu korrigieren, die die Reform der §§ 20, 21 StGB in den 1970er Jahren begleiteten. Hier müsste auch der umstrittene Begriff der *dissozialen Persönlichkeitsstörung* überdacht werden. Dabei müsste die Frage beantworten werden, inwiefern er mehr kriminalpolitischen und strafrechtlichen Verwendungsinteressen folgt.

2702 Vgl. 1. Teil, 1. Kapitel, D. III., VI. und VIII. Bei der vorbehaltenen und der nachträglichen Sicherungsverwahrung sollte der Hangbegriff vom Gesetzgeber abgeschafft werden, vgl. dazu aber die Interpretation des BGH: 1. Teil, 3. Kapitel, C. I. 1. und D. I. 1. c).

2703 Vgl. zur begrifflichen Weite des Störungsbegriffs der Klassifikationssysteme ICD-10 und DSM-IV: *Rasch/Konrad,* Forensische Psychiatrie, 3. Aufl., 2004, S. 49 f.; *Krauth,* Die Hirnforschung und der gefährliche Mensch, 2008, S. 148, Endnote 71 (S. 234), s. auch die Stellungnahme der *Deutschen Gesellschaft für Psychiatrie, Psychotherapie und Nervenheilkunde* zur Unterbringung nach dem ThUG, dargestellt in der BVerfGE v. 11. Juli 2013, 2 BvR 2302/11 und 2 BvR 1279/12, Rn. 43 ff.

Durch eine solche Revision wäre auch der umstrittenen Regelung des § 66b Abs. 3 a.F./§ 66b n.F. StGB der Boden entzogen, weil entweder ein gegenwärtiger Zustand vorliegt, der die Unterbringung erfordert oder eben nicht. Zudem müsste die Differenzierung zwischen einer psychischen Störung im Sinne des ThUG bzw. Art. 316f StGB und dem Begriff der Schuldunfähigkeit aufgegeben werden. Ein solcher „dritter Weg" birgt im Verhältnis zu den §§ 20, 21 StGB nur weitere Unwägbarkeiten bei der Entscheidung. Er macht auch nach der Deutschen Gesellschaft für Psychiatrie, Psychotherapie und Nervenheilkunde keinen Sinn, weil der Widerspruch der Gleichzeitigkeit einer nicht verantwortungsrelevanten Störung und Gefährlichkeit gerade nicht gelöst werde. Des Weiteren wäre im Anschluss an die Expertenkommission ein Organ zu institutionalisieren, das sich für die dauerhafte Überarbeitung der gefundenen Klassifikation verantwortlich zeichnet und so Lernfähigkeit im Gutachtersystem ermöglicht. Ein weiteres Organ müsste die Ausbildung qualifizierter Gutachter in Kooperation mit den Universitäten und die Institutionalisierung von Fortbildungsmöglichkeiten für Richter in die Hand nehmen.[2704] Das kann nicht allein durch die Bemühungen der Berufsverbände geleistet werden, die vermehrt Fortbildungsmöglichkeiten anbieten.[2705] Das Justizsystem müsste sich in diesem Zusammenhang der Einsicht öffnen, dass Strafvollstreckungskammern über ein Spezialwissen verfügen müssen. Daher ist eine häufige Umbesetzung der Richter kontraproduktiv.

Da die Gefährlichkeit jedoch (notwendigerweise) nur mit probabilistisch zu erfassenden Kausalgesetzlichkeiten operiert, genügt diese Einschränkung angesichts der im ersten Teil dargestellten Prognose-Fehler noch nicht.[2706] Der Prognose-Fehler der falschen Positiven verdeutlicht den Bedarf an formellen Beschränkungen. Er tritt nach der für Deutschland bedeutsamen Rückfallstudie zur nachträglichen Sicherungsverwahrung von *Alex* häufig auf und erhärtet die prinzipiellen Zweifel an der Zuverlässigkeit von Kriminalprognosen – jedenfalls im Bereich der Sicherungsverwahrung.[2707] Die darin zum Ausdruck kommende Tendenz zur Übersicherung ist dem Prognosegegenstand deswegen schon inhärent, weil die Anzahl der

---

2704 Vgl. *Albrecht/Baltzer/Krehl,* Der schwierige Weg der Dritten Gewalt zwischen Freiheit und Sicherheit, Forensische Psychiatrie, Psychologie, Kriminologie 2010, S. 20.

2705 Vgl. *Albrecht/Baltzer/Krehl,* Der schwierige Weg der Dritten Gewalt zwischen Freiheit und Sicherheit, Forensische Psychiatrie, Psychologie, Kriminologie 2010, S. 20.

2706 Vgl. 1. Teil, 3. Kapitel, B. I. 2. c) bb).

2707 Vgl. 1. Teil, 3. Kapitel, B. I. 2. c) bb); *Alex,* Nachträgliche Sicherungsverwahrung – ein rechtsstaatliches und kriminalpolitisches Debakel, 2010, S. 134.

falschen Positiven wegen der artifiziellen Vollzugsbedingungen regelmäßig nicht messbar ist. Die Studie von *Alex* konnte nur von der rechtlichen Umstrittenheit der nachträglichen Sicherungsverwahrung profitieren. Diese Tendenz zur Übersicherung ist bei jeglicher stationärer Unterbringung zu berücksichtigen. Aufgrund der sanktionsbedingt fehlenden Möglichkeit, den Prognosefehler der falschen Positiven durch Erfahrung zu korrigieren, sind zum einen Begutachtungsverfahren zu entwickeln, die gegen die dadurch begünstigte Tendenz der Übersicherung wirken.[2708] Hier ist insbesondere an eine Ausdehnung des Richterprivilegs auf Gutachter zu denken. Zum anderen muss durch die Etablierung einer nicht-stationären Maßregel gewährleistet werden, dass durch abgestufte Behandlungskonzepte in zunächst betreuten Einrichtungen Lockerungen in einem kontrollierten Rahmen frühzeitig – auch bei noch unsicherer Gefährlichkeitsprognose – möglich sind.[2709] Dadurch kann eine starre Entlassungsgrenze aus der stationären Maßregel bei Erstverwahrten in das Recht implementiert werden. Die starre Entlassungsgrenze ist aufgrund der Defizite von Kriminalprognosen als rechtliche Fremdbeschränkung des Gesundheitssystems notwendig.[2710] Die stufenweise Entlassung federt die starre Entlassungsgrenze aus der stationären Maßregel ab. Sie ist mit einem Mechanismus zu versehen, der die Rücküberweisung in die stationäre Maßregel grundsätzlich vorsieht, wenn die Erprobung im Einzelfall scheitert.[2711] Dadurch bleiben Prognoseentscheidungen weiterhin ein wichtiges Kriterium bei der Entlassung von Maßregelpatienten. Somit wird einerseits ein „verfassungsrechtlich unvertretbares Sicherheitsdenken" und andererseits ein „unverantwortlicher Schematismus" verhindert.[2712] Die stufenweise Entlassung mit der Möglichkeit der Rücküberweisung ist auch notwendig, um der durch die mediale Inszenierung angeheizten Panik vor ‚gefährlichen' Straftätern entgegenzuwirken und drohende Selbstjustiz zu verhindern.

Es ist demnach nicht nur an den Prognosemethoden anzusetzen – wie es das Bundesverfassungsgericht im Jahr 2004 – gefordert hat, sondern auch an den

---

2708 Vgl. zur Übersicherung *Bartsch,* Sicherungsverwahrung, 2010, S. 353.

2709 Vgl. zur Bedeutung von Lockerungen in realitätsgerechten Situationen: *Albrecht/Schumann u.a.,* Lockerungen im Maßregelvollzug (§ 63 StGB), NStZ 1991, S. 65.

2710 Vgl. *Albrecht/Baltzer/Krehl,* Der schwierige Weg der Dritten Gewalt zwischen Freiheit und Sicherheit, Forensische Psychiatrie, Psychologie, Kriminologie 2010, S. 22.

2711 In diesem Punkt ähnlich: *Mayer,* Behandlung der Rezidivisten (gefährlichen Gewohnheitsverbrecher) im deutschen Strafrecht, ZStW 80 (1968), S. 161.

2712 *Albrecht/Schumann u.a.,* Lockerungen im Maßregelvollzug (§ 63 StGB), NStZ 1991, S. 65.

Begutachtungsverfahren. Gerade zur Beförderung der vom Bundesverfassungsgericht schon damals als notwendig erachteten Lockerungen müssen die Gutachter von den aus ihren Gutachten resultierenden Konsequenzen jedenfalls insoweit freigestellt werden, dass sie nicht selbst mit der ständigen Angst strafrechtlicher Verfolgung rechnen müssen.[2713] Das von *Bartsch* in seiner Untersuchung konstatierte Klima der Übersicherung konnte durch das verfassungsgerichtliche Postulat jedenfalls nicht durchbrochen werden bzw. wurde dieses Postulat durch die umfassende Rechtfertigung aller Formen der Sicherungsverwahrung konterkariert.[2714] Wenn zur Schließung von Schutzlücken immer weiterreichende Möglichkeiten des Freiheitsentzuges auf immer unsicherer Prognosebasis zugelassen werden, wirkt diese Schutzlücken-Argumentation notwendigerweise gegen das Instrument der Lockerungen, weil Lockerungen angesichts unsicherer Prognosen ein erhebliches Risiko bedeuten können. Nur mit der Erprobung der Straftäter können jedoch die Gutachten durch Erfahrung angereichert werden. Ansonsten würden sie weiterhin nur auf statistischen Wahrscheinlichkeiten zu Risikogruppen und Gesprächen in der artifiziellen Strafvollzugssituation basieren.[2715] Ein solches Gutachterprivileg muss notwendigerweise – neben der Verfeinerung methodischer Mindeststandards – durch Standesverfahren ergänzt werden, die einerseits die Gutachter einer Art ständiger Supervision unterwerfen und andererseits Verstöße gegen methodische Mindeststandards ahnden. Diese Aufgabe könnte von dem zu schaffenden Organ übernommen werden, das für die Aus- und Fortbildung verantwortlich wäre. Zudem erscheint es ratsam, dass die Gutachtertätigkeit nur noch in einem Team aus zwei oder drei Gutachtern erfolgen soll, um einseitige subjektive Meinungen zu verhindern. Hier sind jedoch letztlich die forensisch tätigen Gutachter selbst gefragt, solche Verfahren zu erarbeiten und einer ständigen Revision zu öffnen.

c) Zur Ungerechtigkeit der Sicherungsverwahrung

Gelten die aus den Defiziten der Kriminalprognose gezogenen Konsequenzen für alle Maßregeln der Besserung und Sicherung, so ist im Folgenden die Sicherungsverwahrung in ihrer Grundkonzeption zu untersuchen. Bei der Grundkonzeption der Sicherungsverwahrung stellt sich die Frage, ob die vom Gesundheitssystem

2713 Vgl. *Albrecht/Schumann u.a.*, Lockerungen im Maßregelvollzug (§ 63 StGB), NStZ 1991, S. 65.

2714 S. zum verfassungsrechtlichen Postulat 1. Teil, 1. Kapitel, D. V.

2715 Vgl. *Albrecht/Schumann u.a.*, Lockerungen im Maßregelvollzug (§ 63 StGB), NStZ 1991, S. 65.

diagnostizierte Gefährlichkeit prinzipiell den kriminalpolitischen bzw. strafrechtlichen Verwendungsinteressen aufsitzt und sich dadurch die strukturelle Kopplung von Gesundheitssystem, Recht und Politik in eine gegenseitige strukturelle Korruption verwandelt. Wenn nun zunächst die im ersten Teil referierte Kritik am Hangbegriff[2716] in den Blick genommen wird, dann scheint sich dieser Begriff für eine strukturelle Kopplung zwischen Gesundheitssystem und Recht gerade nicht zu eignen. Der Hangbegriff ist bereits auf eine Art und Weise normativ vorgeprägt, dass er außerstrafrechtliche Anknüpfungspunkte im Dunkeln lässt. Das liegt insbesondere daran, dass der Hangbegriff psychische Dispositionen postuliert, die eine probabilistische Kausalgesetzlichkeit begründen sollen, ohne dass sie einen entsprechenden Krankheitswert im Sinne einer verantwortungsrelevanten Störung[2717] haben. Der Hangbegriff umfasst juristisch betrachtet z.B. die Berufsmäßigkeit bei der Begehung von Straftaten. Die normative Vorprägung des Hangbegriffs erscheint als notwendige Folge der Ablösung der Gefährlichkeit von der Schuldunfähigkeit. Wenn der forensische Psychiater oder Psychologe zunächst die Einsichts- und Steuerungsfähigkeit bejaht, dann kann er im Anschluss daran zwangsläufig keine hinreichend fundierte Aussage mehr über die Gefährlichkeit des wiederholt rückfällig gewordenen Straftäters treffen. Dieser scheint schließlich grundsätzlich normativ ansprechbar zu sein.

Das legt nahe, dass die Sicherungsverwahrung in einen Bereich gehört, der mit *Foucault* in der *Agamben*'schen Interpretation als Bio-Politik bezeichnet werden kann.[2718] Das schließt die ökologische Rationalität der Sicherungsverwahrung aus. Die fehlende ökologische Rationalität der Sicherungsverwahrung ist schon deshalb nahe liegend, weil die Sicherungsverwahrung von ihrer Konzeption her den schuldfähigen Straftäter trifft. Deswegen kann sie nicht mehr auf der vom Recht selbstreflexiv gehandhabten Form schuldfähig/schuldunfähig beruhen. Vielmehr zerstört die Sicherungsverwahrung gerade den Selbstbeschränkungs-Mechanismus der Schuld. Sie ist von vornherein nicht dazu geeignet, ein funktionales Äquivalent für diesen Selbstbeschränkungs-Mechanismus auf der Seite der Gefährlichkeit zu etablieren. Denn nach dem heterarchischen Prinzip der potentiellen Führung beruht die Unterscheidung schuldfähig/schuldunfähig bereits auf den Rationalitätsgrenzen der Unterscheidung gesund/krank und manifestiert

2716 Vgl. im 1. Teil, 3. Kapitel, B. I. 2. a) bb).

2717 Vgl. BVerfGE v. 11. Juli 2013, 2 BvR 2302/11 und 2 BvR 1279/12, Rn. 43 ff.

2718 Hierdurch wird nicht die Ablehnung des *Agamben*'schen Politik- und Rechtsbegriffs relativiert, sondern nur bestätigt, dass es Fälle gibt, in denen das Recht von der Politik zweitcodiert werden kann.

das Verhältnis von Selbstbeschränkung des Rechts und Fremdbeschränkung des Gesundheitssystems. Eine Ausdehnung der Gefährlichkeit über den Bereich der Schuldunfähigkeit hinaus ist damit vor dem Hintergrund ökologischer Rationalität per se ungerecht, auch wenn – wie bereits bei der Frage der Gerechtigkeit der Unterscheidung schuldfähig/schuldunfähig thematisiert – die konkrete gesetzliche Umsetzung der Unterscheidung in den §§ 20, 21 StGB selbst mängelbehaftet ist.

Die Sicherungsverwahrung ist damit Produkt der Eigenrationalitätsmaximierung des politischen Systems. Die Eigenrationalitätsmaximierung findet in der problematischen Verschränkung von Rechtfertigung und Regulationserfolg im material-rationalen Recht und der fehlenden Reflexion im Verhältnismäßigkeitsgrundsatz ihren Nährboden und wird durch die konstatierte Steuerungskrise des Rechts verstärkt.[2719] Kriminalität – wie im zweiten Kapitel des zweiten Teils ausgeführt[2720] – bietet eine Projektionsfläche für soziale und existentielle Ängste, die durch die Verschärfung der Sicherungsverwahrung und von Strafgesetzen allgemein (vermeintlich) leicht bearbeitet werden können. Dementsprechend ist es systemrational, verstärkte Gesetzgebungsaktivitäten bei der Sicherungsverwahrung zu entfalten, die insbesondere aufgrund ihrer unklaren außerrechtlichen Anknüpfungspunkte, in jeder Hinsicht flexibel gehandhabt werden kann. Das Strafrecht erzeugt für das politische System „Sinnbilder“ und „scheinbare Lösungsmuster gegenüber gesellschaftlichen Problemen“.[2721] Da es im Bereich unstreitiger Erwartungen mit dem Gehorsam des Großteils der Machtunterworfenen rechnen kann, eignet es sich besonders gut als Mittel symbolischer Reproduktion von Macht.

Das erklärt auch *Garland*s Beobachtung, dass die „Kriminologie des Selbst“ als eine Logik der unaufgeregten Regulation von Risiken und Schäden und die „Kriminologie des Anderen“ als Konstruktion medialer Bedrohungsszenarien und Sündenböcke gefolgt von moralischen Paniken grundsätzlich nebeneinander stehen.[2722] Der Kreislauf der Macht kann sich im Bereich der Massenkriminalität bzw. der Kriminalität der sozial Angepassten nicht leisten, mit unwiderstehlichem Zwang zu reagieren. Die Machtressourcen zur uneingeschränkten Durchsetzung könnten nicht aufgebracht werden. Bei dem quantitativ erheblich geringeren Auftreten von Verstößen gegen das Kernstrafrecht kann es seine Machtmittel, Strafe

2719 Vgl. dazu *Kubink,* Strafen und ihre Alternativen im zeitlichen Wandel, 2002, S. 756 f., der die Anpassungsfähigkeit, Zweckoffenheit und Empfänglichkeit für politische Alarmrufe hervorhebt.

2720 Vgl. im 2. Teil, 2. Kapitel, C. II. 2. b).

2721 *Albrecht,* Kriminologie. Eine Grundlegung zum Strafrecht, 4. Aufl., 2010, S. 65.

2722 Vgl. 2. Teil, 2. Kapitel, C. II. 2. b).

und Maßregeln der Besserung und Sicherung, jedoch voll ausschöpfen und damit noch einen hohen symbolischen Wert erzielen. Da der weggesperrte, gefährliche Straftäter die Machtvollkommenheit des politischen Systems so gut symbolisiert, ist die politische Fokussierung auf die Sicherungsverwahrung über die Rationalitätsgrenzen des Gesundheitssystems hinaus Ausdruck der oben beschriebenen Möglichkeit einer krisenbedingten Ununterscheidbarkeit von Rechtssicherheit und Staatssicherheit, von Recht und Gewalt. Die Ununterscheidbarkeit bleibt indes aufgrund der fatalen Verschränkung von Rechtfertigung und Regulationserfolg im material-rationalen Recht in der rechtlichen Überprüfung unthematisiert.[2723] An dieser Stelle schlägt die Funktionssynthese von Recht und Politik in eine Eigenrationalitätsmaximierung des politischen Systems um, die vor dem Hintergrund der (Gerechtigkeits-)Forderung nach ökologischer Rationalität als politische Pathologie zu kennzeichnen ist.[2724] Die Eigenrationalitätsmaximierung wird in den Gesetzesbegründungen belegt, die selbst gegen die psychiatrisch-psychologische Expertenmeinung weitere Ausweitungen der Sicherungsverwahrung vorangetrieben haben. Sie sind von anstehenden Entlassungen als gefährlich eingestufter Straftäter getragen und lassen sich von einer Extremfall-Argumentation leiten.

Im Akt der umfassenden Rechtfertigung der Sicherungsverwahrung durch das Bundesverfassungsgericht im Jahr 2004, die im zweiten Urteil noch ihre zukünftigen Formen beinhaltete, hat sich das Recht dementsprechend von der Politik zweitcodieren lassen und ist der Eigenrationalitätsmaximierung der Politik aufgesessen. So viel kann an dieser Stelle schon (pauschal) resümiert werden. Diese Behauptung wird in diesem Kapitel unter B. anhand der bundesverfassungsgerichtlichen Argumentation noch belegt und differenziert werden. Die Sicherungsverwahrung ist somit Folge der Politisierung der Form subjektiver Rechte, die in ihrer konstitutiven Instabilität grundsätzlich angelegt ist.[2725]

2723 Vgl. 2. Teil, 2. Kapitel, C. II. 1.

2724 Vgl. *Calliess,* Prozedurales Recht, 1999, S. 203 ff. Die Irrationalitäten einer ausufernden Sicherheitspolitik und deren Folgen analysiert *Albrecht,* Der Weg in die Sicherheitsgesellschaft, 2010, S. 149 ff.; *ders.,* Kriminologie. Eine Grundlegung zum Strafrecht, 4. Aufl., 2010, S. 145 ff., 401 ff.; *ders.,* Der politische Gebrauchswert des Jugendstrafrechts, StV 2008, S. 154 ff.; *ders.,* Die Funktionalisierung des Opfers im Kriminaljustizsystem, in: Schünemann/Dubber (Hg.), Die Stellung des Opfers im Strafrechtssystem, 2000, S. 48; *ders.,* Die Bedrohung der dritten Gewalt durch irrationale Sicherheitspolitik, DRiZ 1998, S. 326 ff.

2725 *Menke,* Subjektive Rechte: Zur Paradoxie der Form, Zeitschrift für Rechtssoziologie 29 (2008), S. 95 ff., der die konstitutive Instabilität in der Paradoxie der Paradoxie verortet, S. 101.

Wegen dieser konstitutiven Instabilität muss in jeder rechtlichen Entscheidung die Unterscheidung Gerechtigkeit/Zweitcodierung genutzt werden. Unter Bezugnahme auf die Kritik der Abwägung im zweiten Kapitel des zweiten Teils kann die in der verfassungsgerichtlichen Rechtsprechung zur Sicherungsverwahrung erfolgte Zweitcodierung in der Verfassungsrechts-Dogmatik juristisch verortet werden.[2726] In der Abwägung des Freiheitsanspruchs des Straftäters mit dem Schutz der Bevölkerung vor ‚gefährlichen' Straftätern werden aus dem Wertgehalt der Grundrechte Schutzpflichten des Staates begründet. Die Schutzpflichten überdehnen aber die Idee einer objektiven Wertentscheidung in der Verfassung, weil staatliches Nichthandeln und staatlicher Grundrechtseingriff gleichbehandelt werden.[2727] Aufgrund dessen lässt sich die Form subjektiver Rechte kaum gegenüber ihrer politischen Überanspruchung stabilisieren.

Die Schutzpflichtendiskussion postuliert einen funktionalen Vorrang des Staatszwecks der Gefahrenabwehr, der die Frage nach der Umweltadäquanz des Rechts nachhaltig vernebelt.[2728] Durch die einseitige Nutzung des Arguments der Einschätzungsprärogative des Gesetzgebers fehlt zudem die Überprüfung der vom Gesetzgeber zugrundelegten Bedrohungsszenarien anhand anderer Wissensquellen. Die Bedrohungsszenarien beruhen jedoch auf der fiktiven Risiko-Form wahrscheinlich/unwahrscheinlich, die als solche nie eintreffen kann. Die Risikowahrscheinlichkeit legt das aufzulegende (Gegen-)Steuerungsprogramm fest. Wenn der erwartete Schaden *nicht* eintritt, bedeutet das, dass das initiierte (Gegen-)Steuerungsprogramm erfolgreich war.[2729] Die Frage, ob die in Risikowahrscheinlichkeiten übersetzte Gefahr jemals bestand, kann nicht beantwortet werden. Auf die gesetzgeberische Ausweitung der Sicherungsverwahrung konkretisiert, heißt das, dass die *Notwendigkeit* einer vorbehaltenen oder nachträglichen Sicherungsverwahrung nicht überprüfbar ist. Der Gesetzgeber hat sich bei seinen Ausweitungen auch fast nur auf

---

2726 Vgl. oben 2. Teil, 2. Kapitel, C. I.

2727 Vgl. *Di Fabio,* Risikoentscheidungen im Rechtsstaat, 1994, S. 44 f., *Denninger,* Verfassungsrechtliche Schlüsselbegriffe, in: Broda u.a. (Hg.), Festschrift für Rudolf Wassermann, 1985, S. 286 f.; s. auch *Luhmann,* Subjektive Rechte. Zum Umbau des Rechtsbewusstseins für die moderne Gesellschaft, in: ders., Gesellschaftsstruktur und Semantik, Bd. 2, 1981, S. 88 ff.; vgl. zudem *Pollähne,* Kriminalprognostik, 2011, S. 264 ff. und *Albrecht,* Menschenwürde als staatskritische Absolutheitsregel, KritV 2006, S. 299.

2728 Vgl. *Di Fabio,* Risikoentscheidungen im Rechtsstaat, 1994, S. 50; vgl. auch *Fischer-Lescano,* Mäßigung der Verhältnismäßigkeit, in: Calliess (Hg.), Transnationalisierung des Rechts, erscheint 2014, Manuskript, S. 3 ff.

2729 Vgl. *Kreissl,* Öffentliche Inszenierung von Sicherheitsfragen, KritV 2008, S. 323.

‚gefährliche' Straftäter und nicht auf schwer rückfällig gewordene Straftäter bezogen. Das ist das Problem der falschen Positiven. „Das Vorsorgeprinzip enthält die Aufforderung, Wahrscheinlichkeitsanalysen zu relativieren und der Gefahrenphantasie freien Lauf zu lassen, also zweifelhafte Hypothesen oder auch simple Verdachtsmomente zur Grundlage von Entscheidungen zu machen."[2730] Die Fiktivität der Risikokategorie begünstigt so realitätsentkoppelte Gedankenspiele, die die Eigenrationalitätsmaximierung des politischen Systems zulasten der Umwelten und die Etablierung einer Sicherheitsstaates befördern.[2731] Wenn das Rechtssystem durch die Verknüpfung des Arguments der Schutzpflichten mit der Einschätzungsprärogative des Gesetzgebers diese Problematik nicht reflektiert, werden die Rechtsentscheidungen zwangsläufig durch die Politik zweitcodiert. Der (paradoxe) Anspruch des Menschen auf Inklusion gerät somit zwangsläufig aus dem Blick. Die Generierung von Schutzpflichten muss demnach durch eine an Rechtsgebieten orientierte Anwendung des heterarchischen Prinzips potentieller Führung ersetzt werden und zu einer Pluralisierung des Arguments der Einschätzungsprärogative führen, bei dem das prozedurale Element der Wissensgenerierung nicht vernachlässigt werden darf.

Da die Rationalität der Normanwendung unweigerlich mit den verwendeten juristischen Begriffen verknüpft ist, die die Inkorporierung fremden Wissens in das Recht anleiten, kann sich auch nicht auf die Position zurückgezogen werden, dass Koryphäen der forensischen Psychiatrie z.B. den aus der Perspektive (bio-politischer) Gefahrenabwehr als durchaus gefährlich eingeschätzten Berufsverbrecher als „Paradebeispiel unbeeinträchtigter Schuldfähigkeit" benennen und ihn damit gleichzeitig aus dem Anwendungsbereich der Sicherungsverwahrung herausnehmen wollen.[2732] Zwar spricht das für die Autonomie der psychiatrischen Umsetzung gesetzgeberischer Aufträge und dafür, dass die „paradoxe Vermengung von Kriminellen und Kranken" nicht einem Imperialismus der Psychiater zugeschrieben werden kann.[2733] Die Sicherungsverwahrung ist jedoch in ihrer Grundkonzeption vor diesem Hintergrund erst Recht mit dem durch *Agamben* modifizierten Begriff der Bio-Politik erklärbar, weil die forensischen Gutachter sich von der juristischen Definition des Hangbegriffs distanzieren. Die Juristen sehen demgegenüber den Unterschied von § 63 StGB und § 66 StGB, neuerdings

---

2730 *Beck,* Weltrisikogesellschaft, 2007, S. 218.

2731 *Albrecht,* Abschied vom Recht, vor*gänge* 46 (2007), S. 29 ff.; *ders.,* Der Weg in die Sicherheitsgesellschaft, 2010, S. 667 ff.

2732 *Kröber,* Psychiatrische Aspekte der Sicherungsverwahrung, MschrKrim 2004, S. 268; dazu *Krauth,* Die Hirnforschung und der gefährliche Mensch, 2008, S. 152 f.

2733 Vgl. *Krauth,* Die Hirnforschung und der gefährliche Mensch, 2008, S. 154.

auch zwischen ThUG und § 66 StGB gerade darin, dass bei der Sicherungsverwahrung solche Täter zum Schutz der Allgemeinheit untergebracht werden sollen, die nach den Kriterien der Psychiatrie gesund sind.[2734]

Aufgrund dieses Missverständnisses darf nicht erwartet werden, dass sich bei der Anwendung der §§ 66 ff. StGB die in der Unterscheidung von schuldfähig/schuldunfähig und Schuld/Gefährlichkeit versteckte Gerechtigkeit verwirklichen lässt. An diesem Punkt sind Bio-Politik, Recht und Psychiatrie *tatsächlich* ununterscheidbar. Dies gilt selbst dann, wenn die oben zitierte Äußerung von *Rasch* und *Konrad* sowie die Herausnahme von „Berufsverbrechern" aus dem Anwendungsbereich der Sicherungsverwahrung dafür spricht, dass in der Sicherungsverwahrung auch teilweise Straftäter untergebracht sind, deren Unterbringung nach der Unterscheidung schuldfähig/Gefährlichkeit als gerechte Symbiose beider Unterscheidungen im Bereich der Rechtsfolgen gerechtfertig wäre. Auch deswegen muss die Regelung des §§ 20, 21 StGB in einem breit angelegten Diskurs unterschiedlichster Professionen und der politischen Öffentlichkeit neu durchdacht und reformiert werden. An dem Ergebnis sind dann die Maßregeln zu orientieren.

Der Angst, mit einem solchen Instrumentarium, Schutzlücken für ‚gefährliche' Straftäter zu öffnen, kann nur dadurch begegnet werden, dass die Unterscheidung resozialisierungsbedürftig/nicht-resozialisierungsbedürftig auf der ersten Spur im Rahmen des Schuldstrafrechts gut funktioniert. Demnach müssen ausreichend Mittel zur Verfügung gestellt werden, den straffällig Gewordenen wirksam auf das Leben in Freiheit vorzubereiten. Vor diesem Hintergrund darf das vom Bundesverfassungsgericht geforderte Abstandsgebot nur so interpretiert werden, dass die Mittel zu dieser Vorbereitung andere sind als bei den Maßregeln. Deswegen dürfen sie nicht weniger individuell auf den Straffälligen zugeschnitten und müssen mit gleicher Anstrengung verbunden sein. Die bisherigen Ausführungen zur Gerechtigkeit von unter dem Regime der Gefährlichkeit vereinigten, strafrechtlichen Maßnahmen im Allgemeinen und der Sicherungsverwahrung im Speziellen

2734 Vgl. *Mosbacher,* Praktische Folgerungen aus dem Urteil des Bundesverfassungsgerichts zur Sicherungsverwahrung vom 4. Mai 2011, HRRS 2011, S. 235; dazu auch *Krauth,* Die Hirnforschung und der gefährliche Mensch, 2008, S. 152; s. auch *Leygraf,* Stellungnahme zum Entwurf eines Gesetzes zur Neuordnung des Rechts der Sicherungsverwahrung, Protokoll der 28. Sitzung des Rechtsausschusses des Bundestages vom 10. November 2010, Öffentliche Anhörung, S. 11 und zudem *Rasch/Konrad,* Forensische Psychiatrie, 3. Aufl., 2004, S. 135, die zurückhaltender von Schuldfähigkeit und nicht Gesundheit sprechen.

können nun in einen kritisch-systemtheoretischen Gegenvorschlag zur Sicherungsverwahrung gefasst werden.

d) Zur Möglichkeit gerechter Maßregeln: Ein kritisch-systemtheoretischer Gegenvorschlag zur Sicherungsverwahrung

Trotz des Bedarfs eines breit angelegten Diskurses unterschiedlichster Professionen zu den Regelungen des §§ 20, 21 StGB und der §§ 61 ff. StGB können hier von juristischer Seite aus Orientierungspunkte gegeben werden, wie eine gerechte Maßregel in ihrer Grundkonzeption auszusehen hat. Sie müsste ein funktionales Äquivalent für den Re-Inklusions-Mechanismus der Schuld im Bereich der Maßregeln schaffen. Hierbei wird die ohnehin auf zwei Jahre beschränkte Maßregel der Unterbringung in einer Entziehungsanstalt gemäß § 64 StGB ausgeklammert, weil die Besonderheiten von suchtbedingten Straftaten nicht Gegenstand der vorliegenden Arbeit waren. Da die Sicherungsverwahrung in ihrer Grundkonzeption die ökologisch-rationalen Grenzverhältnisse der betroffenen Systeme missachtet und dadurch dem Menschen nicht gerecht werden kann, muss von der Regelung des § 63 StGB ausgegangen werden.[2735]

Voraussetzung einer Unterbringung müsste demnach ein bei dem Straftäter vorliegender, fortdauernder Zustand der Schuldunfähigkeit sein, infolgedessen von ihm erhebliche Straftaten zu erwarten sind und er für die Allgemeinheit gefährlich ist. Da jedoch in Abhängigkeit von den unterschiedlichen Krankheitsdiagnosen die darauf aufbauende Kriminalprognose mehr oder weniger fehlerbehaftet ist, müsste § 63 StGB um ein differenziertes System formeller Voraussetzungen ergänzt werden. Diese müssten konkretisieren, was überhaupt erhebliche Straftaten im Rahmen einer stationären Maßregeln sein können.[2736] Hier kann sich an der im

---

2735 Vgl. zu § 63 StGB die aufgrund des Falls *Mollath* auf den Weg gebrachten Reformvorschläge des BMJ „Reformüberlegungen zur Unterbringung nach § 63 StGB" http://www.bmj.de/SharedDocs/Downloads/DE/pdfs/20130715_Eckpunkte_Reformvorschlaege_Unterbringungsrecht.pdf?__blob=publicationFile, letzter Zugriff 23. November 2013; vgl. zur Zurechnungsgrenze auch *Bung,* Zurechnen-Können, Erwarten-Dürfen und Vorsorgen-Müssen, HRRS 2006, S. 321.

2736 Vgl. hierzu den Versuch der Eingrenzung des Begriffs erhebliche Straftaten bei *Dessecker,* Gefährlichkeit und Verhältnismäßigkeit, 2004, S. 250 ff., vgl. ebenso die Reformüberlegungen des BMJ zu § 63, die keine formellen Voraussetzungen normieren, sondern durch Konkretisierung der Gefährlichkeitsprognose auf „erhebliche rechtswidrige Taten, namentlich solche, durch welche die Opfer seelisch oder körperlich erheblich geschädigt oder erheblich gefährdet werden oder schwerer wirtschaftlicher Schaden angerichtet wird," eine Eingrenzung vornehmen wollen,

ersten Teil dargestellten Reform der formellen Voraussetzungen der traditionellen Sicherungsverwahrung durch das Gesetz zur Neuregelung der Sicherungsverwahrung vom 22. Dezember 2010 *und* der dort formulierten Kritik orientiert werden.[2737] Denn die Frage der Erheblichkeit der zu erwartenden Straftaten darf im Bereich der Maßregeln gerade nicht vom Grad der psychisch-körperlichen Einschränkung abhängig gemacht werden, sondern ist ein juristisches Kriterium zur Beschränkung des Gesundheitssystems. Im Rahmen der Erheblichkeit ist z.B. fraglich, ob der räuberische Diebstahl gemäß § 252 StGB oder der einfache Raub gemäß § 249 StGB angesichts mancher Fallgruppen für die Anordnung der Maßregel bereits ausreichen soll. Zudem müsste erörtert werden, ob die von § 66 Abs. 1 Nr. 1b) StGB erfassten Staatsschutzdelikte, von denen manche zweifelsohne erhebliche Straftaten sind, für den Anwendungsbereich der Maßregel geöffnet werden sollten, weil es sich um politische Straftaten handelt. Es könnte ebenso ausreichend sein, wenn für politische Gegner der Anwendungsbereich der Maßregel über die Straftaten gegen das Leben, die körperliche Unversehrtheit, die persönliche Freiheit und die sexuelle Selbstbestimmung eröffnet wird. Das würde einer falschen Pathologisierung politischer Gegner vorbeugen. Ebenso ist fraglich, ob Verstöße gegen das Betäubungsmittelgesetz Grundlage der Anordnung einer Maßregel sein sollten, weil bereits die gesellschafts- und kriminalpolitische Entscheidung über die Legalität bzw. Illegalität der Drogen umstritten ist.[2738]

Da § 63 StGB grundsätzlich auch bei Ersttätern verhängt werden darf, muss in der Diskussion mit den Experten forensischer Begutachtungen geklärt werden, welche Krankheitsbilder in Verbindung mit bestimmten Deliktsgruppen eine Intervention aufgrund der *relativ* sicheren Prognosen notwendig erscheinen lassen. Es stellt sich die Frage, ob die formellen Voraussetzungen so formuliert werden können, dass grundsätzlich keine Ersttäter von stationären Maßregeln erfasst werden und ein Ausweichen auf eine nicht-stationäre Maßregel im Fall von Ersttätern ausreichend ist. Wie bereits angemerkt, ist aufgrund der prinzipiellen Fehleranfälligkeit von Kriminalprognosen eine starre Entlassungsgrenze aus der stationären Maßregel bei Erstverwahrung zu installieren und eine stufenweise Entlassung

---

S. 3. Das reicht jedoch gerade nicht aus, wenn im Verhältnis von Formalisierung und Flexibilisierung ein fester Bezugspunkt errichten werden soll.

2737 Die Reformüberlegungen zu § 63 StGB überzeugen auch im Hinblick darauf nicht, dass die Gefahr eines schweren wirtschaftlichen Schadens für die Unterbringung ausreichen soll.

2738 Vgl. die kriminologischen Einschätzungen zum Betäubungsmittelstrafrecht bei *Albrecht,* Kriminologie. Eine Grundlegung zum Strafrecht, 4. Aufl., 2010, S. 346 ff.

mittels einer differenzierten nicht-stationären Maßregel zu ermöglichen. Wenn sich bei der nicht-stationären Maßregel an der Führungsaufsicht gemäß §§ 68 ff. StGB orientiert wird, müssten die Regelungen ebenfalls einer kritischen Überprüfung unterzogen werden. Hier ist insbesondere zu überprüfen, inwiefern die Bestrafung von Verstößen gegen die Weisungen während der Führungsaufsicht gemäß § 145a StGB sinnvoll ist, wenn es doch um die Behandlung von Tätern geht, die im Zustand der Schuldunfähigkeit bzw. der verminderten Schuldfähigkeit Straftaten begangen haben. An dieser Stelle müsste zumindest zwischen Vollverbüßern, bei denen gemäß § 68f StGB mit Entlassung Führungsaufsicht eintritt,[2739] und aus der Maßregel Entlassenen differenziert werden. Wenn sich der Gesetzgeber zu einer solchen Gesetzesänderung entschließt, die mit dem Bundesverfassungsgericht als Therapieunterbringung bezeichnet werden könnte, dann sollten zum einen die Regelungen nach dem Meistbegünstigungsgebot auf Altfälle angewendet und zum anderen für die Zukunft die Maßregeln dem Schutz des Art. 103 Abs. 2 GG unterstellt werden. Bei solchen nach den Regelungen der Sicherungsverwahrung untergebrachten Straftätern, bei denen zwar die formellen Voraussetzungen gegeben sind, aber ein für die Unterbringung relevanter gegenwärtiger krankhafter Zustand fehlt und die danach sofort entlassen werden müssten, würde es sich anbieten, die stufenweise Entlassung über die nicht-stationäre Maßregel als Übergangsregelung zur Entlassungsvorbereitung zuzulassen.

Nach alledem kann zur im ersten Teil aufgeworfenen Frage, ob die Zweispurigkeit als derzeitige Rechtsfolgendoktrin aufrechterhalten bleiben kann, resümiert werden, dass unter den soeben genannten juristischen Begrenzungsmechanismen die Zweispurigkeit der Rechtsfolgen im Strafrecht gerecht-fertigt werden kann. Ohne Bezugnahme auf die Rechtfertigungszusammenhänge des Schuld- und des Präventionsstrafrechts nehmen die Maßregeln durch die kritisch-systemtheoretische Perspektive indes eine andere Gestalt an. Eine Ausgliederung der Maßregeln aus dem Strafrecht[2740] und die Einbeziehung der Regelung in die Landesgesetze zur Unterbringung psychisch Kranker erscheint nicht hilfreich. Die Anlasstat wird auch nach einem solchen Landesgesetz neben der psychischen Erkrankung Hauptunterbringungsgrund sein und eine längerfristigere Unterbringung ermöglichen, als sie

2739 § 68f StGB müsste im Rahmen der Unterscheidung resozialisierungsbedürftig/nicht-resozialisierungsbedürftig ebenfalls einem Recht-Fertigungstest unterzogen werden.

2740 Dahingehend argumentiert *Mayer,* Behandlung der Rezidivisten (gefährlichen Gewohnheitsverbrecher) im deutschen Strafrecht, ZStW 80 (1968), S. 159 ff., jedoch ist seine Argumentation eher auf der Vollzugsebene verortet.

von den Landesgesetzen für nicht-straffällig gewordene psychisch Kranke grundsätzlich vorgesehen ist. Durch die Vermengung beider Regelungsmaterien könnten negative Effekte auf die Unterbringungszeiten und die Unterbringungsart von nicht-straffällig gewordenen psychisch Kranken entstehen, die nur zur Krisenintervention untergebracht werden sollen. Das Problem der Installierung eines effektiven Re-Inklusions-Mechanismus bleibt ebenso bei einer Eingliederung der Maßregeln in die Unterbringungsgesetze der Länder bestehen, der im Strafrecht von dessen höherem Formalisierungsgrad profitieren kann – jedenfalls von dem wissenschaftlichen Problembewusstsein, das diese Formalisierung immer wieder anmahnt.[2741]

Wenn die Zweispurigkeit des Strafrechts aufrechterhalten bleibt, dürfen die Maßregeln jedoch nicht – wie in der Rechtsprechung des Bundesverfassungsgerichts im Jahr 2004 geschehen – durch die Einschwörung auf den Präventionszweck formeller Voraussetzungen beraubt werden. Beide strafrechtlichen Rechtsfolgen sind nur legitim, soweit sie funktionierende Re-Inklusions-Mechanismen haben und den (paradoxen) Anspruch des Menschen auf Re-Inklusion verwirklichen. Das heißt für die erste Spur der Strafen, dass insbesondere die Regelung des § 57a StGB überdacht werden muss. Sie knüpft die Aussetzung der lebenslangen Freiheitsstrafe ebenfalls an eine Gefährlichkeitsprognose. Auch hier fehlt eine Verankerung in einem gegenwärtigen krankhaften Zustand, weil der Straftäter als schuldfähig eingestuft wurde. Die Regelung des § 57 StGB zur Zwei-Drittel-Entlassung ist ebenfalls zu überdenken – auch wenn sie nur Straftäter betrifft, bei denen zeitige Freiheitsstrafen verhängt wurden. Hier müssen Anstrengungen unternommen werden, die Unterscheidung resozialisierungsbedürftig/nicht-resozialisierungsbedürftig dementsprechend zu operationalisieren.

Zum *status quo* der Sicherungsverwahrung nach der neuerlichen Gesetzesänderung kann folglich resümiert werden, dass nach wie vor erheblicher Reformbedarf besteht. Es muss eine Ersetzung der bisherigen Maßregeln durch ein differenziertes Instrument der Therapieunterbringung angestrebt werden, unter das auch § 64 StGB gefasst werden könnte. Die letzten Entscheidungen des EGMR und des Bundesverfassungsgerichts zu § 66b StGB n.F. weisen ebenfalls in die Richtung weiteren Reformbedarfs, weil sie § 66b StGB n.F. letztlich ihren intendierten Anwendungsbereich entzogen haben. Im Hinblick auf das Erfordernis eines wirksamen Re-Inklusions-Mechanismus ist positiv zu bewerten, dass das Gesetz zur Umsetzung des Abstandsgebots nunmehr in § 66c StGB ein umfas-

---

2741 Das hat auch *Frisch* angemerkt, jedoch in Verteidigung des Programms von *v. Liszt:* Das Marburger Programm und die Maßregeln der Besserung und Sicherung, ZStW 94 (1982), S. 583 ff.

sendes und individualisiertes Betreuungsangebot für Sicherungsverwahrte normiert hat. Es hat zum Ziel, die Gefährlichkeit zu mindern und eine frühzeitige Aussetzung der Maßregel zur Bewährung zu ermöglichen. Die in § 66c Abs. 1 Nr. 3a StGB vorgesehenen vollzugsöffnenden Maßnahmen verbessern zudem die Position des Sicherungsverwahrten, Vollzugslockerungen zu bekommen. Sie dürfen nur verwehrt werden, wenn zwingende Gründe entgegenstehen, insbesondere konkrete Anhaltspunkte die Gefahr begründen, der Untergebrachte werde sich dem Vollzug der Sicherungsverwahrung entziehen oder die Maßnahmen zur Begehung erheblicher Straftaten missbrauchen. Die Formulierung lässt darauf hoffen, dass die in der Vollzugspraxis vorherrschende Tendenz zur Übersicherung sich jedenfalls abschwächt. Die in § 66c Abs. 1 Nr. 3b StGB vorgesehene nachsorgende Betreuung geht auch in die Richtung der oben geforderten Etablierung einer nicht-stationären Maßregel, die eine frühzeitige Entlassung aus der stationären Maßregel ebenfalls wahrscheinlicher macht. Überdies wird immerhin das Gebot, dem (zukünftig) Sicherungsverwahrten ausreichend Betreuung anzubieten, durch die in §§ 67c Abs. 1 Satz 1 Nr. 2, 67d Abs. 2 Satz 2 StGB für unterschiedliche Verfahrensstadien normierte ‚Sanktion' abgesichert. Sie sehen eine Bewährungsaussetzung für den Fall vor, dass die Unterbringung der Sicherungsverwahrung wegen fehlendem bzw. nicht ausreichendem Betreuungsangebot unverhältnismäßig ist. Zur Durchsetzung des Abstandsgebots erscheint es ebenso hilfreich zu sein, dass dies bereits während des Strafvollzugs im Abstand von zwei Jahren gemäß § 119a StVollzG gerichtlich überprüft wird. Auf der Ebene des Vollzugs der Sicherungsverwahrung und der vorhergehenden Strafhaft sind folglich Ansätze zur Implementierung wirksamer Re-Inklusions-Mechanismen sichtbar. Jedoch behebt das nicht die Irrationalität der Grundkonzeption.

Um der stets vorhandenen Gefahr der Eigenrationalitätsmaximierung des politischen Systems langfristig begegnen zu können, bedarf es zudem einer Perspektive, die sich den durch die Risikodynamik hervorgebrachten Sicherheitsbedürfnissen des Einzelnen und deren Projektion auf das Thema Kriminalität annimmt.[2742] *Loader* weist daraufhin, dass sich den „public emotions towards crime", die die Eigenrationalitätsmaximierung des politischen Systems in diesem Bereich mit hervorbringen, nicht dadurch entzogen werden dürfe, dass der Umgang mit Kriminalität allein einer „coterie of experts" überlassen werde.[2743] Das sei „profoundly

2742 Vgl. dazu *Loader*, Fall of the ‚Platonic Guardians', The British Journal of Criminology 46 (2006), S. 561 ff.

2743 Vgl. Fall of the ‚Platonic Guardians', The British Journal of Criminology 46 (2006), S. 582.

anti-democratic".[2744] Daher „[is] the challenge for radical democrats [...] to nuture and sustain institutional arrangements that can allay these fears."[2745] Diese Forderung *Loader*s spiegelt sich im demokratischen Element wider, das sich im Rahmen der Prozeduralisierung des Wissens im Rechtssystem bei der Pluralisierung der Einschätzungsprärogative des Gesetzgebers wieder finden muss. Gegen das illiberale Klima helfe nach *Loader* nur „the lost political art of taking the heat out of crime".[2746] Eine konkrete Vorstellung von diesen Forderungen ergibt sich aus dem Aufsatz von *Held* über „Risiko- und Krisenkommunikation im Justizvollzug".[2747] Er rät dem Justizvollzug als Medienwissenschaftler zu einer offensiven, kontinuierlichen, proaktiven und zielgruppenspezifischen Risikokommunikation im Rahmen der Öffentlichkeitsarbeit, weil „die Art und Weise der Risikokommunikation eines Systems [mit]bestimmt [...], was im Krisenfall des jeweiligen Systems für seine [...] Umwelten relevant ist."[2748] Durch Transparenz könne ein vertrauensvolles Verhältnis zu Journalisten und Vermittlern in und zu anderen Interessensgruppen aufgebaut werden.[2749] Damit gehe eine positivere Außendarstellung einher, die es den Entscheidungsträgern im Vollzug erleichtere, ein im Einzelfall legitimierbares, aber nichtsdestotrotz höheres Risiko einzugehen.[2750] Hierzu gehöre unter anderem, die Risiken als systematisch unvermeidlich darzustellen und die Wichtigkeit aller Aspekte des vollzuglichen Handelns zu kommunizieren.[2751]

Daneben müssen Verfahrenselemente implementiert werden, die der Prozeduralisierung des Wissens in den Gesetzgebungsverfahren, aber auch im Rahmen der für die Entlassung wichtigen Lockerungsentscheidungen Raum verschaffen.[2752]

2744 Vgl. *Loader*, Fall of the ‚Platonic Guardians', The British Journal of Criminology 46 (2006), S. 582.

2745 *Loader*, Fall of the ‚Platonic Guardians', The British Journal of Criminology 46 (2006), S. 582.

2746 *Loader*, Fall of the ‚Platonic Guardians', The British Journal of Criminology 46 (2006), S. 583.

2747 Erschienen ist der Aufsatz in Forum Strafvollzug 2009, S. 262 ff.

2748 *Held*, Risiko- und Krisenkommunikation im Justizvollzug, Forum Strafvollzug 2009, S. 263.

2749 *Held*, Risiko- und Krisenkommunikation im Justizvollzug, Forum Strafvollzug 2009, S. 264.

2750 *Held*, Risiko- und Krisenkommunikation im Justizvollzug, Forum Strafvollzug 2009, S. 264.

2751 *Held*, Risiko- und Krisenkommunikation im Justizvollzug, Forum Strafvollzug 2009, S. 266.

2752 Vgl. zu den Problemen bei den Lockerungsentscheidung, insbesondere auch zwischen Exekutive und Judikative: *Albrecht/Baltzer/Krehl*, Der schwierige Weg der

Ratsam erscheint es auf der Ebene der Gesetzgebung, ein dauerhaftes Gremium für Fragen des Strafrechts, insbesondere der Ausgestaltung der Rechtsfolgen einzurichten, das dadurch eine größere Distanz zu wahlspezifischen Dynamiken der Machtdemonstration gewinnen könnte. Auch könnte sich auf diesem Weg der Austausch mit den relevanten Wissenschaften verfestigen und Gesetzesänderungen nicht mehr mit einer Gefahr-im-Vollzug-Mentalität[2753] im Angesicht massenmedial begleiteter Entlassungen von Sexualstraftätern verabschiedet werden. Es könnte eine sinnvolle, revisionsoffene Gesamtkonzeption erarbeitet und laufend angepasst werden. Auf der Ebene der Justizvollzugsanstalt könnten darüber hinaus unabhängige Gremien installiert werden, die die wichtigen Lockerungsentscheidungen mit den Entscheidungsträgern der Anstalt gemeinsam treffen. So könnte der machtpolitisch motivierte Zugriff der Justizministerien zurückgedrängt werden, die aufgrund der politischen Konsequenzen jegliches Sicherheitsrisiko unterbinden möchten.[2754] Wurden damit die Kollisionsregeln für die Grenzverläufe zwischen Rechtssystem, politischem System und Gesundheitssystem benannt, bleibt zum Schluss noch die Formulierung einer Kollisionsregel übrig, die das Bundesverfassungsgericht bei der Entscheidung über die Zuordnung der Sicherungsverwahrung im zweispurigen Rechtsfolgensystem hätte leiten müssen.

IV. Zur Formulierung einer Kollisionsregel

Aufgrund der vorherigen Ausführungen zur Ungerechtigkeit der Sicherungsverwahrung im Hinblick auf die Unterscheidungen schuldfähig/schuldunfähig und Schuld/Gefährlichkeit ist nur die Zuordnung der Sicherungsverwahrung unter das Regime des Schuldstrafrechts (als Form) gerecht bzw. verhältnismäßig. Nur die Zuordnung unter das Regime des Schuldstrafrechts bringt den Freiheitsanspruch des Straftäters mit den ‚Schutzinteressen der Allgemeinheit' in Einklang. Das heißt, dass grundsätzlich das Rückwirkungsverbot für die Sicherungsverwahrung

---

Dritten Gewalt zwischen Freiheit und Sicherheit, Forensische Psychiatrie, Psychologie, Kriminologie 2010, S. 12 ff.

2753 *Pollähne,* Effektivere Sicherheit der Bevölkerung und schärfere Kontrollen der Lebensführung, KritV 2007, S. 403.

2754 Vgl. *Albrecht/Baltzer/Krehl,* Der schwierige Weg der Dritten Gewalt zwischen Freiheit und Sicherheit, Forensische Psychiatrie, Psychologie, Kriminologie 2010, S. 12, 14; s. auch *Held,* Risiko- und Krisenkommunikation im Justizvollzug, Forum Strafvollzug 2009, S. 266.

greifen muss[2755] und die Frage beantwortet werden muss, ob die Sicherungsverwahrung als reiner Schulderhöhungs-Mechanismus aufgrund Rückfälligkeit im Vergleich zur normalen Strafzumessung überhaupt legitim sein kann. Da sich dieser Schulderhöhungs-Mechanismus wegen der grundsätzlichen Nicht-Befristung der Sicherungsverwahrung außerhalb der gesetzlichen Strafrahmen bewegt, kann er im Rahmen der ersten Spur nicht legitim sein und die Sicherungsverwahrung ist daher in Gänze verfassungs- bzw. menschenrechtswidrig.

B. Eine systemtheoretische Kritik der höchstrichterlichen Rechtsprechung zur Sicherungsverwahrung

Vor dem Hintergrund der systemtheoretischen, kollisionsrechtlichen Justierung der Grenzverläufe von Rechtssystem, politischem System und Gesundheitssystem bei der Sicherungsverwahrung sowie der soeben formulierten Kollisionsregel zur Zweispurigkeit ist nunmehr eine differenzierte Kritik der höchstrichterlichen Rechtsprechung zur Sicherungsverwahrung möglich. Die im ersten Teil bereits identifizierten Unstimmigkeiten in den Begründungen können nun richtig eingeordnet werden. Da es hier insbesondere um die höchstrichterliche Bewertung der Ausweitung der Sicherungsverwahrung ab 1998 geht, bleiben die vorher ergangenen Entscheidungen an dieser Stelle unberücksichtigt.

2755 Vgl. mit verfassungsrechtlichen Argumenten so auch *Rzepka,* Sicherheits- statt Rechtsstaat – Teil 2, Recht & Psychiatrie 2003, S. 197.

I. Zu den Bundesverfassungsgerichtsentscheidungen im Zeitraum 2004 bis 2009[2756]

Im ersten Urteil des Bundesverfassungsgerichts aus dem Jahr 2004 wird zwar bei der Prüfung einer Verletzung von Art. 1 Abs. 1 GG dem Sicherungsverwahrten ein prinzipieller Anspruch auf Resozialisierung zugestanden. Dieser Anspruch wird dann aber dem Schutz wesentlicher Gemeinschaftsgüter untergeordnet, der eine lang, auch lebenslang andauernde Unterbringung rechtfertigen würde. Die Dauer der Unterbringung wird den Zwängen der Prognose unterworfen, nach der nur ein System wiederkehrender Überprüfungen etabliert werden kann, aber keine starre Entlassungsgrenze. Hier wirkt sich folglich das problematische Argument der Schutzpflichten aus, das im Rahmen der Prüfung des Art. 2 Abs. 2 Satz 2 GG noch durch das Argument der Einschätzungsprärogative des Gesetzgebers verstärkt wird. Damit wird selbst das vom Beschwerdeführer vorgebrachte Argument einer empirisch nicht belegten Notwendigkeit der Entfristung der Sicherungsverwahrung als unbeachtlich zurückgewiesen. Das Prüfungsmerkmal der Gleichgeeignetheit schließt dann die Berücksichtigung milderer Mittel aus, weil zwangsläufig nichts so wirksam zum Schutz der Bevölkerung vor ‚gefährlichen' Straftätern ist wie deren Freiheitsentziehung. Schon an dieser Stelle sitzt das Bundesverfassungsgericht seiner Zweitcodierung auf. Es übernimmt unhinterfragt zweifelhafte Prämissen. Zudem entzieht es sich mit dem pauschalen Hinweis auf Vertreter der forensischen Praxis, die Gefahren teilweise sicher prognostizieren könnten, der Frage, wo die Grenzen der Rationalität solcher Prognosebegutachtungen verlaufen, wie sie im vorherigen Abschnitt aufgezeigt wurden. Nach dem heterarchischen Prinzip der potentiellen Führung ist es aber gerade die Aufgabe des Rechts, diese Grenze auszuleuchten, um ökologische Rationalität zu verwirklichen und in anderen Systemen zu etablieren.

Aufgrund des einseitig gehandhabten Arguments der Einschätzungsprärogative des Gesetzgebers kann es auch nicht die in der Risikodynamik wurzelnde bzw. verstärkte Eigenrationalitätsmaximierung des politischen Systems als Pathologie thematisieren. Mit dem Argument der Einschätzungsprärogative des Gesetzgebers ist indes nicht begründbar, dass dem Bundesverfassungsgericht für Aussagen zur tatsächlichen Verweildauer uneinheitliches statistisches Material der Landes*regierungen* ausreicht. Die begrenzte Aussagekraft hätte nicht als Aufforderung zur Generierung besserer Statistiken in die Zukunft abgeschoben werden dürfen, sondern vielmehr eine kritische Überprüfung der Praxis der Sicherungsverwahrung zum

2756 Vgl. 1. Teil, 1. Kapitel, D. V. und IX.

damaligen Zeitpunkt nach sich ziehen müssen. Diese kritische Überprüfung der Praxis hätte wahrscheinlich auch die fehlende Ausrichtung der Sicherungsverwahrung auf Resozialisierung aufgedeckt.

Die strikte, an der Zweckthese ausgerichtete Anwendung des Arguments der Zweispurigkeit vernebelt dann die Sicht auf die Notwendigkeit formeller Beschränkungen, die sich aufgrund der prinzipiellen Unzulänglichkeit von Prognosen und der Tendenz zu Übersicherung nicht in regelmäßigen Begutachtungen erschöpfen dürfen. Die Aushebelung des rechtsstaatlichen Vertrauensschutzgebots unter abermaligem Rückgriff auf die Schutzpflicht des Staates ist dann nur konsequent. Es kann aber den Re-Inklusions-Anspruch des Sicherungsverwahrten nicht hinreichend zum Ausdruck bringen. Mit der Erklärung bloßer Unvereinbarkeit der Straftäterunterbringungsgesetze der Länder hat das Bundesverfassungsgericht in seinem zweiten Urteil aus dem Jahr 2004 dann jegliche Beschränkung des politischen Systems und des Gesundheitssystems aufgegeben. Es hat damit die politische Eigenrationalitätsmaximierung noch weiter angefeuert. Es hat die potentielle Gefahr, die von nach Landesgesetzen Untergebrachten ausgehen könnte, auf eine Art und Weise aufgewertet, dass keine formellen Hürden mehr der Unterbringung entgegengesetzt werden konnten. So konnte noch nicht einmal das prozedurale Argument greifen, dass die Gefährlichkeitsprognosen schon deshalb zweifelhaft sind, weil sie auf einem verfassungswidrigen Gesetz beruhen, das sogar die Prognosebasis unzulässig geschmälert hat. Zwangsläufig werden dadurch Gefährlichkeitsprognosen unangreifbar und führen zum Freiheitsentzug.

Rationalitätsgrenzen der Systeme geraten nicht in den Blick, allenfalls hinsichtlich der prognostischen Bewertung von Vollzugsverhalten. Im Nichtannahmebeschluss zur Frage der Verfassungswidrigkeit des § 66b Abs. 3 StGB a.F. wird dann ein weiteres Mal deutlich, wie wenig das Bundesverfassungsgericht bereit ist, die Rationalitätsgrenzen von Prognosegutachten zu untersuchen. Solange ein forensischer Gutachter die Gefährlichkeit prognostiziert, ist es unerheblich, ob sie auf einem Hang zu erheblichen Straftaten, einer Krankheit oder einer anderen Anomalie beruht. Der ‚gefährliche' Straftäter muss verwahrt werden können. Das erinnert unweigerlich an die Formulierung *v. Liszt*s: „Jeder gemeingefährliche Mensch ist im Interesse der Gesamtheit solange als nötig unschädlich zu machen."[2757] Nach den mithilfe kritischer Systemtheorie erarbeiteten Maßstäben, die

2757 *v. Liszt,* Über den Einfluss der soziologischen und anthropologischen Forschungen auf die Grundbegriffe des Strafrechts, in: ders., Strafrechtliche Vorträge und Aufsätze, Zweiter Band, 1905, S. 80, vgl. dazu 2. Teil, 2. Kapitel, C. III. 1.

die „gesellschafts-theoretische und methoden-theoretische Reflexionsarbeit“[2758] anleiten, weist die Argumentation des Bundesverfassungsgerichts in den hier in Bezug genommenen Entscheidungen zur Sicherungsverwahrung aus den Jahren 2004 bis 2009 erhebliche Mängel auf.

II. Zu den Entscheidungen des Europäischen Gerichtshofs für Menschenrechte[2759]

Die Argumentation des EGMR ist demgegenüber von der Reflexion auf die Rationalitätsgrenzen des politischen Systems wie auch des Gesundheitssystems getragen. Der EGMR stellt sich der durch die Funktionssynthese von Recht und Politik begünstigten Eigenrationalitätsmaximierung des politischen Systems entgegen, indem er die Haftgründe zur Vermeidung von Willkür eng auslegt und auch bei einem öffentlichen Notstand diese Grundsätze nicht zu verändern bereit ist. Zudem beleuchtet er die Rationalitätsgrenzen von Prognosen und deren Kontextgebundenheit. Dementsprechend reicht die mit Unsicherheiten belastete Feststellung der Gefährlichkeit allein nicht aus, einen unbestimmten Freiheitsentzug zu rechtfertigen. Zusätzlich muss einer der in Art. 5 Abs. 1 Satz 2 EMRK normierten Haftgründe vorliegen. Die Rechtsprechung zu Art. 3 EMRK sichert darüber hinaus den Re-Inklusions-Anspruch des Straftäters ab. Zwar wird dadurch die Prävention als Rechtfertigungsgrund im Rahmen der Haftgrundes der Schuldfeststellung ermöglicht. Jedoch versteht der EGMR zum einen unter Prävention nicht lediglich Sicherung durch Wegschließen, sondern setzt Prävention letztlich mit Resozialisierung gleich. Er fordert spezielle Anstrengungen eines multidisziplinären Teams, die darauf abzielen, den präventiven Freiheitsentzug auf ein Mindestmaß zu reduzieren. Zum anderen nimmt die Rechtfertigungskraft des Haftgrundes der Schuldfeststellung mit der Zeit ab. Durch den Rechtsvergleich kann er des Weiteren historisch bedingte, nationale Normkonstellationen in einen europäischen Kontext überführen und hinter die Normfassaden blicken. Er ist damit nicht einseitig auf die Einschätzungsprärogative *eines* nationalen Gesetzgebers fixiert und bekommt andere Einblicke in die Praxis der Normanwendung. Dies wird dadurch begünstigt, dass er auf staatsunabhängige Wissensquellen zur Evaluation des

2758 *Wiethölter*, Begriffs- und Interessenjurisprudenz, in: Lüderitz/Schröder (Hg.), Internationales Privatrecht und Rechtsvergleichung im Ausgang des 20. Jahrhunderts, 1977, S. 250.

2759 Vgl. 1. Teil, 2. Kapitel.

Vollzugs der Sicherungsverwahrung zurückgreifen kann. Die Pluralisierung der Wissensquellen eröffnet zwangsläufig eine Perspektive, die den Wert rechtlicher Formalisierung auch im Bereich präventiven Freiheitsentzuges höher einschätzt und den Re-Inklusions-Anspruch des Straftäters nachhaltiger einfordert.

Hinzu kommt, dass er die Gefahr der Instrumentalisierung medizinischer Begriffe für die Rechtfertigung von Freiheitsentziehung erkennt und den Vollzug eines Freiheitsentzuges aufgrund einer psychischen Störung in einem dafür vorgesehenen Krankenhaus einfordert – auch wenn keine therapeutischen Instrumente für die Störung zur Verfügung stehen. Dadurch richtet er auch sein Augenmerk auf die Gründe, die eine Gefährlichkeitsprognose tragen und überlässt sie nicht den forensischen Gutachtern. Damit stellt er sich zudem einer Verwischung der Grenzen der einzelnen Maßregeln durch § 66b Abs. 3 a.F./§ 66b n.F. und demnach auch durch das ThUG entgegen. Sie verschleiern die Grundlage der Gefährlichkeitsprognose nachhaltig und leisten einer Instrumentalisierung medizinischer Begriffe Vorschub. Das entspricht der Linie der Deutschen Gesellschaft für Psychiatrie, Psychotherapie und Nervenheilkunde, die Maßregeln nur im verantwortungsrelevanten Bereich von psychischen Störungen für sinnvoll erachtet. Der EGMR hat folglich in seinen Entscheidungen zur Sicherungsverwahrung die nach dem heterarchischen Prinzip potentieller Führung notwendige Reflexionsarbeit geleistet.

III. Zu den Entscheidungen des Bundesverfassungsgerichts nach der Intervention des Europäischen Gerichtshofs für Menschenrechte[2760]

Das Bundesverfassungsgericht gewinnt durch die Anstöße des EGMR zwar neue Einblicke in die Vollzugswirklichkeit der Sicherungsverwahrung, die es mit unabhängigen Untersuchungen anreichert und die in der Formulierung eines ausführlichen Maßnahmenkatalogs zur Umsetzung des Abstandsgebots kulminieren. Es nimmt jedoch immer noch nicht die Rationalitätsgrenzen des politischen Systems und des Gesundheitssystems hinreichend in den Blick. Die die Zweispurigkeit begründende Zweckthese wird grundsätzlich aufrechterhalten – mit der Folge, dass das zweifelhafte Argument der Schutzpflichten lediglich durch die Betonung eines Sonderopfers abgemildert wird, das die Sicherungsverwahrten erbringen müssten und aus dem sich die Erforderlichkeit der kostenintensiven Spezialbetreuung ergibt. Das Sonderopfer führt aber nicht zur Etablierung von grundsätzlichen formellen

2760 Vgl. 1. Teil, 4. Kapitel, A., B., D. und E.

Hürden, die auf die generelle Unsicherheit von Prognosen reagieren. Das liegt wohl an der prinzipiellen Zwiespältigkeit des Sonderopfer-Arguments.[2761] Dieses Argument müsste gerade durch die Unterscheidung Gerechtigkeit/Zweitcodierung angeleitet werden und kann daher erst vor dem Hintergrund der Rationalitätsgrenzen des politischen Systems argumentativ richtig eingesetzt werden. Aufgrund der Schwere des Grundrechtseingriffs beschränkt das Bundesverfassungsgericht jedoch unter dem Gesichtspunkt des rechtsstaatlichen Vertrauensschutzgebots eine rückwirkende Anwendung der verschärften Vorschriften zur Sicherungsverwahrung ebenso wie die Anordnung der nachträglichen Sicherungsverwahrung. Hierfür gilt nunmehr ein im Vergleich erhöhter Prognosemaßstab und es bedarf einer diagnostizierten psychischen Störung. Zudem ist immer zu prüfen, inwiefern die nicht-stationäre Maßregel der Führungsaufsicht bereits in ausreichender Weise die Gefährlichkeitsprognose verbessert. Dadurch wird in der konkreten Anwendung das Prüfungsmerkmal der Gleichgeeignetheit zumindest relativiert.

Leider überlässt das Bundesverfassungsgericht die Konkretisierung des Begriffs einer psychischen Störung unter Verweis auf die Einschätzungsprärogative wiederum dem Gesetzgeber. Es setzt sich nicht mit den Widerspruch evozierenden Abstufungen von Schuldunfähigkeit und psychischer Störung bzw. der Gefahr einer Instrumentalisierung psychiatrisch-psychologischer Störungsbegriffe auseinander. Hierzu hätte insbesondere die Entscheidung zu § 66b Abs. 3 StGB (a.F.) Anlass gegeben, weil es dort eine Überstellung des zuvor psychiatrisch Untergebrachten in die Sicherungsverwahrung nur unter der Einschränkung erlaubt, dass er an einer psychischen Störung leidet. Die zuletzt ergangene Entscheidung zum Therapieunterbringungsgesetz zeigt immerhin, dass das Bundesverfassungsgericht den Begriff der psychischen Störung nur noch für den problematischen Zeitraum der Übergangsregelungen benutzt wissen will. Es hat die strikte Subsidiarität des ThUG zur Sicherungsverwahrung hervorgehoben und in der Anwendung des ThUG hohe Begründungshürden für die Gerichte errichtet.

Insgesamt fehlt dem Bundesverfassungsgericht jedoch nach wie vor die Einsicht in die Konstruktionszusammenhänge von Gefährlichkeitsprognosen und welchen – auch illegitimen – Funktionen sie folgen können, wenn ihre Rationalitätsgrenzen nicht berücksichtigt werden bzw. erhebt es vor dem Hintergrund seiner Funktionszuweisung im demokratischen Rechtsstaat weiterhin keinen Anspruch darauf, diese Rationalitätsgrenzen bestimmen zu können. Das lässt sich gerade an der letzten Entscheidung zum ThUG noch einmal belegen, in der das

2761 Vgl. 1. Teil, 4. Kapitel, A. IV.

Bundesverfassungsgericht den Begriff der psychischen Störung – trotz der Kritik der psychiatrisch-psychologischen Experten – nicht grundsätzlich hinterfragt hat. Aufgrund dieser Rolle, die das Bundesverfassungsgericht sich im Verhältnis zum Gesetzgeber zuweist, war jedoch die Belegung der Sicherungsverwahrung mit dem Verdikt der Verfassungswidrigkeit ein wichtiger Schritt zur nachhaltigen Umdeutung der Sicherungsverwahrung und zur Förderung von effektiven Re-Inklusions-Mechanismen.

IV. Fazit: Zur Bedeutung eines transnationalen Netzwerks von Verfassungsgerichten

Die systemtheoretische Kritik der höchstrichterlichen Rechtsprechung offenbart die Bedeutung eines transnationalen Netzwerks von Verfassungsgerichten für die Ermöglichung gerechter Grenzverhältnisse. Die Einbeziehung von transnationalen Gerichten ist wichtig, weil sie aufgrund ihrer Unabhängigkeit von der nationalstaatlichen Ebene nicht in derselben Art und Weise dem Leistungs-Legitimations-Paradigma des Staates unterworfen und sich dadurch nicht so leicht in der Funktionssynthese von Recht und Politik verfangen. Sie sind dadurch weniger der Gefahr ausgesetzt, der Eigenrationalitätsmaximierung des politischen Systems zur (vermeintlichen) Sicherung der Rechtsgeltung aufzusitzen. Das Argument der Einschätzungsprärogative des Gesetzgeber wird schon durch den Verweis auf viele nationalstaatliche Perspektiven relativiert. Die vielen nationalstaatlichen Perspektiven, die auch der EGMR bei seinen Entscheidungen zur Sicherungsverwahrung rekonstruiert und vergleicht, eröffnen ein kritisches Potential, das in der Erfahrung der Kontingenz verborgen liegt.

Zu dieser transnationalen Ebene muss aber die nationalstaatliche Ebene hinzutreten. Denn zum einen profitiert der EGMR indirekt von der stärkeren Funktionssynthese von Recht und Politik auf nationalstaatlicher Ebene, indem dadurch auch die Stabilitätsbedingungen seiner Normprojektionen gewahrt bleiben. Zum anderen ist hier in Rechnung zu stellen, dass Gegenstand der Arbeit nur die Entscheidungen zur Sicherungsverwahrung waren und die Reflexionskraft in anderen Rechtsgebieten zwischen den Gerichten ganz anders verteilt sein kann. Nichtsdestotrotz bewegt sich das Bundesverfassungsgericht mit dem Argument staatlicher Schutzpflichten und der fehlenden Reflexion auf die Rationalitätsgrenzen systemisch gewonnenen Wissens generell auf eine Politisierung subjektiver Rechte zu, die das selbstreflexive Moment subjektiver Rechte nachhaltig verstellen kann. Der eröffnete Dialog von Bundesverfassungsgericht und EGMR ist vor diesem Hintergrund ein aussichtsreicher Kandidat für die Beförderung prozeduraler struktureller Kopplungen im Recht, die die Lernfähigkeit des Rechts wie auch die Lernfähigkeit anderer Subsysteme der Gesellschaft durch Recht verbürgen. Dieser Dialog ist in einem transnationalen Netzwerk von Verfassungsgerichten weiter auszubauen, das damit der kommunikative ‚Ort' ist, an dem die Evolution der Gerechtigkeit geschehen ist, geschieht und weiter geschehen könnte.

Fazit zum 3. Teil: Kritische Systemtheorie und Strafrecht

Ist zur Sicherungsverwahrung aus der Sicht kritischer Systemtheorie zu diesem Zeitpunkt alles gesagt, wird nun die Perspektive auf das Strafrecht erweitert und eruiert, ob kritische Systemtheorie generell zum Strafrecht etwas beitragen kann. Indem kritische Systemtheorie Schuld als einen Zuschreibungsmechanismus ernst nimmt, der auf der strukturellen Kopplung von sozialem und psychischem System in der Person-Form beruht, kann sie auf dieser Grundlage ebenso die Normen des Besonderen Teils auf ihre Umweltadäquanz und damit Gerechtigkeit hin überprüfen. Da das Verhältnis von Recht und Wirklichkeit als Form-Problem zwischen Recht und Nicht-Recht aufgefasst wird, könnten einerseits die Grenzen individueller Zurechenbarkeit deutlicher gefasst werden. Andererseits kann sich der Frage genähert werden, wann Verletzungen der mannigfaltigen Umwelten durch Kommunikation so gravierend sind, dass das juridische Verbot solcher Verletzungen durch strafrechtliche Normen sinnvoll abgesichert werden kann. Die Frage wäre dann z.B. im Wirtschaftsstrafrecht, ob die Bestrafung Einzelner für auch systemisches Versagen, das die Existenzgrundlage von Individuen und ganzen Staaten nachhaltig angreift,[2762] zur Erwartungsstabilisierung unerlässlich ist oder ob Sanktionen der Kollektivsubjekte aussichtsreicher sind.[2763] Zudem müsste die Rationalität strafrechtlicher Normen im Hinblick auf ihre Steuerungsleistung für die Subsysteme der Gesellschaft kritisch hinterfragt werden. Das Strafrecht müsste in diesen Bereichen auf die Absicherung von Selbstbeschränkungsmechanismen hin konzipiert werden.

Aufgrund der Fokussierung kritischer Systemtheorie auf Rationalitätsgrenzen unterschiedlicher Kommunikationszusammenhänge und der Sorge um die Bewahrung von Residuen, in denen die innere Unendlichkeit des Menschen gedacht werden kann, bestehen trotz großer Differenzen im theoretischen Ausgangspunkt

---

2762 Vgl. zum Begriff der politischen Wirtschaftsstraftat *Naucke,* Der Begriff der politischen Wirtschaftsstraftat – Eine Annäherung, 2012.

2763 Wird Schuld als Differenz und Prozess sozialer Zuschreibung begriffen, finden sich darin Anknüpfungspunkte für ein solches Strafrecht, die hier nicht weiter durchdacht werden können; vgl. aber zum Beispiel *Theile,* Das Verhältnis zwischen Zuschreibung und Fakten im Unternehmensstrafrecht, in: Kempf/Lüderssen/Volk (Hg.), Unternehmensstrafrecht, 2012, S. 175 ff.

Parallelen zu einer machtkritischen Strafrechtstheorie. Deren Vertreter sprechen vom Strafrecht als „Verbrechensbekämpfungsbegrenzungsrecht“ und verknüpfen damit – strafrechtswissenschaftlich gewendet – die Rolle eines „kritischen Begleiters“ der Strafrechtsentwicklung.[2764] Hierfür sind gerade auch die Einsichten der Kriminologie als autonomer und kritischer Reflexionswissenschaft bedeutsam.[2765] *Naucke,* der für diese Form wissenschaftlicher Auseinandersetzung mit dem Strafrecht der Taktgeber ist, zeigt in seinen Werken zu „staatsverstärkter Kriminalität“ und ganz aktuell zu „politischen Wirtschaftsstraftaten“ wie sich ein so verstandenes Strafrecht im Bereich machtbedingter Freiheitsverletzung als machtkritisches Instrument gegen die mächtigen Verletzer – sei es der Staat oder eine Wirtschaftsmacht – positionieren kann.[2766] Er wendet das Strafrecht demnach positiv – als Grenzposten, der die Übergriffe der Kommunikationsmatrices benennt und zuschreibt. Dieses positive Verständnis des Strafrechts begrenzt er wiederum mit noch größerer Anstrengung durch ein „negatives Strafrecht“, das den Menschen vor dem totalisierenden Zugriff staatlicher Institutionen bewahren will.[2767] Der totalisierende Zugriff ist im Strafrecht als mächtigstem Mittel des Staates unweigerlich angelegt und verschafft sich in der Sicherheitsgesellschaft in neuer Form Raum. Durch Verbindung beider Verständnisse von Strafrecht bemüht sich *Naucke*

2764 *Naucke,* Die Kriminalpolitik des Marburger Programms 1882, ZStW 95 (1982), S. 546 und 564, der einmal von „Strafbefreiungsdogmatik“ und von Strafrecht als „Verbrechensbekämpfungsbegrenzungsrecht“ spricht; vgl. auch *ders.,* Entwicklungen der allgemeinen Politik und der Zusammenhang dieser Politik mit der Reform des Strafrechts in der Bundesrepublik Deutschland, in: ders., Über die Zerbrechlichkeit des rechtsstaatlichen Strafrechts, 2000, S. 393 ff.; *Marxen,* Der Kampf gegen das liberale Strafrecht, 1975, S. 263; *Albrecht,* Der Weg in die Sicherheitsgesellschaft, 2010, S. 927 ff.; *Sander,* Grenzen instrumenteller Vernunft im Strafrecht, 2007, S. 15; vgl. zu den Parallelen bei *Naucke* und *Teubner: Albrecht,* Menschenwürde als staatskritische Absolutheitsregel, KritV 2006, S. 305.

2765 *Albrecht,* Kriminologie. Eine Grundlegung zum Strafrecht, 4. Aufl., 2010, S. 5 f.

2766 *Naucke,* Die strafjuristische Privilegierung staatsverstärkter Kriminalität, 1996; *ders.,* Der Begriff der politischen Wirtschaftsstraftat – Eine Annäherung, 2012.

2767 *Naucke,* Die robuste Tradition des Sicherheitsstrafrechts, KritV 2010, S. 136; *ders.,* „Schulenstreit“?, in: Herzog/Neumann (Hg.), Festschrift für Winfried Hassemer, 2010, S. 565; *ders.,* Über die Zerbrechlichkeit rechtsstaatlichen Strafrechts, 2000; *ders.,* Gesetzlichkeit und Kriminalpolitik, 1999; ebenso *Albrecht,* Der Weg in die Sicherheitsgesellschaft, 2010, S. 927 ff.; *ders.,* Die vergessene Freiheit, 3. Aufl., 2011; *ders.,* Kriminologie. Eine Grundlegung zum Strafrecht, 4. Aufl., 2010, S. 102 ff.; *ders.,* Menschenwürde als staatskritische Absolutheitsregel, KritV 2006, S. 300 ff.

um ein Gleichgewicht zwischen strafrechtlicher Zuschreibung und dem Schutz vor einer solchen Zuschreibung. Insbesondere im Wirtschaftsstrafrecht werden Menschen für (auch) systemisches Versagen bzw. für die im System angelegte Eigenrationalitätsmaximierung in die Pflicht genommen. Dieses Gleichgewicht lässt sich mit den Begriffen und Methoden kritischer (Rechts-)Systemtheorie neu bestimmen, indem vielfältige gesellschaftstheoretische Einsichten fruchtbar gemacht werden können. Die vorliegende Arbeit möchte sich daher in diese Linie kritischer Strafrechtstheorie einreihen.

Literaturverzeichnis

Agamben, Giorgio: Homo sacer. Die Souveränität der Macht und das nackte Leben, 2002.

Albrecht, Peter-Alexis: Zur sozialen Situation entlassener „Lebenslänglicher", 1977.

Albrecht, Peter-Alexis: Unsicherheitszonen des Schuldstrafrechts. ‚Bewußtseinsstörung' und ‚Abartigkeit' zwischen normativen Setzungen und empirischer Psychologie, GA 1983, S. 193–217.

Albrecht, Peter-Alexis: Spezialprävention angesichts neuer Tätergruppen, ZStW 97 (1985), S. 831–870.

Albrecht, Peter-Alexis: Prävention als problematische Zielbestimmung des Kriminaljustizsystems, KritV 1986, S. 55–82.

Albrecht, Peter-Alexis: Das Strafrecht auf dem Weg vom liberalen Rechtsstaat zum sozialen Interventionsstaat – Entwicklungstendenzen des materiellen Strafrechts, KritV 1988, S. 182–209.

Albrecht, Peter-Alexis: Exekutivisches Recht. Eine Einführung in empirische Analysen zur staatsanwaltschaftlichen Diversion in Nordrhein-Westfalen, in: ders. (Hg.), Informalisierung des Rechts. Empirische Untersuchungen zur Handhabung und zu den Grenzen der Opportunität im Jugendstrafrecht, 1990, S. 1–44.

Albrecht, Peter-Alexis: Die Bedrohung der dritten Gewalt durch irrationale Sicherheitspolitik, DRiZ 1998, S. 326–333.

Albrecht, Peter-Alexis: Jugendstrafrecht. Ein Studienbuch, 3. Aufl., 2000.

Albrecht, Peter-Alexis: Die Funktionalisierung des Opfers im Kriminaljustizsystem, in: Schünemann, Bernd, Markus Dirk Dubber (Hg.), Die Stellung des Opfers im Strafrechtssystem. Neue Entwicklungen in Deutschland und den USA, 2000, S. 39–50.

Albrecht, Peter-Alexis: „Krieg gegen den Terror" – Konsequenzen für ein rechtsstaatliches Strafrecht, ZStW 177 (2005/2006), S. 852–864.

Albrecht, Peter-Alexis: Menschenwürde als staatskritische Absolutheitsregel – Laudatio für Burkhard Hirsch, KritV 2006, S. 295–306.

Albrecht, Peter-Alexis: Abschied vom Recht. Das nach-präventive Strafrecht, vor*gänge.* Zeitschrift für Bürgerrechte und Gesellschaftspolitik 46 (2007), S. 27–43.

Albrecht, Peter-Alexis: Der politische Gebrauchswert des Jugendstrafrechts, StV 2008, S. 154–159.

Albrecht, Peter-Alexis: Eine unabhängige Judikative als Gegengewicht zur Erosion europäischer Strafrechtsprinzipien?, KritV 2008, S. 39–56.

Albrecht, Peter-Alexis: Hoffnungen für eine Stärkung der Unabhängigkeit der Dritten Gewalt, KritV 2008, S. 340–346.

Albrecht, Peter-Alexis: Vom Präventionsstaat zur Sicherheitsgesellschaft – Wege kontinuierlicher Erosion des Rechts, in: Herzog, Felix, Ulfrid Neumann (Hg.), Festschrift für Winfried Hassemer, 2010, S. 3–18.

Albrecht, Peter-Alexis: Der Weg in die Sicherheitsgesellschaft. Auf der Suche nach staatskritischen Absolutheitsregeln, 2010.

Albrecht, Peter-Alexis: Kriminologie. Eine Grundlegung zum Strafrecht, 4. Aufl., 2010.

Albrecht, Peter-Alexis: Die vergessene Freiheit, 3. Aufl., 2011.

Albrecht, Peter-Alexis, Ulrich Baltzer, Christoph Krehl: Der schwierige Weg der Dritten Gewalt zwischen Freiheit und Sicherheit. Lockerungen und unbefristeter Freiheitsentzug, Forensische Psychiatrie, Psychologie, Kriminologie 2010, S. 12–22.

Albrecht, Peter-Alexis, Vera Schumann u.a.: Lockerungen im Maßregelvollzug (§ 63 StGB) – ein „kalkuliertes Risiko"?, NStZ 1991, S. 64–70.

Alex, Michael: Nachträgliche Sicherungsverwahrung – ein rechtsstaatliches und kriminalpolitisches Debakel, 2010.

Alexy, Robert: Theorie der Grundrechte, 1986.

Aly, Götz: Logik des Grauens. Was wissen wir heute wirklich vom Holocaust? Eine Bestandsaufnahme 20 Jahre nach dem Historikerstreit, Die Zeit v. 1. Juni 2006, S. 59–60.

Amelung, Knut: Rechtsgüterschutz und Schutz der Gesellschaft. Untersuchungen zum Inhalt und zum Anwendungsbereich eines Strafrechtsprinzips auf dogmengeschichtlicher Grundlage. Zugleich ein Beitrag zur Lehre der „Sozialschädlichkeit" des Verbrechens, 1972.

Amstutz, Marc, Andreas Fischer-Lescano: Einleitung, in: dies. (Hg.), Kritische Systemtheorie. Zur Evolution einer normativen Theorie, 2013, S. 7–10.

Amstutz, Marc, Andreas Fischer-Lescano (Hg.): Kritische Systemtheorie. Zur Evolution einer normativen Theorie, 2013.

Augstein, Rudolf u.a.: „Historikerstreit". Die Dokumentation der Kontroverse um die Einzigartigkeit der nationalsozialistischen Judenvernichtung, 1987.

Ayass, Wolfgang: Die „korrektionelle Nachhaft". Zur Geschichte der strafrechtlichen Arbeitshausunterbringung in Deutschland, Zeitschrift für Neuere Rechtsgeschichte 15 (1993), S. 184–201.

Bae, Jong-Dae: Der Grundsatz der Verhältnismäßigkeit im Maßregelrecht des StGB, 1985.

Baecker, Dirk: Form und Formen der Kommunikation, 2005.
Balke, Friedrich: Politische Existenz und „bloßes Leben“. Zur Selektivität des Politischen am Beispiel Carl Schmitts, in: Brehl, Medardus, Kristin Platt (Hg.), Feindschaft, Schriftenreihe „Genozid und Gedächtnis“, 2003, S. 53–70.
Baltzer, Ulrich: Die Sicherung des gefährlichen Gewalttäters – eine Herausforderung an den Gesetzgeber, 2005.
Barton, Stephan: Prognosegutachten, Neurobiologie, Sicherungsverwahrung: Tagungsverlauf und eigene Stellungnahme, in: ders. (Hg.), „... weil er für die Allgemeinheit gefährlich ist!“. Prognosegutachten, Neurobiologie, Sicherungsverwahrung, 2006, S. 11–33.
Bartsch, Tillmann: Sicherungsverwahrung. Recht, Vollzug, aktuelle Probleme, 2010.
Baumann, Jürgen: Strafrechtsreform ohne Gesamtparlament?, ZRP 1974, S. 77–80.
Bechmann, Gotthard: Risiko als Schlüsselkategorie der Gesellschaftstheorie, KritV 1991, S. 212–240.
Bechmann, Gotthard: Einleitung: Risiko – ein neues Forschungsfeld, in: ders. (Hg.), Risiko und Gesellschaft. Grundlagen und Ergebnisse interdisziplinärer Risikoforschung, 2. Aufl., 1997, S. VII–XXIX.
Beck, Ulrich: Politische Wissenstheorie der Risikogesellschaft, in: Bechmann, Gotthard (Hg.), Risiko und Gesellschaft. Grundlagen und Ergebnisse interdisziplinärer Risikoforschung, 2. Aufl., 1997, S. 305–326.
Beck, Ulrich: Weltrisikogesellschaft. Auf der Suche nach der verlorenen Sicherheit, 2007.
Bockelmann, Paul: Studien zum Täterstrafrecht. 1. Teil, 1939.
Böckenförde, Ernst-Wolfgang: Die verfassungstheoretische Unterscheidung von Staat und Gesellschaft als Bedingung der individuellen Freiheit, in: Rheinisch-Westfälische Akademie der Wissenschaften, Vorträge G 183, 1973.
Böckenförde, Ernst-Wolfgang: Freiheit und Recht, Freiheit und Staat, in: ders., Recht, Staat, Freiheit. Studien zur Rechtsphilosophie, Staatstheorie und Verfassungsgeschichte, 1991, S. 42–57.
Böckenförde, Ernst-Wolfgang: Das Bild vom Menschen in der Perspektive der heutigen Rechtsordnung, in: ders., Recht, Staat, Freiheit. Studien zur Rechtsphilosophie, Staatstheorie und Verfassungsgeschichte, 1991, S. 58–66.
Böckenförde, Ernst-Wolfgang: Entstehung und Wandel des Rechtsstaatsbegriffs, in: ders., Recht, Staat, Freiheit. Studien zur Rechtsphilosophie, Staatstheorie und Verfassungsgeschichte, 1991, S. 143–169.
Boetticher, Axel u.a.: Mindestanforderungen für Prognosegutachten, NStZ 2006, S. 537–544.

Bracher, Karl Dietrich: Die Bedeutung der Aufarbeitung der Geschichte der beiden deutschen Diktaturen für den Bestand der Demokratie in Deutschland und Europa, in: Deutscher Bundestag (Hg.), Materialen der Enquete-Kommission „Aufarbeitung von Geschichte und Folgen der SED-Diktatur in Deutschland". Formen und Ziele der Auseinandersetzung mit den beiden Diktaturen in Deutschland, Bd. IX, 1995, S. 679–686.

Braum, Stefan: Nachträgliche Sicherungsverwahrung: In dubio pro securitate? Wegsperren ohne tragfähige Legitimation, ZRP 2004, S. 105–108.

Brettel, Hauke: Anmerkung zu BGH, Urt. v. 11.5.2005 – 1 StR 37/05 (LG Bayreuth), StV 2006, S. 64–66.

Brunkhorst, Hauke: Heterarchie und Demokratie, in: ders., Peter Niesen (Hg.), Das Recht der Republik, 1999, S. 373–385.

Brunkhorst, Hauke, Peter Niesen: Vorwort, in: dies. (Hg.), Das Recht der Republik, 1999, S. 7–13.

Buckel, Sonja: Subjektivierung und Kohäsion. Zur Rekonstruktion einer materialistischen Theorie des Rechts, 2007.

Buckel, Sonja: Körper und Psyche in der Matrix des Rechts, in: Calliess, Gralf-Peter u.a. (Hg.), Soziologische Jurisprudenz. Festschrift für Gunther Teubner zum 65. Geburtstag, 2009, S. 19–36.

Bundesministerium der Justiz: Reformüberlegungen zur Unterbringung nach § 63 StGB, abrufbar unter: http://www.bmj.de/SharedDocs/Downloads/DE/pdfs/20130715_Eckpunkte_Reformvorschlaege_Unterbringungsrecht.pdf?__blob=publicationFile, letzter Zugriff: 23. November 2013.

Bung, Jochen: Zurechnen-Können, Erwarten-Dürfen und Vorsorgen-Müssen – Eine Erwiderung auf Günther Jakobs, HRRS 2006, S. 317–321.

Bußmann, Hadumod: Lexikon der Sprachwissenschaft, 4. Aufl., 2008.

Byrd, B. Sharon, Joachim Hruschka: Kant zu Strafrecht und Strafe im Rechtsstaat, JZ 2007, S. 957–964.

Calliess, Rolf-Peter: Theorie der Strafe im demokratischen und sozialen Rechtsstaat. Ein Beitrag zur strafrechtsdogmatischen Grundlagendiskussion, 1974.

Calliess, Gralf-Peter: Prozedurales Recht, 1999.

Calliess, Gralf-Peter: Das Tetralemma des Rechts. Zur Möglichkeit einer Selbstbeschränkung des Kommunikationssystems Recht, Zeitschrift für Rechtssoziologie 21 (2000), S. 293–314.

Christensen, Ralph, Kent D. Lerch: Performanz. Die Kunst, Recht geschehen zu lassen, in: Kent D. Lerch (Hg.), Die Sprache des Rechts, Bd. 3, Recht vermitteln. Strukturen, Formen und Medien der Kommunikation im Recht, 2005, S. 55–132.

Christensen, Ralph, Andreas Fischer-Lescano: Das Ganze des Rechts. Vom hierarchischen zum reflexiven Verständnis deutscher und europäischer Grundrechte, 2007.

Clam, Jean: Was heißt, sich an Differenz statt an Identität orientieren? Zur Deontologisierung in Philosophie und Sozialwissenschaft, 2002.

Clérico, Laura: Die Struktur der Verhältnismäßigkeit, 2001.

Cornel, Heinz: Die Gefährlichkeit von Gefährlichkeits-Prognosen, in: ders. (Hg.), Neue Kriminalpolitik und Soziale Arbeit, 2002, S. 97–107.

Dahle, Klaus-Peter: Grundlagen und Methoden der Kriminalprognose, in: Kröber, Hans-Ludwig u.a. (Hg.), Handbuch der forensischen Psychiatrie, Bd. 3. Psychiatrische Kriminalprognose und Kriminaltherapie, 2006, S. 1–67.

Dahm, Georg: Der Tätertyp im Strafrecht, 1940.

Dahm, Georg, Friedrich Schaffstein: Liberales oder autoritäres Strafrecht?, 1933.

Degenhart, Christoph: Staatsrecht I. Staatsorganisationsrecht, 28. Aufl., 2012.

Denninger, Erhard: Verfassungsrechtliche Schlüsselbegriffe, in: Broda, Christian u.a. (Hg.), Festschrift für Rudolf Wassermann zum sechzigsten Geburtstag, 1985, S. 279–298.

Denninger, Erhard: Der Präventions-Staat, KJ 1988, S. 1–15.

Depenheuer, Otto: Selbstbehauptung des Rechtsstaates, 2. Aufl., 2008.

Dessecker, Axel: Gefährlichkeit und Verhältnismäßigkeit. Eine Untersuchung zum Maßregelrecht, 2004.

Detter, Klaus: Zum Strafzumessungs- und Maßregelrecht, NStZ 1994, S. 474–477.

Detter, Klaus: Zum Strafzumessungs- und Maßregelrecht, NStZ 2004, S. 486–493.

Di Fabio, Udo: Risikoentscheidungen im Rechtsstaat. Zum Wandel der Dogmatik im öffentlichen Recht, insbesondere am Beispiel der Arzneimittelüberwachung, 1994.

Di Fabio, Udo: Sicherheit in Freiheit, NJW 2008, S. 421–425.

Eidenmüller, Horst: Rechtswissenschaft als Realwissenschaft, JZ 1999, S. 53–61.

Ellscheid, Günter, Winfried Hassemer: Strafe ohne Vorwurf. Bemerkungen zum Grund strafrechtlicher Haftung, in: Lüderssen, Klaus, Fritz Sack (Hg.), Abweichendes Verhalten II. Die gesellschaftliche Reaktion auf Kriminalität, Bd. 1: Strafgesetzgebung und Strafrechtsdogmatik, 1975, S. 266–292.

Etzel, Matthias: Die Aufhebung von nationalsozialistischen Gesetzen durch den Alliierten Kontrollrat (1945–1948), 1992.

Evers, Adalbert: Umgang mit Unsicherheit. Zur sozialwissenschaftlichen Problematisierung einer sozialen Herausforderung, in: Bechmann, Gotthard (Hg.), Risiko und Gesellschaft. Grundlagen und Ergebnisse interdisziplinärer Risikoforschung, 2. Aufl., 1997, S. 339–374.

Fischer, Thomas: Strafgesetzbuch und Nebengesetze, 57. Aufl., 2010 und 60. Aufl., 2013.

Fischer-Lescano, Andreas: Globalverfassung. Die Geltungsbegründung der Menschenrechte, 2005.

Fischer-Lescano, Andreas: Kritik der praktischen Konkordanz, KJ 2008, S. 166–178.

Fischer-Lescano, Andreas: Kritische Systemtheorie Frankfurter Schule, in: Calliess, Gralf-Peter u.a. (Hg.), Soziologische Jurisprudenz. Festschrift für Gunther Teubner zum 65. Geburtstag, 2009, S. 49–68.

Fischer-Lescano, Andreas: Systemtheorie als kritische Gesellschaftstheorie, in: Amstutz, Marc, ders. (Hg.), Kritische Systemtheorie. Zur Evolution einer normativen Theorie, 2013.

Fischer-Lescano, Andreas: Mäßigung der Verhältnismäßigkeit. Whistleblowing im transnationalen Recht, in: Calliess, Gralf-Peter (Hg.), Transnationalisierung des Rechts, Manuskript, erscheint 2014.

Fischer-Lescano, Andreas, Ralph Christensen: Auctoritatis Interpositio. Die Dekonstruktion des Dezisionismus durch die Systemtheorie, Der Staat 2005, S. 213–241.

Fischer-Lescano, Andreas, Gunther Teubner: Regime-Kollisionen. Zur Fragmentierung des globalen Rechts, 2006.

Fischer-Lescano, Andreas, Gunther Teubner: Fragmentierung des Weltrechts: Vernetzung globaler Regimes statt etatistischer Rechtseinheit, in: Albert, Mathias, Rudolf Stichweh (Hg.), Weltstaat und Weltstaatlichkeit. Beobachtungen globaler politischer Strukturbildung, 2007, S. 37–61.

Fögen, Marie Theres: Das Lied vom Gesetz, in: Meier, Heinrich (Hg.), Reihe „Themen", Bd. 87, Carl Friedrich von Siemens Stiftung, 2007.

Fornauf, Marc: Die Marginalisierung der Unabhängigkeit der Dritten Gewalt im System des Strafrechts, 2010.

Forsthoff, Ernst: Verfassungsprobleme des Sozialstaates, in: ders., Rechtsstaat im Wandel. Verfassungsrechtliche Abhandlungen 1954–1973, 2. Aufl., 1976, S. 50–64.

Forsthoff, Ernst: Die Bindung an Gesetz und Recht, in: ders., Rechtsstaat im Wandel. Verfassungsrechtliche Abhandlungen 1954–1973, 2. Aufl., 1976, S. 122–129.

Forsthoff, Ernst: Zur Problematik der Verfassungsauslegung, in: ders., Rechtsstaat im Wandel. Verfassungsrechtliche Abhandlungen 1954–1973, 2. Aufl., 1976, S. 153–174.

Forsthoff, Ernst: Rechtsstaat oder Richterstaat, in: ders., Rechtsstaat im Wandel. Verfassungsrechtliche Abhandlungen 1954–1973, 2. Aufl., 1976, S. 243–256.

Foucault, Michel: Überwachen und Strafen. Die Geburt des Gefängnisses, 1977.
Foucault, Michel: Die Geburt der Bio-Politik. Geschichte der Gouvernementalität II. Vorlesungen am Collège de France 1978–1979, 2006.
Freisler, Roland: Gedanken über das Gesetz zur Änderung des Reichsstrafgesetzbuches, Deutsche Justiz 103 (1941), S. 929–938.
Frey, Reiner: Vom Subjekt zur Selbstreferenz. Rechtstheoretische Überlegungen zur Rekonstruktion der Rechtskategorie, 1989.
Frisch, Wolfgang: Das Marburger Programm und die Maßregeln der Besserung und Sicherung, ZStW 94 (1982), S. 565–598.
Frisch, Wolfgang: Prognoseentscheidungen im Strafrecht. Zur normativen Relevanz empirischen Wissens und zur Entscheidung bei Nichtwissen, 1983.
Frisch, Wolfgang: Strafrechtliche Prognoseentscheidungen aus rechtswissenschaftlicher Sicht, in: ders., Thomas Vogt (Hg.), Prognoseentscheidungen in der strafrechtlichen Praxis, 1994, S. 55–135.
Frommel, Monika: Die Bedeutung der Tätertypenlehre bei der Entstehung des § 211 StGB im Jahre 1941, JZ 1980, S. 559–564.
Frommel, Monika: Von der Strafrechtsreform zur „Rechtserneuerung“, in: Rottleuthner, Hubert (Hg.), Recht, Rechtsphilosophie und Nationalsozialismus. Vorträge aus der Tagung der deutschen Sektion der internationalen Vereinigung für Rechts- und Sozialphilosophie (IVR) in der Bundesrepublik Deutschland vom 11. und 12. Oktober 1982 in Berlin (West), ARSP Beiheft Nr. 18, 1983, S. 45–54.
Frommel, Monika: Präventionsmodelle in der deutschen Strafzweck-Diskussion, 1987.
Frommel, Monika: Verbrechensbekämpfung im Nationalsozialismus, in: Stolleis, Michael (Hg.), Die Bedeutung der Wörter. Studien zur europäischen Rechtsgeschichte. Festschrift für Sten Gagnér zum 70. Geburtstag, 1991, S. 47–64.
Frommel, Monika: „Eene meene muh – drin bist Du“. Zur Wiederkehr der Sicherungsstrafe in der gegenwärtigen Diskussion, KJ 1995, S. 226–232.
Frommel, Monika: Lebenslange Verwahrung angeblich nicht therapierbarer und extrem gefährlicher Sexualstraftäter seit 1998 in Deutschland und der Schweiz, NK 2004, S. 86–89.
Fuchs, Peter: Die Erreichbarkeit der Gesellschaft. Zur Konstruktion und Imagination gesellschaftlicher Einheit, 1992.
Fuchs, Peter: Der Eigen-Sinn des Bewusstseins. Die Person, die Psyche, die Signatur, 2003.
Fuchs, Peter: Der Sinn der Beobachtung. Begriffliche Untersuchungen, 2004.

Fuchs, Peter: Die Psyche. Studien zur Innenwelt der Außenwelt der Innenwelt, 2005
Fuchs, Peter: Das System SELBST. Eine Studie zur Frage: Wer liebt wen, wenn jemand sagt: „Ich liebe Dich!“?, 2010.
Garland, David: Kultur der Kontrolle. Verbrechensbekämpfung und soziale Ordnung in der Gegenwart, 2008.
Grimm, Dieter: Verfassungsrechtliche Anmerkungen zum Thema Prävention, KritV 1986, S. 38–54.
Grimm, Dieter: Der Wandel der Staatsaufgaben und die Krise des Rechtsstaats, in: ders. (Hg.), Wachsende Staatsaufgaben – sinkende Steuerungsfähigkeit des Rechts, 1990, S. 291–306.
Grimm, Dieter: Entscheidungsfolgen als Rechtsgründe. Zur Argumentationspraxis des deutschen Verfassungsgerichts, in: Teubner, Gunther (Hg.), Entscheidungsfolgen als Rechtsgründe. Folgenorientiertes Argumentieren in rechtsvergleichender Sicht, 1995, S. 139–159.
Groenemeyer, Axel: Wege der Sicherheitsgesellschaft. Transformationen der Konstruktion und Regulierung von Unsicherheiten, in: ders. (Hg.), Wege der Sicherheitsgesellschaft. Gesellschaftliche Transformationen der Konstruktion und Regulierung innerer Unsicherheiten, 2010, S. 7–19.
Groenemeyer, Axel (Hg.): Wege der Sicherheitsgesellschaft. Transformationen der Konstruktion und Regulierung innerer Unsicherheiten, 2010.
Günther, Klaus: Der Wandel der Staatsaufgaben und die Krise des regulativen Rechts, in: Grimm (Hg.), Wachsende Staatsaufgaben – sinkende Steuerungsfähigkeit des Rechts, 1990, S. 51–68.
Günther, Klaus: Schuld und kommunikative Freiheit. Studien zur personalen Zurechnung strafbaren Unrechts im demokratischen Rechtsstaat, 2005.
Günther, Klaus: Die naturalistische Herausforderung des Schuldstrafrechts, in: Institut für Kriminalwissenschaften und Rechtsphilosophie Frankfurt a.M. (Hg.), Jenseits des rechtsstaatlichen Strafrechts, 2007, S. 71–97.
Gütt, Arthur, Ernst Rüdin, Falk Ruttke: Gesetz zur Verhütung erbkranken Nachwuchses vom 14. Juli 1933, mit Auszug aus dem Gesetz gegen gefährliche Gewohnheitsverbrecher und über Maßregeln der Sicherung und Besserung vom 24. Nov. 1933, 1934.
Haas, Volker: Strafbegriff, Staatsverständnis und Prozessstruktur. Zur Ausübung hoheitlicher Gewalt durch Staatsanwaltschaft und erkennendes Gericht im deutschen Strafverfahren, 2008.
Habermas, Jürgen: Überlegungen zum evolutionären Stellenwert des modernen Rechts, in: ders., Zur Rekonstruktion des Historischen Materialismus, 1976, S. 260–267.

Habermas, Jürgen: Die Bedeutung der Aufarbeitung der Geschichte der beiden deutschen Diktaturen für den Bestand der Demokratie in Deutschland und Europa, in: Deutscher Bundestag (Hg.), Materialen der Enquete-Kommission „Aufarbeitung von Geschichte und Folgen der SED-Diktatur in Deutschland". Formen und Ziele der Auseinandersetzung mit den beiden Diktaturen in Deutschland, Bd. IX, 1995, S. 686–694.

Habermas, Jürgen: Faktizität und Geltung. Beiträge zur Diskurstheorie des Rechts und des demokratischen Rechtsstaats, 1998.

Hassemer, Winfried: Tatbestand und Typus. Untersuchungen zur strafrechtlichen Hermeneutik, 1968.

Hassemer, Winfried: Einführung in die Grundlagen des Strafrechts, 2. Aufl., 1990.

Hassemer, Winfried: Kennzeichen und Krisen des modernen Strafrechts, ZRP 1992, S. 378–382.

Hassemer, Winfried: Sicherheit durch Strafrecht, HRRS 2006, S. 130–143.

Hassemer, Winfried: Entwicklungslinien des deutschen Strafrechts von der Nachkriegszeit bis heute, Quaderni Fiorentini XXXVI (2007), S. 1225–1244.

Heinig, Hans Michael: Zur Normativität des Sozialstaates. Eine Vorstudie in verfassungstheoretischer Hin- und Absicht, in: Bung, Jochen, Brian Valerius, Sascha Ziemann (Hg.), Normativität und Rechtskritik, ARSP Beiheft Nr. 114, 2007, S. 138–153.

Held, Johannes: Risiko- und Krisenkommunikation im Justizvollzug, Forum Strafvollzug 2009, S. 262–266.

Hellmer, Joachim: Der Gewohnheitsverbrecher und die Sicherungsverwahrung 1934–1945, 1961.

Hesse, Konrad: Grundzüge des Verfassungsrechts der Bundesrepublik Deutschland, 20. Aufl., 1995.

Hirsch, Michael: Die zwei Seiten der Entpolitisierung. Zur politischen Theorie der Gegenwart, 2007.

Hobbes, Thomas: Leviathan [1651], Übersetzung von Jacob Peter Mayer, Reclam-Ausgabe, 1970.

Höffe, Otfried: Kategorische Rechtsprinzipien. Ein Kontrapunkt der Moderne, 1990.

Höffe, Otfried: Immanuel Kant, 7. Aufl., 2007.

Hörnle, Tatjana: Der Streit um die Sicherungsverwahrung. Anmerkung zum Urteil des 2. Senats des BVerfG vom 4.5.2011 – NStZ 2011, 450, NJW 2011, S. 488–493.

Holtz, Günter: Aus der Rechtsprechung des Bundesgerichtshofs in Strafsachen, MDR 1992, S. 631–636.

Hornmann, Gerhard: Hessisches Gesetz über die öffentliche Sicherheit und Ordnung (HSOG). Kommentar, 2. Aufl., 2008.

Jakobs, Günther: Strafrecht. Allgemeiner Teil. Die Grundlagen und die Zurechnungslehre. Lehrbuch, 2. Aufl., 1993.

Jakobs, Günther: Bürgerstrafrecht und Feindstrafrecht, HRRS 2004, S. 88–95.

Jakobs, Günther: Individuum und Person. Strafrechtliche Zurechnung und die Ergebnisse moderner Hirnforschung, ZStW 177 (2005), S. 248–266.

Jakobs, Günther: Terroristen als Personen im Recht?, ZStW 117 (2005), S. 839–851.

Jakobs, Günther: Feindstrafrecht? – Eine Untersuchung zu den Bedingungen von Rechtlichkeit, HRRS 2006, S. 289–297.

Jakobs, Günther: Rechtszwang und Personalität, in: Nordrhein-Westfälische Akademie der Wissenschaften, Vorträge G 418, 2008.

Jesse, Eckhard: Die Totalitarismusforschung im Streit der Meinungen, in: Jesse, Eckhard (Hg.), Totalitarismus im 20. Jahrhundert. Ein Bilanz der internationalen Forschung, 2. Aufl., 1999, S. 9–40.

Joecks, Wolfgang, Klaus Miebach (Hg): Münchner Kommentar zum Strafgesetzbuch, Bd. 2, 2. Aufl., 2012.

Jung, Heike: Rückwirkungsverbot und Maßregel, in: Broda, Christian u.a. (Hg.), Festschrift für Rudolf Wassermann zum sechzigsten Geburtstag, 1985.

Kahl, Wilhelm, Franz v. Liszt, Karl v. Lilienthal, James Paul Goldschmidt: Gegenentwurf zum Vorentwurf eines deutschen Strafgesetzbuchs, 1911.

Kammeier, Heinz: Maßregelvollzugsrecht: Kommentar, 3. Aufl., 2010

Kant, Immanuel: Kritik der reinen Vernunft 2 [1781/1789], Werkausgabe Bd. IV, hg. v. Wilhelm Weischedel, 1974.

Kant, Immanuel: Metaphysik der Sitten [1797/1798], Werkausgabe Bd. VIII, hg. v. Wilhelm Weischedel, 1977.

Kant, Immanuel: Zum ewigen Frieden [1795/1796], Werkausgabe Bd. XI, hg. v. Wilhelm Weischedel, 1996.

Kaufmann, Arthur: Dogmatische und kriminalpolitische Aspekte des Schuldgedankens im Strafrecht, in: Baumann, Jürgen (Hg.), Programm für ein neues Strafgesetzbuch. Der Alternativ-Entwurf der Strafrechtslehrer, 1968, S. 56–74.

Kaufmann, Arthur: Schuldprinzip und Verhältnismäßigkeit, in: Warda, Günter u.a. (Hg.), Festschrift für Richard Lange zum 70. Geburtstag, 1976, S. 27–38.

Kaufmann, Arthur: Rechtsphilosophie und Nationalsozialismus, in: Rottleuthner, Hubert (Hg.), Recht, Rechtsphilosophie und Nationalsozialismus. Vorträge aus der Tagung der deutschen Sektion der internationalen Vereinigung für Rechts- und Sozialphilosophie (IVR) in der Bundesrepublik Deutschland vom 11. und 12. Oktober 1982 in Berlin (West), ARSP Beiheft Nr. 18, 1983, S. 1–19.

Kaufmann, Arthur: Problemgeschichte der Rechtsphilosophie, in: ders., Winfried Hassemer, Ulfrid Neumann (Hg.), Einführung in Rechtsphilosophie und Rechtstheorie der Gegenwart, 8. Aufl., 2011, S. 26–147.

Kiesow, Rainer Maria: Ius sacrum. Giorgio Agamben und das nackte Recht, Rechtsgeschichte 2002, S. 56–70.

Kiesow, Rainer Maria: Wo kein Wille, da kein Recht?, in: Calliess, Gralf-Peter u.a. (Hg.), Soziologische Jurisprudenz. Festschrift für Gunther Teubner zum 65. Geburtstag, S. 333–342.

Kindhäuser, Urs, Ulfrid Neumann, Hans-Ulrich Paeffgen (Hg.): Nomos Kommentar. Strafgesetzbuch, Bd. 1, 3. Aufl., 2010 und 4. Aufl., 2013.

Kinzig, Jörg: Die Sicherungsverwahrung auf dem Prüfstand. Ergebnisse einer theoretischen und empirischen Bestandsaufnahme des Zustandes einer Maßregel, 1996.

Kinzig, Jörg: Der Hang zu erheblichen Straftaten – und was sich dahinter verbirgt. Zugleich eine empirische Analyse zur Begründung der Anordnung der Sicherungsverwahrung durch die Gerichte, NStZ 1998, S. 14–19.

Kinzig, Jörg: Schrankenlose Sicherheit? Das Bundesverfassungsgericht vor der Entscheidung über die Geltung des Rückwirkungsverbots im Maßregelrecht, StV 2000, S. 330–335.

Kinzig, Jörg: Das Gesetz zur Einführung der vorbehaltenen Sicherungsverwahrung, NJW 2002, S. 3204–3208.

Kinzig, Jörg: Die Entwicklung der Gesetzgebung zur Sicherungsverwahrung und die damit verbundenen Auswirkungen auf ihre Klientel, Forensische Psychiatrie, Psychologie, Kriminologie 2010, S. 48–59.

Kinzig, Jörg: Die Neuordnung des Rechts der Sicherungsverwahrung, NJW 2011, S. 177–182.

Klug, Ulrich: Abschied von Kant und Hegel, in: Baumann, Jürgen (Hg.), Programm für ein neues Strafgesetzbuch. Der Alternativ-Entwurf der Strafrechtslehrer, 1968, S. 36–41.

Kohlrausch, Eduard: Sicherungshaft. Eine Besinnung auf den Streitstand, ZStW 44 (1924), S. 21–34.

Krasmann, Susanne: Der Feind an den Grenzen des Rechtsstaats, in: Kerchner, Brigitte, Silke Schneider (Hg.), Foucault. Diskursanalyse in der Politik, S. 233–250.

Krauth, Stefan: Die Hirnforschung und der gefährliche Mensch. Über die Gefahren einer Neuauflage der biologischen Kriminologie, 2008.

Krauth, Stefan: Der Körper an der Grenze des Strafrechts – zur normativen Bedingung lebenswissenschaftlichen Wissens, Krim. Journal 2008, S. 242–256.

Krebs, Albert: Zur Durchführung der Maßregel Sicherungsverwahrung nach den Bestimmungen des Entwurfs eines Strafvollzugsgesetzes 1973, in: Ehrhardt, Helmut E., Göppinger, Hans (Hg.), Straf- und Maßregelvollzug: Situation und Reform. Kriminologie und Kriminalistik. Bericht über die XVII. Tagung der Gesellschaft für die gesamte Kriminologie vom 5. bis 7.10.1973 in Bad Nauheim, Kriminologische Gegenwartsfragen, Heft 11, 1974, S. 121–130.

Kreissl, Reinhard: Überlegungen zur Kritik des kriminologischen Gewaltdiskurses, in: Krasmann, Susanne, Sebastian Scheerer (Hg.), Die Gewalt in der Kriminologie, Kriminologisches Journal, 6. Beiheft, 1997, S. 183–198.

Kreissl, Reinhard: Öffentliche Inszenierung von Sicherheitsfragen, KritV 2008, S. 322–332.

Kreuzer, Arthur: Nachträgliche Sicherungsverwahrung – rote Karte für gefährliche Gefangene oder für den rechtsstaatlichen Vertrauensschutz, ZIS 2006, S. 145–151.

Kröber, Hans-Ludwig: Psychiatrische Aspekte der Sicherungsverwahrung, MschrKrim 2004, S. 261–272.

Kröber, Hans-Ludwig: Kriminalprognostische Begutachtung, in: Kröber, Hans-Ludwig u.a. (Hg.), Handbuch der Forensischen Psychiatrie, Bd. 3. Psychiatrische Kriminalprognose und Kriminaltherapie, 2006, S. 69–172.

Kubink, Michael: Strafen und ihre Alternativen im zeitlichen Wandel, 2002.

Küper, Wilfried: Cesare Beccaria und die kriminalpolitische Aufklärung des 18. Jahrhunderts, JuS 1968, S. 547–553.

Kunz, Karl-Ludwig: Die Sicherung als gefährlich eingestufter Rechtsbrecher: Von der Strategie der Inklusion zur strafrechtlichen Exklusion, in: Barton, Stephan, (Hg.), „... weil er für die Allgemeinheit gefährlich ist!“. Prognosegutachten, Neurobiologie, Sicherungsverwahrung, 2006, S. 71–86.

Ladeur, Karl-Heinz: Das Umweltrecht der Wissensgesellschaft. Von der Gefahrenabwehr zum Risikomanagement, 1995.

Ladeur, Karl-Heinz: Kritik der Abwägung in der Grundrechtsdogmatik. Plädoyer für eine Erneuerung der liberalen Grundrechtstheorie, 2004.

Laubenthal, Klaus: Die Renaissance der Sicherungsverwahrung, ZStW 116 (2004), S. 703–750.

Laufhütte, Heinrich Wilhelm, Ruth Rissing-van Saan, Klaus Tiedemann (Hg.): Strafgesetzbuch. Leipziger Kommentar, Bd. 3: §§ 56–79b, 12. Aufl., 2008.

Legnaro, Aldo: Konturen der Sicherheitsgesellschaft: Eine polemisch-futurologische Skizze, Leviathan 1997, S. 271–284.

Lepsius, Oliver: Die gegensatzaufhebende Begriffsbildung. Methodenentwicklungen in der Weimarer Republik und ihr Verhältnis zur Ideologisierung der Rechtswissenschaft im Nationalsozialismus, 1994.

Lepsius, Oliver: Risikosteuerung durch Verwaltungsrecht: Ermöglichung oder Begrenzung von Innovationen? VVDStRL 63 (2004), S. 264–308.

Liszt, Franz v.: Der Zweckgedanke im Strafrecht [1883], 3. Aufl., 1968.

Liszt, Franz v.: Die deterministischen Gegner der Zweckstrafe, ZStW 13 (1893), S. 325–370.

Liszt, Franz v.: Lehrbuch des deutschen Strafrechts, 14./15. Aufl., 1905.

Liszt, Franz v.: Über den Einfluss der soziologischen und anthropologischen Forschungen auf die Grundbegriffe des Strafrechts, in: ders., Strafrechtliche Vorträge und Aufsätze, Zweiter Band, 1905, S. 75–93.

Liszt, Franz v.: Nach welchen Grundsätzen ist die Revision des Strafgesetzbuchs in Aussicht zu nehmen? (zugleich Gutachten für den 20. DJT 1902), in: ders., Strafrechtliche Vorträge und Aufsätze, Zweiter Band, 1905, S. 356–410.

Liszt, Franz v.: Das „richtige Recht" in der Strafgesetzgebung, ZStW 26 (1906), S. 553–557.

Liszt, Franz v.: Das „richtige Recht" in der Strafgesetzgebung II, ZStW 27 (1907), S. 91–96.

Loader, Ian: Fall of the ‚Platonic Guardians'. Liberalism, Criminology and Political Responses to Crime in England and Wales, The British Journal of Criminology 46 (2006), S. 561–586.

Lüderssen, Klaus: Die empirische Seite des rechtlichen, insbesondere des strafrechtlichen Werturteils, in: ders., Fritz Sack (Hg.), Abweichendes Verhalten II. Die gesellschaftliche Reaktion auf Kriminalität, Bd. 1. Strafgesetzgebung und Strafrechtsdogmatik, 1975, S. 139–170.

Luhmann, Niklas: Die politische Theorie im Wohlfahrtsstaat, 1981.

Luhmann, Niklas: Subjektive Rechte. Zum Umbau des Rechtsbewusstseins für die moderne Gesellschaft, in: ders., Gesellschaftsstruktur und Semantik, Bd. 2, 1981, S. 45–104.

Luhmann, Niklas: Legitimation durch Verfahren, 1983.

Luhmann, Niklas: Die Codierung des Rechtssystems, Rechtstheorie 17 (1986), S. 171–203.

Luhmann, Niklas: Rechtssoziologie, 3. Aufl., 1987.

Luhmann, Niklas: Soziale Systeme. Grundriß einer allgemeinen Theorie, 1987.

Luhmann, Niklas: Soziologie des Risikos, 1991.

Luhmann, Niklas: Die Wissenschaft der Gesellschaft, 1992.

Luhmann, Niklas: Die Paradoxie der Form, in: Baecker, Dirk (Hg.), Kalkül der Form, 1993, S. 197–212.

Luhmann, Niklas: Das Recht der Gesellschaft, 1995.

Luhmann, Niklas: Juristische Argumentation: Eine Analyse ihrer Form, in: Teubner, Gunther (Hg.), Entscheidungsfolgen als Rechtsgründe. Folgenorientiertes Argumentieren in rechtsvergleichender Sicht, 1995, S. 19–37.

Luhmann, Niklas: Die Gesellschaft der Gesellschaft, Bd. 1, 1998.

Luhmann, Niklas: Die Gesellschaft der Gesellschaft, Bd. 2, 1998.

Luhmann, Niklas: Zweckbegriff und Systemrationalität. Über die Funktion von Zwecken in sozialen Systemen, 6. Aufl., 1999.

Luhmann, Niklas: Organisation und Entscheidung, 2000.

Luhmann, Niklas: Die Politik der Gesellschaft, 2002.

Luhmann, Niklas: Macht, 3. Aufl., 2003.

Luhmann, Niklas: Wie lassen sich latente Strukturen beobachten?, in: Watzlawick, Paul, Peter Krieg (Hg.), Das Auge des Betrachters. Beträge zum Konstruktivismus, 2. Aufl., 2008, S. 61–74.

Luhmann, Niklas: Die Form „Person", in: ders., Soziologische Aufklärung, Bd. 6: Die Soziologie und der Mensch, 3. Aufl., 2008, S. 137–148.

Luhmann, Niklas: Die Tücke des Subjekts und die Frage nach dem Menschen, in: ders., Soziologische Aufklärung, Bd. 6: Die Soziologie und der Mensch, 3. Aufl., 2008, S. 149–161.

Luhmann, Niklas: Inklusion und Exklusion, in: ders. Soziologische Aufklärung, Bd. 6: Die Soziologie und der Mensch, 3. Aufl., 2008, S. 226–251.

Luhmann, Niklas: Die Soziologie und der Mensch, in: ders. Soziologische Aufklärung, Bd. 6: Die Soziologie und der Mensch, 3. Aufl., 2008, S. 252–261.

Luhmann, Niklas: Die Realität der Massenmedien, 4. Aufl., 2009.

Luhmann, Niklas: Grundrechte als Institution. Ein Beitrag zur politischen Soziologie, 5. Aufl., 2009.

Marquard, Odo: Zeitalter der Weltfremdheit? Beitrag zur Analyse der Gegenwart, in: ders., Apologie des Zufälligen. Philosophische Studien, 1986, S. 76–97.

Marxen, Klaus: Der Kampf gegen das liberale Strafrecht. Eine Studie zum Antiliberalismus in der Strafrechtswissenschaft der zwanziger und dreißiger Jahre, 1975.

Marxen, Klaus: Die rechtsphilosophische Begründung der Straftatlehre im Nationalsozialismus, in: Rottleuthner, Hubert (Hg.), Recht, Rechtsphilosophie und Nationalsozialismus. Vorträge aus der Tagung der deutschen Sektion der internationalen Vereinigung für Rechts- und Sozialphilosophie (IVR) in der Bundesrepublik Deutschland vom 11. und 12. Oktober 1982 in Berlin (West), ARSP Beiheft Nr. 18, 1983, S. 55–64.

Marxen, Klaus: Das Problem der Kontinuität in der neueren deutschen Strafrechtsgeschichte, KritV 1990, S. 387–298.

Mastronardi, Philippe: Funktionales Recht – Zur Nutzung von Recht als Steuerungsmedium, in: Meier-Schatz, Christian (Hg.), Die Zukunft des Rechts. Forschungsgespräch der rechtswissenschaftlichen Abteilung anlässlich des 100-Jahr-Jubiläum der Universität St. Gallen im Juni 1998, 1999, S. 163–190.

Maunz, Theodor, Günter Dürig (begr.): Grundgesetz. Kommentar, Loseblattsammlung: Stand Mai 2013, 69. Ergänzungslieferung.

Maurer, Andreas, Moritz Renner: Kollisionsrechtliches Denken in der Rechtstheorie. Eine Skizze, in: Schramm, Edward u.a. (Hg.), Konflikte im Recht – Recht der Konflikte. Tagungen des Jungen Forums Rechtsphilosophie in der Internationalen Vereinigung für Rechts- und Sozialphilosophie in Tübingen und Göttingen, ARSP-Beiheft Nr. 125, 2010, S. 207–223.

Mayer, Hellmuth: Behandlung der Rezidivisten (gefährlichen Gewohnheitsverbrecher) im deutschen Strafrecht, ZStW 80 (1968), S. 139–162.

Menke, Christoph: Subjektive Rechte: Zur Paradoxie der Form, Zeitschrift für Rechtssoziologie 29 (2008), S. 81–108.

Menke, Christoph: Recht und Gewalt, in: Calliess, Gralf-Peter u.a. (Hg.), Soziologische Jurisprudenz. Festschrift für Gunther Teubner zum 65. Geburtstag, 2009, S. 83–96.

Menke, Christoph: Recht und Gewalt, 2. Aufl., 2012.

Meyer-Ladewig, Jens: Europäische Menschenrechtskonvention. Handkommentar, 3. Aufl., 2011.

Mezger, Edmund: Tatstrafe und Täterstrafe, insbesondere im Kriegsstrafrecht, ZStW 60 (1941), S. 353–374.

Mosbacher, Andreas: Praktische Folgerungen aus dem Urteil des Bundesverfassungsgerichts zur Sicherungsverwahrung vom 4. Mai 2011–2 BvR 2365/09 u.a. – HRRS 2011 Nr. 488, HRRS 2011, S. 229–247.

Müller, Christian: Das Gewohnheitsverbrechergesetz vom 24. November 1933. Kriminalpolitik als Rassenpolitik, 1997.

Müller, Christian: Verbrechensbekämpfung im Anstaltsstaat. Psychiatrie, Kriminologie und Strafrechtsreform in Deutschland 1871–1933, 2004.

Müller, Friedrich: Juristische Methodik und Politisches System. Elemente einer Verfassungstheorie II, 1976.

Müller, Friedrich, Ralph Christensen: Juristische Methodik, Bd. I, Grundlegung für die Arbeitsmethoden der Rechtspraxis, 10. Aufl., 2009.

Müller, Helga: Der Begriff der Generalprävention im 19. Jahrhundert. Von P. J. A. Feuerbach bis Franz v. Liszt, 1984.

Müller-Christmann, Bernd: Die Maßregeln der Besserung und Sicherung, JuS 1990, S. 801–805.

Müller-Dietz, Heinz: Grundfragen des strafrechtlichen Sanktionensystems, 1979.

Müller-Isberner, Rüdiger u.a.: Entwurf eines Gesetzes zur Bekämpfung von Sexualdelikten und anderen gefährlichen Straftaten (BT-Drs. 13/7163) – Offener Brief an den Vorsitzenden des Rechtsausschusses des Deutschen Bundestages, MSchrKrim 1998, S. 47–49.

Münz, Heinrich: Forensische Gefährlichkeitsprognosen aus (neuro-)biologischer Sicht, in: Barton, Stephan (Hg.), „... weil er für die Allgemeinheit gefährlich ist!“. Prognosegutachten, Neurobiologie, Sicherungsverwahrung, 2006, S. 268–275.

Mushoff, Tobias: Strafe – Maßregel – Sicherungsverwahrung. Eine kritische Untersuchung über das Verhältnis von Schuld und Prävention, 2008.

Naucke, Wolfgang: Kant und die psychologische Zwangstheorie Feuerbachs, 1962.

Naucke, Wolfgang: Über die juristische Relevanz der Sozialwissenschaften, 1972.

Naucke, Wolfgang: Die Kriminalpolitik des Marburger Programms 1882, ZStW 94 (1982), S. 525–564.

Naucke, Wolfgang: Versuch über den aktuellen Stil des Rechts, Schriften der Hermann Ehlers-Akademie, Bd. 19, 1986.

Naucke, Wolfgang: Schwerpunktverlagerungen im Strafrecht, KritV 1993, S. 135–162.

Naucke, Wolfgang: Kants Kritik der empirischen Rechtslehre, Sitzungsberichte der Wissenschaftlichen Gesellschaft an der Johann Wolfgang Goethe-Universität Frankfurt am Main, Bd. 34, Nr. 4, 1996, S. 185–199.

Naucke, Wolfgang: Die strafjuristische Privilegierung staatsverstärkter Kriminalität, 1996.

Naucke, Wolfgang: Gesetzlichkeit und Kriminalpolitik, in: ders., Gesetzlichkeit und Kriminalpolitik. Abhandlungen zum Strafrecht und zum Strafprozessrecht, 1999, S. 225–240.

Naucke, Wolfgang: Die Aushöhlung der strafrechtlichen Gesetzlichkeit durch den relativistischen, politisch aufgeladenen strafrechtlichen Positivismus, in: ders., Gesetzlichkeit und Kriminalpolitik. Abhandlungen zum Strafrecht und zum Strafprozessrecht, 1999, S. 256–273.

Naucke, Wolfgang: Die Modernisierung des Strafrechts durch Beccaria, in: ders., Über die Zerbrechlichkeit des rechtsstaatlichen Strafrechts. Materialien zur neueren Strafrechtsgeschichte, 2000, S. 13–28.

Naucke, Wolfgang: Kants Straftheorie, in: ders., Über die Zerbrechlichkeit des rechtsstaatlichen Strafrechts. Materialien zur neueren Strafrechtsgeschichte, 2000, S. 61–77.

Naucke, Wolfgang: Die Reichweite des Vergeltungsstrafrechts bei Kant, in: ders., Über die Zerbrechlichkeit des rechtsstaatlichen Strafrechts. Materialien zur neueren Strafrechtsgeschichte, 2000, S. 79–104.

Naucke, Wolfgang: Paul Johann Anselm von Feuerbach. Zur 200. Wiederkehr seines Geburtstags am 14. November 1975, in: ders., Über die Zerbrechlichkeit des rechtsstaatlichen Strafrechts. Materialien zur neueren Strafrechtsgeschichte, 2000, S. 159–183.

Naucke, Wolfgang: Feuerbach – ein liberaler Strafrechtler?, in: ders., Über die Zerbrechlichkeit des rechtsstaatlichen Strafrechts. Materialien zur neueren Strafrechtsgeschichte, 2000, S. 185–189.

Naucke, Wolfgang: NS-Strafrecht: Perversion oder Anwendungsfall moderner Kriminalpolitik?, in: ders., Über die Zerbrechlichkeit des rechtsstaatlichen Strafrechts. Materialien zur neueren Strafrechtsgeschichte, 2000, S. 361–376.

Naucke, Wolfgang: Vom Vordringen des Polizeigedankens im Recht, d.i.: vom Ende der Metaphysik im Recht, in: ders., Über die Zerbrechlichkeit des rechtsstaatlichen Strafrechts. Materialien zur neueren Strafrechtsgeschichte, 2000, S. 379–392.

Naucke, Wolfgang: Entwicklungen der allgemeinen Politik und der Zusammenhang dieser Politik mit der Reform des Strafrechts in der Bundesrepublik Deutschland, in: ders., Über die Zerbrechlichkeit des rechtsstaatlichen Strafrechts. Materialien zur neueren Strafrechtsgeschichte, 2000, S. 393–409.

Naucke, Wolfgang: Über die Zerbrechlichkeit rechtsstaatlichen Strafrechts, in: ders., Über die Zerbrechlichkeit rechtsstaatlichen Strafrechts. Materialien zur neueren Strafrechtsgeschichte, 2000, S. 411–429.

Naucke, Wolfgang: Strafrecht. Eine Einführung, 10. Aufl., 2002.

Naucke, Wolfgang: Einführung: Rechtstheorie und Staatsverbrechen, in: Binding, Karl, Alfred Hoche, Die Freigabe der Vernichtung lebensunwerten Lebens. Ihr Maß und ihre Form (1920), 2006, S. V–LXXI.

Naucke, Wolfgang: „Schulenstreit“?, in: Herzog, Felix, Ulfrid Neumann (Hg.), Festschrift für Winfried Hassemer, 2010, S. 559–572.

Naucke, Wolfgang: Die robuste Tradition des Sicherheitsstrafrechts, KritV 2010, S. 129–136.

Naucke, Wolfgang: Der Begriff der politischen Wirtschaftsstraftat – Eine Annäherung, 2012.

Nedopil, Norbert: Prognosebegutachtungen bei zeitlich begrenzten Freiheitsstrafen – Eine sinnvolle Lösung für problematische Fragestellungen?, NStZ 2002, S. 344–349.

Neumann, Ulfrid: Gustav Radbruchs Beitrag zur Strafrechtsreform, KJ 2004, S. 432–441.

Niesen, Peter, Oliver Eberl: Demokratischer Positivismus: Habermas und Maus, in: Buckel, Sonja, Ralph Christensen, Andreas Fischer-Lescano (Hg.), Neue Theorien des Rechts, 2. Aufl., 2009.

Nowara, Sabine: Gefährlichkeitsprognosen bei Maßregeln. Zur Güte von Prognosegutachten und zur Frage der Legalbewährung, in: Barton, Stephan (Hg.), „... weil er für die Allgemeinheit gefährlich ist!". Prognosegutachten, Neurobiologie, Sicherungsverwahrung, 2006, S. 175–185.

Nußstein, Karl: Das Therapieunterbringungsgesetz – Erste Erfahrungen aus der Praxis, NJW 2011, S. 1194–1197.

Peglau, Jens: Nachträgliche Sicherungsverwahrung in Erledigungsfällen mit Reststrafenverbüßung, NJW 2009, S. 957–959.

Peglau, Jens: Das BVerfG und die Sicherungsverwahrung – Konsequenzen für Praxis und Gesetzgebung, NJW 2011, S. 1924–1927.

Pieroth, Bodo: Gesetzgebungskompetenz- und Grundrechtsfragen der nachträglichen Sicherungsverwahrung, JZ 2002, S. 922–928.

Pieroth, Bodo, Bernhard Schlink: Grundrechte. Staatsrecht II, 28. Aufl., 2012.

Pollähne, Helmut: Gutachten über „die Behandlungsaussichten" im Maßregelvollzug, Recht & Psychiatrie 2005, S. 171–185.

Pollähne, Helmut: Kriminalprognostik zwischen richtigen Basisraten und falschen Positiven. Theoretische, methodologische und juristische Aspekte, in: Barton, Stephan (Hg.), „... weil er für die Allgemeinheit gefährlich ist!". Prognosegutachten, Neurobiologie, Sicherungsverwahrung, 2006, S. 221–258.

Pollähne, Helmut: Effektivere Sicherheit der Bevölkerung und schärfere Kontrolle der Lebensführung – Zur Reform des Maßregelrechts und der Führungsaufsicht, KritV 2007, S. 386–424.

Pollähne, Helmut: Europäische Rechtssicherheit gegen Deutsches Sicherheitsrecht? Zur EGMR-Entscheidung in Sachen nachträgliche (Verlängerung der) Sicherungsverwahrung, KJ 2010, S. 255–269.

Pollähne, Helmut: Kriminalprognostik. Untersuchungen im Spannungsfeld zwischen Sicherheitsrecht und Rechtssicherheit, 2011.

Rechtsausschuss (6. Ausschuss) des Bundestages: Protokoll der 28. Sitzung vom 10. November 2010, Öffentliche Anhörung.

Radbruch, Gustav: Franz v. Liszt – Anlage und Umwelt, in: Kaufmann, Arthur (Hg.), Gustav Radbruch. Gesamtausgabe, Bd. 16, Biographische Schriften, 1988, S. 27–48.

Raiser, Thomas: Grundlagen der Rechtssoziologie, 6. Aufl., 2013.

Rasch, Wilfried: Verhaltenswissenschaftliche Kriminalprognosen, in: Frisch, Wolfgang, Thomas Vogt (Hg.), Prognoseentscheidungen in der strafrechtlichen Praxis, 1994, S. 17–29.

Rasch, Wilfried, Norbert Konrad: Forensische Psychiatrie, 3. Aufl., 2004.

Renzikowski, Joachim: Anmerkung zum BGH-Urteil vom 8.7.2005 – 2 StR 120/05, NStZ 2006, S. 280–284.

Römer, Hans-Jürgen: Verwahrung gegen die nachträgliche Sicherungsverwahrung, JR 2006, S. 5–8.

Roxin, Claus: Strafrecht. Allgemeiner Teil, Bd. I, Grundlagen. Der Aufbau der Verbrechenslehre, 4. Aufl., 2006.

Rzepka, Dorothea: Sicherheits- statt Rechtsstaat – Überblick und Anmerkungen zu bundes- und landesrechtlichen Konzepten einer nachträglichen Sicherungsverwahrung – Teil 1, Recht & Psychiatrie 2003, S. 127–144.

Rzepka, Dorothea: Sicherheits- statt Rechtsstaat – Überblick und Anmerkungen zu bundes- und landesrechtlichen Konzepten einer nachträglichen Sicherungsverwahrung – Teil 2, Recht & Psychiatrie 2003, S. 191–214.

Sack, Fritz: Juristen im Feindrechtsstaat. Wer den Rechtsstaat verteidigen will, muss die Gründe seines Niedergangs in den Blick nehmen, vor*gänge.* Zeitschrift für Bürgerrechte und Gesellschaftspolitik 46 (2007), S. 5–26.

Sack, Fritz: Der weltweite „punitive Turn" – Ist die Bundesrepublik dagegen gefeit?, in: Groenemeyer, Axel (Hg.), Wege der Sicherheitsgesellschaft, 2010, S. 165–191.

Sander, Lisa Kathrin: Grenzen instrumenteller Vernunft im Strafrecht. Eine Kritik der Präventionsdoktrin aus strafrechtsgeschichtlicher und empirischer Perspektive, 2007.

Sander, Lisa Kathrin: „Der alte Deal ist tot, es lebe der neue Deal?", NJW-aktuell 32/2013, S. 14.

Saß, Henning: „Psychische Störung" zwischen Medizin und Recht: Anything goes?, Forensische Psychiatrie, Psychologie, Kriminologie 2011, S. 129–131.

Scherzberg, Arno: Risikosteuerung durch Verwaltungsrecht: Ermöglichung oder Begrenzung von Innovationen? VVDStRL 63 (2003), S. 214–258.

Schewe, Jörg: Die Geschichte der Sicherungsverwahrung. Entstehung, Entwicklung und Reform, 1999.

Schiemann, Anja: Unbestimmte Schuldfähigkeitsfeststellungen. Verstoß der §§ 20, 21 StGB gegen den Bestimmtheitsgrundsatz nach Art. 103 II GG, 2012.

Schlink, Bernhard: Der Grundsatz der Verhältnismäßigkeit, in: Badura, Peter, Horst Dreier (Hg.), Festschrift 50 Jahre Bundesverfassungsgericht, 2001, S. 445–465.

Schmidt, Eberhard: Franz von Liszt und die heutige Problematik des Strafrechts, in: Festschrift für Julius von Gierke. Zu seinem goldenen Doktorjubiläum am 25. Okt. 1948, 1950, S. 201–233.

Schmidt, Eberhard: Einführung in die Geschichte der deutschen Strafrechtspflege, 3. Aufl., 1965.

Schönke, Adolf, Horst Schröder (Hg.): Strafgesetzbuch Kommentar, 28. Auflage, 2010.

Schubert, Werner (Hg.): Entwürfe der Strafrechtskommission zu einem Deutschen Strafgesetzbuch und zu einem Einführungsgesetz (1911–1914), 1990.

Schubert, Werner: Einführung in die Edition, in: ders. (Hg.), Protokolle der Kommission für die Reform des Strafgesetzbuches (1911–1913), Bd. 1: Allgemeiner Teil des Vorentwurfs in 1. Lesung. Protokolle 1–70, 1990, S. XI–XXXVII.

Schubert Werner (Hg.), Quellen zur Reform des Straf- und Strafprozeßrechts. I. Abteilung: Weimarer Republik (1918–1932), Bd. 3: Protokolle der Strafrechtsausschüsse des Reichstags. 4. Teil: Sitzungen vom Dezember 1930 – März 1932. Zusammenstellung der Beschlüsse, 1997.

Schubert, Werner, Jürgen Regge (Hg.): Quellen zur Rcform des Straf- und Strafprozeßrechts. I. Abteilung: Weimarer Republik (1918–1932), Bd. 1: Entwürfe zu einem Strafgesetzbuch (1919, 1922, 1924/25 und 1927), 1995.

Schüler-Springorum, Horst: Sozialtherapeutische Anstalten – ein kriminalpolitisches Lehrstück, in: Hirsch, Hans Joachim, Günther Kaiser, Helmut Marquardt (Hg.), Gedächtnisschrift für Hilde Kaufmann, 1986, S. 167–187.

Schulz, Joachim: Die Strafrechtsdogmatik nach dem Ende der vor- und außerjuristischen Gerechtigkeit, in: Engel, Christoph, Wolfgang Schön (Hg.), Das Proprium der Rechtswissenschaft, 2007, S. 136–155.

Schumann, Karl F.: Prognosen in der strafgerichtlichen Praxis und deren empirische Grundlagen, in: Frisch, Wolfgang, Thomas Vogt (Hg.), Prognoseentscheidungen in der strafrechtlichen Praxis, 1994, S. 31–41.

Seiler, Christian: Der souveräne Verfassungsstaat zwischen demokratischer Rückbindung und überstaatlicher Einbindung, 2005.

Singelnstein, Tobias, Peer Stolle: Die Sicherheitsgesellschaft. Soziale Kontrolle im 21. Jahrhundert, 3. Aufl., 2012.

Spencer-Brown, George: Laws of Form – Gesetze der Form, 1997.

Stäheli, Urs: Sinnzusammenbrüche. Eine dekonstruktivistische Lektüre von Niklas Luhmanns Systemtheorie, 2000.

Steinhauer, Fabian: Gerechtigkeit als Zufall. Zur rhetorischen Evolution des Rechts, 2007.

Steinhauer, Fabian: Gestaltung des Rechts: Agamben, in: Buckel, Sonja, Ralph Christensen, Andreas Fischer-Lescano (Hg.), Neue Theorien des Rechts, 2. Aufl., 2009, S. 201–225.

Steller, Max: Gegenstandsbereiche und Methodik der psychologischen Begutachtung, in: Kröber, Hans-Ludwig u.a. (Hg.), Handbuch der forensischen Psychiatrie, Bd. 2. Psychopathologische Grundlagen und Praxis der Forensischen Psychiatrie, 2010, S. 185–212.

Streng, Franz: Die Zukunft der Sicherungsverwahrung nach der Entscheidung des Bundesverfassungsgerichts. Zum Urteil des Zweiten Senats des BVerfG vom 4.5.2011, JZ 2011, S. 827–835.

Teubner, Gunther: Folgenkontrolle und responsive Dogmatik, Rechtstheorie 6 (1975), S. 179–204.

Teubner, Gunther: Reflexives Recht. Entwicklungsmodelle des Rechts in vergleichender Perspektive, Archiv für Rechts- und Sozialphilosophie 68 (1982), S. 13–59.

Teubner, Gunther: Verrechtlichung – Begriffe, Merkmale, Grenzen, Auswege, in: Kübler, Friedrich (Hg.), Verrechtlichung von Wirtschaft, Arbeit und sozialer Solidarität. Vergleichende Analysen von Hans F. Zacher, Spiros Simitis, Friedrich Kübler, Klaus Hopt und Gunther Teubner, 1985, S. 289–344.

Teubner, Gunther: Hyperzyklus in Recht und Organisation: Zum Verhältnis von Selbstbeobachtung, Selbstkonstitution und Autopoiese, in: Haferkamp, Hans, Michael Schmid (Hg.), Sinn, Kommunikation und soziale Differenzierung: Beiträge zu Luhmanns Theorie sozialer Systeme, 1987, S. 89–128.

Teubner, Gunther: Recht als autopoietisches System, 1989.

Teubner, Gunther: Die Episteme des Rechts. Zu erkenntnistheoretischen Grundlagen des reflexiven Rechts, in: Grimm, Dieter (Hg.), Wachsende Staatsaufgaben – sinkende Steuerungsfähigkeit des Rechts, 1990, S. 115–154.

Teubner, Gunther: Folgenorientierung, in: ders. (Hg.), Entscheidungsfolgen als Rechtsgründe. Folgenorientiertes Argumentieren in rechtsvergleichender Sicht, 1995, S. 9–16.

Teubner, Gunther: Altera Pars Audiatur: Das Recht in der Kollision anderer Universalitätsansprüche, in: Pawlowski, Hans-Martin, Gerd Roellecke (Hg.), Der Universalitätsanspruch des demokratischen Staates, ARSP Beiheft Nr. 65, 1996, S. 199–220.

Teubner, Gunther: Ökonomie der Gabe – Positivität der Gerechtigkeit: Gegenseitige Heimsuchungen von System und *différance,* in: Koschorke, Albrecht, Cornelia Vismann (Hg.), Widerstände der Systemtheorie. Kulturtheoretische Analysen zum Werk von Niklas Luhmann, 1999, S. 199–212.

Teubner, Gunther: Der Umgang mit Rechtsparadoxien: Derrida, Luhmann, Wiethölter, in: Joerges, Christian, ders. (Hg.), Rechtsverfassungsrecht. Recht-Fertigung zwischen Privatrechtsdogmatik und Gesellschaftstheorie, 2003, S. 25–45.
Teubner, Gunther: Globale Zivilverfassungen. Alternativen zur staatszentrierten Verfassungstheorie, Zeitschrift für ausländisches öffentliches Recht und Völkerrecht 63 (2003), S. 1–28.
Teubner, Gunther: Dreiers Luhmann, in: Alexy, Robert (Hg.), Integratives Verstehen: Zur Rechtsphilosophie Ralf Dreiers, 2005, S. 199–211.
Teubner, Gunther: Die anonyme Matrix: Zu Menschenrechtsverletzungen durch „private" transnationale Akteure, Der Staat 2006, S. 161–187.
Teubner, Gunther: Selbstsubversive Gerechtigkeit: Kontingenz- oder Transzendenzformel des Rechts?, Zeitschrift für Rechtssoziologie 29 (2008), S. 9–36.
Teubner, Gunther: Verfassungen ohne Staat? Zur Konstitutionalisierung transnationaler Regimes, Law Zone 2010, S. 32–39.
Teubner, Gunther: Verfassungsfragmente. Gesellschaftlicher Konstitutionalismus in der Globalisierung, 2012.
Teubner, Gunther, Helmut Willke: Kontext und Autonomie. Gesellschaftliche Selbststeuerung durch reflexives Recht, Zeitschrift für Rechtssoziologie 5 (1984), S. 4–35.
Theile, Hans: Wirtschaftskriminalität und Strafverfahren. Systemtheoretische Überlegungen zum Regulierungspotential des Strafrechts, 2009.
Theile, Hans: Das Verhältnis zwischen Zuschreibung und Fakten im Unternehmensstrafrecht, in: Kempf, Eberhard, Klaus Lüderssen, Klaus Volk (Hg.), Unternehmensstrafrecht, 2012, S. 175–192.
Ullenbruch, Thomas: Verschärfung der Sicherungsverwahrung auch rückwirkend – populär, aber verfassungswidrig, NStZ 1998, S. 326–330.
Ullenbruch, Thomas: Anmerkung zum BGH, Urteil vom 11. Mai 2005–1 StR 37/05 = NStZ 2005, S. 561–563, NStZ 2005, S. 563–566.
Vesting, Thomas: Kein Anfang und kein Ende. Die Systemtheorie des Rechts als Herausforderung für Rechtswissenschaft und Rechtsdogmatik, Jura 2001, S. 299–305.
Vesting, Thomas: Rechtstheorie, 2007.
Vesting, Thomas: Rechtswissenschaftliche Beobachtung des Rechtsystems: Einheitsbildung und Differenzerzeugung, in: Trute, Hans-Heinrich u.a. (Hg.), Allgemeines Verwaltungsrecht – zur Tragfähigkeit eines Konzepts, 2008, S. 233–251.
Vogel, Berthold: Der Nachmittag des Wohlfahrtsstaats. Zur politischen Ordnung gesellschaftlicher Ungleichheit, Mittelweg 36 (2004), S. 36–55.

Volkmann, Uwe: Fremdbestimmung – Selbstbehauptung – Befreiung. Das BVerfG in der Frage der Sicherungsverwahrung, JZ 2011, S. 835–842.
Vormbaum, Thomas: Aktuelle Bezüge nationalsozialistischer Strafgesetzgebung, in: Ostendorf, Heribert (Hg.), Strafverfolgung und Strafverzicht. Festschrift zum 125jährigen Bestehen der Staatsanwaltschaft Schleswig-Holstein, 1992, S. 71–91.
Vormbaum, Thomas: Einführung in die moderne Strafrechtsgeschichte, 2. Aufl., 2011.
Voß, Michael, Peter-Alexis Albrecht, Ulrich Renz, Hans Misselwitz, Karl-Heinz Dellwo: Von der Rationalität des Rechts zur Irrationalität der Sicherheit – Reflexionen über Widerstandsformen in Sicherheitsgesellschaften, KritV 2010, S. 137–160.
Walde, Bettina: Willensfreiheit und Hirnforschung. Das Freiheitsmodell eines epistemischen Libertarismus, 2006.
Walter, Michael: Gustav Radbruch und die Kriminologie, JZ 2009, S. 429–438.
Weber, Max: Wirtschaft und Gesellschaft, 5. Aufl., 1980.
Werle, Gerhard: Justiz-Strafrecht und polizeiliche Verbrechensbekämpfung im Dritten Reich, 1989.
Wielsch, Dan: Die Verheißungen des Totalitarismus. Von der Vergangenheit der Politik zur Zukunft des Rechts, Rechtshistorisches Journal 1997, S. 492–524
Wielsch, Dan: Totalitarismustheorie revisited ..., Rechtshistorisches Journal 1998, S. 60–78.
Wielsch, Dan: Die epistemische Analyse des Rechts. Von der ökonomischen zur ökologischen Rationalität der Rechtswissenschaft, JZ 2009, S. 67–77.
Wielsch, Dan: Iustitia mediatrix: Zur Methode einer soziologischen Jurisprudenz, in: Calliess, Gralf-Peter u.a. (Hg.), Soziologische Jurisprudenz, Festschrift für Gunther Teubner zum 65. Geburtstag, 2009, S. 395–414.
Wiethölter, Rudolf: Rechtswissenschaft, 1968.
Wiethölter, Rudolf: Begriffs- und Interessenjurisprudenz – falsche Fronten im IPR und Wirtschaftsverfassungsrecht. Bemerkungen zur selbstgerechten Kollisionsnorm, in: Lüderitz, Alexander, Jochen Schröder (Hg.), Internationales Privatrecht und Rechtsvergleichung im Ausgang des 20. Jahrhunderts. Bewahrung oder Wende? Festschrift für Gerhard Kegel, 1977, S. 213–263.
Wiethölter, Rudolf: Entwicklung des Rechtsbegriffs (am Beispiel des BVG-Urteils zum Mitbestimmungsgesetz und – allgemeiner – an Beispielen des sog. Sonderprivatrechts), Jahrbuch für Rechtssoziologie und Rechtstheorie 8 (1982), S. 38–59.
Wiethölter, Rudolf: Sozialwissenschaftliche Modelle im Wirtschaftsrecht, KJ 1985, S. 126–139.

Wiethölter, Rudolf: Recht-Fertigungen eines Gesellschafts-Rechts, in: Joerges, Christian, Gunther Teubner (Hg.), Rechtsverfassungsrecht. Recht-Fertigungen zwischen Privatrechtsdogmatik und Gesellschaftstheorie, 2003, S. 13–21.

Willke, Helmut: Staatliche Intervention als Kontextsteuerung. Am Beispiel EUREKA, KritV 1988, S. 214–229.

Willke, Helmut: Supervision des Staates, 1997.

Willke, Helmut: Heterotopia. Studien zur Krisis der Ordnung moderner Gesellschaften, 2003.

Willke, Helmut: Systemtheorie I: Grundlagen, 7. Aufl., 2006.

Wolf, Gerhard: Befreiung des Strafrechts vom nationalsozialistischen Denken?, JuS 1996, S. 189–195.

Zabel, Benno: Kulturen der Kontrolle: Zum Risiko- und Konfliktmanagement des modernen Rechtsstaates, KritV 2011, S. 18–37.

Ziemann, Sascha: Neukantianisches Strafrechtsdenken. Die Philosophie des Südwestdeutschen Neukantianismus und ihre Rezeption in der Strafrechtswissenschaft, 2009.

Zipf, Heinz: Kriminalpolitik. Ein Lehrbuch, 2. Aufl., 1980.

Zumbansen, Peer: Ordnungsmuster im modernen Wohlfahrtsstaat. Lernerfahrungen zwischen Staat, Gesellschaft und Vertrag, 2000.

FRANKFURTER KRIMINALWISSENSCHAFTLICHE STUDIEN

Band 1 Peter Böning: Die Lehre vom Unrechtsbewußtsein in der Rechtsphilosophie Hegels 100 S., 1978.

Band 2 Wolfgang Schneider: Kriminelle Straßenverkehrsgefährdung (§ 315c Abs. 1 Ziff. 2, Abs. 3 StGB). Eine kriminologische und strafrechtliche Untersuchung zur Problematik dieser Verkehrsstraftaten unter Berücksichtigung ausländischer Rechte. 342 S., 1978.

Band 3 Lothar Kuhlen: Die Objektivität von Rechtsnormen. Zur Kritik des radikalen labeling approach in der Kriminalsoziologie. 178 S., 1978.

Band 4 Günther Grewe: Straßenverkehrsdelinquenz und Marginalität. Untersuchungen zur institutionellen Regelung von Verhalten. 148 S., 1978.

Band 5 Dieter Haberstroh: Strafverfahren und Resozialisierung. Eine Studie über Verstehen und Nicht-Verstehen, über Verstanden-Werden und Nicht-Verstanden-Werden und deren Bedingungen in der Hauptverhandlung. 202 S., 1979.

Band 6 Thomas Vogt: Die Forderungen der psychoanalytischen Schulrichtungen für die Interpretation der Merkmale der Schuldunfähigkeit und der verminderten Schuldfähigkeit (§§ 51 a.F., 20, 21 StGB). 182 S., 1979.

Band 7 Andreas Michael: Der Grundsatz in dubio pro reo im Strafverfahrensrecht. Zugleich ein Beitrag über das Verhältnis von materiellem Recht und Prozeßrecht. 214 S., 1981.

Band 8 Ilias G. Anagnostopoulos: Haftgründe der Tatschwere und der Wiederholungsgefahr (§§ 112 Abs. 3, 112 a StPO). Kriminalpolitische und rechtssystematische Aspekte der Ausweitung des Haftrechts. 1984.

Band 9 Helga Müller: Der Begriff der Generalprävention im 19. Jahrhundert. Von P.J.A. Feuerbach bis Franz v. Liszt. 1984.

Band 10 Frowin Jörg Kurth: Das Mitverschulden des Opfers beim Betrug. 1984.

Band 11 Martin J. Worms: Die Bekenntnisbeschimpfung im Sinne des § 166 Abs. 1 StGB und die Lehre vom Rechtsgut. 1984.

Band 12 Jong-Dae Bae: Der Grundsatz der Verhältnismäßigkeit im Maßregelrecht des StGB. 1985.

Band 13 Helmut Fünfsinn: Der Aufbau des fahrlässigen Verletzungsdelikts durch Unterlassen im Strafrecht. 1985.

Band 14 Christoph Krehl: Die Ermittlung der Tatsachengrundlage zur Bemessung der Tagessatzhöhe bei der Geldstrafe. 1985.

Band 15 Walter-Hermann Kiehl: Strafrechtliche Toleranz wechselseitiger Ehrverletzungen - Zur ratio legis der §§ 199, 233 Strafgesetzbuch -. 1986.

Band 16 Matthias Krahl: Die Rechtsprechung des Bundesverfassungsgerichts und des Bundesgerichtshof zum Bestimmtheitsgrundsatz im Strafrecht (Art. 103 Abs. 2 GG). 1986.

Band 17 Patrick Carroll Campbell: § 220a StGB. Der richtige Weg zur Verhütung und Bestrafung von Genozid? 1986.

Band 18 Winfried Hassemer (Hrsg.): Strafrechtspolitik. Bedingungen der Strafrechtsreform. 1987.

Band 19 Felix Herzog: Prävention des Unrechts oder Manifestation des Rechts. Bausteine zur Überwindung des heteronom-präventiven Denkens in der Strafrechtstheorie der Moderne. 1987.

Band 20 Astrid Michalke-Detmering: Die Mindestanforderungen an die rechtliche Begründung des erstinstanzlichen Strafurteils. Zur Auslegung des § 267 StPO. 1987.

Band 21 Lothar Kuhlen: Die Unterscheidung von vorsatzausschließendem und nichtvorsatzausschließendem Irrtum. 1987.

Band 22 Michael Buttel: Kritik der Figur des Aufklärungsgehilfen im Betäubungsmittelstrafrecht (§ 31 BtMG). 1988.

Band 23 Matthias Kögler: Die zeitliche Unbestimmtheit freiheitsentziehender Sanktionen des Strafrechts. Eine vergleichende Untersuchung zur Rechtslage und Strafvollstreckungspraxis in der Bundesrepublik Deutschland und den USA. 1988.

Band 24 Klaus Lüderssen / Cornelius Nestler-Tremel / E wa Weigend(Hrsg.): Modernes Strafrecht und ultima-ratio-Prinzip. 1990.

Band 25 Jürgen Taschke: Die behördliche Zurückhaltung von Beweismitteln im Strafprozeß. 1989.

Band 26 Daniela Westphalen: Karl Binding (1841-1920). Materialien zur Biographie eines Strafrechtsgelehrten. 1989.

Band 27 Sigrid Jans: Die Aushöhlung des Klageerzwingungsverfahrens. 1990.

Band 28 Dimitris Spirakos: Folter als Problem des Strafrechts. Kriminologische, kriminalsoziologische und (straf-)rechtsdogmatische Aspekte unter besonderer Berücksichtigung der Folterschutzkonvention und der Pönalisierung der Folter in Griechenland. 1990.

Band 29 Stephan Moll: Strafrechtliche Aspekte der Behandlung Opiatabhängiger mit Methadon und Codein. 1990.

Band 30 Stefan Werner: Wirtschaftsordnung und Wirtschaftsstrafrecht im Nationalsozialismus. 1991.

Band 31 Xanthi Bassakou: Beiträge zur Analyse und Reform des Absehens von Strafe nach § 60 StGB. 1991.

Band 32 Rainer Runte: Die Veränderung von Rechtfertigungsgründen durch Rechtsprechung und Lehre. Moderne Strafrechtsdogmatik zwischen Rechtsstaatsprinzip und Kriminalpolitik. 1991.

Band 33 Olaf Hohmann: Das Rechtsgut der Umweltdelikte. Grenzen des strafrechtlichen Umweltschutzes. 1991.

Band 34 Klaus Jochen Müller: Das Strafbefehlsverfahren (§§ 407 ff. StPO). Eine dogmatisch-kriminalpolitische Studie zu dieser Form des schriftlichen Verfahrens unter besonderer Berücksichtigung der geschichtlichen Entwicklung – zugleich ein Beitrag zum StVÄG 1987. 1993.

Band 35 Sang-Don Yi: Wortlautgrenze, Intersubjektivität und Kontexteinbettung. Das strafrechtliche Analogieverbot. 1991.

Band 36 Birgit Malsack: Die Stellung der Verteidigung im reformierten Strafprozeß. Eine rechtshistorische Studie anhand der Schriften von C. J. A. Mittermaier. 1992.

Band 37 Rüdiger Schäfer: Die Privilegierung des "freiwillig-positiven" Verhaltens des Delinquenten nach formell vollendeter Straftat. Zugleich ein Beitrag zum Grundgedanken des Rücktritts vom Versuch und zu den Straftheorien. 1992.

Band 38 Cornelius Nestler-Tremel: AIDS und Strafzumessung. 1992.

Band 39 Christine Gutmann: Freiwilligkeit und (Sozio-)Therapie – notwendige Verknüpfung oder Widerspruch? 1993.

Band 40 Walter Kargl: Der strafrechtliche Vorsatz auf der Basis der kognitiven Handlungstheorie. 1993.

Band 41 Jürgen Rath: Zur strafrechtlichen Behandlung der aberratio ictus und des error in objecto des Täters. 1993.

Band 63 Dirk Fabricius: Was ein Lehrbuch lehrt ... Eine exemplarische Untersuchung von Jakobs *Strafrecht – Allgemeiner Teil*. 1998.

Band 64 Stefan Sinner: Der Vertragsgedanke im Strafprozeßrecht. 1999.

Band 65 Sebastian Schattenfroh: Die Staatsphilosophie Giovanni Gentiles und die Versuche ihrer Verwirklichung im faschistischen Italien. 1999.

Band 66 Athanassia Dionyssopoulou: Der Tatbestand der Geldwäsche. Eine Analyse der dogmatischen Grundlagen des § 261 StGB. 1999.

Band 67 Klaus von Lampe: *Organized Crime*. Begriff und Theorie organisierter Kriminalität in den USA. 1999.

Band 68 Christian Hanssen: "Trennung der Märkte". Rechtsdogmatische und rechtspolitische Probleme einer Liberalisierung des Drogenstrafrechts. 1999.

Band 69 Institut für Kriminalwissenschaften und Rechtsphilosophie Frankfurt a.M. (Hrsg.): Irrwege der Strafgesetzgebung. 1999.

Band 70 Konstantinos Chatzikostas: Die Disponibilität des Rechtsgutes Leben in ihrer Bedeutung für die Probleme von Suizid und Euthanasie. 2000.

Band 71 Bettina Wirmer-Donos: Die Strafrechtstheorie Karl Christian Friedrich Krauses als theoretische Grundlage des spanischen Korrektionalismus. 2001.

Band 72 Christine Löw: Die Erkundigungspflicht beim Verbotsirrtum nach § 17 StGB. 2001.

Band 73 Florian Ufer: Der Verwertungswiderspruch in Theorie und Praxis. Prozessuale Obliegenhelten des Verteidigers und ihre Bedeutung für die Rechtsposition des Beschuldigten. 2002.

Band 74 Katja Melzer: Psychisch kranke Straftäterinnen. Frauen im Maßregelvollzug. 2001.

Band 75 Gregor Kuntze-Kaufhold: Lebenswelt und Unparteilichkeit. Kriterien für eine Rechtsanwendungslehre am Beispiel der Analyse von fünf Hauptverhandlungen in Strafverfahren. 2002.

Band 76 Iris Kristina Passek: Die erstinstanzliche Zuständigkeit der Oberlandesgerichte in Staatsschutzstrafsachen. Historische Entwicklung und aktuelle Probleme. 2002.

Band 77 Michael Krebs: Die Weisungsgebundenheit des Staatsanwalts unter besonderer Berücksichtigung des rechtstatsächlichen Aspekts. 2002.

Band 78 Kerstin Degenhardt: Europol und Strafprozeß. Die Europäisierung des Ermittlungsverfahrens. 2003.

Band 79 Domenico Siciliano: Das Leben des fliehenden Diebes: Ein strafrechtliches Politikum. 2., überarbeitete und ergänzte Auflage. 2013.

Band 80 Marc Colussi: Produzentenkriminalität und strafrechtliche Verantwortung. 2003.

Band 81 Thilo Lars Hild: Grenzen einer strafrechtlichen Regulierung des Kapitalmarktes. Eine kriminalrechtliche Untersuchung von Börsengängen und Aktienhandel in Deutschland und den USA. 2004.

Band 82 Philipp Rau: Schweigen als Indiz der Schuld. Ein Vergleich des deutschen und englischen Rechts zur Würdigung des Schweigens des Beschuldigten. 2004.

Band 83 Alexandra Pfeiffer: Die Regelung der Lebendorganspende im Transplantationsgesetz. 2004.

Band 84 Elena Fischer: Recht auf Sterben?! Ein Beitrag zur Reformdiskussion der Sterbehilfe in Deutschland unter besonderer Berücksichtigung der Frage nach der Übertragbarkeit des Holländischen Modells der Sterbehilfe in das deutsche Recht. 2004.

Band 85 Jörg Ziethen: Grundlagen probabilistischer Zurechnung im Strafrecht. 2004.

Band 86 Stefanie Schork: Ausgesprochen schuldig. Dogmatische und metadogmatische Untersuchungen zum Schuldspruch. 2005.

Band 87 Claudia Schubert: Verbotene Worte? Versuch einer Neubestimmung im Umgang mit rassistischen Äußerungen jenseits des Strafrechts. 2005.

Band 88 Ulfrid Neumann / Cornelius Prittwitz (Hrsg.): Kritik und Rechtfertigung des Strafrechts. 2005.

Band 89 Denis Basak: Die Zuständigkeitsregeln internationaler Strafgerichte und Art. 101 GG. Zum Verhältnis der deutschen Strafgerichtsbarkeit zu den Internationalen Tribunalen für Jugoslawien und Ruanda sowie zum Ständigen Internationalen Strafgerichtshof. 2005.

Band 90 Hsiao-Wen Wang: Der universale Strafanspruch des nationalen Staates. Eine Untersuchung über das Weltrechtsprinzip im Internationalen Strafrecht. 2005.

Band 91 Leonie Frenz: Faktizität des Rechts in der forensischen Psychiatrie. Eine Untersuchung im LKH Moringen. 2005.

Band 92 Eva-Maria Unger: Schutzlos ausgeliefert? Der Europäische Haftbefehl. Ein Beispiel für die Missachtung europäischer Bürgerrechte. 2005.

Band 93 Marcus Bastelberger: Die Legitimität des Strafrechts und der *moralische Staat*. Utilitaristische und retributivistische Strafrechtsbegründung und die rechtliche Verfassung der Freiheit. 2006.

Band 94 Marc Reiß: Rechtliche Aspekte der Präimplantationsdiagnostik. Unter besonderer Berücksichtigung der Rechte der von einem Verbot betroffenen Paare. 2006.

Band 95 Alexander Kolz: Einwilligung und Richtervorbehalt. 2006.

Band 96 Vasco Reuss: Eine Kritik der juristischen Vernunft. Rezeptionsversuche der Negativen Dialektik Adornos für die Dogmatik des Strafrechts. 2007.

Band 97 Lutz Eidam: Die strafprozessuale Selbstbelastungsfreiheit am Beginn des 21. Jahrhunderts. 2007.

Band 98 Christiane Rüdiger: Schutzinteresse und Deliktsstruktur der „Bestechungsdelikte“ (§§ 331 ff. StGB). 2007.

Band 99 Urte Eisenhardt: Das nemo tenetur-Prinzip: Grenze körperlicher Untersuchungen beim Beschuldigten. Am Beispiel des § 81a StPO. 2007.

Band 100 Institut für Kriminalwissenschaften und Rechtsphilosophie Frankfurt a. M. (Hrsg.): Jenseits des rechtsstaatlichen Strafrechts. 2007.

Band 101 Nils Möckelmann: Die rechtliche, psychiatrische und gesellschaftliche Beurteilung jugendlicher Straftäter in der jüngeren deutschen Geschichte. Eine Analyse anhand zweier Strafverfahren mit Gutachten des Psychiaters Ernst Rüdin aus den Jahren 1915/1917 unter Berücksichtigung der Entwicklungen bis zur Gegenwart. 2007.

Band 102 Alexa Albrecht: Zur Erosion der Menschenrechte im demokratischen Rechtsstaat. Reaktionen der Systeme und der Zivilgesellschaft. 2007.

Band 103 Dirk Lange: Die politisch motivierte Tötung. 2007.

Band 104 Ulfrid Neumann / Cornelius Prittwitz (Hrsg.): „Personale Rechtsgutslehre“ und „Opferorientierung im Strafrecht“. 2007.

Band 105 Lisa Kathrin Sander: Grenzen instrumenteller Vernunft im Strafrecht. Eine Kritik der Präventionsdoktrin aus strafrechtsgeschichtlicher und empirischer Perspektive. 2007.

Band 106 Stephan Werner: Zur Notwendigkeit der Verteidigeranwesenheit während der polizeilichen Beschuldigtenvernehmung. 2008.

Band 107 Inti Schubert: Europol und der virtuelle Verdacht. Die Suspendierung des Rechts auf informationelle Selbstbestimmung. 2008.

Band 108 Bong-Jin Ko: Menschenwürde und Biostrafrecht bei der embryonalen Stammzellenforschung. 2008.

Band 109 Wanja Andreas Welke: Die Repersonalisierung des Rechtskonflikts. Zum gegenwärtigen Verhältnis von Straf- und Zivilrecht. 2008.

Band 110 Jan Helmrich: Die Berufung gewerblicher Sicherheitskräfte auf Notwehr und Nothilfe. Zugleich ein Beitrag zu den Grundlagen des Notwehr- und Nothilferechts. 2008.

Band 111 Alexander Köstler-Loewe: Strafrecht US-Style: „Three Strikes and You're Out!" Baseball, Rückfall und Kriminalpolitik? 2008.

Band 112 Christina Bott: Die Medienprivilegien im Strafprozess. Zeugnisverweigerungsrecht und Beschlagnahmeverbot zum Schutz der Medien im Strafverfahren. 2009.

Band 113 Mario Riechmann: Organisierte Kriminalität und Terrorismus. Zur Funktionalisierung von Bedrohungsszenarien beim Abbau eines rechtsstaatlichen Strafrechts. 2009.

Band 114 Dirk Simon: Präzeptoraler Sicherheitsstaat und Risikovorsorge. 2009.

Band 115 Stefan Kirsch: Der Begehungszusammenhang der Verbrechen gegen die Menschlichkeit. 2009.

Band 116 Heng-da Hsu: Zurechnungsgrundlage und Strafbarkeitsgrenze der Fahrlässigkeitsdelikte in der modernen Industriegesellschaft. 2009.

Band 117 Dennis Teschner: Die soziale Kontrolle im virtuellen Raum. Eine juristische, soziologische und soialpsychologische Untersuchung der Instrumentalisierbarkeit von Internetkriminalität. 2009.

Band 118 Daniel Schilling: Fragmentarisch oder umfassend? Wege strafrechtlichen Zugriffs bei der Veruntreuung fremden Vermögens am Beispiel des deutschen und des italienischen Untreuestrafrechts. 2009.

Band 119 Andreas Stüdemann: Die Entwicklung der zwischenstaatlichen Rechtshilfe in Strafsachen im nationalsozialistischen Deutschland zwischen 1933 und 1945. Kontinuität und Diskontinuität im Auslieferungsrecht am Beispiel der Rechtsentwicklung im NS-Staat. 2009.

Band 120 Matthias Achenbach: Strafrechtlicher Schutz des Wettbewerbs? Eine kritische Analyse von Sinn und Zweck der Straftatbestände zum Schutz des Wettbewerbs. 2009.

Band 121 Vera Backhaus: Der gesetzliche Richter im Staatsschutzstrafrecht. Zur Verfassungsmäßigkeit des § 120 Abs. 2 GVG. 2010.

Band 122 Verena Maria Brenneis: Rechtspolitische Implikationen von Gefährlichkeitsprognosen im Vollzug von Maßregeln nach § 63 StGB. Zum Subjektstatus von Eingewiesenen. 2010.

Band 123 Maike Hoenigs: Zur Existenzberechtigung des Straftatbestandes der Rechtsbeugung. Korrelat oder Widerspruch zur richterlichen Unabhängigkeit. 2010.

Band 124 Christine Würfel: Freiheit als Grundlage der Schuld. 2012.

Band 125 Charlotte Rau: Compliance und Unternehmensverantwortlichkeit. Materiellrechtliche Fragen der sanktionsrechtlichen Unternehmensverantwortlichkeit unter Berücksichtigung von Compliance-Maßnahmen. 2010.

Band 126 Marc Fornauf: Die Marginalisierung der Unabhängigkeit der Dritten Gewalt im System des Strafrechts. 2010.

Band 127 Sabine Benthin: Subventionspolitik und Subventionskriminalität. Zur Legitimität und Rationalität des Tatbestandes zum Subventionsbetrug (§ 264 StGB). 2011.

Band 128 Philipp Horrer: Bestechung durch deutsche Unternehmen im Ausland. Strafrechtsentwicklung und Probleme. 2011.

Band 129 Marianne Varwig: Zum Tatbestandsmerkmal des Vermögensschadens (§ 263 StGB). Eine kritische Untersuchung mittels der vier klassischen Auslegungsmethoden. 2011.

Band 130 Alexander Rieger: Verfassungsrechtliche Legitimationsgrundlagen richterlicher Unabhängigkeit. Zugleich eine Auseinandersetzung mit der Debatte um eine Selbstverwaltung der Justiz. 2011.

Band 131 Moritz von Schenck: Pönalisierung der Folter in Deutschland – de lege lata et ferneda. 2011.

Band 132 Kerstin Bohn: Der gesetzliche Richter als rechtsstaatstragendes Prinzip in europäischen Staaten. Eine Untersuchung der Fallzuteilung unter besonderer Berücksichtigung Englands. 2011.

Band 133 Cornelius Trendelenburg: Ultima ratio? Subsidiaritätswissenschaftliche Antworten am Beispiel der Strafbarkeit von Insiderhandel und Firmenbestattungen. 2011.

Band 134 Susana Campos Nave: Rechtsstaatliche Regeltreue? Corporate Compliance als zwingende Antwort des freiheitsliebenden Unternehmens im Wirtschaftsstrafrecht. 2012.

Band 135 Christine Ditscher: Europäische Beweise. Der Rahmenbeschluss über die Europäische Beweisanordnung zur Erlangung von Sachen, Schriftstücken und Daten zur Verwendung in Strafsachen. 2012.

Band 136 Fedor Brunner: Das Phänomen des Mietnomaden in der Rechtspraxis. Strukturelle Hintergründe, zivilrechtliche Mechanismen und Perspektiven. 2012.

Band 137 Konstantinos Diakonis: Die Geringfügigkeitsvorschriften als Teil der Problematik der Kollision zwischen primären und sekundären Prinzipien des Rechts. 2012.

Band 138 Gustavo Chan Mora: Kritik des Schuldbegriffs im Jugendstrafrecht. Eine metadogmatische Begründung des Schuldfähigkeits- und Verbotsirrtumsbegriffs. 2012.

Band 139 Julia Anna Bargenda: *Australian Law Reform Commission*. Ein Modell für Deutschland? 2012.

Band 140 Katharina Schermuly: Grenzen funktionaler Integration. Anforderungen an die Kontrolle europäischer Strafgesetzgebung durch den EuGH. 2013.

Band 141 Florian Conradi: Die Sicherungsverwahrung – Ausdruck einer zunehmenden Sicherheitsorientierung im Strafrecht? Die Entwicklung der Sicherungsverwahrung im Kontext des Spannungsverhältnisses von Freiheit und Sicherheit. 2013.

Band 142 Hyun Kyong Joo: Die positive Generalprävention im Straßenverkehr. 2013.

Band 143 Ulfrid Neumann / Cornelius Prittwitz / Paulo Abrão / Lauro Joppert Swensson Jr. / Marcelo D. Torelly (Hrsg.): Transitional Justice. Das Problem gerechter strafrechtlicher Vergangenheitsbewältigung. 2013.

Band 144 Frederico Figueiredo: Zur Möglichkeit des unmöglichen Strafrechts. Ein Versuch über die Dissonanz im System der ultima ratio. 2014.

Band 145 Moritz Bermel: Banken und Pflichten. Moderne Bankmanager und traditionelles Strafrecht. 2014.

Band 146 Björn Kruse: Compliance und Rechtsstaat. Zur Freiheit von Selbstbelastung bei Internal Investigations. 2014.

Band 147 Charlotte Schultz: Spiegelungen von Strafrecht und Gesellschaft. Eine systemtheoretische Kritik der Sicherungsverwahrung. 2014.

www.peterlang.com

www.ingramcontent.com/pod-product-compliance
Ingram Content Group UK Ltd.
Pitfield, Milton Keynes, MK11 3LW, UK
UKHW021820290926
8980IPUK00004B/182

9 783631 651919